JN298815

日本法制史

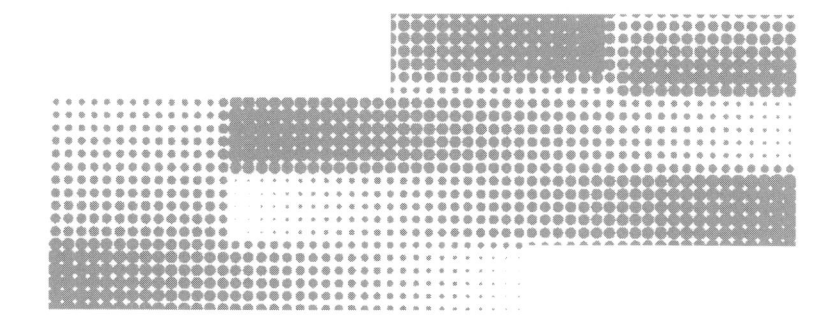

浅古 弘
伊藤孝夫
植田信廣
神保文夫
編

青林書院

はしがき

　昭和50 (1975) 年，「青林双書」シリーズの1冊として刊行された，大竹秀男・牧英正編『日本法制史』は，コンパクトでかつ高水準の概説書として好評を博し，長らく標準的教科書として用いられた。その後，平成5 (1993) 年，その間の研究の進展を反映させ，全面的に内容を更新して編集された，牧英正・藤原明久編『日本法制史』が「青林法学双書」シリーズの1冊として刊行され，再び好評を博して標準的教科書としての地位を受け継いだ。本書は，この昭和50年版・平成5年版から，その灯火を正しく受け継いで，次世代に伝える使命を果たすに足るべきものたることを目指して企画された書物である。

　この間に発表された新しい研究成果を取り入れることは勿論，「第2部　近代法」では，近年の基本法改訂の動きを視野に入れて，できるだけ現在に近い時期までの歴史を叙述することに努めたが，紙幅の関係もあり，その記述には格別の苦心を払った。

　本書は，2つの先行版同様，多数執筆者の共同作業の産物である。ちなみに，昭和50年版・平成5年版の執筆分担者は，それぞれ以下のとおりであった。

〔昭和50年版〕牧英正・利光三津夫・井ケ田良治・大竹秀男・藤原明久・鎌田浩・山中永之佑・熊谷開作・石川一三夫

〔平成5年版〕中澤巷一・林紀昭・梅田康夫・植田信廣・砂川和義・牧英正・安竹貴彦・鎌田浩・神保文夫・藤原明久・吉井蒼生夫・利谷信義・浅古弘・伊藤孝夫

　本書は，平成5年版執筆者であった浅古・伊藤・植田・神保の4名を中心に新版刊行の協議を持ち，執筆の方針を立てて，新たな執筆分担者への依頼を行い，編者の責任において全体の調整を行うかたちで編集作業を進めた。ただし先行版と同様，本書でもそれぞれの執筆者の個性を尊重することを優先し，執筆者相互の間に存するなにほどかの歴史理解の相違については，むしろ読者に研究の奥深さを感知してもらい，受動的にではなく，能動的に自身で考えてみようという関心を抱く契機としてもらえることを期待している。また本書は一

方では，すでに平成5年版が昭和50年版に対してとっていた姿勢と同様に，先行版における構成や対象とする項目の選択，叙述スタイル等を尊重する姿勢を維持している。先行版を手元に置いて見比べることのできる読者は，章によっては，2つの先行版の叙述構成をあたかも忠実になぞっているかのように見える箇所もあることに気づくはずであるが，さらに仔細に対比してみると，それらの箇所での具体的な叙述において先行版とは異なる解釈・説明が登場していることを了解するはずである。先行研究を尊重しながら，慎重に吟味を重ねて内容が更新されていく学問研究のあり方そのものが，本書には反映されている。

　前述のように本書は，執筆者13名の共同作業の産物であり，とりわけ電子メール等による連絡によって随時，緊密な意思疎通も行いつつ編集作業が行われた。この点では，編者4名の役割は限定的である。著者名としては，13名の執筆者の名を放射状に円形に配すること（前近代の日本の史料上に現れるこのような署名形式を「からかさ連判」という）も一案かと考慮したが，現代の一般的な慣行ではないので断念し，さしあたり4名が編者として名を載せることとした。

　なお，本書刊行にいたるまでには，青林書院編集部の宮根茂樹氏に多大なご尽力をいただいた。記して深く感謝の意を表することとしたい。

　　平成22年7月

　　　　　　　　　　　　　　　　　　　　　　　　　　編　者　一　同

編者・執筆者一覧

■編　者

浅 古　　 弘（早稲田大学名誉教授）
伊 藤 孝 夫（京都大学教授）
植 田 信 廣（九州大学名誉教授）
神 保 文 夫（名古屋大学名誉教授）

■執筆者（執筆箇所／執筆順）

梅 田 康 夫　　第1部第1編第1章・第3章
（元金沢大学教授）

長谷山　 彰　　第1部第1編第2章
（慶應義塾長・慶應義塾大学名誉教授）

西 谷 正 浩　　第1部第1編第4章
（福岡大学教授）

西 村 安 博　　第1部第2編第1章・第5章・第7章
（同志社大学教授）

植 田 信 廣　　第1部第2編第2章～第4章・第6章
（上　掲）

畠 山　 亮　　第1部第3編第1章・第2章
（龍谷大学教授）

安 竹 貴 彦　　第1部第4編第1章～第4章
（大阪市立大学教授）

山 中　 至　　第1部第4編第5章・第6章
（熊本大学名誉教授）

神 保 文 夫　　第1部第4編第7章・第8章
（上　掲）

小 澤 隆 司　　第2部第1編第1章・同第2編第1章・同第3編第1章
（札幌学院大学教授）

浅 古　 弘　　第2部第1編第2章～第3章・同第2編第2章～第3章・
（上　掲）　　同第3編第2章～第3章

小 柳 春一郎　　第2部第1編第4章・同第2編第4章・同第3編第4章
（獨協大学教授）

伊 藤 孝 夫　　第2部第1編第5章・同第2編第5章・同第3編第5章
（上　掲）

目　　次

はしがき
編者・執筆者一覧

第1部　前　近　代　法

第1編　律　令　法

第1章　律令以前——原日本法 …………………………………………… *3*
 I　日本国家の形成 ………………………………………………………… *3*
  (1)　原始国家 …………………………………………………………… *3*
   (a)　政治的支配従属関係の発生（*3*）　(b)　邪馬台国の登場（*5*）
  (2)　初期国家 …………………………………………………………… *8*
   (a)　ヤマト＜大和＞王権による統合（*8*）　(b)　推古朝の国制（*13*）
 II　原日本法の様相 ………………………………………………………… *17*
  (1)　法と政治 …………………………………………………………… *17*
   (a)　ノリ＜法＞（*17*）　(b)　マツリ＜政＞（*18*）　(c)　ヲサム＜治＞
   （*18*）
  (2)　犯罪と裁判 ………………………………………………………… *19*
   (a)　アマツツミ＜天津罪＞・クニツツミ＜国津罪＞（*19*）　(b)　クガタチ
   ＜盟神探湯＞（*21*）　(c)　トキベ＜解部＞・オサカベ＜刑部＞（*22*）
  (3)　土地と財産 ………………………………………………………… *23*
   (a)　シキマキ＜重播種子＞・クシザシ＜串刺＞・アゼナワ＜絡縄＞（*23*）
   (b)　ハラヘツモノ＜祓物＞（*24*）
  (4)　婚姻と家族 ………………………………………………………… *26*
   (a)　ツマドヒ＜妻問＞（*26*）　(b)　イヘ＜家＞・ウヂ＜氏＞（*27*）
第2章　律令法の継受 ………………………………………………………… *28*
 I　日本律令の成立 ………………………………………………………… *29*
  (1)　近江令 ……………………………………………………………… *29*
  (2)　飛鳥浄御原令 ……………………………………………………… *29*
  (3)　大宝律令 …………………………………………………………… *30*
  (4)　養老律令 …………………………………………………………… *30*

Ⅱ 統治組織 ……………………………………………………… 31
(1) 天　皇 ………………………………………………… 31
(a) 天皇号の成立 (31) 　(b) 皇　権 (32) 　(c) 皇位の継承 (32)
(d) 太上天皇・皇后 (33)
(2) 中央官制と地方制度 ………………………………… 33
(a) 官　制 (33) 　(b) 神祇官 (34) 　(c) 太政官 (34) 　(d) 八省・一台五衛府 (35) 　(e) 地方制度 (35) 　(f) 交通制度 (36)
(3) 軍事・警察制度 ……………………………………… 36

Ⅲ 社会身分 ……………………………………………………… 37
(1) 良と賤 …………………………………………………… 37
(2) 有位者 …………………………………………………… 37
(3) 僧　尼 …………………………………………………… 39
(4) 百姓と雑色人 …………………………………………… 39
(5) 五色の賤 ………………………………………………… 40

Ⅳ 律令制と個別人身支配 ……………………………………… 40
(1) 公地公民制 ……………………………………………… 40
(2) 戸籍・計帳 ……………………………………………… 41
(a) 戸　籍 (41) 　(b) 計　帳 (42)
(3) 土地制度と班田制 ……………………………………… 42
(a) 土地の種類 (42) 　(b) 班田収授法 (43)
(4) 律令税制 ………………………………………………… 44
(a) 租 (タチカラ) (45) 　(b) 調 (ミツキ・ツキ) (45) 　(c) 庸 (チカラシロ) (46) 　(d) 雑徭 (クサグサノミユキ) (46) 　(e) 義倉・出挙 (47)

Ⅴ 親族と相続 …………………………………………………… 47
(1) 親　族 …………………………………………………… 47
(a) 五等親制 (儀制令) (47) 　(b) 服紀制 (喪葬令) (48)
(2) 親　子 …………………………………………………… 49
(a) 親　権 (49) 　(b) 養　子 (50)
(3) 婚姻と離婚 ……………………………………………… 50
(a) 婚姻の成立要件 (50) 　(b) 婚姻の効果 (51) 　(c) 離婚と再婚 (51) 　(d) 相　続 (53)

Ⅵ 刑 事 法 ……………………………………………………… 56

(1) 律の思想的背景 ………………………………………………… 56
　　(2) 犯　罪 …………………………………………………………… 57
　　　(a) 律の通則 (57)　(b) 八　虐 (58)　(c) 六　議 (58)　(d) 犯罪の構成要件 (59)
　　(3) 刑　罰 …………………………………………………………… 59
　　　(a) 刑罰の種類 (59)　(b) 刑罰の適用 (61)　(c) 刑の減免 (62)
　Ⅶ　裁判制度 ………………………………………………………… 63
　　(1) 裁判機関 ………………………………………………………… 63
　　　(a) 司法と行政の未分化 (63)　(b) 裁判管轄 (63)
　　(2) 裁判手続 ………………………………………………………… 64
　　　(a) 断　獄 (64)　(b) 訴　訟 (66)

第3章　公家朝廷法 …………………………………………………… 69
　Ⅰ　公家朝廷の政務構造 ……………………………………………… 70
　　(1) 新たな官職・組織形態 ………………………………………… 70
　　　(a) 摂関・院 (70)　(b) 蔵　人 (71)　(c) 検非違使 (72)　(d) 受領・遙任 (73)　(e) 行事所 (74)　(f) 記録所 (74)
　　(2) 政務の方式 ……………………………………………………… 75
　　　(a) 朝政・外記政 (75)　(b) 公卿議定 (75)　(c) 官司請負 (76)
　Ⅱ　公家朝廷法の様相 ………………………………………………… 77
　　(1) 新たな法の制定 ………………………………………………… 77
　　　(a) 令義解 (77)　(b) 格　式 (78)　(c) 公家新制 (78)
　　(2) 明法の活動 ……………………………………………………… 79
　　　(a) 明法勘文 (79)　(b) 法家問答 (80)　(c) 法書の編纂 (80)　(d) 新たな法理の形成 (81)
　　(3) 刑政の展開 ……………………………………………………… 81
　　　(a) 死刑の停止 (81)　(b) 庁例の刑罰 (82)　(c) 慣習的官人処罰法 (83)　(d) 財産刑の進展 (84)

第4章　荘園制度 ……………………………………………………… 84
　Ⅰ　荘園制の生成と発展 ……………………………………………… 84
　　(1) 荘園の類型 ……………………………………………………… 84
　　(2) 古代の荘園——初期荘園 ……………………………………… 85
　　(3) 摂関期の荘園——免田型荘園 ………………………………… 86
　Ⅱ　荘園公領制の形成と中世荘園の構造 …………………………… 87

(1)　荘園整理令と中世荘園の成立 ……………………………… 87
　　(2)　荘園公領制の確立 …………………………………………… 88
　　(3)　中世荘園の構造 ……………………………………………… 89
　Ⅲ　荘園公領制の展開と終焉 ………………………………………… 91
　　(1)　一円領の形成——荘園公領制の再編 …………………… 91
　　(2)　南北朝・室町時代の一円領 ……………………………… 92
　　(3)　村・町の発展と荘園公領制の終焉 ……………………… 93

第2編　鎌倉・室町期の法

第1章　統治の組織 ……………………………………………………… 94
　Ⅰ　鎌倉幕府の成立 …………………………………………………… 94
　Ⅱ　幕府の中央組織 …………………………………………………… 95
　　(1)　侍所・政所・問注所 ……………………………………… 95
　　(2)　執権・連署 ………………………………………………… 96
　　(3)　評定・引付 ………………………………………………… 97
　　(4)　得　宗 ……………………………………………………… 97
　　(5)　室町幕府 …………………………………………………… 97
　Ⅲ　幕府の地方組織 …………………………………………………… 98
　　(1)　守　護 ……………………………………………………… 98
　　(2)　地　頭 ……………………………………………………… 99
　　(3)　六波羅探題・鎮西探題 …………………………………… 100
　　(4)　鎌倉府 ……………………………………………………… 101
　Ⅳ　国人一揆 …………………………………………………………… 102
　Ⅴ　惣　村 ……………………………………………………………… 102

第2章　社会身分 ………………………………………………………… 103
　Ⅰ　公　家 ……………………………………………………………… 103
　Ⅱ　武家（武士） ……………………………………………………… 104
　　(1)　武士身分の成立 …………………………………………… 104
　　(2)　御家人と非御家人 ………………………………………… 104
　　(3)　侍と郎等・郎従 …………………………………………… 105
　Ⅲ　百姓・凡下 ………………………………………………………… 105
　Ⅳ　下人・所従 ………………………………………………………… 105

V	非　人	106

第3章　中世法の基本的性格 … 107
I　法の分立 … 107
II　武家社会の「道理」と法 … 108
(1)　「非理法権天」と中世的法観念 … 108
(2)　御成敗式目と武家社会の道理 … 108
(3)　在地領主の家支配権の自立性 … 109
(4)　幕府と御家人の主従関係 … 110
(5)　安堵と悔返 … 111
(6)　越訴の容認 … 112
III　自力救済慣行の容認 … 112
(1)　「知行回収の訴」の不存在 … 112
(2)　刈田狼藉・路次狼藉 … 113
(3)　敵討・妻敵討 … 114
IV　「不論理非」の論理による裁判 … 114
(1)　年紀法による判決 … 114
(2)　越訴と不易法 … 115
(3)　召文違背の咎による判決 … 115
(4)　悪口の咎による判決 … 115
(5)　安堵外題法による判決 … 116
(6)　喧嘩両成敗法の成立 … 116

第4章　親族と相続 … 118
I　家と家門の成立 … 118
II　親　子 … 119
III　結婚と離婚 … 120
IV　相　続 … 122
(1)　家督相続 … 122
(2)　家の相続 … 122
(3)　財産相続 … 122
(4)　分割相続と惣領制 … 123
(5)　単独相続 … 123

第5章　裁判制度 … 124
I　裁判機関とその管轄 … 124

(1)　問注所・政所 …………………………………………………… *124*
　(2)　引　付 ………………………………………………………… *124*
　(3)　越訴方 ………………………………………………………… *125*
　(4)　所務沙汰・雑務沙汰・検断沙汰 ……………………………… *126*
　(5)　室町幕府 ……………………………………………………… *127*
 Ⅱ　裁判手続 ………………………………………………………… *127*
　(1)　当事者主義の原則 ……………………………………………… *127*
　(2)　所務沙汰手続の概要 …………………………………………… *128*

第6章　刑　事　法 ……………………………………………… *132*
 Ⅰ　鎌倉幕府刑法の特色 …………………………………………… *132*
 Ⅱ　犯罪と刑罰の対応関係 ………………………………………… *134*

第7章　取　引　法 ……………………………………………… *135*
 Ⅰ　徳　政　令 ……………………………………………………… *135*
 Ⅱ　売買・消費貸借・質入 ………………………………………… *138*
　(1)　売券と追奪担保文言 …………………………………………… *138*
　(2)　年季売と本物返 ………………………………………………… *139*
　(3)　消費貸借と利息制限 …………………………………………… *140*
　(4)　質 ………………………………………………………………… *140*
 Ⅲ　為　　　替 ……………………………………………………… *141*
 Ⅳ　座 …………………………………………………………………… *144*

第3編　戦　国　法

第1章　在地社会の法 …………………………………………… *148*
 Ⅰ　戦国法の諸相 …………………………………………………… *148*
 Ⅱ　村　の　法 ……………………………………………………… *148*
　(1)　村法の世界 ……………………………………………………… *148*
　　(a)　村　掟（*148*）　(b)　自検断（*149*）
　(2)　村と村の間の法 ………………………………………………… *149*
 Ⅲ　戦国社会における村の法の位置 ……………………………… *151*
　(1)　村の法と公権力 ………………………………………………… *151*
　(2)　惣国一揆と「地域の論理」 …………………………………… *151*

第2章　戦国大名の法 …………………………………………… *152*

Ⅰ　戦国大名法の構造 … 152
　(1)　分国法 … 152
　(2)　家法（家中法） … 154
　　(a) 源　流 (154)　(b) 進展過程 (154)
　(3)　国　法 … 155
　　(a) 源　流 (155)　(b) 原　理 (155)
　(4)　特　徴 … 156
Ⅱ　戦国大名法の実態 … 156
　(1)　戦国大名法の世界 … 156
　　(a) 守護を超えて (156)　(b) 多様な法 (157)
　(2)　紛争の解決 … 158
　(3)　平和の維持と戦争 … 159

第4編　幕　藩　法

第1章　幕藩の統治組織 … 161
　Ⅰ　織豊政権 … 161
　Ⅱ　近世の対外関係 … 163
　Ⅲ　江戸幕府の成立 … 165
　Ⅳ　幕府の統治組織 … 166
　　(1)　中央職制 … 166
　　(2)　幕府の地方官 … 169
　　(3)　幕府の財政 … 170
　Ⅴ　藩 … 171
　Ⅵ　村　と　町 … 173
第2章　法　源 … 175
　Ⅰ　近世法の特徴 … 175
　Ⅱ　幕　府　法 … 176
　Ⅲ　藩　法 … 180
　Ⅳ　村法と町法 … 181
　Ⅴ　仲　間　法 … 182
第3章　社会身分と雇用 … 183
　Ⅰ　社会身分 … 183

(1) 天皇・公家 ……………………………………………… *184*
　　(2) 武　士 ………………………………………………… *184*
　　(3) 百　姓 ………………………………………………… *186*
　　(4) 町　人 ………………………………………………… *187*
　　(5) 穢多・非人 …………………………………………… *187*
　Ⅱ　雇　用 ……………………………………………………… *188*
　　(1) 奉公・奉公人 ………………………………………… *188*
　　(2) 奉公契約と年季 ……………………………………… *189*
　　(3) 村方奉公人 …………………………………………… *190*
　　(4) 武家奉公人 …………………………………………… *191*
　　(5) 町方奉公人 …………………………………………… *191*
　　(6) 日用取 ………………………………………………… *192*
　　(7) 勤奉公人 ……………………………………………… *192*
第4章　土地制度 ……………………………………………………… *193*
　Ⅰ　近世的土地所有の性格と各種の規制 ……………………… *193*
　　(1) 田畑永代売買の禁止 ………………………………… *193*
　　(2) 分地の制限 …………………………………………… *194*
　　(3) 作付の制限 …………………………………………… *194*
　Ⅱ　検地と貢租 ………………………………………………… *195*
　　(1) 検　地 ………………………………………………… *195*
　　(2) 貢　租 ………………………………………………… *196*
　　　　(a) 本途物成 (*196*)　(b) 小物成 (*196*)　(c) 夫　役 (*197*)
　Ⅲ　割地・郷地賄いと入会 …………………………………… *197*
　　(1) 割地・郷地賄い ……………………………………… *197*
　　(2) 入　会 ………………………………………………… *198*
　　(3) 入会漁場 ……………………………………………… *198*
　Ⅳ　不動産貸借 ………………………………………………… *198*
　　(1) 小　作 ………………………………………………… *198*
　　(2) 店借・地借 …………………………………………… *199*
　Ⅴ　不動産担保 ………………………………………………… *200*
　　(1) 田畑質 ………………………………………………… *200*
　　(2) 家　質 ………………………………………………… *200*
　　(3) 書　入 ………………………………………………… *201*

第5章　親族法・相続法 …… 201
Ⅰ　親族法 …… 201
(1)　武士法と庶民法の分離 …… 201
(2)　親族の範囲 …… 202
(3)　親族関係の解消 …… 203
(4)　「家」と家長権 …… 203
(5)　婚姻の成立 …… 204
(6)　婚姻の効果 …… 204
(7)　夫婦財産制 …… 205
(8)　離　婚 …… 205
(9)　親　子 …… 207
(10)　親　権 …… 209
Ⅱ　相続法 …… 209
(1)　武士相続 …… 209
(2)　農民相続 …… 210
(3)　町人相続 …… 211

第6章　刑　法 …… 212
Ⅰ　『御定書』と『刑法草書』 …… 212
Ⅱ　『御定書』の犯罪と刑罰 …… 212
(1)　総　説 …… 212
(2)　刑　罰 …… 214
(3)　犯　罪 …… 216
(4)　江戸の処刑実数 …… 217
Ⅲ　『刑法草書』の犯罪と刑罰 …… 218
(1)　総　説 …… 218
(2)　刑　罰 …… 219
(3)　犯　罪 …… 220
(4)　熊本藩の処刑実数 …… 221

第7章　裁判制度 …… 222
Ⅰ　総　説 …… 222
(1)　裁判権 …… 222
(2)　裁判の種類と構造 …… 223
(3)　裁判機関と裁判役人 …… 224

　　　　　(a) 裁判機関 (*224*)　　(b) 裁判役人 (*224*)
　　(4) 法　源 ·· *226*
　　　　　(a) 法典・法令集 (*226*)　(b) 判例集 (*227*)　(c) 法律書と実務法学 (*227*)
Ⅱ　吟　味　筋 ·· *228*
　(1) 裁判管轄 ·· *228*
　(2) 糺問手続 ·· *230*
　　　　　(a) 犯罪捜査 (*230*)　(b) 冒頭手続・未決勾留 (*231*)　(c) 事実認定 (*232*)　(d) 刑罰決定 (*233*)　(e) 落着・刑罰執行 (*233*)
　(3) 恩　赦 ·· *234*
Ⅲ　出　入　筋 ·· *234*
　(1) 裁判管轄 ·· *234*
　(2) 判決手続 ·· *235*
　　　　　(a) 目安糺 (*235*)　(b) 目安裏書 (*236*)　(c) 対決審問 (*236*)　(d) 裁　許 (*237*)
　(3) 内　済 ·· *238*
　(4) 身代限と切金 ·· *239*

第8章　取　引　法 ·· *240*

Ⅰ　総　　説 ·· *240*
　(1) 江戸法と大坂法 ·· *240*
　(2) 商人と株仲間 ·· *241*
　(3) 債権関係 ·· *242*
Ⅱ　各　　説 ·· *244*
　(1) 売　買 ·· *244*
　(2) 貸　借 ·· *245*
　(3) 担　保 ·· *246*
　(4) 手　形 ·· *247*
　(5) 海　商 ·· *248*

第2部　近　代　法

第1編　近代法の形成（〜1900年）

第1章　国家機構 ·· *251*

目次　xv

- I　開国と明治維新 ……………………………………………………… 251
  - (1)　日本の開国と東アジア ………………………………………… 251
    - (a)　開国・開港と不平等条約体制（252）　(b)　明治政府の近隣外交（252）
  - (2)　王政復古と太政官制 …………………………………………… 253
    - (a)　王政復古令と三職制（253）　(b)　「政体書」体制（254）　(c)　版籍奉還と太政官制の成立（254）　(d)　廃藩置県と太政官制の確立（254）
    - (e)　明治8年の官制改革と元老院・大審院の設置（255）
  - (3)　地方制度 ………………………………………………………… 256
    - (a)　廃藩置県（256）　(b)　三新法体制（256）
- II　明治前期における立憲制の模索 …………………………………… 257
  - (1)　政府の憲法構想 ………………………………………………… 257
    - (a)　左院の国会議院規則案（257）　(b)　元老院の「国憲」草案（258）
  - (2)　民権派の憲法草案 ……………………………………………… 258
    - (a)　民撰議院設立建白書（258）　(b)　民権派の憲法草案（258）
  - (3)　明治14年の政変 ………………………………………………… 259
    - (a)　大隈重信の国会開設奏議（259）　(b)　岩倉具視の憲法大綱領（259）
- III　明治憲法体制の成立 ………………………………………………… 260
  - (1)　内閣制度の創設 ………………………………………………… 260
    - (a)　参事院・制度取調局（260）　(b)　内閣制度（261）　(c)　公文式・公式令（262）
  - (2)　憲法典の編纂 …………………………………………………… 262
  - (3)　大日本帝国憲法の内容 ………………………………………… 263
    - (a)　天　皇（264）　(b)　臣民の権利（264）　(c)　帝国議会と内閣（265）
  - (4)　地方制度 ………………………………………………………… 266
    - (a)　市制町村制（266）　(b)　府県制・郡制（267）　(c)　北海道と沖縄（267）
  - (5)　教育勅語と国民教化 …………………………………………… 268
  - (6)　条約改正 ………………………………………………………… 268

第2章　司法制度 ……………………………………………………… 269

- I　裁判所の創設と訴訟法 ……………………………………………… 269
  - (1)　裁判事務の統合と裁判所の創設 ……………………………… 269
    - (a)　朝藩体制下の裁判（269）　(b)　江藤新平の司法制度改革（270）
    - (c)　裁判所の誕生（271）　(d)　大審院の創設（273）

(2) 訴訟手続の整備 ………………………………………………………… 275
　　　(a) 民事訴訟手続（275）　(b) 刑事訴訟手続（277）　(c) 行政訴訟手続（278）
　　(3) 治罪法の制定 …………………………………………………………… 278
　　(4) 裁判所官制の制定 ……………………………………………………… 280
　Ⅱ　領事裁判 …………………………………………………………………… 281
　　(1) 欧米による領事裁判 …………………………………………………… 281
　　(2) 日本による領事裁判 …………………………………………………… 283
　Ⅲ　裁判所構成法と訴訟法 …………………………………………………… 284
　　(1) 帝国憲法と裁判所構成法 ……………………………………………… 284
　　(2) 行政裁判法 ……………………………………………………………… 285
　　(3) 民事訴訟法・非訟事件手続法・人事訴訟手続法 …………………… 286
　　(4) 明治23年刑事訴訟法（明治刑事訴訟法） …………………………… 287

第3章　刑　事　法 …………………………………………………………… 288
　Ⅰ　刑法の制定 ………………………………………………………………… 288
　　(1) 初期刑政と仮刑律 ……………………………………………………… 288
　　(2) 新律綱領・改定律例 …………………………………………………… 289
　　(3) 明治13年刑法（旧刑法）の制定 ……………………………………… 291

第4章　民　事　法 …………………………………………………………… 294
　Ⅰ　法典編纂前の民事法 ……………………………………………………… 294
　　(1) 土地所有権 ……………………………………………………………… 294
　　　(a) 永代売買禁令の廃止（294）　(b) 地券と地租改正（295）　(c) 公証制度の展開と地租条例（298）
　　(2) 取引法 …………………………………………………………………… 300
　　　(a) 成　年（300）　(b) 証書と契約の解釈（300）　(c) 時　効（301）
　　　(d) 代　理（301）　(e) 債権と保証（302）　(f) 利　息（303）
　　(3) 家族法 …………………………………………………………………… 304
　　　(a) 明治4年戸籍法（304）　(b) 「戸主の法」の展開（305）
　Ⅱ　民法典の成立 ……………………………………………………………… 307
　　(1) 旧民法典の成立 ………………………………………………………… 308
　　(2) 法典論争 ………………………………………………………………… 309
　　(3) 明治民法の成立 ………………………………………………………… 312
　　　(a) 明治民法（312）　(b) 民法施行法（315）　(c) 不動産登記法（315）

(d) 戸籍法 (*316*)

第5章　経済・社会法 …………………………………………… *317*
I　明治前期の法と経済 …………………………………………… *317*
　(1) 殖産興業と立法 ………………………………………………… *317*
　(2) 通貨と銀行制度 ………………………………………………… *318*
　(3) 手形法の革新 …………………………………………………… *319*
　(4) 会社制度の導入 ………………………………………………… *320*
　(5) 証券取引 ………………………………………………………… *321*
　(6) 同業組合 ………………………………………………………… *322*
II　産業化の進展と法秩序の確立 ………………………………… *323*
　(1) 商法典の編纂 …………………………………………………… *323*
　(2) 財　政 …………………………………………………………… *326*
　(3) 資本主義経済秩序の確立 ……………………………………… *326*
　(4) 農林業 …………………………………………………………… *328*

第2編　近代法の再編（1900〜1950年）

第1章　国家機構 ………………………………………………… *329*
I　世界大戦の時代と帝国日本 …………………………………… *329*
　(1) 第2次条約改正 ………………………………………………… *329*
　(2) 世界大戦の時代と日本 ………………………………………… *330*
II　国家機構の再編 ………………………………………………… *331*
　(1) 大正デモクラシーと政党内閣 ………………………………… *331*
　　(a) 政党内閣 (*331*)　(b) 普通選挙法 (*332*)　(c) 官僚制 (*332*)
　　(d) 地方制度 (*333*)
　(2) 軍事制度 ………………………………………………………… *334*
　　(a) 統帥権の独立 (*334*)　(b) 軍部大臣武官制 (*334*)　(c) 兵役の義務 (*334*)　(d) 非常事態法 (*334*)
　(3) 植民地法制 ……………………………………………………… *335*
　　(a) 台　湾 (*335*)　(b) 朝　鮮 (*336*)　(c) 樺　太 (*336*)　(d) 「異法地域」としての植民地 (*337*)
　(4) 国家総動員体制 ………………………………………………… *337*
　　(a) 政党内閣制の崩壊 (*337*)　(b) 内閣機能の強化 (*338*)

Ⅲ 占領と戦後改革 ……………………………………………………… *339*
- (1) 日本占領 ………………………………………………………… *339*
  - (a) ポツダム宣言の受諾（*339*）　(b) 占領管理機構（*340*）　(c) 沖縄の分離占領（*341*）　(d) 旧支配体制の解体（*341*）
- (2) 憲法改正 ………………………………………………………… *343*
  - (a) 日本政府の憲法改正案（*343*）　(b) GHQ 草案（*344*）　(c) 日本国憲法の公布・施行（*344*）
- (3) 統治機構の改革 ………………………………………………… *345*
  - (a) 国会法・選挙法（*346*）　(b) 内閣法・国家行政組織法（*347*）　(c) 地方自治法の制定（*348*）
- (4) 平和条約と安保条約 …………………………………………… *349*
  - (a) 対日政策の転換と再軍備（*349*）　(b) 平和条約（*349*）　(c) 日米安保条約（旧安保条約）（*350*）

第2章　司法制度 ……………………………………………………… *350*
Ⅰ 民事訴訟法の改正と破産法 ………………………………………… *350*
- (1) 大正15年民事訴訟法の成立 …………………………………… *350*
- (2) 破産法の制定 …………………………………………………… *351*

Ⅱ 調停制度の創設 ……………………………………………………… *352*
Ⅲ 刑事訴訟法の改正（大正刑事訴訟法）…………………………… *353*
Ⅳ 陪審裁判の導入 ……………………………………………………… *354*
Ⅴ 「国民の裁判」の実現 ……………………………………………… *356*
- (1) 日本国憲法施行に伴う司法改革 ……………………………… *356*
- (2) 民事訴訟法の改正 ……………………………………………… *358*
- (3) 行政裁判所の廃止と行政事件訴訟特例法の制定 …………… *358*
- (4) 刑事訴訟法の改正 ……………………………………………… *359*

第3章　刑　事　法 …………………………………………………… *359*
Ⅰ 明治40年刑法（現行刑法）の成立 ………………………………… *359*
- (1) 改正の経過 ……………………………………………………… *359*
- (2) 明治40年刑法の特色 …………………………………………… *362*
- (3) 治安警察法の登場 ……………………………………………… *363*

Ⅱ 刑法の改正作業と治安立法 ………………………………………… *363*
- (1) 刑法改正の綱領・改正刑法仮案 ……………………………… *363*
- (2) 治安維持法の成立 ……………………………………………… *364*

(3) 刑法の部分改正と戦時刑事特別法 …………………………………… *365*
　Ⅲ　日本国憲法の施行と刑法の部分改正 ……………………………………… *366*
第4章　民　事　法 ……………………………………………………………………… *366*
　Ⅰ　戦前期の民事法の展開 ………………………………………………………… *367*
　　(1) ドイツ法の学説継受 …………………………………………………… *367*
　　(2) 判例の展開 ……………………………………………………………… *368*
　　　　(a) 財産法の重要判例 (*368*)　(b) 家族法の重要判例 (*370*)
　　(3) 立　法 …………………………………………………………………… *371*
　　　　(a) 財産法 (*371*)　(b) 家族法 (*373*)
　Ⅱ　戦後改革下の民事法 …………………………………………………………… *374*
　　(1) 財産法 …………………………………………………………………… *374*
　　(2) 家族法 …………………………………………………………………… *374*
第5章　経済・社会法 …………………………………………………………………… *376*
　Ⅰ　経済の規模拡大と法 …………………………………………………………… *376*
　　(1) 企業活動と法 …………………………………………………………… *376*
　　(2) 財　政 …………………………………………………………………… *378*
　Ⅱ　社会法の形成 …………………………………………………………………… *379*
　　(1) 労働立法 ………………………………………………………………… *379*
　　(2) 小作立法 ………………………………………………………………… *380*
　　(3) 社会保障立法 …………………………………………………………… *383*
　Ⅲ　統制化と戦時動員 ……………………………………………………………… *384*
　　(1) 産業統制と企業法 ……………………………………………………… *384*
　　(2) 総動員体制 ……………………………………………………………… *386*
　　(3) 戦時財政と社会保障 …………………………………………………… *387*
　　(4) 戦時下の農業 …………………………………………………………… *387*
　Ⅳ　占領下の経済制度改革 ………………………………………………………… *388*
　　(1) 財閥解体と独占禁止法 ………………………………………………… *389*
　　(2) 労働改革 ………………………………………………………………… *390*
　　(3) 農地改革 ………………………………………………………………… *391*
　　(4) 企業法制改革 …………………………………………………………… *392*
　　(5) 財政制度改革 …………………………………………………………… *393*
　　(6) 社会保障制度改革 ……………………………………………………… *393*

第3編　現代法の展開（1950年～）

第1章　国家機構 ··· 395
 Ⅰ　国際社会と戦後日本 ··· 395
  (1)　安保・防衛法制の展開 ····································· 395
  (2)　沖縄の日本復帰 ··· 396
  (3)　戦後処理 ··· 397
 Ⅱ　統治機構 ··· 398
  (1)　国会・政党・選挙法制 ····································· 399
  (2)　内閣・中央省庁法制 ······································· 399
  (3)　地方自治 ··· 400
  (4)　行政手続・情報公開法制 ··································· 401
  (5)　憲法改正 ··· 403
第2章　司法制度 ··· 403
 Ⅰ　裁判所法と訴訟法の見直し ····································· 403
  (1)　最高裁判所の機構改革案 ··································· 403
  (2)　臨時司法制度調査会 ······································· 404
  (3)　司法制度改革審議会 ······································· 405
 Ⅱ　訴訟手続の改革 ··· 406
  (1)　民事訴訟手続 ··· 406
  (2)　行政事件手続 ··· 407
  (3)　刑事訴訟手続 ··· 408
  (4)　裁判員裁判の導入 ··· 408
第3章　刑　事　法 ··· 409
 Ⅰ　刑法の全面改正作業 ··· 409
 Ⅱ　刑法の部分改正と平易化 ······································· 410
第4章　民　事　法 ··· 410
 Ⅰ　学説と判例の展開 ··· 411
  (1)　学説の新傾向 ··· 411
  (2)　判例法理の展開 ··· 411
 Ⅱ　民事立法 ··· 417
  (1)　民法の改正 ··· 417
   (a)　財産法（*417*）　(b)　家族法（*417*）

  (2)　民事特別法（*418*）
   (a)　不動産法（*418*） (b)　担保法（*419*） (c)　債権法（*420*）
 Ⅲ　**第 3 の法制改革期** ……………………………………………… *420*
  (1)　特別法の展開 …………………………………………………… *420*
  (2)　民法改正 ………………………………………………………… *423*

第 5 章　経済・社会法 …………………………………………… *424*

 Ⅰ　**経済活動と法** ……………………………………………………… *425*
  (1)　財政・金融 ……………………………………………………… *425*
  (2)　企業法制 ………………………………………………………… *426*
  (3)　競争法制 ………………………………………………………… *426*
 Ⅱ　**社会生活と法** ……………………………………………………… *427*
  (1)　労働法 …………………………………………………………… *427*
  (2)　社会保障法 ……………………………………………………… *428*
  (3)　環境法 …………………………………………………………… *429*

事項索引
参考文献

第1部

前近代法

第 *1* 編

律 令 法

第 1 章　律令以前——原日本法

I　日本国家の形成

(1)　原始国家

(a)　政治的支配従属関係の発生　　日本列島に人間が生活した痕跡を残すのは10万年以上前に遡るとされるが，確かなことはわからない。最近発掘された砂原遺跡（島根県）では，12万年前の地層から旧石器が20点出土した。まだ朝鮮海峡，宗谷海峡，間宮海峡は陸地であり，日本列島は広い範囲で大陸とつながっていた。間氷期に入り温暖化による海面上昇によって日本列島が大陸から完全に切り離されたのは，約1万2000年前に始まる縄文時代の幕開けの時期であった。そして，今のところ世界的にも最も古いとされる土器の使用が始まった。縄文土器の出現は，食物の煮炊きを可能にし，それまでにない食生活の豊かさをもたらした。植物性食料の比重の増大により食料供給が安定し，人口の増加と定住的な生活が始まり，三内丸山遺跡（青森県）のような大規模な集落があらわれるようになった。狩猟・採集・漁労が基本的な生業ではあったが，粗放的な焼畑農業や陸稲の栽培も既に行われていたと考えられる。集落の中央に広場を持つ環状集落では，その広場において祭礼と一体化した集落の政治，ムラのマツリゴトが行われたものと想像される。特殊な装身具をつけた巫女のような存在もあらわれるが，しかしながら埋葬方法には身分差，階層性を示す徴表はまだあらわれていない。また，主として海上交通によりかなり広範囲にわたる恒常的な交易が行われたが，ムラを上回るような政治権力はまだ存在していなかった。

日本列島における国家成立の端緒は，弥生時代に始まると考えられる。2千数百年ほど前に渡来した水田農業は驚くべき早さで北上し，北海道を除く日本列島のほぼ全域に普及した。この本格的な水田農業の渡来と普及は，社会生活全般にわたって大きな影響を与えることになった。水田農業の特徴は，次の3点にある。まず第1に，田に水を張ることによって雑草の発芽を抑え，そして水の比熱の高さは気温の低下を緩和し，高い収量性を実現した。第2に，やはり水を張った効果として稲の連作が可能となり，水田が造成されると長期間にわたって稲作を続けることが可能となった。そして第3に，水田は恒常的な施設であり，その開拓造成と維持管理には集団的・社会的な協力が必要となった。このような水田農業の特徴は，一定の限られた土地の中に，多数の人間が長期間にわたって集まり住む現象となってあらわれた。もっとも狩猟・採集は地域的偏差はあるが依然として行われていたし，漁労や畑作等も重要な生業ではあった。

　ともあれ農業生産力の飛躍的な向上は大規模な定住集落を出現させ，そのようなムラを基盤として地域的な集団社会が形成された。畿内では大規模なムラを中心に，直径5キロメートルくらいの範囲で，自律的な地域集団が分立・割拠していた。集団内には種籾や収穫を保管する共同倉庫が設けられ，それを管理する首長は季節ごとの農耕神事を主宰し，また水田の開拓・維持に指導的役割を果たすようになった。鏡，玉，剣等を副葬する墓や，全国各地に見られる方形で低い墳丘を有する方形周溝墓（ほうけいしゅうこうぼ），及び山陰を中心とした日本海側を中心に分布する四隅突出型墳丘墓（よすみとっしゅつがたふんきゅうぼ）は，このような首長層の墓であったと考えられる。そして，耕地や灌漑用水等の占有・利用をめぐって，あるいは余剰収穫物や労働力の奪取をめぐって，さらには農工具や武器となる鉄器等の入手をめぐって，地域集団相互の間の争いが頻発するようになる。吉野ケ里遺跡（佐賀県）や池上・曽根遺跡（大阪府）のように防御のため集落を溝や堀で囲った環壕集落が各地に出現し，また瀬戸内沿岸等では高地に土塁や空堀を巡らした高地性集落が営まれた。『漢書』『後漢書』『三国志』等の中国の歴史書によれば，当時の倭国は百余のクニに分かれ大いに乱れていたということである。

　これらのクニはまだ国家といえるほどの内実を備えてはいなかったが，しかしながら国家形成へ向けての萌芽をそこに宿していた。国家とは，広義的には

政治的な支配従属関係によって規律された社会関係を，狭義的にはその頂点に位置して社会を統括する権力組織，権力機構をさし，それは領民・領土を地縁的・空間的に編成したある一定の領域内において，正当な物理的強制力の独占を要求する人間共同体である。そして，貨幣が一般等価価値として流通する過程において特殊個別的使用価値を実現するのと同様に，国家は社会全体にかかわる共通的利益を追求する過程において支配階層の特殊個別的利益を実現する。このような完成した姿の国家に向けて，日本においては弥生時代から律令時代に至るまで，かなり長期間にわたる国家形成の途がここに始まった。その過程は，大まかにいって国家形成の低次段階である原始国家，そしてより高次の段階に進んだ初期国家を経由して，律令国家により本格的な国家が完成したといえる。

＊初期国家の概念

　　国家の起源や発生史に関する理論としては，F・エンゲルス（『家族・私有財産・国家の起源』）やM・ウェーバー（『古代社会経済史』）の著作が大きな影響を与えてきたが，20世紀後半以降には文化人類学の新進化主義の下で新たな理論的提言がみられるようになった。植木武（「初期国家の理論」，植木武編著『国家の形成―人類学・考古学からのアプローチ―』（三一書房，1996年）9頁以下）は，その学説史的展開を概観している。初期国家という概念が最初に明確な形であらわれるようになったのは，1970年代にH・クラッセンやP・スカールニクが主宰して行われた国際的共同研究会においてであったようである。日本の古代史研究にこの概念を最初に導入したのは都出比呂志（「日本古代の国家形成論序説―前方後円墳体制の提唱―」日本史研究343号5頁以下）であり，その後，都出は，日本における国家形成を，首長制・初期国家・成熟国家の3段階で把握する構想を提言している（「国家形成の諸段階―首長制・初期国家・成熟国家―」日本史研究551号3頁以下）。

(b)　邪馬台国の登場　　西晋の陳寿が3世紀に著述した『三国志』の第1編を魏志といい，その30巻「烏丸鮮卑東夷伝」の最後には，当時の倭人の状況が詳しく記されている。このいわゆる魏志倭人伝には，2世紀から3世紀にかけての日本社会の状況の一端が，地理・風土・習俗・制度・外交にわたってかなり詳細に描かれている。しかしながら，それはそもそも当時の日本社会を対象としたものか，その記述にはどの程度の真偽性があるのか，といった史料価値をめぐる問題，また邪馬台国の本来の名称は何で卑弥呼は誰に比定されるのか，等といった様々な問題が議論されてきた。その中でもっとも長期間にわた

って今なお激烈な論争が続いているのが，邪馬台国の所在地に関してである。その候補地については九州説と畿内説をはじめとして様々な議論が展開され，それとの関連で邪馬台国以外の国の比定も一部を除いて諸説が展開されてきた。最近では纒向遺跡（奈良県）より計画的に配置された大型建物が発掘され邪馬台国との関連が指摘されており，今後の考古学的発掘の成果によってはその位置が確定される可能性もあり得る。確かに邪馬台国の所在地がどこであるかによって，日本列島における当時の政治的支配関係の状況についての理解や，国家形成過程についての見通しが大きく影響されることは否定できない。邪馬台国の所在地が九州であれば，その支配圏域は九州内に限定される可能性が大であり，畿内にはそれとは別個に独自の地域王権が併存したと想定することも可能である。ところがもしそれが畿内であれば，一定の政治的な支配関係が中国地方を越えて遠く九州地方にまで及んでいたことを推測させる。とはいえ卑弥呼の邪馬台国及び女王国は，たとえ当時の日本列島における最大の勢力であったとしても，基本的には地域王権の一つ，あるいはそれを脱しようとする途上の王権であったと理解すべきである。決して日本列島の主要部を全一的に支配する王権ではなかったのである。そのことは魏志倭人伝の記述からも窺えるのである。

　魏志倭人伝には邪馬台国も含めて30ほどの国名があらわれる。それらは大きく3種類に分類される。第1は，邪馬台国の卑弥呼を女王として共立し，女王国を構成する国々である。元来は男子を以て王としていたところ争乱が続き，一人の女子すなわち卑弥呼を共立したのである。卑弥呼死去後に再び国内が乱れたが，卑弥呼の宗女である年13の壱与（台与）を立てておさまった。第2は，女王国の以北に位置する国々であり，女王国に統属している。これらの国を検察するために邪馬台国から一大率が伊都国に派遣されている。そして第3は，女王国の南に位置して対立関係にある狗奴国である。男王の卑弓弥呼が支配する国であり，卑弥呼死去直前の正始8（247）年には女王国と戦闘状態になっている。以上，3種類の国々はいずれも具体的な国名を以て記述されているが，魏志倭人伝にはその他にもその詳細がわからないので一般的な名称で表現されている国々が記されている。女王国の東，海を渡って千余里にまた国があり，倭種とされている。その南には侏儒国，さらにその東南には裸国や黒歯国があ

るとされている。このように日本列島あるいはその周辺に様々な国が所在したのであるが，邪馬台国と卑弥呼の直接的な政治的支配下にあるのは，女王国を構成する国々のみであった。女王国より以北の国々についていえば，伊都国には国王が存在し帯方郡の使が往来して駐留したのであり，そこには伊都国を中心とした地域王権が存在したと考えられる。これらの国々は，その経緯についてはわからないが，邪馬台国を中心とする女王国に服属するようになったと考えられる。そして，敵対する狗奴国は女王国とは全く相容れない独立した地域王権であったといえる。魏志倭人伝では女王国より以北の国々についてはある程度詳細な情報が伝えられるが，女王国を構成する邪馬台国以外の国々については戸数，里程，官等の詳細は全く記載されない。これは中国人の著者には女王国を構成する国々について正確な情報が把握できていなかったが故と思われるのであり，かつて百余国に分立していた倭国について30ほどの国々が記載されるのは，国々による統合の結果とみるのは必ずしも妥当とは思われない。魏志倭人伝に明確に記されない国々の存在も考え得るのであり，邪馬台国は当時の日本列島各地に成立した地域王権の一つ，その代表的存在であったといえよう。

　魏志倭人伝は，邪馬台国をはじめとした国々の政治組織について詳述する。卑弥呼は鬼道を事とするシャーマン的な存在であり，ほとんど人前に姿をみせず，婢を千人侍らせる。飲食を給し辞を伝える男子一人が出入りする。そして，男弟が卑弥呼を補佐して国を治める。その居処には宮室，楼観，城柵が設けられ，兵が守衛する。卑弥呼の死去後には径百歩余の塚が築かれた。邪馬台国には伊支馬，弥馬升，弥馬獲支，奴佳革是，という4等の官が存在する。対馬国には大官として卑狗，副として卑奴母離が存在し，一支国，伊都国，奴国，不弥国，投馬国にも2等の官が存在するが，狗奴国では狗古智卑狗の1官のみが記されている。そして前述の一大率のほかにも，国々の市における交易等を監督する大倭が置かれていた。また中国的な表現ではあるが，租賦を収める邸閣が存在したとされている。さらには景初2（238）年以来，何度かにわたって卑弥呼は帯方郡を経由して魏と使者を交換し，魏より「親魏倭王」の称号と金印を授けられている。このように大変に素朴で未熟な形態ではあったが，国家組織の萌芽のようなものを見出すことができるのであり，対外的な関係におい

ても独立した存在として認められていた。社会的な関係では大人、下戸という身分表示をともなった階層差がいろいろな形で明確にあらわれており、生口や奴婢といった隷従者の存在も知られる。このような徴表よりして邪馬台国より国家形成の長い道程が始まったといえるのであるが、卑弥呼を中心とした政治形態と邪馬台国の社会組織は、まだ原始的・宗教的な性格を有したものであった。そして邪馬台国は地域王権の一つとしての小国家であり、その発展度合からすると極めて低次段階の原始国家であったといえる。

(2) 初期国家

(a) ヤマト＜大和＞王権による統合　　卑弥呼の死去時期とほぼ同じ頃の3世紀中葉に遡るとされる纏向遺跡（奈良県）は、奈良盆地東南部の三輪山山麓に位置し、初期ヤマト王権の中枢地域があったと推定される。3世紀後半の前方後円墳とされ、卑弥呼の墓とも目される箸墓古墳がそこには所在する。畿内を中心に日本列島各地に巨大な前方後円墳が造営される、古墳時代の幕開けであった。弥生時代の墳丘墓が地域ごとにその個性的なあり方を示していたのに対し、前方後円墳は極めて明確な統一性・画一性を有していた。五千基近いといわれる前方後円墳の出現は、その巨大化・多量化により、それ以前の墓制からの飛躍的な変化をもたらした。そして、それはヤマト王権を中心とした政治的統合を象徴的に示す証跡でもあった。前方後円墳は、まず奈良盆地から始まって畿内、瀬戸内沿岸、九州、山陰に広がり、少し遅れて東海、東山、関東、北陸、東北にまで拡大していった。そこには三角縁神獣鏡をはじめとする多くの鏡が副葬されており、その多くがヤマト王権から各地に配布されたものであった。それはヤマト王権との擬制的な同族関係を設定することにより、各地の王権が地域内においてその優越性・卓越性を誇示する機能を果たした。このように本来は首長霊の鎮魂と継承のための祭祀形態を具現化するものであった前方後円墳は、極めて政治的な意味と機能を有するようになった。

　4世紀になるとヤマト王権は日本列島各地に大きくその勢力を伸張させ、さらには鉄資源を求めて朝鮮半島諸国との提携、あるいは逆に対立と軍事的衝突を惹起するまでになったようである。天理市石上神宮に残されている七支刀の銘文や、中国吉林省に現存する広開土王碑の碑文は、そのような状況を推測させる。このようなヤマト王権の対外進出は、中国大陸における国家分裂が朝

鮮半島にまで影響する中で生じたものであるが，本質的には日本列島各地の地域王権を統合していく過程において展開したであろう同盟と対立関係の図式と同質のものである。朝鮮海峡によって国境が確定していたわけではなく，朝鮮半島南端には当時の中国人の目からみた倭種の住民がいたし，逆に朝鮮半島から日本列島への集団移住が大規模に進行していたことはいうまでもない。そして朝鮮半島諸国との関係はヤマト王権に限られるものではなく，他の地域王権との間においても存在したが，ヤマト王権は小国分立状態の加耶（加羅）地域に早くより使者を派遣し鉄資源の獲得に優位性を築き，そのことが軍事力を背景に各地の地域王権を統合していくことにもつながっていった。また，この朝鮮半島への進出と軍事的衝突を通して，日本列島に騎馬文化が急激に受容され，多くの渡来人が新たに渡ってきた。5世紀に入ると古墳の副葬品として，それまでの鏡や装身具・呪術具にかわり，馬具や騎馬戦用の武器・武具が目立つようになる。

　5世紀の前方後円墳は，狭隘な奈良盆地から海に開けた河内平野に中心を移して，それまでにない巨大さをもって築造される。すなわち誉田山古墳〈応神陵〉（大阪府）をはじめとする古市古墳群，大仙古墳〈仁徳陵〉（大阪府）をはじめとする百舌鳥古墳群である。ヤマト王権は，後の畿内の範囲とほぼ重なる領域全体を直接的な支配下において王権の確固とした基盤とし，日本列島各地の地域王権の多くを服属させ，その勢力は日本列島の枢要部全体に及んだ。中国の『宋書』にあらわれる讃，珍，済，興，武のいわゆる「倭の五王」は，この時代に活躍したヤマト王権の支配者であった。なかでも雄略天皇に比定される武は，宋王朝の順帝への上表文において，「昔より祖禰躬ら甲冑を擐き，山川を跋渉して寧処に遑あらず，東は毛人を征すること五十五国，西は衆夷を服すること六十六国，渡りて海北を平ぐること九十五国」，とヤマト王権による征服戦争と統合の経過を生々しく語っている。鳴滝遺跡（和歌山県）の巨大倉庫群やその少し後に発掘された法円坂倉庫群（大阪府）は，その規模の点からすると朝鮮半島を含め各地における軍事活動に関係する，軍用倉庫であったと思われる。『古語拾遺』には，イミクラ〈斎蔵〉・クラ〈内蔵〉・オオクラ〈大蔵〉のいわゆる三蔵についての記載があり，必ずしも史実を伝えるものとはいえないが，王権にとってのクラの重要性を端的に示している。

5世紀におけるヤマト王権の実効的な支配が，東は北関東から西は九州中部にまで及んだことは，稲荷山古墳（埼玉県）から出土した鉄剣の銘文や江田船山古墳（熊本県）から出土した大刀銘によって確認できる。前者ではヲワケ＜乎獲居＞が杖刀人として，後者ではムリテ＜无利弖＞が典曹人として，いずれも天下を治める大王ワカタケル＜獲加多支鹵＞に仕えていたことが記されている。彼らはヤマト王権に仕えるいわば畿内豪族層であり，古墳の被葬者は彼らとその職掌関係及び擬制的同族関係にあったことが推測される。ワカタケルは倭王武＝雄略のことであり，この段階で全国的な支配を展開する王の中の王，大王＝オオキミに飛躍していたことがわかる。しかしながら，筑紫，吉備，出雲，丹波，越，毛野のようになお一定の独自性を保持した地域王権がまだ存在し，ヤマト王権を含めて相互に連合・従属する関係にあった。ヤマト王権は最も強大な地域王権として全国的支配を展開していたが，政治支配権力としてのヤマト王権はまだ万全たる実質と基盤を備えておらず，絶えずその正当性が脅かされてもいた。6世紀初頭の大王オホド＝継体は，応神5世孫というその出自もさることながら，越前三国あるいは近江から迎えられて奈良盆地に入るまでに20年近い期間を要しており，王権内部の不安定性を象徴的に示していた。また6世紀前半のいわゆる「磐井の乱」は，加耶救援に向かうヤマト王権に対して，新羅と結んだ筑紫君が対抗したことに端を発していた。このようなヤマト王権の政治的支配の不安定性と動揺を克服すべく，ヤマト王権は6世紀に従来の社会システムを整備・発展させて，より確かな政治支配を実現しようとした。すなわち，氏姓制，部民制，屯倉制，国造制，等の諸制度である。

　氏姓制は，ウヂ＜氏＞とカバネ＜姓＞によって，ヤマト王権を構成する支配層を一定の整序された政治的・身分的秩序に編成する仕組みである。ウヂは本来的には，地域集団の首長及び一族がその始祖を頂点として構成した擬似的な血縁集団であったが，6世紀には父系を基軸とした継承関係をもつ，ヤマト王権に奉仕する政治的職能集団として位置づけられるようになった。大伴・物部・中臣・膳等の職掌，葛城・平群・巨勢等の居住地，漢・秦等の族名，等に由来するウヂの名称が大王によって賜与され，ウヂは大王に対する世襲的な服属・奉仕の関係を理念的に表象していた。そして，カバネはウヂ名の確定とほぼ連動してやはりオオキミから賜与され，ヤマト王権を構成する支配層の地

位身分を象徴的に表示していた。畿内豪族層には臣・連, 地方豪族層には造・直, 等のカバネが, さらにその下の首長層には首, また渡来人には史・村主・吉士等のカバネが与えられた。氏姓制は家柄・出身等により身分等級を規定する新羅の骨品制に影響されたともいわれており, 対外的な関係がその成立の契機となっている。5世紀以来ヤマト王権は朝鮮諸国より格下の位置で中国の冊封体制に組み込まれており, その下で他の地域王権と朝鮮諸国との関係を抑制することが課題となっていた。氏姓制の確立によって中央から地方まで, 日本列島のすべての豪族層・支配層, 地域王権の王と地域集団の長を一定の政治的・身分的支配秩序に編成することが可能となった。これによってそれまでヤマト王権における地位・序列を象徴的に表示していた前方後円墳はその使命を終え, 6世紀には急速に消滅に向かった。

部民制は, 氏姓制と密接に関連したヤマト王権の民衆支配制度である。「部」は, もともと様々な職務を通してオオキミに奉仕する「トモ」, 及びそれらの人々を資養する「ベ」をあらわしている。「トモ」制は本来は共同体首長への奉仕役に由来するものであるが, ヤマト王権の職務分掌組織へと発展し, トモノミヤツコ〈伴造〉が「トモ」を率いる制度として整備された。それには様々な種類のものがあることから, シナベ〈品部〉とも称された。大王・王族が領有する部民はコシロ〈子代〉やナシロ〈名代〉と称され, 屯倉制とも密接な関連があった。その他の中央及び地方の豪族層・首長層の領有する部民はカキベ〈民部・部曲〉と称された。このように部民制とは, 人間集団に対する領有関係, 人格的な隷属関係に基礎をおいた, ヤマト王権による全国的な民衆支配体制であったといえる。

屯倉制は, ヤマト王権が政治的・軍事的・経済的な重要拠点に設営した施設を中心に, 土地を直接的な形で支配するシステムである。ミヤケ〈御宅・三宅・三家〉のミは尊称であり, ヤケ〈宅・家〉は建物・施設を意味する。屯倉の表記は『日本書紀』のみにあらわれ, それは建物・施設が倉庫であったことを意味する。ミタ〈御田・屯田〉は, ヤマト王権が直接に支配する水田であり, 畿内には早くからミヤケ・ミタが設置された。特に巨大な前方後円墳が築造された河内平野では, 大規模な池堤の築造による大開拓とミヤケ・ミタの設置が並行して進められた。これらのミヤケ・ミタにはアガタヌシ〈県主〉がク

ワヨボロ＜鑺丁＞という耕作民を提供し，イナギ＜稲置＞が稲穀の収納とクラの管理を行った。そして6世紀以降，ヤマト王権は畿内にとどまらず日本全国の重要地点にミヤケを多数設置していった。磐井の乱後に子の葛子により贖罪としてヤマト王権に献上された糟屋のミヤケは，港湾施設を有する政治的・軍事的拠点であった。吉備の白猪のミヤケは鉄・銅の産地に，また児島のミヤケは塩の産地に設定されたが，それらのミヤケにはタヅカイ＜田令＞が派遣され，「田部名籍」が作成された。ミヤケは本来的には拠点となる土地を支配・管理するために設けられたのであるが，白猪・児島のミヤケのように土地と人間を一体化して掌握する経営体的なミヤケが，時代を下ると一部ではあるが出現した。

　国造制は，地域王権の王をクニノミヤツコ＜国造＞として位置づけることによって，その支配領域内における地域集団の首長の統括，及び徭役賦課・祭祀・勧農・裁判，等の一般行政権の行使を委ねる制度であった。畿内を中心にアガタ＜県＞を管轄するために置かれていたアガタヌシ＜県主＞を包括し，またミヤケの管理に関係していたイナギ＜稲置＞の上に，クニ＜軍尼＞＝国を管轄するものとして，地名とカバネで表記されるクニノミヤツコが設けられた。その設置の直接の契機は，朝鮮半島における軍事行動の人員徴発にあったと思われるが，やがて軍事以外の一般行政にもその権限は拡大されていった。このように国造制はクニの内部を統括する地方行政組織ではあったが，しかしながらそれは氏姓制・部民制・屯倉制と併存して存在した。後の令制国司のように支配領域としてのクニ全体に対して，全一的に指揮・監督・命令したわけではない。領域としてのクニの境界も，まだ明確に定まっていたわけではなかった。

　以上，6世紀以降におけるヤマト王権の政治的・社会的・経済的制度について一瞥したが，それらは相互に関連しあってそれ以前のシステムを発展・整備させる形で成立した。この段階でヤマト王権は，日本列島の主要部を舞台とした国家形成に礎石を据えたといってよいであろう。そして，先進的な白猪・児島のミヤケや全国的に展開された国造制のように，領域的な支配の発展もみられた。しかしながら，たとえ擬制的とはいえ血縁的原理を基礎とした氏姓制や部民制の同族結合がやはり社会の基調であり，国造制もその桎梏をまだ打破す

るまでには至らなかった。また，ヤマト王権の中枢の国家機構も三蔵以外にみるべきものはなく，王権の所在地には大王の宮室と付属施設があるだけで，かなり容易に遷宮が可能であった。

(b) 推古朝の国制　　6世紀末に中国では国内の分裂状態が終わり隋帝国が出現し，7世紀初めには高句麗への3度にわたる大遠征が行われた。朝鮮半島の情勢が緊迫する中でヤマト王権内では，オオオミ＜大臣＞蘇我馬子は仏教崇拝をめぐる対立でオオムラジ＜大連＞物部守屋を滅ぼし，さらに新羅出兵をめぐる意見の対立によって大王崇峻（すしゅん）を殺害した。王権内の分裂回避のために，以前の大王敏達（びだつ）の皇后であった推古が大王として立てられた。この初めての女性大王の下で，蘇我馬子と厩戸皇子（うまやどのみこ）（聖徳太子）による共同執政の体制がとられ，国政の刷新がはかられた。文化面では仏教の受容がなんといっても最も重要であったが，政治面では冠位十二階の制定と，厩戸皇子単独の事業とされる憲法十七条の制定が特筆される。

冠位十二階は推古11（603）年に制定され，翌年施行された。徳・仁・礼・信・義・智の徳目に大・小を付けて，12段階に設定されている。仁以下の5項目は，儒教徳目を五行説に基づいて配列している。冠の色は位ごとに異なったが，それぞれ何色が用いられたかは正確にはわからない。冠位は氏にではなく個人に与えられた。しかし，授与の対象は基本的に畿内及び周辺の豪族に限られ，地方豪族は対象外であった。そして，重要なのは蘇我馬子に冠位が授与された形跡はなく，馬子は独自の紫冠を付けていた。馬子は冠位十二階の秩序から外れたところに位置しているのであり，むしろ授与する側であったといえる。さらにいえば後の位階と比較すると，冠位十二階は4位以下の位階に相当する範囲で設定されており，いうならば上級貴族といってもよい3位以上はその対象とはされていないのである。馬子が冠位制から外れるのはいってみれば当然のことであり，王族はもとより畿内豪族の中の有力豪族もまたその適用範囲には入っていなかったと考えられる。

憲法十七条は，『日本書紀』によれば推古12（604）年，『上宮聖徳法王帝説』によれば推古11（603）年に制定された。古くより偽書説が存在し，近年では「聖徳太子」の実像を究明する中で，その真偽性に強い疑問が呈されている。確かに『日本書紀』に全文が所載されるのは極めて不審であり，その内容・文

体等からいって厩戸皇子の親筆，推古朝の制定時の姿そのままであるとはおよそ考え難い。しかしながら，『日本書紀』編纂者の全くの創作とするのもかなり無理があり，やはり何らかの原型に相当するものが当時存在した可能性は否定しえない。ちなみにほぼ同時代に吐蕃国王であったソンツェン・ガンポは，やはり冠位十二階とともに憲法十六条を制定した。憲法十六条は憲法十七条とその条数は近いが，内容的に直接の系譜関係があるとは考えられず，憲法十七条のモデルであったとはいえない。もし何かそのようなものが存在したとすれば，やはり隋あるいはそれ以前に中国で制定されたものが，東と西にそれぞれ伝播したものと想像される。

憲法十七条の内容は，端的にいって官吏に対する訓戒である。そこには抽象的・倫理的な規範や具体的・実際的な規定が存在する。前者の典型は，①今日の政治家が好んで口にする著名な第1条「和を以て貴しと為し，忤うこと無きを宗と為よ。(以下略)」，②仏法の興隆をうたった第2条「篤く三宝を敬え。三宝とは仏・法・僧なり。(以下略)」，③儒教精神の上に君臣の上下関係を絶対的なものとする第3条「詔を承けては必ず謹め。君は則ち天たり，臣は則ち地たり。(以下略)」，④礼をもってオオミタカラ＜百姓＞を治めることを説く第4条「群卿百寮，礼を以って本と為よ。其れ民を治むるの本は，要ず礼に在り。(以下略)」のような条文であり，いずれも前半部に置かれている。これに対し後者のような規定は主に後半部に置かれていて，①勤務時間について規定した第8条「群卿百寮，早く朝り晏く退れよ。(以下略)」，②地方官が百姓より財を徴収することを禁じた第12条「国司・国造，百姓より斂めとることなかれ。(以下略)」，③民を使役する時期を農閑期に限定する第16条「民を使うに時を以てするは古の良典なり。故に冬の月には間あり，以て民を使うべし。春より秋に至るまでは，農桑の節なり，民を使うべからず。(以下略)」，等の条文がそれに該当するといってよい。その他，①裁判の公正に関する規定 (第5条)，②勧善懲悪を説く規定 (第6条)，③「信」の重要性を説く規定 (第9条)，④官吏の任免や功過賞罰に関する規定 (第7条，第11条)，⑤怒りや嫉妬をいましめる規定 (第10条，第14条)，⑥「私」との対比で「公」の優先を説く規定 (第15条)，⑦相互に協力し独断をいましめる規定 (第13条，第17条)，といった条文が配置されている。このように日本特有ともいわれる「和」という抽象的な理念をはじ

めとして，仏教，儒教，及び「礼」という倫理的な規範にそくしつつ，具体的な政務指針にしたがってマツリゴト＜政＞を行うよう群臣に説いたのが，憲法十七条であったといえる。

この時期の宮室は，推古11（603）年に豊浦宮（とゆらのみや）から小墾田宮（おはりだのみや）に遷宮された。小墾田宮には「大殿」及び「庁」があり，両者を区画する「大門（閤門）」がその間に存在したようである。推古朝の頃には，大王の前で厩戸皇子と蘇我馬子を中心に畿内の有力豪族であるオオマエツギミ＜大夫＞が合議する，いわゆる大夫合議制が形成されていた。後の太政官合議制につながるシステムであるが，その合議は「大殿」で行われたと思われる。それに対し「庁」は官衙的な建物，その前身であったと推定される。7世紀前半の推古朝のものとされる法隆寺釈迦三尊像の台座に記された墨書には，「書屋」と並んで「尻官」の記載がある。その役割や機能は不明であるが官司的な存在と考えられるのであり，推古朝に関連する諸史料には「馬官」・「寺司」・「大椋官」（おおくらかん）・「前司奏官」・「祭官」等の名称がみえ，すべてが必ずしも信憑性のあるものではないにしても，何らかの官司が存在した可能性は高い。憲法十七条の直接的な適用対象として想定されていたのは，このような畿内豪族及び官司を構成する官人であったといえよう。

以上のように推古朝においては，馬子と厩戸皇子の共同執政の下での合議政体と，そこで決定された政策を実行する未成熟ながら中央官司が成立していた。しかしながら，馬子をはじめとして畿内の有力豪族が冠位十二階の適用範囲から外れていたと考えられるように，政治組織の構成原理としてはなお氏姓制が基本をなしていた。確かに冠位十二階によって，有力豪族を除く畿内豪族に限られるにせよ，出自にかかわらず個人の能力と実績による登用システムが新たに立ち上がったが，しかしそれはなお建前であり部分的に機能したのであって，実際的にはやはり従来の氏姓制原理が通用していたと思われる。『日本書紀』において大化の時期に至るまで，群臣の表記が「臣連伴造国造」であったことはそのことを最もよく示している。勿論，民衆支配の点においても，信憑性はともあれいわゆる大化改新時の詔に端的にあらわれているように，部民制がそこに至るまで社会の基調原理であった。憲法十七条についていえば，平安初期の『弘仁格式序』において「国家制法」の始まり，律令の端緒と位置づ

けられているように，極めて画期的なことであった。しかしながら，律令と決定的に異なるのは，律令が律という制裁規定を条文数では令の2倍ほど有する法典であったのに対し，憲法十七条は全く制裁規定を欠いており，付属規定その他のなんらかの形においてすら一切その痕跡を示していないということである。憲法十七条の法的性格を否定する見解の発生する由縁でもある。ただし，それはあまりにも法というものの範疇を狭く考えすぎであり，機能的にみれば憲法十七条は法として位置づけられるべきと考えられるが，しかしながら正当な物理的強制力によって担保された法を国家法とみるならば，国家法としては極めて不十分な状態の法，未完成の法であったといえる。日本国家と国家法の成立は，律令国家と律令法の成立までまたなければならなかった。対外的緊張関係の下で7世紀後半以降に急激に進められた改革，すなわち倭から日本への国名の変化，大王から天皇への称号の変化，律令という統一法典の制定，内廷と外廷の分離をともなった大規模な都城の建設，対外的なアイデンティティを誇示するための国撰歴史書の編纂，民衆を明確な土地区分によって地縁的に組織するシステムの導入，支配統治のための官僚組織と施設の整備，自発的ではなく強制的に徴収する租税体系の整備，経済的一般意志としての貨幣の鋳造，唯一正当性をもって物理的強制力を行使できる権力体制の確立，これら一連の変革の中で国家成立の最終章の幕が下りた。日本国家の完成である。

＊憲法十七条の真偽性

　　偽作説は江戸時代から唱えられてきたが近代に入って津田左右吉（『日本古典の研究』下（岩波書店，1950年）121頁以下）は，第12条にみえる国司はこの時期に存在しないことを重要な根拠の一つとした。これに対して瀧川政次郎（「十七条憲法と大化改新」『＜法制史論叢第一冊＞律令格式の研究』（角川書店，1967年）79頁以下）は，それは地方のクニに一時的に使者として派遣されるクニノミコトモチ＜国宰＞を意味しているという反論を展開した。いずれにしても国司という表現はこの時期にあり得ないことは確かであり，『日本書紀』が伝える憲法十七条は何らかの修飾が加えられていることは否定できない。「聖徳太子」像の虚飾を追究する大山誠一（『＜聖徳太子＞の誕生』（吉川弘文館，1999年）74頁以下）は，隋書倭国伝の記述との比較研究によって，憲法十七条は推古朝のものとは考えられないと主張する。また森博達（『日本書紀の謎を解く』（中央公論新社，1999年）185頁以下）の音韻学による研究では，憲法十七条を記載する『日本書紀』巻22の推古紀は，基本的に和化漢文で記述され倭習に満ちた一群の巻に属し，憲法十七条自体の文章にも多くの倭

習と誤用があり，それは『日本書紀』の編纂が開始された7世紀末，天武朝以降に作成されたものと推定される。今日に伝わる憲法十七条が，厩戸皇子の作成したそのものでないことは疑いないであろう。しかしながら，『日本書紀』の編纂者が全くの無から創造したと考えるのも無理があろう。上野利三（「憲法十七条の政治的考察」松阪大学紀要14号35頁以下）は，推古朝当時及びそれ以降の政治状況と大化改新時の薄葬令等の分析から，推古朝前期に制定された憲法十七条の思想ないし精神は，それ以降も受け継がれたとする。また神崎勝（「十七条憲法の構造とその歴史的意義」立命館文学550号9頁以下）は，憲法十七条の名称や作成者についてはともかく，条文自体については推古朝に制定された6項目の単行法令に基づくものではないかと推定する。さらに吉村武彦（『聖徳太子』（岩波書店，2002年）50頁以下）は，第8条に規定される政務時間の問題や中央官司の萌芽がみられることから，単純な偽作説には慎重にならざるを得ないとする。憲法十七条の何らかの原型となるものが，7世紀初頭の時期に存在したのではないかと推測される。

II　原日本法の様相
(1)　法と政治
(a)　ノリ＜法＞　　法・憲・典・則・制・式，等の漢字で表記されるノリとは，語源的にいえば「宣る」の名詞形であり，もともとは神の意志，すなわち神意を告げることであった。神社の神主があげる祝詞(のりと)は，そこから来た言葉である。やがてそこから転化してノリは，神の意志を神に代わって告げる呪的な力をもったシャーマン，さらには共同体を支配する首長が口頭で伝える宣告・命令となった。ノリは上から一方的に降下される，逆らうことのできないものとして意識された。このような日本における法の語源的なニュアンスは，ドイツ語の Recht やフランス語の Droit が，法であると同時に権利や正義を意味したことと比較すると対照的である。権利や正義に裏打ちされた法の観念は，市民の身近にあってその生活を守るために主張すべきものとして意識されたといってよい。これに対して，原初的なノリの意義に支えられた法の観念は，市民の手の届かない権力意志の発露としてのみ受け止められ，それは今日に至るまでいわば人々の下層意識の中で通奏低音のように持続しているかのようにも思える。しかしながら，通奏低音であっても変化しないわけではなく，その変化のタイムスパンが極めて長期にわたり，目立った形ではあらわれないだけである。ノリ的な法観念を宿命論的に捉える必要はないが，その根元に立ち返って

奥深い問題として考えることが必要であろう。

　(b)　マツリ＜政＞　　神の意志，神意を宣告する前には，当然ながら何が神の意志であるのか，その神意を知ることが必要であった。未開社会における人々の精神世界においてはアニミズム信仰が一般的によくみられる現象であり，原初日本においても自然界のありとあらゆるもの，道端の一木一草に至るまで神が宿っていると考えられた。神は自然界に遍在し，中でも海や山，特に山地の多い日本列島では神は山から依代を通して降りてくると観念された。かくして神託を知る儀式は，屋外の庭において降臨する神を「祀る」＝「奉る」という形態で行われた。そして，古い神楽にみられるように，人々は降臨した神とともに食事や踊りを楽しんだ。それは神と人々との間で，介在する人を通して言葉と物が往来する互酬的な関係であったともいえる。マツリゴト＜政事＞は祭事でもあった。このように漢字としては政は征に通じ，征伐及び賦役の意味があったが，しかし原初日本では上からの「賦課」というより，むしろ下からの「奉仕事」として解される傾向があった。

　(c)　ヲサム＜治＞　　治・修・馭・領・理・収・蔵・納・斂，等といった様々な漢字で表記されるヲサムの原義は，ある対象をあるべき状態に落ち着かせ，その位置状態を保持することであった。その対象はモノに限らず，人の霊力・労力あるいは人そのものをも含み，さらには神を対象にしてしかるべき所に安置し奉斎する行為，すなわち神をイツキタテマツルことを意味した。ヲサムは様々な意味で用いられているが，最も一般的な意味はやはり政治的支配，統治の意味であり，次いで収蔵の意味であった。そしてヲサムの用法には，支配される側の服属行為として何らかのモノをヲサムという行為をあらわす場合と，その逆に支配する側がそれらのモノを受領する行為をさす場合の両者が併存した。このように支配者側の行為と被支配者側の行為が同一の用語で表現されるという構造は，イタハリ＜功＞やネギラヒ＜労＞という言葉においても同様であった。このような原初的社会における支配関係の双方向的な特徴は，神々をしかるべきところにヲサムルことによってアメノシタ＜国家＞の平安を維持し得るという観念に通じており，支配・被支配の関係が単なる上下関係，従属関係ではなく，ここでは神という宗教的存在に媒介されてやはり互酬的な関係として存立していた。律令的田租の原型であるタチカラ＜田力＞は，

本来は翌年の豊穣を祈るための神への供物であったが，それが共同体首長への貢納へと転化した段階で，スイコ＜出挙＞のもともとの原型としての種稲分与という慣行と，まさに互酬的な関係において並存していた。原初的なヲサムという観念の具体的な表出を，この関係の中に見出すことができよう。律令制天皇の下において，そして今日に至るまで救恤が重要な意義を有したのもその点にある。

(2) 犯罪と裁判

(a) アマツツミ＜天津罪＞・クニツツミ＜国津罪＞　犯罪を意味するもともとの日本語はツミである。ただし原初的には犯罪と刑罰の概念は，明確に区別されていなかった。犯罪の結果もたらされる刑罰を含めて，ツミと捉える観念があった。ツミはその結果としてあらわれたことをも含む観念であった。後の律令時代に五刑を五罪とするのも，また江戸時代に死刑を死罪とするのもその名残である。さらには近代の新派劇『婦系図』の中で，臨終間際のお蔦に対して発せられる「つみだねえ」という台詞にも，その余韻を見出すことができよう。そのような原初的なツミの観念を示しているものとして，『延喜式』の中の「中臣大祓詞（なかとみのおおはらえのことば）」にみられるアマツツミ＜天津罪＞とクニツツミ＜国津罪＞がある。『延喜式』自体は平安時代の10世紀初頭に編纂されたものであるが，そこにみられるツミの観念は古墳時代，あるいはそれ以前の頃の状況を反映したものではないかと考えられている。それらの中には，病気や災害のように現在の感覚からすると犯罪とはかなり性格の異なるものも含まれており，これらのツミは要するに神の忌み嫌う行為や現象であり，またそうした神の意志が結果的にあらわれたものといえる。

注意しなければならないのは，両者のツミには，当時の犯罪のすべてが網羅されているわけではないことである。およそどのような社会においても見られたであろう財物の盗み，盗罪があらわれていないし，首長に対する反逆罪もみられない。魏志倭人伝には「盗竊（とうせつ）せず，諍訟（そうしょう）少なし」とあり，盗罪が少なかったようであるが，皆無であったとはいえないであろう。隋書倭国伝には，「其の俗，人を殺し，強盗及び姦するは皆死し，盗む者は贓を計りて物を酬いしめ，財なき者は，身を没して奴となす。自余は軽重もて，或いは流し或いは杖す」とあり，盗罪が殺人・強盗・姦と並べて挙げられている。アマツツミ・

クニツツミの原初的・神法的なツミの体系と並存する形で，世俗的な犯罪と刑罰の体系が既に発生していたといえる。勿論，そこには朝鮮半島や中国大陸との様々な文化的交流を通しての影響が，刑政の面でもあり得たであろう。

＊アマツツミ・クニツツミ

　アマツツミとして「中臣大祓詞」に掲げられているものは，①アハナチ＜畔放＞，②ミゾウメ＜溝埋＞，③ヒハナチ＜樋放＞，④シキマキ＜頻蒔＞，⑤クシザシ＜串刺＞，⑥イケハギ＜生剝＞，⑦サカハギ＜逆剝＞，⑧クソト＜屎戸＞，といったものである。アハナチは水田の畔の破壊行為，ミゾウメはその溝を埋める行為，ヒハナチは同じく樋を破壊する行為であり，これらはいずれも農業上の灌漑施設の破壊行為を意味した。シキマキ及びクシザシは同じく農業に関係するツミで他人の耕作を妨害する行為である。イケハギは動物の皮を剝ぐこと，サカハギは逆さにして皮を剝ぐこと，クソトは大小便を撒き散らすことであり，これらのツミは宮室や神聖な場所を動物の血や汚物で汚す行為を意味した。ちなみにアマツツミとして挙げられたツミは，『日本書紀』の「天の岩屋戸」神話にもあらわれている。すなわちアマテラスオオミカミ＜天照大神＞が「天の岩屋戸」に隠れる原因となった，スサノオノミコト＜素戔嗚尊＞の乱暴な所行として掲げられている。

　次に，クニツツミとして掲げられているものは，①イキハダタチ＜生膚断＞，②シニハダタチ＜死膚断＞，③シロヒト＜白人＞，④コクミ＜胡久美＞，⑤オノガハハオカセルツミ＜己母犯罪＞，⑥オノガコオカセルツミ＜己子犯罪＞，⑦ハハトコトオカセルツミ＜母与子犯罪＞，⑧コトハハトオカセルツミ＜子与母犯罪＞，⑨ケモノオカセルツミ＜畜犯罪＞，⑩ハフムシノワザハヒ＜昆虫乃災＞，⑪タカツカミノワザハヒ＜高津神乃災害＞，⑫タカツトリノワザハヒ＜高津鳥乃災＞，⑬ケモノタフシ＜畜仆志＞，⑭マジモノセルツミ＜蠱物為罪＞である。イキハダタチ，シニハダタチは，殺傷害や死体損壊行為と考えられがちであるが，そのような人間による行為にとどまらず，原因はともあれ生体や死体が損傷された状態をツミとして観念したものである。シロヒトは一種の白皮病のようなもの（アルビノ・白子），コクミは瘤のことでハンセン病の症状ではないかと考えられている。今日では病気に相当するものがツミと考えられていた。オノガハハオカセルツミは実母との性的関係，オノガコオカセルツミは実子，特に父親が実の娘と性的関係をもつことを意味する。ハハトコトオカセルツミとコトハハトオカセルツミは紛らわしいが，前者は義母との間での性的関係，後者は父親にとっては実の娘ではない妻の娘（例えば先夫との間の娘）との間での性的関係を意味していると考えられる。これらは近親相姦のツミであり，獣姦を意味するケモノオカセルツミとともに，性的禁忌に触れる行為であった。ハフムシノワザハヒはバッタやイナゴ等による作物・田畑に対する虫害，タカツトリノワザハヒも同じく収穫期における作物に対する鳥害，タカツカミノワ

ザハヒは雷をはじめ気象現象による災害，やはり中心的には農作物に対する被害をさすと思われる。このような自然的災害もまたツミと考えられた。ケモノタフシは牛馬を斃死(たおれし)させることによる呪詛行為と解されるのが一般的であるが，これはワザハヒと並んで収穫時におけるツミであり，『日本書紀』にあるウマフセ＜馬伏＞に相当するのではないかと思われる。マジモノセルツミは，律令の賊盗律造畜蠱毒(ぞうとうりつぞうちくこどくじょう)条にあるような虫を共食いさせることによる呪詛行為と思われる。

　この両者のツミを区別することの意味について諸説がある中で，刑罰の始源に関するM・ウェーバーの理論を援用し，アマツツミは外部的刑罰，クニツツミは内部的刑罰の系列に属するとした，石尾芳久（『日本古代法の研究』（法律文化社，1959年）121頁以下，『日本古代法史』（塙書房，1964年）159頁以下）の議論は注目される。しかしながらこれに対しては，①『古事記』等の他の史料にはそのような区別が存在しないこと，②アマツツミは共同体成員内部からの侵害であり外部的刑罰とは考えられないこと，③両者の区別は神の区分に合わせて単にスサノヲノミコトの犯した罪をアマツツミとしてまとめたこと，等の批判が石母田正（『石母田正著作集』第8巻（岩波書店，1989年）119頁以下）や井上光貞（『井上光貞著作集』第1巻（岩波書店，1985年）255頁以下）によって展開されており，受け入れられるところとはなっていない。この問題については，M・ウェーバーの理論を正確に読み取ることから再検討する必要があると思われる。

(b)　クガタチ＜盟神探湯＞　　洋の東西を問わず合理的精神が未発達な社会段階においては，裁判の場で事実の確認や真偽を判定する際に，神の意志，神意を問う神判が行われた。神の判定を導き出すのには蛇や熱刀を用いる等いろいろな方法があったが，原初日本で最も一般的であったのは熱湯を使う方法で，クガタチ＜盟神探湯＞と称された。鼎(かなえ)という三脚のついた釜の中の煮えたぎった湯の底に小石や泥を沈めておき，それを素手で掬わせて，手の爛れ具合で判定するという方法である。ウケヒユ＜誓湯＞とも称され，中世においてもしばしば行われており，神判はいろいろな形で後々まで存在した。では手が爛れないことがあり得るのか。冷水に手を浸し温度を下げ，皮膚を冷水の膜で蔽うことによってある程度可能であったかもしれない。また両者が共に爛れない場合，あるいは共に爛れた場合は，どのように判定するのか。判定には当然ながら判定者の主観と裁量が許容されるのであり，神判は公衆に対して判決の正当性を付与する単なる道具立てにすぎなかったともいえる。通常であれば全く爛れないということはあまり考えられず，その治療のためには猪膏が用いられたようである。

クガタチに関する記事は,『日本書紀』では①応神9年にタケシノウチノスクネ＜武内宿禰＞が弟のウマシウチノスクネ＜甘美内宿禰＞に謀叛を讒言（ざんげん）された事件，②允恭4年における氏姓の乱れ，③継体24年の日本人と任那人の間での子の帰属をめぐる争い，に関してみられ，さらに④隋書倭国伝においては，拷問に関する記述の後にみられる。これらの記述の真偽をめぐっては意見が分かれるが，当時の裁判の一つの形態としてクガタチが行われていたことは否定できないであろう。そして全体を通してみると，クガタチは単なる判定手段ではなく，実際には両当事者を厳しく糾問する手段と化していたことがわかる。

　(c)　トキベ＜解部＞・オサカベ＜刑部＞　　ヤマト王権においてクガタチを執行し，事実の認定に携わり，ツミの有無を判定する者として，トキベ＜解部＞が存在した。律令官制において刑部省と治部省に置かれたトキベは，中国にはみられない日本独特の官職であり，それはヤマト王権時代のトキベの後身であったと考えられている。

　『筑後国風土記』逸文に筑紫君磐井（ツクシノキミイワイ）の墳墓に関する記事があり，その東北の角にある「衙頭」（がとう）と称される「別区」について，「その中に一つの石人（せきじん）あり，縦容（しょうよう）として地に立てり，号して解部といふ，前に一人あり，裸形にして地に伏す，号して偸人（ぬすびと）といふ」と記述している。偸人を取り調べる解部の姿が，石人像という形で表現されていたようである。この墳墓である岩戸山古墳からは，多数の石人石馬の像が出土しており，この記事の信憑性を裏付けているともいえる。もっとも古墳祭祀の場にこのような光景はふさわしくないとして，この記事は風土記の編者の創作とみる見解もある。確かに地域王権の中にそのような裁判に携わる存在を認識できたとしても，それをトキベと称していたとはあまり考えられない。トキベはトモノミヤツコに統率される部民制のシステムの下で成立した職能集団であって，ヤマト王権内部の権力組織の一環として位置づけるべきであろう。

　『日本書紀』欽明23年の記事に，皇后の鞍をウマカヒオビトウタヨリ＜馬飼首歌依＞が盗んだ嫌疑で，廷尉（ていい）が関係者を尋問する状況が描かれている。廷尉は中国的表現であり官職唐名対応表では検非違使に相当するが，大化以前のこの時期に検非違使の存在は勿論あり得ず，それはトキベあるいはオサカベ＜刑部＞をさしているとみるべきであろう。オサカベは地名のオサカ＜忍坂＞に由

来し，物部氏の統率下でやはり裁判に関与したようであり，トキベと同様の存在であった。

(3) 土地と財産

(a) **シキマキ＜重播種子＞・クシザシ＜串刺＞・アゼナワ＜絡縄＞**　アマツツミが『日本書紀』においてスサノオノミコトの犯したツミとしてあらわれていることは前述したが，そこではシキマキは「重播種子」と表記され，また異伝を記す「一書」にはアゼナワ＜絡縄＞という，「中臣大祓詞」にはなかったツミもあらわれている。これらのツミから当時の土地，とりわけ水田耕地に対する人々の意識を探ることができる。

　問題は何故これらがツミとされたのか，その理由である。これらのツミはいずれも他人の耕作を妨害する行為であるが，その内容と意味の理解については古来より大きく説が分かれてきた。一つはいわば物理的妨害とみる説であり，近世以降に一般的にみられる解釈である。それによれば，シキマキは春に重ねて種を蒔くことによって作物（稲）の生育を妨害する行為，クシザシは秋に田にクシを植え立ち入りを妨害する行為，アゼナワは秋に田にアゼナワをひきわたして刈り取りを妨害したり，あるいは稲の実を振り落とす行為，等と考えられてきた。これに対して『釈日本紀』をはじめとした中世鎌倉・室町期の注釈書においては，他人の占有を奪うからツミとなるという占有侵奪説といってもよい解釈が多くとられている。クシザシのクシは呪的な力をもったもので田の所属を争うときに立てるものであり，アゼナワは他人の田を奪って我が田であると主張することと理解される。

　イクシ＜斎串＞やシメナワ＜注連縄＞にも示されるように，クシやナワは呪力を備えたものであり，それによって土地を占有し自分のものとして表示し，他人に犯されない精神的圧迫を加えることが可能であった。そのような習俗が，中世の荘園社会において形を変えて神木や点札として遺存しており，その意味を理解することが可能であった。しかし，近世においてはそのような慣行や意味は，既に理解し難いものとなっていたようである。いずれにせよクシザシやアゼナワを物理的妨害と捉えるならば，それはあまりにも手の込んだ妨害の仕方であり，もっと他に方法があると考えられる。このようなことからすると，中世の注釈書にみられる捉え方が妥当であり，占有侵奪説にそってこれら

のツミを理解すべきと思われる。

　シキマキについては，中世の注釈書においても重ねてさらに種子を蒔くことが何故悪いのか，必ずしも具体的な説明はないが，やはり占有を奪うという面から捉える必要がある。春に種子を蒔くことは，秋に収穫をする権利が付与されることを意味していた。律令の田令競田条においても，それを前提とした規定が存在している。それは言い換えるならば春から秋までの耕地に対する利用を認めることであり，農業上のサイクルからすると1年間の期間保有が認められることを意味した。律令の田令賃租条には日本特有の賃租という田の賃貸借に関する規定があり，その期間が1年に限定されているのもそのような点と関連する。

　このような耕地の一時的・季節的な占有状態は，耕地の私的所有に通ずる永続的な個別占有が未成立であったことを推測させる。弥生時代の登呂遺跡（静岡県）は小規模な集落遺跡ではあるが，畦畔で区画された40枚の水田の規模は大きく，そして12軒の竪穴住居で囲まれた広場には2棟の高床倉庫が存在した。高床倉庫はその位置からして集落の共同管理の下にあり，収穫物は共有され，水田も集団的に支配管理されたと思われる。もっとも弥生時代に多数発掘されている水田の多くは小区画のものが多いが，それは微高地やその周辺の緩斜面において，少ない労力で田面を水平にし，灌漑水を効率的に利用するためであった。小区画の水田が一つの経営単位となっていたわけでは必ずしもない。古墳時代になると特定の水田と特定の家族集団との結び付きが窺われるような事例も出現するが，しかしながら基本的に耕地については地域集団による支配・管理，共同体的土地所有の下にあったと推測される。そして，共同体の首長が社会から遊離し集団の上に立つ存在となり，かくして地域王権が成立する経過の中で，共同体的土地所有は共同体を代表する首長，地域王権に集約されるようになる。

　(b)　ハラヘツモノ＜祓物＞　　神の忌み嫌うツミに対しては，その汚穢を清め社会的秩序と安寧を回復するために，ハラヘ＜祓＞が行われた。祓・祓除・解除といった漢字により表記されるハラヘあるいはハラヒは，本来的には，ハラヘが他人に行わせる場合でハラヒは自ら行う場合と解されるが，やがて混用されるようになった。語源的には「払」と同じ意味の言葉で，付着しているも

のを除去することであった。汚れた物を捨て去ったり水中で洗い清める場合にはミソギ＜禊＞と称され，魏志倭人伝に「已に葬れば家を挙げて水中に詣り澡浴し，以って練沐の如くす」とあるように，古くからの習俗であったようである。「天の岩屋戸」神話においてツミを犯したスサノオノミコトは，①チクラオキト＜千座置戸＞を科され，②髪・髭を切った上で手足の爪を抜かれ，③高天原よりカムヤラヒ＜神逐＞された。チクラオキトを刑具とする見方もあるが，やはり神の怒りを解くために捧げられた供物であったと思われる。ハラヘに際しては神前に財物を供える必要があったのであり，それをハラヘツモノ＜祓物＞と称した。それは，穢を物につけて捨て去る，ミソギの一種から発展してきたようである。律令の神祇令諸国条によると，6月及び12月の大祓の際には，郡ごとに刀・皮・鍬等，戸別に麻，そして国造には馬1匹の提供が求められている。財産的意識が高まっていくにつれて，ハラヘツモノはその宗教的意義よりむしろ贖罪金や賠償金の一種に近いものとして受け止められるようになる。

『日本書紀』大化2 (646) 年3月の詔には，停止すべき愚俗の風習として，①女性の再婚・初婚の際に，夫婦を妬んでハラヘせしむこと，②役民が帰郷の途中に路頭で病死したときに，路頭の家が仲間にハラヘせしむこと，③河で溺れ死んだ百姓に遭遇したときに，仲間に対してハラヘせしむこと，④路頭で炊飯する役民に対して，路頭の家がハラヘせしむこと，⑤甑（こしき）を借りて炊飯した百姓が物に触れて甑を覆したときに，持主が百姓に対してハラヘせしむこと，⑥百姓が上京に際して三河・尾張の人に馬を預け，馬が出産したとき三河・尾張の人は預けた百姓に対してハラヘせしめてその馬を奪うこと，といったことが掲げられている。いずれも個人の間で生起した出来事に関してハラヘせしむこと，すなわちハラヘツモノの請求がなされている。ハラヘという宗教的儀礼行為の外貌を装いながら，実際上はハラヘツモノという財産上の請求が頻繁に行われていた状況が窺える。ちなみに，売る・買うは語源的に得る・換うに由来するといわれ，財貨の流通・交換はかなり古くから存在した。魏志倭人伝には「国々には市有りて有無を交易す」とあり，既に一定の商品交換がなされていたようである。古墳時代のヤマト王権の下では，商品交換と物資の流通はさらに広範囲に発展し，軽市（かるいち）・海石榴市（つばきいち）・餌香市（えがいち）といった市場の存在が知られて

いる。しかし，まだ貨幣は存在しなかった。J・J・ルソーの言い方でいえば国家は一般意志であり，そういった意味では国家は一般的等価である貨幣と相似性を有している。

(4) **婚姻と家族**

(a) ツマドヒ＜妻問＞　　妻問ないし嬬問，あるいは婚という漢字一文字で表記されるツマドヒは，通い婚，訪婚の一形態である。妻が夫の居所に通う場合もあるが，基本的には夫が妻の居所に通った。夫妻はオ＜男＞・メ＜女＞，ないしは両者ともにツマ＜夫・妻＞と称されたり，あるいは兄弟・姉妹を意味するセ・イモが用いられたりした。また，コナミ＜前妻＞とウハナリ＜後妻＞を区別することもあった。後世において「夜這い」と表記されるヨバヒは，語源的には「喚ふ」に由来し，求愛・求婚を意味した。それは「名告り」と密接に関連している。原初日本では名は単なる記号以上の意味を有して実体的に知覚され，女が男に名を知られることは求愛を承諾することを意味した。そして，男女が合意したことをマグハヒ＜目合＞といったが，それは直接的には性行為を意味する場合もあった。男女の出会いの場としてカガヒ＜歌垣＞があり，『常陸国風土記』に詳細に描かれている筑波山のカガヒは特に著名である。春と秋に男女が歌い踊り飲食に耽り，既婚・未婚を問わず性的放逸を満喫した状況が窺われる。ツマドヒもヨバヒもほぼ同義な意味で用いられているが，より限定的には親の了解が得られた段階においてはじめてツマドヒと称される場合があった。魏志倭人伝には「其の俗，国の大人は皆四，五婦，下戸も或は二，三婦，婦人は淫せず妬忌せず」とあり，どの程度当時の実情を正確に伝えているかかなり疑わしいが，中国的な見方で邪馬台国時代の婚姻を一夫多妻制と捉えているのは，かなり緩やかな男女の結合と婚姻形態を反映したものではないかと思われる。

『日本書紀』や『古事記』等にあらわれているところをみると，同姓婚に対する規制は全くなく，そればかりか父の姉妹の子，あるいは母の兄弟の子との婚姻を意味する交差従兄妹婚や異母兄妹婚が頻繁にあらわれている。また父母の姉妹や兄弟姉妹の娘との婚姻といった異世代間の婚姻もよくみられるところであり，唯一，禁制の対象とされたのは同母兄弟姉妹間の婚姻であった。父が同一でも母が異なれば兄弟姉妹間の結婚も可能であり，大王家においては血統

の純粋さを保ち，その地位を確固としたものとし得るということで，むしろ推奨された。そのことは，ツマドヒの下では父の同定が容易ではなく，そして母子同居が通常であるので，母が異なればたとえ父との関係で兄弟姉妹であっても，生活基盤を異にするところから兄弟姉妹としての実感が育ちにくかったという点とも関係する。ただし，ツマドヒの中にも一生涯にわたって通い婚の形態をとるのではなく，一時的なツマドヒの後に夫妻同居に移行する形態もあった。その場合，多くは妻方において居住したと思われるが，状況によっては夫方に居住する場合もないわけではなかった。民族学的立場からの研究によると，古代日本においては南方系のツマドヒと北方系のヨメイリ＜嫁入＞が併存していたという有力な説があるが，しかしながら地域的偏差はあり得るにしても婚姻形態の基調はやはりツマドヒにあったと思われる。

(b) イヘ＜家＞・ウヂ＜氏＞　イヘ＜家＞は，語源的には「ヘ」であり竈を意味した。父母は『日本書紀』や『古事記』では「チチハハ」や「カゾイロハ」とされているが，『万葉集』ではオモチチ＜母父＞と母を先に連称されている。兄弟は「セ」，姉妹は「イモ」と称された。そして，実母は「イロハ」，実母の子である兄弟は「イロセ」，同じく姉妹は「イロモ」と称された。実父及びその子である兄弟姉妹をあらわす言葉は，存在しなかったようである。母子と通いの夫で構成されたイヘは，起居を共にする家族であった。考古学上では数個の竪穴住居で構成される集団を単位集団とよんでいるが，イヘは1個の竪穴住居に相当し，単位集団は歴史学上様々な名称を与えられてきた親族集団といってよい。魏志倭人伝には，「其の法を犯すや，軽き者はその妻子を没し，重き者は其の門戸を没し，宗族に及ぼす」という記事がみえる。犯罪を犯した場合に，生口あるいは奴婢といった隷属身分に落とすという制裁が科されたことがわかるが，注意されるのは当時の社会集団が「妻子」，「門戸」，「宗族」という3段階で把握されていることである。「妻子」は家族であり，中国的な表現がされている「門戸」と「宗族」は，それぞれ氏族と部族に相当するとされている。考古学上の概念でいえば，「門戸」＝氏族は単位集団を，「宗族」＝部族は単位集団を含む集落全体をさすといえる。

これらの社会集団，とりわけ氏族を構成する原理が何に基づいているのか，母系制の原理によるのか，それとも父系制の原理によるのか，様々な議論が積

み重ねられてきた。埋葬された遺骸に関する最近の考古学上の分析によると，古墳時代においては前半期における双系的な埋葬の傾向が，次第に家長の子供，さらに妻を加えて父系的な埋葬になることが指摘されている。ちなみに親族による集団構成には2種類あり，一つは祖先との関係の辿り方，すなわち「出自」によって確実に把握できる集団，リネージ (lineage) 集団であり，もう一つは個人を基点として，父方と母方の双方の近い親族からなるキンドレッド (kindred) 集団である。5世紀後半ないし6世紀以降に政治的に編成された氏姓制の元になるウヂ＜氏＞は，かなり早い段階から父系によってその「出自」を確定していたと思われる。何故，父系なのか。それは，地域集団の首長が女性である事例は少なからずあるとはいえ，権力と富が戦争や農業労働の過程を通して次第に男性に集積され，その父系的な継承が目ざされたからにほかならない。そこには明白な性差と階層差が顕現しているといえる。他方，キンドレッド集団は恒常的な生活集団というより，特定の目的のために組織され活動する集団であり，母系親や母方親族が重要な役割を果たす局面もあり，そうした場合には母系制の面が強調されてあらわれてくることがある。いずれにせよ，両者は必ずしも矛盾するものではないことが重要である。父系制ないし母系制の原理によって，社会を裁断することはできないのである。

第2章　律令法の継受

本章では，日本における律令法典の編纂と律令国家の諸制度について記述する。7世紀初頭，唐帝国の成立と朝鮮半島諸国の抗争を契機に東アジアの国際情勢は緊張し，各国で権力の集中と国力の強化をめざす動きが起こった。日本では645年の大化改新以降，それまでの氏姓制，部民制を根幹とする支配体制から天皇を中心とする官僚制中央集権国家への転換が図られ，中国で発達した律令制の導入が進められた。日本の律令国家は大化改新，白村江の戦い後の天智朝，壬申の乱後の天武・持統朝などいくつかの段階を経て，大宝元 (701) 年の大宝律令の施行によって完成した。

中国では春秋時代の刑書にはじまり，戦国時代の魏の李悝による「法経六篇」を経て，秦漢の頃までに国家法は律を中心として発達した。その後，268

（泰始4）年，西晋の武帝が公布した泰始律令によって，刑罰法規としての律と非刑罰法規・行政法規である令がそれぞれ体系的な法典として成立した。さらに南北朝時代，北魏（東魏）の「麟趾格」において格も出現し，隋唐時代に至って律令格式からなる律令法の体系が完成した。中国律令は春秋以来，約千年をかけて徐々に発達してきたが，日本では政治的な必要から，大化改新以降，約半世紀という短期間に律令制の継受が行われた。日本の律令国家は氏族制と律令制との二元国家であるといわれる。短期間に律令制の導入が進められたことがそのような国家形態となった理由として考えられなくもないが，むしろ当時の為政者が主体的にそのような国制を選択した可能性が強い。例えば，官僚制を採用しながら貴族制の要素を残していることは，大和王権における大王と大夫層の関係を積極的に国制の中に包摂した結果といえる。日本律令を中国律令と比較した場合，随所に固有法的な色彩が認められることもその証左であろう。以下に，唐制との比較を意識しながら律令国家の諸制について記述する。

I 日本律令の成立
(1) 近江令

白村江の戦い後の危機的な状況の中で，天智天皇は近江遷都を断行するなど国政の再建に取り組んだ。「弘仁格式序」は即位元（668）年に「近江朝廷之令」22巻が制定されたと記す。これがわが国初の律令法である近江令である。しかし，『日本書紀』は天智10（671）年正月に「冠位法度之事」を施行したと記すのみであり，近江令が体系的な法典として完成したかどうかは疑問である。天智朝に庚午年籍が作成されたことや，伊場遺跡，石神遺跡等からの出土木簡によって，50戸1里の編戸が行われていたことが認められるので，民政の規準を定める戸令など一部の篇目は成立していた可能性が高い。中国では皇帝の代ごとに律令を編纂して天下に発布する慣習があり，近江令の編纂も天智天皇が大友皇子への皇位継承と関連して企図したと思われる。天智10年に天皇が崩じ，翌年，壬申の乱が起こって近江朝廷が廃絶したため，近江令の内容は伝わらなかったのであろう。

(2) 飛鳥浄御原令

天智天皇崩後，皇位継承をめぐる壬申の乱に勝利した大海人皇子（後の天武天皇）と，後を継いだ持統天皇の代に律令国家形成の動きは加速した。天武10 (681) 年に始まった律令編纂の事業は持統朝に引き継がれ，持統3 (689) 年6月，「諸司に令一部廿二巻を班賜」した。この令が飛鳥浄御原令とよばれている。律は，緻密で体系的な構造をもつ唐律を継受することは困難なため，日本律は編纂されず唐律が代用されたとする説もあるが，持統3年12月に，天武朝では許されていた双六の禁止令が出されたのは，雑律の賭博禁止の規定と関係すると思われることなどから，ある程度律の編纂は進み，一部が施行されたと考えられる。

(3) **大宝律令**

天武・持統天皇の孫にあたる文武天皇が即位すると新たに律令編纂の事業が始められた。刑部親王や藤原不比等らによって進められた編纂事業は文武4 (700) 年頃にほぼ完成して，大宝元年 (701) 8月に大宝律令が施行された。大宝律令は律と令がそろったわが国初の本格的な律令法典である。ここに律令法を準則として国家を統治する律令国家体制が整った。大宝律令は現存しないが，大宝令の内容は平安時代に編纂された『令集解』の「古記」の注釈によって知ることができる。

(4) **養老律令**

大宝律令の制定から十数年を経て再び律令の編纂が企図された。首皇子（後の聖武天皇）の即位を念頭においたものと思われる。首皇子の外祖父にあたる藤原不比等を中心に事業が進められ，「弘仁格式序」によれば養老2 (718) 年に律令各10巻の養老律令が撰定されたという。しかし，この年に律令が完成したかどうかは疑問とする説もある。おそらく養老律令の編纂は養老2年以降も続いており，養老4 (720) 年の藤原不比等の死去によって事業は完成を目前に中断していたのであろう。また養老律令は長く府庫に蔵され，施行されたのは天平勝宝9 (757) 年に至ってからであった。祖父藤原不比等を顕彰することで自らの権力を高めようとした藤原仲麻呂の意図によるものと考えられている。

＊**大宝律令と養老律令**

　　大宝元 (701) 年に施行された大宝律令は半世紀以上も現行法として機能したが，その原本は失われ，正確な全容を知ることが困難である。これに対して，養老律令

は，律は部分的にしか伝わらないが，令はほぼ内容がわかるので，これによって律令の構成を知ることができる。

　養老律は500条，名例・衛禁・職制・戸婚・厩庫・擅興・賊盗・闘訟・詐偽・雑・捕亡・断獄の各律12篇からなる。このうち現存するのは職制律と賊盗律の全部，名例律の前半，衛禁律の後半と闘訟律の一部のみである。『唐律疏議』によって伝わる唐律や諸書に引かれた逸文をもとに日本律復原の研究が進められており，その成果は『訳註日本律令』によって知られる。大宝律令は唐の永徽2（651）年制定の律令を藍本とするが，大宝律についていえば永徽4年に永徽律の公権的注釈書として編纂された永徽律疏を参照して編纂された。すなわち唐では律と律疏が時期を異にして編纂されたのに対して，大宝律では律本文と疏に当たる部分は同時に編纂され，しかも両者を併せて「律」としたのである（國學院大學日本文化研究所編『日本律復原の研究』（国書刊行会，1986年））。

　養老令は約1000条，官位・職員・後宮職員・東宮職員・家令職員・神祇・僧尼・戸・田・賦役・学・選叙・継嗣・考課・禄・宮衛・軍防・儀制・衣服・営繕・公式・倉庫・厩牧・医疾・仮寧・喪葬・関市・捕亡・獄・雑の各令30篇からなる。このうち倉庫・医疾両令は早くに亡逸したが，その他の大部分は『令義解』『令集解』によって原文を知ることができる。

　大宝令と養老令の間には大きな差異がないとするのが通説であったが，近年の研究により両者の篇目数や配列順序の違いが明らかになってきた。養老の官位・職員令が一篇目で官員令とよばれた可能性や，養老の宮衛令と軍防令，東宮職員令と家令職員令が，大宝令ではそれぞれ合わせて一篇目であった可能性などが指摘されている（石上英一『日本古代史料学』（東大出版会，1997年）。榎本淳一「養老律令試論」笹山晴生先生還暦記念会編『日本律令制論集』上（吉川弘文館，1993年）ほか）。これまでの大宝令復原研究の全体像は『唐令拾遺補』の唐日両令対照一覧によって参照できる。

II　統治組織

(1)　天　　皇

(a)　天皇号の成立　　天皇号の成立時期については，推古朝の成立とする説が有力であったが，近年では，飛鳥池遺跡から出土した天武朝のものと思われる木簡に「天皇」の文字が記されていることなどから，天武朝成立説が強くなっている。中国では古くから「天皇」は宇宙の最高神を表し，唐の上元元年（674＝天武3年）に皇帝の称号を天皇に改めることが行われた。壬申の乱に勝利し現人神と崇められた天武天皇にふさわしい称号として「天皇」号が用いられた可能性は高い。大宝・養老公式令が定める詔書の様式では蕃国の使いに対し

て大事を述べる際には「明神御宇日本天皇」の書出しによるよう規定している。ここには「日本」の国号と「天皇」号が揃ってみられる。「日本」の国号は大宝元 (701) 年の遣唐使が初めて対外的に用いたと考えられているが，制度的には天皇号と併せて浄御原令に規定され，大宝令以降に受け継がれた可能性が高い。しかし，制度とは別に，君主の称号としての「天皇」がそれ以前に用いられていた可能性も否定できない。中国の正史である『隋書』に，倭国の国書が自国の君主を「天子」と表記していたとあること，『日本書紀』が「東天皇敬白西天子」としていること，中宮寺の天寿国繡帳に「天皇」がみえることなどから，隋と国交を開くにあたって，朝鮮半島諸国の国王も用いていた「大王」号を避け「天皇」号を案出した可能性も考えられる。当時の倭国は百済・新羅に対して，朝鮮半島南部の旧加耶地域への宗主権を主張していたため，両国と同列の立場で中国王朝に朝貢することは政策上許されず，隋に対して対等外交を展開せざるをえない立場におかれていたからである。推古朝においては冠位十二階や憲法十七条の制定にみられるように豪族を官僚化し，大王を唯一の君主とする動きがあったことも，「天皇」号創出の背景として考え得る。

　(b) 皇　権　　国家統治の準則である律令法の制定は君主の恣意的な支配を制限する役割も果たした。中務(なかつかさ)省を経由しないで，口頭伝達を勅命として実行することは制限されていたし，天皇の意志を伝達する詔勅は太政官構成員の署名なしでは発行できなかった。また，唐では皇帝大権に属する発日勅によって下達するものとされている兵馬差発などの事項が日本では太政官が発議して天皇に奏上する論奏の様式によるものとされている。これらは大化前代の大夫合議制の伝統を引くもので，律令国家の政体が君主制をとりながら貴族制的な要素を強く残していることを示している。しかし，名例律疏に「非常之断，人主専之」とあるように，天皇（皇帝）は法を超越した臨機の判断を行う権限を保持していることも事実である。律令制下の天皇は大和王権以来の首長としての性格と国家大権を保持する統治権の総攬者としての性格との両方を兼ね備えていたとみるべきであろう。

　(c) 皇位の継承　　律令は皇位継承について具体的な規定を設けていない。元明天皇以下，聖武・孝謙各天皇の即位の宣命には，皇位継承は天智天皇がたてた「不改常典(かわるまじきつねののり)」によるべきことが強調されているが，これは嫡系相続に

よる皇位継承を正当化するために天智天皇に仮託した面が強い。しかし，皇位継承者は天皇の血統に限るとする慣習は早くから成立していたらしい。また，大和王権の大王は群臣の推戴を受けて「共立」される存在であったが，大化改新により皇極天皇が孝徳天皇へ譲位した頃から，王権の意志で王位継承を行う傾向が生まれてくる。持統天皇は文武天皇に譲位して太上天皇となったが，大宝令が太上天皇を制度化してから天皇の生前譲位が一般化し，皇位継承の過程から群臣の関与が排除される方向が強まった。持統4（690）年，持統天皇の即位式ではじめて中臣氏による天神寿詞の奏上と忌部(いんべ)氏による神璽の鏡剣の献上が行われ，これが即位式として神祇令に規定されていく。レガリアの献上は大和王権における群臣推戴の儀でも行われていたが，これが忌部氏に固定したことで群臣推戴の要素は払拭されたといえる。

　また，『日本書紀』は厩戸皇子や中大兄皇子を「皇太子」とするが，ただ一人の皇位継承予定者として皇太子を定める制度は浄御原令で初めて成立した可能性が高い。天皇の即位と同時に皇太子を定め，その皇太子が即位する慣例が定着するのは光仁朝以降である。

　(d)　太上天皇・皇后　中国では皇帝大権は皇帝一人が掌握することになっており，譲位した太上皇は大権を放棄した。日本では儀制令に，唐令にはない太上天皇を規定し，太上天皇は譲位後も天皇大権を保持し続けた。しかし，天皇と太上天皇は対立するものではなく，国家機構の総攬者としての天皇と，前代の大王の権威を継承し皇位継承の安定を保障する太上天皇の共同統治という関係にあったと思われる。

　天皇の嫡妻は皇后と称された。律令には皇后についての規定は存在しないが，後宮職員令に妃二員・夫人三員・嬪四員が定められており，資格が皇女に限定される妃二員から皇后が立てられた。これは大和王権時代の大后が大王とともに政治を執り，大王位の継承をめぐって紛糾が生じたときには中継ぎの女帝となることもあった伝統を残したものである。

(2)　**中央官制と地方制度**
　(a)　官　制　律令国家は二官八省一台と総称される体系的な中央官制を構築した。律令国家の官人は官位相当制によって，まず位階を授けられ，それに相当する官職に補任された。

すべての官司は原則として長官・次官・判官・主典（官司によって表記は異なるが，よみは同じ，かみ・すけ・じょう・さかん）の四等官からなる。官司における裁決は，四等官によって行われたが，主典は事実の取り調べをするだけで決裁権をもたず，事を断ずるのは判官以上で，判官の裁決案を次官，長官が決裁する三判制がとられていた。ほかに博士等の品官や史生・使部等の雑任，技術労働に従う品部雑戸，雑用担当の直丁が置かれた。

(b) 神祇官　神祇官は，神祇祭祀に関することを掌る。唐制の尚書省礼部に属する祀部に相当する官を，職員令の規定上は太政官より上位に位置づけたのは，天皇の祭司王としての側面を反映し，政事より神事を優先することによって，天皇の神的権威を高めようとする意図によったものと考えられる。しかし，政治的地位において太政官に優先するものではなく，長官である神祇伯の相当位は従四位下で，正四位上の中務卿など八省の長官よりも下位にあった。

(c) 太政官　太政官は国政の最高機関で，太政大臣は唐の三師三公を範とし，天皇の師範となる官である。適任者がなければ置かない則闕の官で，実際に任命されることは少なく，左・右大臣が事実上の長官であった。次官として大納言が置かれ，下言を上に伝え，上言を下に宣する喉舌の官として大臣とともに政務を議した。大宝令施行後ほどなく令外官として中納言・参議が置かれ，左・右大臣，大納言とともに議政官組織を構成した。以下は三系統に分かれ，少納言は大小外記を率いて小事の奏宣・官印の管理を掌り，左大弁以下の左弁官局は中務・式部・治部・民部の四省を管轄し，右大弁以下の右弁官局は兵部・刑部・大蔵・宮内の四省を管轄する。

唐では制勅の起案作成にあたる中書省，制勅案を審議駁正する門下省，六部を統括し行政を執行する尚書省の三省が並立して，それぞれ皇帝に直属し，三省の長官等からなる宰相会議が国政の重要事項を審議した。日本では太政官機構に唐三省の権限が包摂されており，大和王権の大夫合議制の伝統が反映していると考えられる。八省との関係でも太政官の権限は，唐制に比べて強化されていた。人事を担当する式部省は唐制の尚書省吏部に相当するが，吏部が人事案件の立案の上で大きな権限をもっていたのに対して，日本では位階授与の基礎となる官人の勤務評定の審査は実際には太政官が行い，式部省は太政官に判断材料を注申する事務部局としての位置付けしか与えられていなかった。また

Ⅶで述べるように，裁判制度においても太政官の権限が強く，唐の尚書省刑部に相当する刑部省の権限は相対的に縮小されていた。

(d) 八省・一台五衛府　唐は行政府として尚書省に吏部・戸部・礼部・兵部・刑部・工部の六部を設置したが，日本では唐中書省，門下省の権限を包括して，詔勅・宣旨等をはじめ宮中のことを掌る中務省のほか，文官の人事，学校等を掌る式部省，姓氏など身分，僧尼，外交等を掌る治部省を設置した。これら三省の卿には親王が任ぜられた。また戸籍・土地等民政関係を掌る民部省，武官の人事・軍事に関することを掌る兵部省，刑法・訴訟を掌る刑部省，諸国の調・度量衡・物価等を掌る大蔵省，宮中の用度等を掌る宮内省があった。八省の下には中宮職，主計寮，諸陵司等，48の諸官司が管隷されて職務を分掌した。

弾正台は，唐の御史台に相当し，風俗の粛清，内外の非違を弾奏することを職掌とする。衛門府・左右衛士府・左右兵衛府の五衛府は行幸の警護・宮城の警衛などを掌る。五衛府は，改廃を経て，左右近衛府・左右衛門府・左右兵衛府の六衛府となった。

(e) 地方制度　令制では天皇の居住する京師は特別の行政区とされ，左右京に分けて左・右京職が管轄し，その下を坊に分け，坊ごとに坊長を，四坊に坊令を置いた。

地方は郷里制の施行時期を除き，国・郡・里に行政区分した。国には中央から国司が派遣され，6年任期（大宝令，のち4年）で，民政，警察・裁判や祭祀等を掌った。国司は大化前代の国宰の系譜を引き，天皇の名代として在地の郡司に君臨した。また任期中は職分田を支給され，公廨稲の配分にも預かった。戸令は，国司の長官である守は毎年一度国内を巡行し，百姓に対して儒教の礼や孝悌を教え，勧農・産業の振興を行うよう定めており，『万葉集』巻18には，「墾田地を検察する事に縁りて，砺波郡の主帳多治比部北里の家に宿る」などの題詞をもつ越中守大伴家持の部内巡行の際の歌が載せられている。

外交上重要な九州には大宰府をおき，管内の民政・軍備を管轄させた。その機構は，中央の国家機構を模した構造をとり，「遠ノ朝廷」とよばれた。

郡では，郡司がその民政・裁判を掌る。郡司は大領・少領・主政・主帳の四等官からなるが，大宝・養老令は大領・少領には性識清廉にして時務に堪える

者をあてるとしつつ,「才用同者,先取国造」と定め,譜第性を重視した。郡司は旧国造など在地豪族から任用され,終身官であった。郡司の職分田は大領では6町であり,国司の長官である守ですら2町6段であることに比べてはるかに大きい。彼らの旧国造としての伝統的な権威を認め,在地支配安定のため優遇したものであろう。日本令に里(戸)数による郡の等級はあるが,唐の州の等級にあたる国の等級の規定を欠くことも,郡を核として地方制度が形成されたことと関係していると思われる。

里は50戸を単位とし,里長1人をおく。里長は戸口の検校,農桑の課殖,非違の禁察,賦役の催駆を掌り,京師の坊令と同じく,白丁の清正強幹なる者から任用する。霊亀元 (715) 年の郷里制の施行によって,里は郷と改称され,その下に2,3里が置かれ,郷長・里正がその管轄者となったが,天平12 (740) 年頃に郷のみとなった。里・坊の下に五家ごとに1人を長とする五保の制を設け,相互に検察して非違を防ぎ,逃亡の戸があれば追訪させ,租調を代輸させるなど連帯責任を負わせた。

行政上の最小単位は戸であり,戸主は戸を代表し,戸籍・計帳の作成に際して戸の実態を録した手実を提出した。この戸は一般に郷戸とよばれ,養老5 (721) 年下総国戸籍に見えるように,その中にいくつかの小家族が含まれ,これを房戸とよぶ。律令で戸という場合は郷戸をさすが,郷戸が50戸1里を編成する行政上の必要から人為的に擬制されたものか,房戸が実態家族を反映するのかどうかについて議論がある。

(f) 交通制度　律令制下では中央集権支配を確保するため交通制度が整備された。古代の交通は都と地方を結ぶ駅制と,主に地方の国府と郡家の連絡に用いた伝制からなる。厩牧令によれば,諸道には30里ごとに駅をおき,各駅に駅戸を置いて,その中から駅長を任じ,また大路(山陽道)の駅には駅馬20匹,中路(東海・東山道,それ以外は小路)には10匹,小路は5匹を用意させた。さらに郡ごとに5匹の伝馬を置いた。公式令等によれば官人が公用で出向する際の駅馬・伝馬の使用について,急を要する公文書の伝達や公用には駅馬を用い,緩なる官使には伝馬を用いるとされる。使用できる馬匹の数は,身分証明でもある駅鈴・伝符の剋数によった。

(3) **軍事・警察制度**

京に五衛府，国に軍団，西国の防備には防人，要所には関塞(せきそこ)がおかれた。軍団の兵士は1戸の正丁の3分の1を選んであて（事実上は一戸一兵士），近くの軍団に配属された。彼らの中から宮城の警備にあたる衛士と，東国から西海の防備に向かう防人が徴発された。衛府の制度は実際には中央の下級官人や地方首長層の武力を主体とし，大化前代からの氏族制的な伝統を残していた。軍団の制は，負担の重さによる兵士の逃亡によって機能を失い，延暦11（792）年には辺要の地を除いて停廃し，郡司の子弟等から採用する健児(こんでい)の制に代わった。

また，京では左・右京職が所部を糺察し，坊長・坊令が姦非を督察し，弾正台も警察の任にあたった。地方では国司の職掌に所部の糺察があり，郡司は非違を禁察する。のちには追捕使・押領使がその任にあたった。

Ⅲ　社会身分

(1)　良と賤

律令制の社会身分は良と賤の区分を基本としている。良民の中では，有位者に特権を与え，それ以外の庶民の中では，一般の百姓と官司に隷属する品部の後身の雑色人(ぞうしき)を区分した。賤はその職種や所有者，隷属形態の違いによって，陵戸・官戸・家人・公奴婢(くぬひ)（官奴婢）・私奴婢に区分された。

(2)　有位者

有位者とは位階を有する者をいう。官位令は官に就くにはそれに相当する位階を前提とする立場から官位相当制を法定する。親王には八省卿以上が相当する一品(ほん)から四品までの四品階があり，諸王諸臣は正(しょう)一位から少(しょう)初位(そい)下(げ)までの30段階に分かれ（大宝令では諸王は六位には下らなかった），これら内位とは別に大宝令では外正五位上から外少初位下までの外位20階も規定されていた。位階はあるが官職のない者を散位(さんに)といい，式部省散位寮が管轄した。また，軍事的功績があった者には1等から12等までの勲位が与えられた。

従三位以上を貴，四・五位を通貴といい，多くの特権を付与されていた。文武の職事官に支給される季禄のほかに，五位以上は位田・位禄・位分資人が支給され，犯罪によって律を適用する際も恩典を受け，父子も課役が免除された。さらに三位以上には家政機関である家司が設置され，位田・資人のほか食封が支給された。大納言以上の職に就けば職分田・職封・職分資人も支給され

た。

　律令国家においては五位以上が貴族集団で，律令制以前からの氏族制的要素を残し，天皇と人格的関係によって結ばれている特権集団であった。有位者の中で五位以上と六位以下は明確に区分されていた。五位以上は天皇に近侍するマエツキミとしての一体性をもち，位階の秩序によって百官を代表していたが，六位以下にあっては官職の秩序が優先している。また，名例律の規定により八位以上の官人は実刑を受けないことが原則であったが，儀制令は官司内の秩序を乱す六位以下の官人に対して，長官の決笞権を認めており，同様の法令が奈良・平安時代に頻発される。これに対して，五位以上の者は笞罪を受けることはなく，犯罪を犯せば「録名奏聞」し，天皇の裁きのみを受けた（坂上康俊「古代の法と慣習」『岩波講座日本通史』古代3（1994年））。

　官人としての出身には，唐の科挙の制に倣って，諸国が推薦する貢人と中央の大学が推す挙人を式部省が試験する貢挙の制を定めた。大学は京に置かれ，式部省が所管した。大学生は13歳より16歳までの五位以上の子孫・東 西 史 部（やまとかわちのふむひとべ）の子，及び八位以上の子で入学を希望する者に限られた。また諸国の国学では，郡司の子弟から学生が選抜された。業を終えた学生は，式部省の秀才・進士・明経・明法・書，算に分かれて試験を受け，及第すればその成績によって25歳以上になった時に所定の官位に叙せられた。官人になると，6年ごとの勤務成績によって進階が可能であったが，最も難関の秀才科の試験を最高の成績である上々第で及第した者でも25歳になって叙せられるのは正八位下であった。さらに神亀5（728）年，格制で氏の門地・族姓の尊卑によっては正六位上以下から外従五位下へと外階コースを経なければならない昇叙法が定められ，大学・国学から官人になる者にとって内位の五位に到達することは至難の業であった。これに対して，選叙令・学令によって五位以上の者の子・三位以上の者の子・孫は蔭位の制によって，21歳以上になれば自動的に従五位下から従八位下までの位に叙された。唐制では蔭位は嫡子に限られ，一品の子でも正七品上とその品階は低かったが，日本では庶子も対象に含まれ，三位以上であれば孫まで適用範囲が拡大されている。特に一位の嫡子は初めから通貴に属する従五位下に叙されており，後に藤原氏や皇族出身の源氏に貴族が固定される要因となった（**図表1**参照）。

図表1　日唐蔭位制の比較

唐制		養老令				
本人	嫡子	本人	嫡子	庶子	嫡孫	庶孫
一品	正七品上	一位	従五位下	正六位下	正六位上	正六位下
二品	正七品下	二位	正六位下	従六位上	正六位上	従六位下
正三品	従七品上	正三位	従六位上	従六位下	従六位下	正七位上
従三品	従七品下	従三位	従六位上	従六位下	従六位下	正七位上
正四品	正八品上	正四位	正七位下	従七位上		
従四品	正八品下	従四位	従七位上	従七位下		
正五品	正八品上	正五位	正八位下	従八位上		
従五品	従八下	従五位	従八位下	従八位下		

　唐の学校制度が庶民にも門戸を開いているのに対して，日本の制度は原則として庶民を排除している。また，五位以上の子孫に対しては秀才以下に及第して任官していくコースを原則として想定していなかった。唐の制度が幅広い階層から有能な人材を登庸することを目的としていたのに対して，日本の制度は大化前代から朝廷の文筆業務を担当した史部や下級官人の子弟などから中堅の実務官人を登用するための制度であったといえる。

(3) 僧　尼

　僧尼は良・賤とは別の身分とされ，その名籍は治部省玄蕃寮が所管した。僧尼になるには官許を要し，私度は禁じられた。僧尼令は，飲酒，食肉，異性を近づけること，私に園宅財物をたくわえることを禁止するなど厳しい制限を加えている。僧尼が徒罪以上を犯すと強制的に還俗させ，杖罪以下ならば，笞杖に換えて苦使を科した。僧尼は課役が免除されるので，私度僧となる者も多かった。

(4) 百姓と雑色人

　百姓は公民，庶人などと称され，有位者，僧尼，隷属民等を除く一般人を指す。「編戸の民」，「調庸の民」などとよばれた。一定面積の口分田が班給され，法定の免除をうける者以外は田租や人頭税の庸調を負担した。また，兵士や仕丁を差し出す義務も負った。

　公民は宣命冒頭の宣布の対象部分に「親王諸王諸臣百官人等天下公民」と連

称される。一般庶人を指す語としては7世紀末に成立し，天皇に対して直接奉仕する存在を意味する。

　雑色人は，大化前代の部民の遺制で諸官司に分属し，特定の技芸品の作製等に従事した職能集団である。図書寮管轄下の紙戸のような品部と，造兵司管轄下の雑工戸（鍛戸・甲作・鞍作等）のような雑戸に分かれる。品部・雑戸は戸をなし，口分田を班給されるなど良人の扱いをうけたが，雑戸は一般公民とは別に戸籍を作成し，流刑を犯しても配所に送られず，留住して徒役に服するなど品部よりも官司への隷属性が強かった。戸婚律は雑戸が良人を養子にとることを禁止している。

(5) 五色の賤

　賤民は陵戸，官戸，家人，公奴婢，私奴婢に区分され，五色の賤と称する。彼らはいずれも姓をもたず，同種の賤民間の婚姻（当色婚）が許されるだけで，良民との通婚はむろん，異色間の婚姻も禁止され，身分を固定化されていた。

　陵戸は治部省諸陵司に属し，課役を免除されるかわりに陵墓の守衛を職務とした。官戸と公奴婢は宮内省官奴司に属した官賤である。公奴婢で66歳に達した者は解放されて官戸となり，官戸が76歳になると放免されて良人となった。陵戸・官戸には良人と同額の口分田が班給された。家人・私奴婢は私家に隷属する賤民で，田宅，私財とともに相続され，主家の放賤従良手続によってのみ解放された。私賤の家人・私奴婢には良人の3分の1の口分田が班給され，課役も免除された。

　官戸・家人は世帯をもって生活し，売買されることはなかったが，公私奴婢は世帯をもつことは許されず，売買も認められた。しかし，現実には家人・奴婢の間に明確な区分はなく，賤の意識がどの程度社会に浸透していたかも疑問である。延暦8 (789) 年には良賤通婚が絶えないとの理由で所生の子すべてが良となり，その後も，課役の負担を避けるために良民でありながら賤民身分を主張する者が出現するなど賤民制は事実上崩壊し，延喜格で奴婢は停止されている。

IV 律令制と個別人身支配

(1) 公地公民制

大化改新により、すべての土地と人民を公有とする政策が打ち出され、大宝律令の施行によってほぼ完成した。このような律令的支配の特質を示すために、近代史学は「公地公民制」の概念を用いてきた。しかし、公地公民制の中核である班田収授法によって班給された口分田を、令集解諸説等は「私田」と評価している。また宣命等に見える公民の語には、皇族・官人が含まれないだけでなく、品部、雑戸、官戸以下の賤民なども除かれている。したがって、「すべての土地・人民の公有制」を意味する「公地公民制」の概念で律令国家の支配原理を示すことは適切ではない。むしろ国家が編戸制と戸籍・計帳制によって中央にいながらにして全国の授田と賦課の対象者を把握するところに律令的支配の特質があるので、その特質は「個別人身支配」の語で説明するのが実態に合っているといえる。

(2) **戸籍・計帳**

律令国家は公民を50戸1里制の下に編戸し、その実態を把握するために戸籍・計帳の2種の公文書を作成した。

(a) **戸　籍**　戸籍は班田の基礎的な台帳として作成されたが、ほかにも良賤の別を確定する身分台帳としての役割も果たした。戸籍は唐制では3年1造であったが、大宝令・養老令の戸令では、造籍は6年に1度実施された。正倉院に伝わる戸籍の実例によれば、戸ごとに戸の課・不課の別、戸の等級、口分田の総額等、また戸主を筆頭に直系・傍系親、その妻妾等の戸口や寄口・奴婢の姓名（奴婢は無姓）・年齢・性別・身体障害の程度等の特性が記載されている。戸籍は里ごとに1巻にして3通作られ、1通は国に留め、2通は調使に付して太政官に送り、さらにそのうち1通は民部省へ、1通は中務省へ送って保管された。戸籍の作成にあたっては、被記載者が新たに課役を賦課され、あるいは免除される場合には、国司が本人に面接して事実確認する「貌定(ぼうてい)」の手続がとられた。

＊**戸籍制の変遷**

全国的に作成されたはじめての戸籍は天智9（670）年の庚午年籍(こうごねんじゃく)である。大宝・養老令では戸籍は5比（30年間）の保存期間であったが、氏姓の根本台帳としての性格が強い庚午年籍だけは永久保存とされていた。班田や身分の台帳としての戸籍は浄御原令に基づく持統4（690）年の庚寅年籍に始まり、以後、6年1造制が確立

した。例外的に養老5 (721) 年籍，天平12 (740) 年籍は籍年が7年間隔になっているが，これは郷里制の施行の影響による遅延とみられる。平安時代に入り，班田の実施が困難になるにつれて，偽籍の動きが高まり，延喜2 (902) 年の阿波国戸籍等では男子に比べて女子の数が著しく多く，また課役を負担する課丁の数が著しく少なく記載されるなど，戸籍は次第にその機能を失っていった。残存する最も新しい戸籍は寛弘元 (1004) 年讃岐国戸籍である。

(b) 計 帳　　計帳は調庸等の人別課税の台帳であり，また各人の身体的特徴や逃亡の年紀等も記載され，人身の確認という警察的機能も含んでいた。計帳は毎年作成された。戸令によれば，計帳は京国の官司が毎年6月末以前に管下の各戸から，戸主・戸口の姓名・年齢などを記した手実を集め，帳の形式に整理されて，大帳使に付して8月末までに太政官に申送された。この京進された計帳を大宝令では「国帳」と称するが，国郡単位に戸数・口数・調庸物数を集計した目録状の文書であり，これによって中央で全国の戸数・戸口数，特に調庸義務を負う課口数，及び対応する調庸額を掌握することが可能となるので，主計寮における予算の立案に使用された。令文に規定された計帳は広く目録（集計文書）・歴名・手実を包含する概念であり，大宝令では目録のみを京進する規定であったが，養老元 (717) 年の大計帳式の施行以後は，目録と，手実そのものを連結した「計帳歴名」を合わせて京進した可能性が高い。

(3) **土地制度と班田制**

(a) 土地の種類　　律令国家の土地制度の中心は班田の対象となる口分田である。口分田を班給した残りの公田（乗田）は農民に貸し付けて耕作させ地子をとる賃租にあてた。

そのほか大化前代の屯田や県の系譜を引く官田（屯田）や，上級官人にその職務に応じて支給される職分田（職田），五位以上の者に位階に応じて支給される位田，及び功田，神田，寺田，駅田（駅起田）などがあった。山川藪沢は「公私共利」の地として私的占有が禁じられたが，宅地については私有が認められ，また桑・漆を栽培する用途にあてるため戸ごとに園地が班給された。

＊**土地の公私概念**
　　　　口分田は農民の生活と再生産を保障し，租税を確保するために国家が支給するものであり，一般には終身の用益が認められた。しかし，売買・相続・譲渡することは許されず，他人への賃租だけが認められていた。諸田のうち，口分田や郡司職分

田・位田・功田は輸租田，他は不輸租田である。また公田・私田の区別があり，律令法の土地体系では口分田は私田とされている。原則として不輸租田又は輸租子田が公田，輸租田が私田であった。これは田を受けて耕作する者が官（公的な機関）であるか，私人であるかの違いによるものである。唐制では動産・不動産を問わず，対象物件における公（官）と私の区別，享有主体における官と主の区別が明確になされていたことから，有主田である口分田が私田とされ，それが日本の律令法に継受されたのであるが，このような区分は当時の日本社会では実際には機能していなかった可能性が高く，天平15（743）年の墾田永年私財法以後は，墾田や寺田・神田が私田，口分田を含むその他の田が公田と称されるようになった。

(b) 班田収授法　班田制は，浄御原令の施行に伴う持統6（692）年に始まり，大宝令の施行によって確立したと考えられる。大宝・養老令によれば班田制の内容は概略以下のとおりである。

(イ) 口分田は男子に2段，女子にはその3分の2，官戸・官奴婢には良人と同額，家人・私奴婢には良人の各3分の1を班給する。

(ロ) 班年直前の造籍時に，6歳に達している者すべてに班給する（浄御原令では受田資格に年齢制限はなく，戸籍登載者すべてに授けられたとの学説がある）。

(ハ) 隔年ごとにしか耕作できない易田は倍給する。また，土地の不足する地域では減額の郷土法を適用する。

(ニ) 口分田は戸籍をもとに6年ごとに班給する。班年の正月30日以前に京職・国司が太政官に上申し，10月1日から校田帳・授口帳を作成し，11月1日より受田する人々を集めて班給を始め，翌年2月30日以前に終了する。

(ホ) 口分田は終身用益できる。口分田の売買は許されず，1年を限った賃租だけが認められる。死亡者の口分田は収公される。収公は，一般には死亡後次の班年に行われるが，生後はじめて班田を受けた者が次の班年前に死亡すれば，もう6年延期して3度目の班年に行った可能性がある。

8世紀後半になると口分田の不足などから班田制の維持が難しくなり，養老6（722）年には良田百万町歩開墾計画が立てられ，翌養老7（723）年には三世一身の法が出され，新たに溝池を造って田地を開いた者には三世（本人・子・孫），旧来の溝池によって開墾した者には一身の間，開墾した田地の領有を認めることとして耕地の拡大を図ったが，思うような効果があがらなかったため，天平15（743）年，墾田永年私財法を発令して品位によって開墾面積に制限

を認めるとともに，墾田を収公せず永代所有を認める方針を打ち出した。

墾田永年私財法は土地公有を原則とする律令土地制度の原則を覆す政策とする見方が強いが，墾田は輸租田であり，また耕地の拡大によって政府が全国の土地を把握する体制が確立したともいえる。しかし，このような政策によって貴族や寺社，地方豪族による大土地所有の動きが生まれたことも否めない。延暦20（801）年には手続煩雑を理由に一紀（＝12年）一班制に改められた。その後，一時は令制に復したが，延喜2（902）年に全国的に一紀一班制に変更し，これ以降班田実施の史料は見えなくなる。

＊均田制と班田制

> 唐の均田制では成年男子である丁男を中心に毎年班田を行う一方，丁男等に租として粟2石のほか，調・歳役（庸）や雑徭を課した。したがって，授田単位と賦課単位とは基本的に一致している。この仕組みを支えたのは戸の構成内容や課戸・不課戸の区別等が登載された戸籍・計帳であった。毎年作成される計帳と3年に1回作成される戸籍の両者が相まって授田・賦課の実施が進められ，同時に籍帳は租庸調等の歳入を確認する基本台帳としての役割を果たした。編戸制と籍帳制により中央政府はいながらにして個別人身支配を貫徹することができた。
>
> 古代の日本も編戸制と籍帳制を採用したが，戸籍は班田台帳，計帳は賦課台帳とそれぞれ別の役割を果たしていた。土地課税と人別課税の2種の税制体系が併存していたことが理由と思われる。正丁を中心とする成人男子に課役を賦課するために計帳を利用する原理は唐制に依拠したものである。しかし，日本では唐制と異なり特定の年齢以上の良民・賤民の男女に口分田を班給したために，独自な帳簿として戸籍を利用する必要が生じ，造籍年と班田年とを一致させて戸籍の6年1造，班田の6年1班を制度化したと考えられる。

(4) 律令税制

律令国家の主たる財源となったのは，租・庸・調の3種であった。このほかにも出挙・義倉があり，また雑徭や仕丁・兵士役が課せられた。逆に皇族，八位以上及び蔭子，男子の16歳以下及び66歳以上，女性，中度以上の身体障害者，家人・奴婢は課役が免除された。

租は中央へは送らず原則として国・郡の正倉に蓄えた。国衙財政は出挙の利稲でまかない，中央に送る舂米・貢献物・交易雑物などの費用にあてた。調・庸は官人給与や官司の諸費用にあてるため中央の京庫（民部省・大蔵省）に送られた。地方財政は国司の責任で運用され，毎年正税帳・郡稲帳などの帳簿に

よって中央へ報告される仕組みであった。

　(a)　租（タチカラ）　班給された口分田の面積に応じて課される田租である。唐制では，租は人別課税であるが，日本令では一定年齢以上の男女全般に班田するため，土地税とした。田租の額は，田令では1段につき稲2束2把（不成斤）と定めており，これは上田1段の種稲72束の3.05％に相当している。この税額は「令前租法」（この「令」が大宝令を指すのか，浄御原令を指すのかについては学説の対立がある）の熟田50代（しろ），すなわち1段の種稲50束に対する租稲1束5把（成斤），税額にして3％から算定されたものである。大宝令で，1歩の面積が36分の25に縮小されたので，租の量を同一にするために，逆に1.5束に25分の36倍した2.16束の数値を切り上げて2束2把の額を設定したと考えられる。しかし前代からの慣行が根強く残っていたため，慶雲3（706）年格によって，正式に成斤1束5把に戻され，この額がその後一貫した田租となった。

＊**田租の運用**
　　田租の税率3％は比較的低率であったといえる。共同体において初穂を神に貢上する農耕儀礼が転化して税として首長に貢納したことが田租の起源と考えられており，財政基盤としての税の要素が薄いことが低率につながったと推測される。田租は土地の収穫の早晩に応じて，9月中旬から11月末日までに国・郡の正倉に納入された。その一部の稲を舂米にして京に運搬することもあったが，唐制では租が中央に運送されるのが原則であったのと異なる。また租は穂を刈りとった穎稲の形ではなく穀で倉に収納されたが，それは各地方財政にも使われることなく，賑給に使われるのに限られており，「不動穀」として貯蔵し，救貧及び凶荒等の非常用に備えた。

　(b)　調（ミツキ・ツキ）　調は，王権への服属のしるしとして物品を貢納した国造制下の慣行にもとづいている。正丁（21歳以上60歳以下の男子），次丁（61歳以上65歳以下の老丁と，正丁で軽度の身体障害者），少丁（17歳以上20歳以下の男子，養老令では中男）の3種に区分された男子に対して課せられる人別課税である。賦役令によれば，品目は「郷土ノ出ダス所」の絹，絁（あしぎぬ），綿，糸（絹糸），布（麻布）の繊維製品が中心で，賦課量は，布で納める場合，正丁1人につき2丈6尺で，次丁の負担は正丁の半分，少丁は4分の1である（ただし京・畿内は布に限定され，量も半減されている）。正調のほかに副物として染料，油，薬用品，その他の雑器類を納める定めであった。その量は調の30分の1前後と考えられる。京・畿内ではこの調副物も免除された。このほか諸国から山野・河海の産物，

食料品などが贄として貢上されていた。養老元 (717) 年には調副物と中男正調をともに廃止し，そのかわりに「中男作物」として国ごとに国司が中男を使役して中央官庁の必要とする雑物を調達する仕組みに改められた。

　調は当番の納税者（運脚）が京まで運搬して納入した。食料等もすべて納税者の負担であったから，遠国では田租よりも現実の負担が重かったと思われる。

　(c) 庸（チカラシロ）　庸は，歳役の代わりに布を納めるもので，正丁・次丁に課された人別課税である。歳役は，京に上って労役に服するもので，その日数は正丁で年10日であった（次丁（老丁）は2分の1，調の負担のあった少丁や京・畿内の正丁・次丁は全免された）。本来は唐制に倣い，都城建設等の土木事業に使役することを想定したと思われるが，この徭役規定は大宝令施行直後から実を失い，代納物としての庸の徴収という物納規定が機能するにいたった。

　＊庸制の改変

　　中央官司の雑役は仕丁，臨時の労役は雇役（京・畿内の役夫に雇直・食料を与えて働かせる）に頼り，庸をそれらの財源にあてた。代納される庸の額は，正丁1人につき調布と同じく2丈6尺で，次丁は半減される。庸の徴収，輸送，運搬の費用等は調と同一であり，調とともに京に送付され，仕丁の食料や役夫の賃金・食料にあてられた。ただし，慶雲3 (716) 年には正丁・次丁の庸は半減され，調の負担の半分となった。さらに養老元 (717) 年の調布の規格の改定に応じて，庸布も半分の1丈4尺とされた。正丁1人の調・庸を合わせた負担量4丈2尺を続けて織ると布1段となるので，規格の統一を図ったと理解されるが，これは和同開珎鋳造・流通に基づく畿内周辺での調庸の銭納制の導入と関連すると評価されている。また食料に充当する性格から，米なら3斗，塩では1斗5升を代わりに納めることも認められていた。

　(d) 雑徭（クサグサノミユキ）　雑徭は，正丁は最高で1年間60日，次丁は30日，少丁（中男）は15日まで，地方諸国の雑役のために徴発した労役である。労働日数の点では調庸の負担より重かった。徴発された成年男子の使役の仕方，役日等は「国司の自為」に委ねられていたので，国司は認められた日数の最大限まで徴発し，また国郡役所の建物や倉庫，道路や橋といった公共工事だけではなく，職分田の耕作や空閑地の開墾といった私用に駆り立てることもあった。雑徭は郡司の下での共同体労働の系譜を引くものではなく，天皇や国司

に対する奉仕＝ミユキであった。

(e) 義倉・出挙　義倉は窮民の救済のため，国ごとに戸を単位として粟を2石から1斗まで等級に応じて徴収して貯蔵する制度である。また，公出挙は国家から班田農民に官稲を年5割を限度として貸し付ける制度であって，本来強制的要素はなかったが，国別に出挙すべき目標額が割り当てられ，一定額を強制的に貸し付けるようになったことから本来の意味を失い，租税の性格を帯びるようになった。

V　親族と相続
(1)　親　　族

大宝・養老律令は親族の範囲，親族間の等級について，儀制令五等親条と喪葬令服紀条の二系統の規定をおいている。いずれも唐礼ないし唐儀制令を母法としているが，日唐の条文には彼我の家族構造を反映した相異が存在する。

(a) 五等親制（儀制令）　唐礼では喪服の精粗，喪に服する期間で区分する五服制に親族の等級を定める機能も与えたが，日本では唐儀制令が皇帝の親族に限って定めている五等親制を，皇族から庶民にまで通用する親族関係の濃淡を表現する制度に換えている。ただし，日本の五等親制も実質的には唐礼の五服制の原則にならって規定している。その内容は，以下のとおりである（数値は喪葬令服紀条の期間）。

一等　父母1年・養父母5月・夫1年・子（嫡子3月・衆子1月）
二等　祖父母5月・嫡母継母1月・伯叔父姑3月・兄弟姉妹3月・夫之父母3月・妻妾（妻のみ3月）・姪（兄弟の子7日）・孫（嫡孫1月・衆孫7日）・子婦
三等　曽祖父母3月・伯叔婦・夫姪・従父兄弟姉妹7日・異父兄弟姉妹1月・夫之祖父母・夫之伯叔姑・姪婦・継父同居1月・夫前妻妾子
四等　高祖父母1月・従祖祖父姑・従祖伯叔父姑・夫兄弟姉妹・兄弟妻妾・再従兄弟姉妹・外祖父母3月・舅姨1月・兄弟孫・従父兄弟子・外甥・曽孫・孫婦・妻妾前夫子
五等　妻妾父母・姑子・舅子・姨子・玄孫・外孫・女聟

ここにみえる五等親の範囲は，基本的に唐制に倣っており，本族（男系血属

親）、外親（女系血属親），及び配偶者の血族を中心として構成されている。配列順位は血縁の遠近に加えて尊卑の観念も反映している。すなわち唐礼に倣い，本族直系親については一世を一等に数え，尊属では父母を一等，祖父母を二等とするが，卑属では唐制が例外的に曽孫を緦麻とするのをうけて，四等に配している。傍系親については，一等親たる父母の系に属する者を二等親とし，二等親たる祖父母の系に属する者を三等親とし，三等親たる曽祖父母の系に属する者を四等親とするなどほぼ唐制に従っている。また唐制が伯叔父姑を例外的に期親としたのに倣い，本来三等親に属する伯叔父姑を二等親にしている。唐制と異なる点は，高祖父母の系に属する者が親族範囲から除かれていること，妾が妻と同様二等親に，妾の父母も妻のそれと同様，五等親に数えられていることなどである。

儀制令の規定でみる限り，親族構造は唐礼と同様，男（父）系優先が貫かれている。例えば，妻にとって夫は一等親であるのに対し，夫から妻は二等親に留まる。妻から夫の父母は二等親であるのに対し，夫から妻の父母は五等親でしかない。しかし，五等親制が古代日本の親族構造の実態を反映したものかどうかは疑問がある。むしろ唐礼では父を斬衰（ざんさい）（3年)，母を齋衰（しさい）（3年）として差別しているのに対し，日本の五等親制ではともに一等親としていること，妻・妾を区分していないことなどに注目すべきで，こちらのほうが当時の実態を反映していると思われる。

＊五等親制の効果

この五等親制は，律令を通じて広く親族呼称として使用され，さまざまな法的効果が付与されている。令では養子の要件は四等以上親で子の世代に属する男子とされる。また，三等以上親（近親と別称される）は鰥寡（かんか）・孤独・貧窮・老疾にして自存できない親族の収養義務がある。さらに官人の選叙については，同司の主典以上には三等以上の親族を連任できず，裁判では鞫獄の官が被告との間に五等以上の親族，三等以上の姻戚の関係にあれば換推（忌避）の制を適用することができた。

律では殺傷罪等に関して，両当事者が五等親内の関係にあり，被害者が尊長であれば一般人より刑が加重され，卑幼では軽減された。また親族を姦すれば，刑は一般より加重された。また名例律によれば，謀反等の重罪を除き，三等以上の親族や外祖父母は互いに相手の犯罪を隠しても罪に問われなかった。

(b) 服紀制（喪葬令）　服紀制は服喪期間を定め，加えて親族の等級を定める機能も付与しようとする制度であって，五等親制に比べてより唐制に近似し

ている。大宝・養老喪葬令は期間については唐礼より短縮したが，唐礼と同様，5段階の1年・5月・3月・1月・7日の喪に服すべき期間とその喪に服する親族の対応関係を規定している。しかし，五服制と服紀制の間には大きな差異がある。

第1に，服紀制の定める親族範囲は，唐制よりもさらに限定されており，曽祖父母の系の者（唐礼では小功）など遠い親族は除かれている。第2に唐礼では父へは斬衰，母には齋衰としたが，服紀制ではともに服1年と，同等に扱っている。第3に外祖父母を曾祖父母らと同一の3月とし，また父方の叔伯婦は服喪期間なしとするのに対し，母の兄弟姉妹である舅姨は1月の服紀とする。唐礼の柱である男（父）系優先主義は保持しつつも，外祖父母の服を高め，外戚はすべて親族の範囲に入れるなど，外戚を重視していることが注目される。

(2) 親　　子

律令法は，儒教的倫理に基づく親子間の道徳，すなわち孝を重視し，これを法律に取り入れて民の教化を図っている。律令の規定では，父母として，本生父母のほか，いわゆる「養父母」，妾の子から父の嫡妻をいう「嫡母」，父の後妻の「継母」がある。養父母は父母と同じく子から見て一等親，嫡母・継母は二等親であり，名例律では嫡母・継母及び養父母に対する犯罪は父母に対するそれと同等に扱われている。なお，「継父」は同居の場合に限り，三等親となり，1月の服紀となる。「子」は男子・女子をともに含み，また養子も含まれる。実子には嫡妻の子たる嫡子と妾腹の子たる庶子の別がある。ただし嫡子には嫡出長子，又は家の相続人の意に，庶子はそれ以外の子を含んで使われる場合があるので，注意を要する。

(a) 親　権　　父母は子に対し広範な親権を有し，子孫は逆に無条件に近い服従義務を負った。親権の中心は子に対する教令権で，闘訟律では子孫が父母等の教令に違反して，父母等が告言すれば徒2年が科されるとするのに対し，父母等が教令に違反する子孫を懲戒のため殴打して殺害しても父母の罪は徒1年半に留まり，単に殴打・殴傷した場合，若しくは懲戒行為により誤って殺害しても罪責は追及されなかった。また，子孫は同籍同居の義務があり，父母等の存命中に別籍異財すれば徒2年の上，八虐中の不孝にあたるとされた。ほかにも子孫の婚姻，離婚に対する同意権を有していた。ただし，子孫を奴婢とし

て売却するような行為は許されなかった。

　これに対して，子孫が父母等を罵詈するだけで絞罪にあたり，謀反等の重罪を除き，親が罪を犯した場合や，自身が親から侵損をうけた場合でも，親への「諫諍」に留まるべきであり，告言すると絞刑に処せられた。また，「供養有闕」は徒２年を科せられた。

　(b)　養　子　　養子制の目的は主として男系による継嗣のためであり，養子の要件として，養父に男子がいないこと，養子が本族四等以上の親族であること，「昭穆ニ合スル者」すなわち養子が傍系親中，養父に対して子と同じ輩行に属することを規定する。したがって，養子となりうるのは養父の兄弟の男子と従兄弟の男子に限られることになる。いずれの場合も養父が管轄の本属に届け出，戸籍計帳の除附がなされて養父子関係は正式に成立した。唐制を継受した厳格な養子制は，社会の実情から遊離しており，弟，従兄弟を養子とする風習もあった。さらに，祖先祭祀維持のための継嗣という養子の目的からいって異姓不養が原則であったが，技術の継承で成り立つ伴(とものみやつこ)部の家系では，家業継承のために，能力をもった本族以外の異姓男子を養子にとることもあった。

(3)　婚姻と離婚

　養老戸令・戸婚律に規定された婚姻・離婚法は唐制と基本的に同じで，父系制の原理に基づき，礼を重んじている。しかし，現実には，古代日本では妻問(婿取)による婚姻の慣習があり，女性やその家族の意志が婚姻の成立に大きな影響力をもっていたので，律令の規定する婚姻法がどれだけ実効性をもったのか疑問はあるが，律令は教令法としての性格が強く，法の施行によって社会の変革を図る意図もあった。『万葉集』巻18では越中守時代の大伴家持が下僚の浮気を教戒するために離婚に関する律条を引用している。律令の婚姻法の背景には，唐の家族法の基盤をなす礼の秩序を示し，それによる教化を期待した政治的意図があったといえる。

　(a)　婚姻の成立要件　　婚姻の実質的要件として，戸令では男15歳以上，女13歳以上を婚姻適齢とする。違反すれば違令罪に問われる定めであるが，現実には早婚も盛行していた。また唐制では同姓不婚の原理によって近親間の婚姻を禁止し，かつて自己の有服者の妻妾であった者も禁婚親の範囲として規定す

る。養老律が同姓不婚の規定を設けたかどうかは定かではないが，少なくともかつて自己の直系尊属の妻妾であった者との婚姻は認めていない。このほか重婚，良賤通婚は禁じられており，礼に則った婚姻儀礼を経る前に相姦の事実がないこと（後に定婚を経ても婚姻自体無効となる），父母及び夫の喪中でないことを要した。

次に形式的要件としては，儒教の礼に則った定婚，成婚の二段階の式を経ることが必要である。これに先立って，戸令によれば女子の家（『令集解』の一説によれば男家もこれに準ずる）において，婚姻責任者たる婚主（主婚）を祖父母，父母など近親から選出することが要求され，この主婚者の同意を得ることがまず必要となる。養老戸婚律では，唐律にはない外祖父母も主婚と認めている。母系との紐帯の強さが日本律令での外祖父母の重視に反映していると思われる。

次に定婚の段階がある。現在の婚約に類似する儀式で，男家より主婚者を通じて聘財を女家に交付することで成立した。定婚以降はその男女は夫婦に準ぜられ，女家側から婚姻を取り消すことは禁じられた。成婚は結婚式の挙行にあたるが，官司への届出は要件ではなかった。定婚・成婚を経ずに家に入る者が中国では妾であるが，日本では妾の服紀の位置から見ても，礼による儀式の有無が妻・妾の区分の基準となったかどうかは疑問である。

(b) 婚姻の効果　婚姻により，男女及びその親族との間に一定の親族関係が発生する。例えば，妻が夫の父母を罵れば徒1年，殴れば徒3年の刑を特別に科せられ，義絶の対象となる。また妻は夫権に服するが，親権ほど強大ではなく，懲戒権は夫にはなく，夫が妻を殴傷すれば犯罪となり，また妻がその身を夫に侵損された場合，夫を官に告訴することも許された。

妻が実家から持参した財産は「夫婦同財」の原則により，夫の管理下におかれたが，夫婦の一方の死亡又は離婚によって，妻に返還されることもあった。

(c) 離婚と再婚　律令が規定する婚姻解消には，夫の一方的意思による棄妻，当事者の合意による和離，名教維持の必要のため強制される義絶，夫に失踪等の事情がある場合の4つがある。夫の意志による離婚は，「棄妻」，「放妻」とよばれる追出し離婚である。成立要件は，第1に，七出のいずれかに該当すること，第2に尊属が同意すること，第3に離縁状を作成することである。七

出とは，無子，淫泆，舅姑に事（つか）えず，口舌，盗窃，妬忌，悪疾の7つの法定事由である。ただし，七出のうち，淫泆，悪疾を除く他の事由については，三不去といわれる「経持舅姑之喪」（すでに舅姑の喪を果たすこと），「娶時賤後貴」（婚姻後夫が立身出世したこと），「有所受無所帰」（妻に帰る家なきこと）の事由があれば，離婚できなかった。棄妻の場合，夫の祖父母父母の同意を得，夫が離縁状を作成して所轄官司に届け出ることで離婚が成立した。

　当事者の合意による離婚は「和離」と称され，協議離婚に相当する。唐戸婚律では，夫婦が「相安諧」しない場合にはいつでも官司に申請しうると定めており，和離の理由については制限がなかった。

　ほかに，礼に反する行為があれば，名教維持のため「義絶」として強制離婚させられた。夫による妻の親族の殴殺，妻による夫の親族への殴詈・殺傷などがそれにあたる。その場合，恩赦があって罪が許されても，国家が離婚を強制した。なお，婚姻前に姦（かん）の事実があったことが判明すれば，赦にあっても離婚は強制された。

　妻側からの婚約・婚姻の解消は夫に特定の事由がある場合に限り，認められた。律令が規定する婚約解消事由には，定婚後3ヵ月たっても夫が正当な事由なく成婚を挙げない場合，本貫を逃亡して1ヵ月，外国で行方不明（没落外蕃）になって1ヵ年経過した場合，徒罪以上を犯した場合がある。また婚姻解消事由には，成婚後，外国で行方不明となり子があれば5年，なければ3年，国内で逃亡して子があれば3年，なければ2年を経過した場合がある。いずれも官司への届出，許可により別人への婚姻・再婚が認められた。

　主たる離婚の法的効果は，妻が実家から持参した財産の中で，果実を含む現存財物が返還されること，双方再婚が認められることの二事である。再婚相手については原則として制約はないが，義絶とされた前配偶者やその直系卑属とは再婚できなかったことは理論上当然である。また，再婚禁止期間の規定が存在しないので，離婚後直ちに再婚は可能であったと思われる。ただし，夫と死別した妻は1年喪に服さねばならなかったから，その期間は再婚できなかった。

*婚姻と親族構造に関する学説

　　古代の婚姻形態について学説は大きく2つに分かれている。1つは，婚姻当初は妻

問婚（訪婚）が行われていても最終的には妻が夫方居住に移る嫁入婚（嫁取婚）の形態が原則であったとするものである（柳田国男『婚姻の話』（岩波書店，1948年），江守五夫『日本の婚姻　その歴史と民俗』（弘文堂，1986年）など）。これに対して，古代においては妻問婚ないし婿取婚が行われており，通いによる生涯的別居ないしは妻方居住が一般的であったとする学説がある（高群逸枝『招婿婚の研究』（講談社，1953年），同『日本婚姻史』（至文堂，1963年））。また，妻方居住と新処居住の併存，まれに社会の上層において夫方居住があったとする説もある（関口裕子『日本古代婚姻史の研究』上・下（塙書房，1993年））。

家族形態については，古代の婚姻形態を嫁入婚（嫁取婚）とみなす立場では概ね父系制に基づく家父長制家族が成立していたとされ，妻問婚，婿取婚を基本とみる立場では逆に家父長制家族は未成立で，母系家族が一般であったとされる。近年は，古代の親族組織は父系，母系にとらわれない双系的（双方的）なものであったとし，婚姻居住についても夫方居住，妻方居住，新処居住が併存していたとみる説も有力である（吉田孝『律令国家と古代の社会』（岩波書店，1993年），明石一紀『日本古代の親族構造』（吉川弘文館，1990年））。また，氏族の系譜の分析から，子が父方にも母方にも両方に属する両属制の存在を認める説もある（義江明子『日本古代の氏の構造』（吉川弘文館，1986年））。

婚姻に関していえば学説がほぼ一致して認めているのは，古代の風習として求婚ないし夫による通いの性格をもつ「妻問い（ツマドイ）」が行われていたということである。律令が規定する婚約・婚姻の解消事由とは別に，『令集解』，『令義解』の注釈は，「婚約が成立した後，3ヵ月たっても男性が女性のところに通ってこない場合，女性の側から婚約を解消できる」，「結婚した後，夫婦が同じ里に住みながら3ヵ月間，往来がない場合は妻の側から婚姻を解消できる」と説明している。そのような婚姻風習のもとでは，男女当事者の意志が強く反映したこと，明確な婚姻儀礼がなく恋愛と結婚の区別が曖昧であったこと，居住形態は多様で明確な婚姻居住規制は存在しなかったこと，婚姻が流動的で離婚・再婚が多かったことなどが特徴としてあげられている。いずれも律令が規定する婚姻制とは乖離するが，律令の施行後は，蔭位の恩典を受ける上級官人や在地の「累世富家」など，官職や家産の継承が必要とされる階層では律令の示す婚姻，家族原理が徐々に浸透していったと考えられる（長谷山彰「日本古代史における対偶婚概念に関する二，三の疑問」吉村武彦編『律令制国家と古代社会』（塙書房，2005年））。

(d)　相　続　律令の相続法は，継嗣令に規定する継嗣法と，戸令に規定する財産相続法とに大別できる。両法について，大宝令の復原作業が進んだ結果，大宝・養老令の差異が明らかにされるとともに，唐制との顕著な相違が指摘されている。以下，唐制と比較しつつ大宝令の内容について述べ，次いで改

正された養老令の内容に触れたい。

　(イ)　継嗣法　　唐封爵令は皇族や功臣に授与する九等爵の継承順位を定めるものであるが，大宝令継嗣令は，内八位以上の有位者を対象として，蔭位の制による継承者の選定や，軍防令が規定する内六位以下，八位以上の嫡子が21歳以上で官職がなければ大舎人等に任用される位子制などの選定法を定めるものである。復原された大宝継嗣令の規定によれば，嫡子の決定は被相続人の選定により，その選定順位は唐制と同様に嫡妻長子・嫡出長孫・嫡子同母弟・庶子・嫡孫同母弟・庶孫の順に法定され，承嫡順位者が早世若しくは「罪疾有ル」以外は変更できなかったとされる。しかし，このような復原では矛盾が生ずる。継嗣に関係して蔭が孫まで及ぶのは，三位以上に限られ，四位以下で嫡子が亡くなり孫を嫡子と認めても，蔭の恩典は及ばないからである。『令集解』所引古記一説は嫡子に孫を立てるのは三位以上に限定されるべきとの説を立てている。これを承けてか，養老令では三位以上と四位以下とに区分した上で，「四位以下唯立嫡子」と改訂している。しかし，その下に「謂庶人以上，其八位以上嫡子，未叙身亡及有罪疾者，更聴立替」の注を加えたため，その適用範囲には大きな変化が生じた。一つは位階に関係ない庶人をも対象としたため，これまでの位階相続人の選定法（承嫡）から，祭祀相続（承重）者の選定法へと変質し，また八位以上の嫡子に問題がある場合には立て替えが可能となったが，嫡子の選定順位は，三位以上のそれから孫を除いた嫡妻長子・嫡子同母弟・庶子の順となる。したがって，庶民もまたこの順位によって嫡子を選定すべきとなり，また官司に届け出る要もないので，嫡子の選定・立替については被相続人の自由に委ねる比重がより大きくなったといえる。

　なお継嗣令では，氏宗（大宝令においては氏上）の継承については，勅定によるべきことを規定している。

　(ロ)　財産相続法　　唐代では同居共財の原理の上で，父が死亡しても家産はそのまま継承され，兄弟が婚姻等で独立した家族生活を営み出す段階で，均等に家産を分割するので，財産分割法として諸子均分主義を戸令応分条に規定した（ただし食封は嫡庶異分主義）。復原大宝戸令応分条は唐令を折衷しつつ，唐令の諸子均分主義を極端な嫡庶異分主義へ変更し，かつ財産分割法ではなく遺産相続法として継受したと考えられる（**図表2**参照）。これに対し養老令は多くの

図表 2　大宝戸令応分条の主要内容

①相続財産	被相続人の宅・家人・奴婢・財物・動産，妻が持参した奴婢は除外
②相続人・相続分	被相続人の相続財産中，財物の半分とその他の資産全部を嫡子が相続。財物の残り半分は，嫡子以外の嫡出男及び庶出の男子である庶子間で均分。
③代位相続	兄弟の一部が相続前に死亡した場合，その子（男子）が父の分を相続。死亡相続人に子がない場合は，寡妻が夫の分を代位相続。
④相続人たる兄弟がすべて死亡した場合	死亡兄弟の男子は嫡庶を分かたず，資産のすべてを均分相続。なお改嫁しない寡妻は「一子ノ分」を相続。
⑤当事者の意思にもとづく相続	被相続人の遺言（存日処分）は，家人・奴婢についてのみ認め，嫡子が処分状にしたがって分割。
⑥適用範囲	遺産相続規定は，大宝継嗣令との関連から，内八位以上の有位者にのみ適用され，嫡子を立てる必要がない庶民の相続法は諸子均分主義であったと推察されている。

図表 3　養老令での主要改正点

(i)相続財産	田地を加える一方，氏賤は氏宗が相続し，功田功封は被相続人の男女が均分する特別規定に委ねる。また唐令に従い，遺産から除かれる妻家所得財産は，奴婢に限らず一切の将来財産に改める。
(ii)相続財産の分法	範囲を拡大し，嫡母，継母，嫡子各二分，庶子（その意味は大宝令と同じ）一分，女子（いまだ分財を経ていない女子），妾各半分とする。代位相続についても「寡妻」に加え妾にも相続権を与える。
(iii)相続人たる兄弟がすべて死亡した場合	諸子均分だが，死亡兄弟の姉妹及び女子で未婚の者，結婚したがまだ分財を経ていない者も男子の半分，また改嫁しない寡妻妾は各「一子之分」を相続する。
(iv)当事者の意思にもとづく相続	共同相続人が遺産の分割を欲せず同居共財を望む場合，及び被相続人が生存中に行った存日処分（生前譲与も合まれると考えられる）の場合，証拠が歴然としていれば，本相続法に拘束されない。

改正を加えている（**図表 3**参照）。養老戸令応分条では，大宝令の徹底した嫡庶異分主義を改めて諸子均分主義に近づけ，また女性の相続範囲を大幅に拡げ，さらにその適用範囲を庶民にまで拡げた。また，大宝令では明文のなかった被相続人の意向が大きく反映される存日処分（遺言・生前譲与）の権を確認した。

大宝・養老の喪葬令では，相続人不在の絶戸の場合の処置も規定している。すなわち，第1順位として五等以上の親族，第2順位として四隣五保に，その戸の家人奴婢及び宅・資財を管理させ，そのうち財物は死者の功徳を営む費用

にあて，家人奴婢は解放して良民とした。なお「亡人ノ存日処分」があれば，それを優先した。

VI 刑事法
(1) 律の思想的背景

　律令国家の刑事法である律はきわめて思想性の高い法であった。『太平御覧』所引の杜預律序には，「律ハ以テ刑名ヲ正シ」とあり，唐六典には「律ハ以テ刑ヲ正シ，罪ヲ定メ」とある。律は犯罪と刑罰について定めた法であるといえる。一般に刑法典は国家の統治理念を反映するが，唐律は儒教思想と法家思想を折衷して立法されている。王者の徳治を理想とする儒教思想と信賞必罰による法治を原則とする法家思想は本来相容れないものであるが，唐律の編纂者は国家統治の実をあげるために理想と現実の折衷を図った。律の条文を見ると原則法の部分では儒教思想を，例外法の部分では法家思想を原理として立法していることがわかる。「陽に儒家を装い，陰に法家を行う」と評されるゆえんである。例えば，養老の名例律は儒教の孝悌の徳目にもとづいて，一定範囲の親族が互いの犯罪を隠す「相為隠」を罪に問わないことを定め，闘訟律にも親族の罪を告訴することを禁止する条項をおいている。しかし，これらの条文にはすべて謀反・大逆などの王権や国家の安危にかかわる反逆系統の犯罪には適用されない旨の除外規定がある。したがって，律においては祖父母・父母といえども，反逆の罪を犯せば子孫はこれを官に告訴しなければならない。律は姦悪を懲戒して善に赴かしめる教令法でもあり，儒教思想が律の根本思想であるが，国家は統治に利用できる範囲に限定して儒教思想を律の中に摂取したといえる。

*律令の罪刑法定主義

　　養老獄令には「諸司事ヲ断ズルニハ悉ク律令ノ正文ニ依レ」とあり，断獄律には「断罪ハ皆具ニ律令格式ノ正文ヲ引クベシ」と定める。諸官司の判決は成文法によらなければならないのであるから，一見，今日の罪刑法定主義に類似した原理が律令国家においても存在していたかのようにみえる。しかし，近代刑法の罪刑法定主義が君主の恣意的な裁判に対する人権保障の発想に基づくのに対し，律令の罪刑法定主義の目的は君臣の分を明らかにするところにある。君主が法を超越した裁量権を有するのに対して，臣下たる官僚には君主の示した統治の準則としての法に遵って政治を行う

「守法」の義務が課せられているのである。名例律疏に「非常ノ断，人主之ヲ専ニス」とあることも，法の予想しない事態が生じた場合，官僚は自己の裁量で処理することを許されず，君主だけが自由な判断をしうるとの趣旨である。

＊**唐律と日本律**

　日本律は各篇目の名称や配列などは唐律にしたがっているが，日本の国情を考慮して，語句や規定内容を修正した部分もかなりある。律の総則ともいえる名例律冒頭部についていえば，唐律の五刑，十悪，八議の規定を，日本律は五罪，八虐，六議に変更・修正している。しかもそれらは条文数にも入らず，疏文がなく書式も異なるので，この部分は大宝以前に独自に制定された可能性が高い（吉田孝「名例律継受の諸段階」弥永貞三先生還暦記念会編『日本古代の社会と経済』上（吉川弘文館，1978年））。

　日本律が唐律を修正した例としては，唐職制律の「諸監臨之官，受贈羊供饋，坐贓論，強者依強取監臨財物法」とする条文を大宝・養老の職制律が改正したことが挙げられる。唐律では官吏が管轄する部内の民から猪や羊の肉を受けることは，供献された場合と強要する場合とを問わず処罰される。日本律はまず「贈羊」を「猪鹿」と改め，さらに「供饋勿論」として官が部内の民より供献された場合は罪なしと改めている。日本律が唐律の羊を鹿に改めたのは，日唐の食生活の相違を踏まえたものであり，監臨の官が単なる供饋を受けることを「論ズルコト勿レ」としたのは，日唐監臨官の性格の違いや，在地の風習に配慮したものと考えられる（利光三津夫『律令研究続貂』（慶應通信，1994年））。唐の地方官は中央からの派遣官で在地性が低いのに対して，日本の郡司は旧国造など在地豪族が任命され部内の民との結びつきが強かった。また天皇の代理たる国司を迎える行事など大和王権と地方首長の貢納関係の伝統を引く儀礼が多いことから，饗宴に必要な肉類の供献は適法とせざるを得なかったと考えられる。

　科刑について唐律と比較すると，日本律は全般に刑罰を唐律よりも一ないし二等軽減するほか母法と大差はない。しかし，謀反罪の縁坐について，唐律は父子は絞，母娘，姉妹は没官とするのに対して日本律では父子を没官とするにとどめ，女性の縁坐は定めていない。また，祭祀の期間内に斎戒の禁忌を犯して天皇に死刑の決裁を仰ぐなど神祇祭祀に関わる犯罪については唐律より刑罰を加重している。

(2) **犯　　罪**

(a)　律の通則　　律は，「心ヲ原ネテ罪ヲ定ム」原則により，犯罪の成立には，「故」あるいは「失」があることを必要としている。「故」は害意ある場合であり，「失」は害意なくして侵害結果をひき起こした場合である。なお，現行刑法にみえる過失犯の用語は，律においては殺傷罪についてのみ用いられるが，害意なく，また社会的に正当な行為によって侵害結果を生じた場合をさす

ので，故意と対比しうる責任形式ではない。律においては，たとえ害意はなくとも，争って殴り合い相手を死にいたらしめればそれは闘殺であり，戯れ誤って相手を殺せばそれは戯殺にあたり，過失殺よりも重罪とされている。

　害意なく，また行為すらないにもかかわらず処罰される場合として縁坐・連坐がある。縁坐は，謀反・大逆その他の重大犯罪の場合に，犯罪者の近親を処罰するものであり，名例律に「反逆縁坐ヲ犯ス」とあるところからみて，それ自体が犯罪の一種とみなされていたと思われる。日本律では女性への縁坐刑の適用を控えるなど縁坐によって刑が及ぶ親族の範囲を唐律よりも限定している。連坐は，官吏が業務上の犯罪（公罪）を犯した時に，その責任を同司官人，並びに関連する官庁の官人に分担させるものである。

　犯罪の責任能力については，名例律は90歳以上，7歳以下の者を責任無能力とし，また70歳以上と16歳以下の者，及び重度の心身障害者は，限定的責任能力者としている。

　名例律には，犯罪についてこの他に，親族相隠，自首覚挙等の免罪事由や，予備，未遂，教唆，共犯，累犯，併合罪など現行刑法上の概念に類似する規定も存在する。しかし，背景をなす思想が違っていることにより，実際には両者の間に差異があることも注意を要する。例えば，自首については，「相為隠」すべき親族が，代わって自首した場合はもちろん，告訴した場合もまた自首と同じ扱いとされている。儒教の親族間の道義より生じた特異な規定である。

　(b)　八虐　　律が規定する犯罪の中から，特に国家の安危にかかわるものや身分秩序を揺るがすような重大な犯罪を抽出して八群に分類したものが八虐である。謀反，謀大逆，謀叛，悪逆，不道，大不敬，不孝，不義の8種類がある。謀反，謀大逆，謀叛の3つは君主に対する殺人予備や皇居の破壊，利敵行為など反逆に類する犯罪であるが，悪逆以下は，君主に対する不敬や，祖父母・父母の殺害，奴婢が主人を殺害するなど儒教的倫理に反し，あるいは身分秩序を揺るがすおそれのある犯罪が多い。八虐に該当する犯罪については律が定めるそれぞれの刑罰とは別に，恩赦の適用から除外したり，官人に対する刑法上の特典を剥奪するなどの厳しい措置がとられた。

　(c)　六議　　六議は律の適用にあたって恩典を受けるための6種類の資格をさす。天皇の親族（議親）や側近の官（議故），及び徳のある賢人君子（議

賢)，政治的・軍事的能力のある者 (議能)，国家に対して大功ある者 (議功)，三位以上の上級貴族 (議貴)，がこれに該当する。六議の該当者には，刑の減免や，裁判において拷問を許さないなど，さまざまな優遇措置がとられた。「礼不下庶人，刑不上大夫」とする儒教思想に基づき，士庶の別を明確にし，士大夫に実刑の辱めを与えない意図によるものといえる。

　(d)　犯罪の構成要件　　律は犯罪の構成要件を定めるに際して，抽象化単純化は考えず，むしろ，犯罪の態様，手段，加害者と被害者の関係，加害の程度などきわめて詳細な犯罪の類型を規定している。例えば，闘傷罪については，方法による分類として「以手足」，「以他物」，「以湯火」，「以兵刃」の4種をあげる。また，侵害の結果として「傷及抜髪方寸」，「血耳目出」，「内損吐血」，「折歯」，「決耳目」などに分類している。さらに身分秩序維持の観点から，親等を異にする親族間の闘傷，家人・奴婢と良人間の傷害などについて定めている。

　律が犯罪の構成要件として，およそ予想しうる犯罪態様のすべてを事細かにあげる理由の一つは，官吏の自由な判断を許さず，機械的な法条の適用を要請していることにあろう。

　律が定める特殊な犯罪類型として公罪・私罪がある。官人の犯罪について，公罪と私罪を区別するもので，公罪は公務に関する犯罪で私心と不正のないものをいい，私罪は公務に関係しない犯罪，及び公務に関係した私心ある不正行為をさす。律令国家は官僚制を基盤としており，国家は官人統制に関心を注いだ。律も官人の職務上の違反などを処罰するために特に職制律の篇目を設け，贈収賄などについて詳細な処罰規定をおいている。

　特殊な犯罪として断獄律に定める疑罪がある。証言や証拠が虚実相半ばしていたり，あるいは直接証拠がなく間接証拠の「聞証」のみがあるだけで，有罪と断定できない場合に科すものである。有罪と無罪との中間的な性格を有するものであり，犯罪の容疑がある場合に何らかの処断を行わなければ社会統制を維持できないとする考えによるものであろう。疑罪には実刑ではなく，贖銅が科せられた。

　(3)　刑　　罰
　(a)　刑罰の種類　　律の刑罰は主刑 (正刑)，換刑，附加刑の3種に大別でき

(イ)　**主刑**（正刑）　軽いものから順に，笞罪，杖罪，徒罪，流罪，死罪，のいわゆる五罪がある。これらは本来，罪ではなく五刑とすべきものであるが，古代日本では，罪と刑とは観念上あまり厳密に区別されず，罪は結果としての制裁をも含む概念であったため，律は五罪と表現しているのである。笞罪と杖罪は，木の棒で臀部を打つ刑である。徒罪は拘禁具をつけて労働させるものである。流罪は僻遠の地に送って，通常1年間労働させ，釈放後はその地で戸籍に登載し定住させた。配流地は，京師からの距離によって近流，中流，遠流に分かれていた。死罪（大辟罪）には絞と斬の2種類があった。斬が絞よりも重い。

> ＊**刑罰としての祓**
> 　唐律の流刑は受刑者をあくまでも国家の地域的支配の内部に留めるものであったが，日本律の流刑は大化前代からの固有刑法思想に基づく神の制裁としての島流し，島に放棄する刑としての特色をもっていた（利光三津夫「流罪考」同『律令制の研究』（慶應通信，1981年））。また，律の五刑とは異なる日本固有の刑罰として，神事違例を対象とし，神官や官人に科せられる祓があった。古くから律令外の慣行として行われていたが，延暦年間に格によって整備され，律令法の中に取り込まれた。祭祀の重さに応じて大祓・上祓・中祓・下祓の4種を定め，それぞれ違反者に祓の料物提供を科している。

　(ロ)　**換　刑**　換刑は官人の特典である贖，官当，老少心身障害者の特典である贖，「家無兼丁」すなわち一家の内に他に成人男子がない場合に科せられる加杖，雑戸・陵戸以下の賤民に科せられる加杖，留住役に区分される。

　贖は，正刑の五罪にかえて銅を徴収するものである。過失殺傷等の場合を除いて，贖銅は被害者に対してではなく，国家に納入する定めであった。流罪，死罪に対する贖銅は，日本律のほうが唐律よりも重い量を定めている。

　官当は八位以上の官人について官位・勲位をもって徒流（流三等はいずれも徒4年に比当される）の実刑に換える制度である。有位者の場合，まず官（位階）をもって刑にあて，足りない部分は贖銅が許される。したがって，制度上は流罪以下については，官人に実刑が科せられることは，贖銅を認めない特定の場合を除いてほとんどなかったが，奈良時代には，官当は実施されず，9世紀以降，制度どおりに実施されるようになった（吉田一彦「官当の研究」ヒストリア117

号（1987年））。

　加杖，留住役も徒流の換刑であり，一定数の杖を加え，あるいは配所に送らず原住所に留住させたうえで労役に従わせた。その目的は，「家無兼丁」き場合の加杖は，調庸を負担する一家の唯一の働き手を奪わないためであり，雑戸以下の加杖，留住役は，官司に所属する隷属民の減少を防ぐよう配慮したことによる。

　(ハ)　附加刑　　附加刑は有位者に特に科せられる除名，免官，免所居官と，士庶を問わず科せられる没官に分けられる。

　前者は有位者に対する名誉刑としての性格をもつ。また，前掲の官当と合わせて除免官当と称される。除免官当は，唐律では官職の剥奪刑であったが，日本では官職よりも位階を基本として官位相当制をとったため，日本律では位階の剥奪刑とされた。除名は歴任の官位と勲位のすべての位階を6年間剥奪するものである。免官は，官位，勲位について最も高い位階とそれより一等低い既得の位階を，それぞれ3年間にわたって剥奪するものであり，免所居官は，官位と勲位のいずれかについて，最も高い現在の位階を1年間にわたって剥奪するものである。これらは八虐を犯して恩赦にあった場合（除名），受財枉法（免官），父母の喪中に妾を娶る（免所居官）など一定の犯罪に対して，付加刑として科せられた。

　没官は人や財産を国家が没収する刑罰である。謀反・大逆を犯した場合，犯人の父子や家人，資財・田宅が没官される。没官された人は官戸あるいは官奴婢に配された。また，官人の収賄罪にともなう不正授受物なども没官の対象であった。田宅・資財の没官は律令以前から固有法の中に存在し，院政期まで行われた。

　(b)　刑罰の適用　　犯罪に対してどの程度の刑罰を科するのかについて，律はかなり客観的・機械的に定めている。窃盗についていえば，まず盗品の種類によってそれぞれ異なる刑罰を定めている。例えば，天皇の神璽は絞，太政官印は徒2年，遣唐使等に授けられた節刀の場合は徒3年等多様である。その他の一般の盗品の場合は，盗品の価額を布に換算し，その価額に従って刑罰を定める。すなわち，財を得ていない場合は笞50，布1尺杖60，布1端ごとに刑罰が1段階ずつ加重され，5端で徒1年，その上は5端ごとに刑罰が一段階ずつ重

くなり，50端で労役3年の加役流となる。このような客観的・機械的な量刑規定も官吏の裁量権を限定する意図によるものであろう。

　(c) 刑の減免　律は刑罰の免除や軽減の事由についてさまざまな規定をおいている。主要なものは名例律に規定があり，議請減と称される官人やその親族等に対する減刑である。議は六議の該当者，請は四・五位，勲四等以上の者並びに六議の人の近親，減は六・七位，勲六等以上の者並びに官位・勲位により請に該当する者の近親に与えられる特典である。該当者は，八虐等の場合を除き流罪以下は刑罰を一等軽減される。死罪は直接に減刑されないが，請以上の該当者は天皇への上奏，太政官における議定といった慎重な手続を経て判決が下されることになっており，その過程で宥免される可能性があった。

　議請減のほかには年齢等による刑の減免がある。7歳以下の幼年者と90歳以上の高齢者は，基本的にすべての刑罰を免除される。10歳以下と80歳以上の者，及び重度の障害者は，反逆罪や殺人罪，及び盗罪や傷害罪の場合を除いて刑罰が免除される。16歳以下と70歳以上の者，及び中度の障害者は流罪以下であれば実刑に代えて贖銅を徴収した。

　また，傷害等の特定犯罪を除き，犯罪の発覚以前に自首すれば刑罰はすべて免除される。犯罪が発覚しようとしているのを知って自首した場合でも刑罰を二等軽減される。自首は代理人や親族によって行うことも可能であった。そのほか恩赦による広範な刑の減免もあった。律令は恩赦に赦・降・別勅放免の3種を定めている。

　　＊**恩赦の種類と性格**

　　　　赦は不特定多数の罪人を対象として，詔勅によって刑罰を免除するものである。『金玉掌中抄』や『二中歴』など中世の法制・故実書によれば，赦は常赦・大赦・非常赦の3種に区別されるが，律の規定に則して分類すれば，赦は，通常の赦である常赦と非常赦の2種に分類される。常赦は「常赦不免」の重大犯罪を除き不特定多数の者を一定の基準に従って赦免するものである。「常赦不免」とは，赦にあってもなお死・流・除名・免所居官・移郷に処せられるもので，八虐・故殺・謀殺・私鋳銭・強窃二盗があげられる。非常赦とは，律の施行後に生じた用語で，律の規定の中で「常赦所不免」とされている重大犯罪についても刑罰を免除するものである。常赦は全国的に実施された場合は大赦と称され，一部の地域に限って実施された場合は曲赦と称された。降は不特定多数あるいは特定個人を対象として，詔勅によって減刑を行うことである。別勅放免は，特定の罪人を天皇の別勅による特別の命令で放免することを

いう（島善高「律令時代の恩赦—その種類と効力—」法制史研究34号）。

また，恩赦制度は唐制を継受したものであり，唐では恩赦は即位や，立太子，代始改元の儀礼と関連して行われ，皇帝の正当性を広く民衆にまで宣布する意義をもっていた。日本でも基本的に同様の赦が行われたが，白雉から天武朝あたりには祥瑞や仏教思想による恩赦が多く，奈良朝以降は太上天皇など皇位継承を保障する人物の延命祈願の赦が主流となり，即位，代始改元などの恩赦は消えていった（佐竹昭『古代王権と恩赦』（雄山閣出版，1998年））。

Ⅶ 裁判制度

(1) 裁判機関

(a) **司法と行政の未分化** 律令国家においては司法と行政の明確な区別はなかった。中央官庁はもちろん，地方の国や郡も一定の裁判権をもっていた。したがって，国政の最高官庁である太政官が裁判においてもすべての官庁を統轄し，重大な事件は最終的に天皇の裁可を経て判決が確定した。

といっても，特に司法を職掌とする官司もあった。八省の中に裁判・行刑を司る刑部省があり，治部省も婚姻・譜第の訴訟を扱った。さらに，弾正台は官人の非違を糾弾する機関として天皇に直属し，太政官に対しても半ば独立した検察機能をもっていた。刑部省では判事局が裁判において重要な役割を果たした。判事と解部によって取り調べや審理を行う体制は浄御原令制下に成立し，大宝令制に受け継がれた。奈良時代を通じて，判事には藤原氏出身者や大学出身で判文の作成などに適した練達の吏が任命され，判事経験者の多くはその後，八省卿や参議，中納言，あるいは大臣に就任している。

(b) **裁判管轄** 律令裁判における裁判管轄については獄令に規定がある。京内においては，杖罪以下の事件は在京諸司が推断し，刑罰の執行も行う。もし徒罪以上の事件であれば，在京諸司が推断したうえで，執行はせずに刑部省に送付する。刑部省は，徒罪や贖銅等について執行までの権限をもつが，流罪以上及び除免官当に関する判決については，太政官及び天皇の承認を求めなければならなかった。

京外においては，笞罪は郡司が推断し執行もする。杖罪以上の事件であれば，郡司が推断した上で国司に送付する。国司は，徒罪・杖罪・贖銅等を執行する。しかし，流罪以上及び除免官当に関する判決については，刑部省の場合

と同様，太政官及び天皇の承認を求めなければならなかった(**図表4**参照)。

また，重大な事件については，下級の機関の判断は，より上級の機関による再審査を受ける必要があった。流罪・死罪等については，刑部省や国司の審査を経た上で，太政官さらには天皇の承認を必要とした。

図表4　律令の裁判管轄

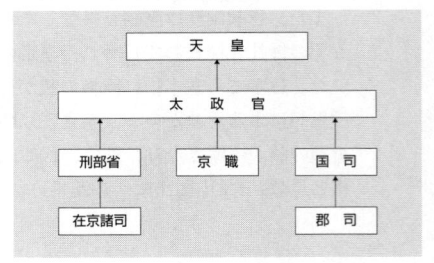

```
            天　皇
              ↑
            太 政 官
      ↑       ↑       ↑
    刑部省   京職    国　司
      ↑               ↑
    在京諸司          郡　司
```

(2) 裁判手続

律令法は全体が公法的な性格をもっており，近・現代法と同様の意味での刑事・民事裁判の区別があったとはいえないが，律令法の論理の枠内で複数の裁判類型があったことは認められる。『令集解』公式令訴訟追摂条に「此条就財物訴訟耳」とあり，『政事要略』には断罪部と並んで訴訟部をおいている。以下，便宜上，断獄と訴訟とに分けて律令裁判手続を説明することとする。

(a) 断　獄

(イ) 告　言　　断獄は犯罪の官への告発(告言)によって開始される。告状によってなされ，それには被告の姓名と罪責追求の意志が明示されていることが必要であった。

告言を受理する第一裁判所は，通常，犯罪の発生地であり，地方においては郡司に訴え出ることになる。告言者は，糾弾の官と一般的告言者の別があり，一般的告言者には，さらに義務的告言者としからざる者の区別がある。糾弾の官は，職掌として犯罪を摘発して，これを告発する義務を負う者であって，弾正台の官人などが相当する。一般的告言者は，糾弾の官以外の官人，及び一般人であって，このうち義務的糾弾者は諸司の監督官及び国・郡司等であって，彼らは自己の管轄部内に犯罪が発生した場合はこれを挙劾することが義務とされていた。義務的糾弾者以外の一般人は糾弾の義務はなく，自己の意志で告言をなす者であるが，例外的に，謀反・大逆などの重大犯罪，自己の尊属が殺害されようとしている犯罪などについては，告言が強制されていた。また何人も謀反・大逆などを除いて，近親の犯罪については告言できないのが原則であり，違反すれば処罰された。子孫が祖父母の教令に違反するなど家庭内の犯罪

については，被害者以外の者は告言が許されなかった。

　次に，告言を受理した官司は三審の手続を行う。三審は原告の罪責追求の意志を確認する手続を，日を変えて3回行うものである。三審が終了すると，官司は杖罪以上の犯罪の場合には被告を追捕し，拘禁するが，この場合には告言をなした原告も拘禁される。告言者は誣告罪の被疑者として扱われるからである。もし，被告が問われている罪が笞罪以下であれば被告も原告も拘禁されない。

　㈹　審　理　　審理は，裁判を担当する官司の四等官中の判官，主典によって行われる。審理にあたる官人が，被告との間に一定の血縁・姻戚関係などを有するときは，官人の交替（換推）が許される。この場合，主典は「事状ヲ検出スル」のみであり，事を断じ判決案を作成するのは判官である。事実認定は人的・物的証拠によって行われ，担当官人は，五聴（被告の言辞，顔色，気息，耳，瞳）を観察し，書証や物的証拠に照らして真実の発見に努める。これによって犯罪事実の有無を確認できない場合には，長官の決裁をとって被告を拷問した。被告を法の許す限度内で拷問しても自白が得られなければ，一転して原告を拷問した。誣告の有無を取り調べるためであり，これによって自白が得られた場合，原告のほうが，告訴した内容に対応する刑罰を科せられる誣告反坐によって処罰された。

　㈠　判　決　　証拠や自白により犯罪事実が確認できると，主典が鞫状（きくじょう）と称する取調書を作成する。鞫状作成にあたっては，その内容を被告に読み聞かせて承認を求める弁定，弁証の手続が必要であった。鞫状が作成されると，判官は犯罪事実に照らして法を適用し，その末尾に判決（断文）の案を付記する。鞫状並びに断文案は次官，長官に上程されて決裁をとり，長官の判によって当該官司の最終判決が確定した。

　判決文は被告及びその家族に読み聞かされる。そこで被告が判決に服すれば，伏弁と称してその旨を文書に記載する。もっとも，伏弁の有無は判決の効力発生要件ではないから，当該官司における裁判手続はこの告知手続によって完了する。

　㈡　覆審・上訴　　律令は，下級官司の誤判から被告を保護するために，官司の事物管轄による覆審と被告による上訴の二系統の手続を設けている。

事物管轄による覆審の一は，獄令郡決条規定のものである。第一審の郡は，杖罪以上の判決を出した場合は，被告の身柄に判決書を付してこれを国に移送し，国は，流・死を断じた場合は，さらに太政官に移送した。太政官では弁官局において覆審し，問題がなければ天皇に奏上し，問題があれば，それが，事実認定に関する場合は国に使者を派遣して再審理させる。また法の適用に関する疑義がある場合には，太政官は特別裁判所を召集して審議した。この太政官における特別裁判所は，獄令によれば，大納言以上の太政官官人，刑部省の長官，次官，判事などによって構成され，六議など上級階層の者を被告とする事件，国ないし刑部省の判決に被告が服さない場合，刑部省においても判断が困難な事件を処理した。そこでは官人はそれぞれ独自に意見を開陳することができ，のちの陣定に類似する議事方式を採用していることが注目される。

事物管轄による覆審の二は，疑獄の場合である。諸国において判決を下し得ない疑獄は，刑部省に移送して議する。刑部省も決し得ない場合には太政官の特別裁判所で決した。

次に，被告の意志による覆審としては上訴がある。上訴は公式令に定める手続であるが，断獄にも適用されたと考えられ，その場合，被告は不理状の交付を求め，上級官司に訴え出ることができた。

(b) 訴　訟　訴訟に特有の手続としては，以下のものがあげられる。

第1は，訴訟提起の時期であり，雑令は，急迫の侵奪が降りかかっている場合を除き，10月1日から3月30日までの間に出訴すべきことを定めている。これは農繁期における裁判を避けようとする意図によるものである。

第2に，公式令により訴えの提起は前人（被告）の所属する本司本属に対してなされなければならない。

第3に，判召・判待の制があげられる。訴人の訴えを受理した官司は前人（被告）に対して，召喚状を送達する。これを追摂と称する。追摂を被った被告は3日以内に出廷しなければならない。これを判召とよぶ。判召の期間が経過すると，官司はさらに20日間出廷を待つ。この期限を判待と称し，2つを併せて両限と称する。

両限を過ぎても被告が出廷しなかった場合は，欠席裁判により主典が判決を下す。律令裁判の例外をなす簡略な手続であり，訴訟が公益侵害の程度が低い

事例を対象としていたからと考えられる。
　第4は，上訴手続である。公式令によれば，判決に不服な当事者は，裁判を担当した官司に不理状の作成交付を乞い，「次ヲ以テ上陳」し，太政官まで至ることができた。さらに太政官においても「不理」である場合には天皇に上表する途が開かれていた。

＊律令裁判制度の特色
　　日本の律令裁判制度の特色として，太政官の権限が強く，中央集権的な構造をもっていたことがあげられる。　唐では大理寺と尚書省六部の一つである刑部が司法活動の上で重要な役割を果たしていたが，日本では刑部省よりも太政官が大きな権限を有していた。また都の行政府である京職は，唐京兆府が州と同等の裁判管轄を有していたのに対して，流以上の犯罪については判決も出さず，直接刑部省に移送していた（長谷山彰『日本古代の法と裁判』（創文社，2004年））。郡司については，唐の県令が笞・杖についての判決・執行権をもっていたのに対して，郡司のそれは笞のみに限定されている。もっとも，在地においては一般公民は譜第郡司の裁きのみを受け入れており，国造以来の伝統的な決答権の保持という側面もある（大町健「律令法と在地首長制」歴史学研究1980年別冊特集号）。他方で，唐制とは異なり，有位者でも六位以下に対しては決笞杖を容認する儀制令の規定があり，郡司も国司の決杖権の下に置かれていた（坂上康俊「古代の法と慣習」『岩波講座日本史』古代3（1994年）。日本律令国家の律令制と氏族制の二元制という性格はここにも見出すことができる。
　　直訴の可否について日唐の制度に大きな相違があることも注目される。日唐の公式令訴訟条を比較してみると，唐制では訴訟当事者が皇帝に上表を呈して上訴しようとしたにもかかわらず，官司がこれを抑留して上聞に達しない場合，登聞鼓を打って皇帝に知らせることができ，惸独老幼にして自ら申上することができない者は肺石の下に立って訴えることが許された。また，唐闘訟律においても行幸途上の皇帝に直訴することや登聞鼓を打っての直訴は，その内容が不実であった場合には処罰されるが，正当な直訴は認められている。
　　ところが，日本では公式令，闘訟律ともに当該部分は削除されており，天皇に対する直訴は制度上は認められていなかったと思われる。大化元（645）年に鐘匱の制を定めて，朝廷への直訴を認めているが，律令編纂の段階で天皇への直訴を不可とする方向へ転換したものと思われる。天平神護2（766）年に至って，吉備真備の奏言により，中壬生門の西に柱を立て，官司に抑屈された者，冤枉を被った者の直訴を許し，弾正台が受理する制度を立てたが，これも律令制自体には直訴制度が規定されていなかった事情を物語るものであろう。直訴制度は「天下に無告の民無からしむ」意図によっており，君主による徳治を理想とする儒教思想にかなうものであるが，日本では天皇を現人神とする律令草創期の思想の影響などから君主に対する直訴制を採用

しなかったものと思われる。しかし，このことも制度上は太政官の裁判権限を強める結果となっている（長谷山彰『日本古代の法と裁判』（創文社，2004年））。

＊二系統説と一系統説

　律令裁判手続に関しては二系統説と一系統説の二つの学説がある。二系統説は従来の通説で，律令の裁判には，獄令の規定を中心とする刑事訴訟的な「断獄」と公式令の規定を中心とする民事訴訟的な「訴訟」の二系統があったとする（利光三津夫『裁判の歴史』（至文堂，1964年），利光三津夫＝長谷山彰『新裁判の歴史』（成文堂，1997年）ほか）。

　これに対して一系統説は，律令の裁判手続としては獄令を中心とする一系統の手続が存在するのみであり，公式令と雑令の規定は，訴訟提起の方法や上訴，及び出訴期間を定めたものにすぎないと主張している（奥村郁三「唐代裁判手続法」法制史研究10号（1959年），律令裁判手続小論―利光氏「律令考二題を論評する―」関西大学法学論集25－4，5，6合併号（1975年）ほか）。

　獄令犯罪条は「凡犯罪者，皆於事発処官司，推断。」とし，犯罪は「事発処官司(ことおこらんところのかんし)」が推断するものとする。また公式令訴訟条は「凡訴訟皆従下始。各経前人本司本属。」と規定しており，「訴訟」は前人（被告）の本司本属に提起するものとしている。両条文について，二系統説は，「訴訟」は公式令によって原則として「前人本司本属」，すなわち被告の所属官司ないし本貫地の官司に提起しなければならないのに対して，「断獄」の場合には，獄令によって「事発処官司」，すなわち犯罪発生地の官司に告訴がなされるので，両者は全く別の手続であるとされる。

　これに対して，一系統説は，訴訟提起方法の規定は公式令訴訟条のみであり，獄令は告訴を受けた後，官司が推断する手続を述べたものであって，訴訟提起の方法の規定ではないと理解するのである。一系統説では「事発処官司」とは告言によって犯罪事実が発覚した場所の官司とされる。

　一系統説によって律令裁判手続を復原するならば，刑事的・民事的事件を問わず，公式令訴訟条により告言（告訴）は被告の本司本属に対してなされ，その告言を受けた官司が獄令犯罪条により推断することになろう。しかし，律令は受訴官司について一律規定はおかず，事件の性格に従って受訴官司を個別的に定めている。例えば，謀反・大逆事件については獄令・闘訟律によって犯罪発生地の所轄官司に告言をなすものとされる。また殺人・強盗の事件が発生した場合，闘訟律によって被害者の家族及び近隣は所轄官司に告げることが義務づけられている。公式令訴訟条にいう「前人本司本属」も受訴官司に関する個別的な規定の一つにすぎない。

　また，裁判手続と裁判類型は区別して考える必要がある。裁判手続についていえば，『政事要略』巻八十四に掲げられた「三審」の例とそれに続く「弁官記」は内容から犯罪とは直接関係のない，「訴訟」手続に関するものであることが知られるが，「三審」の制度は獄令に規定されたもので，二系統説によれば，断獄手続に特有のも

のである。律令の裁判手続は断獄と訴訟とに共通して用いられていた可能性が高い。しかし，公式令に規定する判召・判待の手続では被告の欠席のまま判決が下しうるのに対して，獄令の断獄手続の場合には被告に判決を読み聴かせて伏弁を得なければならず，欠席裁判はありえないなど，財物に関する訴訟と犯罪の裁判とでは基本的な思想に相違があることも事実である。断獄と訴訟を区別することは律令裁判の構造を理解する上で有効といえる。

第3章　公家朝廷法

　この章では，史学上いわゆる王朝時代あるいは王朝国家と称される時期と重なる時代を扱う。国家的支配の仕組みや社会構成の面からいえば，確かに10世紀あるいは11世紀中葉に大きな転換を見出すことができるのではあるが，しかしながら法制上の変化は9世紀以降の平安時代において絶えず漸進的・断続的に生起していて，8世紀の段階で確立した律令法の体系を根幹から覆すような変化はあらわれていない。そのような平安時代の貴族社会，すなわち公家社会及び朝廷組織において機能していた法を，公家朝廷法という名称の下でここでは扱うが，その基盤はあくまでも律令法にあり，それとは別個の体系性を有するものではない。とはいえそこには中世鎌倉時代以降における公家朝廷社会における法構造の骨格が形成されており，またそれは武家政権における新たな法体系の揺籃の場をも提供していた。律令法に代わって鎌倉時代以降に発達した法体系を公家法・武家法・本所法という名称の下に捉えるのが一般的であるが，本章では摂関・院政期を中心にして，平安時代における律令国家と律令法体系の変質・変化を記述するものである。

　＊王朝国家論

　　10世紀以降の国家を律令国家と区別して王朝国家と称し，領主制の進展から中世国家への過渡期の国家として位置づけたのは戸田芳実『日本領主制成立史の研究』（岩波書店，1967年）であった。そして，坂本賞三『日本王朝国家体制論』（東京大学出版会，1972年）は，国衙領の支配体制の分析により，10世紀初頭から1040年代頃までを前期王朝国家，それ以降を後期王朝国家と区分した。その後，王朝国家をめぐり多くの研究があらわれる中で，佐藤進一『日本の中世国家』（岩波書店，1983年）は，官司請負制の成立した12世紀初中期をもって王朝国家の成立期とした。法制的な変化についていえば，王朝国家論に相即する形で，棚橋光男『中世成立期の法と国家』

(塙書房，1983年）は院政期の法を中世法の端緒として捉え，また上杉和彦『日本中世法体系成立史論』（校倉書房，1996年）は摂関・院政期の法全体を中世法への移行過程として捉える視点から分析した。さらには水林彪＝大津透＝新田一郎＝大藤修編『新体系日本史2　法社会史』（山川出版社，2001年）は，摂関期までの法を古代，院政期以降の法を中世と時代区分している。しかしながら，王朝国家の枠組みによらずに10世紀後半以降における中央財政システムの変化を，律令国家の展開過程として捉えた大津透『律令国家支配構造の研究』（岩波書店，1993年）や，また王朝国家論に対する批判的検討によって，10世紀末から11世紀末を古代から中世への大きな転換点と捉える佐藤泰弘『日本中世の黎明』（京都大学学術出版会，2001年）等の研究もあらわれている。中世的な国制と法制度の端緒を平安時代に求めるとしても，具体的な画期をどこに設定するかという点では，かなり混沌とした状況にあるといってよい。

I　公家朝廷の政務構造
(1)　新たな官職・組織形態
　(a)　摂関・院　　平安時代に入って，律令には規定されていない様々な職名があらわれ，総称して令外官とも称される。摂政及び関白をさす摂関は単なる官職ではなくそれらと同列に扱うことはできないが，律令に規定がない点では共通している。摂政とは政を摂べる意であり，関白とは政務に関り白すことを意味している。貞観8（866）年に藤原良房が清和天皇の外祖父として摂政に任じられ，仁和3（887）年には藤原基経に関白の権限が付与されて，これ以降，藤原北家は多くの摂政・関白を輩出し，摂関家としての地位を確立していった。とりわけ延長2（924）年に8歳で即位した朱雀天皇の摂政となった藤原忠平は，天皇が元服した天慶4（941）年に関白となり，摂政・関白が制度的に確立した。摂政は天皇が幼少期に設置されて天皇大権を代行し，関白は天皇が成人後にその補佐役として設置される慣例となった。それは本質的には太政官を統括する太政大臣ないし左大臣が，天皇が係わる奏上・宣下の文書にあらかじめ目を通す内覧という職務を付与された状態を，さらに拡大し制度的に定着させたものであった。

　院の本来の意味は，周囲に垣や塀をめぐらした大きな建物をさす。正倉院や勧学院といった場合の院であり，寺社等の建物の名称にもよく用いられる。そして，単に院といった場合は，退位した天皇や天皇の母后等の居所をさし，そこからさらにそこに居住する人をさして院と称するようになった。退位した天

皇は後院、天皇の母后等は女院とも称される。ここで院として取り上げるのは、前者の後院についてである。退位した天皇は、律令の儀制令天子条の規定によると、太上天皇と称されることになっていた。この太上天皇を略して上皇とも称される。天皇の譲位は、大化改新時の女帝であった皇極天皇より始まるとされるが、その時期にはまだ太上天皇の称号は存在しなかった。その称号は、持統天皇が孫の文武天皇に譲位した文武元 (697) 年に初めて用いられた。それ以降、奈良時代には元明・元正・聖武・孝謙の4人の上皇があらわれたが、これら奈良時代の上皇は、宮中において天皇と同居するのが通常であった。平安時代に入って、その最初の上皇である平城は旧平城京に居所を定め、弟の嵯峨天皇と対立し薬子の乱の因となった。次の嵯峨も弘仁14 (823) 年に異母弟の淳和天皇に譲位し、大内裏の東南端に隣接した冷然院 (後の冷泉院) に居所を定めた。これ以降、上皇は天皇と居所を異にし、院と称されるのが通例となった。

　治暦4 (1068) 年、摂関家を外戚にもたない後三条天皇が即位し親政を開始した後、その4年後の延久4 (1072) 年に白河天皇に譲位した。後三条には院政を行う意図があったと思われるが、翌年に急死したためその事績は確認することができない。次の白河天皇は10年余の親政の後、応徳2 (1085) 年に堀川天皇に譲位し、以後、鳥羽、崇徳の3代の天皇にまたがり40年余の長期に及ぶ院政を開始した。これ以降、中世から近世に至るまで、この政治形態が継続することとなった。外祖父の後見による摂関政治に対し、院政は天皇の父・祖父が治天の君として実質的な政務の総覧者たることを意味し、そこには家父長的な家とその直系継承へ向けての親族構造の変化があった。そして、摂関政治及び院政という政治形態が誕生する背景には、律令時代まではおよそ考えられなかった幼少の天皇を可能とする状況があった。遣唐使の停止にみられるように国家間の公的な外交関係がなくなり、また律令時代の個別人身支配と異なり国司に国内支配を委ねるという形で政治支配のあり様が変わる中で、天皇の位置づけも祭祀的・儀式的な側面に収斂されて、その政治的力量はほとんど問題とはならなくなった。このような国制と支配方式の変化の中で、摂関・院が政治的に天皇の代行機能を果たすことが可能となったといえる。

　(b) 蔵人　嵯峨天皇と平城上皇との政治的対立が深まる中、弘仁元

(810) 年，蔵人所が新設され，その職員として蔵人が天皇の勅命によって選任された。それは兼任という形で行われ，当初は五衛府の武官，式部省・中務省・春宮坊の官人，及び弁官等から蔵人が選任された。したがって蔵人所は，政治的・軍事的な色彩の強い天皇直轄官庁として出発した。しかし，その後，蔵人は内廷経済に関係する官司から多く選任されるようになり，中務省や宮内省の機能は蔵人所に移行するようになった。9世紀末以降になると，蔵人所は別当1人，頭2人，五位蔵人2人，六位蔵人6人，非蔵人数人，及びその下の様々な所司からなる組織として整備され，内膳司へ入る貢納物等を管理するようになった。また弁官から選任された蔵人は，中弁又は大弁で蔵人の頭を兼任する者を称する頭弁にみられるように，天皇と太政官機構を取り次ぐ重要な機能を果たすようになった。

　(c) 検非違使　検非違使は，律令制の下で手薄であった京内の治安警察機能を強化するために，9世紀のはじめ弘仁年間に，衛門府の官人をして京内の取締りをさせたのがその起源といわれる。令外官としての検非違使は，衛門府の一部から次第に独立化し，検非違使庁という独自の庁舎を有し，蔵人所につぐ規模を有する組織になった。天長元 (824) 年に左右各1人の佐が任ぜられ，承和元 (834) 年には，長官として検非違使別当が任ぜられた。別当は参議や権中納言・中納言で，左右衛門督ないし左右兵衛督を兼任する者から選任された。それ以外の検非違使は，主に左右衛門府から任ぜられた。寛平7 (895) 年には，正規職員の定数が左右各2人の佐，左右各2人の尉，左右各1人の府生と定められた。『延喜式』では，左右各1人の佐・尉・志・府生のほか，左右各9人の火長が定数として定められている。正式な官員ではない火長は，看督長・案主・官人従者等から構成され，さらにその下には下部あるいは放免と称される前科者がいた。そして，平安時代後期になると検非違使は中央だけではなく，地方の国衙や伊勢をはじめとした大神宮等にも設けられるようになった。

　検非違使は，天皇が直接指示する宣旨等によって権限を拡大し，次第に刑部省・弾正台・京職，等にとって代わっていった。裁判権についていえば，まず強窃盗・私鋳銭，次に殺害・闘乱・博戯・強奸，等に関する裁判権が，刑部省から検非違使に移った。そして，10世紀以降，刑部省が衰退するにともない，

次第にその他の犯罪についても，実質的に検非違使の処断に委ねられることになっていった。また，本来は京職において開始される「訴訟」に関しても，12世紀以降になると検非違使が管轄するようになった。さらに検非違使は天皇の政務の場である京内からケガレ＜穢＞を除去し，清浄な空間を保持するためのキヨメ＜清目＞の役割を担っていた。

　(d) 受領・遙任　　地方官としての国司の長官，すなわち国守は中央貴族が任命されて数年間地方に赴任するのが原則であり，平安時代には任国に赴いた国守，あるいは権国守・介等の最も上席の国司を受領と称した。班田収授制が完全に実施されなくなった10世紀以降，国衙領では基準国図として設定された田図に登録された公田の維持と，不輸地を免田に限定することによって，最低限の税徴収を確保することを条件に，国司に国内支配を一任することとなった。そして，任国内では公田を名という一種の徴税単位に編成し，その徴税業務を在地の有力農民である負名に請け負わせる体制を確立した。国司と負名によるいわゆる二重の請負体制の成立である。国衙には，田所・税所・調所・健児所・検非違所等の下部機構が，受領によって私的に設置された。国司の裁量権が増大する中で，尾張国の郡司・百姓等にその非法31ヵ条を訴えられた藤原元命のような国守もあらわれた。そのような国司の苛政に対して，律令的租税を統合した官物の徴取額を全国的に反別3斗に限定する，公田官物率法が11世紀中頃に制定された。

　任国に赴くことなく在京のまま国司に選任される場合は，遙任あるいは遙授と称された。正規の定員以外の員外国司や権任国司の場合，あるいは京官に国司を兼任させる場合に多くみられる。そのような受領以外の国司は任用国司と称されるが，そのほとんどが遙任であったと思われる。そして，平安時代後期以降には国守も含めて遙任が多くなり，現地には受領が任国に不在の際に代官として派遣された目代の下に留守所が設けられ，様々な「所」と在庁官人で構成される国衙機構が整備された。国司には公廨という給与があり，その配分が国守以下の4等官制の等級に基づいて定まっていた。国司は実入りのよい官職であり，主に任用国司への推薦権を上級貴族等に与える年給というシステムが存在した。上級貴族層は，これにより任官希望者から任料を取るという経済的利益と，下級官人との私的な結び付きを得ることが可能となった。さらに

11世紀後半以降になると，上級貴族層の子弟・近親者や近臣・家司を国守に推挙する知行国制が盛んに行われることとなった。律令には課戸の租調庸を上級官人や寺社等の封主に支給する封戸の制があったが，その給付が停滞する中で国司の権限を直接的に掌握することをめざしたものといえる。一国の封戸をすべて給する国封が太政大臣に与えられたことがあったが，その変形と位置づけることが可能である。

　（e）行事所　様々な年中行事や大嘗祭をはじめとした臨時の国家的行事に際して，朝廷内にその行事を遂行するための行事所が設けられた。行事所は，大行事の場合は参議，通常の場合は納言以上の公卿が上卿として行事を統括し，その下に行事弁及び行事史が置かれた。行事弁・行事史は，それぞれ太政官の中・少弁及び大・少史から選出された。それは実務的官人を中心として機能性を重視した，機動力のある組織であった。その政務は多くの場合，上卿の私邸（里第）によって行われ，その実務処理は実際性，簡素性，即決性を特徴としていた。そして行事所は10世紀後半以降，召物という形で諸国の国衙に対して一方的に臨機応変に必要な品目を徴発することができるようになった。

　（f）記録所　延久元（1069）年，後三条天皇の親政の下で荘園整理令が発せられ，寛徳2（1045）年以降の新立荘園を停止することとした。その実施機関として記録荘園券契所（記録所）が設置され，荘園に関する文書の審査が行われた。天皇側近の大江匡房が寄人に任ぜられ，皇族・摂関・大寺社が領有する荘園に関する文書も審査の対象とされた。

　その後，白河院政期の天永2（1111）年，後白河院政期の保元元（1156）年にも記録所が設置され，荘園券契に関する真偽の判定のみならず，国司と本家との間における相論をはじめとした様々な訴訟について裁定を下す機関となった。天永の記録所の構成は，上卿1人，弁官1人，寄人6人と比較的小規模であり，その活動は従来の裁判の補助的な活動にとどまったようである。これに対して保元の記録所は，左大臣の藤原公教を上卿として，弁官3人，寄人12人とかなり充実した構成で出発し，しかもその後に寄人は21人にまで拡大した。おそらく3方に分かれて，1方は弁官1人，寄人7人で構成されたのではないかと思われる。

(2) 政務の方式

(a) 朝政・外記政　平安時代における政務のあり方は、政と定に分けることができる。政とは申文による政務報告を聞くことであり、本来は天皇が大極殿に出御し朝堂院で朝政が毎朝行われるはずであったが、平安時代になると一定の日にのみ内裏の紫宸殿で行われるようになった。実際には天皇が出御しないことも多く、その場合は平座と称された。

このように朝政が形骸化する中で、実質的に政治的な営みが行われる場として外記政が成立した。外記庁に公卿がほぼ毎朝参集し、まず結政という弁官による文書整理の後、外記庁申文を弁官が上申し公卿が決裁を行った。さらに官符等に太政官印を捺す外記請印の後、場所を侍従所に移して食事をする間に様々な案件に関する申文の決裁が公卿により行われた。侍従所を南所といったので、この申文は南所申文と称され、実質的な政務はそこで行われた。場合によってはより上位の公卿の判断を求めるため、陣申文にまわされることもあった。この外記政も10世紀以降には、開催頻度が次第に低下したようであり、10世紀末には1ヵ月につきほぼ2～4回位までに減少したようである。

(b) 公卿議定　平安時代における公卿議定制は、律令太政官制下において大臣・納言等の上級貴族からなる議政官によって行われた、議政官合議制の系譜を引くものである。それは様々な重要案件について公卿が合議をする場であり、その最も代表的なものが陣定であった。陣定は、天皇の勅を受けて上卿（大臣）が主宰して、多くは紫宸殿の東に隣接する渡り廊下のような陣座と称される所で開催された。

太政官の外記により参議以上のすべての公卿が召集され、合議の際には発言しやすいように下位の参議から意見が求められ、また事案に関係する公卿は退席する、等といった配慮がなされていた。提出された意見は多くの場合その内容を列記した定文という形でまとめられ、蔵人頭より天皇に上奏された。陣定以外に天皇が主導する公卿議定として、御前定と殿上定があった。御前定は天皇の面前で行われ、殿上定は清涼殿の殿上間で行われ、天皇の出御は原則としてなかった。両者ともに陣定と異なって摂関も参加し、また出席公卿の選定も行われたようである。

摂関・院政期になると、摂関や院が関与する形での公卿議定が多くみられる

ようになる。摂関が主導するものとしては，摂関邸で開催される殿下議定と内裏内の摂関の宿所で開催される殿下直廬議定があった。いずれも摂関が議定を主宰し，摂関により参加公卿が選定されたと思われる。院が主導する公卿議定としては院御前定と院殿上定があり，両者を総称して院御所議定とも称される。院御前定は院の御前で開催され，摂関も参加した上に院の選定により前官も参加した。院殿上定は院御所の殿上でかなり頻繁に開催され，やはり摂関のほか院により選定された公卿も参加した。そのほか後白河院政期には，公卿へ在宅のまま諮問する在宅諮問という方式もしばしば用いられたようである。

　(c)　官司請負　　10世紀以降，特定の氏族が，特定の官職に世襲的に就任し運営する傾向がみられるようになる。とりわけ太政官における弁官・外記，及び検非違使の場合に，その現象が顕著にあらわれる。

　太政官の左右の弁官局には，大・中・少弁の下に大・少史，史生，官掌，そして使部・直丁等が置かれていた。左右の2局はもともと令制の8省を二分して管轄し，議政官との連絡を担当するものであったが，やがて左右の分属は意味を失い，大・少史は左右一体化して左大史の統率に復する一種の職能団体となった。そして，大・中・少弁はいずれ大臣・納言・参議に昇進するいわば公卿予備群であったのに対し，大・少史は実務官僚的な性格が強く地方の卑姓氏族より多く選任された。算道を家業とした小槻氏は，太政官の経理や税徴収に携わる厨家の実務を掌握し，実質的に弁官局を主宰することとなった。また民部省の下にある主計寮・主税寮の官職を，同じく算博士を務める三善氏とともに占めることによって，国政上の経理部門も掌握することになった。小槻氏は，世襲的に大・少史に就任し，12世紀には「官務家」と称されるようになる。

　同じように太政官の外記局も，12世紀には中原・清原両氏が世襲的に占める官職となった。令制において外記局は，少納言，大・少外記，史生から構成されていたが，天皇の秘書官的性格を有していた少納言は，蔵人所の設置以降は単なる名目的な官職となった。その結果，大外記の上首が大・少外記等を統率し，外記局を主宰することとなった。そうした中で，明経道に独占的地歩を築いた清原・中原の両氏が，外記局の主要な仕事として官職任用に関する除目関係文書の作成において，明経すなわち儒学の知識を要するところから，外記

局の官職を世襲的に独占することとなった。

　前述した検非違使もまた明法を家業とする特定氏族が，代々世襲的にその重要ポストを担う官職であった。式部省の下部機関である大学寮には，律令を中心的に学ぶ明法生と教授する明法博士によって構成される分科，明法科があった。この法曹養成教育を経て官吏登用試験の一つである明法試に合格した者は，明法官人として出仕し様々な官職に任用されたが，とりわけ刑部省の大・中・少判事や検非違使の佐・尉・志等に重用され，最終的には家柄や識見等により明法博士に選任された。刑部省が衰退しその官職も名目化していく中で，検非違使の官職は重要性を増し，特に明法道出身の志であることを意味する道志が，検非違使庁の運営や法解釈にあたって実質的に中心的な役割を果たすようになった。そして，法解釈技術が家学として代々伝えられていく中で明法の家柄も固定され，明法出身の検非違使も特定の氏族によって占められることとなった。平安前期には惟宗氏や讃岐氏をはじめとする諸氏が活躍したが，院政期以降には惟宗氏等は衰退し，坂上・中原両氏が検非違使や明法博士の職をほぼ独占するようになった。

II　公家朝廷法の様相

(1)　新たな法の制定

(a)　令義解　天長3 (826) 年，律令解釈をめぐる学説の混乱を嘆き，その統一を主張した額田今足の提言を太政官は受け入れ，令律問答私記の撰定を式部省に命じた。しかし，提唱者の額田今足は天長9 (832) 年頃に死去したようであり，この事業はいったん頓挫した。そこで，同年，新たに淳和天皇の命により清原夏野等が，令の注釈の撰述を開始した。大納言・参議等の公卿及び文章博士・大判事・明法博士等の儒者・明法官人により構成された12人が編纂作業に携わったが，その中心的役割を果たしたのは明法博士の讃岐永直だったと思われる。讃岐永直は，天安2 (858) 年に文徳天皇の勅語により「律令之宗師」と称され，私邸にて律令を教授することを許され，また唐に使者を送って尋ねようとした「刑法難儀」数十事を解決し，長年の疑問も氷解したというエピソードを有する，平安時代初期における最も傑出した明法官人であった。

令義解の編纂作業は天長10 (833) 年に終了し，翌年，承和元 (834) 年に施行された。養老令と同じく10巻30編で構成される。巻2と巻9を除いて，その写本が現存する。養老令の条文を引用した上で，その語句に注釈を加えるという形で記述されている。令の注釈書であるが，法典として施行され，養老令に代わって機能した。養老令が編纂されて100年余，その施行から70年ほどの時間的経過の中で，政治的・社会的状況の変動は大きく，令義解は，注釈作業を通して養老令を社会的変化に適合させるものであったといえる。

(b) 格　式　律令の制定以降に行政上の必要から新たに発布された単行法令は，格及び式と称された。それらは詔勅や太政官符等の公文書として発給され，格は律令の規定内容を修正するものであり，式は律令の施行細則である。唐では律令の編纂と同時に格式の編纂も行われたが，日本では律令の編纂だけが8世紀前半までに行われ，体系的な法典としての格式の編纂はかなり遅れて9世紀以降に3度行われた。いわゆる弘仁・貞観・延喜の三代格式である。

弘仁格式は，弘仁11 (820) 年に藤原冬嗣等によって撰進され，承和7 (840) 年まで修訂が続けられたようである。それは単なる格式の集成ではなく，効力を失った部分を削除したり，格文の内容を書き換えたり，増補・修訂の上で編纂された立法作業でもあった。貞観格式は，藤原良相・良房等の議に基づき，格が貞観11 (869) 年に，式が貞観13 (871) 年に撰進された。貞観格では，撰格所の積極的な立法活動により弘仁格の不備が補正され，律令にはなかった天皇に関する規定等も盛り込まれた。貞観式では，弘仁式を廃止せず両者を併用し，改訂された条文と新設の条文を合わせて収録した。延喜格式は，藤原時平等によって格は延喜7 (907) 年に撰進，翌年施行されたが，式は一時の中断を経て延長5 (927) 年に藤原忠平等によって撰進された。三代格式のうち，延喜式のみその写本がほぼ現存しており，50巻3300条からなる壮大な法典である。格については，11世紀に三代の格を事項別に集成した『類聚三代格』が完成し，政務の必読書とされ，やはりその写本がほぼ現存している。

(c) 公家新制　新制あるいは制符とも称される一連の法令が，10世紀以降発布された。後には寺家による新制，及び武家新制あるいは関東新制と称される幕府による新制が発布されるようになり，それらと区別して寺家や武家の側から朝廷が発布した新制を公家新制と称したようである。公家新制は，天皇・

院の勅旨に基づき，形式的には太政官符・宣旨・官宣旨・院宣等によって発布された。多くの場合，数十ヵ条が一括して発布された。

　最初の公家新制は，村上天皇により天暦元 (947) 年に発布された雑事六箇条である。六位以下の下級官人等の服飾等について，規制を加えたものである。このように初期の公家新制は，下級官人・従者等を主たる対象に，服飾の過差すなわち奢侈や職務の怠慢を禁制するものであった。しかし，12世紀以降になると，保元元 (1156) 年の7条からなる新制をはじめとして，代替わりや天変地異・飢饉等に際していわば徳政として新制が発布され，規定内容も荘園整理や利子制限を含むなど，単なる朝廷内部の規律にとどまらず，全国的支配者としての統治の法という側面があらわれるようになった。

(2) **明法の活動**
(a)　明法勘文　　律令裁判制度において，太政官は刑部省及び国司の裁判を覆審し，天皇に奏上するいわば最高覆審裁判所であったが，この太政官における裁判は10世紀以降大きく変化する。朝廷政治のあり方の変容にともない，太政官の政務も，朝堂や太政官の曹司から天皇の居住する内裏で主に行われるようになった。前述した陣定において，様々な政務とともに裁判に関する事項も取り扱われた。そして，摂関・院政期になると様々な形態の公卿議定が出現し，そこで今日の我々の目からみて司法的な政務が行われた。

　そのような陣定をはじめとした公卿議定の場においては，当然ながら法的問題が発生し，律令の解釈が問われる場合も生じる。史料上では明法や法家という形であらわされることが多い明法博士や大判事等の明法官人は，そのような場合に法的問題について諮問され，それに対して法律専門家の立場からの答申を行った。このような明法官人が行う答申は明法勘文と称され，様々な種類のものがあったが，裁判と訴訟に直接に係わるものとしては罪名勘文と公事勘文が重要である。罪名勘文とは，犯罪に関する断罪と量刑についての答申である。もともとは刑部省の断文により行われていた機能を，明法官人が次第に引き継いでいったものである。公事勘文とは，土地や財物の領有や取引，相続等をめぐる争いに関してなされた判定のことをいう。平安後期以降に所領相論が増加するに従い，その比重も増していったようである。そこでは公験や各種文書の真偽確定，所領の伝領についての調査，境界等の実地検分，といった事実

認定に係わることが多く問題とされた。いずれの場合も，①五位以上の官人，②天皇及び皇族の意思を代行する者，③特定の勅願大寺社，等といった一定の当事者に係わる裁判や紛争について主に取り扱われた。勘文は複数求められる場合もあり，また勘文が採用されないときは失錯ありとしてその責任を問われることとなった。

(b) 法家問答(ほうかもんどう)　平安時代に明法博士や大判事である明法官人が，律令の運用や解釈にあたって疑問が提起されたときに，いわば法律専門家として，あるいは公的に，あるいは私的に回答を与えているものを法家問答という。基本的には問答体の形式をとっており，一種の法律相談活動である。9世紀段階では主に中央官司からの質問が多いが，10世紀以降になると官人の個人名で，しかも国司や郡司からも質問が提起されるようになった。さらには相続や損害賠償等の民事的な問題について，私人からの質問に回答する弁護士的業務に相当するようなものも事例は多くはないが存在した。

(c) 法書の編纂　明法官人はその職務との関連で様々な著述を行っているが，その中でとりわけ重要な法書＜Law Text＞として，令集解(りょうのしゅうげ)と法曹至要抄(ほうそうしようしょう)をあげることができる。

令集解は，明法博士の惟宗直本が貞観10 (868) 年以前に編纂した私撰の注釈書とされている。そこには公定注釈書の令義解をはじめとして，大宝令の注釈書である古記，養老令の注釈書である令釈(りょうしゃく)・跡記(あとき)・穴記(あなき)・賛記(さんき)・額記(がくき)等といった様々な注釈書が条文ごとに収録されており，壮大なコンメンタールとなっている。その引用関係は極めて複雑繁多な様相を呈しており，今なおその正確な読解に至っていない箇所が多いが，しかしながらその史料的価値は，古代法制の探求にとって，無尽蔵の宝庫をなしているといっても過言ではない。

法曹至要抄は，12世紀半ばの明法博士坂上明兼(さかのうえのあきかね)が，父範政から継承した家学に基づき著した原型に，逐次増補がなされた結果，承元4 (1210) 年に没した明兼の孫である明法博士坂上明基の時代に完成したようである。上巻は罪科，中巻は禁制・売買・負債・出挙・借物・質物・預物・荒地・雑事，下巻は処分・喪服・服仮・雑穢，といった項目で構成され，刑事・民事両者にまたがって非常に広範な内容に関する規定が網羅されている。律令と格式，そして注釈書を掲記した後に，「案文」として編者の解釈が示される。それは坂上家の

伝来の勘文等を分類編集したものであり，必ずしも現実社会の実態を踏まえているとはいえない面もあるが，勘文作成の虎の巻として座右に備えられる性格のものであった。同じく坂上明基によって編纂され，記録所の訴訟裁定のための実務規範として作成されたと思われる，裁判至要抄の母体ともなったものである。このように法曹至要抄は後世に大きな影響を与えた法書であり，時代は大きく飛んで明治初年の裁判の判決において，実際に援用されるという事例すらみられた。

　(d) 新たな法理の形成　　明法官人の法解釈を通して，律令の規定と全く異なる法理や，律令にはなかった新たな法理が創造された事例が少なからずみられる。

　例えば僧尼令では，僧坊に婦女を停めること，尼房に男夫を停めること，僧が尼寺に入ること，尼が僧寺に入ることが禁じられており，僧尼の婚姻は固く禁じられていた。しかし，令義解では，妻帯した僧の死去の場合にその遺財を妻子に与えることを認め，そこからさらに発展して僧尼が還俗した場合にも，その婚姻を認めてもよいとする解釈が導き出される。また，公私の出挙について天平勝宝3(751)年9月4日の格は，宅地園圃の質入れを一切厳禁していたが，しかしながら法曹至要抄では，その趣旨は百姓を安堵させるためであり，もし民業に妨げがないのであれば認めてかまわないということで，全く逆の解釈が導き出される。さらに，戸令には女性が養子をとることを認めないことを前提とした規定があるが，しかしながら僧尼と弟子の関係から敷衍して，寡婦が養子をとることを認める法解釈の途が開かれる。

　このように律令が規定する内容と全く逆の結果が，明法官人の法解釈によって導き出された。そして，職制律の規定内容についての法解釈作業を通して，律令には存在しなかった新たな法理が法曹至要抄に掲げられている事例もある。すなわち「和与の物，悔い還さず」という規定であり，当事者の合意による贈与の取消・返還は認められないとされた。この法理はその後，中世法の世界において，生前譲与との関係で錯綜した議論を惹起することとなったが，いずれにせよこれは律令にはない新たな法規範であった。

　(3)　**刑政の展開**
　(a)　死刑の停止　　平安時代には，死刑が300年以上にわたり停止された。

弘仁9 (818) 年，盗罪を犯した者は罪の軽重を問わず徒役することとし，さらに弘仁13 (822) 年，別勅により死刑を免ぜられた場合はその徒役期間を15年までとした。これ以降，死刑の判決が下された場合も，天皇の別勅により罪を一等減じて遠流とするのが慣例となった。もっとも検非違使や追捕使が，犯人を捕らえた場で死刑を処断した例はしばしば見られるところであった。しかし，朝廷が関与した正規の手続による死刑が，12世紀半ばの保元の乱に至るまで停止されたことは，極めて注目すべき現象といえる。

　このような死刑の停止が何故に行われたのかという理由については，①日本人の温和な国民性，②朝廷の仏教政策，及び仏教の因果応報説，③唐の玄宗皇帝による死刑廃止の影響，及びその背後にある儒教の恤刑思想，④死刑と遠流の区別が流動的な固有法的思想，及び死の穢れや血の穢れを恐れる古来からの感情，⑤神道的な原始信仰に端を発する怨霊恐怖の思想，等といったことがいわれている。死刑の停止は，これらの様々な要因が絡み合った結果といえようが，直接的には，平安京自体が怨霊思想に影響されて建設されたように，平安時代には怨霊思想が人々の意識を非常に強く制約していたのであり，最後の要因が最も大きかったといえよう。

　(b)　庁例の刑罰　　前述したように検非違使は，平安時代に令外官として広範な警察・裁判活動を展開するようになるが，その裁判手続の特徴は，ひと口にいって簡潔・敏速につきるといえる。告訴によって裁判が開始される際の「三審」手続は，検非違使の裁判手続においてはみられない。また，律令の裁判手続の特徴を最も如実に示していた，「誣告反坐」の制度も行われなかったようである。さらに，刑部省の衰退にともない，検非違使の裁判のみが一審制として存在することとなり，律令の覆審制は消滅してしまった。以上のように検非違使の裁判の下で，律令の裁判手続は治安維持のために著しく能率化・簡素化されるに至った。陣定をはじめとした公卿議定の下で議題として審議される上級貴族等の犯罪を別として，通常の庶民や下級官僚等の犯罪は，この検非違使のスピーディーな裁判に服することとなった。

　このような検非違使における裁判のあり方を規定しているのは，その組織としての検非違使庁において，慣習的に形成されてきた法規であり，それを庁例という。前述した法曹至要抄には，この庁例の一部が記載されており，検非違

使庁において執行された刑罰をみることができる。それによると，庁例の刑罰は基本的に獄舎・政所・便所に散禁する方式であった。獄舎はもともと刑部省の下にある囚獄司が管轄していたが，刑部省の衰退とともに10世紀半ば頃には検非違使庁が管轄するようになっていた。獄舎は東獄と西獄の両者があり，左獄・右獄とも称された。政所は獄舎の政所であり，ここには獄舎に散禁する場合よりも，刑の軽い犯罪者を散禁した。そして，さらに刑の軽い犯罪者は便所に散禁した。12世紀初め白河院時代の記録によると，獄舎と政所に散禁されていた囚人は合わせて120余人ということであった。獄の収容能力は非常に限られたものであり，拘禁施設としては甚だ不十分なものであったといえる。そういうこともあって，便所すなわち加害者あるいは被害者の所属する官衙ないし権門の施設が，拘禁施設として利用されたようである。

以上のように，庁例の刑罰は，科刑の重いものから順に，①獄舎，②政所，③便所，という3ヵ所に散禁する方式であった。なお，散禁とは，駄のような「かせ」を用いないで禁ずることをいう。検非違使庁が最初に専決・処断し得るようになった強盗・窃盗については，本来は散禁ではなく，着駄すべきものであったが，院政期には儀式化し，強盗・窃盗についても実態的には散禁となっていた。

(c) 慣習的官人処罰法　　平安中期，摂関期以降には，天皇を中心とした内裏という一定の政治的空間が発生し，その場において官人統制の面で新たに様々な独自の慣例が形成されてきた。例えば，次のようなものである。

① 除籍　　殿上人の籍簡を削り昇殿の資格を剝奪する処罰である。官職の停止・剝奪という法的効果も伴う。

② 勘事　　勅勘・勘当・勘籍・恐懼等とも称される。謹慎を命じて天皇の周辺から斥ける処罰である。参内や公事参加等の停止がなされる。

③ 召籠　　召禁ともいう。殿上を許されていない地下の者は近衛の陣に，殿上人は禁中に，蔵人は横敷に拘置して，天皇食膳や御前への奉仕・出仕を禁じた。

④ 給馬部吉上　　蔵人衆・滝口・外記といった下級官人の禁中における遺失に対し，殿上口で馬寮馬部・吉上（衛府下部）等に給い，馬寮・衛門府・北陣等に拘禁した。

(d) 財産刑の進展　律の刑罰体系の下で財産刑に相当するものとしては, 没官と贖銅があった。没官は謀反・大逆を犯した場合に科せられたが, 平安時代にはその適用範囲が律の規定するところよりやや広く国家的反逆行為一般に及ぶようになり, 例えば私鋳銭について田宅資財を没官することが慣行上行われた。そして, 10世紀以降, 国司に任国支配が委ねられた状況の下で, 独自の慣習的な国衙法が発達する中で, 荘園停廃に係わる国衙への反逆行為や殺害等の一般的重罪に対して, その身を罪科に処すとともに住宅追捕・資財雑物の没官等が行われるようになったようである。さらに寺領を中心とする荘園領主の下では, 主家への謀叛・過怠や一般的な盗犯・殺害等に対して, 犯罪者に追放等の処罰を加えた上でその田畠所領を没収して, 庄内要人に宛行うという方式が院政期には定着していた。

贖銅は換刑として律に規定されていたが, 次第に身分や年齢等に関する条件が取り払われるようになっていった。しかし, 院政期になると検非違使庁は, 贖銅の徴収を全く行わなかったようである。それに代わるような形で11世紀後半以降, 国衙では過料の徴収がかなり一般的に行われていた。また寺領を中心とする荘園領主の下でも, 主家への過怠や一般刑事犯罪について過料が徴収された。その場合, 当事者の了承を経て過料提出を認める文書を提出した上で, その徴収が行われている。没官と比較すれば, より軽い過失・犯罪に対して科せられたといえる。

第 4 章　荘 園 制 度

I　荘園制の生成と発展

(1)　荘園の類型

荘園制とは, 古代・中世を通じて存在した有力者の私的大土地所有及びそれに依拠した社会関係をいい, 国家体制の推移に応じて実態を大きく変化させながら存続した。出現期から11世紀までの古典的な荘園制では, 荘園の本質は中央貴族や大寺社の私的土地所有という点に求められるが, 一方, 12世紀以降の荘園制 (中世荘園制) では, 荘園が公領に匹敵する国家支配の枠組みとなるとともに, 荘園の領主も公的な政治支配者としての性格を強めていった。

古代・中世の荘園は，荘園の成立時期や内部構造等に基づいて，①初期荘園，②免田型荘園，③中世荘園，の３つのタイプに分類できる。①は８・９世紀の古代荘園をさすが，土地の所有のみで専属荘民をもたない点に特徴があり，主に墾田を契機に成立したので墾田地系荘園ともいう。かつては，国家機構に依存して開発・経営が行われた東大寺領の北陸地方の荘が典型とされ，これが10世紀までに退転したので，初期荘園は律令制の衰退とともに断絶するといわれてきた。しかし最近の研究では，王臣家の荘の存在が高く評価され，後代につながるものも少なくないとみられている。②は10・11世紀の摂関期の荘園であるが，当時の荘園制では，荘地が国衙(こくが)の規制下におかれており，荘園領主の権限は限定されていた。官省符や国司免判で税を免除された田地を免田，課税対象の田地を公田といい，多くの荘園が免田を認められていたので，当該期の代表的な荘園を免田型荘園とよぶ。一方，③は領主が国衙に対して自律的な支配を確立した段階の荘園であって，11世紀後期に現れて12世紀に本格化した。中世荘園の典型は，一定の地域（領域）を支配する荘や在地領主等の寄進を契機に成立した荘であったので，こうした性格に基づいて，領域型荘園や寄進地系荘園と称することもある。

(2) 古代の荘園——初期荘園

荘は本来，本宅に対するいなかの別宅を意味したが，そこを拠点に経営された土地を含む言葉として用いられ，所在地や所持者の呼称を冠してそれらを何々荘とよんだ。公地公民を原則とした律令制のもとでも有力者の荘が存在していたが，政府は養老７（723）年に三世一身法を出して開墾を奨励し，さらに天平15（743）年に墾田永年私財法を施行して永続的な墾田私有を公式に認めたことで，これ以降，中央の貴族・寺院や地方豪族の私的土地所有が本格化した。

4000町の墾田所有を認められ，広大な野地を占定して北陸荘園群を成立させた東大寺をはじめ，中央の王臣家や寺院は，国司・郡司と結んで囲い込んだ土地を開発して列島各地に荘園を設けた。また，天皇家も地方行政機構を動員して積極的に墾田開発を進め，膨大な勅旨田(ちょくしでん)が形成された。このように８世紀半ば以降，国・郡の機構を利用して中央勢力の墾田地が急速に拡大していくが，平安時代になると，郡司層（在地首長）の力に依存した寺領荘園の経営が

衰退に向うのに対して，院宮王臣家（中央貴顕）と「殷富の百姓」とよばれた地方の新興勢力（富豪層）が結び付いたタイプの荘の活動が顕著になる。

　営田や私出挙を通じて富をたくわえた富豪層は，国の課税や規制を逃れるために院宮王臣家や官司の威勢をかりて国司に抵抗した。また，中央権門のほうも，荘に身を寄せた富豪浪人を荘長に取り立てたり，彼らの私宅を荘家とするなどして，諸国に所領を増やしていった。こうした権門勢家と富豪層が結託した荘園や勅旨田の増加は，9世紀の律令国家の屋台骨を揺るがし，対応を迫られた政府は，延喜2 (902) 年，最初の荘園整理令（延喜の荘園整理令）を発するなどして大土地所有の抑制と支配秩序の再建をはかった。

(3) 摂関期の荘園——免田型荘園

　9世紀半ば以降になると，喫緊の課題に対応するなかで律令制的な国家運営の理念がなし崩し的に放棄され，10世紀後半には，異なる原理に基づく国家が立ち現れた。中央政府は，国司の上位者（官長）に一国の行政権限・責任を集中させるとともに，国司に徴税・軍事などの権限を大幅に委ねた。中央政府に対して国税の納入責任を負う存在を受領とよび，そのもとで国内の政治改革が進んだ。律令制下の諸負担は人別に課される人頭税であったが，戸籍・計帳に立脚した公民支配が破綻した結果，田土を基準に地税が賦課されるようになり，租庸調や正税の系譜に連なる官物と雑徭・交易雑物などの流れをくむ臨時雑役からなる二本立ての税制体系が成立した。受領はこの土地税を有効に取り立てるために，郡の分割をはかり，末端の徴税単位として名（負田）とその徴税責任者（負名）を編成するとともに，検田使を派遣して調査を行い，国内の耕作状況を把握する仕組みを作りあげた。摂関期には，荘園もやはりこの受領支配のうちにあった。当時の荘園には，比較的少数の不輸免田畠と多数の公田畠からなり，荘地が散在するタイプのものが多いが，荘園では，荘司らが負名の役割を担い，公田畠に課された税を国に納めた。

　気候が温暖化した平安後期には，中央の下級官人や地方有力者らが土地の開発（再開発）を押し進め，膨大な私領（開発所領）が形成された。こうした私領は公田として受領の支配に属したが，伊賀国の猛者といわれた左馬允藤原実遠が「田屋を立て佃を宛作らせ，住人を従わせた」ように，土地所有に依拠して住人に対する支配をめざす領主化の動きがみられる。しかし，強力な受領の統

治下において開発領主の立場は脆弱であり，権利を失う者や支配権の強化のために優勢者に寄進を行う者が跡を絶たなかった。院宮王臣家や有力寺社が名義人となった所領は荘や御領とよばれ，荘園の領主は免田や臨時雑役免除の給付を受領に申請し，積極的に免除の増大をはかった。

　10世紀後期以降には受領の徴税が強化され，これに対して荘園の領域化をめざす動きが生じた。荘地の散在が荘園経営の弱点とみた荘園領主は，国に申し入れて荒野を含む地域を指定して免田の集約化をはかり，領域型の荘園に立て替えようとした。領域化した荘園では，荘司の指揮のもとで住人を編成して荘園の積極的な開発・経営が行われ，なかには国使の立ち入りを拒む権利（不入権）を認められた荘園も現れた。

II　荘園公領制の形成と中世荘園の構造

(1)　荘園整理令と中世荘園の成立

　荘園の急増により受領の一国経営が困難になったことから，1040年代以降，王朝国家は打開をめざして荘園整理政策を打ち出した。荘園整理令には，中央政府が全国を対象に命じた全国令と国司の申請で出された一国令とがあり，この政策は，国家の基本方針として11・12世紀を通じて維持された。

　摂関期の荘園は，荘園と公領，寄人（荘民）と公民の区分が曖昧であり，これが荘園の増大と相まって受領の徴税活動の妨げとなっていた。延久元（1069）年の延久荘園整理令では，太政官に記録荘園券契所を置き，寛徳 2 （1045）年以降の新立荘園と免田畠を厳しく停廃し，以前の整理令とは隔絶した成果をあげた。これによって院宮王臣家や有力寺社の所領（荘園）は，寛徳以前の免除実績をもつものだけが荘園として認証され，その他は公領に属する権門領と位置づけられるとともに，国司に命じて荘園の所在・領主名，田畠の総数，免田畠数を注進させ，徴税体制の建て直しがはかられた。

　荘園・公領の範疇が明確化するなかで，公領において国司の権限が強化されるとともに，荘園では領主の支配が国衙の影響力を脱していった。一国全体への検田（検注）の実施は国司の支配権の中核をなすが，12世紀には，国司は荘域内にある公田分の納税を領主に請け負わせて荘内の検注を省くようになり，かわって検注権を握った荘園領主が国衙の権限を実質的に継承し，自律的な領

域支配を確立する道を歩み,荘園は国家生活の基本的な枠組みとなった。

荘園整理令は国司の自由な立荘を禁じるが,朝廷の認可を得た立荘は合法であった。貴族・寺社に対する封戸から荘園への国家的給付の切り替えは,荘園の増加に拍車をかけた。院政期には御願寺の創建と付属荘園の設立が相次ぎ,膨大な王家領の荘園群が形成される。このように王家・摂関家などの大貴族や大寺社は,独自の家産体制を築くべく荘園の拡充に努めたが,またその縁辺の中下級の貴族・官人たちも,権門の政治力や知行国支配の仕組みを利用しつつ,権門領の立荘に関与して預所などの職を確保しようと奔走した。さらにこの動きに対応して,諸国の在地領主たちも私領を寄進して権門と結びつき,自らの立場を強化する道を探った。こうして成立した荘園では,頂点の大貴族を本家とよび,立荘に活躍した貴族が預所(領家),在地領主が下司となった。12世紀には広大な荘園が続々と設立され,荘園と国衙領が相半ばするほどになるが,同時にそれは,中央権門による国土の分割支配の展開と都鄙を結ぶ新たな人的ネットワークの形成を意味した。

(2) 荘園公領制の確立

11世紀末以降,一国の編成は,郡・郷の下に置かれた名を核とした体制から,郡・郷などの公領と荘園が並列的に統治の枠組みとして機能する体制(荘園公領制)に移るとともに,国司制度も受領制が変化をとげ,院宮・摂関家や廷臣貴族らに一国の支配権と国守収益を給付する制度(知行国制)が成立した。ここでは,知行国主を頂点に,国守・目代が在庁官人でもある公領の郡・郷司や村・名の領主を指揮する,荘園と類似した支配体制がとられた。権門の荘園は全国的に散在し,個別領主は所領への侵害を排除する独自の組織をもたず,現地の国衙機構を通じて問題の解決がはかられた。国衙機構とその経済基盤である公領は,中央貴族が全国的な荘園支配を行うための不可欠の装置でもあった。

公領の維持をはかる荘園整理の規制と荘園の拡大を企てる勢力のせめぎ合いのなかで,12世紀を通じて土地制度は流動的な状況にあった。当時の多くの荘園は公領との両属部分(加納)をもち,これが荘域拡大や納税遁避の温床となり,寺社の勢力拡大に立ち回る神人・悪僧の濫行とあわせて荘園・公領の秩序を攪乱する要因となっていた。王朝国家は保元元(1156)年と建久2(1191)年

に新制を発し，荘園の領域と加納田数の確定をめざすとともに，寺社領・仏神事用途，神人・寺僧の交 名(きょうみょう)を注進させ，寺社の掌握をはかった。

　新しい体制の形成が惹起した波紋は，12世紀後半に内乱が起こる一因となり，やがて国制の重大な変革に帰結した。郡司・郷司や荘官は地域支配の要として国制の一翼を担う存在であるにもかかわらず，彼ら在地領主の地位はなお不安定であったが，平氏政権をへて鎌倉幕府の成立をみるにいたり，幕府が荘・公の下職を地頭に補任して体制的保証を与えたことによってその立場はようやく脆弱さを脱した。ただし，この地頭職補任の恩恵は東国や謀叛人跡に限られており，西国の御家人一般に及ぶものではなかった。

　延久元 (1069) 年の荘園整理令に始まった荘園公領制形成の道程は，治承・寿永の内乱をへて幕府の武力組織を国家体制に組み込み，さらに承久の乱に勝利した武家政権が，朝廷と並んで統治権を確立したことで完成の域に達した。幕府・朝廷を後ろ楯に諸国では，一国惣検注を実施して所領ごとの領主・地頭，田数の調査を進め，着々と国内の体制を固めていった。ここで定まった荘園・公領の範囲，荘・郷・保・名などの単位，さらに大田文(おおたぶみ) (国検注目録) に記載された田数は，中世を通じて国家的な基準として重視された。

(3) 中世荘園の構造

　国衙の支配権 (国務) を分割継承した荘園領主は，荘内の土地と人に対して公的支配者として荘務を執り行い，租税として年貢 (官物)・公事(くじ)を賦課した。また，荘内の警察・裁判権も荘園の自治に任されており，検断 (刑事事件) の場合も荘家が自力で処断を加え，大犯(たいぼん)に限って犯人を守護所に引き渡した。

　地域差もあって，荘園の規模，内部機構は多様であるが，中世荘園の典型である領域型荘園の人的組織は，おおよそ次のように図式化できる。

本家 ― 領家 ― 預所 ― 下司（地頭） ― 公文・追捕使 ― 名主・百姓

　荘園の所有名義者は本家 (本所) である。本家は大抵，王家や摂関家のような権門貴族だったが，彼らは田舎の所領を直接知行するのを好まず，所縁の者を預所に補任して荘務にあたらせた。公卿層の貴族が預所になった場合には，美称して領家といい，さらに自らの預所を任じて荘務を委ねることが多い（本

所は相対的な語で，領家は預所との関係では本所とよばれた）。本家は人事や立荘・境相論など荘園維持の根幹に関わる重事に関与するのみで，荘園の日常業務は預所に任せきりであったが，強力な人事権によって荘園を統制した。

　荘園領主は，荘園の現地を管理し，荘民を支配するために荘官をおいた。荘官は荘園領主から補任をうけ，職務の見返りに給名・給田を給与された。荘官層の頂点にある下司(げし)は，公文(くもん)・田所(たどころ)・追捕使(ついぶし)など諸機能を分掌する下位の荘官を指揮して荘務を遂行した。公文・田所等はおおむね現地の有力者が採用されたが，下司は地域外の実力者が就くことも少なくない。

　荘園の住人は，律令制下の公民の地位を継承する存在として百姓とよばれた。中世の百姓は，領主の私的支配からの自由を公的に保障されており，荘園領主に対して生産・生活の安定を要求する権利を認められていた。百姓の広範な連帯は領主層にとって潜在的な脅威であり，荘園では荘民の分断支配策がとられた。荘園領主は荘内の主要な田畠を一～三町程度の名に編成し，上層農民を年貢・公事の貢納責任者（名主(みょうしゅ)）に補任して下級荘官的な特権身分に取り立てた。一方，それ以下の小百姓や間人(もうと)（流浪的農民）・下人(げにん)などは，荘園支配機構や村の住人組織から排除されており，不利な立場におかれていた。

　このように荘園は一つの自律的な世界であったが，同時に，近隣の荘園・公領や国家とつながりをもって存在した。多くの中世荘園は，荘園本体（本荘）の他に荘域の内外に加納を有したが，こうした荘・公の両属地では，荘家と国衙の利害を調整する収取慣行が形成された。また，個別権門を超える公的事業には，特別な国家課税（一国平均役）が荘園・公領を論ぜず賦課されたが，権門所領では荘園の機構を通じてこれを徴収した。さらに，荘園の治安問題も一定のルールのもとで外部に開かれていた。事件の当事者の一方が部外者である場合には，公家・武家の裁判所で案件が処理された。また，朝廷から特別な認可（衾(ふすま)宣旨・違勅綸旨(いちょくりんじ)）を得れば，問題の解決に幕府や他権門の協力を要請できた。

＊職と荘園の領有体系（職の体系）

　　中世においては，荘園所職だけでなく，大工職・住持職のように，諸々の権利・地位が「職(しき)」という概念を付して表現された。職は上下の任命・受命関係のなかで成立し，上位者がもつ職の補任・改替の権能を「進止(しんし)」，職に就いた下位者がその権

利を行使することを「知行」という。職に関する業務は専ら知行者に委任されており，彼は職に付随する職務を果たすと同時に，職に伴う収益を取得した。また，職務を遵守すれば，知行者の子孫への相伝は尊重すべきとの社会通念が存在し，相伝を重ねてその所持権は強化された。このように職は，職務と権利が結び付いた中世独特の所有観念であって，職務上の地位であるとともに，知行者の家の財産・権益という二重の性格を有する。ただし，本来的に，下位者の職の知行は，上位者の進止を離れては存在しえず，職務怠慢などを理由に容易に職を改替されたし，また，職の譲渡についても進止者の同意を必要とした。

　荘園制はこの職が最も顕著に展開した場であった。中世荘園には，在地領主の私領や一般貴族の小荘園から出発したものが多い。こうした寄進地系荘園では，寄進後も寄進主が実権を握りつつ，有力者に得分権を寄進して名目的な領主に仰ぐ形で寄進が繰り返された結果，下司職から領家職・本家職にいたる重層的な荘園の権利関係（職の体系）が成立すると考えられてきた。しかし近年では，寄進対象の私領が開発領主の排他的な私的所領でないことや受寄者の権限が国衙の支配権を継承したこと，さらに寄進自体が受寄者側の働きかけでなされ，寄進後に小荘園や私領を本家の政治力で大規模な領域型荘園に立て替えたことなどが明らかとなった。つまり，荘園の究極的な支配権は本家がもち，進止者たる上級領主（本所）が寄進者らを役職に補任して荘園の管理（知行）を委ねるごとに職が成立し，やがてこれが上下に重層した職の体系となったのである。

　職は本来，私的な二者間の関係として公権力は関与せず，本所に所職を罷免された寄進者の子孫は有効な回復手段をもたなかったが，13世紀中葉以降，頻発する天変地異への危機意識を背景に，政府が知行者の相伝権を保護し訴訟を受理するようになった。これを契機に職の補任権と相伝権をめぐる葛藤が激化し，そのなかで進止者が自由に補任を行える「遷代の職」，知行者の相伝権が勝る「永代の職」というように，職の区分の明確化が進み，やがて前者は上位者の任命する純然たる職務となり，後者は職務性を払拭して所持者の完全な家産と化した。元来，職は総じて職務・権利の両面を有したが，中世後期には，性格が拡散して職全体に共通する特質が失われ，補任関係のないナワバリまでもが職と称された。中世社会では，頂点の王家から末端の人民まで広範な社会層が職の補任関係の連鎖のなかに包摂されており，上位者優位の秩序構造を共有する職の制度は社会統合の絆として働いたが，変質した中世後期の職はその機能を果たせず，社会の混乱を招いた。

Ⅲ　荘園公領制の展開と終焉

(1)　一円領の形成——荘園公領制の再編

　13世紀中期以降，荘園公領制は動揺のなかで新たな方向に動き出した。公武の政権が知行者の相伝権に保護を加えたことが，上級領主の立場を弱めて荘園

の重層的支配秩序を解体させ，特定の領主が下地と得分を一元的に支配する一円領が形成される契機となった。幕府の体制的保証を背景に所領支配の強化をはかる地頭・御家人の動きは百姓や荘園領主との対立を招き，紛争解決のために下地の分割（下地中分）に向かう荘園が続出した。その結果，本所・領家が一円的に支配し，朝廷の管轄下にある「本所領」（寺社本所一円地・領家方）と，地頭・御家人が主体的に支配し，幕府の管轄下にある「武家領」（地頭一円地・武家方）という所領の区分が成立した。また，本所領の内部でも荘園領主間の相克のなかで淘汰がおこり，一円領化が進行した。さらに，公領の所領は荘園に比べて私有権が弱かったが，ここでも国領支配の頂点にたつ知行国主権力が後退して知行者の権利が強化され，所領の領主が一円的支配者の地位を固めた。

　こうして14世紀には，荘園・公領の差異がなくなるとともに，公家・寺社・武家が同質的な立場で一円領を領有する新たな体制が成立し，年貢を収取する領主はおしなべて公方とよばれるようになった。一円領の領主は新たに検注を行い，新田・隠田の掌握に努めるなど，積極的な所領支配をめざしたが，集団的な百姓の抵抗などもあって年貢・公事は次第に固定化されていった。

(2) 南北朝・室町時代の一円領

　鎌倉後期になると幕府は，モンゴル襲来を機に本所一円地の住人まで軍役を課したほか，一国平均役の徴収や悪党追捕にあたるなど，本所領への影響力を深めたが，南北朝の動乱は，さらに武家政権を全国土の統治者に押し上げた。打ち続く戦乱のなかで本所一円地の住人が合戦に動員され，その闕所地を通じて武家領が拡大した。また，軍役を果たさない本所領には半済が課され，武士が半済給人として入部してきた。応安元（1368）年，室町幕府は応安半済令（応安の大法）を発し，天皇家領・摂関家領の一部や寺社一円地など，特別な本所領の半済を停止して，公家・寺社を保護する姿勢を示したが，一般の本所領については半済の事実を容認したので，武士による半済分下地（半済方）の知行が固定化した。また，南北朝期を境に中央領主による全国的な支配体制が崩れ，その所領はほぼ畿内近国周辺に限られるようになり，東国や九州では，地域の有力寺社や武士が一円領の領主となった。

　このように領主勢力の変動は大きいが，室町幕府は再編された領地（一円領）

の領有を保証するとともに，大田文に記載された地域（荘園・公領）の枠組みと公田数に基づいて公的負担を課す体制を整え，ともかくも室町幕府体制のもとで所領秩序はしばらく安定の時期を迎えた。しかし応仁・文明の大乱後，幕府の威令が地方に及ばなくなると，都市領主の所領は一挙に不知行化が進み，かろうじて京都近郊の所領を支配するばかりとなった。

なお，室町時代の一円領では，商人・僧侶・武士などで所領経営に通じた人物を請負代官に任命して支配にあたらせる方式（代官請負制）が一般化していた。こうした代官のなかには先例を無視して厳しく徴税を行う者があり，惣結合によって力を蓄えた百姓との間に軋轢が生じ，その罷免を要求して強訴（ごうそ）・一揆・逃散（ちょうさん）などがしばしばおこった。

(3) 村・町の発展と荘園公領制の終焉

中世後期には，惣（そう）と称する自治的な住人組織（惣村・惣町）が発達し，次第に公共的な機能を強化していった。15世紀の惣村は，村の領域や生産基盤を管理し，独自に村掟を定め，自検断（じけんだん）（地下検断）を行った。さらに16世紀には，年貢・公事の納入を百姓が請け負う村請（むらうけ）（地下請）が一般化して，領主と百姓個々人の関係が希薄化するとともに，地域社会のなかでは，村が公的役割を担う主体としての立場を確立した。

こうして地域的共同体の成長により荘園・公領の社会的比重は低下したが，室町時代には，幕府や地域権力は，依然としてその枠組みや領主制（一円領）の回路を用いて領域支配を展開した。しかし中世最末期になると，地域権力のなかに惣村を領域統治の基本にすえる新たな動きが出てくる。戦国大名は，支配の基礎となる村の年貢高を確定するために検地を行い，村高に基づいて知行制と村・百姓支配をリンクさせた新しい支配システム（貫高制・石高制）を成立させた。これによって中世的な慣行が解体され，村や町を基礎とする社会体制（村町制）が完成に向かった。こうした新たな体制は，豊臣秀吉や近世大名の検地によって全国に及ぼされ，荘園・公領の諸単位は地名として名をとどめるばかりとなり，荘園制の時代は幕を降ろした。

第2編

鎌倉・室町期の法

第1章　統治の組織

　古代社会が変化を遂げたことの帰結として新たに生まれるに至った中世社会は，12世紀末に源頼朝が鎌倉に幕府を設けたことがその象徴とされる。このように武家政権が誕生したことによって，中世社会には鎌倉幕府と古代以来の朝廷とが併存するという特異な構造が生まれることになった。以後，武家と朝廷（公家）とが併存するというこの独特な国家構造は基本的に，江戸時代末まで継続することになったのであり，中世において武家の棟梁を首長とする軍事政権が誕生するに至ったことは，その後のわが国の法と国制のあり方を根本的に決定づけるものであったともいえよう。

I　鎌倉幕府の成立

　鎌倉幕府が成立するに至った過程は，源頼朝が治承4（1180）年8月に平氏打倒の挙兵を行って以降，文治元（1185）年3月に平氏を討滅し，同年11月の「守護地頭設置」を経て，建久3（1192）年，征夷大将軍に補任されるまでの動きとして捉えることができる。その過程の中で幕府が成立したと考えられる時期として，①治承4（1180）年8月に平氏打倒の挙兵をした源頼朝が，同年12月，鎌倉に本拠を定め，朝廷から独立した東国独立政権を成立させた時，②寿永2（1183）年7月の平氏西走後，後白河法皇と妥協した頼朝が，「寿永二年十月宣旨」を獲得することによって，朝廷から東国支配権を公認された時，③文治元（1185）年3月の平氏滅亡後，同年11月，頼朝が源義経追討を名目に，諸国に守護・地頭を設置することについて勅許された時，④建久元（1190）年11

月，頼朝が右近衛大将に補任された時，⑤建久3（1192）年7月，頼朝が征夷大将軍に補任された時，等々とする諸説がある。かような理解の相違は幕府の本質をどう捉えるかによって生じるものであり，安易に正否を決することはできない。(i)頼朝が東国に対する支配を確立したこと（＝鎌倉幕府を京都の朝廷から独立した政権の担い手とする考え方）を重視するならば①・②説が，(ii)朝廷から軍事権門として認知されたこと（天皇を頂点とする国家体制を支える下位の機構の一つとして鎌倉幕府を捉える考え方）を重視するならば③〜⑤説が採られ得る。ただし，これまで有力な考え方とされてきた⑤説に対する近時の支持はほとんどない。

II　幕府の中央組織
(1)　侍所・政所・問注所

　幕府は平安時代以来，公家社会に継承されてきた「家」の家政機構を基本的な統治機構とするという考え方に基づき，「鎌倉殿」の家のもとに，主な機構として侍所，政所及び問注所をおいた。第1に，侍所は治承4（1180）年，挙兵に成功して鎌倉に入った頼朝が設置したのが始まりである。和田義盛が別当に任命されることによって，鎌倉幕府の従者（＝御家人）の統率が行われたが，これによって御家人の処断を行う司法活動が展開された。第2に，元暦元（1184）年10月には文書事務を扱うための公文所が，第3に，訴訟関係者の審理手続を担当するとともに，その結果を記録するという任務を負う問注所が，それぞれ設けられた。設立当初の問注所には判決を下す権限が与えられておらず，あくまで訴訟手続上の補助機関に止まっていた。公文所の別当には大江広元，問注所の執事には三善康信といういずれも文士の系譜を引く京下りの官人が任命され，後者は以後，原則として三善氏の一族が世襲した。公文所はやがて文治元（1185）年に頼朝が従二位に叙せられたことをもって「右大将家政所」として再編される一方，問注所は政所の中に民事訴訟手続のための専門部局として編入された。

　政所は当初，幕府の中枢にある最高の家政機構として，「鎌倉殿」のもとで広範に幕府の財政及び鎌倉市中の行政を主な任務としていた。加えて，「鎌倉殿」の家領や市中において生じた訴訟に関する司法活動を担っていた。なお，

政所別当は後に侍所別当をも加えて，北条氏により兼帯・独占されることになり，「執権」の地位として定着していった。政所別当のもとには別当を補佐し実務を統括する役割を担った政所執事が任命される一方で，政所の中に組み込まれるに至った問注所ではその実務を専ら担う役職として問注所執事がおかれていたが，政所別当及び侍所別当が執権の職となって以降は，政所と問注所とはそれぞれ独立したかたちで，訴訟を担当する機構としての活動を始めることになった（**図表1**参照）。

図表1　鎌倉幕府の機構

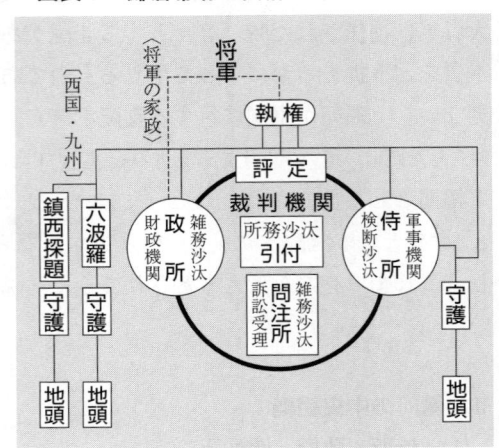

（資料出所）青木和夫ほか編『文献史料を読む・古代から近代』（朝日新聞社，2000年）

(2) **執権・連署**

執権の語の原義は政権を執ることであるが，幕府の職名としての執権は政所別当の中から任命され，将軍を補佐して政務を統べる職をさすものであった。頼朝の死後，将軍の外戚として急速に勢力を強めた北条時政が，建仁3 (1203) 年，将軍源頼家を幽閉して実朝を将軍とした際に，自らが政所別当・執権となったのが最初であり，以後北条氏によって世襲された。なお，将軍には，実朝の死後，源氏の血脈をたどって摂関家である九条家から頼経を迎えた。これにより，摂家将軍ともよばれるが，頼経の子頼嗣が建長4 (1252) 年に鎌倉を追放されて以降は絶えた。ついで宗尊親王を将軍に迎えたが，以後のいわゆる皇族将軍は全くの名目的存在であった。

建保元 (1213) 年，2代執権北条義時が侍所別当和田義盛の一族を滅ぼして後は，侍所・政所の両別当ともに北条氏の独占するところとなり，北条氏が執権として幕府の政治体制に多大なる影響を与えていくことになった。嘉禄元 (1225) 年，3代執権泰時は執権を補助させることを目的に連署を設けた。叔父時房が任命され，御教書・下知状などの公文書に執権と並んで加判が行われ

た。これ以降，連署も北条氏が独占することとなり，執権とあわせて両所，両執権等とよばれた。

(3) 評定・引付

　嘉祿元 (1225) 年，大江広元，北条政子が相次いで没すると，執権泰時は連署時房とともに，三浦義村らの有力御家人と中原師員(もろかず)らの事務練達者からなる評定衆(ひょうじょうしゅう)を構成し，その合議による幕政運営を開始した。以後，執権主導による政治体制が展開していく中で，執権・連署及び10余名の評定衆で行う評定が幕府の最高意思決定機関として機能した。『御成敗式目』の制定にあたっても評定衆が深く関与しており，11名全員が起請文に連署している。建長元 (1249) 年には，5代執権時頼が評定沙汰における訴訟の遅延を改善し，訴訟処理の迅速化をはかることを目的として，新たに引付(ひきつけ)の制度を設けた。引付とは本来，「引き合わせ・照合・後日の証拠のための記録」のことを意味するが，これが判決草案の作成を主な任務とする合議体たる引付として登場することになった。

(4) 得　宗

　得宗(とくそう)とは北条氏嫡流の家督のことで，その名の由来は，義時の法名得崇にあるといわれる。得宗家の称が現実に使われるようになったのは，北条泰時以後のことであると推測されている。泰時の時代から，得宗家の力は北条氏一門に卓越するようになるが，時頼執政期以降になると，得宗の力はさらに強大化し，幕政全体をその支配下におくにいたる。その結果，従来の幕府機構において原則とされた合議制は空洞化することになり，評定会議にかわって，得宗の外戚や得宗の被官(御内人(みうちびと))などが得宗の私邸で行う内々の会議(寄合(よりあい))が，実質的に幕府の意思決定を行う場と化すことになった。これによって，得宗の被官が幕政諸機構の中に進出していく契機が与えられることになり，いわゆる得宗専制体制が実現することになった。なお，執権の地位は当初，得宗の間で伝えられたが，康元元 (1256) 年，時頼が家督を時宗に，執権を長時に譲って以来，執権と得宗とは分離することとなり，得宗以外の者も執権に就任するようになった。

(5) 室町幕府

　足利尊氏が建武3 (1336) 年，建武政権を倒して樹立した室町幕府は，以後

足利将軍が長く幕府の実権を有した点が鎌倉幕府と異なっているが，その制度の基本は鎌倉幕府のそれを引き継いでいる。執権に相当するものは管領であり，初期には執事とよばれていたが，3代将軍義満の頃から斯波・細川・畠山の三家から交代で任命されるのが慣例となり，これを三管領又は三職といった。その後，4代将軍義持の晩年より，有力守護らによる重臣会議で重要政務を決するようになり，管領制は形骸化した。政所は鎌倉時代の政所と問注所の一部の機能を合併したものであり，問注所はもっぱら文書保管及び文書の真偽の調査等にあたった。侍所は公武の警固と京都市中の検断をつかさどるが，その長官を所司（頭人）といい，義満の頃から赤松・一色・山名・京極の四家から交代で任命したので，これを四職とよんだ。評定会議は形式化し，引付沙汰も嘉吉年間以降は廃絶した。この後には，右筆衆からなる意見衆に対して将軍から諮問がなされるようになり，意見衆は過去の先例・判例を調査することにより，自らが導き出した判断内容を意見状という様式の上申文書として作成・提出することになった。そして，これをもとに将軍の裁決を仰ぐという御前沙汰の方式がとられるようになったのである。室町幕府の立法としては，幕府成立直後に制定された「建武式目」（2項17ヵ条）と追加法がある。前者は幕府の施政方針宣言ともいうべきものであり，後者は御成敗式目に対する追加法令という位置づけで随時制定された個別法令である。

Ⅲ　幕府の地方組織

(1)　守　　護

　源頼朝は文治元（1185）年11月，平氏討滅後に源義経・行家を追捕することを名目に守護・地頭の設置を上奏した。その結果，頼朝を「日本国（六十六カ国）惣追捕使職」及び「日本国惣地頭職」に補任する勅許が下され，これにより，諸国には惣追捕使とともに一国を単位として国地頭がおかれるに至った。この時，頼朝の獲得した権限の具体的内容及び両職設置の実態については不明な点が多く，なお諸説が分かれている。近時，国地頭は文治2（1186）年，荘園・公領ごとにおかれる荘郷地頭に切り替えられるとともに，国地頭が有していた一国に対する権限は，源平合戦と義経追捕の過程において惣追捕使のもとに掌握された結果，これが守護の原型となったことが明らかになっている。

このような理解の仕方についても議論の余地はもちろん十分に残されているが，このように荘郷地頭と守護とが併存するかたちで幕府による統治体制が形成されていったと考えることは可能であろう。

　惣追捕使は建久年間頃から守護とよばれはじめ，国ごとに有力御家人が任命された。侍所は守護を管轄することを通じて，間接的に国内の地頭御家人を統轄した。守護の主な任務は軍事・警察にあった。その権限については，頼朝時代から大犯三箇条と称される御家人に対する京都大番役の催促及び謀叛人・殺害人に対して行使する検断権の３権に限定されていたとする伝統的な理解がある。しかしながら，近時の研究によれば，「大番催促」（「大番役懈怠」）については，守護の検断権が「大番役懈怠」に対して発動され，この時には「大犯」として取り扱われたという実例が現実には存在しないこと，あるいはまた，そもそも「大犯三箇条」という言葉自体は，南北朝期以降，守護による検断の対象とされるべき犯罪類型に対して与えられたものであることなどが指摘されるに至っている。そうだとすると，「大番催促」は当時の社会において，「大犯」とは別の類型に属するものであった可能性が高いと考えられることになるであろう。その一方で，守護に与えられた検断権に関しては例外として，公家本所領内にも立ち入り追捕することが認められていた。もっとも，守護使不入の特権をもつ本所領では，その境界で犯人の引渡しを受けたに止まる。その後，貞永元（1232）年制定の『御成敗式目』では，「夜討・強盗・山賊・海賊等」の凶悪犯の追捕も守護の権限に含まれることになった。室町時代になると，それまでの守護の権限事項を越える行政的権限として，刈田狼藉の取り締まり，使節遵行（判決あるいは，いわゆる特別訴訟手続に基づく強制執行）などが追加されるに至り，守護の権限は大幅に拡大した。

(2) 地　　頭

　地頭の語は元々「現地」の意であったが，やがて下司と並ぶ現地の荘官級領主の呼称となった。ただし，守護に与えられたような官職的意味を必ずしも有しない。近時の研究によれば，鎌倉幕府の体制的基盤の形成に大きな影響を与えた荘郷地頭制は，東国における合戦状態の中で敵方所領が没収され，それが味方に対して地頭職として本領安堵若しくは新恩給与されることによって成立した，つまり，このような形で頼朝との間に主従関係が構築されていったとい

う。荘園や国衙領において地頭に補任された者は，自らが地頭に補任された荘園や国衙領における下地管理権・徴税権・警察権・裁判権等を行使した。また，地頭にはその管轄区域内の治安維持の義務があり（鎌追118。以下，鎌倉・室町両幕府の追加法は『中世法制史料集』の番号により，それぞれ「鎌追〇〇」，「室追〇〇」と表記），その任務を怠った場合には改易処分の対象とされた（鎌追405）。これらの権限を行使することによって得られる地頭の「得分」は，荘園ごとに存在していた先例に従わなければならなかった。後に承久の乱（1221年）の戦後処理が行われた際には，幕府への勲功があった御家人に対して，「新恩給与」として「没官領」（京方に味方した院近臣や各地の武士からの没収地）が配分されたが，この時に新たに補任された地頭の職権や得分についても，基本的には本司跡（没官の対象となった前任の下司職・郷司職などの権限・得分）が継承されるに至った。その一方で，本司の得分が必ずしも十分ではない地頭に対しては，貞応2(1223)年6月15日の官宣旨に基づいて定められた「反別5升の加徴米と田畠11町につき給田1町を地頭得分とする」という「新補率法」（鎌追10）が適用されるとともに，山野河海の産出物の半分及び犯過人からの没収財産の3分の1を得分とする（鎌追13・14）ことが認められた。このように，新補率法が適用された地頭は新補地頭とよばれ，本司の得分を継承した本補地頭とは区別されていた。

　なお，地頭は南北朝期以降，有力な守護の支配下に組み込まれることになり，地頭職としての役割は事実上，途絶えることになった。以後，地頭級在地領主は「国人」領主として領主支配の確立をめざすことになる。

(3) 六波羅探題・鎮西探題

　源頼朝は京都守護をおいて，京都の警備等にあたらせていたが，承久の乱後，幕府は洛中警護及び西国成敗のために，北条時房と泰時を六波羅南北の亭に駐留させた。これが六波羅探題の起源であるが，鎌倉時代には単に六波羅・六波羅守護などとよばれるにすぎなかった。六波羅探題は執権・連署につぐ重職で，その主な職務は朝廷との交渉，西国の政務や裁判であった。六波羅にはのちに，評定衆や引付衆もおかれ，14世紀初頭には検断方が独立した部局として設けられた。他方で，九州は平氏と深い関係があったこともあり，幕府の初期から鎮西奉行がおかれ，九州全体に及ぶ武士の統轄，御家人間の訴訟の裁許

等にあたった。その後，弘安9 (1286) 年に鎮西談議所，永仁5 (1297) 年には鎮西探題が設置され，それぞれ主として九州の御家人の所領に関する訴訟を裁断した。鎌倉幕府の地方機関には，このほかに奥州総奉行，長門探題などがあった。

　関東・六波羅・鎮西にこのような裁判機構を有した鎌倉幕府の訴訟制度においては，そもそも上訴制が採られていなかったが，幕府は朝廷と結びつきやすい六波羅探題には確定判決権を与えないで，遠隔地で蒙古襲来の危機の前線にあった鎮西探題には確定判決権を与えていたと考えられる。

(4) 鎌 倉 府

　鎌倉幕府の滅亡後，建武の新政を進める後醍醐天皇は関東の統治拠点を築くべく，成良親王を鎌倉に派遣することにより鎌倉将軍府を創設した。後には，足利直義(ただよし)を後ろ盾とする足利義詮(よしあきら)が関東における実権を次第に掌握していく。しかし，足利尊氏によって室町幕府が成立するも，観応の擾乱が起こることになり，これによって足利直義は失脚した。これに伴い，関東を重視していた尊氏は，義詮に代えてその弟基氏を初代鎌倉公方(もとうじ)として据えるに至った。こうして鎌倉府が幕府の一つの機関として整ったのである。鎌倉府は関東10ヵ国（いわゆる関八州と伊豆・甲斐，後には陸奥・出羽が加わる）を管轄した。その組織は，鎌倉公方のもとに上杉氏一族のみが任命される関東管領がおかれるとともに，さらにそのもとには，評定衆・引付衆・政所・問注所・侍所以下，諸奉行がおかれた。鎌倉公方は基氏を初代として5代まで世襲されたが，その間，管轄内の治安維持・軍勢催促・訴訟の裁断・所領の寄進や宛行(あておこない)などを行った。しかし，永享11 (1439) 年，関東管領上杉憲実と激しく対立していた4代持氏は，将軍義教によって滅ぼされることになった（永享の乱）。のちに，持氏の遺子である成氏(しげうじ)が鎌倉公方となったが，折しも勢力を拡大しつつあった関東管領上杉憲忠（憲実の子）を殺害するに至り，成氏は幕府によって追討されることになった（享徳の乱）。そして，成氏が下総国古河に逃れたことにより（古河公方），康正元 (1455) 年，ついに鎌倉府は滅亡することになった。室町幕府の地方機関には，このほかに奥州探題，九州探題などがあった。

Ⅳ　国人一揆

　南北朝～室町時代の在地領主は，中央・地方における動乱に対応し，百姓に対する領主支配を確保するために，しばしば互いに契約状（一揆契状）をかわして地域的に同盟を結んだ。このような同盟関係及びその集団を国人一揆という。肥前国の松浦党一揆が特に有名である。一揆はもとより幕府官制上の組織ではないが，①上部権力への一致団結した対応，②構成員の平等性を担保し，相互で協力する義務，③百姓・下人の逃亡に対する処理，④相互の紛争解決に際しては自力救済を否定し，一揆衆中の合議に委ねることなど，契約に基づく一揆固有の法を形成し，その支配領域の秩序維持にあたる地域的平和団体であったといえよう。

＊国人一揆の法制史的意義

　　　日本中世の後期社会の特色を顕著に示す法現象の一つとして，法制史学の上で一揆の問題を採り上げることは重要である。一揆に寄せられる関心としては，既成の法秩序と一揆の「法」とはいかなる関係にあったのかということである。つまり，在地領主が一揆という法共同体を成立させることによって，既成の日常的な法秩序とは一線を画した法秩序（非日常的な法）を新たに創造するに至った大きな理由としては，日常的な意味での「法」によっては解決不可能な事柄を，あらたに非日常的な意味での「法」を創造することによって解決を試みようとしたことにあるのだと考えるならば，当時の社会においては法秩序を回復・安定させるための潜在的機能とはいかなるものであり，さらに，それはいかなる形で発現していたのかという観点からの検討が必要とされることになるであろう。このことはつまり，近世的法秩序への変容を射程に入れて考えざるを得ない中世後期の法秩序を展望するにあたって，一揆なる法現象について法制史的にはいかなる評価が可能であるのか，という関心にほかならない。あるいはまた，一揆の内外をめぐる紛争において見出される中人制的な独特の紛争解決様式は，一揆の「法」との関係においていかなる意義を有していたのか，などの点にも関心は及んでいくことになるであろう。なお，国人一揆そのものは，戦国大名権力の成立とともに解体の途を辿っていった。

Ⅴ　惣　　村

　鎌倉末期から室町時代にかけての，主として畿内及びその周辺地域では，惣あるいは惣村とよばれる自治的村落結合組織が形成され，村落共同体の運営にあたった。その規模の大きなものは律令制下の地方行政区画たる郷を範囲とするものもあるが，いくつかの集落から構成される程度のものが一般的である。

鎌倉期以前の惣（惣荘）は村落内の特権的名主層の結合という性格が強かったが，南北朝期以後の惣（惣村）は有力農民の台頭を背景に構成員の範囲が名主以外の百姓にも拡大された。これにともない，惣村では構成員の平等原則が強まり，その指導組織は自治的な運営機関として，年齢階梯制によるおとな百姓によって構成されるのが普通となる。惣の運営に参加できたのは概して，地侍・有力農民からなる宮座の座員に限られており，その地位は特権として世襲されることが多かった。惣村もまた幕府官制上の組織ではないが，中世における重要な地方統治組織の一つと位置づけることができる。なお，室町期以降の惣村の様相については第1部第3編第1章にゆずる。

第2章　社会身分

　中世社会は天皇及び摂関家等の上級公家身分（いわゆる「貴種」）を頂点に，上下に序列づけられた多種多様な身分階層によって構成されていた。これら諸身分は，律令法における良賤身分規定のような形で法定されていたわけではなく，慣習的な社会身分として秩序づけられていたが，大別すれば，次のような身分で構成されていた。①天皇・公家，②武家，③凡下・百姓，④下人・所従，⑤非人，⑥寺家・社家（僧侶・神官身分）。このうち①〜⑤は世俗身分，⑥は聖職者身分と一応位置づけられる。以下，本章では①〜⑤の世俗の諸身分を中心に述べる。

Ⅰ　公　　　家

　公家の語は本来朝廷ひいては天皇をさしたが，平安後期には朝廷に仕える官人身分の者一般をさすようになった。このうち最上級の官職である大臣，納言，参議及び三位以上の朝臣を公卿，四，五位の者を諸大夫，主として六位以下の者を侍という。後述する武士も侍身分の一構成要素である。諸大夫のうち昇殿を許された者を殿上人といい，昇殿を許されない諸大夫及び六位以下の者を地下人と称した。公卿階層の内部にはさらに，就任可能な最高の官職（極官）が何かに応じて，摂関家，清華家，羽林家，名家等の家格序列があった。

Ⅱ 武家(武士)
(1) 武士身分の成立

　武士身分の成立過程については大別して以下の二説がある。①平安期以来の地方豪族や有力農民が自衛のために武装しやがて武士身分に発展した。②10世紀頃から地方豪族・有力農民等による反乱や抵抗を鎮圧し，国衙による地方支配を支えるために中央から派遣された中下級官人中の武芸(軍事)専門家集団が，やがて各地に定住し武士身分を形成した。このうち現在では②説が有力視されている。なお，武士身分が成立するためには，これら武芸の専門家が単にその軍事的能力において他身分との違いを示すのみでは足りず，国衙の軍事部門として組織編成されるなど，公権力との関係を媒介として新たな身分として社会的に認知される必要があったと考えられている。

(2) 御家人と非御家人

　武家の語には，武士一般の総称，及び限定的に将軍・幕府など武士身分出身の政治権力者を指す場合の広狭二義があるが，ここでいう広義の武家は公家の対立概念で，武芸＝弓射騎馬を専業とする者をさす。武家は侍身分とその従僕身分(郎等・郎従)にわかれ，侍はさらに将軍と直接の主従関係にある御家人と，それ以外の非御家人とからなっていた。御家人は御家人役とよばれる奉仕義務を負担するかわりに，幕府から所領を給付された(御恩と奉公)。また，荘園領主から所職を改替(没収)されるなどの圧迫を受ければ，その地位の保全を求めて幕府法廷に訴訟を提起する資格が認められるなどの恩恵を蒙ったが，非御家人はこれらの恩典の対象外とされたばかりか，御家人私領の買得を禁止される(鎌追145)等の不利益を受けた。御家人の多くは地頭職に補任されたが，地頭設置の許可されない荘園では，下司職等の荘官身分のまま御家人になる者も少なくなかった。

　なお，モンゴル襲来以後，幕府が非御家人も軍事動員する政策を採用したため，非御家人は幕府からの保護を受けずに負担のみを負う存在となった。身分意識の上でも御家人が非御家人を一段低く見る差別意識が存在しており，御家人のことを「非御家人」とよべば悪口の咎(式目12)の適用対象となりえた。他方，鎌倉後期には得宗(北条氏家督)の御内人(長崎氏，安東氏等)のように，非御家人でありながら一般の御家人を凌駕する権勢を有する者も出現した。

(3) 侍と郎等・郎従

　侍の従僕身分は郎等・郎従・家人(けにん)・若党(わかとう)など多様な名称でよばれた。彼らは侍身分と違って騎馬を許されず，侍になることは困難であった。鎌倉幕府刑法はしばしば犯人の身分によって異なる刑罰を適用したが，例えば，殴人の咎の場合，犯人が侍なら所領没収刑，郎従以下なら拘禁刑とされた（式目13）。郎等と次に述べる凡下身分との間に厳密な区別があったかどうかは不明な点も多いが，「侍客人座，郎等広庇，雑人大庭」という訴訟人の座席区分に関する規定（鎌追260）等からみて，郎等は侍と区別されながら，武家身分の一種として雑人(にん)（ここでは一般庶民の意）より上に位置していたとみられる。

Ⅲ　百姓・凡下

　被支配身分の圧倒的多数をしめる一般庶民身分を百姓，凡下，甲乙人(こうおつにん)などと呼んだ。室町時代には地下人，土民などとも呼ばれた。ちなみに，奴婢・雑人と対比するときは「百姓」，侍と対比するときは「凡下」の語が使用される例が多い。その多くは農民であるが，商人，手工業者，漁民等の非農業民も少なくなかった。農民との区別を際立たせるために非農業民の身分呼称が「職人(しきにん)」とされることもあるが，いずれも広い意味で百姓・凡下身分という点に変わりはない。百姓・凡下身分は下人・所従と異なり，特定の領主の私的隷属下におかれず，所定の年貢・公事さえ納入すれば，居住移転は自由とされていたため（式目42），これを中世における自由身分とみることもできるが，他方，侍と凡下の間には画然たる区別が設けられていた。例えば，凡下は名字を名乗ることができず，騎馬を禁じられ（鎌追383），また，同一犯罪に対する刑罰において，侍には適用されない肉刑に処されることが多かった。謀書に対する火印刑（式目15），博奕に対する指切刑（鎌追707）等がその例である。百姓身分をさらに細区分し，密懐の罪に対する過料の額について，名主は20貫文，（一般の）百姓は5貫文とした例もある（鎌追292）。

Ⅳ　下人・所従

　中世において下人の語は，①王朝貴族からみての身分の低い者一般，②主人に対する従者一般，③古代の奴婢の系譜をひく奴隷的身分などの意で多義的に

用いられたが、ここで取り上げるのは③の意味の下人である。この意味の下人は所従、奴婢、雑人ともよばれ、特定の領主や百姓に私的に隷属する、人格的自由を認められない存在で、財物とともに売買、質入、譲渡の目的物とされた。幕府法は原則として人身売買を禁止していたが、下人・所従はその禁止の対象から除外されていた。式目は奴婢の取得時効を10年とし、さらに、奴婢の生んだ子供の帰属について、男子は父親の主人に、女子は母親の主人に帰属させると規定した（式目41）。これは主人を異にする奴婢間の子供はすべて母親の主人に帰属させるという律令法の畜産の法理とは異なるため、奴隷から人間扱いへの変化を意味すると評価する見解もあるが、そうではなく単なる便宜的な扱いとみるべきだろう。なお、下人には大別して、①債務の返済が不可能となった代償として下人化したもので事後の債務弁済等によって解放されうる「不重代」型、②債務弁済等による解放が認められず半永久的に主人に隷属する「重代相伝」型の2つの類型があったことが判明している。下人の他の主人のもとへの逃亡もしばしば問題となったが、この場合、逃亡先の主人には下人を元の主人に返還する義務が課された（鎌追209）。

V 非　　人

　非人の語は、元来、鬼神・夜叉等、人にあらざるものが人の姿をかりて現れたものをさす仏教用語であったが、やがて社会生活から脱落し、公私の支配の対象からはずれ、いわば体制外の身分として社会的に疎外された階層の総称になった。非人身分に含まれるものには、①獄囚、放免、②乞食、坂の者、宿の者、散所の非人などの貧者及び社会的落後者、③ハンセン病患者、④屠殺、斃牛馬処理、皮細工などを主たる生業としたエタ・河原者（かわらもの）、⑤声聞師（しょうもじ）、傀儡子（くぐつ）師などの雑芸民等があった。近年の有力な見解によれば、中世社会において人を様々な身分に分類する基準には、①尊貴か卑賤か、②世間（俗）か出世間（聖）か、③浄か不浄かの3つの軸があったとされるが、これによれば非人は出世間の卑賤かつ不浄な存在として位置づけられていたということができる。他の諸身分との比較でいえば、出世間という点で僧侶身分、卑賤視されたという点で下人・所従身分と共通性を有するが、前者は尊貴でかつ不浄視されず、後者は世俗の存在でかつ不浄視されないという点で大きく異なる。さらに、主

人への人格的隷属をその属性とした下人・所従と対照的に，個別の主人をもたないという点も非人身分の大きな特色である。一方で，非人集団が一般の職人集団と共通する組織形態をとっていたことや，非人に共通する職掌として清掃や葬送があったことなどを根拠に，非人身分は本来，清掃をはじめ，けがれを清めること（清目）を職掌とする聖なる職能民身分として成立したとする見解も有力であるが，非人の本質はやはり共同体からの脱落，疎外という点にあったとみるべきであろう。なお，近世の被差別身分は，豊臣政権が社会的・慣習的身分にすぎなかった中世非人身分を皮多・穢多等の身分として，法的に固定させることにより成立したという説が有力である。ただし，中世には身分の流動性が強く，さらに，戦国動乱期には多くの者が脱非人化の道を歩んだとみられるので，中世非人を近世被差別身分と直接系譜づけるのは当を失する。

第3章　中世法の基本的性格

I　法の分立

　中世においては，単一の国家権力を排他的に独占する近代国家はもちろん，古代律令国家や近世幕藩体制国家とも異なって，自らの支配の正当性を主張しうる国家的権力が多岐にわたって存在していた。要するに，中世は正当な国家的権力を諸社会集団が分有し，各々がそれを行使する分権的な社会だったということができる。このため，法の領域においても，主としてその制定主体を異にする多種多様な法が併存することになった。それらの権力主体は公家（朝廷），武家（幕府・在地領主），本所（荘園領主）に大別されるが，それらが各々公家法，武家法（幕府法・在地領主法），本所法の制定主体として，自らの支配領域内を対象とする立法，行政，裁判などをつかさどっていたわけである。例えば，鎌倉幕府が国衙領・荘園に関する訴訟を管轄外とし，原則として幕府法廷で受理しないとしたのもその端的な表れである（式目6）。厳密には，朝廷や本所支配下の者同士の訴訟は受理しないが，少なくとも一方当事者が幕府支配下の者（地頭・御家人）である訴訟は受理するというのが幕府の方針であった。また「関東御分国々」（東国）については幕府が朝廷から統治を委任されていたため，荘園領主間の堺（境）相論（所領境界訴訟）も幕府の管轄とされた。さら

に，幕府は朝廷や本所を一方当事者とする訴訟を裁判する際には必ずしも幕府法に準拠しない旨自ら定めていた。これも法圏分立の表れである。以上のほか，これらとはまた系統を異にする法として，庶民の間に成立した村法（惣掟）や座法（商人団体の営業上の特権や団体の統制に関する法）などもあった。本章ではこれらのうち中世法の典型とされ，また従来最も研究の進んでいる武家法を中心に，中世法の基本的性格について述べる。

II 武家社会の「道理」と法

(1) 「非理法権天」と中世的法観念

　近世法の特徴を端的に表す有名な法格言に「非理法権天(ひりほうけんてん)」がある。江戸時代の学者によれば，その意味は「非と云は無理の事也，理と云は道理の事也，法と云は法式也，権と云は権威也，天と云は天道也，非は理に勝つ事ならず，理は法に勝つ事ならず，法は権に勝つ事ならず，権は天に勝つ事ならぬ也」（伊勢貞丈『貞丈家訓』）というものである。「非」と「天」はさておき，「理法権」三者の関係についてみれば，要するに，法は権力が任意に定めうるものであって，道理に優越するというのがこの格言の眼目である。ところが，これから述べる中世的法観念は，本来，権力優位のこうした近世的な法観念に真っ向から対立する性格を有していた。特に鎌倉時代においては，近世とは逆に法とは道理そのものであり，権力者が任意に定めうるものではないという考え方が支配的であった。ここにいう道理とは，平安時代以来，主として武士身分の生活の中で慣習的に成立してきた武家社会の常識的生活規範を核とする，当時の社会通念上の衡平・正義ともいうべき道徳的規範のことである。こうした「理」が「権」による制定法に優越する。これこそ中世法の本来の姿であった。

(2) 御成敗式目と武家社会の道理

　貞永元（1232）年，幕府は裁判の準則を定めて裁判の公正を期し，ひいては承久の乱後の所領支配秩序の混乱を収拾するために，全51ヵ条からなる御成敗式目を制定した。この時，式目編纂の中心となった北条泰時は，弟の六波羅探題重時宛てに式目制定の目的を伝えた書状の中で，式目の内容について，「ただ道理のおすところを被記候者也」と述べ，式目の規定が道理を法文化したものであることを強調している。また，式目の起草者一同が連名で公正な裁判の

実現を神に誓った起請文には,「ただ道理の推すところ,心中の存知,傍輩を憚らず,権門を恐れず,詞を出すべきなり」とある。ここからも,権力者におもねらない道理による裁判の実現をめざす幕府自身の強い決意を見てとることができよう。

　ここで,鎌倉幕府の実際の裁判が本来いかに道理を尊重するものであったかを示す具体例をあげよう。鎌倉時代の説話集『沙石集』の中に次のような逸話がある。九州のある国の地頭の嫡子が,父が困窮して手放した所領を父のために買い戻してやるなど,孝行に励んでいた。ところが,父は死亡に際してその所領を嫡子には譲らず,すべて次男に譲ってしまった。そこで嫡子が幕府に訴え出て,次男と父の遺産を争うことになった。裁判にあたった北条泰時は親孝行で幕府に対する奉公の功績もある嫡子に同情するが,遺産の処分については親の意思を最優先すべしとする武家社会の道理を曲げることはできず,「弟ガ申ス所,其道理アリ」と述べて,結局次男を勝訴させたという。幕府の最高権力者といえども,幕府に忠節をつくした御家人を道理に背いてまで勝訴させることはできなかったのである。

(3) 在地領主の家支配権の自立性

　幕府がこれほどまでに道理を尊重せざるをえなかった背景には,御家人として幕府に組織され,幕府権力の直接的基盤をなしていた各地の在地領主(農村等に土着し武力を背景に土地・人民を支配する地域支配者)たちの自己の所領に対する支配権が,幕府による支配からかなり自由で自立性の強いものであるという事情があった。在地領主の多くは,先祖伝来の開発所領を基盤に自前の軍事力を編成し,きわめて土着性の強い支配を行使していたが,その支配の究極の根拠は領主の自己の家内部に対する排他的な支配に求められる。そのため普通これを在地領主の家支配権とよんでいる。なお,ここでいう家とは,今日の家族に相当する夫婦や親子の関係ばかりでなく,「家子郎等」という言葉に示されるように,領主の傍系親族や従者,さらには所領などをも含めて成立している,かなり規模の大きな一個の生活経営単位若しくは権力組織のことである。

　在地領主の家支配権の典型的な構造を図式化すれば,以下のようである。まず,その所領の中核には周囲を土塁や堀で囲まれた領主の舘があった。ここが家長たる領主の家支配権が最も強く及ぶ部分であって,上位権力の干渉が全く

排除された自由な領域である。その周辺には領主直営の田畠（門田・門畠）があって，領主に隷属する下人・所従及び夫役にかりだされた百姓がこれを耕作していた。この区域は荘園領主に対する租税免除地でもある。さらにその外側には荘や郷などとよばれる，相対的に弱い支配権しか及ばない区域が広がっており，そこには百姓が居住して耕作を行っていた。領主は地頭・荘官等の権限で百姓から年貢・公事を徴収する一方，こうした所領の全体に対して刑罰権を行使し紛争について裁判するなど，文字どおり一国一城の主として君臨していたのである（これに対し百姓自らの家支配権の存在を根拠に領主の家支配権は百姓にまで及んでいなかったとする有力な批判（大山喬平説等）もある）。

(4) 幕府と御家人の主従関係

鎌倉幕府は，このように自立性の強い在地領主たる御家人が源頼朝を「推而為鎌倉主」（『吾妻鏡』治承4年12月12日）ことによって，換言すれば，彼らの支持・協力を得てはじめて成立した政権であった。ある意味でその当然の結果として，配下の御家人に対する統制もかなり緩やかなものでしかありえなかった。事実，将軍に対する反抗もまれではなかった。幕府から謀叛の嫌疑をかけられた御家人畠山重忠が，謀叛の噂がたつのは武士としてかえって名誉なことだとうそぶいたという逸話はその好例である（『吾妻鏡』文治3年11月21日）。このような幕府・御家人関係のあり方は，幕府法上，幕府が御家人の家内部の問題について全く介入できないとされた点に最も端的に表れている。例えば幕府法は主従対論（主従間の訴訟）を受理しない旨定めていたが（鎌追265），これも幕府が御家人の家の自立性を承認していたことを示すものである。つまり，御家人とその従者との争いは御家人の家内部の問題であって，幕府の介入の余地はなかったのである（**図表2**参照）。

なお，中世の主従関係には主人からの強い拘束を受ける「家人」型と主人から比較的自由な立場にある「家礼」型との2つのタイプがあった。概して鎌倉殿と御家人との主従関係は家礼型，御家人とその従者との主従関係は家人型であったとみられている。室町期になると，一方で御家人身分を保ちつつ他方で守護とも被官関係を結ぶ者が現れるなど，一人の武士が複数の主人に仕えるような現象も増大し，主従関係における双務契約的観念が前代に比較して強化の方向をたどった。しかし，その後戦国大名によって，大名の被官が同時にその

図表2　鎌倉幕府・御家人関係と主従対論

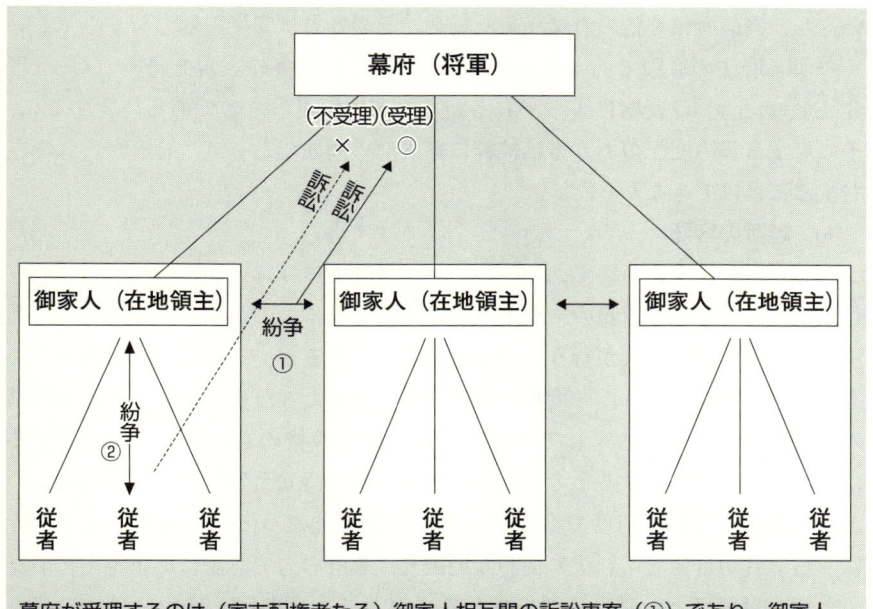

```
                    幕府（将軍）
                  （不受理）（受理）
                      ×    ○
                      ↑    ↑
                     訴    訴
                     訟    訟
   御家人（在地領主） ←→ 御家人（在地領主）  御家人（在地領主）
         ↑         紛争
         │          ①
        紛争
         ②
         ↓
    従  従  従      従  従  従        従  従  従
    者  者  者      者  者  者        者  者  者
```

幕府が受理するのは（家支配権者たる）御家人相互間の訴訟事案（①）であり，御家人の家支配権下にある従者が主人を相手取って幕府に訴訟を提起する主従対論（②）は受理されない（鎌追265）。なお，直線は主従関係を表す。

大名以外の者の被官となることが禁止されるに及んで主従関係の双務契約性はほぼ完全に失われた。

(5) 安堵と悔返

『沙石集』の逸話を紹介した際に触れたように，遺産の処分については，被相続人たる親の意思が絶対的に尊重されるというのが中世における道理であった。「悔返(くいかえし)が安堵(あんど)を破る」という法理はこのことを明確に示している。悔返とは中世の財産処分上の用語で，いったん行った財物の譲与を取り消す行為のことである。また，安堵とは幕府などの上位権力が，ある者の所有する財物について，それが確かにその者の所有物であることを公的に確認・保証する行為のことである。中世においては，親が子供に所領を譲ると，子供は幕府に対して安堵を申請し幕府から安堵状の交付を受け，これによって所領の支配を全うす

るのが通例であった。ところが，安堵状を交付されても，その後親がこれを悔い返し，当該所領を他の者に与えた場合，その効力は安堵の効力にまさるというのが幕府法の原則であった (式目26)。当時の古文書の表現を借りれば，「理非（道理の有無）は安堵によらず」というのが先例だったのである。要するに，子に対する親の支配のあり方は純粋に家内部の問題であって，幕府がこれを左右することはできなかった。

(6) 越訴の容認

　幕府の裁判制度において，越訴の提起が原理的にはほとんど無制限に認められていたことも道理重視の一環とみることができる。ここにいう越訴とは，判決を不服とする敗訴人が行う再審請求のことであるが，それは今日の意味での上訴や再審とは異なり，一度負けた訴訟につき新たな証拠の発見その他の事情の発生もなしに，蒸し返して再度訴えるという性格のものであった。要するに，判決が道理に反すると考える敗訴人は，前回訴訟と質的に全く差異のない訴訟を勝訴を求めて何度でも提起することが可能だったのである。このように，当事者が自発的に判決に従わない限り，幕府の力で訴訟に終止符を打てないという事態ほど，幕府裁判の主たる当事者である御家人（在地領主）の幕府に対する自立性を雄弁に物語るものはあるまい。

Ⅲ　自力救済慣行の容認

　幕府を中心に裁判制度が発達をとげた一方で，紛争の解決を裁判によらない当事者間の実力行使に委ねる自力救済が一定の範囲で容認され，社会的に大きな役割を果たしたとみられる点も，中世法の重要な特色の一つである。

(1)　「知行回収の訴」の不存在

　鎌倉幕府法は自力救済を放任したわけではなく，例えば，所領をめぐる争いの解決は訴訟によるべきで，他人の知行（占有）する所領を実力で侵奪してはならないという原則が存在した。これにより，知行を押妨（妨害）された者は知行保持の訴を起こせば，当該所領に対する所有権の有無に関係なく知行の妨害を排除できた。ところが，いったん所領が押領（侵奪）されてしまった場合についても権利の有無に関係なく知行の回復を認める知行回収の訴の制度は，後述の安堵外題法制定以前の幕府法には存在しなかった。つまり，知行を侵奪

図表3　知行保持の訴と知行回収の訴（イメージ図）

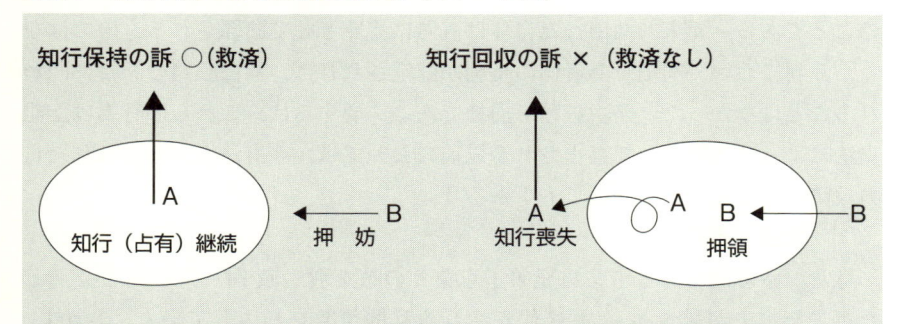

知行保持の訴 ○（救済）　　　　　知行回収の訴 ×（救済なし）

知行（占有）継続 ← A ← B 押妨　　　知行喪失 A ← B 押領

Aが占有する所領に対して自らの権利を主張するBが自力救済を行使した場合，BがAの占有を侵奪するに至らない段階（押妨）ではAによる知行保持の訴による救済が可能なのに対し（左図），占有侵奪（押領）後は知行回収の訴による救済はない（右図）。

された者が所領を回復するためには，原告として訴訟を提起し該所領に対する権利の存在を証明する必要があったのである（**図表3**参照）。逆にいえば，実力で他人の知行する所領を侵奪した者は，侵奪行為自体について直ちに法的責任を問われることがないばかりか，該所領に関する訴訟においても被告であるために挙証責任を課されることなく，有利な立場に立つことができる仕組みになっていたのである。所領紛争に際して自力救済が正当性をもって機能する余地は相当大きかったといえよう。安堵外題法は他人の知行の侵奪一般を禁じたわけではないが，この法によって，安堵状の交付を受けて知行している所領の侵奪に対しては知行回収の訴が可能となり，自力救済の機能する場は大きく制限されることになった。さらに，室町期になると幕府が所領紛争に関する自力救済を明文の刑罰規定をもって禁止するにいたった（室追27）。

(2)　**刈田狼藉・路次狼藉**

鎌倉幕府は延慶3（1310）年に刈田狼藉，また正和4（1315）年に路次狼藉について，同様に従来の扱いを変更し以後刑事犯罪として処断する旨規定した（鎌追713，714）。刈田狼藉とは所領田畠をめぐる紛争に際して，係争地の権利は自己に帰属するとの主張に基づき，一方当事者が実力をもって相手方の占有する田畠の作稲（麦）を刈り取る行為のことである。また，路次狼藉とは債権あ

りとの主張に基づいて，路次において強奪的に行う動産に対する私的差押行為のことである。元来，刈田行為自体は直ちに犯罪として断罪されるものではなく，裁判において刈田行為者側の権利が認定されれば，刈田狼藉の罪責に問われることはなかった。路次狼藉も同様である。要するに，これらの行為は上記立法によって犯罪として禁止される以前においては，幕府法上も容認された自力救済行為であったといってもよかろう。

(3) 敵討・妻敵討

鎌倉・室町両幕府とも父母兄弟子息などの敵を討つ敵討（かたきうち），及び妻と姦通した姦夫を本夫が討つ妻敵討（めがたきうち）に代表される私的復讐を制限していた。しかし，いずれの行為も中世において社会的には正当な自力救済行為として承認された慣行となっていた。特に，妻敵討については，姦夫・姦婦は所領没収等の刑罰に処すという式目第34条の規定の存在にもかかわらず，少なくとも平安後期から鎌倉期にかけては，本夫は姦夫を本夫の家の中の姦通現場で殺害してよいという社会通念があったことが明らかにされている。

Ⅳ 「不論理非」の論理による裁判

ところで，中世における道理の優越及びこれを支えた在地領主の家支配権の自立性を強調するのみでは，一面的な中世法把握となろう。道理による裁判を基調にする一方で，鎌倉幕府は次第に道理に代えて自らの権力としての意思を法として貫徹させようとする動きを強めていたからである。こうした流れにそって登場する諸規定として，ここでは「年紀法（ねんき）」，「不易法（ふえき）」，「召文違背の咎（めしぶみいはいのとが）」「悪口の咎」及び「安堵外題法」を取り上げる。鎌倉幕府法の中には，一定の要件が揃った場合には「理非」を論ぜず，すなわち道理の有無と無関係に，さらに換言すれば紛争事案に実体的な審理を加えずに直ちに判決すべき旨の規定がいくつか存在し，また，実際の裁判においてもこれらの規定を根拠に理非を論ぜず判決が下された事例が多くみられる。上記の年紀法以下の諸規定に基づく判決こそこうした判決の代表的なものであった。

(1) 年紀法による判決

しばしば廿箇年年紀法の名でよばれる式目第8条は，ある所領をいずれが「知行」（占有）すべきかを巡る訴訟において，該所領に対する一方当事者の知

行若しくは他方当事者の不知行の20年以上にわたる継続という事実が判明すれば，理非を論ぜず一方当事者の現在の知行を変更しない旨規定している。この法は，所領に対する権利は時効によらず相伝の証文を根拠とすべしという伝統的な法理を否定するものといえようが，実際の裁判の場においてもほぼ例外なく適用された。

(2) 越訴と不易法

式目第7条は，初代将軍源頼朝から北条政子の執政期（～1225年）までの間に下された幕府の判決は以後変更しない，すなわちこれについては越訴を認めない旨定めている。その後も，正嘉2 (1258) 年には北条泰時執政期（1225～1242年）の判決を変更しない旨立法したほか（鎌追322），数次にわたって同様の趣旨の立法がなされている。このように，将軍や執権等の執政期間を基準にその間に行われた幕府の裁判は以後覆さないという内容の法を不易法という。さらに鎌倉後期になると，過去の一定期間の判決に限定して越訴を制限するという不易法から一歩踏み込んで，越訴の提起一般を禁止し判決は一回きりで確定させようとする立法さえ現れてくる（鎌追661）。いずれにせよ，越訴の制限によって御家人が法廷であくまで自らの権利主張に固執することは次第に困難となる一方，理非に関する判断権の幕府への集中という事態が着着と進行していったのである。

(3) 召文違背の咎による判決

幕府の裁判においては，一方当事者（通常は被告）が不出頭の場合は欠席裁判を行い，原則として理非を論ぜず他方当事者を勝訴させることになっていた。法廷への出頭命令書（召文）に反して出頭しない者は召文違背の咎に問われ，敗訴するのが当然とされたのである。この制度は，いわば被告に対して敗訴リスクという圧力をかけて裁判に応ずるよう強制し，これによって御家人の権利行使の場を限定する（法廷以外の場での自力救済的権利主張は認めない）という意味をもつものでもあった。

(4) 悪口の咎による判決

法廷で悪口（相手方を侮辱する言辞）を吐いたと認定されれば，訴訟事案自体に対する判断をまたずに敗訴とし，係争地を相手方に引き渡すというものである（式目12）。悪口が問題にされている裁判事例は多いが，実際に悪口と認定さ

れたケースは召文違背の場合と比較するとわずかである。その理由としては，①いかなる言動を悪口と認定すべきかについての客観的な基準を設定するのが困難だったこと（実際に悪口と認定され敗訴した事例として，「乞食非人」，「恩顧の仁」，「甲乙人」など身分的蔑称に関わる言辞が知られているが，同様の言辞が必ず悪口とされたとは限らない），②召文違背の場合と異なり，悪口と認定された側はその主張に道理があったか否かを事後的に審理され，道理があると認定されれば係争地の引き渡しのみですむが，道理なしと認定されれば敗訴のみではすまず，係争地以外の所領まで付加的制裁として没収されることになっていた。このためその適用に対する敗訴者側の強い反発が予測されること等が考えられる。

(5) 安堵外題法による判決

　幕府は延慶2（1309）年，安堵状の交付を受けて知行する所領が他人に押領された旨の訴えがあった場合には，該所領は理非を論ぜずひとまず安堵状所持者に引き渡した上で，本案訴訟は理非によって裁断する旨の立法を行った（鎌追712）。これを安堵外題法という。ところで，先に安堵と悔返の関係についてみたように，幕府法では本来道理の有無の判定は安堵状の有無に左右されないのが原則であった。この原則による限り，上記の場合押領された側が安堵状を所持していようといまいと，いずれの側に道理が存するか＝該所領の正当な権利者はいずれかという点のみを問題として判断されるべきはずである。しかるに，安堵外題法は，たとえひとまずにせよ安堵の効力を理非に優先させた点で，この原則に重大な変更を加えることになった。

(6) 喧嘩両成敗法の成立

　以上のように，中世法は本来在地領主の家権力の自立性を反映して，道理が幕府権力の意思に優越する性格のものであったが，他方に幕府権力側の在地領主の自立性を剥奪して中央集権化を図ろうという，制定法優位の志向を反映した「不論理非」の論理をも内包するものであった。中世法から近世法への移行は，これら2つの対立する契機がせめぎあいつつ後者が徐々に前者を圧倒していく過程だったといえよう。こうした不論理非の論理による道理の抑圧のいわば決定版ともいえるものが，中世末における喧嘩両成敗法の成立である。喧嘩で物理的実力を行使した両当事者を，理非をただすことなく，喧嘩をしたという理由のみに基づき同等の刑罰（本来は死刑）に処すというこの法の出現こそ，

在地領主の家権力の自立性の喪失＝本来の中世法の崩壊を象徴的に示す出来事であった。

＊もう一つの中世法理解

　　本章とは全く異なる視点から提示された有力な中世法理解として新田一郎説（同著『日本中世の社会と法』（東京大学出版会，1995年）など）がある。この説は従来の通説的理解を全面的に批判し，「不論理非」の論理の登場等の現象を，国家権力の集中の結果というよりも日本史上初めての全国レベルでの「法」の成立，若しくは法の合理化・近代化への歩みの表れという側面から評価すべきだとし，以下のように主張する。日本史上13世紀後半までは，律令や御成敗式目をはじめ「法」と名のつくものは存在してはいたものの，それらはおよそ法とよぶに値するような普遍性のある機能を果たすものではなかった。例えば，現実の紛争や裁判の場においては，極論すればその都度両当事者はこれこそ当該事案の裁断のための「法」若しくは「道理」であると考える意見を主張しあい，裁判や調停にあたる者も同様に先例や関連法令の有無などもあまり意識することなく，その都度妥当と考える解決方法を提示して裁断するというのが実態であった。そこでは「法令」や「先例」は裁判規範というよりも紛争解決のための有力な参考資料の一つとして位置づけられていたにすぎない。

　　この時期までの法秩序というもの自体，その及ぶ範囲が空間的にも極めて局所的な範囲に限定されており，全国のどの地域に対してもその効力を主張しうるような普遍的な法秩序というもの自体，そもそも裁判権力にとっても紛争当事者にとっても想定外というのが実態だった。鎌倉幕府裁判における「不論理非」の論理の登場は，中世における政治的支配秩序の拡大・深化，及び経済活動範囲の拡大等の条件に促された，上記のようなプリミティブで不安定な局所的法秩序（真の意味での法の不在）を克服して，新たな法秩序を模索するための動きの一つとして見るべきで，このような動きは法的安定性を求める在地領主の側にも歓迎されたはずだという。つまり，従来の「何でもあり」で最終的にどのように確定することになるか予測のつかないような裁判システムの中に，手続法上の明確なルール（召文違背，悪口等）を持ち込み，これら所定の手続違反行為があった場合には，それを理由に判決を行い，以後これに対する抗弁を認めないとすることによって，日本史上初めて「法」による裁判とよぶに値するシステムが作動し始めた，それが13世紀末頃のことであったという。

　　新田説は中世法ばかりでなく広く法とは何かという根元的な問題の再検討をも迫る示唆に富む見解であるが，他方で「法」の定義の問題とはいえ，中世には「法」がないとまでいう議論はいささか極論にすぎるようにも思われる。

第4章　親族と相続

I　家と家門の成立

　中世には古代以来の同族集団たる氏（ウヂ）が徐々に衰退し，新たに家業，家産，家名等の永続的な継承を目的に結合する父系出自集団たる家（イエ）という氏より小規模な親族団体が社会の基礎単位として成立する。家業の具体的内容は階層により多様であるが，貴族層における特定の官職や政治的地位（中下級官人層においては，小槻氏による太政官弁官局世襲に代表されるように特定の家が特定官司の実務部門の官職を家業として独占的に保有する官司請負とよばれる体制が中世を通じて存続した。摂関家等上級貴族にあっては家格相応の政治的地位（極官極位）の継承が重視された），武士層における武芸等がこれにあたる。かつては家の起源を東国の武士団に求めるのが定説であったが，現在では家は平安後期（11世紀頃）にまず天皇家ついで貴族層において成立し，遅れて15～16世紀までの間に武家層，百姓層の順で成立していったと考えられている（貴族と比較して武士や百姓は排他的同棲を欠くいわゆる対偶婚の婚姻形態が長く続いたこともその背景にあると思われる）。

　以下，本章では主として武家社会の親族・相続のあり方について述べる。平安時代の間に，古代以来の諸々の氏の間の統合が行われ，平安末期には源，平，藤，橘の四氏にほぼ統合されるようになったが，各氏の中から家々が独立して独立の称号すなわち名字（苗字）を有するようになった。名字の多くはその家の土着地の地名をとったもので，例えば，上州新田郷に土着した源氏の武士は新田を名字とした。やがて，同一の名字の家も世代の進行にともない分裂して本家，分家の関係を生じたが，この本家と分家からなる血族集団を，家門，一族，一門，一流，一類，門葉などとよんだ。その首長は一門（一流）の家督・上首，門葉の棟梁などとよばれ，一族を統括し外部に対して一族を代表した。家門を構成する単位である個々の家の首長を表現する用語は特になかった。なお，家督になるのは通常は本家の嫡子であった。

　鎌倉時代における一族の範囲については，裁判の際に「退座」（訴訟当事者と裁判官が一定の親縁関係にあるとき，該裁判官を法廷から退席させること）すべき者の範囲を定めた幕府立法（鎌追72）が参考になる。これによれば退座すべき関係に

ある者は「祖父母，父母，養父母，子孫，養子孫，兄弟，姉妹，聟（姉妹・孫聟同之），舅，相舅（夫婦それぞれの親相互の間柄），伯叔父，甥姪，従父兄弟，小舅，夫，烏帽子々（元服時にその証として親代わりに烏帽子をかぶせる役の者を烏帽子親，元服者を烏帽子子といった）」などであった（退座対象として母系親族がほとんど挙げられていないことから武士社会における父系結合原理の強さを読み取ることも可能である）。

　当時は分割相続が一般的であって，財産分与を受けた子どもは各々分家を創立して経済的には本家から独立したが，軍事的には本家の家督の統率に服しており，この団体を家門，一族等の名称でよんだのである。家督と一族の構成員の関係が人的関係にもとづく軍事的な統率関係であったのに対し，後述の惣領と庶子の関係は，幕府に対する公事負担義務を分割相続した所領ごとに配分するための物的関係であるから，両者は一応別個の観念であるが，通常の場合家督は同時に惣領でもあった。

　中世の家は家業を中心に団結しており，家を継ぐとはすなわち家業を継ぐことであったが，武士の場合家業の内容は武芸をもって主人や国家に奉公することであった。武士の間で武具（太刀・鎧等）や旗等の象徴物が家宝として代々相伝されたことはそのことに対応している。

II　親　　子

　実子については，嫡子と庶子の別があったが，これらの語は嫡出子と庶出子，嫡出長子とその他の諸子，家相続人とその他の諸子などの意味に使い分けられた。この他，嫡子の語は時に長子の意にも使われた。養子については，律令法上の養子が主として祭祀の相続を目的としたのに対し，中世の武家における養子の場合，家業の相続を主たる目的とした。これ以外に家の勢力拡充のために養子をとることも多かった（これを家の相続を目的とする養子と区別して特に猶子とよぶこともある）。幕府法上，養親は必ずしも男である必要はなく，女も養子をとることが認められ（式目23），また男子のある場合にさらに数人の養子をとることも行われた。もっとも，所領の分割相続制が崩れて単独相続が一般化してくると，養子も一人に限られるようになった。孫や弟に相続させるときはこれを養子にする慣例であった。

烏帽子親と烏帽子子の関係も鎌倉時代には親子関係に準じて扱われた。養子の離縁について，公家法では離縁状（不理状）の作成を要したが，養親が養子を離縁すること自体は容易だったとみられる。武家法の場合にも同様の手続を要したかどうかは不明である。

父母・祖父母の子孫に対する強大な教令権は中世にも存続し，しかも，その教令は死後も子孫を拘束するとの思想があったので，所領の譲状等にはしばしば父母・祖父母の遺命に背く者は「死骸敵対」の罪に処せられるべき旨記されている。父母・祖父母を告言する行為は父母・祖父母敵対の罪として，闘訟律の規定に則り重科に処すべきものとされた（鎌追143）。もっとも，律は祖父母・父母を告言すれば「絞」とするが，鎌倉幕府の実際の裁判においては死刑の例はみられず，所領の一部没収の例などが知られている（文永9年12月26日関東裁許状）。なお，父権の非常に強固な武家社会にあっては，子が父を相手取って訴訟を提起することは実際上ありえず，親子間訴訟の実例の大半は母子間，特に後家と先妻の子の間のものである。

教令に違反する子に対する親の制裁としては義絶と悔返があった。義絶とは親の意に反する子との間の親子関係を断絶して家から追放する行為で，不孝，勘当ともいった。義絶された者は家督相続や財産相続の資格を失い，親は義絶によって子の犯罪に縁坐することを免れた。義絶の際は，親は官司に届け出るとともに義絶状を作成し，一門あるいは近隣の人々の証判を得る例であった。悔返は前章でふれたとおり，いったん行った所領の譲与処分を取り消すことである。親によるこれらの制裁権の発動が幕府からの制限を受けなかったことはもちろんである。なお，百姓身分の場合，親が子を質入れすることも認められていた。ただし，親といえども子を売却することは禁じられていた。

III 結婚と離婚

中世にも古代以来の一夫多妻制が行われた。婚姻年齢についての規定はなかったが，上流身分の者の間では一般にかなり早婚であった。公家の間では古代以来婿取婚が行われ，庶民の間でも同様だったとみられるが，平安末期以後，しばしば諸国に分在する者同士で通婚関係を結んだ武士の間では，所領経営のため夫は自領を離れがたいという事情等から嫁入婚が行われるようになり，室

町時代になるとそれが公家も含めた一般の慣習となった（武士・百姓層では対偶婚が長く存続したこと等を根拠に，鎌倉期には貴族や一部有力武士を除きまだ嫁入婚の定着は見られないとする有力な批判もある）。

婚姻の身分法上の効果として，妻は夫に絶対的に服従すべきものとされた（中世前期の武家の妻の社会的地位は夫に対して隷属的ではなかったという有力な見解もある）。例えば，夫が重科を犯したときには妻は縁坐してその所領を没収されることになっていた（式目11）。また，武家法上，妻は婚姻中はもちろん夫と死別後も貞節たるべきことが期待された。例えば，鎌倉幕府法は密懐（姦通）した妻からその所領半分を没収するとし（式目34），また，後家は亡夫の後世を訪うべきであるとして，改嫁（再婚）のときは夫から譲与された所領を亡夫の子息に返還させた（式目24）。

武家の夫婦財産関係については，中世前期（鎌倉期）には夫婦別産制が原則とされ妻の持参財産はその特有財産として婚姻によって夫の所有に帰することはなかったが，中世後期（室町期）には夫婦同財制の傾向が強まり妻の財産処分権は大きな制約を受けた（妻の特有財産が全否定されたわけではないが，婚姻時に洗濯料，化粧料等の名義で実家より譲られるわずかな持参財産に限定された。百姓層についてもほぼ同様である。なお，貴族層では中世前期から夫婦同財が原則であった）。

離婚のことを通例離別といった。離別の権利は夫にあり，夫は妻に過失がなくても妻を離別できた。ただし，過失のない妻を恣意的に離別する場合には，夫は婚姻中妻に譲与した所領を悔い返すことはできなかった（式目21）。動産については，過失なくして離別された妻は夫の家の中にある物を何でも手にもてるだけ持ち出せるというのが中世の慣習だったようである。『沙石集』に「人の妻のさらるる時は家の中の物心に任せとる習にて」とあるのはそのことを表している（離別の際は夫の所領の一部を分与する旨の婚姻時の夫婦間契約に基づき，所領が分与された例も知られている）。離別の手続としては，室町時代以後，武家の場合は夫が妻に去状を与え，庶民の場合は暇の印を与えることが一般の慣習となった。これには再婚許可の意味もあった。再婚は法の禁ずるところでなかったが，後家，離別の妻妾ともに先夫より得た所領をもったまま再婚することは禁じられていた。

***うわなり打ち**

　中世の離婚に関しては，夫が離婚直後に再婚した場合，前妻（こなみ）が後妻（うわなり）の家を集団で襲撃する「うわなり打ち」とよばれる社会的に容認された民間習俗があったことも知られている。これは前妻の離婚後1ヵ月～50日以内に後妻をめとった場合に行われることになっていたが，実施に際しては事前に前妻方から後妻方に対してうわなり打ちの通告がなされるのが通例だった。当日は前妻の親族を中心とする女性集団が前妻に率いられて後妻宅の台所から打ち入り，後妻方も味方を集めて防戦し，頃合いを見て第三者が仲裁に入るのを機に闘争を終結させるという一種儀礼的な習慣ともなっていた。これによって前妻・後妻間の紛争の深刻化が防止されるという効果が期待されたものとも考えられる。

Ⅳ　相　　続

(1) 家督相続

　鎌倉時代の武家社会における相続は家督相続，家相続，財産相続に分けられる。家督の相続とは家門の首長として一門の軍事的統率にあたる地位を相続することであり，これを「家督を継ぐ」といった。家督には本家の相続人がなるのが原則であったから，実際上，家督相続は次に述べる家の相続と一致した。

(2) 家の相続

　家の相続のことを「家を継ぐ」といい，家の継承者を嫡子あるいは家嫡とよんだ。ここで継承の対象と観念される家とは家業（武芸）・家名等のことであることは上述のとおりである。家の相続人は原則として被相続人の嫡出の長男（生得嫡子）であったが，生得嫡子がいないか奉公の器量に欠ける場合には，他の子を嫡子に立てる例であった。被相続人が嫡子を指定しないで死亡したときは，母が単独で又は諸子と協議して嫡子を決めるのが通例であった。家の相続は被相続人の死亡のほか，被相続人の隠居によって行われることもあった。南北朝時代以降になると，一族が敵味方に分かれて対立するという現象も現れ，分家の自立化が急速に進行し家門の解体が決定的になり，家門を構成していた家々が独立するが，これとともに個々の家の長をさして家督とよぶようになった。ここにいう家督は同時に家産の単独相続人でもあったので，以後，次第に家督と家産とは不可分のものと考えられるようになった。

(3) 財産相続

　財産相続には，被相続人が生前に譲状（処分状）を作成して相続人に財産を

譲与する処分相続と，被相続人がこれを行わないまま死亡したのをうけて行われる未処分相続があった。前者が通例であって，生前に没後の相続のことを定めておかないのは愚者であると考えられた。財産相続をいかに行うかは原則として被相続人の自由であったが，嫡子に最も多く与え，庶子はこれにつぎ女子は最も少ないのが通例であった。ただし，被相続人の処分の自由に対する唯一の制限として，式目第22条は「義絶されたわけでもなく，かつ幕府に対する奉公の実績もある長男が，親が庶子を溺愛してこれを嫡子としたために全く所領を譲与されなかった場合には，嫡子分の所領の5分の1を割いてその長男に与える」旨規定している。未処分相続であっても，遺言等により被相続人の生前の意思が明確であるときはこれによった。生前の意思が全く不明のときは後家が諸子への遺産の分配を行い，後家がいないときは諸子の協議によって分配した。協議が調わず幕府の裁判を仰ぐこともあったが，この場合につき幕府は「奉公之浅深」，「器量之堪否」を基準に分配すると定めている（式目27）。

(4) **分割相続と惣領制**

律令制以来，財産相続は諸子分割相続を原則としたが，平安末期以来，所領の分割による狭少化，ひいてはこれによる家門の勢力の弱体化を防ぐため，所領を諸子に分割相続させながら，対外的には嫡子（家督）に全所領を統括させる制度が生じた。これを惣領制といい，嫡子を惣領，その他の諸子を庶子といった。この惣領と庶子の関係は，通常家督と一族の輩との関係に一致した。鎌倉幕府はこの制度を御家人に対する公事賦課のために利用した。すなわち幕府の公事は惣領に対して賦課され，惣領はこれを一定の割合で庶子に割り当てて徴収し，幕府に納付する体制がとられたのである。

(5) **単独相続**

惣領制のもとでも，分割相続が続けられる限りやがてそれ以上の細分が困難な段階を迎えることになる。これに対する対策としてまず現れたのが女子に対する相続分の制限であった。鎌倉中期頃から女子に与える所領を一期分に限ることが一般化し，やがて女子に対する所領譲与一般が禁止されるようになった。一期分とは，被譲与者の一生の間だけ知行を許し，死後は然るべき他の親族（未来領主）に返還することを条件に譲られた所領のことである。さらに，鎌倉末期になると，嫡子以外の者に所領を譲らない単独相続の例が現れ，室町

時代になるとこれが一般化した。それとともに惣領制は消滅した。

第5章 裁判制度

　第3章で述べたように，中世は公家，武家，本所という権力主体が分立している社会であり，各々は独立した裁判管轄を有しており，原則として互いに他の支配領域内に及ぶことはなかった。本章では上記3種の権力主体のうち武家を採り上げ，とくに鎌倉幕府の裁判制度について述べる。

I　裁判機関とその管轄
(1)　問注所・政所
　幕府の主要な訴訟審理機関には問注所，政所，侍所，引付，越訴方などがあり，「評定」がこれらの機関の上申する審理結果に対して最終的な裁定を下していた。もっとも侍所管轄の訴訟は当初より評定に上程されることなく，侍所内部において判決手続が完結していたものとみられる。

　建長元 (1249) 年に引付が新設される以前においては，問注所と政所とが二大訴訟審理機関として機能していた。当時の問注所と政所の裁判管轄は，非御家人及び雑人については，訴訟当事者の居住地を基準にして鎌倉中を政所，諸国を問注所の分担とする一方，幕府の主要な訴訟対象であった御家人をめぐる訴訟事案については，一律に問注所が管轄していたとみられる。そして，引付新設後は地頭御家人を一方当事者とする訴訟の管轄は，問注所から引付へと移行することになった。

(2)　引　　付
　引付は三～五方（番）の部局に分かれ，それぞれ引付頭人，引付衆及び引付奉行人からなる。引付頭人は主に評定衆から選ばれ，引付衆の補佐を得て，訴訟の指揮にあたった。引付衆は評定衆兼務の2～3名を含む若干名で構成された。新設当初には，北条政村，同朝直，同資時がそれぞれ一～三番の引付頭人に，二階堂行方ほか4名が引付衆に任じられた。引付衆は北条氏一門の占める割合が次第に高くなっていったが，これは引付衆なる役職が評定衆へと昇任していくための重要な前提職として位置づけられていたからである。引付奉行人

は各番に4～5名が配属され，訴訟進行上の諸事務を統括する本奉行，これを補佐する合奉行等の職務を分担した。なお，引付は文永以降，廃止・復活など北条氏が主導する政策の影響をこうむることになるが，弘安年間頃には既に，引付頭人の訴訟指揮権・責任が強化されるに至ったとする見解もある（引付責任制）。

引付の職掌は従来の問注所・政所の職掌内容と同様，訴訟文書の審理，訴論人の召喚及び法廷における対決手続，あるいは訴訟記録の作成等であった。なお，引付が問注記（申詞記）などの公的な訴訟記録を作成していたことは十分に推測されるところではあるが，残念ながら，それに該当する文書が伝えられるには至っていない。他方で，訴訟当事者の一方が私的に作成した問注日記などの訴訟記録文書はごく僅かながらも残存している。なお，鎌倉幕府の評定・引付の制は，室町幕府の訴訟制度の中で内談というかたちによって継承され，その構成員は内談衆とよばれていた。

(3) **越訴方**

原判決を不服として越訴の提起される件数が急増するという事態に対応すべく，幕府は文永元（1264）年，越訴の審理専門の機関として越訴方を設置した。越訴方は越訴頭人と引付奉行人兼務の越訴奉行人とによって構成された。『沙汰未練書』（14世紀初頭に成立した鎌倉幕府の訴訟手続に関する解説書，沙汰＝訴訟に未練の者，すなわち不慣れな者のために編述されたのでこの名がある）を参照すると，原判決に誤謬ありとして越訴を提起する場合には，不服申立者はまず，当該事案を担当した本引付に覆勘沙汰の申請を行った上で，もし覆勘が認められなかった時には，あらためて越訴申状を越訴方に提出せよ，という趣旨の記載がみえる。このことからすれば，越訴方の設置以前には，越訴は原判決を下した同一の機関で処理されたものとみられる。越訴方の性格については，これを破棄裁判所とし，越訴方が原判決を不当と認めれば，引付に移管され再審理が開始されたとする見解もあるが，越訴方は自ら審理する権能をもつ裁判機関と考えるのが妥当であろう。

なお，越訴という手続とは別に，担当奉行人の犯した訴訟手続上の過誤・不正を不服とする訴訟当事者のためには，裁判所に対して訴訟手続上の是正・救済措置を要求するための方法として，庭中という手続があった。申立ての具

体的な内容としては，例えば，担当奉行人が退座分限規定（鎌追72）に抵触し公平な訴訟手続が担保され得ないとの訴えをはじめ，奉行人が訴訟関係文書を紛失したのは故意によるものであり，奉行人と近親の関係にある相手方当事者を依怙贔屓するという意図をもった不正な行為であるとの訴え，などがある。関東における庭中には，評定に訴える御前庭中と引付に訴える引付庭中とがあり，口頭による訴えが行われた。六波羅には庭中奉行がおかれ，当事者は庭中申状により訴えを提起した。室町幕府においては庭中方として存在した。

(4) 所務沙汰・雑務沙汰・検断沙汰

　幕府の訴訟制度が最も発達したといわれる13世紀末～14世紀初の頃には，裁判管轄上の原則は引付設置当時とは一変し，訴訟はその目的物によって，所務沙汰，雑務沙汰，検断沙汰の３種に分類され，これに対応して管轄機関を異にしていたことがわかる。このことは，『沙汰未練書』の中に記される次の一節において明らかである。

　「所務沙汰トハ所領之田畠下地相論事也，於関東六波羅引付，有其沙汰」，「雑務沙汰トハ利銭・出挙・替銭・替米・年紀・諸負物・諸借物・諸預物・放券・沽却田畠・奴婢・雑人・勾引以下事也，以是等相論，名雑務沙汰，関東御分国雑務事者，於問注所有其沙汰，又引付所務賦事，於問注所在之，鎌倉中雑務事者，於政所有其沙汰」，「検断沙汰トハ謀叛・夜討・強盗・窃盗・山賊・海賊・殺害・刃傷・放火・打擲・蹂躙・大袋・昼強盗（但追捕狼藉者所務也）・路次狼藉（トハ於路次奪人物事也）・追落・女捕・刈田・刈畠以下事也，以是等相論，名検断沙汰，関東ニハ於侍所有其沙汰，京都ニハ検断頭人管領有其沙汰」。

　伝統的理解によれば，検断沙汰はほぼ今日の刑事訴訟手続，他の二者は民事訴訟手続に相当し，所務沙汰は不動産訴訟，雑務沙汰は動産物権や債権などをめぐる訴訟とされるが，これについては近時異論が提出されている。すなわち，幕府は御家人の所領をめぐる相論（不動産訴訟）を「所務沙汰」として構成したが，それは幕府が御家人を本所（荘園領主）との関係において庇護・規律するという意味において，まさしく重要な「沙汰」として位置づけたことによるものであり，所務沙汰は専ら引付が審理する対象として移管されるに至ったのだという。これにともなって，御家人の所務以外の事柄に関わる相論と雑人（幕府との関係において私人の立場である一般庶民）に関する相論とは，所務以外の雑

多な事柄に関する沙汰として一括・区別されることになり、これを新たに雑務沙汰（訴訟対象が結果的には動産物権・債権などの事案になりえた）として問注所が管轄することになったのだという。この見解は通説に対して新たな見方を提出しているが、雑務沙汰に関する史料は必ずしも多くないため、今後もなお検討する余地が残されているように思われる。

なお、管轄については、所務沙汰は引付、検断沙汰は侍所、雑務沙汰のうち、「関東御分国（東国）」のそれは問注所、鎌倉中のそれは政所に割り当てられていた。

(5) 室町幕府

室町幕府の訴訟制度については、15世紀末に著述された『武政軌範』と題する解説書が伝えられているが、これによると、裁判機関別に引付沙汰（所帯押領・遵行難渋・抑留年貢等ほぼ鎌倉期の所務沙汰にあたる）、侍所沙汰（謀叛、夜討、強盗以下鎌倉期の検断沙汰にあたる）、地方沙汰（京中諸家屋地事に関する訴訟を扱う）、問注所沙汰（文書紕繆・謀実論・紛失証文等を扱う）、及び政所沙汰（利銭・出挙・替銭等鎌倉期の雑務沙汰にあたる）という、5つの沙汰が分類列挙されている。

II 裁判手続

(1) 当事者主義の原則

「所務沙汰」の手続の大きな特徴の一つとして、徹底した当事者主義があげられる。訴人の訴えを受理した裁判所は、論人に宛てて訴状と問状とを同時に交付した。しかしながら、この時、訴状・問状を論人のもとに届ける役目を負うのは訴人なのであり、裁判所は訴状・問状の送達については全く関知しなかった。以降、三問三答が一応の限度とされる書面（訴状・陳状）の応酬が進行する中で、裁判所はあくまで仲介者的立場のもとで関係文書を確認・審理したにすぎず、関係文書自体は常に訴訟当事者によって相手方に届けられなければならなかった。つまり、訴状に対しては論人が陳状によって応訴を行わなければ、そもそも訴訟手続自体が開始され得なかったのは当然のこととしても、訴訟両当事者が能動的な姿勢によって訴陳状の応酬を行わない限り、訴訟手続は進行し得なかったわけである。裁判所は書面の応酬、あるいは法廷における対決などの一連の訴訟手続過程において、基本的には当事者の申立てを受けては

じめてこれに対応するという姿勢をとっていた。したがって，書面の応酬が展開する過程の中で，書面審理手続をどの時点で終了させるのか，あるいは，書面審理手続を三往復まで継続させるべきか，さらには，書面審理手続だけでは十分な審理を尽くせず，さらに法廷における対決手続へと移行させるべきか否か，などといった手続の進行に関する判断については，裁判所の側が訴訟指揮権を発揮する場合もみられるが，多くの場合，訴訟当事者の申立てを受けて裁判所が判断を下すものであった。

その一方で，裁判所は訴訟当事者が提出した証拠のみに基づいて判決すべきものとされており，例えば，法廷に提出された証拠文書の真偽についてさえも，他方当事者が謀書（偽文書）であると主張しない限り，裁判所が進んでその真偽の鑑定を行うことはしなかった。

こうした当事者主義的な訴訟手続のありかたは，所務沙汰に限らず，「検断沙汰」においても同様であった。例えば，南北朝時代に作成されたある申状の中に，「獄前の死人，訴えなくんば，検断なし」と記されていることからもわかるように，仮に獄舎の前に変死体が転がっていても，これについて訴え出る者がいない限り，刑事手続は開始され得ないというのが原則であった。もちろん例外として，謀叛に代表されるような，いわば国家権力自体が被害者となり得るような重大な犯罪に関しては直ちに検断権が発動された。鎌倉幕府の裁判においてみられる，このような当事者主義的な訴訟手続構造には，在地領主の自立的な家権力を基盤に成立していた幕府権力の性格が大きく影響しているともいえようが，他方では，「訴訟手続構造」の特色をさらに詳しく究明していくことも重要な課題として残されていることを忘れてはならない。

(2) **所務沙汰手続の概要**

(a) ここでは鎌倉幕府の裁判において最も大きな比重をしめていた所務沙汰（引付沙汰）の手続の概要について述べる（**図表4**参照）。訴人（＝原告）が訴状及び具書（証拠文書）を問注所内の「所務賦」とよばれる部局に提出し，訴えが受理されると，賦奉行が訴状の端裏に銘（訴状の題名及び受理日付）を加え，所定の順序でこれを一方の引付に配賦する。これを受け取った引付では籤によって担当奉行人を選定した後，まず論人（＝被告）に対して陳弁を求める趣旨の「問状」を発給する。問状の内容は，「某が何々の事を訴え出たので，その訴

図表4　「所務沙汰」における手続の概要（星薬科大学　山本弘氏作成）

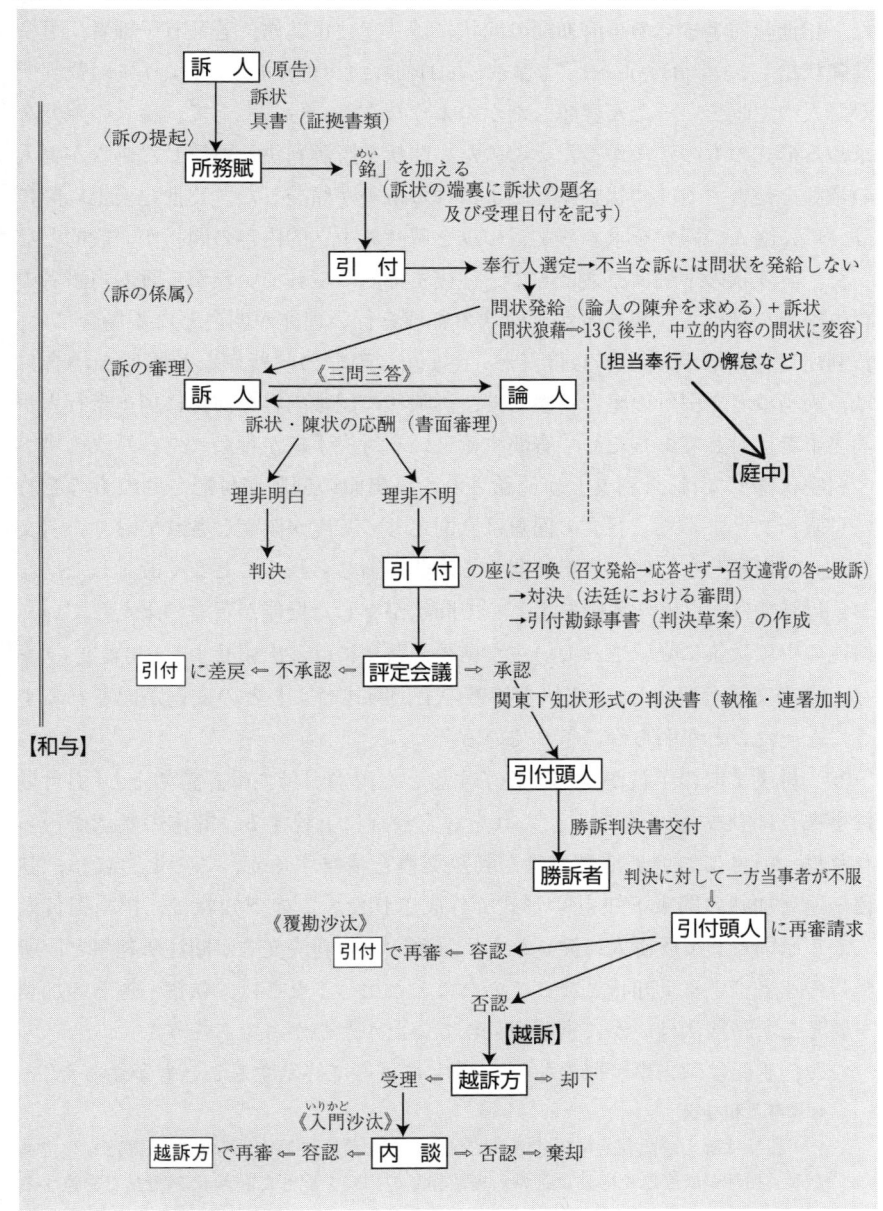

```
                           訴　人 (原告)
                              │ 訴状
                              │ 具書 (証拠書類)
                              ↓
〈訴の提起〉            所務賦 ──→「銘」を加える
                              │    （訴状の端裏に訴状の題名
                              │      及び受理日付を記す）
                              ↓
                           引　付 ──→ 奉行人選定→不当な訴には問状を発給しない
〈訴の係属〉                  │
                              │    問状発給（論人の陳弁を求める）＋訴状
                              │    〔問状狼藉⇒13C後半，中立的内容の問状に変容〕
                              ↓
〈訴の審理〉    訴　人 ←《三問三答》→ 論　人          〔担当奉行人の懈怠など〕
              訴状・陳状の応酬（書面審理）                    ↓
                      │         │                        【庭中】
                  理非明白    理非不明
                      ↓         ↓
                   判決       引　付 の座に召喚（召文発給→応答せず→召文遵背の咎→敗訴）
                              │     →対決（法廷における審問）
                              │     →引付勘録事書（判決草案）の作成
                              ↓
         引付 に差戻 ← 不承認 ← 評定会議 ⇒ 承認
【和与】                          関東下知状形式の判決書（執権・連署加判）
                                       ↓
                                   引付頭人
                                       │ 勝訴判決書交付
                                       ↓
                                   勝訴者 ── 判決に対して一方当事者が不服
                                              ↓
                《覆勘沙汰》              引付頭人 に再審請求
                 引付 で再審 ← 容認 ←
                              否認
                               ↓
                            【越訴】
                  受理 ← 越訴方 → 却下
                       《入門沙汰》
                            ↓
              越訴方 で再審 ← 容認 ← 内　談 → 否認 → 棄却
```

状を伝達するからこれにつき答弁せよ（「可明申」,「可弁申」)」というものだった。13世紀前半までの幕府初期の問状には「宜被止其妨,若又有子細者,可令進陳状給」（その妨げを止めよ,異議があれば陳状により応答せよ）のように,裁判所が訴人の主張をいったん容認したかのような文言を付した上で,論人の陳弁を求める形式のものが多かった。このため問状を勝訴判決と誤解した訴人が論人の権利を侵害する「問状狼藉」とよばれる紛争が頻発した。13世紀後半以降には,単に論人の陳弁を求める文言のみを載せる中立的内容の問状が一般的となった。訴陳状の応酬は原則として三往復まで認められていたが,訴訟当事者の判決請求を受けて,裁判所が訴陳状の審理を行い理非が明白となる場合には,裁判所は直ちに判決を下し得たが（式目49）,理非の判断がなお困難な場合には,両当事者を引付の座に召喚して,訴陳状の記載内容を前提に担当奉行人が両当事者に対してあらためて審問するという対決手続が行われた。対決の場への召喚に際しては,「召文（めしぶみ）」が発給された。出頭の期限が付記されたものを特に日限召文（にちげんのめしぶみ）とよんだ。召文の回数は原則として三度が限度とされており,召文に反して出頭しない側は事案に関する理非が論じられることなく敗訴した。なお,近時では,弘安年間頃を境として問状が有した機能が召文の果たしていた機能の中に次第に吸収されていった結果,召文には「出頭せよ」（「可参決・可参対」）との文言が変化し,「陳状を持参の上,陳述せよ」との文言が記されるようになったことが明らかにされている。

（b）対決までの手続がすべて終了すると,担当引付では評議の上,「引付勘録事書」（判決草案）を作成し,これを評定会議に上程する。評定の承認が得られれば,引付において清書奉行が判決文書を清書するが,このときには,執権・連署加判の関東下知（げちじょう）状の形式で作成された。この下知状は,担当引付頭人から原則として勝訴人に渡された。雑務沙汰の判決文書が問注所執事と同所職員の連署による下知状となっていたことと比べるならば,執権・連署の加判を要した所務沙汰はいかに重要視されていたかがわかるであろう。

なお,訴訟は両当事者間の和与（わよ）（和解）によって終結することも多かった。

＊和与と和与状

　　和与は訴えが裁判所に提起されて以降,どの段階においても成立し得たものである。和与が成立した際には通常,当該和与の内容を記した和与状を相互で交換する

とともに，和与の認可（和与認可下知状の交付）を得るべく，和与状が裁判所に対して提出された。なかでも，本所・領家と地頭御家人とが争った場合に作成された和与状をみると，同内容の文書を同時に2通作成した上で両当事者が連署・加判するという連署形式のものが多い。和与が認可された場合に発給される下知状には一般的に，和与状両通の趣旨・内容が詳細な形で引用されている。上述のような場合にはとりわけ，和与状の内容が網羅的に引用された上で，これを裁判所が認可する旨の文言が付されるという形態がとられていたので，その下知状全体が長文になっている場合が多くみられる。

　なお，このように裁判所によって和与が認可される場合には，訴訟両当事者に対して下知状及び和与状が一対の文書として交付されることになっていた。その一方で，裁判所に訴訟事案として係属して以降，いったん和与が成立していながらも，当事者によって和与の認可申請が行われないまま，結果的に下知状を得ていない和与に関しては，仮に後に紛争が再発して和与の法的効果が争われることになった場合には，私和与としてその効力が認められなかったことが考えられる。

(c)　判決の後，判決内容に参差（不当）ありとする当事者は，引付頭人に対して再審を請求することができた。その結果，主張に理由ありと認められれば，本引付において再審手続が開始された。これを「覆勘沙汰」という。覆勘沙汰に及ばないときは，越訴方に再審を求めることができた。越訴に一応の理由ありと認定されれば，「内談」（得宗私邸での寄合会議か）の席において越訴の肝要の点について，再審開始の当不当の判断を下し（入門沙汰），再審開始相当とされれば，越訴方に移送して再審理したものとみられる。このほか，訴訟を提起しても担当奉行人が，例えば一方当事者を依怙贔屓して職務を忠実に遂行しなかったことにより，手続上の不公正な誤りが生じた場合の救済手段として，引付の座や評定の座に口頭で直訴すること（引付庭中・御前庭中）などが認められていた。

(d)　判決を履行しない当事者に対する使節遵行（強制執行）の制は，当初は整備されていなかった。13世紀後半に早くもこの制を採用した六波羅は，探題の使節と現地周辺の有力御家人とを「両使」（六波羅の管轄地以外では在地の有力御家人2名という場合が一般的であったと推測される）として派遣するようになった（その一方で，訴状等への応答を拒絶する一方当事者のもとに「召文」が伝達される場合にも，これと同様の状況が見出されるようになっていった）。これにより，判決不履行者に対して「下知違背の咎」を適用することが現実的には可能になっていった。

鎌倉末期には「両使」にかわってその国の守護が使節遵行の任に命ぜられるようになり、これがさらに室町幕府のもとでは守護の職務として定着することになった。

(e) ところで、所務沙汰においてはいかなるものが証拠として採用され、それにはいかなる優劣の順序が存在したのであろうか。幕府訴訟法上の主な証拠方法には、起請文、証人、証文、論所があった。起請文とは神証の一種であり、その方法は、起請文を書いた当事者を一定期間神社に参籠させ、その間に「鼻血出事、書起請文後病事、鵄烏尿懸事」等の不祥事が発生するか否かによって、その主張の正否を判断するものである（鎌追73）。論所とは係争地を実地検分することである。論所を除く三者については、証拠方法としての優先順位が①証文、②証人、③起請文と定められていた（鎌追93）。

なお、室町幕府の裁判には、古代の盟神探湯類似の方法で行う湯起請なる神証制度があった。証人については、合理的な理由に基づき証人能力が制限される場合があり、例えば、両当事者の親縁者及び主従関係にある者は慣習上証人能力を欠いた。証文については、中世社会において文書が最も高い証拠能力を認められた当然の結果として、その真偽が問題とされることが多く、文書偽造に関する罪として、謀書・謀判の罪があった（式目15）。法廷で謀書か否かが問題になると、当事者は筆跡鑑定（校合）などのために他の関連文書を提出するよう要求されることになるが、担当奉行は直ちに当該証文の裏（紙背）にそのような主張があった旨記載し、これに対するその後の改変を防止すること（「為後証所加署判也」）になっていた。これを「裏を封ずる」という。

第6章 刑　事　法

I　鎌倉幕府刑法の特色

律令の刑法が犯罪と刑罰を網羅的、体系的に規定するのに対し、幕府の刑法にはこうした志向はほとんどみられない。例えば、幕府の基本法とされる「御成敗式目」中、刑事立法は地頭による年貢未進（第5条）、謀叛（第9条）、殺害・刃傷（第10条）、悪口（第12条）、殴人（第13条）、謀書・謀略（第15条）、讒訴（第28条）、盗賊等の犯人蔵匿（第32条）、強盗・窃盗・放火（第33条）、密懐・強姦

（第34条），召文違背（第35条），他人の所領の詐取（第43条），恩領売却（第48条）等を数えるにすぎず，これ以外の多くの犯罪については，その都度必要に応じて追加法の形で規定された。律令の罪刑法定主義的観念も幕府法には全くみられない。例えば，謀叛人の処罰につき，「依時議可被行之（ケース・バイ・ケースで処断）」（式目9）とし，あるいは，人身売買につき「可処罪科」（鎌追178）とするなど，単に罰すべき行為のみを記して量刑は裁断にあたる者の判断にゆだねた場合が少なくない。もっとも，「強窃二盗罪科」について，「既有断罪之先例，何及猶豫之新儀乎」（式目33）とされる点などからみて，法定刑や先例があればそれによるべしとする観念はあったようである。しかし，律令のように一般的に法定刑と異なる刑を科すことが禁止されていたわけでは全くない。

　中世においては刑罰の目的の中心は一般予防とされた。鎌倉時代の史料にしばしば刑罰を科する理由として「為相鎮傍輩向後也」（鎌追86）と記されているのもその表れである。縁坐や連坐の制も盛んに行われ（子孫が父祖の敵対者を殺害すれば父祖も縁坐する（式目10），代官が本所年貢を抑留すれば主人が連坐責任を負う（同14）等の立法例がある。戦国期には事情を知らずに盗賊等を宿泊させた家主を連坐させる規定（『塵芥集』44）も現れる），その適用範囲は鎌倉～戦国期と時代を追うにつれて拡大強化されていった。

　幕府法の刑罰は死刑，自由刑，身体刑，財産刑，名誉刑等からなるが，律令法上の笞・杖・徒・流・死の五刑の中で，幕府法が採用したのは死刑の中の斬刑及び流刑のみである。斬刑は刎刑，死罪，断罪ともいった。謀叛のような重罪には梟首も行われた。自由刑には流刑と追放と召籠があった。配流先としては夷島，伊豆大島，薩摩，安房，佐渡，対馬，硫黄島等々があり，その土地の御家人に預けて監視させた。公家法における遠流・中流・近流の区別は幕府法においても意識されていたらしいが，そのまま踏襲してはいない。幕府法においては，侍身分の者に対する刑罰として所領没収という財産刑があったが，その際，その者が所領を持たないときはこれにかえて流刑に処す例であった。追放のことは追却ともいった。これには幕府の御所中からの追放，鎌倉追放，関東御分の郡郷からの追放，住所地からの追放などがあった。召籠は拘禁刑で召禁，禁獄ともいう。拘禁刑執行に際しては，鎌倉市中の侍所管轄の獄舎等の拘禁施設収監や特定の御家人への委託監禁などの方法がとられたが，後

者が一般的だったようである。身体刑には凡下身分の者による謀書の罪に対する火印（式目15），同じく博奕の罪に対する指切り（鎌追707），郎従以下の者による「於道路辻捕女（強姦）」罪に対する片鬢剃（式目34）などがあった。いずれも侍に対して科されることはなく，例えば侍がこれらの罪を犯した場合の刑罰は，それぞれ「所領没収若しくは遠流」，「（身体刑以外の）適当な刑罰を加える」，「百日間の出仕停止」であった。このように犯罪者の身分によって刑罰の適用を異にしたのも幕府刑法の特色である。財産刑としては所領の全部又は一部没収が主なものだった。当時の武士身分にとっての所領の重要性を反映している。この他，過怠といって寺社や道路，橋などの修理を自己の負担で行わせるという財産刑や，罰金刑に相当する過料（銭）という刑もあった。財産刑は律令では付加刑として採用されたにとどまるのに対し，幕府刑法では主要な位置をしめるにいたったことは大きな変化である。名誉刑は侍にのみ適用され，「永不召仕」，「勘当」，「御家人号召放」等があった。室町幕府の刑罰体系はほぼ鎌倉幕府の延長だが，死刑方法として切腹も行われるようになったことが注目される。

　中世の犯罪と刑罰については，第3章Ⅲでふれた密懐の場合のほか，例えば幕府法が軽罪とした窃盗が在地の慣習法では重罪として死刑の対象とされるなど，幕府法と現実に在地で機能した法との間にしばしば大きなギャップがあったことも注意を要する。

　犯罪の処断に関する活動は検断と総称され，検断に際しては検断主体による犯人の財産没収等が行われるのが慣例であった。これを検断得分という。幕府法は荘園内における領家・地頭間の検断得分の割合を2対1と定めていたが（鎌追10），中世には錯綜した支配関係を反映して各地でしばしば検断得分をめぐる紛争が発生した。

Ⅱ　犯罪と刑罰の対応関係

　鎌倉幕府が式目及び追加法によって，何らかの制裁をもって禁止の対象とした違法行為は多岐にわたる。さらにこれ以外にも，『沙汰未練書』の検断沙汰に関する記載などから，幕府法令中には見えないいくつかの犯罪の存在が知られる。これらの中には今日的意味での犯罪の概念にあてはまりにくいものも多

く含まれているが，ここでは仮にそのすべてを幕府法における犯罪行為と定義することにする。これらの犯罪の多くは鎌倉時代のある時点で幕府の立法によって犯罪とされたものであって，必ずしも中世を通じて犯罪とされていたわけではない。また，一貫して犯罪とされていた行為にしても，これに対する刑罰の内容は数次の立法等によって変化しているものが少なくない。そのため，犯罪と刑罰の具体的対応関係を正確に復元することは容易ではないが，参考までにいくつかの犯罪について刑罰との対応関係を表にして示せば**図表5**のとおりである（注：同一犯罪に対する刑罰が時期によって大きく変化したものについては，旧いものから「刑罰の内容」①～③にわけて記入した）。

なお，図表5にあげた以外にも幕府法が犯罪としたものに，大袋（おおぶくろ）（大きな袋を用いた誘拐），牛馬盗人，追落（おいおとし）（山中等での財物強奪），寄沙汰（よせざた）（山僧等権門関係者による訴訟代行為），刈田狼藉，路次狼藉，郎等身分の者の任官行為，出挙の利息制限違反，等々があった。幕府はこれらの犯罪行為全般について，謀叛・山賊・海賊等に代表される重大犯罪を除いて概してその処断にあまり積極的ではなかったとみられる。

第7章 取 引 法

中世社会には「本来の持主（＝本主）のもとから他者に所有が移転した物は，再び本来の持主のもとに戻るべし」という，本主権の存在を認める社会通念のあったことが指摘されている。この社会通念は例えば，鎌倉時代から室町時代にかけて，しばしば売却所領の無償取戻し，債権債務の破棄などを定めた法令として知られている「徳政令」の中に見出される。そこで，「徳政令」を起点にすることにより，中世の取引法に関連する事柄について考えていくことにしよう。

I 徳 政 令

徳政令がとくに頻発されたのは室町中期以降であるが，最も有名なのは鎌倉幕府が永仁5（1297）年に発布した永仁の徳政令（鎌追661～664）である。その内容は，①御家人所領の売買質入れの禁止，②立法以前の売却地・質流れ地の

図表5 鎌倉幕府法における罪と罰（略表）

犯罪名	刑罰の内容①	
殺害	式目10＝〈死罪若しくは流刑〉＋所帯没収	
刃傷	式目10＝〈死罪若しくは流刑〉＋所帯没収	
殴人（打擲）	式目13＝侍→所領没収若しくは流罪／郎従以下→拘禁刑	
人身売買（人商人）	鎌追244＝売買代金を没収し橋の修理にあてる，鎌追309＝人商人→追放刑	
強盗	鎌追22＝張本→死罪／餘党→流罪	
窃盗	鎌追21＝贓物の額が二百文以下→その額の二倍弁償／三百文以上→一身之咎	
謀叛	式目9＝先例若しくは時議（ケース・バイ・ケース）による	
夜討	鎌追86＝張本→死罪／枝葉之輩→流罪	
山賊・海賊	鎌追705＝凡下→斬罪／侍→斟酌の上，処断	
放火	式目33，鎌追285,708＝盗賊（強盗）に準ずる（死刑か）	
召人を逃がす	鎌追34＝逃亡召人の罪の軽重による。重科→所領没収，軽科→過怠	
犯人蔵匿	鎌追35，式目32＝悪党蔵匿の地頭・御家人等は所職改補	
守護・地頭等の職務違反	式目3，鎌追94，118＝所職改補	
召文違背	式目35＝欠席裁判で敗訴させる	
濫訴	式目7＝代々の成敗を顧みず濫訴→提出証拠書類に証拠能力否定文言を記載，式目31＝敗訴人が奉行人がえこひいきの旨虚偽の濫訴→所領3分の1没収	
讒訴	式目28＝所領没収を目的に他人を讒訴→所領没収若しくは遠流／昇進妨害を目的に讒訴→永久に召仕わず	
悪口	式目12＝①裁判の場での悪口→理があっても敗訴。理がなければ所領没収若しくは流罪，②一般の悪口→程度の重い悪口は流罪／軽い悪口は拘禁刑	
謀書・謀略	式目15＝侍の謀書→所領没収若しくは遠流／凡下の謀書→火印を顔面に押す，謀略→寺社の修理若しくは追放	
安堵状交付の所領を押領	鎌追712＝所領没収若しくは流刑	
訴訟担当奉行人の職務違反	式目31＝永久に召仕わず，鎌追215＝60日間出仕停止	
父母・祖父母敵対	鎌追143＝闘訟律にまかせて重科（絞？）に処す	
所領替えに際し新司が前司を侮辱	式目46＝重い過怠に処す	
御家人が本所から他の御家人の上司に補任される	式目37＝所領の一部没収	
年貢所当未進	式目5＝地頭・本所間の決算による未進額確定後なお弁済せねば所職改易	
所領の不法移転	式目48＝御家人が恩領売却→売買両者とも罪科に処す	
密懐	式目34＝〈所領半分没収＋出仕停止〉若しくは遠流／女も同罪	
女捕	式目34＝御家人→百日間出仕停止／郎従以下→片鬢剃／法師→事情に応じて決める	
夫の所領譲得の妻の改嫁	式目24＝当該所領を亡夫子息に与える	
博奕	鎌追54＝所領を賭物とすれば，重科に処し当該所領を没収	
念仏者の破戒	鎌追75＝その家を破却し身柄を鎌倉から追放	

刑罰の内容②	刑罰の内容③
鎌追704＝凡下→斬罪	
鎌追704＝凡下→伊豆大島に流罪	
鎌追704＝凡下→禁獄60日	
鎌追625＝人商人→火印刑	鎌追709＝人商人→盗賊に準ずる（死刑か）
鎌追705＝凡下→斬罪／侍→斟酌の上，処断	
鎌追263＝再犯は贓物が少額でも一身之咎	鎌追706＝凡下→初度は火印，三か度に及べば死罪／侍→遠流
鎌追705＝凡下→斬罪／侍→斟酌の上，処断	
鎌追699＝悪質な濫訴の侍→所領没収若しくは流刑／郎従以下→拘禁刑	
鎌追145＝凡下・借上に御家人所領売却→当該所領を没収	
鎌追292＝名主→過料20貫文／百姓→過料5貫文	
鎌追435＝当該所領を没収	
鎌追233＝所帯没収／下賤之族→遠流，ただし侍の双六は許可	鎌追707＝御家人→斟酌の上，処断／凡下→1～2度は指切り。3度に及べば伊豆大島配流

本主への無償返付（ただし，幕府から買得安堵を得ているもの，及び所領取得後20年の年紀を経過しているものは適用除外），③債権取立の訴訟を受理しない，などである。この法の主たる立法目的は，文永・弘安の役後，深刻な窮乏状態に陥った御家人を救済すると同時に，幕府の経済基盤たる御家人所領の散逸を防ぐという点にあった。この徳政令発布の翌永仁6（1298）年には，所領の売買・質入れは再び合法化されるとともに，債権取立訴訟も受理されることとなったが，徳政令発布以前の売買・質入れ地の無償取戻し規定は，以後幕府の滅亡までその効力を持続した（鎌追679・680）。中世社会において，徳政令は比較的容易に広範囲の人々に受容されていったが，その大きな理由の一つとして今日理解されているのが，冒頭に述べた「本主権」という法観念の存在である。

その一方で，例えば次に述べるような，いわゆる「売券（ばいけん）」において記されることの多い「徳政担保文言」には注意を要する。無事に所領を買い受けていても，万が一徳政令が公布されてしまえば，徳政令の適用を直ちに受けることになる買主は，買得所領を売主に対して無償で返還しなければならなくなる。そこで，かような事態を回避するために，売主・買主が同意の上で，仮に徳政令が発布された場合でも，それによって売主にもたらされる利益を売主の側が前もって放棄しておくという趣旨の文言が，売券の中に明記されるようになったのである。このような「徳政担保文言」は，とりわけ鎌倉時代の後期以降において多く見出されるようになる。

II　売買・消費貸借・質入
(1)　売券と追奪担保文言

中世社会において売買が行われる際には，そもそもいかなる方法が採られていたのであろうか。動産の売買が行われる場合には通常，売券のような証拠文書が作成されることはなかった。これに対して不動産（主に所領）が売買される場合，律令制の下では，所轄官庁の売買許可証明書（＝公験（くげん））が必要とされたが，平安末期以降，売主が署名するだけの私的な売買証文（売券，沽券，放券）で事足りるようになった。これにともなって，従来公証の機能を果たした公験に代わるものとして，売主は買主に対して売券とともに「手継証文（てつぎ）」をも引き渡すようになり，この時に売券の中には，第三者による違乱に備えて売主

の責任（買主が訴訟を提起する際には協力するなど）及び売主の賠償義務などの内容を記した追奪担保文言を記載するという慣習が生じた。手継証文とは不動産の最初の取得者より現所有者に至る権利の伝承過程を証明する一連の文書のことである。不動産が移転するごとに手から手へと渡された売券や譲状等が貼りつがれて伝承されたためにこの名称がある。追奪担保文言に関して詳しくみれば，①当該売却所領につき後日違乱が生じないことを保証する違乱担保文言，②第三者による違乱発生の場合の賠償を約する賠償文言，③同じく裁判の場等で買主のために弁明することを約す明（あきらめ）沙汰（さた）文言，④当該売買に対して徳政令の適用を排除する旨を特約する徳政文言等があった。

(2) 年季売と本物返

では，所領の売買は具体的にはいかなる方法によって行われていたのであろうか。売買の形態に関しては，おおよそ次のようなものが知られている。例えば，永地などとよばれる永代売のほか，年季売（ねんきうり）と本銭返（ほんせんかえし）（本物返（ほんもつがえし））などがある。年季売においては，売却所領について契約の年数に相当する使用収益権を買主に与え，約定期間経過後に自動的に当該所領を売主に返還させるという，有期売買の形態がとられる。本銭返は売買契約の成立時に買戻特約を付する契約方法であり，売主が買主に対して代金（本銭）を返還しさえすれば，売却所領は直ちに売主のもとに戻され得るというものである。

ところで，本銭返は「無年季本物返契約」と「年季付本物返契約」の2種に大別されると理解されている。前者については，買い戻すべき期限が設定されておらず，売主はいつでも買い戻すことが可能であった。これに対して，後者では，買戻しの期限内に買戻しが行われなければ，売主は買戻しのための権利を失うことになった。「無年季本物返契約」についてはさらに，売主が代価を支払いさえすればいつでも買い戻すことができるもの（無年季有合次第請戻契約）と，一定期間が経過した後にはじめて，売主は代価を支払って買い戻すことができるもの（年季明請戻特約）とがあった。年季明請戻特約は年季売に似ているが，約定期間満了後に代価を支払う必要があるという点で年季売とは異なっている。なお，年季売と本銭返との間には近世に至って観念上の混交が生じるに至ったという見解もある。

おおよそこのようにみれば，本銭返は売買の一形式ではあるが，実質的には

入質同様の機能を果たしていたともいえよう。このほか，とりわけ鎌倉幕府の御家人の所領の場合，恩領・私領ともにその売買が幕府による強い規制を受けていたことにも注意を要するであろう（式目48・鎌追145）。

　＊**本銭返の理解**
　　本銭返の起源に関して，一つ補足しておこう。本銭返という形態が発生する以前から，売券の違乱担保文言として，「違乱が出来したならば，売主は買主に対して本銭を返弁する」という趣旨の約束が記載されることがあった。この担保文言が違乱発生時以外の局面においても適用され得るようになり，例えば，売主が本銭の返弁を行いさえすれば売却所領を請け戻すことができるという特約に変化した結果，本銭返が成立したとする見解がある。また，本銭返は，文永年間以降，多用されるようになり，特に永仁の徳政令が発布されて以降，徳政令を回避するための手段として発達していったとする見解も存在する。しかしながら，後者の見解については，本銭返の初見史料は13世紀初頭には既に見出されている上に，本銭返によってもたらされる法的効果は，占有質である入質においても同様に期待されていたわけであるから，本銭返が徳政令を回避するための手段として特に強く期待されていたとする理解の仕方はやや説得力が弱いといえるであろう。

(3)　消費貸借と利息制限

　金銭，米穀その他の消費貸借を負物，借物，利銭，利米，借銭，借米，挙銭，挙米等とよび，債権者を銭主，債務者を借主，負人などと称した。厳密にいえば，借物は無利息消費貸借，負物は利息付消費貸借であるが，しばしば混用された。一般に元本を本銭，本物とよぶ一方，利子を利分，利平，利米などとよんだ。公定利率については，公家法，鎌倉幕府法ともに変動があるが，いずれも元利合計が元本の2倍を超えてはならないというのが原則だったとみられる（鎌追306）。室町幕府法も当初はこの制を踏襲した。もっとも，利息制限法はあっても，実際には作替（つくりかえ）と称して利子を本銭に加え，改めて借書を作り，制限を逃れようとする行為が絶えなかった。室町幕府は作替を禁止したが（室追267），その実効は疑わしい。

(4)　質

　貸借契約に際しては，質権が設定された。質には占有質（入質（いれじち））と現在の抵当にあたる非占有質（差質（さしじち）・見質（みじち））とがあった。動産質にはもっぱら入質が用いられ，不動産質には入質・差質ともに用いられた。所領の入質の場合，債権者は質地から収益をあげるので，債務者から別に利子をとることはできず，また

質流れも禁止されていた。入質には質地からの収益を利子にあてる利質と元利にあてる元利質の別があったが，室町幕府が質地よりの収益が元本の2倍に達するときは質地を債務者に返付するよう定めて以来，両者の実質的な区別はなくなった（室追211）。差質の場合，債務者は利子支払義務を負い，債務の弁済期間がすぎるか，あるいは利子の額が元本と同額になれば，質物は流れて債権者に帰属する。

　質流れに関しては一定の方法が行われていた。債務者が借用証書に質物設定の文言とともに予め「流質文言」を記載しておくか，あるいは，質流れとされる場合になってはじめて，債務者が「流質証文」を作成することにより債権者に渡すことになっていた。このように質流れが行われるときには，慣習法としての「質券之法」が遵守され，両当事者の合意がなされた上ではじめて質流れが現実のものとなっていたということには注意を要する。このほか，所領の差質と同じ働きをしたものに文書質がある。これは所領を差質とする代わりに，当該所領に関する権利関係文書を入質となすものである。

　鎌倉時代後期には，無尽銭土倉とよばれる，今日の質屋に相当する高利貸業者の活動が盛んになり，南北朝期頃から単に土倉と称されるようになった。質物保管のために土塗りの倉庫を建てていたのでこの名がある。彼らはまた酒屋・土倉と連称されることが多いことから，酒屋と兼業する者が多かったとみられている。土倉は室町時代に著しく発達し，京都では350軒，奈良では200軒を数えるに至った。彼らは室町幕府に役銭（土倉役）を納める代わりに，幕府の保護を得て栄えていったが，他方で，巨額の土倉役は幕府の重要な財源となっていた。

Ⅲ　為　　替

　鎌倉時代の後期には，荘園の年貢は現物と代銭とによって荘園領主のもとに納入されていた。現物は荘内の和市で売却されることにより，現銭化された。売却された大量の米・雑穀などは問丸（運送業を兼ねる商人で畿内から市庭に下向してきた者が多い）によって陸・川・海を経由して畿内まで運送された。他方で，銭納の年貢や現物を売却した際に得られた代銭は，荘官によって人夫として動員された農民が京都の荘園領主のもとに運送した。しかしながら，市庭（在地

における市場）と都という遠隔地間で多量の銭貨が運送される際には，運送費用がかさむ一方で，盗賊などによって収奪されるという危険性も伴っていた。鎌倉時代の中期以降においては既に，市庭と都との間に恒常的かつ安定的な取引慣行が形成されつつあったことも相俟って，鎌倉時代の後期に入ると運送上の不便利性を解消するために，遠隔地間においてはとくに，信用に基づく取引方法が急速に発達を遂げていった。その方法とは，こんにちの為替に相当する「為替（かえせ）」，「割符（さいふ）」という手形（このほか，「切符（きりふ）」，「切紙（きりがみ）」などともよばれた）であった。室町時代に入るとこの方法は，商取引が一層の発達をみるに至った社会を背景にして，ますます盛んに利用されるようになった。銭を対象とする為替を「替銭（かえぜに）」，米を対象とする為替を「替米（かわしまい）」といった。なお，当時は為替取引を行うことを「為替に組む」といった。ここで，「割符」の振出手続に関する一連の手続をみるならば，おおよそ次のとおりである。

　まず，Ａ地において，送金依頼人（甲）は送付金額を振出人（＝割符主（乙））に米銭で払い込み，振出を依頼する。割符主（乙）は送達先Ｂ地における自己の取引人（割符屋）である（丙）を支払人とした「割符」を振り出し，（甲）に交付する（当時，割符主となる者の多くは割符の振出・支払を業とする割符屋であった）。そして，（甲）は「割符」を受取人（丁）に送付する。さらに，（丁）は「割符」を（丙）に提示し支払を請求する（これを割符を「付ける」という）。これに応じて，（丙）は一覧払の「割符」の場合は直ちに米銭を支払うことになるが，そうでない場合には，「割符」の「裏」に，特定日に支払う旨を記入し署判する。この手続を為替の「裏付」という。（丁）はその指定日に（丙）から支払を受ける。なお，（丙）が裏付を拒否した場合，あるいは，指定日に支払が行われなかった「割符」については「違割符（ちがいさいふ）」といい，この場合には，（丁）は「割符」を（甲）に送り返し，（甲）は（乙）に対して償還請求を行った。

　＊為替はどのように利用されたか

　　為替に組まれた状況を詳しく伝える事例として，東寺領備中国新見荘から東寺（京都）に宛てて年貢が送られた際に作成された「割符」に関してみておこう。この事例では，東寺の「為替裏付使」（「為替」の料足化を専らの任務とする）として活躍した道忠なる人物が，都合三度にわたって「為替裏付」を行ったことが明らかに

【史料A】

（『東寺百合文書』け函・二二号文書）
一九八六年所収、八二九号文書）

応仁二年正月　日最勝光院方評定引付、『岡山県史』第二十巻・家わけ史料、

正月十日（中略）
一、自新見庄注進状幷割符拾貫運上之由、致披露候処、（以下略）

同十一日（中略）
一、割符事、和泉境之割符、他国遠路之間、雖為難儀至極、非可被捨置之間、下道仲、先裏付ヲサセラレ、就其、重可有了簡也、仍路銭卅疋可致下行云々、

正月十八日内談（中略）
一、新見ヨリノ割符、道仲和泉境へ持下、色々問了簡、淀ノ者ニカワシ、来廿日可進納之、但随躰、明日十九日可納之、六角室町へ来尋ヘキ由、申旨披露之、次境ヘ下候時、割符主（府）次ヨリノ符中ヘ罷越候間、其マテ罷越、割符ヲ付、新足請取、仍人ヲ三人雇、罷向候間、十疋出之、又両は（マヽ）ニテ既可及生涯程ノ事アリケ（ルナリリ）、逗留候間、粮物十疋入ル、又境ヨリ京マテノ符賃四百文、以上六百文入候由申、条々披露之処、可然致了簡、事ヲト、ケ申候条神妙也、仍粉骨分廿疋可給之由、衆儀治定了、

【史料B】

（『東寺百合文書』せ函・七一号文書）応仁元年十二月三日割符案（切紙）、『岡山県史』同巻、一一七八号文書）

（端裏書）
「さかいにて、御たつねあるへきところハ、（北庄）きたのしやうひん中やのひこせつと、御たつねあるへく候」

（端書）
「新見ヨリノ割符ノ案、応仁二正 十二」

かわし申候新足の事
印判アリ　〇合拾貫文

右新足ハ、さかへ二郎四郎かわし申候、御うたかいなく、やかて御こたへあるへく候、
（支）
い十二月三日　□判

ひこ五郎殿

なっている。ここで，道忠が一度目に裏付を行った際の状況を伝える【史料A】と，その時に裏付の対象となった為替の写しである【史料B】を掲げておくことにしよう。

この事例において為替に組まれることになったのは，銭納分としての30貫文であったことが関連史料からわかる。折しも応仁の争乱状態にあった京都の事情が考慮された結果，全額に相当する為替を一度に組むことが控えられ，まず手始めに30貫文の中の10貫文（＝「壱ツ」，すなわち十貫文単位の割符）に相当する為替が組まれることになったのである。第一回目に為替が組まれた際の詳しい状況をみるならば，それはおおよそ次のように説明され得る。

応仁元（1467）年12月，振出人の「二郎四郎」は新見荘の「荘官」から年貢の

「銭方」10貫文（米を現物で納付する「米方」と，米を予め市庭で銭に換えた上で銭納する「銭方」とがあり，この場合には後者の方法が採られた）を受け取った際に，堺北荘の「備中屋彦五郎」（専ら備中地方の市庭を経済活動の場としていた）宛に振り出すための割符（【史料B】）を作成した。二郎四郎から割符を受け取った荘官は，受取人の東寺に割符を送付することになる。そこで，【史料B】を見るならば，割符を受け取った東寺は，備中屋に対して10貫文の支払を要求することになるが，その際に備中屋はこれに応じて所定の支払を履行すべしという約束が記されている。そして，【史料A】（正月十八日条）からもわかるように，翌年の正月頃，東寺は支払人である備中屋から10貫文の支払を受けたことがわかる。この時には，【史料B】の正文が年貢銭の受取りと同時に備中屋の手に渡されたのであろう。

　さらに【史料A】を見るならば，支払を求める側の東寺がとった行動の一端を垣間見ることができる。東寺は，道忠を「裏付使」として遠方の堺まで派遣する際に，諸費用として多額の路銭30疋を与える一方，堺から京都まで料足を運送するための割符賃として400文を与えている。そして，堺の支払人が和泉府中に出かけていたことから，そこまで出向いて割符主から料足を受け取り，これを京都まで運送するための費用として，さらに3人分の雇い賃100文と粮物100文を追加した。東寺はこのように大きな出費を強いられることにはなったものの，最終的には料足化に成功したのである。

　替銭・替米はまた，他地での支払を約束する手形を振り出して，米銭を借用する場合にも用いられた。この種の替銭の早い時期における事例として，永仁元（1293）年，東寺領伊予国弓削島荘の雑掌加治木頼平が，同荘に関する訴訟のため鎌倉に滞在中，鎌倉で訴訟費用5貫文を借用し，支払人を京都東寺の僧侶とする旨契約した証文が知られている。この種の替銭は，室町時代，公家，武家，社寺等が遠隔地の荘園年貢を引当てに，支払地を該荘園として，商人などから借銭をする際にも多く利用された。なお，この替銭は利息付であったため，徳政令の対象となった。

　その一方では，不良手形も多発した。このため割符の発行に際して，振出人の債務履行を保証するために，予め質物を取ったり，保証人を立てたりすることもあったが，この保証人は振出人の死亡又は失踪の場合のみ保証責任を負うにすぎなかった。

Ⅳ　座

　座とは平安末期から室町期にかけて，商工業者，交通運輸業者，芸能民，農

漁民にいたるあらゆる職業，階層にわたって編成された，中世特有の社会結合の単位である。いずれも特定の目的をもって結合した集団という点で共通している。

その内訳は，村落における神仏に対する祭祀団体としての座（宮座），朝廷，寺社，権門貴族を本所とし，これに奉仕するための座，同一職業の者がその営業特権のために組織した座など，きわめて多様である。座の起源は祭祀のための宮座とみられる。奉仕者集団としての座は，平安末期頃から，朝廷，寺社，貴族に人身的に従属して雑事・仏事・神事を主たる仕事として奉仕する人々の集団として形成されたのが起こりである。朝廷の場合は供御人，駕輿丁，寺院は寄人，神社は神人，貴族は散所雑色などとよばれる身分の者を，それぞれ自らを本所とする形で組織してその従属下においた。彼らには，特産物の貢納や芸能，労役の奉仕等が義務づけられたが，その一方で，こうして組織された供御人ほかの者たちは，本所への奉仕の代償として，給免田の付与，課役免除などの特権が与えられるようになった。

このように，彼らが本所への奉仕を共同して務めながら，特権を得てそれを擁護するために結成するに至った組織が座であった。座の最も早い事例としては，寛治6（1092）年頃，山門の門跡青蓮院を本所とし，杣伐夫役や駕輿丁奉仕を行うかたわら，薪を洛中で販売していた八瀬の里座，元永元（1118）年の記録にみえる東大寺所属の奈良の鍛冶座等があげられるが，この頃には既に，商工業者による座が多数存在していた。

ところが，鎌倉時代における商品経済の発達にともなって，本来の役割であった本所への奉仕者的な性格が次第に弱まっていった。座は次第に営業者としての性格を強めていき，同一職種の者が集まることによって，本所に対して営業税を納付することにより，営業上の特権を積極的に獲得していくという同業者組合的な意味での座が数多く成立するに至った。殊に商工業者の座は鎌倉時代中期以降，全盛期を迎えた。こうした座が最も多くみられるのは，大寺社，貴族が集中していたという地理的事情や商品経済が急速な発達を遂げていたという社会的事情を背景として，畿内（奈良・京都を中心とする地域）であった。その代表的なものに，京都では米・酒・味噌などを扱った四府（左右の兵衛府・近衛府）の駕輿丁座，木工寮の扇座，掃部寮の紺灰座，祇園社の綿座，北野社の

酒麹座，京都近郊の大山崎離宮八幡宮の油座，奈良興福寺の大乗院及び一乗院の諸座などがある。これらのうち，もっとも多くの座をかかえていたのは大乗院と一乗院であった。

　南北朝内乱以後，従来の本座に対して，新座とよばれる新興の商工業者が出現するに至った。新座は旧来の本座が有する特権をおびやかし，やがて両者間の相論も頻発するようになった。新座は本座におけるのと異なり，本所に対して労働奉仕の形で座役義務を務める必要はなく，座役として個別に本所に対して現物若しくは金銭を納入すればよかった。その意味で，本所との関係はかなり自由なものであった。新座の例としては，大和符坂の油座から独立した八木の胡麻座，祇園社綿座に対する綿新座などがある。

　座は座衆・座人とよばれる人々で構成され，その規模は10人前後が一般的であったものと推測される。また，座衆たる権利や座頭職は売買，譲渡，質入の対象となり得た。座の内部構成も業種，時代，地域により一様ではないが，一般には兄部・座頭・乙名などとよばれる複数の統率者と一般座衆からなり，これに加えて，営業活動の範囲や特権を制約された下人などが副次的，従属的な構成員となっていた。座の運営については，座衆の自治，平等を原則としたという見方が有力であるが，階層序列の存在を強調する説もある。

　座の特権の内容は業種，時代，地域によって異なるが，奉仕の座の場合には，奉仕の代償としての国家的諸課役の免除をはじめ，関津料などの通行税の免除等がその中心であった。さらに，同業者の営業のための座が発達すると，特定の市などにおける特定商品の専売権，特定商品の仕入独占権，隔地間取引における商品輸送，商人往来などに際しての主要街道通行権，あるいは，新座や座外商人の営業を認める代償としての座役の徴収権などの特権がこれに加わった。

　他方で，座には成文の座法をもったものも見出される。その中には，平等な成員構成や本所の恣意的な賦課の制限などを定めたものもある。具体的事例としては，全国の港湾都市の廻船業者の座が室町期の水運に関する慣習法を成文化したものとみられる「廻船式目」，座構成員の独占権の保持，座中の承認を得ない座権利の世襲化や売買の禁止等を定めた，永正14 (1517) 年の京都長坂口紺灰座の「座中法度」などが知られている。その他，多くの座も慣習法的な

座法をもっていた。
　なお，座が有した特権は豊臣秀吉による天正13 (1585) 年の楽座令によって廃止され，これまでの座は完全に解体されるに至った。

第3編

戦 国 法

第1章　在地社会の法

I　戦国法の諸相

　戦国時代というと，真っ先に戦国大名が思い浮かぶと思うが，戦国大名領国が全国に突如として登場したわけでは勿論ない。16世紀になっても，少なくとも畿内においては幕府も健在であり，寺社はさらに力を持ち，公家も細々となりながら命脈を保っていた。そして，それぞれが相変わらず法制定主体でもあったから，前代以来の法圏の錯綜状態は，解消されないどころか，より複雑化してきていた。

　そのような中から成立してくる戦国大名領国の法を考える上では，その過程においても，構成要素という意味でも，村や町など在地社会の法が基底的な位置にあり，重要である。特に畿内近国で，鎌倉末期頃から形成され始めた村落共同体は，やがて14世紀中頃以降には「惣(そう)」，「惣中(そうちゅう)」などと呼称するようになり，戦国時代までに，「惣村(そうそん)」として自治組織たる性格を充実させ，地域社会における自律的秩序を担う存在になっていた。この惣村については，既に第2編第1章でも言及されているが，本章では，惣村が戦国法の世界の中でどのような位置にあったのか，そしてその法は戦国大名法とはどのような関係にあったのか，という視点から，改めて見ていくことにする。

II　村 の 法
(1) **村法の世界**
　(a) 村　掟　　惣村は，一定の家格や経済力を有し，宮座(みやざ)に加わる資格を得

た村人たちによる合議（寄合）によって運営された。寄合は，構成員の総意として，生産や生活に関わる多様な成文法（「村掟」，「村定」，「村極」，「村議定」などとよばれる）を制定した。それを執行する強制力を村が担保し，違犯する者があれば，村として制裁を加えた。

村掟の内容は，既に見たように，寄合手続，村入用の分担，入会地・用水の共同利用，田畠の売買など，多岐にわたっているが，戦国の世の進展に伴って特に重要となっていったのは，喧嘩・口論の禁止といった秩序維持に係る事項や，他の村との争い・裁判についての事項などである。

数多くの村掟を定めた近江国（現在の滋賀県）今堀惣の掟書を見てみると，他所の者を村内に置くことを規制する項目が複数見える。これは，この頃から惣村が，排他的で，内部で完結する性格を強めていくことの表れといえる。また，戦国時代の惣村は，村領域の確保・維持のために近隣との闘争が不可避となる中で，村としての権益保全を第一義としていたから，その必然的な結果として村掟は，構成員の生活を規制し，その村人としての資格を経済的に厳格に審査するような性格を強めるようになっていった。

(b) **自検断** 惣村は，刑事事件の発生に際し，犯人を捜索・逮捕し，裁判を行い，処罰する「検断」を自ら行っていた。和泉国（現在の大阪府）の日根野荘では，不作が続いた文亀3（1503）年に，蕨の根を掘って粉にし，一晩，川の水にさらして貴重な食料としていたが，夜中にそれを盗む者が現れた。ある夜，見張りをしていた村人がその現場を見つけ，家までつけていき，家に入ったところで，本人のみならず，その母子まですべて殺害してしまった。現地には，領主・九条政基が下向していたが，彼は「あまりに乱暴だ」とは思いながら，その結果を受け入れるしかなかったのであり，領主の意向とは関係のない形で，凄烈な「自検断」，「地下検断」が行われていたことがわかる。

なお，そうした犯罪に対する処理の法は，成文法という形ではなく，慣習法として存在することが多かった。文字に書かれているものだけが村の法ではなく，それどころか，村においては不文法が大きな割合を占め，重要な意味をもっていたことに，注意が必要である。

(2) **村と村の間の法**

戦国時代の境相論は，特に村落間相論という形で特徴的に存在した。深刻化

する村落間相論においては，やはり自律的に，様々な法が慣習的に作られていた。ここでは，13世紀末から15世紀まで断続的に起きた，近江国の菅浦惣と隣の大浦荘との相論のうち，寛正2 (1461) 年の相論を例に挙げ，村落間相論における法を見てみることにしよう。

　7月，菅浦の者が大浦で殺害されると，菅浦は報復として，大浦の百姓を4，5人殺害し，放火した。これは，「相当の儀」とよばれ，中世社会において広く受け入れられていた慣行に基づいている。それは，双方の損害が同等で釣り合うことを示し，例えば，片方が一人死んだら，もう片方も一人死ぬべきであり，その限りでの復讐（「同害報復」という）すら正当視され得たのである。それは，報復が同等までという枠内で止まるようにすることを意味する一方で，紛争当事者間で行われる限り，現実にはしばしばその枠を逸脱するものであった。

　やがて，大浦・菅浦はともに，共通の領主である日野氏に提訴し，「湯起請」（煮えたぎる湯に手を入れて石などを拾い，やけどの状態によって勝敗を決するという裁判方式）の結果，大浦が勝訴となった。大浦は，これを根拠に近隣の村などから合力を獲得し，逆に合力を得られない菅浦を包囲するが，合力勢の中の熊谷上野守が口入（調停）した。この仲介・調停者を「中人（仲人）」といい，このように，相論の解決手段として，紛争当事者双方が「中人」とよばれる第三者に委ね，その調停によって和解する方式を「中人制」という。そこでの説得力の根拠になるのは，「近所の儀」とよばれる周辺の人々の相互関係であり，その調停に従わない場合は，生活の場での秩序を乱すものとして，広い意味での共同体規制を受けることになるため，効力は絶大であった。その目的は，紛争を「無為」，「無事」な状態に収めることであり，その基底にある観念は，「折中」，「中分」という，等価を旨とする思想であった。

　最後に，菅浦の乙名（老者）2名が降参の礼をとることで落着するのだが，これは，「解死人（下死人・下手人）制」という慣行として説明できる。それは，殺人などがあった場合，真の加害者ではなく，加害者側の集団に属する誰か（「解死人」）が被害者側に引き渡される，というもので，「解死人」は実際には殺されることもあったが，通常は，被害者側はその者の「顔を見る」ことで済ませた。これは，復讐を儀礼的な形に昇華させ，代償させることで，復讐をすることなく被害者側の主観的な衡平感覚を満たすことを目的としたことを意味

するが，それは，欺瞞的ないし擬制的な方法ともいえ，そのように評価するなら，大浦が行った「湯起請」という裁判方式も，同様に評価できるだろう。

Ⅲ 戦国社会における村の法の位置
(1) 村の法と公権力

こうした法は代表的なものにすぎず，実に様々な法があったのだが，ここから，村落（在地社会）には公権力とは別の次元で自生的な法が存立し，その法秩序はそこで完結していた，と考えるのは正しくない。

まず，こうした様々な紛争解決法は，村落のみならず，領主層においても，つまり社会全体で，階層・対象を問わず，現実の場における最も一般的な紛争解決手段となることが少なくなかった。それはまさに，在地社会の法が，社会全体の法秩序の中で，公権力による法と並ぶ位置を占めていたことを意味する。例えば，徳政令というと，民衆が幕府に要求し，それに応えて幕府が出すもの，という印象が強いと思うが，「徳政」という法慣行それ自体は，領主層のみならず，在地社会レベルでも行われ，かつ両者は必ずしも対立せず，総体的には緊密に結びつき，補完し合うのが一般的だった。

次に，こうした在地社会の法は，社会の中で常に正当と認知される法であったわけではなく，ひとたび幕府や領主などの公権力が登場すれば非法となり得るものであった。先ほどの菅浦や大浦でも，実力行使が行われる一方で，領主に対する訴訟も行われており，しかも，その結果が，近隣の合力に決定的な影響を与えていることがわかる。村落では，行使すべき実力を蓄えるとともに，様々な公権力への訴訟に備えることが，より重要な意味をもつことが自覚されていたのである。

一般に，在地社会については，自律的に行われてきた紛争解決システムが立ち行かない状態が出来した状況を，上級権力が登場する契機として説明されることが多い。勿論，一面ではそれは正しいが，他面での，このような公権力とのつながりや親和性に目を配ることで初めて，戦国時代，そして幕藩体制下における，社会の中の村の位置づけを正確に理解することができるだろう。

(2) 惣国一揆と「地域の論理」

山城国一揆に代表される，村々も含み込んだ一揆が，15世紀末以降，畿内近

国を中心に成立していった。これを，「惣国一揆(そうこくいっき)」とよぶ。その性格づけには争いがあるが，領主層と村落とが結合したもの，という点では一致する。公権力と村落（在地社会）との関わりについて考える中で，最後にこの惣国一揆を取り上げることにしよう。

16世紀の半ば頃，伊賀国（現在の三重県）で形成された惣国一揆では，「惣国一揆掟の事」と題する11ヵ条の掟が作成されているが，そこでは，〈他国から伊賀に軍勢が侵入してきた場合には，「惣国一味同心」で防衛する〉，〈国中の17歳から50歳のものは，被官・足軽・百姓の別なく誰もが出陣する〉，〈惣国を裏切って，他国の軍勢を引き入れた者は，惣国としてその者の名字を断絶し，全所領を没収して寺社に与える〉，などの項目が見える。これらの項目は，この惣国一揆が，他国の軍勢の侵入に対して，それを撃退する目的で，身分・階層の違いを超えて結成されたものであることを示している。

このように惣国一揆は，地域防衛という共通目的の下に結集したものであり，その根幹には「地域の論理」があると評することができ，それは後で見る戦国大名領国の論理にも通じるものといえる。他方で，それはあくまでも，対外的な危機的状況という非常事態を受けて一時的に共同したもので，永続性に欠けるなど，戦国大名領国とは決定的に異なる部分もある。それは，「近所の儀」ともつながる「地域の論理」の限界を示している，ともいえる。

村々を含み込んだ惣国一揆のこのような「可能性」と「限界」は，そのまま村の法のそれと置き換えて見ることができるだろう。これらのことを念頭に置きながら，舞台を戦国大名領国へと移すことにしよう。

第2章　戦国大名の法

I　戦国大名法の構造
(1)　分　国　法

いわゆる戦国大名は，単に力にものを言わせ，年がら年中戦争に明け暮れていたわけではない。戦乱の中にあって国ないし郡規模の権力者として君臨するためには，かえってその統治において「法」が大事であった。

戦国大名の法といえば，高校の教科書にも必ず載っている「分国法(ぶんこくほう)（戦国家

図表1　主な分国法一覧

名　称	制定年代	制定者	主な領国
相良氏法度	1493（明応2）年 1518（永正15）年以前 1555（天文24）年	相良為続 相良長毎 相良晴広	肥後国
大内氏掟書	1492～1501（明応年間）年頃	大内氏	周防国
今川仮名目録 仮名目録追加	1526（大永6）年 1553（天文22）年	今川氏親 今川義元	駿河国
塵芥集	1536（天文5）年	伊達稙宗	陸奥国
甲州法度之次第	1547（天文16）年	武田晴信	甲斐国
結城氏新法度	1556（弘治2）年	結城政勝	下総国
六角氏式目	1567（永禄10）年	六角義賢・義治	近江国
新加制式	1558～70（永禄年間）年頃	三好氏	阿波国
長宗我部氏掟書	1596（文禄5）年	長宗我部元親・盛親	土佐国
吉川氏法度	1617（元和3）年	吉川広家	周防国

法)」がまず思い浮かぶであろう。分国法とは，戦国大名が地域公権力としての統治の中心に据え，家臣団統制と領国支配の目的で制定した基本法である。したがって，これは大名領国の法全体の基礎とするためのものであり，重要事項が記載され，恒久的な効力が付与されていた。

　領国内の一般法となる分国法は，法規範を一応体系的に整理・編成した法典の発現形式を取ることが多い。他方で，北条・毛利氏などの領国においては，多くの個別法令が知られるが，それらを集成して法典の形に編纂する作業は行われていないようである。そもそも，法典としての分国法が現在認められているのは10種にすぎず，それ以外の領国においては，法典の制定なしに，個別法規又は特別法によって統治が行われていたし，**図表1**にある大内氏の『大内氏掟書』も，個別法令を後に集成したものである。分国法は，「法のすべて」などではなく，制定時の状況に規定されて作り上げられた「法の例示」にすぎないのであって，都市・寺社など，特定の対象向けに出された個別法令，あるいは軍陣における法といった特別法も数多く存在した。したがって，法典としての分国法が重要な位置を占めるのは確かではあるが，それのみに過度に注目すべきでないことには注意が必要である。

(2) 家　　法（家中法）

(a) 源　流　　分国法は，大きく分けて2つの要素からなるが，その1つは，「家法（家中法）」である。

「家法（家中法）」は，形式的には，家の当主が子孫や家臣に与えた「置文(おきぶみ)」，「家訓」をその源流とする。「置文」，「家訓」は，鎌倉時代から存在しているが，戦国時代のものとしては，越前国（現在の福井県）の朝倉氏の『朝倉孝景条々』と相模国（現在の神奈川県）の北条氏の『早雲寺殿廿一箇条』が著名で，戦国家法に準ずるものとされる。

内容面からいうと，国人一揆契状が重要な位置にある。それは例えば，安芸国（現在の広島県）の毛利氏の一揆契状に見られる「人返し」（逃亡した被官・百姓などの返還）・井水の問題などの条項が，相良氏の分国法『相良氏法度』にも見られることからもわかる。

(b) 進展過程　　では，国人から戦国大名へと進展した毛利氏を例に，国人一揆契状から家中法，そして戦国大名法へと至る過程を見てみることにしよう。

吉川・高橋・小早川など他の国衆8名とともに結んだ，永正9（1512）年の契状は，〈一揆構成員（「衆中」）間で所領争いが起きた時には，双方の理非をただした「衆中」の裁定によって解決する〉，〈喧嘩が起きたら，やり返さず，「衆中」の裁許を待つ〉など，国衆間の紛争を，「衆中」という結びつきによって平和的に解決することを主眼とする，典型的な国人一揆契状である。

それが，享禄5（1532）年，毛利氏家臣32名が連署して，主人の元就に提出した3箇条の起請文では，「家」内部が一揆的に組み替えられ，「家中」が成立したことが認められる。そこでは，家臣らが自立した紛争処理能力を保持しているが，一方で元就を協約の究極的な保障者としており，一揆の法から家中の法への転換点にあるものと評価できる。

そして，天文19（1550）年，重臣・井上衆を討伐した1週間後，238名の家臣が提出した起請文では，〈傍輩(ほうばい)間の喧嘩では「殿様」の「御下知御裁判」に背かない〉，〈喧嘩に武器を持って加勢するのは今後やめる〉，などとあり，紛争を実力行使により自ら解決するのをやめ，毛利氏の裁定に従うことになっている。また，〈合戦の際には，毛利氏に忠節を尽くす〉，〈出仕・談合・接客など

の「公儀」は，私的な事情にかかわりなくきちんと務める〉，などともあり，毛利「家中」が，一揆的な横のつながりを基本とする秩序から，「上意」を優位に置く縦の関係を基本とする秩序へと編制替えを果たしたことがわかる。すなわち，家臣相互の問題は自分たちで解決にあたるという，これまで原則的に保持されていた一揆の精神はもはやなく，ここに戦国大名・毛利氏の家中における支配権が確立したのである。このことは，これまで相互の問題であった用水・道路の管理権限を，毛利氏が掌握したことを示す，「井手溝道は上様之なり」という，前半最後の条文に集約されている。

このようにして，国人一揆契状は，家中法を経て，分国法を展望し得るに至るのである。

(3) 国　　法

(a) 源　流　　分国法のもう1つの要素は，「国法」である。戦国大名が地域公権力であるとすれば，より重要なのはこちらである。

その主要部分は，守護の権能に関する法・規定を基本的に継承したもので，具体的にいえば，守護裁判権と段銭徴収権とが2本柱である。今川氏の『仮名目録追加』第20条は，戦国大名権力の特質を端的に表したものとして著名な条文であるが，その主旨は，「守護の手入るまじきこと，かつてあるべからず」として「守護不入」を否定する部分にある。これは，自らの権力を「守護」になぞらえていることがそもそもの前提となっているのを見逃してはならない。

(b) 原　理　　一方，守護の出身ではない北条氏の領国では，「そもそもか様の乱世の時は，さりとては，その国にこれある者は，罷り出で，走り廻らずして叶わざる意趣に候」などと，「国」に居るものはすべて，戦陣に参加して戦う義務がある，と述べられている。こうした言明は，武田氏の侵攻や豊臣秀吉の攻撃に際して多く出されており，北条氏が，「国」の危急存亡の時に臨んでは，領国内のすべての人間が「国」の一員として奉仕すべきだ，としていることがわかる。また，欠落（失踪）した住民の召還や，年貢・公事に関する史料には，「国法に任せて」といった文言がしばしば見られ，「国法」がその正当性根拠とされている。

このような「国」，「国法」の根本には，伝統的な「国」や「郡」を基にしながら，戦国大名がその統治領域として改めて作り上げた「分国」ないし「国」

があった。それは，住民が生活する空間としての「国」をも基礎としており，ここに，惣国一揆と通じる「地域の論理」を見出す可能性が生じることになる。

(4) 特　徴

しかし，惣国一揆と戦国大名権力とでは，やはり差異が存在する。最も特徴的なのは，戦国大名権力においては，公権性と人格性とが明確に分離しておらず，したがって実際には，分国法における「家中法」と「国法」という2つの要素は，截然と分けられるわけではない，という点である。結局，分国法は，この両者が混じり合っており，その比率は，それぞれの大名領国及びその法の性質次第だったのである。

このような分国法は，新しい法理を取り入れながら，従来の公家法・武家法・民間の慣習法（「世間の習（ならい）」などとよばれる）などを統合・集成したものといえ，この点で法史上において独特な位置が与えられることになる。

II　戦国大名法の実態

(1) 戦国大名法の世界

(a) 守護を超えて　　先ほど見た今川氏の『仮名目録追加』第20条を，再び見てみよう。その主旨は先述したとおりだが，しばしば注目されるのは，「只今はおしなべて自分の力量をもって国の法度を申しつけ静謐（せいひつ）することなれば」という部分である。これは，上位の権力・権威によるのではなく，自らの力でもって領国統治を行うのであり，それこそが権力としての正当性根拠である，とする戦国大名のいわば独立宣言とされる。つまり，この条文全体としては，その権力のベースを守護としつつ，もはや幕府職制上の守護ではなく，それを超えて，新たな公権力へと移行していることを表しているのである。

例えば，守護の権能に関する2本柱である裁判権と段銭徴収権についていえば，まず前者は，そもそも幕府法で定められた守護の職掌にはなく，したがって幕府裁判権を分割したものとはいえず，それとは別に独立して，いわば守護の実力で始まったものが，さらに広範化していっているのである。後者は，年貢をはじめとした銭貨諸役の賦課の恒常化へと進展し，それは，太閤（たいこう）検地の前提となる検地の実施や，その基準としての貫高（かんだか）制の確立，そしてそれらによる

軍役の整理や在地の掌握など，戦国大名権力の特徴的かつ根本をなす政策へとつながっている。

したがって，幕府法や，武家の根本法典などと称される『御成敗式目』が採用されているとしても，それはあくまでも戦国大名の主体的な判断に基づく取捨選択の結果と見るべきである。伊達氏の『塵芥集』には，『御成敗式目』をベースとする条文が見られるが，そのまま引用されているのは，前文・起請文・寺社に関する規定など，その制定主旨とはほとんど関係ない部分が多く，『御成敗式目』が単なる「権威づけ」，「箔づけ」として利用されていることは，1つの特徴的な例といえよう。

(b) 多様な法　その結果，戦国大名の法は，実に多様なものとなる。

戦国大名は，領国支配の要となる農民と土地の掌握や領国経済の整備などのために，支配のための客観的規範として多数の詳細な法を制定した。これに基づいて，裁判権，外交権，軍事指揮権などを行使し，領国統治を行ったのである。

それ以外にも，所務立法・用水法・貸借法といった生活に直接関わる法，仏神・寺社など宗教に関する法，家臣の席次や礼法を定めた法，軍役・軍務規定などの軍事的な法，そして奴婢・下人に対する人返しのように，中世的身分秩序の維持に関わる法など，様々な法があった。

また，町（都市）に対しても，取引と市場の安全に配慮し，様々な法を制定した。具体的には，喧嘩・口論・押買・国質の禁止など治安維持に関する法を筆頭に，撰銭令（撰銭とは，通用価値の低い銭貨を忌避・排除することをいうが，規定としては，特定の悪銭を認めたり，一定の割合での混入・通用を指示したりすることで，貨幣価値とその秩序を維持しようとするのが一般的），楽市令（座の特権を廃し，自由な経済活動を助長するもので，織田信長による「楽市楽座」としても有名）など，著名なものも多く置かれている。そうした法は，都市民にとって強圧的に押しつけられたものではなく，むしろ進んで受容される要素があったことには注意が必要である。

このような戦国大名の地域公権力としての主たる役割には，紛争解決と，領域防衛による平和の維持とがあり，そのために必要となるのは，裁判権と軍事指揮権であった。この2つの掌握が，所領の保全と拡大を望む領主層を広域的

に結集させ，戦国大名領国を成立させる基本要因だった。これらの点について，項を改めて見てみることにしよう。

＊喧嘩両成敗法

戦国大名法の「到達点」などと位置づけられ，領国支配における最も重要な要素となる法，戦国大名法の典型などといわれるのが，喧嘩両成敗法である。

喧嘩両成敗法は，「喧嘩に及ぶ輩（ともがら），理非を論ぜず，両方共に死罪に行うべきなり」(『今川仮名目録』第8条）という条文を典型とするもので，喧嘩で実力を行使した両当事者を，「理非」，すなわち，正当な理由があるか否か，をただすことなく，死刑という同等の刑罰に処す，というものである。一見乱暴ともいえる法理だが，本編第1章で取り上げた「相当の儀」や「折中」，「中分」でも見たように，当時の人々が等価ないし衡平を求める強さは甚大であったから，主観的な衡平感覚が両当事者間で満たされる喧嘩両成敗法は，社会において受け入れられやすいものだった（清水克行『喧嘩両成敗の誕生』（講談社，2006年））。

しかし，戦国大名法全体を見渡せば，実に多様な喧嘩規制の法があり，喧嘩両成敗法は，実際には，すべての戦国大名に一様に採用された法理では決してなかった。にもかかわらず，喧嘩両成敗法が重要視されるのは，その要素に理由がある。すなわち，喧嘩両成敗法は突き詰めていえば，理非判断の独占と，暴力行使の禁止という，2つの志向によって構成され，その志向が最も極端な形で表れているものとされる（畠山亮「喧嘩両成敗と戦国大名法」村上一博＝西村安博編『【新版】史料で読む日本法史』（法律文化社，2016年））。前述したように，戦国大名権力の確立において最も重要なことは，裁判権と軍事指揮権の掌握であり，それを理念的に達成するものが喧嘩両成敗法であるがゆえ，戦国大名法の中で重要な位置を占める，とされるのである。

(2) 紛争の解決

今川氏には，義元が定めたとされる，訴訟に関する13ヵ条の法令（「訴訟条目（じょうもく）」などとよばれる）があり，ここには，訴訟手続についての規定がこと細かに記されていて，中には，「目安箱（めやすばこ）」に関する規定もある。この「目安箱」は北条氏領国でも見られ，「たよりなき者」（訴訟の取次ぎの手段のない者）に対しても訴訟の門戸を開くものである。これは，戦国大名が領国の中で，家臣のみならず，領民すべてにとっての「公」であろうとする志向の表れといえる。

領国では，農民たちによる耕地開発の進展などに伴って，境界紛争が様々な形で起きており，国衆所領間などの広域的な紛争も広がっていた。そうした紛争が社会的問題として深刻化していく中で，戦国大名の登場，そしてそれによる自力救済規制の強化，職権主義的な裁判権の行使などが受け入れられる素地

が築かれていった。すなわち戦国大名は，そうした状況を受けて，家臣の裁判権を否定し，それを自らの裁判権のもとに独占的に把握しようとはかり，家臣の自力救済行為（私成敗）を禁止したのである。

　他方で戦国大名の裁判は，地域的な結びつきの中での紛争解決手段をも継承していた。本編第1章で見たように，在地社会においても紛争解決には一定の規範があったが，戦国大名の裁判は，様々な形で存在する，そうした在地法秩序を吸収し引き継ぐと同時に，そこで解決が困難となった問題を裁定することで，公権としての力をいっそう強めていったといわれる。両者は，必ずしも競合せず並存しており，対抗関係にないどころか，後者が前者を下部で支える形での協働関係とでもいえる関係にあったのである。

　実際，戦国大名は，家臣の裁判権の吸収には強いこだわりを見せたのに対し，村落などについては，その自治やルールをある程度尊重しており，それを積極的に否定したり自らの下に取り込んだりするのには慎重であった。このことは，その権力の確立に際して裁判が果たす意義が，理念上はともかく，少なくとも実際上は大きくなく，西洋の領主と比べるとなおさらそれが際立つ，という指摘にもつながる。そしてそのように見れば，先ほど挙げた喧嘩両成敗法について，その「理非を判断しない」という点を，実際的な「判断の拒否」として，むしろ消極的に評価することも可能だろう。

(3) 平和の維持と戦争

　『塵芥集』は全171ヵ条にも及ぶ大部なものだが，その約3分の1を割いて詳細に規定しているのが，刑事法である。そこで，伊達氏は特に「理非披露」（事件について報告し，その判断を仰ぐこと）にこだわっているところから，その狙いが刑事裁判権の集中にあることがまず窺え，(2)で見たことと密接に結びついていることもわかる。例えば，(2)で見た今川氏における「目安箱」は，その前提に「寄親寄子制」（有力家臣と下級家臣を親子に見立てて編制し，かつ両者を直接掌握する）があり，そこに組み込まれない者（「たよりなき者」）のために置かれたものであるが，寄親寄子制は第一義的には軍事上の制度であるから，ここでも訴訟制度と軍事制度の密接な関係が見えるのである。

　しかし，より単純に見れば，領国内における犯罪・平和破壊行為の多発という状況と，それを前提とした，戦国大名による治安維持の重要視とが，やはり

注目されるであろう。戦国大名権力が，平和裏にではなく，内乱を通じて成立することと併せて，領国内における平和の実現と，領国外における戦争という，軍事力を基礎とした両政策が，何よりも戦国大名の地域公権力としての存在意義に関わることであったことが確認できる。

　他方で，戦国大名たちは，やみくもに暴力を行使し続け，恒常的に戦争を行っていたわけではなく，大名領国間には，戦争状態を解消するための一定の秩序が形成され，それに基づく相互関係が構築されていた。まず，戦争の進行の中で，他大名による周旋や，天皇・将軍による調停が一定の役割を果たしていた。やがて戦争は，大名同士による「国郡境目相論」(こくぐんさかいめ)（領土をめぐる紛争）という性格を強めていくが，それは，暴力の行使主体や発現形態の限定化と見ることもできる。そして，天皇や将軍は，合戦が収束した後，当事者間で結ばれる「国分」(くにわけ)協定（境界の画定）に安堵を与える役割を果たすことがあり，それによって戦争状態が正式に沈静化した。

　こうした天皇・将軍の役割からもわかるように，大名領国間の法は，伝統的な国制や秩序と深く結びついていた。例えば，「国分」が，伝統的な「国」や「郡」など，既存の境界線を基本的な単位として行われたことも，その一例といえよう。こうした伝統的な秩序や国制との結びつきもまた，戦国大名権力の特質を示しており，その向こうに近世幕藩体制が成立していくことになるのである。

第4編

幕 藩 法

第1章　幕藩の統治組織

I　織豊政権

　尾張国守護代の家臣織田信秀の嫡男として生まれた信長は，永禄8（1565）年の三好・松永勢による将軍足利義輝暗殺を機に「天下（室町幕府）再興」を掲げ，2年後に足利義昭を擁して上洛に成功する。その後，反織田連合に加わった義昭を追放し，室町幕府を断絶させた信長は，自らを「天下の儀」の主宰と位置づけた上で，敵対行為は「天下」への敵対として追討の大義名分とし討滅して領地を没収，服属者は家臣に取立て当知行を安堵する形で勢力を拡大した。永禄12（1569）年の堺の都市自治の解体，元亀元（1570）年から約10年間に及ぶ本願寺・一向一揆との対決や翌2年の比叡山焼き討ちに見られるような宗教権門の解体と統制，朝廷復興と利用を強力に推進したが，途半ばで斃れたことから信長の政権構想については，未だ不明な点が少なくない。また，織田政権の特徴的政策の一つである「楽市楽座」は，信長の独創ではなく他の戦国大名にも見られたが，彼は従来からの楽市場に楽市令を発して制度的認知を与え，新城下建設に際しては商工業者招致のために発令するなど，これを積極的に活用した。

　信長の死後，後継者争いに勝利し政治的地位を確立した豊臣秀吉は，天正13（1585）年従一位関白に就任すると，臣従した大名やその家臣を叙位任官させ，天皇への推挙権を自らが独占することで武家の身分序列化を図った。また，「天下静謐」の天皇からの委任を名目に，大名間の領土紛争に対する停戦権と裁判権（国分けを含む）の独占的掌握を宣言した上で，紛争解決手段としての武

力行使を「私戦」として禁止し，豊臣政権による裁定への服従を強制するとともに，違反者は「惣無事」(平穏・平和) 侵害として糾弾し軍事力による制裁を加えた。この「惣無事」に象徴される原理は全国的かつ全階層へ向け拡大され，天正16 (1588) 年7月には，年貢の安定徴収・一揆の防止を理由に，百姓に対し農事への専念及び刀・脇差・弓・鉄砲・その他武具の所持の禁止と没収を命ずる，いわゆる「刀狩令」が発せられた。同趣旨の法令はこの前後にも発せられており，いわば豊臣政権の基本方針であったが，この時の「刀狩令」は没収した武器を当時建造中の「方広寺大仏殿の釘・鎹とする」と記したことで知られる。さらに同日付で「海賊停止令」も発せられたが，各地の領主に対し，船頭・漁師など船乗りの調査と，海賊行為を行わない旨の起請文徴収を命ずるとともに，海賊は行為者のみならず領主までも処罰(行為者は死刑，領主は知行没収)するというその趣旨は，海の刀狩令ともいうべきものであった。

また，豊臣政権は武家奉公人の確保を主目的に，その流動性を抑制するため人返令や欠落禁令を度々出したが，とりわけ「唐入り」(朝鮮侵略) 直前の天正19 (1591) 年に出されたいわゆる「身分統制令」は，第1条で武家奉公人が百姓・町人になることを，第2条で百姓が田畑を捨て転業することを禁じ，第3条では奉公人を抱える際の請人の強制とともに，人返(新しい主人から元の主人への奉公人の返還)の徹底が厳罰による威嚇をもって命じられた。さらに翌年の「人掃令」及びその施行命令においては，武家奉公人の欠落厳禁とともに，村ごとに「家数・人数・男女・老若」を奉公人・町人・百姓を区別して書き上げさせる戸口調査を命じ，他国・他郷者の居住が禁じられた。

検地は他の戦国大名や織田政権によっても既に部分的に実施されていたが，その大半は実測を伴わない指出(自己申告)であった。一般に太閤検地の始まりとされる，秀吉が明智光秀を破った直後の天正10 (1582) 年7月に山城国で実施された検地も指出で行われており，近年では統一政権による国家的検地という観点から，その始期を関白就任直後の同13年7月実施の検地とする見解も存在する。太閤検地の意義は統一基準を検地条目として明示した上で全国に及ぼし，全国の土地を石高表示したことに求められる。検地は村単位で実施され，原則として6尺3寸(約191cm)＝1間の検地竿を使用，1間四方＝1歩，30歩＝1畝，10畝＝1反，10反＝1町とし，米穀を計る枡は京枡に統一した。

田畑や屋敷は上・中・下・下々の4等級に区分され，上田＝1石5斗，中田＝1石3斗，下田＝1石1斗，屋敷地・上畑＝1石2斗，中畑＝1石，下畑＝8斗，下々田・下々畑は見計らいで石盛（斗代＝1反あたりの標準収穫高）がつけられた。同19（1591）年に秀吉は諸大名に対し，御前帳（天皇に献上する国別の石高表示による検地帳）と諸国郡絵図の提出を命じることで，国土の把握を行うとともに，米換算による年貢賦課と軍役の体系を全国的規模で編成した。検地帳には1筆ごとに名請人（＝貢租負担者）たる「百姓」が記載され，耕作権が保証されるとともに，中世的な中間搾取が排され，給人へ年貢を直納する体制が原則上成立することとなった。上記のような刀狩令・身分統制令・人掃令・太閤検地など一連の政策が複合することで，近世的身分の形成は促進された。

II　近世の対外関係

天文18（1549）年のイエズス会宣教師フランシスコ・ザビエルの鹿児島上陸以降，主にポルトガルの宣教師や商人たちが相次ぎ来日し，布教と商業活動を行った結果，キリスト教は九州，中国，畿内などを中心に急速に広まり，大村純忠・有馬晴信・小西行長・高山右近など洗礼を受けるキリシタン大名も多く現れた。また，入京した信長は宣教師の京都追放を命ずる天皇の意に反し，京都や安土に南蛮寺やセミナリヨ（神学校）の建設を許可し，キリスト教を保護した。当初，秀吉も信長に倣い全国布教を許可したが，天正15（1587）年の九州攻めの帰途，キリスト教と南蛮貿易に関する国内外向けの二つの法令，いわゆる「バテレン追放令」を発した。日本が「神国」であることを理由に，宣教師による布教禁止，キリシタン領主による神社仏閣の破壊や領民の改宗・信仰強制の禁止，宣教師への帰国命令，領主が教徒となる際の「公儀」の許可，人身売買の禁止などを命ずるものであったが，同時に貿易の継続と往来の自由，キリスト教信仰の自由も保障した。翌16年には長崎を直轄領化し，先述の「海賊停止令」を発令して航海の安全を保障し，貿易の振興を図るとともに，生糸や鉛，水銀などを買い占め，豊臣政権による貿易の独占を目論んだが，布教と貿易は一体化しており，追放令の効果は不十分なものであった。

他方，秀吉は天正13（1585）年に「唐入り」に言及し，同15年の九州平定後に対馬の宗氏を介し，朝鮮国王に参洛を要求した。また，同17年には島津氏に

対し，長く途絶えていた「勘合」再開を明に申し入れるよう命じたが，それは旧来のような明朝への朝貢を前提とするものではなく，容れられるものではなかった。交渉の末，同18年に朝鮮使節の派遣と秀吉への謁見は実現したが，「唐入り」の計画は現実味を帯び，肥前名護屋城の普請や前述の身分統制令，人掃令などの発令後，文禄元 (1592) 年に朝鮮への侵略戦争が開始された。翌年いったん和議がなされたが条件を巡って交渉は決裂，慶長2 (1597) 年に「唐入り」は再開され，翌年の秀吉の死去を機に撤退した。

　家康は秀吉の死後，積極的な外交政策を展開した。慶長6 (1601) 年以降，呂宋（フィリピン）・安南国（ベトナム）・柬埔寨（カンボジア）・暹羅（シャム）などアジア諸国に国書を送り外交関係を樹立し，いわゆる朱印船貿易を推進した。朱印船渡航地には日本人町もいくつか形成された。

　朝鮮に対しては対馬の宗氏を介し，再出兵も示唆しつつ講和交渉を進めた結果，慶長12 (1607) 年には「唐入り」後初めての国王使節が来日し，以後，計12回に及ぶ朝鮮通信使の端緒となった。2年後には己酉(きゆう)条約により朝鮮との貿易が正式に再開され，宗氏を窓口とする関係が江戸期を通じて維持された。また，家康も明との勘合貿易再開を切望し，朝鮮との関係回復もその一環であった。当時，明に朝貢していた琉球王国を介しての国交回復に期待し，使節来聘を要請したが拒絶されたため，同14年に家康の許可のもと島津氏の軍勢が琉球に侵攻した。家康は対明交渉の仲介役として王国の存続は認めたが，実質的な支配を島津氏に命じた。しかし，この朝鮮・琉球を経由した明との国交回復は実現せず，以後江戸期を通じ長崎を中心とする民間の貿易が盛んに行われることになった。

　また，ヨーロッパ諸国に対しては当初，秀吉に倣い，禁教と貿易振興の両政策を同時進行させ，慶長9 (1604) 年には糸割符制度（長崎・京都・堺の商人に仲間を結成させ，ポルトガル船積載の生糸の価格を決め一括購入させる）を実施し，幕府と商人とが連携した貿易管理を行った。同14年には平戸にオランダの東インド会社商館が，同18年にはイギリス商館が開設された。その後，寛永8 (1631) 年には糸割符仲間に江戸・大坂商人も加えられ，同年には中国船に，2年後にはオランダ船にも糸割符制度が適用された。同12年には中国船の長崎以外での着港と貿易が禁じられ，同18年にはオランダ商館が長崎に移転し，以後の長崎

を窓口とする貿易の原型が整えられていった。

　家康は当初，キリシタンに対しては比較的穏健な対応をとったが，慶長17(1612)年には幕府直轄領に禁止を宣し，翌年には全国に禁教令を発した。家康の死の直後の元和2(1616)年，秀忠は百姓を含むバテレン門徒の禁止，宣教師潜入防止策としての南蛮貿易の平戸・長崎への限定，唐船の往来自由からなる法令を発し，禁教と貿易の統合を企図したが，南蛮船との紛争，宣教師の潜入などは跡を絶たず，宣教師・信徒の処刑・弾圧が相次いだ。幕府は家光治世下の寛永元(1624)年にはスペインと，同5年にはポルトガルと通交を絶ち，同9年にはイギリスも日本から撤退した。その後，同10年から16年のポルトガル船来航禁止に至るまで五次にわたり，日本人の海外往来禁止・バテレン，キリシタンの取り締まり・外国船貿易の統制を主内容とする「鎖国令」が発せられた。この結果，近世における対外窓口は上記の，長崎—オランダ・中国，対馬—朝鮮，薩摩—琉球王国の三つに，松前—蝦夷（アイヌ）を加えた，いわゆる「四つの口」に限定されることになった。

　　＊鎖国

　　　「鎖国」という語の初見は，享和元(1801)年に元長崎オランダ通詞の志筑忠雄が，元禄3〜5(1690〜92)年に長崎オランダ商館の医師であったドイツ人医師エンゲルベルト・ケンペルが著した『日本誌』の付録の文章を翻訳した際，これに『鎖国論』と題したことに求められる。当時，ロシアの接近に伴い交易を行うべきという議論があり，これに反対の立場の志筑が自らの見解を補強するため翻訳したといわれている。最初は筆写を重ねて流布したが，この文章が刊行されたのはさらに幕末の嘉永3(1850)年のことであった。

Ⅲ　江戸幕府の成立

　慶長3(1598)年8月に秀吉は伏見で没したが，その死の直前に後事を託すため急遽つくられた五大老・五奉行の制は破綻し，徳川家康と石田三成の対立は，東軍約10万，西軍約8万による大会戦となった関が原の戦の結果，家康率いる東軍の勝利で決着した。家康は三成ら首謀者を処刑し，その後の転封・改易を通じて，近畿から東海道・中山道を経て関東に至る地域に譜代と徳川直轄地を配置し，周辺部に外様を配置するという江戸時代を通じた大名配置の原型を形作り，天下の政権を事実上手にした。しかし，それはあくまで秀吉の遺児

秀頼の「後見」という立場からであり，諸大名はじめ朝廷・公家・寺社などの諸勢力に対し，また，国際的にも徳川の支配の正統性（豊臣体制からの脱却）を示すことが大きな課題となった。

　慶長 8 (1603) 年 2 月家康は，頼朝の故事に倣い征夷大将軍となることで武家の棟梁としての地位を手に入れ，豊臣家は一大名へと転落した。その後わずか 2 年で将軍職を秀忠に譲り，世襲の意思を表明することで政権の足固めを行い，自らは駿府で大御所として全国支配や外交・貿易などに携わった。また，江戸市街地の造成や江戸城の大増築などの大普請を，全国の主に外様大名に相次いで命じ，彼らを通じて全国の武士・百姓・町人などを大動員することで「公儀」を体現化した。家康の将軍就任前後から参勤交代も恒例化した。同 10 年には秀吉に倣い，これら役賦課の基準として御前帳と国絵図を全国から徴収し，徳川政権が豊臣後の正統な支配者であることを明示している。さらに同 16 年に家康は，天皇の即位を機に北国・西国の諸大名を京に集め，3 ヵ条からなる条々を示し誓紙を提出させた。頼朝以来の代々将軍の法式の尊重と江戸の将軍（秀忠）が定める法度の遵守，法度や上意の違背者を領国に置くことの禁止，謀反人・殺害人の召抱え禁止からなるこの制法は，後の武家諸法度の先駆となるもので，翌年には東国の諸大名からも同様の誓紙を提出させ，大坂の秀頼を除く全大名が徳川氏に臣従を誓うこととなった。その後，方広寺の鐘銘事件など策略をめぐらし，豊臣方との合戦に持ち込んだ家康は，慶長19～元和元(1614～15) 年の大坂冬の陣・夏の陣で豊臣氏を滅ぼし，徳川氏による平和——いわゆる「元和偃武」（偃武は武器を伏せ収める意）——を実現した。

Ⅳ　幕府の統治組織

(1)　中央職制

　幕政初期においては，その職制は「庄屋シタテ（仕立て）」と評されたように，家康の三河時代の組織を必要に応じて拡張したものであったが，後期にはその全貌の把握が困難なほど巨大化・複雑化した。役職は武官系の番方と文官系の役方に大別でき，幕政初期には戦時体制を想定した番方が重視されたが，中・後期以降は行政・司法などに対応する役方諸職の比重が高まり，幕臣の多くも役方への就任や転任を志向するようになった。また，身分や家柄による制

約はあったものの，能力による昇進も認められていた。

　本来，各役職は御恩に対する奉公として，就任者各自の家禄をもって勤めるべきものであったが，寛文5（1665）年以降，幕府は番方・役方の各役職に対し役料（やくりょう）（職務遂行のための手当）を定めて支給することで幕臣の職務遂行を保障した。しかし，支給される役料は一定であったことから，さらに享保8（1723）年には足高（たしだか）の制が採られ，各役職遂行のための基準高（役高。例えば町奉行・勘定奉行は3000石，目付は1000石など）を設定した上で，家禄高がこれに満たない小身者には，在職中に限り不足分を足高として支給することとした。これらの政策は，人材登用策として幕府の官僚制度を発展させると同時に，肥大化する幕府財政を抑制する意図を有するものでもあった。

　権力の集中を排するため主要な役職は複数名が配置され，1ヵ月交代で政務を担当する月番制を採用し，重要な決定は合議制（寄合・評議）を原則としたことから，文書の作成・伝達・引継ぎ・保存・運用などが職務遂行に重要な役割を果たすようになっていった。また，司法は行政の一端として行われ，裁判を担当する役所の長は政務に多忙であったことから，とりわけ江戸中期以降になると，実質的審理や判決の起案，判例検索や記録は下役人（各役所の属吏）が主に担当するようになった。

　大老は大局的な立場で幕政を統括し，将軍を補佐する最高職であったが常置ではなく，江戸期を通じても就任者は延べ10名程度しかなかった。常置の幕政を統括する最高位の役職としては老中があり，概ね3万石以上の譜代大名から4〜5名が任命され，月番で江戸城内の御用部屋において執務した。禁中・公家・門跡，諸大名，直轄料の租税，大普請，寺社，外国などその職掌は多岐にわたったが，諸向からの各種の伺や請願の処理，触や達の作成・伝達も重要な職務であった。また，幕末には月番制を廃止し，国内事務・会計・外国・陸軍・海軍の各総裁を専務した。若年寄は老中の補佐役として，概ね1〜3万石程度の譜代大名から3〜5名程度が任命され月番で執務した。老中が上記のごとく幕府外部の諸勢力を管轄したのに対し，若年寄は老中支配以外の諸役人や旗本など幕府内部を主に統括したほか，諸職人，医師，常普請に関する事項などもその職務とした。御用部屋には書記官の一つとして20〜30名程度の奥右筆（おくゆうひつ）が置かれたが，老中・若年寄に提出される諸文書の整理，関連資料の検索・調

査などを担当したことから，実質的に大きな影響力を行使した。

　大目付は旗本から4～5名程度が任じられ，初期には大名の監視，幕府諸役人の監察などが主な職務であったが，17世紀後半以降は加役として道中奉行，宗門改役，人別改役などを兼任し，幕末には10名程度にまで増員された。目付は旗本・御家人の監察，殿中儀式の指揮，評定所への立会いなどを主な職掌とし，享保期以降は定員10名とされたが，開国以降は重要性を増し，定員増とともに外交・海防・開港などにも携わった。側用人は5代将軍綱吉の館林藩主時代の家老が就任したのがはじまりで，将軍側近の最高職として将軍と老中の間を取り次いだ。概ね1万石以上の者が任じられ，老中に準ずる格式とされた。柳沢吉保・間部詮房・田沼意次などが知られているが，8代吉宗の時代に同様の職務を遂行する御側御用取次が置かれたことから官僚化し，以後は老中への昇進過程の一つとなった。奏者番は譜代大名の中から20～30名が日番で務め，江戸城内での各種儀礼の執行を担当した。大目付・目付とともに三役と称されたが，江戸中期以降は奏者番を振り出しに寺社奉行兼任の後，若年寄・大坂城代・京都所司代などを経て老中に就任する昇進過程が成立した。

　寺社奉行・町奉行・勘定奉行は三奉行とよばれたが，後二者が老中支配で旗本から任命されたのに対し，寺社奉行は将軍直属であり，奏者番の筆頭のうちから4名が兼任し月番で務めた。全国の寺社と寺社領の管理，宗教統制，僧尼・神主その他の宗教者や寺社領の人民支配などを主な職務とし，その訴訟事務にも携わった。自邸（上屋敷）を役所とし，与力・同心を用いず家臣に職務を遂行させたことから，評定所から評定所留役が吟味物調役として出役し，その職務を補佐した。町奉行は江戸の行政・司法・警察・消防など町政全般を掌り，定員は2名で南北町奉行所において月番で交互に執務した（元禄15～享保4（1702～19）年の間は3名で，中町奉行所があった）。南北町奉行所にはそれぞれ与力（各25騎）・同心（各100人のち140人）が配置され各種業務に従事した。勘定奉行は定員4名で勘定所において，幕府の民政・財政（出納・年貢徴収・鉱山，河川，山林，街道の支配〔元禄11年以降，道中奉行を兼帯〕・新田開発・旗本の知行割など）全般を統括するとともに，全国各地の天領や関八州の私領の司法にも関与した。享保6（1721）年に，勘定所の職務が司法を担当する公事方と財政を扱う勝手方に分かれたことから，翌年から勘定奉行も2人ずつ2組に分かれ，1年交替で務

めた。その属吏には勘定吟味役・勘定組頭・勘定・評定所留役などがあった。

　評定所はいわば幕府の最高裁判所ともいうべきもので，寛永12（1635）年にその構成員として老中・三奉行・大目付・目付などが評定衆として定められたが，17世紀末以降は三奉行が合議の中心となり，彼らを評定所一座と称した。主な職務としては，各組織から提出された仕置伺の当否を含む老中からの下問や，民事・刑事双方の実体法・手続法の制定，改廃，解釈などに関する合議，他領他支配に関わる出入物・重要な吟味物の裁判，幕府の各種法典・判例集の編纂などが挙げられるほか，京都所司代や大坂城代，遠国奉行などの赴任前には，事務見習のため評定所の裁判傍聴が許された。また，享保6（1721）年には評定所門前に目安箱が設置され，政策提言，役人の私曲非分，訴訟の放置に関する直訴を認めた。

＊目安箱

　　評定所門前に設置された目安箱への投書は，将軍が直覧した上で，必要に応じ関係機関に下付された。目安箱は評定所への設置以前から，京都所司代・美濃代官・佐渡奉行などに設置が確認され，評定所への設置後にも大坂・長崎・駿府・松前など幕府領各地の遠国奉行所に置かれた。また，藩の多くも目安箱を設置した。投書を認められた身分，投書可能な日数，記名・無記名の別，投書後の処理などには差異が見られるが，幕府や藩に設置されたこれらの目安箱は，提言奨励，官僚統制，不満解消などに一定の役割を果たした。また，明治新政府や各地の府・藩・県も目安箱を設置したが，明治6（1873）年6月の太政官布告により廃止された。

(2) 幕府の地方官

　幕府の地方官として主なものに，京都所司代，大坂・駿府の各城代，遠国奉行，郡代・代官などがある。京都所司代は定員1名で譜代大名から任じられ，当初は朝廷の守護・監察，公家・門跡の監察，京都町中の支配，西国諸大名の監察，京都町奉行・伏見奉行・奈良奉行の統轄など，その職務は多岐にわたった。後に西国諸大名の監察は大坂城代に，京都町中の裁判・民政は京都町奉行に移されたことで，その権限は分掌・縮小したが，老中に次ぐ重職とされた。大坂城代は5～6万石の譜代大名から選任され，大坂城の守衛と西国諸大名の監察，大坂町奉行・堺奉行など在坂諸役人の統轄などを主な任とした。駿府城代は旗本から選任され，徳川の故地駿府の諸政を統轄し，駿府城の警衛，城下通行の大名の届などを行った。

また，幕府の主要な直轄都市には遠国奉行がおかれたが，このうち京都町奉行及び大坂町奉行はそれぞれ定員2名で旗本から選任され，東西町奉行所において月番で執務した。京都町中・大坂三郷の司法・行政・警察・消防その他の民政全般を管掌するとともに，周辺の村々や寺社にも一定の支配を及ぼした。その他，遠国奉行は奈良，駿府，長崎，日光，山田，佐渡，伏見，箱館・松前，堺，下田，浦賀，新潟，神奈川，羽田などに置かれ，それぞれ江戸と同様に与力・同心たちが配下として実務を分掌した。

　全国各地に散在する幕府の直轄地である天領（御料）には，郡代・代官が置かれた。基本的には勘定奉行支配であり，その職務は年貢収納・人別・普請などの地方（じかた），警察・司法の公事方などからなり，ほぼ共通であったが，管轄地の広さや格式で郡代は代官の上位職とされた。郡代の支配地は概ね10万石を超え，関東・美濃・飛騨・西国の4郡代があった。彼らの中には世襲する者もあったが，多くは勘定所系を中心とする役職から任じられ各地を転任した。配下には手附・手代などがあり，前者は幕臣（御家人）であったが，後者は幕臣ではなく，初期には地方巧者の百姓や浪人などから採用され，後には実質的に世襲化した。郡代・代官の数は中後期には概ね40～50名程度で推移しており，幕末の慶応3（1867）年の『県令集覧』（郡代・代官及びその属僚の職員録）には，41名の郡代・代官と970名余の手附・手代の名が見えている。

　明治初年の新政府発足当初においては，これら与力・同心や手附・手代ら実務に携わる旧幕府役人が少なからず再雇用され，府県の行政・司法・警察など各種業務を担った。

(3)　幕府の財政

　幕府の財政は成立直後は豊臣蔵入地の接収，金銀山の採掘，貿易の伸長などで比較的潤沢であり，慶長末年（1610年代）には幕領は230～240万石ほどであったが，徳川家の私財政という性格が強く「公儀」の財政としては未だ確立していなかった。しかし，寛永期（1620～40年代）頃には勘定頭（勘定奉行の前身）制の成立，年貢米の扶持米・切米への使用，米蔵の整備などが行われ，勘定所を中心とする制度の原型が整った。財源の基本は天領からの年貢米金であり，幕領総石高は明暦～寛文期（1650～70年代）には約300万石弱，延宝～元禄期（1670～1700年代）には約300～400万石，宝永期（1700年代）以降は約400～450万石で

推移し，全国総石高のおよそ1/7～1/9を占めたが，この増加の原因は主に改易・減知分の幕府への収公や新田開発によるものであった（土地に付随する租税については本編第4章参照）。幕府はこれら天領を，勘定奉行の管轄の下，前述の遠国奉行・郡代・代官に分割し，一部は大名に預り所として委託し支配させた。

　幕府が一国規模で賦課する課役に国役があり，このうち百姓国役は御前帳・郷帳に記載の石高を基準に，幕領・私領の区別なく臨時に課された。国役普請役（河川修復）・朝鮮通信使国役（人馬供出）のほか，琉球国使節通行や将軍の日光社参時の人馬役などがあり，前期においては実際に人足・馬などが徴集されたが，後に国役金として貨幣納化した。また，職人に対しては軍事や都市建設などの必要から技能や製品を提供させ（職人国役），これらは職人頭を通じて賦課されたが，後にはやはり貨幣納が一般化した。

　幕府は主要な金銀山（佐渡・伊豆・生野・石見など）を直轄経営するとともに，貨幣の鋳造権を独占したが，元禄8（1685）年には金銀貨改鋳を実施して出目（利益）を得，以後しばしば益金取得を目的に改鋳が行われた。また18世紀後半以降，幕府は大坂・江戸の町人あるいは富裕農などに御用金（低金利の借上金）を賦課するようになり，財政の悪化する幕末に近づくほど頻繁に行われた。このほか，幕府の主な財源としては長崎貿易，各種の株仲間公認による運上金・冥加金，欠所による土地・財産の没収，過料，大名・旗本・私領百姓を対象とした公金貸付などがあった。なお，幕府会計には通常時は予算はなかったとされるが，財政改革実施・推進期には予算書も作成されている。

V　藩

　「藩」とは大名の支配組織やその領地を意味するが，これが公称として用いられたのは明治以降のことで，江戸中期以降の儒者たちが中国封建制になぞらえて大名領国を「藩」とよび，後期には大名が自ら「藩」と称することもあったが，公文書では「領」，「領分」あるいは「領知」などが使用された。大名とは1万石以上の将軍直属の武士領主をいい，興亡を含めると江戸期を通じて500近い藩が存在したが，開幕当初には185藩，寛文4（1664）年に225藩，元禄4（1691）年に243藩，慶応元（1865）年には266藩を数えた。藩は将軍家との関係

で親藩（家門・一門），譜代，外様に分けられる。このうち親藩は家康の男系男子・子孫を始祖とする大名家を指し，御三家（尾張・紀伊・水戸），御三卿（田安・一橋・清水）及び多数の松平家から構成された。また，譜代は主に関が原の戦以前から代々徳川家の家臣であった系譜をもつ大名家，外様は関が原以降に臣従した大名家を意味した。大名はその領地の規模により，国持・国持格・城持・城持格・無城に分類され，幕府の許可と奏請を経て，朝廷から官位叙任された。これらの出自来歴，領地の規模，官位を総括した区分として江戸城登城の際の控え部屋（殿席～大廊下・大広間・柳間・黒書院溜間・帝鑑間・雁間・菊間）の別が存在し，その家格を公式に表示した。

　諸大名は将軍から領地の新規宛行あるいは旧領安堵の御恩を受け，これに対する奉公として自己の家臣団を率いて軍役奉仕を行うのが原則であったが，平時には将軍の上洛や日光社参への供奉，改易大名の城地受取りや管理，城郭や河川の普請などが軍役に準ずる奉公として課された。また，世嗣断絶や幕法違反などを理由とする改易（領地召上），転封（国替・所替）も家光の頃までは頻繁に行われ，その後も将軍の代替わりごとには幕府から全国各地に巡見使が派遣されて，各大名による統治の実情が調査・監視された。

　織豊期から家康・秀忠の時代にも実質的に行われた参勤交代は，3代将軍家光の寛永12（1635）年に発布された武家諸法度に成文で規定され，以後，1年在府1年在国が制度化された。享保7（1722）年には幕府の窮乏から，高1万石につき100石の上米を徴して半年在府1年半在国としたが，同15年には旧に復した。参勤交代は大名たちに多大な負担を強いたが，同時に江戸の都市的発展，水陸交通の整備，街道や宿場町の繁栄，文化の地方への伝播なども促進した。

　大名はその領内に対し，法の制定・裁判・警察や民政一般にわたり独自に統治を行う権限を一定程度有していたが，これらは幕府が公儀として全国に対し有する権能と重層的構造をなすものであった。このうち裁判に関しては，寛永10（1633）年の「公事裁許定」に「国持之面々，家中并町人百姓目安之事，其国主可為仕置次第事」と，領国内の訴訟は大名の裁定に委ねる旨が定められ，また元禄10（1697）年の「自分仕置令」で，「一領一家中ニテ，外え障於無之は，向後不及伺，江戸之御仕置ニ准シ，自分仕置可被仰付候」と，領内で完結

する刑事事件については，捜査・吟味から刑罰決定・執行に至る一連の手続を幕府の許可を得ることなく遂行することが認められた。しかし，他領他支配へ懸かる場合は，出入筋・吟味筋とも原則として幕府の裁判組織が処理することとされた（本編第7章Ⅰ参照）。

　藩の機構や職制については差異があるが，幕府のそれと概ね類似したものが多く，藩主の下で一族あるいは譜代重臣が家老（年寄）職に就いたが，参勤交代の制度化に伴い国家老と江戸家老に分化していった。また，江戸屋敷には留守居とよばれる幕府・諸藩との連絡調整や情報収集を任とする役職が置かれたが，彼らは留守居組合を構成し情報交換や相互照会を行った。

＊留守居組合

　　留守居組合のもつ情報収集機能からその重要性が増すに伴い，彼らの増長ぶりも問題となった。例えば荻生徂徠は『政談』において「…留守居という者は，諸大名の留守居一つに組合いて仲間と称し，酒宴遊興に主人の物を使いてこれを主人への奉公と称す。さて公儀を鼻に掛けて主人の掟を用いず。仲間にいとまにてもだされたる者あれば，仲間にてかこいおき，その跡役をば仲間へ入れず，主人にこまらする仕形，当時は所々に多き事也。」と難じている。

Ⅵ　村と町

　幕府が数度にわたり編纂した郷帳（全国の村名と石高を記した帳）によると，元禄度の全国の村数は6万3200余，天保度は約6万3500であったが，これに藩制村（藩が1村と認定し，年貢割付状を発行した村）や枝村などを加えると，実際にははるかに多くの村が存在した。

　村で村政とともに領主支配の末端を担ったのが村役人であり，通常は「村方三役」と称する庄屋（名主・肝煎）・組頭（年寄・長百姓）・百姓代から構成された。庄屋は年貢諸役の賦課・徴収に責任を負い，村内の治安や秩序維持に努め，村を代表して訴願を行い，他村との折衝にあたった。その設置は三役中で一番早く，多くは領主により在地の有力百姓が任命され世襲であったが，後には村寄合での入札（投票）や協議で決められる場合も少なくなかった。組頭は本来五人組の組頭を意味したといわれ，17世紀中頃には各地で広く置かれたが，入札や協議により数名選任され，その任務は名主を補佐し領主や村の用を務めることとされた。百姓代は18世紀に入り，多くは村方騒動などを契機に村

人側の要求により設置され，村の百姓代表として名主・組頭らの職務を監視し，年貢・村入用の割付に参加した。庄屋の給与は村入用として村人から徴収され，高引（諸役免除の高の認定）の特権が認められた。これに対し，組頭は無給で高引も少なく，百姓代は給米も高引もなかった。また18世紀後半以降，多くの幕領で近隣の村々により組合村が結成され，代表として惣代庄屋（郡中惣代）を交替で選任した。彼らは寄合を開き，郡中入用や組合村入用などの割付を行うほか，年貢米金の輸送，代官陣屋の事務処理補助，紛争の仲裁，諸触の伝達など，代官所と各村々との間で中間支配機構として機能すると同時に，広域的な訴願を行う際にはその組織母体ともなった。藩や地域によっては，村方三役の上に大庄屋（大名主・大肝煎・惣庄屋）を設置したところもあった。

村内には一定年齢の成人男子から構成され，自律的に運営される若者組が組織されていた。若者頭の指揮・統率下で集団生活を営むことで一人前の村民としての訓練を積むと同時に，共同作業への参加，祭礼の執行，犯罪・災害時の出動など村の実働部隊としても位置づけられた。しかし，近世後期になると遊休日の拡大要求など，その自律性が村や社会の共同体秩序を脅かすものと意識され，幕府・藩も禁圧に乗り出したが，効果は薄かった。

近世には城下町・門前町・宿場町・在郷町・港町・鉱山町など，多種多様な機能・形態を有する町が存在した。これら各町の支配機構については，その成立の由来や地域による差異が存するが，以下では城下町であり，かつ巨大都市でもあった江戸と大坂について略記する。

江戸は体制の安定とともに拡大し，その人口は武士なども含めると17世紀末で約100万人に達したと推定され，享保6（1721）年に幕府が実施した人口調査では，町方人口として50万1394人という数字が残されている。これに伴い市街域は膨張し，寺社地や代官支配地が数度にわたり町奉行支配地へと組み込まれ，18世紀半ばには江戸の総町数は1700弱にも達した。町方支配機構は概ね，町奉行─町年寄─名主─家主─店借（借家人）で，頂点に立つのは前述の町奉行であったが，その下で武士を出自とし，家康以来の縁故により初期の江戸建設を担った奈良屋・樽屋・喜多村の3家が世襲で町年寄を務め，触の伝達，人別調査，町奉行所の内寄合への参加，公金貸付の窓口，町名主の進退など，町奉行所の下部機関としての役割を担った。1町（後には数町）ごとには名主が置

かれ，触の伝達・徹底，人別改め，訴訟・諸願への加印や差添，家屋敷の相続・売買・質入への関与，各種紛争の内済など，町の生活全般に深く関わった。名主は商売などを営むことは許されず，その収入は町からの役料と町礼（契約・紛争解決などに対する謝礼）により賄われた。町屋敷の所有者（地主）により五人組が結成されたが，不在地主が多く，地主から給料を受け町屋敷の管理をする家主（家守・大家）も町政に参加した。町人は地子（屋敷年貢）を免除されたが，国役（職人などによる技能奉仕）・公役（人足の提供）が賦課された。これらの多くは後にいずれも金納となった。また，日常生活の維持経費（水道・道路・自身番などの維持管理，人件費など）は町入用として主に地主が負担した。

　大坂の場合，江戸期を通じてその人口は30〜40万人程度で推移したが，北組・南組・天満組の三郷に分かれ，18世紀半ばには600余の町が存在した。その支配機構は，大坂町奉行—惣年寄—町年寄—家持—借屋人というもので，三郷それぞれに近世初期からの有力町人である世襲の惣年寄が数家あり，惣会所において惣代・物書・会所守などを使役し執務を行った。惣年寄も給与はなく，一軒役（後に五軒役）を免除されるのみで，江戸の町年寄とほぼ同様の職務を担った。各町には町人たちの代表として町年寄がおかれたが，彼らは入札による高位得票者数名の中から惣年寄により任命された。その職務は江戸の名主とほぼ同様であり，毎月2人の家持が輪番で務めた月行事が町年寄を補佐した。町運営の拠点としての町会所には，町代とよばれる町の雇用人がおかれ，町運営実務全般を引き受けた。

第2章　法　　源

I　近世法の特徴

　近世の法は未だ一元化されておらず，武家法のほかにも公家法は朝廷内でなお現実に機能するとともに，将軍をはじめ諸大名や上級幕臣は律令制の官職・位階に叙任され，天皇の臣下として序列化されると同時に，「公儀」としての支配の正統性を獲得した。国郡の行政区画も形式的ながら踏襲された。また幕府は各大名に対し，一定の範囲内で自主的支配（自分仕置）を認め，幕府や藩は村・町・仲間などの各種共同体や身分＝職能団体に対し，公儀の支配に抵触

しない範囲での自律性・自治性を認めたことから，重層的な法圏が形成されていた（例えば，ある藩の城下町に居住する商人であれば，幕府法-藩法-町法-仲間法-家法・家訓といった法の規制下に置かれることになる）。

　幕府も藩も後述のような一連の諸法度などを別にすれば，初期には随時個別に出す単行法令によって規制を加え，紛争を処理するのが常であったが，17世紀末以降の著しい経済発展に伴う各種の社会問題・紛争の複雑化に対処すべく，法制の整備が急務となった。幕府においてその画期となるのが18世紀初めからの吉宗治世下であり，この時期に各種法典や判例集の編纂・司法制度の整備・実務法曹官僚の拡充などが推進された結果，以降の紛争処理——とりわけ刑事司法——においては，具体的妥当性よりも法的安定性（成文法・先例の尊重）が指向されるようになる。ただし，今日のような罪刑法定主義が存在したわけではなく，法と道徳は未分化であったし，身分による適用法や刑罰の差異は，近世を通じ厳然と存在し続けた。

　幕府や藩による裁判権・刑罰権の独占は前代と比較すれば一層進展し，私人間での内済（和解）が許容される紛争類型は制限されるとともに，被害者側の意思の手続や刑罰への反映は，より限定的になった。私的復讐（例えば無礼討・敵討・妻敵討など）は未だ残存したが，届出を義務づけ要件・手続を厳格化することを通じて「刑罰権の被害者側への一部移譲」という外観を創出し，その枠内での実行を強制した。他方，今日の民事訴訟にほぼ相当する出入筋においては，内済が主たる解決方法として推奨され，成文法も概括的な規定にとどまったことから，その取捌法には各裁判役所ごとに差異（地域性）の生じる余地がかなり存在しえた（本編第7章Ⅲ参照）。

Ⅱ　幕　府　法

　幕府は「公儀」として国内全体の統治を行うとともに，みずからも1大名として領分（天領・御料）を支配したことから，その法もこれに対応して，全国を対象とする「天下一統之御法度」と，幕府直属の臣及び直轄地を対象とした御料法ともいうべきものに大別することができる。例えば切支丹禁制・徒党の禁止などは前者，田畑永代売買禁令などは後者の例としてあげられようし，相対済令の効力は御料内でもさらに限定的であった。

幕府はその成立初期に，各種領主，天皇や公家あるいは寺社などの伝統的勢力を編成・統制するため，一連の法度類を相次いで定めている。豊臣家を滅ぼした直後の元和元（1615）年7月には，諸大名に対し「武家諸法度」（13ヵ条）を申し渡した。建武式目の影響がみられ，文武弓馬の道の奨励，法度違反者・反逆殺害人の隠匿禁止，城郭無断修築の禁，私婚の禁，参勤作法などの諸条項から構成されるこの法度は，その後将軍の代替わりごとに修正が加えられ，諸大名を江戸城に集めて読み聞かせるのが通例であったが，8代将軍吉宗のときからは5代綱吉時のそれが踏襲された。旗本・御家人に対しては「諸士法度」が寛永9（1632）年（9ヵ条）及び12年（23ヵ条）に出され，軍役，徒党，喧嘩口論，跡目相続，百姓公事などにつき広範に規定するとともに，質素倹約の励行が強調された。諸士法度はその後，寛文3（1663）年に一部改訂されたが，5代綱吉以降は廃止され，武家諸法度をもってこれにかえた。

　元和元（1615）年に金地院崇伝が中心に起草した「禁中并公家諸法度」は，天皇・公家の職分や行動，朝廷の人事や秩序，武家官位と公家官位との別立て，違背した公家への刑罰（流罪）などを規定し，朝廷が幕府の統制下にあることを宣した。また，寺院に関しては慶長6〜元和2（1601〜16）年にかけ，諸宗本山に対して「寺院法度」を発布し，中世以来の諸特権を剥奪するとともに，宗派寺院編成（本山・本寺による末寺の掌握・支配）の権限を与えた。全宗派共通に発布されたのは寛文5（1665）年以降であるが，ここではむしろ本寺の権限は抑えられ，末寺や檀家の保護が強調された。檀家を有する寺院は，宗旨人別帳作成時の寺請証文，転出・移動時の寺送り証文の発行などで，幕藩権力の人別掌握の一端を担った。神社に対する共通の規定としては，同じく寛文5年の「諸社禰宜神主法度」があげられる（天明2（1782）年にも再触れ）。これにより幕府は，吉田・白川両家及び多数の公家に執奏家（神職官位の天皇への申請）を担わせることを通じ，神社及び神職の管理・統制を試みた。

　また，幕府は死去した親族に対する服（服喪）と忌（死穢に対する忌引き）の期間を定める服忌制度を家光の頃から整備しはじめ，綱吉期の貞享元（1684）年に「服忌令」として結実させた。従来から存した服忌・穢の観念や制度を幕府の統制下に置き，親族の範囲と内部秩序を規律することで儒教的家族・親族秩序を形成強化しようとするもので，庶民にも公布されたが，とりわけ武士に

はその遵守が強く要求された。服忌令はその後数度の改訂を経て吉宗期の元文元 (1736) 年に確定し，のちの明治新政府にも受け継がれた (本編第5章I参照)。

　幕府や藩により必要に応じ，随時出される単行法令に「触（ふれ）」，「達（たっし）」がある。主に触は広く一般に周知させる場合に，達は特定機関や関係者に対する通達に用いられた。例えば御用部屋での起案・合議により決定された触は，全国的に周知する際 (惣触) には400余通も写しが作成され，前述のような各種支配機構を通じ，町村の最末端にまで触れ流された。また，特に基本的な法令は板札に墨書し，人目を引きやすい場所 (辻・橋詰め・宿場・村の中心など) に掲示する「高札」という形式で広く一般に周知せしめたが，なかでも正徳元 (1711) 年に整備された親子兄弟札・毒薬札・駄賃札・切支丹札・火付札は幕府民政の根幹を示すものとして，幕末まで維持された。明治新政府も明治6 (1873) 年まで高札の制度を維持しており，いわゆる「五榜の掲示」もこの形式で出されている。触や高札の内容は行政や警察に関する命令・禁止・教諭事項が多く，これに違反した場合の罰則は原則として明記されなかったし，必要に応じて同趣旨のものが繰り返し出された。ただし，町奉行所や代官所など直接百姓・町人を支配する役所から出される触には，経済や生活に関連する事項も多く含まれ，彼らの訴願による要求が反映されたり (願い触)，町村役人や株仲間年寄などに事前に聞き合わせた上で出されるものも少なくなかった。

　8代将軍吉宗の時代に法典編纂は急速に進んだ。吉宗は評定所に対し簡略な刑罰法規集の編纂を命じ，大岡越前守忠相を中心に作業が進められ，享保9 (1724) 年に「享保度法律類寄」が上達されている。また，元文2 (1737) 年には御定書掛の三奉行を中心に「公事方御定書」の編纂に着手し，寛保2 (1742) 年に一応の成立をみた。上下2巻からなり，成立時には上巻は主要な書付・触書・高札など78通，下巻は訴訟手続や各種犯罪とそれに対応する刑罰を箇条仕立にした90条から構成されていた。その後，宝暦4 (1754) 年までに五次にわたる増補修正が施され，上巻81条・下巻103条の法文が確定した。下巻の各箇条には「寛保元年極　一子心にて無弁人を殺候もの　拾五歳迄親類江預置　遠嶋」のように，その肩書に制定の由来となった先例が記されており，判例の抽象化・法規化という性格を有するものであった。また，その奥書に「奉行中之外不可有他見者也」とあるように，建前は秘密法であり，特定の幕府首脳 (将

軍・老中・評定所・三奉行・京都所司代・大坂城代）にしか写本は交付されなかったが，成立直後から幕閣外に流出し筆写が重ねられ，実質的には広く流布した。さらに延享 2（1745）年に吉宗は，御定書の欠缺の補充・修正を主目的とする「例書」の編纂を命じ，同年に第 1 次編纂が行われた。その後，18世紀末までの数度にわたる増補を経て，全79項その大半が判例体で構成される「御定書ニ添候例書」が成立し，追加法として御定書と一体の運用が行われた。

　恩赦（御赦）は朝廷・幕府の吉凶に際して施行され，長く慣習・先例に基づく運用が続いたが，家慶治世の嘉永 4（1851）年にようやく編纂作業を開始し，家茂治世の文久 2（1862）年に至って「赦律」（全33条）が制定され，以後，御定書とともに刑政運用の準拠として用いられた（本編第 6 章Ⅱ，第 7 章Ⅱ参照）。

　また，吉宗は寛保 2（1742）年に，過去に幕府が出した触の集成編纂を評定所に命じ，主に公事方御定書の編纂に携わった三奉行を中心に事業が進められた結果，慶長20（1615）年から寛保 3 年までの約130年間に出された触3500余が『御触書寛保集成』として結実した。その後，これに倣って将軍の代替わりごとに『宝暦集成』（2000余），『天明集成』（3000余），『天保集成』（6600余）が編纂されたが，これ以降は幕末の難局ゆえに事業は途絶した。

　このほか評定所による代表的な編纂物として，刑事判決録の『御仕置例類集』や民事の『裁許留』などが挙げられる。また，各裁判役所も過去の判決例や合議の内容あるいは他組織との問答などを蓄積するとともに，裁判実務に携わる役人らも私的に各種法律雑書を編纂し，これらは筆写・流布を重ねることで広く用いられた（本編第 7 章Ⅰ参照）。

＊「公事方御定書」の金科玉条化

　　公事方御定書の一応の成立から約半世紀後の寛政元（1789）年，幕府上層から江戸の三奉行に対し，「御定書は上部組織に対し御仕置伺を行う際の一応の基準（御定書之儀ハ，下より御仕置を伺ひ候曲尺）であって，無理に各事例に適用するならば，却って制定当初の趣意に反する事態が生じるのでは」との諮問がなされた。これに対し，奉行らは「御定書に拘泥したほうが弊害は少ない（律儀に右御定に因循いたし候方は害少く可有御座）。なぜなら裁判担当者の能力・気質には差があり（賢愚は不及申，其気質の寛猛強弱も御座候），各人の判断に基づく科刑のほうが却って弊害が大きい（銘々の見込を以，御仕置附等仕り候事は，甚しき弊も出来可仕哉）」と答申している。

III 藩　　法

　幕府から統治を委ねられた各大名家は，みずからの領分支配を行うため独自に藩法を制定したが，領内に施行された幕府法を「公儀御法度」，「公儀御触書」などと称したのに対し，これらは「国法」，「家法」などとよばれた。もっとも江戸時代に存在したすべての藩が独自の藩法を定めたわけではなく，小藩ではほぼ幕府法のみが領内に伝達施行されたり，支藩では本藩の藩法が実施されることも少なくなかった。現在知られている藩法のなかには，その成立を17世紀中頃にまで遡りうるものも存在するが，全体的にみれば親藩・譜代の多くは幕府法に準拠し，また外様には特色ある独自の法を定めるといった傾向がみられた。しかし，武家諸法度の末条が「万事応江戸之法度，於国々所々可遵行事」と規定し，また自分仕置令も「江戸之御仕置ニ准シ，自分仕置可被仰付候」と記すように，幕府には私領内であっても幕府法に准じた処理が行われるべきであるという意識はあり，大名領から伺が出された場合，幕府役人は幕府法に則った回答を行うのが原則であったことなどから，時代が下るにつれ藩法への幕府法の影響は一般的に強まっていった。

　幕府による公事方御定書編纂に刺激を受け，18世紀後半以降とりわけ刑事法の編纂が諸藩で活発に行われた。これらは公事方御定書を範としたもの（福井藩「公事方御定書」，丹波亀山藩「議定書」，盛岡藩「文化律」，尾張藩「盗賊御仕置御定」など）と，中国の明清律を範としたもの（熊本藩「刑法草書」，会津藩「刑則」，弘前藩「寛政律」など）とに大別しうるが，これに両者の折衷型と，自藩古法を基礎とした独自型を加えて4分類とする考え方もある（例えば折衷型として新発田藩「新律」，和歌山藩「国律」，独自型として仙台藩「評定所格式帳」，金沢藩「御刑法帳」など）。このうち明清律の影響を受けた藩法の特色として，律に准じた編別構成のほかに，特別予防的性格を有する徒刑の採用があげられるが，その実施に際しては多くの困難を伴った（本編第6章参照）。また，これら諸藩の刑事法も原則として秘密法であり，役所内での裁判基準として用いられたほか，藩の事業あるいは私撰による触・法令の集成や判例集の編纂も活発に行われ，実務に供された。

　明治初年には，新政府に倣って寛刑化・徒刑の採用を旨とする藩法改革が幾つかの藩で実施され，新政府も諸藩の有する自分仕置の制限・否定を企図した

が，実質的には明治4 (1871) 年7月の廃藩置県まで，程度の差こそあれ藩法はその命脈を保った。

Ⅳ 村法と町法

　近世の村法は成文法及び旧来からの慣習として法的効果・機能を有する不文法とに大別しうる。また，成文法には領主が制定・下達し村々に対し遵守を命じる領主法と，村が自らの手で制定した村法があったが，近世後期になると村法制定にあたって領主法を参照することも多く行われ，両者が類似するという特徴もみられるようになる。制定に直接携わったのは多くは村役人であり，これを村民に通達し，連署・連印などにより遵守を誓約させる形式が多くみられた。その内容は公儀法度の遵守・村政・年貢収納・父母への孝行・講・入会・村の行事・質素倹約の励行・博奕の禁止など日常生活全般にわたり，これらの違反に対しては村による独自の制裁が明記されることも少なくなかった。現存する村法にみえる制裁は地域や時期により異なり，過料・追放・村八分・身体刑（剃髪や打擲など）・権益剥奪・晒・労役・戸締・入寺・家毀ち・引き廻しなど多岐にわたるが，なかでも過料が最も一般的であり，次いで追放や村八分（仲ケ間はずし・五人組はずし・村付合除きなど）も比較的多く行われた。領主はこれらの制裁が自らの刑罰権に明確に抵触しない限り，黙認するという対応をとった。

　また，江戸・大坂・京都のような諸都市には，その全域を通じた自治法としての都市法は存在しなかったが，都市を構成する各町は自治団体として個別に町法（町式目・町内格式・町掟など）を定めた。申合せに参加しうるのは原則として家持・家主に限定されており，村同様に連署・連印による誓約形式が多くみられた。その内容は通常，公儀法度の遵守，町役人・下役の勤め方，借家に対する管理責任，奉公人の雇用，家持が負担すべき公役・町役（会所の運営費，消防，治安維持，橋や道の管理費その他）などのほか，家屋敷売買や通過儀礼（相続・婚礼・元服・養子縁組その他）の際，町や町役人に支払う各種の祝儀（町儀・町礼）に関する規定などを中心に構成されていた。この町儀・町礼はその納付者が町の一員として認知されたことを公示するとともに，受領者たる町役人・下役など町運営に関わる者たちにとっても，町との関係を示す本質的な意義を有する

ものであった。村法と比較して違反した場合の各種制裁が明記されることは少なく，せいぜい役儀罷免か他町への立ち退き程度に限定されていた。

V 仲 間 法

　戦国大名や織豊政権によって推進された楽市楽座の方針を，幕府や諸藩も当初は継承し，商工業者による私的な結合に否定的な対応をとったが，現実には上方の都市部を中心に近世初期には仲間が結成されつつあった。やがて貿易品統制や警察的目的から業種を限定（糸割符・質屋・古手屋・古道具屋など）した株仲間の結成を許可しはじめたが，その後，仲間の公認は品質保持・価格統制・命令伝達などを目的として拡大し，享保6（1721）年には江戸の各種商工業者に対し，積極的に結成するよう命じるに至った。株仲間には年行司・月行司・年寄・組頭・肝煎などの役員が選任され，会所を設け構成員が寄り合い，組織を運営した。株仲間は冥加金の上納・無代納物・無賃人足・緊急時の駆付けなどと引換えに，幕府や藩から新規加入の制限と仲間外営業の禁止を獲得したが，実際には株の売買・貸借も行われた（本編第8章Ⅰ参照）。株仲間はその構成員名と規約を記した帳面（株仲間名前帳前書）を幕府に提出して公認を得たが，例えば『大阪市史』第五には97業種に及ぶ前書が収録されており，その内容は概ね株数・組織運営・冥加金その他の負担や義務・遵守すべき営業条件・新規加入や相続に際し納入すべき加入銀高などから構成されている。天保12（1841）年には流通拡大と諸物価引下げを図ろうとする幕府により，株仲間解散が命じられたが，却って流通阻害や営業不振などを招来したことから，嘉永4（1851）年に株仲間再興令が発せられている。

　　＊**不文の仲間法**
　　　株仲間名前帳前書には，規約違反者に対する制裁が具体的に明記されることは少なく，株の取上げや「品に寄御咎ヲも可被仰付」と記されたものが多いが，各仲間内には明文化されない独自の規約・制裁も存在した。例えば「大阪昔時の信用制度」（『大阪市史』第五所収）には両替商に関する記述として，「当時中両替以下にして信用を破るの行為ある時は，五日乃至十日間，毎日ヒヤメシ草履を穿ち，十人両替を廻り，裏口より謝罪したり，而して此の如き制裁を受くるは，両替の非常に恥辱とせし所にして，信用を重んじたる程度，以て推知すべし」と記されている。

第3章　社会身分と雇用

I　社会身分

　近世の身分を表現する際にしばしば用いられる「士農工商」という語は，古く『管子』，『春秋穀梁伝』，『漢書』などの中国の古典や歴史書に見出すことができるが，そこには身分の序列という意味合いはほとんどなく，単に社会構成の分類を表すものにすぎなかった。日本においても四民という観念は，例えば13～14世紀に著された『正法眼蔵随聞記』，『神皇正統記』などにもみられ，また15世紀に一向宗の祖蓮如が，阿弥陀如来信仰による往生を説いた御文にも「侍能工商」に関する記述があるが，そこには職能別身分序列という意識はいまだ希薄であった。その決定的な契機となったのは豊臣秀吉政権下である。秀吉は検地の実施により，検地帳の名請人に対し田畑の所持と相伝を公認するとともに，耕作と年貢納入の義務を負わせた。また，一揆の抑制・喧嘩停止を主目的に実施された刀狩を通じて，百姓の武装解除，武器の所持・行使の武士身分への限定を行い，さらに前述の身分統制令により流動性の高かった武家奉公人と百姓を峻別し，人掃令により戸口調査を実施して，役負担者を職能別に掌握することを試みた。身分統制令，人掃令については，「唐入り」に備えた人的・物的資源の把握・確保のための戦時立法であったとする見解もあるが，これらの諸政策により，武士は安寧秩序を維持すべく，貢租を収納して行政・裁判を通じた支配を行い，百姓は被支配者として貢租納入と耕作に専念するといった，職能と居住地（武士や商人・職人は町，百姓は村への集住）による社会的身分の形成は促進された。幕府はこの方針を継承し，武士を上位に置き，その下に百姓・町人身分を位置づけ，村中や町中といった地縁的団体を基礎に支配する体制を確立した。また，これらの諸身分に対し家格・職業・主従・男女・長幼などの関係をも加えた階層秩序を形成し，教諭や賞罰など多様な手段を用いて末端にまで貫徹させた。

　しかしながら，社会が「士農工商」の四民を軸に構成・発展するという意識は，同時にそれ以外のものを有用とみなさず，社会の周辺部に位置づけるという論理をも生んだ。雑芸能者や宗教者・病者・障害者などに加え，穢多・非人

その他の名称でよばれた被差別身分の人たちも賤視され，近世を通じ差別が強化された。

＊身分的周縁

　1990年代以降，「身分的周縁」という研究視角が提起され，ひとつの潮流を形成してきた。当初は猿飼・茶筅・夙・鉢屋・散所などの雑賤民，公家家職や朝廷権力との結びつきにより集団化を遂げた修験・神職・陰陽師・相撲取り・座頭・鋳物師など，さらには日用・振売に象徴されるような都市下層民の具体的分析を中心に始まったが，その後，近世身分制社会を，直接的に政治的編成を受けた狭義の身分制社会以外に，これに収斂しえない「周縁社会」領域をも含めて考える必要性の提起，また「身分的周縁」を近世的異端の問題と捉え，その根拠を所有・経営の質あるいは分業体系などから説明しようとする試みなど，それらに対する批判も含め近世史研究にさまざまな展開を見せている。

(1) 天皇・公家

　幕府は当初，天皇を政治・軍事から隔絶することに意を注いだ。慶長18 (1613) 年に「公家衆法度」(5ヵ条)，元和元 (1615) 年には「禁中并公家諸法度」(17ヵ条) を制定し，天皇・公家の職分や行動，朝廷の人事にまで統制・介入を加える姿勢を示した。さらに朝廷の財政は幕府によって掌握・監督され，直接的な所領支配は否定された。この結果，朝廷が持ち得た社会的権能は官位授与・改暦・改元・祈祷程度にまで制限され，そのいずれもが幕府の深い関与・統制のもとで行われたが，文治政治への転換に伴い，幕府は自らの権威づけのために朝廷を利用するとともに，とりわけその官位体系を大名や幕臣の序列化・家格形成に用いた(武家官位制)。また，歴代将軍は天皇家・宮家と姻戚関係を持ち，大名たちも幕府の統制下ではあったが，公家との婚姻を多く求めた。

　公家は昇殿の許可・不許可により堂上公家と地下官人に大別されるが，18世紀後半頃には前者に約130家程度，後者に730名弱を数えることができる。彼らは古代以来の令制官職に補任されてはいたものの，大半は形骸化し，実務を伴うものは少なかった。公家衆の家領や役料なども幕府から支給されたが，とりわけ18世紀後半以降，多くは財政が逼迫し，家領や拝借金あるいは家業・家職の確保 (宗教者・芸能者・職人などの本所としての公認) を幕府に求める動きなどもみられた。

(2) 武　　士

武士は将軍を頂点に，重層的な主従制秩序により編成された階層性の高い身分であり，相互の区別や序列は厳格に構成された。将軍以下諸大名と上級旗本が叙任される官位（武家官位）はその最たるものであったが，そのほかにも付随する衣服・礼式・座順・屋敷門構など，様々な格式がこれを体現した。

　将軍に直属する武士としては大名と旗本・御家人があった（大名については本編第1章Ⅴ参照）。彼らは知行高と軍役に相応した家臣や奉公人を召し抱える必要があったが，将軍からみて直臣たる大名・旗本らが抱えた家来，また大名・旗本からみてその家臣が雇用した若党・中間などを陪臣（又者）という。旗本・御家人は知行高1万石未満の将軍の直属家臣（直参）で，両者は元来上下関係を示すものではなく，御家人から旗本への身分上昇も稀有なことではなかったが，実質的には将軍への拝謁（御目見）の可否により区分されていた。享保7（1722）年の史料によると旗本5205人，御家人1万7390人が見えており，その後も概ねこの程度の人数で推移した。旗本は老中・若年寄支配の下で番方・役方の諸役に就き，幕政実務に参加した。旗本知行所の多くは江戸周辺に配置され，江戸在府の義務を負った。一方，御家人はその大半が扶持米取りで小禄のものが多く，江戸中期以降は御家人株の売買も行われた。御家人も旗本と同じく番方・役方の諸役職に就いたが，無役の旗本・御家人は毎年禄高に応じた小普請金を徴収された。

　武士の俸禄は，軍事と政治・行政実務への従事に対する給付として主君から与えられるものであったが，主従関係が個人的結合から家と家との継続的結合へと転化するに伴い，「家禄」として世襲されるようになり，同時に家格をも表した。これには知行・蔵米（切米）・扶持・金銀の4種がある。このうち知行には地方知行と蔵米知行があり，いずれも石高表示であったが，前者は主君から知行地を与えられ，百姓と土地を支配しつつ年貢を収納するもの，また後者は知行地は与えられず，主君直轄地からの年貢を支給されるもので，いずれも石高の3～4割程度が収入となった。蔵米は現石・現米を支給されるもので，表示高が支給額を示し，年に複数回に分けて支給されることから切米ともよばれた。また，扶持や金銀は本来労働対価として支給される性格のものであり，これらが組み合わさって支給される場合も多く，複雑な体系を構築していた。

　武士には，百姓・町人など被支配身分の者から無礼な言動を受けた際，最下

層の足軽であっても一定の要件下で切捨御免（無礼討）と称する名誉の防衛が認められており，苗字帯刀とともにその身分確立に大きな機能を果たした。

(3) 百　姓

　近世の「百姓」には，漁村・山村に居住した漁民・杣人や，在村の大工・鍛冶・鋳物師のような職人あるいは商人なども含まれたが，主に農業で生計を立て，村方人別に加えられ村方に居住する者を指した。幕藩領主は従来から百姓が築いてきた共同体を，行政単位としての「村」として編成・確定し年貢・諸役を割り付け，村の責任においてこれらを納入させた（村請制）。17世紀後半頃までには，隷属的・半隷属的小農民（名子・被官・下人など）をも含んだ本百姓の複合大家族による大規模農業経営は概ね解体し，小農経営が基本となるとともに，所持石高の多寡にかかわらず検地帳に高請地の記載のある者が本百姓（高持・地主）として領主により掌握されるようになった。これに伴い，村内には本百姓と水呑（無高）という年貢負担の有無による序列や，村役人層を中心とする長百姓（大前）と小百姓（小前）という村政上の序列が生まれてくる。村で領主支配の末端を担うのが前述の村役人（本編第1章Ⅵ参照）であり，年貢・諸役の徴収・賦課，村内の治安と秩序維持，争論の調停など多くの職務に携わった。

　また，幕府や多くの藩では，各村内に本百姓から構成される五人組を置き，年貢諸役の納入・治安維持・保証などに連帯責任を負わせたが，その構成員を記した五人組帳の前書には，田畑永代売買や隠地の禁止をはじめとする各種の禁令や，日常生活の細部にわたる統制が記され，寄合などでの反復朗読などにより趣旨の徹底が図られた（本編第2章Ⅳ参照）。

　幕府や藩の百姓支配は儒教倫理に基づく撫民を原則とし，百姓による地頭・代官の弾劾を一定程度認めてはいたが，百姓一揆や徒党は禁止された。17世紀頃までの幕府や藩の法令，五人組帳前書などには，連署起請・一味神水といった中世以来の一揆形成の儀式を禁じたものが散見される。また，公事方御定書には強訴徒党逃散した百姓に対する仕置として「頭取死罪，名主重追放，組頭田畑取上所払」，徒党参加を抑止した村役人に対しては褒美銀と名字帯刀を許す旨が規定され，その後も一揆禁令は多数出された。しかし，現実には一揆は頻発し，その形態も初期の越訴から強訴・打ち毀しへと拡大するとともに，幕

末には「世直し」的要素も加わった。これに伴い竹槍や刀・脇差の携行，若者組や無宿の参加など，いわゆる一揆の作法も変質していった。

(4) 町　人

前述のごとく，近世の町には多様な形態が存在したが，とりわけ三都や城下町では武家地・寺社地・町地が明確に区分され，町人はこの町地に居住する商人・職人の総称として用いられた。町割の多くは道路を挟んだ両側の部分から構成され（両側町），そこに屋敷地を所持して町役を負担し，町の運営に携わる「町中」の構成員，すなわち家持・地主が厳密には「町人」とよばれた。百姓と同様，検地帳に家屋敷を名請けし，その所持を公認された者を指し，店借（借家人）・地借はこの町中からは排除された。

屋敷地は当初は永代所有であり，また売買や譲渡には町中の承認を必要としたが，商品流通の進展に伴い売買や質入の対象となった。売買可能な町屋敷地を沽券地とよんだが，前述のような不在地主層の増大と家持の減少，家守（家主）と借家人の増加傾向は時とともに顕著になり，幕府や藩も商工業者の市中散在にともない，従来の町を通じた把握・統制にかわり，17世紀半ば頃から結成が進んだ，同業者による仲間・組合の公認と運上・冥加金の徴収を通じたそれへと重点を移すようになった。

他方，農村などから都市へと流入したものの多くは，振売層（零細商）や日用層（日雇稼）などの都市下層を形成し，裏店に居住して都市人口を膨張させるとともに打ち毀しの母体となるなど，江戸時代後期には幕府の体制を動揺させる一因ともなった。

(5) 穢多・非人

中世から既に社会に内在した被差別民たちは，幕府や藩により，「士農工商」外の身分として再編成された。主なものに穢多と非人があり，呼称や位置づけあるいは職能などについては地域差が存するが，例えば「穢多」という呼称が幕府や藩で用いられるようになるのは概ね17世紀に入ってからであり，この頃から人別帳の別帳化や混住の回避なども見られるようになる。

関東では江戸に住む穢多頭の弾左衛門（代々襲名）が，関八州及び周辺数ヶ国の「穢多」，「非人」，「猿飼」など各種の被差別民を統制した。穢多（関東では「長吏」，関西では「かわた」と自称する例が多い）は斃牛馬処理（解体と資源として

の活用）を主に行ったが，この斃牛馬を無償で引き取る権域は「旦那場・勧進場」などとよばれ，末端の長吏・かわたに分割されるとともに，後には物権化し質入れ・売買の対象ともなった。非人は関東の場合，斃牛馬の見廻りと処理を請け負い，その反対給付として旦那場・勧進場で施しを受ける特権を分与されるものとされ，両身分間には事実上の支配関係が存在した。また，弾左衛門は17世紀前半には町奉行の直接支配を受け，配下を使役し行刑にも携わった。非人頭車善七らは17世紀半ばから18世紀前半にかけ，数度にわたり弾左衛門の支配から脱すべく凄絶な争訟を行ったが，幕府は善七らの主張を斥け，弾左衛門に非人支配を認めた。江戸の非人は処刑（弾左衛門を通じて賦課）や牢屋敷・溜に関する御用，囚人送迎，川の不浄物改めなどを役として負担するかわりに，町方を勧進（門付芸・大道芸・紙屑拾い・物乞いなど）して生活することを認められたが，これら役負担も弾左衛門の管理下に置かれた。非人は出自によるもの，本人・親類からの請願によるもの，刑罰（非人手下）によるものに大別される。このうち非人手下は公事方御定書では相対死の未遂・賭博犯・姉妹伯母姪などとの密通，15歳以下無宿者の小盗などに科せられたが，赦律により10年経過すれば平人に戻ることが可能とされた。

　大坂の場合，穢多と非人の間に江戸のような明確な支配関係はみられず，非人は勧進・垣外番（野非人の取締りと排除）などで生計を立てたが，一部は大坂町奉行所の盗賊方や定町廻り方の手先として，捜査・召捕・巡回などにも従事した。畿内及びその周辺には穢多，非人身分の者に警吏・牢番・番人など，下級警察業務を担わせた事例も多くみられる。

II　雇　　用

(1)　奉公・奉公人

　律令制下においては官人の職務への精励を意味した「奉公」という語は，中世武家社会では御恩・奉公という形でしばしば併記され，主君への臣従を表すものとして用いられた。また，兵農分離を推進した秀吉は奉公人に関する法令を頻繁に出したが，そこでの奉公人も武家奉公人を指していた。それゆえ江戸時代においても当初は，奉公人は武家の従者を意味したが，17世紀後半から18世紀初頭にかけ，判例や触のなかで武家以外の使用人にも奉公人という呼称が

使用されるようになり，広く雇用関係一般を指す語として定着していった。

　江戸時代の初期には，前代からの奴婢・下人の系譜を引くもののほか，刑罰や年貢未進，永代売買，勾引，人質の流質などによる譜代奉公人も存在したが，商品生産の進展や貨幣経済の浸透に伴い，奉公形態は概ね「人法的支配権譲渡」から「債権法的労務提供」へ——すなわち「身分的な隷属関係」から「債権的な雇用関係」へ——と推移した。しかし，幕府は主従の身分関係に基づく「労働の提供と恩恵の享受」という側面を常に強調し続け，その論理を示す「忠」を最も重い徳目として掲げた。

　18世紀後半頃になると，農業人口の減少と農地の荒廃，離村農民の流入による都市人口の増大が問題となり，御料・私領を対象とした奉公稼制限令や，江戸における旧里帰農奨励令なども度々出されたが，その実効性は乏しかった。とりわけ江戸の場合，流入人口は増大したものの，その多くは小商人・小職人や日雇を志向し，束縛の多い奉公を忌避したこともあって，奉公人の払底と給金の高騰を招来した。

(2) 奉公契約と年季

　奉公契約は通常，目見（雇主による一定期間の試用），給金の全額又は一部の授受，奉公人請状の作成という手続を経て成立した。請状は請人すなわち保証人が差出人となり，雇主に対して奉公人の奉公を保証する証文で，年季や給金に関する部分と，奉公人の身元保証，宗旨（切支丹でないこと），欠落・取逃・引負時の責任，公儀法度遵守の誓約などから構成されていた。請状には請人と奉公人本人が加判し雇主に提出したが，江戸時代前半期には，請人に対し奉公人の身元保証をする下請人・人主（通常は奉公人の父兄）もこれに加判するのが常であった。しかし，上記のごとく奉公契約が労務提供契約的な性格を強めるにつれ，下請人の制度は形骸化又は消滅していった。

　契約が成立すると奉公人は原則として主人の人別に加えられたが，後期になるととりわけ短期奉公人に人別外の者も多くみられるようになった。奉公人は主人に忠誠を尽くすものとされ，法も主人に対し厚い保護を与えた。例えば，公事方御定書が規定する最も重い死刑「鋸挽」は主殺にのみ科されたし，主人の妻と密通した奉公人は「引廻之上獄門」とされた。また，公儀に関する重大犯罪以外は奉公人が主人を訴人することを禁じ，これに処罰を加えた。下男・

下女の密通は主人へ引き渡すなど，主人の奉公人に対する一定の私的制裁権も認めていた。さらに契約の解除権は主人にのみ与えられ，奉公人が給金不払いを訴えても受理されなかった。御定書に見える公事銘の一つに「奉公人給金滞」があるが，これは奉公人の不奉公に対し，主人が前払給金の返還を請人に請求することを意味した。

　幕府はその成立当初から人身永代売買の禁止や奉公期間（年季）に関する規制を相次いで発した。元和2（1616）年には奉公年季の上限を3年としたが，時代の要請にあわず，寛永2（1625）年には10年にまで延長され，これを超えるものは永年季として処罰の対象となった。その後元禄11（1698）年，幕府は方針を転換し，年季制限を撤廃して永年季奉公や譜代奉公（生涯の奉公）をも容認した。その理由として幕府は，貧農・都市下層民が，子供を前借金獲得や口減らしを目的に長期奉公へ出す便宜を図るためとしたが，その背景には譜代奉公人の確保の困難，出替り奉公人の一般化，永年季契約の減少など，種々の要因により年季制限の実効性が薄れてきていたことも考えられる。

(3) 村方奉公人

　農村における奉公形態の発展にはかなり地域差がみられるが，概ね譜代奉公から年季売奉公（質物奉公）を経て，年季奉公（長年季から短年季へ）へと進化していった。江戸時代初期においては既に，譜代の下人等を使役した地主による手作り経営とともに，質物奉公という形態も広く存在した。その当初の形態は，年季を定めた上で，前借金を得て子女・下人を買主（質取主）へ渡し，利息分をその労働で充当させ，年季明けに本金返却とともに人身を請け出すというものであった。やがて，これは前借金じたいを労働により消却していく本金居消質奉公へと変化していくが，労働が本金に相当した時点で，給金前払の年季奉公と同様になり，雇用契約的性格はいっそう促進された。奉公期間も数年以上から一年季へと短縮されていく傾向をみせ，幕末の畿内では日分ケ奉公・廻り奉公と称し，月のうち10〜20日など一定日数を雇用主のもとで労働する契約もあった。

　また，近世中期以降は口減らしと家計の補助を目的として，子女を都市へ出稼ぎ奉公に出すことも多くみられた。彼らの大半は比較的短期の年季で後述のような武家奉公人や町方奉公人となり，都市文化・情報の村への伝達という役割も担ったが，生涯の大半を出稼ぎで過ごす者や，博徒などになる者も少なく

なかった。

(4) **武家奉公人**

　武士は知行高と軍役に相応した家臣・奉公人を抱える必要があったが，初期には軍役確保や治安悪化を懸念する幕府により，一季居奉公人（渡り奉公人）を抱えることが度々禁止された。知行地を持つ武士は支配下の村落からの徴発も可能であり，幕府も「寛永の地方直し」，「元禄の地方直し」とよばれる知行の加増・蔵米の知行への切替などを実施したが，幕臣の増加などにより譜代奉公人の確保は困難となり，年季奉公人に対する需要は増大した。出替り日（寛文9（1669）年以降は3月・9月の5日）も公定され，一斉に奉公人の出替り（雇用期限終了に伴う交替）が実施されるようになった。また，17世紀末頃には「人宿」（けいあん・口入）と称して奉公希望者の請人となる事を業とし，判賃を取るとともに，雇い主・奉公人双方から口入料を徴収する業者が現れるようになった。中間・若党・小者など軽輩の武家奉公人の多くはこのような形態で雇用されたが，彼らによる給金取逃・欠落・がさつ法外などは度々問題となり，幕府は改革期を中心に人宿組合の結成・再興などにより統制を試みたものの，その効果は薄かった。彼ら奉公中は原則として抱えの武士と同じ待遇を受け，罪や失態を犯した場合，主人にはこれを手討にする権限も与えられていた。

(5) **町方奉公人**

　町方奉公人は下男・下女のように比較的単純な労働を提供する短年季の奉公と，主に技能習得を目的とする長期の奉公とに大別しうる。前者の多くは人宿などを介して雇用され，給金を受けて労務を提供し，原則として昇進はなかったが，後者は労働をさせながら訓練を施し，一定期間後の自立あるいは経営参加という形でその生活を保証するもので，雇主との間には主従関係が強く意識されるとともに，擬制的な家族関係という側面も有していた。大規模な商家では訓練と昇進・選抜の制度が体系化されており，他人の男子（その多くが分家・別家や近国商家の出身）を12～13歳から無給・住込みで丁稚・子供として雇用し，手伝い・雑用をさせながら必要な技能（読み書き算盤を含む）を身につけさせた。数年後，半元服・元服の後に手代となり，給金付で店務に従事し取引技術などを習得させ，役付を経て番頭にまで昇進すると主家の管理業務にも携わった。契約上の当初の奉公期間は通常10年程度で，有能な者は契約更新のうえさらに

長期間雇用され，40歳前後で別宅を許され主家に仕える者や，元手銀・屋号・暖簾印を分与されて独立する者もあったが，終身雇用される者はごく少数であり，大半が上記のような昇進階梯を経るなかで淘汰されていった。

職人の徒弟奉公も12～13歳で親方の家に弟子として住み込み，10年程度の年季が明けた後，数年の御礼奉公を経て独立するという過程は，商人と大同小異であったが，技能修得の側面はより強く，親方からの営業鑑札の交付・仲間の承認を必要とするとともに，技術の秘匿や無断営業の禁止などが課され，違反者には家業構（修得技術を利用した営業の禁止）が科されることもあった。ただ親方の株数は限定されていたことから，一人前になっても親方と同居を続けるか，自立して近隣の表店に通勤するといった「手間取」職人が多くを占めた。

(6) 日用取

日用取は日雇いや月雇稼ぎをする者を指し，近世初頭から都市を中心に膨大に存在して幕府や大名・旗本あるいは町方の労働需要を満たした。彼らは通常，上記の人宿同様，日用頭を介して雇用されたが，幕府は承応2（1653）年，日用頭から札を交付させて無札の日用取を取り締まることとし，さらに寛文5（1665）年には日用座会所を設置し，毎月の札銭徴収と日用札の交付を義務づけた。しかし，日用取にとって札銭の納入が困難であったことなどからこの制度は有名無実化し，寛政9（1797）年に座は廃止された。日用取の労務は鳶人足・米搗・背負・駕籠持・足軽・小者・御普請人足など多岐にわたり，武家の役負担や商家の労働力として不可欠な存在であったが，流動性が高く，寄留先や雇用先を失えば容易に野非人や無宿に転落する存在でもあった。

(7) 勤奉公人

江戸時代には傾城・遊女・食売女・茶立奉公人・洗濯下女・惣嫁・夜鷹・綿摘み・提げ重など，様々な呼称の公娼・私娼が存在した。貨幣経済の進展に伴い増大した貧農層・都市下層民らが主たる供給源となったが，幕府は江戸の吉原，大坂の新町，京都の島原などの遊廓を，主として治安維持や風俗統制などを理由に，冥加金の納入を条件に公許した。また，茶屋や旅籠屋などについてはあくまで給仕女・下女などの名目で，人数制限（1軒につき2人）を条件にこれを黙認するとともに，それ以外の売女を隠売女として取り締まった。公事方御定書の「隠売女御仕置之事」では，隠売女稼業の者や隠売女のみならず，請

人・人主，家主・五人組・名主・地主などにまで広く連座が適用されている。

彼女たちも多くは奉公契約の形式で雇われ，給金は一般の下女奉公などに比して高額ではあったが，例外なく前借（実質的には身代金）の形をとったほか，病死・頓死の場合の死後特約文言が付されたり，縁付（妻・妾として）や転売の自由などを抱主に対して特約するなど，人身売買的な特質を強く有していた。また，売女奉公契約をめぐり紛争が生じた場合も，幕府は当事者間の相対に委ねるのが通例であり，公権力として介入することは原則としてなかった。

第4章 土地制度

I 近世的土地所有の性格と各種の規制

一般的に，幕府・藩など領主層の耕地や屋敷地に対する権利を「領知」，百姓の田畑に対する諸権利を「所持」という語で表したが，一つの土地に対する排他的・独占的所有は，少なくとも建前上は存在しえず，例えば，ある藩の家臣の知行地内の田畑であれば，そこには将軍—大名—大名家臣—村—百姓などの諸権利（権利の内容はそれぞれ異なる）が重層的に存在した。また，所有の主体は大半が家や村などの共同体を単位とし，個人的所有権は未だ確立されていなかった。とりわけ田畑は幕藩体制の根幹を支える年貢の賦課・徴収単位であったことから，自由な処分は許されず，後述のような種々の規制を受けた。他方，町における屋敷地にも原則として検地が実施されたが，規制は農地より緩く多くは地子が免除され，町人間での売買も禁止されなかったことに加え，商業資本の成長が土地の商品化を促進したことから，物権化して実質的には近代的土地所有に近い状態が形成された。

土地契約に関しては，前代に比していっそう文書主義（証文による契約）が浸透するとともに，町役人・村役人による公証機能——多くは証文への署名・奥印——が義務づけられ，とりわけ紛争時には，これらが訴訟受理の要件あるいは証拠として大きな機能を果たした。

幕府による田畑に対する主な規制には，概ね以下のようなものがあった。

(1) **田畑永代売買の禁止**

幕府は検地の名請人による年貢生産・収納体制の維持を主目的に永代売買を

禁じ，寛永20（1643）年3月の「田畑永代売買御仕置」では，売主は牢舎のうえ追放（本人死亡の際は子同罪），買主は過怠牢（同左）のうえ田畑取上など，厳しい罰則が示された。公事方御定書では売主過料，加判名主は役儀取上，買主は田畑取上など，刑罰は若干軽減されたが，禁止の原則は維持された。ただし，現実には「質入れから質流れ」という形態をとることで，永代売買と同様の効果を得ることができたため，禁令は有名無実化した。また，永代売買を容認した藩も多くは幕府に倣い禁止に向かったが，水戸藩や延岡藩，南部藩など禁止を明示しない藩もあった。

> *流地禁止令
> 　享保7（1722）年に幕府は永代売買禁令の原則を貫徹すべく，従来の方針を転換し，田畑の質流れを以後禁止する法令を発した。その結果，出羽国や越後国などで質地の取戻しを求める大規模な質地騒動が発生し，また金銭不融通をも惹起したことから，翌年に流地禁止令は撤回された。なお，御定書編纂の際，三奉行から永代売買の処罰を廃止してはという趣旨の伺が出されたが，吉宗は，不処罰にすれば当座の利益を求めて田畑を手放す百姓が増加すること，真に困窮した百姓は従来どおり質入れ（から質流れ）の方法をとれば支障ないことを理由に，処罰規定の存続を命じている。

(2) 分地の制限

幕府は百姓の担税能力確保のため，相続・分与の際の耕地分割にも制限を加え，諸藩でも概ね同様の政策がとられた。従来，寛文13（1673）年が制限令の初出（名主は高20石，一般百姓は10石未満の者の分地を禁ずる）とされてきたが，典拠史料の所在が確認されず疑問が残る。ただし，他史料の記述から近い時期に制限令が出されたであろうことはほぼ間違いない。また，享保6（1721）年の制限令では，高20石，地面2町未満の百姓による耕地分割が禁止された。分地の制限は，耕作・家屋敷田畑・家名などの継承を経て形成された「家」意識や，百姓数の固定化に伴う百姓株の成立などに影響を及ぼすとともに，村における家の相続者以外の労働力が，奉公先などを求めて都市へ流入する一要因ともなった。

(3) 作付の制限

幕府は貢租と食料確保のため，米・麦・雑穀以外の田畑への作付を制限した。煙草はその典型例で，寛永19（1642）年には御料・私領ともに本田畑での煙草栽培が禁止され，翌年の「土民仕置覚」でも「五穀之費ニ成候」との理由で，新田畑での栽培も禁じられている。その他，菜種・茶・綿なども当初は制

限されたが，貨幣経済の進展と農村への浸透，都市部での需要増などに伴い，全国的に商品作物栽培への指向が上昇するとともに，藩の多くは財政面などから制限には消極的となり，また幕府も18世紀に入ると菜種や綿種の植付を容認するなど，その実効性は乏しかった。しかし形式上は維持され，明治4（1871）年の田畑勝手作の達により撤廃された。

その他，いわゆる地目変更（田畑成り～田から畑は米の減産を理由に。畑田成り～畑から田は水利への障害を理由に）も原則して禁止された。

* 「場」の所有

  耕地・屋敷地などの直接的な土地所有とは性質が異なるが，農村や都市には職人・商人・宗教者・えた・非人などが，生業や活動を行うために必要な様々な権域（「場」＝縄張り・テリトリー）が存在した。「場」の名称や性格は職種や地域により多様であり，例えば職人や商人が営業を行う得意場，御師や修験，虚無僧など宗教者の霞場・檀那場，えたの職場・草場，非人の勧進場などがそれにあたる。彼らはいずれも仲間組織を形成し，権益の確保，仲間外からの新規参入の排除，同業者間での「場」を巡る争いの調整・調停などを行った。これらの「場」も売買・質入・相続・譲渡の対象となった。

II 検地と貢租

(1) 検地

江戸幕府は太閤検地の方式をほぼ継承し，大規模な検地としては17世紀初頭の慶長検地，前半～中期の寛永・慶安検地，後半期の寛文・延宝検地，末期の元禄検地，18世紀前半の享保検地などを各地で実施し，それ以降も新田畑の本田畑への組入れ，隠地の摘発，年貢増徴を目的として随時小規模な検地を行った。大規模な検地実施に際しては，担当者の規準たる検地条目が作成・整備された。

幕府の検地は勘定奉行の指揮・管轄下で行われ，時期・地域差はあったが，概ね現地での実測による境界と面積確定（竿入れ・縄入れ）を行い，田畑の地味を勘案しつつ等級付（位付→概ね上・中・下の3段，場所により9，10段にも分類）をし，全測量地につき収穫量を1反あたりの米高で認定した（石盛→例えば上田1反（約0.1ha）に籾3石（約540ℓ）の収穫で，これを玄米にすると1石5斗になる場合，斗を単位に一五と表示し，「二斗落」なら中田は一三，下田は一一と表示する。畑は上畑＝中田，屋敷地は上畑に准ずる）。検地の結果は村単位で1筆ごとに検地帳（水帳）に所

在地・地目・等級・面積・石高・名請人を，例えば，

　　一　下田四畝廿七歩　　長拾二間壱尺弐寸・横拾弐間六寸　　○右衛門
　　　　　(神明裏)
　　　　　高七斗三升五合　　東方　道中央△村境・南方　溝

のように記載し，最後にそれらを総計して村高を示した。検地帳記載地は高請地となり，領主はこれを基準に年貢諸役を賦課した。

(2) 貢　租

　幕府や藩が徴収する貢租の総称として，「年貢諸役」という語がしばしば用いられるが，高請地（田・畑・屋敷地）に賦課される本途物成を「年貢（本年貢）」，それ以外の各種雑税（小物成・浮役・高掛物など）や夫役を「諸役」に区分しうる。

　(a) 本途物成　　本途物成は田方物成と畑方物成に大別される。田方物成は当初，検地帳記載の村高を，領主と百姓間の配分比率に応じ徴収する方法（根取）が採られたが，やがて実収高に応じた徴収法へと変更された。これには検見法（豊凶に従う租税決定法）と定免法（過去数年間の平均収穫量を基礎に一定量を徴収）があった。検見は村単位で実施され，畝引検見（等級別に標準収穫量を定め，実地検査量と比較），有毛検見（等級は考慮せず，坪刈〔役人による試験的収穫〕により算出した収穫量が基準），請免検見・投検見（村役人との談判や周辺との豊凶比較），遠見検見（遠望など）など様々な方法があったが，享保期を境に概ね畝引検見から有毛検見へと変遷した。検見後には村宛に免状が下付され，村内部でこれをもとに高持百姓に免割を行い，各人の年貢米量を確定した。また，定免法も同じく享保期頃から採用され，原則として村からの請願により検見取から，無期（永定免）あるいは年季（定免年季）を定めた上で変更された。著しい凶作時などには破免（検見による減租）が実施されたが，年季切に際し「切替増」とよばれる増税もしばしば行われた。上納時の計量・輸送などによる欠損補充のため，欠米・込米などの付加税も賦課された。畑方物成も当初は検見取であったが，享保期を境に永定免が原則となり，米に算定して徴収量が決定された。田畑への年貢は現物納が原則ではあったが，貨幣銭による代納（石代納）も広く行われた。貨幣納では分割上納（夏成・秋成・冬成など）も一般的であった。

　(b) 小物成　　広義の「小物成」は田畑以外に賦課される雑税一般を指し，浮役や高掛物もこれに含まれた。地域や領主ごとに非常に多種多様であり，明

治初年の調査ではこの広義の小物成は全国で2000余種を数えた。狭義の小物成は山野・原野・河海の用益や産物を対象とした税で，多くは毎年一定額を上納した。山年貢・野年貢・草年貢（反別賦課）・山役・野手米・海役・池役（高外地の用益権に賦課）・漆年貢・櫨(はぜ)年貢・茶役（高外地の草木に賦課）などがあった。浮役はその名称が示すように，納高が不定あるいは臨時に賦課される税を指し，多くは諸商売・職人・加工業などに対する運上・冥加で営業税・免許税的な性格を有していた。水車運上・市場運上・酒造冥加・質屋冥加・旅籠冥加・鯨分一・鰯分一などがこれにあたるが，貨幣経済・商品経済の進展に伴い，領主層が村内で営まれるこれらの諸営業に新たな財源を求めた結果ともいえる。その他，高掛物は主に天領の農村を対象に村高に応じて賦課され，街道宿場費用としての伝馬宿入用・米蔵維持費としての蔵前入用・幕府台所人夫給米としての六尺給米があった（高掛三役）。これらは江戸前半期には米納・現物納が一般的であったが，中期以降は大半が貨幣納となった。

　(c)　夫　役　　夫役は元来，労働力や技能を領主に対し提供するもので，これには堤防・用水などの普請に際し課される普請役，伝馬賦課が宿場の負担能力を超えた際に街道宿駅近辺の郷村に対し人馬提供を義務づける助郷(すけごう)，浦方の漁村を対象に船頭・水主(かこ)として徴発される水主役などがあるが，後にはこれらの多くも貨幣納（あるいは米納）となった。

Ⅲ　割地・郷地賄いと入会

(1)　割地・郷地賄い

　村請制下の村落において，村内百姓間の貢租負担を公平にするため，持地（田畑・山林など）の定期的割換え（分配の仕直し）が広く諸国で実施された（割地）。村が独自の仕法により行うものと藩が政策として実施するものがあったが，前者の場合，多くは検地後に高持百姓による持高に比例したくじ引きで行われた。この割地慣行は明治の地券発行後にも存続した地域があった。また，貢租負担の公平や村の解体防止を目的として，高請不能となった百姓から村差出となった耕地を，いわゆる村有地として管理する慣行（郷地賄い）も存在した。その際，村内で単純平等に高割する方法もあったが，共潰れを招く危険性が高いことから，特定集団（村役人や比較的裕福な百姓）への委託や，有力百姓の

個別経営に委託する方法が多く採られた。

(2) 入　　会

　山野は原則として高外地であったが，百姓が肥料・飼料・燃料など農用資源を採取するための林野利用の形態を入会といい，入会地に対する権利を一般的に「進退」という語で表した。進退は用益権としての性格が強く，1村限り（村中入会）あるいは数ヵ村が共同利用（村々入会）する形態が多くみられた。実際の用益は家単位で行われたが，地域ごとに独自の慣行が形成されており，利用期間・方法などは村法で定められることが多く，違反者には制裁が科された。農用林野は高請地の補完物と意識されたため，用益権者は高持百姓に限定され，耕地の「所持」の移動に付随して用益権も移動することが多かった。17世紀後半以降になると入会地は分割傾向に向かい，利用量の札所持による表示や株化に伴い，持分の質入・売買も進行し，無高百姓・水呑が資格を獲得する場合もあった。

(3) 入会漁場

　近世においては地先海面は地元漁村の漁場，沖合は自由漁場が原則であったが，地先でも入会の漁場が存在し，これには山林同様に一村入会・数村入会のほか他村入会（入漁料などを支払い他村漁場に入漁する）があった。一村入会の場合は原則として本百姓のみが用益権を持ち，水呑には雑漁（小網・小釣）が許された。数村入会は漁場の地形や漁獲対象などにより慣行として形成されることも少なくなかった。なお，川漁は沿岸の村々の入会が通例であった。

*用水

　　農業用の灌漑用水にも村々から構成される共同組織（組合）が形成されており，地形や歴史的沿革などからその規模は多様であった。施設管理や用水分配は組合の自治に委ねられたが，加入時期や村の規模・位置・成立由来などにより地位の優劣が存在し，水を巡る村落間の紛争（水論）は頻発した。幕府は水論を「水行ハ理外ニ而，人力ニ不及儀ニ御座候」（安永 5〔1776〕年の幕府書付）として，裁許ではなく，地元での内済による解決を強力に推進した。

Ⅳ　不動産貸借

(1) 小　　作

　太閤検地の原則は「検地帳の名請人＝耕作者かつ年貢負担者」であり，豊臣

政権は小作を禁止するとともに，現実の耕作者を名請人とする政策をとった。幕府も当初はこの原則を継承したが，実際には新田開発をはじめとする農業生産力の向上や，永代売買禁止の弛緩に伴う質地関係をめぐる農民層の分化などにより，全国各地で地主—小作関係が広範に展開した。小作の形態は時期的・地域的に差異があるが，18世紀末に成立した有名な地方書『地方凡例録』には，直小作・別小作・永小作・名田小作・家守小作・入小作の6種が掲げられている。このうち，直小作・別小作は主に質地契約に伴う小作関係であり，前者は質入れした田畑を占有移転せず，質入主（債務者）が耕作しつづける形態，別小作は他人に耕作させる形態を意味した。永小作は無年季で永続して小作する形態で，幕府法では普通小作（地主と小作人の相対契約による賃貸借）であっても，20年を超える年季は永小作と認定された。永小作は強力な小作権であり，小作料滞納や不埒な行為がない限り小作地の引上げは許されず，小作人には用益権の他への売却・譲渡・相続・質入や転貸（又小作）も認められた。年貢納入義務は通常の小作は地主が負ったが，永小作では小作人が直接納入することも少なくなかった。永小作の成立事情は多岐にわたるが，開墾・干拓などの土地改良で小作人が開墾人として経費・労力提供をする場合などにも多く設定された。名田小作は大高持農民が自作できない田畑を，無高あるいは零細高持農民が借り受け小作する形態で，やはり20年超の年季は永小作に准ずるものとされた。隷属的・半隷属的小農民が田畑の貸与により自立する過程や，新田開発主による小作などの多くがこれに該当した。小作滞（小作料滞納）は本公事であり，質地同様の日限済方申付け後，弁済不能であれば身代限とされた（本編第7章Ⅲ参照）。

(2) 店借・地借

家屋の賃貸借を借家（屋）又は店借，屋敷地を賃借し家屋を建て居住することを地借といった（また，そういう状態の者も同じ名称でよばれた）。幕府は借家・借地の際には請人をたて請状を作成することを強制したが，通常は賃貸期間の定めがなく，貸主の請求しだい何時でも明け渡す旨を請人が保証した。大坂では享保17（1732）年に，手数料をとって請人となることを業とする借屋請人仲間が許可され，明治初年まで存続した。家賃・地代は毎月払いか半年（節季）払いで，滞納未弁済時には店賃（地代）滞の訴か明け渡し（店立・地立）の訴を

提起した。店賃(地代)滞は金公事(かねくじ)、店立は本(ほん)公事として処理された(本編第8章Ⅰ参照)。

Ⅴ 不動産担保

(1) 田 畑 質

　金銭貸借の担保として田畑の占有を金主(質取主)へ引き渡し、金主がこれを進退(用益)して得た収益を利子に充当し、質入主が債務元本を弁済のうえ請け戻すのが典型的な田畑質の方式であった。その間の年貢諸役は金主負担が原則であったが、年貢諸役ともに質入主が負担する質地契約を頼納質(らいのう・たのみおさめ)といい、年貢未進の危険性及び無年貢・無役の土地所有を容認する結果となることから、前述「田畑永代売買御仕置」では「永代売買同前之御仕置」とされた(後に、諸役のみ質入主負担とする半頼納も処罰対象となった)。元禄8(1695)年には永年季・無年季の質地契約を禁止し、10ヵ年を質入期間の上限とするとともに、流地が条件付で認められた。質地契約(証文)の要件は厳しく定められ、無証文契約の不受理は勿論のこと、公事方御定書の規定では、質地の名所・位反別・年号の記載、名主加判のいずれかを欠くもの、質入期間が10年季を超えるものも不受理とされた。また流地は、年季明け後10ヵ年の経過、無年季で金子有り合わせ次第請け戻す旨の証文で質入後10ヵ年の経過、及び年季明け後請戻し不能の際は流地と定めた証文で年季明けから2ヵ月を経過したものに認められた。ただし、倍金質地(最初から流地を目的に、実際の価格よりはるかに高額の債務額を記載する契約)は当事者双方及び証人に過料、また二重質入には質入主中追放・名主軽追放・加判人所払と厳しい処罰が科された。質地出入は本公事であり、債務石高・金高に応じた日切済方が命ぜられ、弁済不能時には地所が金主へ引き渡された。

(2) 家 質

　家質(かじち)(家屋敷を占有移転しないまま質入すること)は、その担保の確実性と簡便性から、とりわけ都市部の商人たちにより、回転資金確保の手段として頻繁に用いられた。江戸では古くは、質入主と五人組・名主が連印した家屋敷売渡証文と、家守請状(やもりうけじょう)とを質取主に渡し、沽券状(こけん)は名主へ預ける(すなわち、質入主は質取主所有の借家に居住という外観を創出し、地代・店賃(家賃)という名目で利子を払う)

という方式がとられた。占有移転を伴わない利息付債権は後述の書入同様と見なされ，金公事となり保護が薄かったことによるものと考えられる（本編第7章Ⅲ参照）。大坂もかつては江戸と同様の方式であったが，売買との紛らわしさを避けるという理由から，享保年間に大坂町奉行が利銀付家質証文の雛型を市中に触れ出し，以後この方式が定着した。江戸でも天保13（1842）年に大坂の影響を受け，質入主から沽券状と家質証文（ただし，地代・店賃名目での利子支払は堅持）を質取主へ差入れ，質取主からは質入主へ沽券状預り証文を渡す方式に変更された。家質も質金額に応じ設定された日限済方中に弁済されなければ流質となり，債権者への引渡（及び日限中の店賃支払）が命じられた。

(3) 書　　入

書入は今日の抵当にほぼ該当し，動産にも行われたが，多くは不動産が担保となった。占有移転を伴わない点では家質と同じであったが，証文には通常，債務不履行の際，不動産売却による債務充当，債権者への占有移転とその用益による債務消却，書入不動産の有年季質入契約への変更，などが記載され，その履行が求められた。契約には町村役人の加判も要さず，訴が提起された際には借金銀同様に金公事として扱われたことから，債権者への優先弁済は与えられなかった。質地契約のうち前述のような要件を欠くものは，書入として処理される場合もあり，また二重書入は二重質入と同様の処罰を科された。

第 5 章　親族法・相続法

Ⅰ　親　族　法

(1) 武士法と庶民法の分離

　幕府は豊臣秀吉の太閤検地・身分統制令を継承した政策をとり，「士農工商」という身分の固定化は進行した。武士の家は，主君に対する奉公の反対給付である封禄を存立基盤とするものであり，主君は戦時には軍役，平時には番方・役方の諸役職を担う家臣の家に無関心ではあり得なかった。婚姻・養子縁組，相続などに関して，様々な制約・干渉の規制を加えた。庶民の家については，当主に家内の統率権限を認め，奉公人の主人に対する犯罪・子の親に対する犯罪を特に重く罰したり，子に対する懲戒権を付与するなど，家内秩序・封建秩

序を厳格にする法制はみられるものの，主君にとっては武士の家ほどには切実な問題ではなかったのであり，多くは干渉を避け，地域の慣習法に委ねていたのである。

このように江戸時代には武士法と庶民法の分離がみられるのであるが，武士についても特別な統制や拘束が加えられない領域にあっては地域の慣習法に従っていたのであり，その意味では庶民法が一般法・普通法の地位にあったのであり，武士法は特別法として存在したのである。

(2) 親族の範囲

親族は，同姓・親類・縁者に区分される。同姓は，同族・同名・一門・一族・一家・一類などとも称し，超世代的な連続性をもった父系血族集団であり，本家と末家（分家）の関係を構成している。江戸時代では親類・縁者が重んじられたが，後期になると幕藩体制の危機の兆しの中で，超世代的な本末家の筋目を尊重する観念が台頭して同姓を重視する傾向が武士社会では復活したようである。

図表1　親族組織

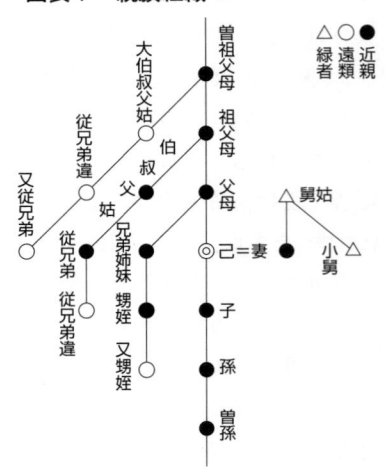

（資料出所）鎌田浩『日本法文化史要説』
（邦光堂，1995年）

親類と縁者の範囲は，藩によって違いがあるが，幕府の場合は**図表1**のとおりである。親類は，近親（近類）と遠類に分けられるが，遠類を除いた狭義の親類は，「甥従弟の続きまで」と表現されるように，具体的には配偶者・直系血族・3親等内の傍系血族・従兄弟・同居する直系卑属の妻までであるが，養親子・嫡母庶子・継親子の間柄も親類とみなされた。この近親は相互に服忌を受ける関係にあり，「忌懸りの親類」ともよばれた。また，遠類は傍系血族の中の大伯叔父姑・又甥・従弟違・又従弟までを包含する。

縁者は，ほぼ姻族に相当するものであるが，幕府の場合は妻の父母と兄弟姉妹までであるが，大坂町奉行所では相舅（婿・嫁双方の親どうし）・相婿（姉妹の夫どうし）・叔母婿・姪婿・従姉妹婿までを含めている。法律の上で最近親として重んじられたのは服忌親であったが，縁者も格別に親しい親族として日常の交際をしているのであり，幕府・諸藩の縁坐法においては近親に準じて舅・小舅

を「遠慮」に処している。

 ＊忌懸りの親類
  幕府は貞享元（1684）年に服忌令を制定し，服と忌の日数と服忌の義務がある親族の範囲（服忌親）を定めたが，この服忌親が狭義の親類で，忌懸りの親類と称された。幾度かの改正増補により，元文元（1736）年に完成し，幕末まで遵守された。

(3) 親族関係の解消

　親族関係を解消する効果をもつ行為に，久離（旧離）・義絶・勘当がある。久離は主として縁坐など後難を免れるために，目上の親族（親・兄・叔父など）が目下の親族（子・弟・甥など）に対して行うもので，同等の親族間では義絶と称した。目下から目上に対しては正式には認められなかったが，不通という願出により久離と同一の効果を受けることができた。勘当は親が同居する子を放逐する行為で，懲戒行為の一種であるが，勘当された子は相続権を失った。

　これらの行為が法律上の効果を発生するためには，奉行所や代官所へ願出・登記（帳付）の必要があった。

(4) 「家」と家長権

　室町期以後に同族結合が分解して，それを構成していた諸家の自立化・独立化傾向が進むと，中世において一門・一類の長を意味していた家督は一家の長の意味に転化するとともに，江戸時代の中期には単独相続傾向に伴い家長が包括的に相続する封禄（家禄）を意味する用語となった。武士の家では分知の許可を受けて，あるいは新たに封禄を与えられて分家が新立されたが，この分家を末家と称し，本家と末家の間柄は同姓とよばれて重視された。家の構成員は当主と配偶者，その直系卑属あるいは直系卑属の配偶者を基本とするものであり，時には傍系親が含まれることがあったが，彼らは厄介とよばれた。当主は「家」の代表者として，家禄を所有し封建的勤務に従ったのであり，幕府・諸藩は当主に広範囲に及ぶ家内統制の権限とその責任をもたせた。家禄の単独相続制が当主の家族に対する支配に物的基礎を与え，家長権の行使は「家」の存続・利益という目的により正当化された。

　庶民の家における基本的構成員は武士の家と同じと考えてよいが，庶民では，多くの場合に家族が生産的労働を分担しており，武士の場合ほど当主の権威は強力ではなかったが，幕府・諸藩は当主（名前人）に家内を統制させ，家

の掌握を図ろうとした。当主は家を代表する者であり，町村の寄合に出席し，公法上の願出・届出や売買取引・契約行為を行い，また家産管理・家業経営の責任者として，家族を指揮統制する包括的な権限をもっていた。武士の場合と違って，隠居した親から勘当を受けたり，養親から離縁されることがあり，家長権は親権によって制約されたのであるが，それでも当主はかなり包括的な家長権を有していたのである。

(5) **婚姻の成立**

身分に懸隔がある場合の婚姻は制限された。禁婚親の範囲は養方・継母方にまで及び，直系親族間は勿論，傍系では兄弟姉妹・伯叔父母と甥姪・先妻の子と後妻の連れ子の間柄までであり，さらに武家では妻の姉・夫の弟との再婚が逆縁婚として禁止された。婚姻適齢については法律上の制限はなかったようである。江戸時代は一夫一婦制であり，重婚は禁止されたが，武家では妾は公認されていた。妻は夫の親族であったが，妾は夫の親族ではなく，妾を妻に直すことは享保18 (1733) 年に厳禁されている。江戸時代の半ばころまでは庶民で妾をもつ者は商人や地主などの富有者の一部であったが，幕末ごろは藩邸に勤務する侍や商店の奉公人まで妾を囲う風が拡がった。

婚姻の手続については，武家と庶民では異なっており，武家では両家の当主から主君に縁組願を提出して許可を得なければならなかった。結納の授受によって，縁約が成立して夫婦に準ずる関係が発生する。縁女には貞操義務が生じ，一方が死亡するときは他方は夫婦と同じ服忌の義務が生じた。ついで婚儀の挙行によって，婚姻が成立し夫婦となる。仲人の立ち会いが通例であったが，法律上の要件ではなかった。

庶民では，他領・他支配の者と婚姻する場合のほかは，領主・代官の許可は不要であった。結納の授受によって許婚の関係となり，祝言の挙行によって夫婦となる。仲人が立ち会うことが普通であり，法律上の要件ではなかったが重視されていた。婚姻後には寺請状を添えて人別を夫の人別帳へ異動する手続が必要であったが，この人別送りがなくても夫婦として認められた場合も多い。

(6) **婚姻の効果**

妻は夫と同居する義務があり，夫は妻に理不尽慮外の行為があれば懲戒することもできた。また，妻には厳しい貞操義務があり，夫は姦通があった妻と間

男を殺害しても（妻敵討(めがたきうち)）確かな証拠があれば無罪であった。

(7) **夫婦財産制**

　江戸時代においては夫婦別産制を原則としている。妻の衣類・鏡台などの諸道具は婚姻のときに持参したものだけでなく婚姻中に取得したものであっても妻の特有財産であり，夫は妻に無断で処分することはできなかった。妻の持参金・持参の田畑家屋敷については婚姻中夫の管理に属し，夫の罪科による闕所（『御定書』第27条）の処分対象となった。

　庶民間では，妻に主婦権ともいうべき権利を認め，日常家政の処理を委ねていたことが多く見受けられる。

(8) **離　　婚**

(a)　離婚のことは，離縁・離別といった。武士の場合は，両家の当主から双方熟談のうえ離縁となったという届出書が必要であったが，これは夫婦双方の親類の間で熟談がなされる協議離婚にほかならないのであり，夫からの一方的な離婚は認められなかった。この離縁届によって離婚が成立し，再婚が可能となるのであって，離縁状の交付は法律上の要件ではなかった。

(b)　庶民の場合は，夫からいわゆる三行半(みくだりはん)（**図表2**）とよばれた離縁状（離別状・去状・暇状(いとまじょう)）を渡すことが法律上の要件であった。離縁状の授受がなくて再婚すれば，御定書では処罰された（『御定書』第48条には，先妻に離別状を交付しないで再婚した男は「所払」，離別状を受け取らずに再婚した女は「髪を剃り，親元へ相帰す」とある。男のほうが重く罰せられるのである）。離縁状の文言は書式が決まっていたわけではないが，離婚文言と再婚許可文言を含むのが通例であった。離縁状は夫が書くものであり，しかも離縁状には具体的な離婚原因を示さないで，「我等勝手に付」・「不縁に付」・「不熟に付」・「不和合に付」というような慣用句だけを書く例であっ

図表2　三行半

```
　　　　　　　　　　　　　　　　　　　り
　　　　　　　　　　　　　　　　　　　え
　　　　　　　　　　　　　　　　　一　ん
　　　　　　　　　　　　　　　　　此　狀
　　　　　　　　　文　　　　　　　よ　之
　　　　　　　　　久　　　　　　　ね　事
　　　　　　お　　元　　此　向　構　ト
　　　　　　よ　　年　　度　後　無　申
　　　　　　ね　　酉　　離　何　之　者
　　　　　　ど　　九　　緣　方　仍　我
　　　　　　の　　月　　致　え　如　等
　　　　　　　　　　　　候　緣　件　勝
　　　　　　　　　　　　然　付　　　手
　　　　　　　　　龜　　る　候　　　ニ
　　　　　　　　　吉　　上　共　　　付
　　　　　　　　　㊞　　は　差　　　
```

（資料出所）穂積重遠『離婚制度の研究』（改造社，1924年）

た。このことを根拠として，従来は夫の一方的な追い出し離婚であったとするいわゆる夫「専権離婚」説が有力であった。近年の研究では，離縁状に具体的な離婚理由を記載しないのは無因離婚ということではなく，妻方に対する配慮であるとか，その当時の離婚が有責主義的なものではなく，破綻主義的な離婚であったことを表明しているという見解も有力である。

　現実に夫が自由にいつでも妻を追い出せたかというと，そうではなかった。夫婦双方の親類・仲人の間で熟談がなされ協議のうえで離縁状が書かれるのが通常であったであり，妻のほうから離婚を迫り，渋々夫が離縁状を書いたという例もあったのである。

　(c)　幕府法では，特定の事由がある場合には，妻側からの離縁請求ができた。夫が無断で妻の衣類・諸道具を質入れすれば，妻の実家から離縁請求が認められた。夫が妻を遺棄して音信不通となり3年経過したとき，また夫が出奔して10ヵ月（のち12ヵ月）を経過すれば，妻は再婚することができ，これにより前婚は解消した。妻が夫を嫌い尼寺に駆け込み約2年間勤めれば寺は夫から取った離縁状を妻に渡し，これにより離縁できた。相州鎌倉の東慶寺と上州新田郡の満徳寺の二つの尼寺が幕府から公認されていた縁切寺である。全国各地にも，武家屋敷・代官所・陣屋・庄屋・寺院・修験寺など，その地方で権威ある場所への駆け込みが多くあり，代官所・陣屋・庄屋などへの駆け込みは離縁訴訟そのものを意味した。縁切寺や縁切奉公などは妻側の離縁請求を擁護する制度であった。

　このように全国的にも，妻側からは離縁訴訟をはじめ種々の離縁手段があったのであり，また夫婦間の紛争が生じれば，妻の実家・仲人・親類・五人組が夫婦間に調停を試みることが少なくとも世間の慣習であったのであるから，そこでは夫の追い出し的な離縁意思は抑制されたであろう。庶民の離婚法も実際上は協議離婚であったといえるのであり，離縁の権利は夫にあるとするこれまでの夫「専権離婚」説は修正が必要であろう。

　　＊武家屋敷駆け込み
　　　　前橋藩では，武家屋敷に駆け込み3年間奉公すれば再婚できる慣行があったが，宝永元（1704）年6月法令で禁止し，町奉行・代官に引き渡して吟味離縁手続をすることになった。熊本藩でも，武家屋敷に駆け込み奉公させ離縁を私的斡旋するという

慣行があったが，安永2（1773）年7月法令で禁止し，惣庄屋・町別当へ引き渡して公的な離縁手続をとることに切り換えた。

(d) 離婚の際の子の帰属は，協議が調えばそれによるが，訴訟になれば男女子とも父に付けることになっていた。持参財産や婚姻中に取得した妻名義の不動産は妻の特有財産であったのであるから，妻に過失がないのに夫の都合で離婚する場合は妻家へ返還するものとされた。また，婚姻に際して，夫が将来妻を離縁する場合には多額の財産を分与するという特約付の証文を交わす例（不離縁の担保）もあった。

夫の死亡後に舅が嫁を離縁することを舅去りと称したが，これにより姻族関係が終了した。

(9) 親　子

(a) 親子には，自然血縁関係がある実親子関係と法律上で擬制された親子として養親子関係・継親子関係・嫡母庶子関係があった。

実子には妻腹と妾腹の区別があり，相続順位において妻腹の子が優位であったが，そのほかはほとんど差別がなかった。本妻と妾腹の子との関係を嫡母庶子という。家督相続人となる男子を嫡子（惣領）と称した。庶民では跡継の男子を総領とよんだ。武士の場合，実子が嫡子の身分を取得するためには出生届が必要であるが，後日の丈夫届も出生届と同一にみなされた。

(b) 武士社会では相続人なく死亡すれば家断絶となるので，その防止策としてとくに多種のものが案出された。通例の養子・婿養子・順養子のほか，武士固有の養子に末期養子（急養子）・仮養子・心当養子があった。通例の養子は家督相続のためにする最も普通の養子であり，養父と養子の資格については煩瑣な要件があった。養父は譜代の家柄であること，30歳以上であること（奉公勤めが困難である場合は17歳以上であること），実子がいないか実子を廃嫡して相続人がいないこと，養子については同姓・近親を優先させること，身分に懸隔がないこと，一家の跡継でないこと，尊属又は年長者でないこと等である。養子縁組は取組といい，婚姻締結の縁組とは区別された。養子願に親類書を添えて提出することが義務づけられており，同姓優先の原則が確認された。婚姻の場合の縁組願と異なって，養子願は聞き届けられた時点で効力が発生し，養子は嫡子（総領）の身分を取得した。養子は養父の親権に服し，養父の親族と法定親

族関係が生じた。

養子離縁は離婚の場合と同じく離縁と称したが，区別するときは養子差戻とよんだ。養父は家督相続前の養子については離縁できたが，養実双方熟談の上，離縁理由を明示して，養方よりは養子差戻願，実方よりは養子取戻願を提出しなければならなかった。軽い病気や心底に叶わないを理由として養子を離縁した養父は，その後に実子が生まれても，これを嫡子とすることは認められなかった。また，離縁された養子はその後10年間は他家の養子となることができなかった。

婿養子は養親の娘と婚姻させることを目的とした養子取組であり，婿養子願が聞き届けられると，養父子関係と同時に養子と養方娘の間は縁約関係となり，その後の祝言の挙行によって夫婦となる。婿養子が離縁となれば，当然に養子とその妻は離縁となる。

順養子には，(i)当主である兄が実弟を養子とする場合，(ii)養子が養方弟を養子とする場合，(iii)家督を相続した次男等が早世した兄の子を養子とする場合等があったが，後の二者の場合は順養子の養父は中継相続人的な地位にある。

武士に固有な養子の中で，末期養子（急養子）は重病危篤の際に急遽願い出る養子であり，幕府ははじめこれを認めなかったが，慶安4 (1651) 年由井正雪事件の後に50歳未満の者について認めた。仮養子は遠国赴任などの出発前に万一に備えて願い出ておく養子であり，無事に帰参したときには取り下げるのである。心当養子は広義では仮養子を含むが，狭義では40歳以上の者が万一の場合を考えて，死亡を条件として願い出ておく養子であり，危急の場合にはこの心当養子を末期養子に切り替えた。

(c) 庶民の養子には通例の養子・婿養子・順養子のほかに，庶民法のみに見られる夫婦養子・死後養子・一生不通養子があった。庶民では武士の場合のような厳格で煩瑣な要件はなかったが，養子取組は養子証文の取り交わしによって行われるのが普通であった。他領・他支配との取組の場合は領主・代官等の許可が必要であり，同一支配の場合には不要であったが，人別送りの手続は要した。家相続後の養子であっても，武士とは異なり，著しい不行跡があれば隠居である養父は養子を離縁できた。養父の死亡後に，養母が離縁を訴え出ることもできた。持参財産は，養父より離縁を請求した場合は返還しなければなら

なかったが，養子より離縁を請求した場合には返還を要しなかった。
　庶民に固有である夫婦養子は夫婦をそれぞれ養子養女にするものであり，親子の絆を強めるために行われた。死後養子は，夫の死後に寡婦が取り組む養子である。一生不通養子は実親との縁を切る特約をした養子であるが，女子の人身売買を養子に仮装した場合も少なくなかった。

(10) 親　権

　親権は父がある場合は父が行使し，父の意思が決定的なものであった。親には懲戒権が認められており，不行跡の子を教誨し，懲治のために座敷牢・牢屋に入れたり，勘当して子を家から放逐することもできた。非分の子を折檻して死亡させても親は無罪であった。また，親は身分的支配権までも有しており，子女を遊女奉公に出すことはしばしば行われた。子は親を訴えることは禁止されており，ただ親が公儀に関わる重大な犯罪を犯したときは子の訴えを取り上げた。親が非道で難儀しているという子の訴えは取り上げられなかったが，名主・五人組・親類に解決を申し付けた。

Ⅱ　相　続　法

(1) 武士相続

　武士の家は封禄を基礎に存立していたのであるから，家業の相続・家名の相続・祖先祭祀の承継という意識も強かったが，家相続の主たる対象は封禄であり，武士の相続は封禄相続といえる。元来，封禄は主君より家臣に対して忠誠と奉公を条件に恩給されたものであり，封禄の相続という言葉は用いているが厳密には相続とはいえず，家臣の死亡・隠居によっていったん収公され，相続人の忠誠心と奉公能力を確認のうえ主君より再給されるものであった。幕府は寛永19 (1642) 年に世禄制を採用し，諸藩も江戸中期以降にほとんど世禄制に移行し，封禄は家に付くものとして相続性が認められるようになった。「家督」の観念は一家の当主から封禄を意味するものに変化した。この家督の相続が認められるのは譜代の家臣であり，新参の家臣や足軽・中間等の徒士階層は原則として1代限りであった。

　相続の開始要件は被相続人の死亡と隠居である。死亡の場合を跡目（遺領）相続，隠居の場合を家督相続とよんで区別した。跡目相続は相続人からの願出

を要した。隠居には刑罰によるものと老衰（70歳以上）又は病気を理由とする願出によるものがある。なお，失踪は家断絶の原因であり，相続の原因ではなかった。

　武士の相続は嫡長子単独相続が原則であり，女子には相続権がなかった。相続人は嫡子（惣領）とよばれたが，嫡出の長男は出生届又は丈夫届によって当然に嫡子たる身分を取得した。嫡出男子より前に妾腹に男子が生まれた場合は，将来嫡出男子が生まれた場合は次男に改める旨を付記して出生届がなされた。嫡子が死亡・廃除の場合は，嫡孫・次男以下直系卑属・傍系親の順，嫡庶長幼の順に従って嫡子を選定して願い出なければならない。嫡孫については江戸時代中期以後には養子願を要せず，嫡孫承祖願によることとなり，孫の代襲相続権が確立した。傍系親の弟等を相続人にするには，養子とすることが慣例であった。

　被相続人が生前に嫡子を定めないで死亡したときは家断絶となったが，特別の由緒・勲功がある家が断絶した場合は主君の恩恵的措置で縁故者に再興を命じることがあり，これを名跡相続と称した。

(2) 農民相続

　江戸時代の武士の相続は，生得嫡子が封禄を単独相続することを原則化したが，庶民の相続は武士とは異なり前代から受け継いだ家の相続と財産相続が二元的に行われており，財産相続については分割主義が多くあった。幕府では庶民の相続は遺言相続を原則にしていた。婦女子が暫定的にしても相続人になることができたことは，武士の場合と大きく異なるところである。

　農民において，家の相続は父祖伝来の田畑家屋敷の相続であり，家産の相続であるところから家督の相続とよばれた。農民の間には襲名の慣習もあり，この家督相続には家名相続の観念をみることができる。相続人は惣領とよばれ，通常は長男であるが，末子相続・姉家督慣行もあり，寡婦・女子が中継的に家を相続することも各地にみることができ，長男相続は武士の場合ほど確立したものではなかった。農民の家にあっては営農能力が重視されていた。相続人となる妻もいない場合は，親族の協議で親族の中から適当な相続人が選定された。

　家相続人（惣領）は田畑家屋敷を相続したのであるが，それ以外の子も相続

分を有することが普通であった。初期には新田開発などの耕地拡大によって分割相続が多く行われたが，中期になると耕地拡大も限界となり，やがて商業的農業も停滞し，他方で分地制限令（本編第4章Ⅰ参照）もあり，土地の生産性を低下させる分地は農民の間で抑制されるようになる。しかし，父祖伝来の屋敷田畑は分割しないものの，それ以外の財産を家相続人以外の子が譲与されることはあった。

生前に家を相続人に譲る隠居の慣習もあったが，隠居に年齢の制限はなかった。隠居は隠居分・隠居料等として財産の一部を自己に留保することもあったが，これは隠居が自由に処分できるものであった。

(3) 町人相続

町人の場合は，家の相続は家屋敷・金銀・商品・信用などの相続にほかならないのであり，家督相続とよばれた。多くは苗字をもたない者であったが，これに代わるものとして屋号があり，営業の象徴として襲名の慣行もあり，家名相続の観念は強かった。商業活動は江戸時代中期以降に活発となり，分家・暖簾分も行われたが，資本の分散による経営の弱体化や株仲間による営業権の独占ということがあり，惣領が遺産（跡式）を単独相続することが次第に拡大し，惣領以外の子女には金銀動産等の一部が分与された。家の相続人選定にあっては家業経営能力の有無が重視され，事実上長男が多かったが，次男以下を相続人に指定したり，実子全部を退けて養子に家を継がせることも自由に行われた。

一般的に，遺言相続が行われており（京都では幕末まで譲切と死後譲の2種類の譲状があったが，中世の生前処分と死後処分に相当するものである），遺言状（書置・遺状・譲状など）は惣領・五人組又は惣領・町内宛の自筆証書遺言（立会人が加判する場合もある）であり，町役人に預託しておくことになっていた。遺言者の死後に，町役人立ち会いの上で開封したが，格別筋違いの遺言は吟味のうえ無効とされ，筋目の者を相続人とした。

被相続人に子孫があっても幼少の場合や子孫がない場合は妻が家を相続したが，これは男子の相続人を立てることができるまでの暫定的な中継相続であった。大坂の慣行に「女名前3年」といわれるものがあり，妻が人別帳の名前人（家の代表者）でいる期間を原則3年に限定している。女名前人には必ず代判人

（後見人）を付すべきものとされており，単独で法律行為をすることは認められていなかった。被相続人に妻もいない場合は親族協議で相続人が選定された。

第6章 刑　　　法

I 『御定書』と『刑法草書』

　幕府は8代将軍吉宗による享保の改革の中で，寛保2（1742）年に裁判事務について準拠すべき法令や判例を調査・整理して『公事方御定書』上下2巻を編纂した。下巻（以下『御定書』という）103箇条は犯罪類型ごとに刑罰を規定したものであり，「御定書百箇条」ともよばれ，以後の幕府裁判の基準となった（本編第2章Ⅲ，第7章Ⅰ参照）。

　この幕府による刑法典編纂は全国に大きな影響を及ぼし，多くの藩で幕府の『御定書』を手本として刑法典が編纂されたが，他方で中国の明・清律の研究を行いその影響を強く受けた藩もある（本編第2章Ⅲ参照）。熊本藩は幕府の刑法典編纂事業から大きな影響を受けたのであるが，宝暦の改革とよばれる藩政改革の中で，宝暦4（1754）年に『御刑法草書』（以下『刑法草書』という）を編纂した。この刑法典は，明・清律を研究してその成果を犯罪の構成要件論と刑法理論に反映させたものであり，『御定書』とならんで諸藩の刑事立法と刑政に大きな影響を与えたものである。以下では，2つの系統を代表する刑法典として，幕府『御定書』と熊本藩『刑法草書』を取り上げる。

Ⅱ 『御定書』の犯罪と刑罰

(1) 総　　　説

　(a)　『御定書』は総則と各則という構成をとっていなかったが，総則と考えられる規定も含まれていたし，判例の積み重ねによって犯罪類型にある規定が拡張されて総則的な運用に発展したものも見受けられる。また，幕府は原則として公刑主義を確立していたが，なお私刑罰が残存していた。幕府が認めていた私刑の制度（私的刑罰権）には，武士の無礼討（切捨御免），敵討，夫の姦夫姦婦成敗（妻敵討），親・主人の子・奉公人に対する懲戒，被害者の宥恕（宥免願）があった。

(b) 犯罪を意味する用語として最も広く用いられたのは悪事であり，ほかに非分・非道・罪科・邪曲（じゃきょく）・曲事（くせごと）なども使われている。犯罪は道徳の禁ずるところとほぼ一致していたのであり，刑事責任と道徳責任は不可分であった。悪事の中で主殺と親殺は逆罪（ぎゃくざい）と称して最も重大な法益侵害とされており，封建道徳（五倫）の中で最も重視された忠（主従関係）と孝（親子関係）に対する違反行為であった。忠と孝では忠のほうをより重く考えており，主殺は「２日晒１日引廻鋸挽の上 磔（はりつけ）」，親殺は「引廻の上磔」であり，主人を傷害すれば「晒の上磔」，親を傷害すれば「磔」である。主人や親の悪事を訴えても公儀に関する重罪である場合以外は受理されなかった。主人や親のほか，地主・師匠・舅・伯父伯母・兄姉など目上の身分の者に対する加害行為は刑が加重された。ここでは身分秩序を破壊する反道徳性が重視されているのであるが，犯罪の中には反社会性・社会的危険性を反道徳性以上に重く量刑している例が見出せる。10両以上の物を盗んだ者は「死罪」（『御定書』第56条），大八車を引っかけて誤って人を殺したときは，引っかけた車輪のほうを引いていた者は「死罪」（『御定書』第71条）などとあり，普通殺人の「下手人（げしにん）」よりも重い「死罪」に処しているのである。

(c) 犯罪は故意犯と過失犯に区別されるが，犯罪の成立に故意又は過失が必要であるとはいえない。故意による犯罪は「巧」をもって犯した罪（予謀した犯罪）と「不斗（ふと）」（与嵐（ふらん））犯した罪（当座の出来心による犯罪）に区別し，過失による犯罪は「不念」にて犯した罪（重過失による犯罪）と「怪我」にて犯した罪（軽過失による犯罪）に区別する。故意も過失もなく偶然の事故によって他人の法益を侵害した場合は「不慮」によるものとして，『御定書』は刑を免除していないが，判例では無罪としたものがある。

(d) 不作為犯，とくに真正不作為犯の規定が多くあるが，このことは身分秩序・社会秩序維持のために道徳的作為義務・警察的作為義務が法的義務として課せられたことによる。

(e) 正当防衛に関する思想は明確ではないが，相手方から急迫した不法・理不尽な攻撃があり，やむなく反撃して殺害した場合には刑を減軽している（『御定書』第71条・第72条）。

(f) 責任能力に関して，15歳未満の幼年者による殺人罪・放火罪は親類預け

となり，15歳に達すれば遠島(えんとう)に処する（判例は，幼年者の刑罰を減軽する原則をすべての犯罪に拡張している），窃盗罪については大人の刑より1等軽減すると規定するが（『御定書』第79条），刑事責任は免除していない。乱心者による殺人については，通常の殺人と同じく「下手人」となるが，乱心の証拠が確かであり，被害者の主人・親類などから裁判役所へ宥免願（下手人御免願い）が出されれば，量刑を詮議するとある（『御定書』第78条1項）。『御定書』には具体的な刑罰は記載されていないが，判例では「親類共へ永預け(ながあずけ)」（永押込め）であった。裁判役所は社会的な危険性を排除するという保安処分的観点から永預け（永押込め）を命じているのであり，この判断は被害者側の宥免願によるものではなく乱心の確証にもとづく職権的なものであった。放火についても，乱心の確証があれば「親類共へ押込め」であった（『御定書』第78条3項）。

　(g) 縁坐・連坐による刑事責任については，『御定書』は縁坐になるのは主殺と親殺の子に限定したが，連坐については刑としてはきわめて軽いものであったが，広い範囲に連帯責任が及ぶことが多くあった。ほかに比類がないのであるが，親が死亡した場合に子が同罪となる刑事責任の継承が寛永20（1643）年田畑永代売買禁止令にはみられた。

　(h) 未遂犯については，刑が減軽されたが，放火の場合は未遂を既遂と同一に扱っている（『御定書』第70条）。

　(i) 累犯（再犯）は刑が加重されたが，盗犯では初犯敲(たたき)，再犯入墨(いれずみ)，3犯死罪である。

　(j) 共犯では頭取と同類を区別しており，首謀者である頭取を重く罰する。共同正犯の概念は未発達であり，大勢で人を殴殺した場合に初発に打ちかかった者だけを「下手人」としている（『御定書』第71条）。教唆犯については，教唆者が正犯であり，実行犯である被教唆者よりも重く罰した。幇助犯には手引・手伝・荷担等があったが，正犯より刑が減軽される場合が多かった。

(2) 刑　　罰

　(a) 刑罰のこと，刑罰を科することを仕置といった。『御定書』第103条「御仕置仕形之事」は刑罰の種類と執行方法を規定している。主として町人百姓に対するものであるが，一部に武士・僧尼等に対する特別な刑罰（閏刑）が含まれている。

(b) 『御定書』の刑罰は概ね体系化されており，普通刑罰体系と特別刑罰体系の２体系がある。普通刑罰体系は科せられるべき犯罪が特定していない基本的な体系であり，磔―獄門（火罪同罪）―死罪（下手人）―遠島―重追放―中追放―軽追放―江戸拾里四方追放―江戸払―所払―手鎖―急度叱・叱である。特別刑罰体系は主として盗犯に対するものであり，また盗犯の累犯処罰の体系でもあったが，入墨重敲―入墨敲―入墨―重敲―敲である。

(i) 死刑としては，一般庶民については鋸挽・磔・獄門・火罪・死罪・下手人の６種の刑がある。武士には斬罪・切腹の２種があった。これらは死刑として軽重の段階を示すものであり，最も重い刑罰である鋸挽は，主殺（「２日晒１日引廻鋸挽之上磔」）にだけ適用された。火罪は火焙りで，放火犯にだけ適用される同害報復刑（タリオ）である。死罪は刎首であり，闕所（田畑・家屋敷・家財没収）が付加され，死骸が様物とされた。下手人（解死人）は刎首であるが，死罪と異なり闕所が付加されることもなく，様物とされることもなかった。

(ii) 身体刑としては，古くは耳そぎ・鼻そぎなどが行われたが，『御定書』では敲・入墨・剃髪となっている。敲は獄舎の門前で裸体にして肩，背，臀を笞で敲くものであり，軽敲50と重敲100の２種がある。入墨は主として盗犯に科せられ，藩や奉行所によって形状が異なっており，受刑地がわかるようになっていた。剃髪は離縁状なく再婚した女や縁談の決まった娘が不義をした場合に科せられる特殊なもので，親元預けとなった。

(iii) 自由刑には，遠島，追放，過怠牢，永牢，閉門，逼塞，遠慮，戸〆，手鎖，押込等がある。遠島は流罪にあたるものであり，江戸からは伊豆七島，京・大坂以西からは薩摩五島・隠岐・壱岐・天草の島々へ送られた。追放は一定の地域への立入を禁止するもので，立入禁止地域（御搆所）の広狭により，重追放・中追放・軽追放・江戸拾里四方追放・江戸払・所払の区分があった。牢は未決囚を拘禁する所であるが，過怠牢・永牢という刑罰として収監する例外があった。閉門・逼塞・遠慮は武士・僧侶に，戸〆・手鎖は庶民に，押込は士庶共に科した自宅籠居の刑罰である。

(iv) 財産刑には，闕所・過料がある。闕所は付加刑であり，重追放以上の刑では田畑・家屋敷・家財が没収となり，中追放は田畑・家屋敷，軽追放は家財が没収となった。過料は罰金刑であり，軽過料（銭３～５貫文）・重過料（10～

20貫文) のほか村過料などもある。

　(v)　身分刑には，奴・非人手下がある。奴は関所を避けて山越えしたり，忍び通った女子だけに科されるもので，牢に拘禁して，希望する者があれば遣わして使役させる。非人手下は心中未遂の男女，近親相姦（姉妹伯母姪と密通した者）の男女，15歳未満の無宿で小盗した者などに科せられ，身分を剝奪して非人頭・えた頭の配下に編入した。

　(vi)　その他に，役儀取上，叱，急度叱，隠居等がある。また，役儀取上過料，過料之上戸〆，敲之上追放，入墨之上所払のように組み合わせて科する刑罰を二重仕置といった。

　(c)　寛政 2 (1790) 年に，老中松平定信は江戸石川島に人足寄場を設け，無罪の無宿を収容して，石灰・炭団・紙の製造の作業に従事させ，無宿への授産・更生施設とした。文政 3 (1820) 年には追放刑の宣告を受けた者も収監されて，油絞りの作業が採用された。寄場は懲役的施設に近いものになったが，人足寄場への収容はあくまで行政処分であり，『御定書』による刑罰ではなく，奉行の裁量で刑罰に付加して，あるいは単独で申し渡されるものであった。常陸上郷村人足寄場も設けられたが30年間ほどで消滅した。

　(d)　赦は慣例に基づいて行われていたが，文久 2 (1862) 年赦律（全33条）が制定された。赦は犯罪人の改心奨励の手段であったし，遠島・追放という刑期の定めのない刑罰を緩和したり，不当な判決を是正する作用をもっていた。

(3)　犯　　罪

　(a)　『御定書』は，(i)刑の執行前に死亡した場合に死骸塩詰のうえ処刑する犯罪として主殺・親殺・関所破・重謀計（第87条），(ii)人相書をもって捜索する犯罪として公儀に対する重き謀計・主殺・親殺・関所破（第81条），(iii)吟味のとき拷問を行う犯罪として人殺・火付・盗賊・関所破・謀書謀判（第83条），(iv)旧悪免除（公訴の時効）とならない犯罪として逆罪・邪曲な人殺・火付・徒党して人家へ押込・追剝・人家へ忍入盗等（第18条）を挙げる。これらは獄門以上にあたる犯罪であり，死罪以上にあたる犯罪は重要犯罪とされた。

　(b)　殺人の罪について，『御定書』は普通殺人罪として，加害者と被害者の間に主従・親族・師弟・支配関係がない場合（「通例之人殺」）について，人を殺した者は「下手人」とする。通説によれば，『御定書』においては，犯罪の成

立には故意又は過失を必要とする。故意による犯罪は，「巧」をもって犯した罪（予謀した犯罪）と「不斗」犯した罪（当座の出来心による犯罪）に分類される，とする。ところが殺人罪の分類としては巧と出来心との区別は，あまり問題とされていない。また，「可殺心底(ころすべき)」・「可殺所存」という殺人の故意と考えられる概念も「通例の人殺」の成立要件として必要とされたともいえない。殺人・致死事件で「下手人」を科するについて，殺人の故意を考慮しているともいえないのであり，その意味で「行為が人を殺す」，「事実が人を裁く」という結果責任主義が妥当してきたのである。

傷害の罪については，暴行致傷と傷害の故意による傷害の場合があるが，『御定書』は傷害の程度によって，療治代銀１枚（被害者への損害賠償のみ）→中追放（身体に障害が発生）→遠島（生業が不可能な重度障害の発生）と重罰化されるが，傷害未遂の場合は詳らかでない。（傷害）致死の場合は傷害致死罪ではなく殺人罪で「下手人」であった。犯罪の成立において，傷害の故意と殺人の故意という犯意は明確な要件とはされておらず，殺人罪は傷害致死も含む結果的加重犯でもあった。

図表3　江戸の処刑実数
——文久2(1862)年から慶応(1865)年まで

処刑年次＼刑種	文久2	文久3	元治元	慶應元	刑種別計
引廻磔	3	0	1	1	5
磔	0	0	0	2	2
引廻獄門	7	2	2	5	16
獄門	33	24	19	31	107
火罪	2	3	5	0	10
引廻死罪	19	14	6	11	50
死罪	74	49	54	58	235
下手人	1	0	0	1	2
年次別計	139	92	87	109	427
八丈島	1	11	3	18	33
三宅島	1	7	1	17	26
新島	2	4	3	17	26
蝦夷地	18	0	0	0	18
年次別計	22	22	7	52	103
重追放	14(13)	8(8)	11(6)	12(7)	45(34)
中追放	39(30)	32(32)	16(13)	32(29)	119(104)
軽追放	6(4)	0	2(2)	6(3)	14(9)
江戸拾里四方追放	11(4)	6(5)	3(2)	7(5)	27(16)
江戸拂	3(3)	1(1)	1(0)	1(0)	6(4)
所拂	0	1(0)	0	2(0)	3(0)
入墨刑之上追放	13(10)	10(10)	6(6)	18(16)	47(42)
敲刑之上追放	13(8)	9(7)	8(7)	9(5)	39(27)
年次別計	99(72)	67(63)	47(36)	87(65)	300(236)
入墨重敲	354(104)	274(98)	245(66)	353(72)	1226(340)
入墨敲	115(16)	89(15)	109(20)	115(10)	428(61)
入墨	29(1)	14(2)	36(5)	13(1)	92(9)
重敲	226(64)	230(45)	263(42)	313(47)	1032(198)
敲	255(21)	224(31)	235(18)	303(22)	1017(92)
年次別計	979(206)	831(191)	888(151)	1097(152)	3795(700)

(注) カッコ内の数字は人足寄場に送られた人数
(資料出所) 平松義郎「幕府刑政の実態」『近世刑事訴訟法の研究』(創文社, 1960年)

(4) 江戸の処刑実数

江戸時代の処刑実数については不明であるが，幕末（1862〜1865年）の江戸小伝馬町牢屋に収監された者の処刑数について，先学の研究がある（**図表3**参

照)。文久2 (1862) 年から慶応元 (1865) 年までの約4年間において，死刑427人，遠島103人，追放刑300人，入墨・敲刑3795人であり，死刑は追放刑の1.4倍であり，追放刑の宣告があった者の中で約8割 (236人) は人足寄場に収容されている。死刑は年平均100人を超えており，死刑の中では死罪 (引廻死罪を含む) が最も多くて約67％を占めている。

Ⅲ 『刑法草書』の犯罪と刑罰
(1) 総　　説

(a) 熊本藩『刑法草書』は荻生徂徠の影響をかなり受けて，明清律を参酌して立法化され，法の運用にあたっても「清律彙纂」・「明律訳義」・「明律国字解」を法の欠缺を補充するものあるいは法解釈の先蹤になるものとして活用している。『刑法草書』の特色であるが，第1に，『刑法草書』は総則 (名例) と犯罪 (盗賊・詐偽・奔亡・犯姦・闘殴・人命・雑犯) に体系化・類型化された論理的な構成になっており，犯罪の成立には故意又は過失のあることが必要とされ，犯罪事実を重視する客観主義的傾向が顕著である。例えば殺人罪では謀殺・闘殴殺・故殺・誤殺・戯殺・過失殺に区別するとともに，加害者と被害者の間にある主従・親族・師弟・支配関係の有無により，あるいは手足・刃物・湯火など加害手段が何であるかによっても刑罰を区分し，傷害であれば加害の程度に対応して刑罰が段階的に定められているのである。

第2に，『刑法草書』は追放刑を原則的に廃止して徒刑制を採用したのであり，このことは日本における最初の近代的自由刑の誕生であった。徒刑は徒刑小屋に収容して，1日に2人扶持 (米1升) を支給し，晴天には土木工事，雨天には作業小屋で手仕事に従事させ，1年から3年までの刑期を満了すれば，支給米の残りを貯え分として持たせ，家のない者には小屋建築材として竹木を支給し，落ち着き先の町村役人にも生業につけるように行き届いた世話をするように指示している。このような徒刑は改善刑・教育刑であり，ここには犯罪者自身が再び犯罪に陥ることを防止しようとする目的刑論が顕著である。熊本藩の徒刑は，その後の幕府人足寄場の開設に大きな影響を与え，また『刑法草書』は「御定書系」刑法と対峙する「明律系」刑法の領袖として諸藩刑法の立法と刑政に大きな影響を与えた。

第3に,『刑法草書』は明治政府が最初に編纂した刑法典である「仮刑律」の典拠とされたのであり,基本構造と様式において,大きな影響を与えている。「仮刑律」に継受された徒刑は「新律綱領」,「改定律例」を経て,「旧刑法」の懲役刑へと展開していくことになった。

　(b)　責任能力については,名例編に規定があり,90歳以上・7歳以下の者は死刑にあたる罪を犯しても刑を加えない,80歳以上・10歳以下の者は徒刑以下の罪には刑を加えない,70歳以上・15歳以下の者は徒刑以下の罪は贖刑に換えた(「老人幼少之者犯事」条)。

(2)　刑　　罰

　(a)　刑罰体系については,『刑法草書』名例編に規定があり,笞刑10等(笞10から笞100まで),徒刑8等(笞60徒1年・笞70徒1年半・笞80徒2年・笞90徒2年半・笞100徒3年・刺墨笞100徒3年・顙刺墨笞100徒3年・刺墨笞100雑戸),死刑5種(刎首・斬・斬梟・磔・焚)がある。裁判例や他の条文をみると,刑罰の段取りはこの体系より複雑である。刺墨(「ぬ」の字型のものと剣型のものがあり,右手首又は額に刺した。「ぬ」の字型は官物を盗んだ者に適用された)は附加刑であり,笞100徒3年以外の笞・徒刑にも「顙(ひたい)に入墨笞100」,「入墨笞100」,「入墨笞90徒2年半」のように附加される。また,梟首は斬罪(生胴切り)だけでなく刎首にも付加されている。

　原則として追放刑を廃止して(『刑法草書』以降においても,扶持人・由緒ある浪人・陪臣の追放のほか,家臣による給知の百姓の追放,被害者側からの復讐を回避するための国払いなどは行われた),笞刑・徒刑に切り替えたのであるが,新旧刑罰対照の概略は次のようであった。居村追逐→笞10～笞80,郡中追逐→笞90・笞100,2郡追逐→徒1年・徒1年半,3郡追逐→徒2年～徒3年,5郡追逐刺墨免除→刺墨徒3年,7郡追逐刺墨免除→顙刺墨徒3年,闔境追逐→顙刺墨雑戸(雑戸は幕府法の非人手下にあたる)。

　(b)　無官の僧侶・社人・陪臣・歩若党等や老幼廃疾者の犯罪では贖刑となり本刑を免れる場合があった。また,贖銭は原則として官庫に収めるものであったが,被害者へ給付される場合があった。過失による殺人・狂疾者による殺人の場合は贖刑となったが,贖銭は埋葬料として被害者の家に給付された。闘殴事件で内済が成立した場合における贖銭は養生銀として被害者へ下され,情緒

軽い云懸(誣告)の場合の贖錢は，云懸によっていったん牢舎に収監された者に心付として下された。

(c) その他の刑罰に，追込・叱・永牢もあった。また，武士については，刎首・切腹・禁足・士席指放・苗字大小取上・逼塞・遠慮等がある。

(3) 犯　罪

(a) 首部の名例につづいて，犯罪は盗賊，詐偽，奔亡，犯姦，闘殴，人命，雑犯に類型化されている。『刑法草書』は罪を犯す意思に着目して犯罪を類型化している。『御定書』との比較のために，傷害罪・殺人罪の法的構成を取り上げる。暴行の故意による犯罪類型は闘殴篇「闘殴」条に，暴行罪と暴行致傷罪があり，量刑の範囲は傷害の程度に応じて「笞20」(手足による踏殴)から「顙刺墨笞100徒3年雑戸」(廃人)までである。暴行致死罪は人命篇「闘殴し及故らに人を殺」条にあり，闘殴殺「刎首」(手足他物を区別しない)とある。傷害の故意による犯罪類型は人命篇「故らに人を傷る」条にあり，傷害罪は「笞80」以上で傷害の程度に応じて暴行致傷罪の規定(闘殴篇「闘殴」条)を準用する。傷害致死罪は「刎首」であり，暴行致死罪と量刑は同じである。殺人の故意による犯罪類型は予謀の有無によって謀殺と故殺に区分されるが，謀殺罪は首謀者「斬即決」・加巧者「刎首即決」，故殺罪「斬」であり，暴行致死罪と傷害致死罪の「刎首」よりも加重されている。『刑法草書』は犯意に注目して暴行罪・傷害罪・殺人罪を構成しているのであるが，傷害の故意による犯罪類型と暴行の故意による犯罪類型は傷害の段階では重なっており，傷害罪には暴行罪の結果的加重犯が含まれているのであり，また致死という結果が生じると量刑において暴行致死罪と傷害致死罪は犯意を捨象して重なるのである。『刑法草書』は行為者の内心にある危険性に着目しているのであり，『御定書』の結果責任主義では到達が困難であった殺人未遂を処罰する規定ももつ。

(b) 主殺については，人命篇「主を殺す」条に「磔即決」，妻子は縁坐として「雑戸に附す」(=非人手下)とあり，実行行為に着手すれば未遂に終わっても首犯・従犯の区別なく「斬即決梟首」である。親殺については，人命篇「祖父母父母を殺」条に「磔即決」とあり，妻子も「雑戸に附す」とある。未遂であっても実行行為に着手したら，「斬即決梟首」である。『刑法草書』の本文によれば，主殺と親殺に量刑の差異はないのであるが，親殺については文政5

(1822) 年9月追加法があり，親殺の実行犯は，「家宅破却の上焼き捨て，地床は上土掘り除き往々空地にて差し置く」ということになり，幕府法と違って主殺よりも親殺が重罪とされている。熊本藩法は中国律令の思想に従って，封建道徳の中で孝（親子関係）を忠（主従関係）より重く考えているのである。

(4) 熊本藩の処刑実数

江戸時代中期及び後期における熊本藩の処刑数については，先学の研究で解明されている（**図表4**参照）。

(a) 初期には，死刑に引廻逆はっ付・はっ付・火あぶり・石こづみ・誅伐・刎首・死骸首懸（はっ付・火あぶり・刎首には引廻が付加された場合がある）があり，労役刑に開所遣・上り者，自由刑に国追放・追放・本所払・召籠などがあったが，中期になると刑罰は死刑と追放刑に定型化される。

享保10 (1725) 年から同20 (1735) 年までの11年間の処刑統計表によれば，死刑94人（年平均8.5人），追放刑471人（年平均42.8人）であり，刑罰の重心は追放刑にある。追放刑は27種類に及ぶが，搆地（立入

図表4　熊本藩の処刑実数

(1) 享保10 (1725) 年から20 (1735) 年まで

磔	8	郡中払	41
火罪	10	城下10里四方払	6
斬梟	2	〃7里〃	5
斬（誅伐）	54	〃5里〃	17
刎首梟	4	〃4里〃	3
刎首	9	〃3里〃	12
死骸刎首梟	4	〃2里〃	10
死骸刎首	3	〃1里〃	8
死刑　計	94	城下払	23
国払	45	町払	2
12郡払	2	八代城下払	3
9郡払	7	宇土町払	
8郡払	29	川尻町払	5
7郡払	27	高瀬町払	4
6郡払	29	鶴崎払	2
5郡払	49	手永払	10
4郡払	19	村（本所）払	18
3郡払	51	追放刑　計	471
2郡払	44		

(2) 安永元 (1772) 年から文化10 (1813) 年まで

	笞刑〜徒刑	死刑		笞刑〜徒刑	死刑
安永元	66	4	寛政5	168	4
2	100	0	6	169	7
3	99	0	7	(91)	(12)
4	100	0	8	162	13
5	104	5	9	333	10
6	87	7	10	216	11
7	65	2	11	139	7
8	130	0	12	148	15
9	58	1	享和元	123	15
天明元	87	0	2	108	1
計	896 〔89.6〕	19 〔1.9〕	計	1657 〔165.7〕	95 〔9.5〕
2	82	2	3	136	8
3	128	4	文化元	176	21
4	120	4	2	162	14
5	64	1	3	177	10
6	95	0	4	137	9
7	127	2	5	196	0
8	145	10	6	157	9
寛政元	97	7	7	188	5
2	154	4	8	168	5
3	154	2	9	252	9
4	103	2	10	244	5
計	1269 〔115.4〕	38 〔3.5〕	計	1993 〔181.2〕	95 〔8.6〕

(注)〔　〕カッコ内の数字は年平均
(資料出所) 鎌田浩「熊本藩刑政の変遷」『熊本藩の法と政治』（創文社，1998年）

禁止区域）が郡数によるものと里数によるものに大別されている。享保7 (1722) 年2月幕府は各藩に対して国払の制限令を出すが，熊本藩でも享保10年ごろから侍・武家奉公人以外には適用しないこととし，初期に多く見られた国払は7, 8 郡払又は熊本城下10里四方払に切り替えたのであるが，享保10年からの11年間に45人（年平均4.1人）あった。

(b) 安永元 (1772) 年から文化10 (1813) 年までの42年間を4区分すると，(i)安永元 (1772) 年から天明元 (1781) 年まで，死刑19人（平均1.9人），答刑・徒刑896人（平均89.6人），(ii)天明2 (1882) 年から寛政4 (1792) 年まで，死刑38人（平均3.5人），答刑・徒刑1269人（平均115, 4人），(iii)寛政5 (1793) 年から享和2 (1802) 年まで，死刑95人（平均9.5人），答刑・徒刑1657人（平均165.7人），(iv)享和3 (1803) 年から文化10 (1813) 年まで，死刑95人（平均8.6人），答刑・徒刑1993人（平均181.2人），となる。死刑の年平均は1.9人→3.5人→9.5人→8.6人，答刑・徒刑の年平均は89.6人→115.4人→165.7人→181.2人と推移する。『刑法草書』の施行により，死刑が抑制され，答刑・徒刑の適用が増加しているが，寛政期以降になると絶対的に犯罪が増加しており，死刑の適用数は享保期と同程度に戻り，答刑・徒刑も激増している。

第7章　裁判制度

I　総　説
(1) 裁判権

　幕府は寛永10 (1633) 年「公事裁許定」，元禄10 (1697) 年「自分仕置令」を制定し（本編第1章V参照），大名・旗本など封建領主の裁判権を定めた。領主が裁判（審理・科刑）権を行使すること（「自分仕置」）ができるのは，「一領一家中」すなわち自領の人別を有する庶民と封建家臣団（その家族・奉公人を含む）に限られ，たとえ領内で発生した事件であっても当事者・関係者に他領人別の者が加わっているとき（「他領他支配引合」）や，他領の者を相手取る訴訟（「支配違江懸る出入」）は，幕府の裁判となる（後述）。このように，裁判権は属地的ではなく属人主義的であったが，博奕犯については取締の強化・敏速な事件処理のため，寛政6 (1794) 年以後犯罪地ないし逮捕地の領主にも例外的に裁判権を一

部認めることとした。人別を有しない「無宿」は，幕府の裁判による処罰（「公儀御仕置」）の前科がある場合を除きどの領主でも裁判できるので，他領他支配引合となるのを避けるため，関係領主間で了解のうえ被疑者の人別を抹消して無宿としてしまうことも時に行われた。大名は，その家格にかかわりなく，磔・火罪など最重の死刑を含むあらゆる刑罰について，幕府に伺うことなく専決することができた（もっとも前述（本編第2章Ⅲ参照）のように，仕置の内容は江戸幕府法に準ずべきものとされていた）が，旗本以下は裁判権に大きな制限があった。公家，寺社，穢多非人，当道座（盲人団体）なども，それぞれ領主権あるいは団体的自治権に基づく裁判権を有したが，権限は限定的であった。

(2) 裁判の種類と構造

　幕府の裁判手続には「吟味筋」と「出入筋」の両者がある。吟味筋は糺問主義的な二面構造の刑事裁判で，原告官としての検察官に相当する官制はなく，糺問者たる裁判役所が自発的に捜査・審理を開始して，自ら被疑者の罪責を追及し判決を下すものである。手続は「御用」として終始職権的に進行し，弁護人の制度もなく，被糺問者の弁護権は認められていなかった。出入筋は原告が被告を相手取って訴え出ることにより開始され，当事者主義的な手続進行を一応基礎とし，裁判役所が双方の主張を聞いて判決を下す，三面構造の民事訴訟的な裁判であるといえるが，密通や疵付などの可罰的事案が出入筋の手続で裁判されることもあり，また手続上刑事的強制が加えられ，判決で刑罰が科されることがあるなど，刑事裁判的要素も含むものであった。出入筋で始まった裁判が，役所の判断で吟味筋に切り替えられることもあった。

　　＊越　訴

　　　適法手続によらない非正規の訴訟を総称して「越訴」あるいは「差越願」，「筋違願」等といい，その態様によって各種の称呼があった。「直訴」は老中や三奉行など政治的実力者に直接訴え出るもので，そのうち通行中の駕籠に駆け寄って訴状を差し出すものが「駕籠訴」，奉行所などの門内に駆け入って願うのが「駈込訴」である。「強訴」は多数の者が集まり実力行使をして暴力的に願うもの（百姓一揆）であり，とくに役所の門前に押し掛けるものを「門訴」とよんだ。これらの越訴はいずれも禁止されており，とくに強訴は公事方御定書では頭取が死罪に処せられる定めであったが，駕籠訴や駈込訴は事実上容認され，急度叱などの軽い刑を科されるものの，訴はおおむね受理されて，正規の訴訟手続の進行を促進させるなどの効果を

ねらった訴訟戦術の一種としても利用されるようになっていった。目安箱（本編第1章Ⅳ参照）への投書を「箱訴」といい，これは直訴を合法化したものといえる。

(3) 裁判機関と裁判役人

(a) 裁判機関　幕府の裁判機関としては，江戸に評定所一座，三奉行，道中奉行等が，また全国各地に遠国奉行，郡代・代官等があった。三権分立の制度・思想はなく，行政官が司法官を兼ね，評定所が主として司法的行為のための場所として設けられたのを除けば，一般に行政役所が裁判所を兼ねていた。裁判自体も行政的性格が強いものといえる。3代家光までは将軍が大名の不祥事等を直裁する「御直裁判」がしばしば行われたが，5代綱吉が天和元(1681)年に越後騒動を直裁したのが最後で，以後将軍は老中の進達する伺に裁決を与えるだけとなった。なお，綱吉が元禄期に柳沢吉保邸などで裁判を上覧した例があるが，8代吉宗以後は江戸城内吹上に法廷を設けて将軍あるいは将軍世子が三奉行による実際の裁判を御簾の内から透見する「公事上聴」が行われ，文久2(1862)年に至るまで10数回実施された。老中も当初は事実審裁判官として重要事件を裁判し，4代家綱の寛文8(1668)年以後は評定所の裁判を陪聴するのみとなったが，その後も上級武士に処罰を申し渡すほか，諸向より進達される伺に差図を与える権限を保持しており，将軍の下で幕府司法の実質的最高責任者たる地位にあった。若年寄も若干の裁判権を有したが，その権限は老中に比べはるかに狭小である。京都所司代も『板倉政要』で知られるように初期には自ら裁判したが，後には大坂城代とともに上方の遠国奉行からの伺に対して差図を与えるのみとなった。このほか火附盗賊改，大目付，目付等も一定限度の裁判権を有したが，むしろ火附盗賊改は警察官的，また大目付・目付は監察官的な性格の強い官職といえる。

(b) 裁判役人　上記の各裁判機関は，奉行・代官等が裁判の責任者であるが，奉行等が出廷するのは冒頭手続や判決の告知など主として形式的な手続のときだけであり，実質的な審理を担当し，判決案を作成するのは下役であった。幕府中央のそのような実質的裁判官というべき役人として主要なものに，勘定奉行所の勘定・支配勘定から任ぜられる「評定所留役」と，町奉行所の「吟味方」（「詮議方」）与力がある。評定所留役は正式には「評定所留役勘定」といい，貞享2(1685)年に3名が創置された後，次第に職制が充実整備され，

公事方御定書が裁判の主要な準拠として用いられるようになった宝暦期以降には、「組頭」（評定所留役勘定組頭）1名の下に評定所留役の「本役」、「留役助」、「当分助」合わせて20名程度の役人集団となっている。この評定所留役が、評定所及び勘定奉行所の裁判に当たるほか、寺社奉行所に出役して「吟味物調役」となり、同奉行所の裁判も担当した。勘定奉行所の役人は能力主義によって登用される機会が多く、かつ「同寮を歴昇」して他部局に転ずることは少なかったといわれる。また吟味方与力は、南北町奉行所それぞれ10名程度がこれに任じたが、与力は事実上世襲であって、多くは10代、時にはその前半頃から「見習」として町奉行所に出仕し、親が隠居退任すれば跡を継ぐことが普通であり、かつ同一の掛を長年務める例であった。このようにして、彼らの多くはその経歴の大半をもっぱら裁判実務に捧げたのであり、他の一般行政部局とは相対的に分離・閉鎖された中で、幕府法曹と呼ぶに足る専門的役人集団を形成し、法実務にかかわる慣習法（法曹法）を発達させた。なお、事実審には関わらないが、奥右筆もまた、老中・若年寄の下で法令の起案・調査等に従うほか、奉行等から老中に提出された御仕置伺（後述）に関する法律審を担当し、幕府中央の法実務・裁判実務を担う重要な法曹的事務官であった（本編第1章Ⅳ参照）。奉行自らが裁判官としての手腕を発揮する余地もなかったわけではないが、『大岡政談』に代表される名裁判官譚の大半は虚構ないしは中国小説の翻案等であり、むしろそれらの流行は先例主義で硬直した吟味筋や、もっぱら内済に向けて誘導しようとする出入筋などの現実の裁判に対する、民衆の名判官願望を反映したものであったというべきであろう。

　　＊**白洲**

　　　法廷を「白洲」といい、吟味筋・出入筋とも非公開である。白洲の構造・名称は役所によって小異があるが、いずれも庭・椽（掾＝縁）・座敷から構成され、出廷者の身分によって座席が異なった。狭義の「白洲」は、法廷内の砂利を敷き詰めた庭を指し、「砂利」ともよばれる。屋根はなく、明障子を庇のように張り出して日除けとしていた。百姓・町人や浪人、無宿等はここに筵を敷いて露座する。御目見以下の武士で熨斗目以下の格の者や由緒ある浪人、御用達町人等は「下椽」（「板椽」、「落椽」）に、また御目見以下の武士で熨斗目以上の格の者、一定の格式以上の僧侶・神職等は1段高い「上椽」（「畳椽」、「椽頬」）に座る。評定所や町奉行所等は砂利も含めて3段であるが、寺社奉行所は下椽に相当するところを「浪人台」と称し、

上椽に相当する部分を「下通」,「上通」の2段に分け，砂利も含めて都合4段になっていた。奉行は，奥の座敷に継上下で着座する。芝居等でみるような，下椽から砂利へ降りる階段はない。白洲では，吟味筋でも被疑者を縄等で拘束しない。砂利には「蹲同心」が控え，法廷警察に任じた。なお，奉行が出座する上記の白洲とは別に，下役が審問する簡易な白洲も設けられていた。

(4) 法　源

幕府の裁判では，「公事方御定書」を中心とする法典や法令集のほか，判決例を中心とする先例が主要な法源であったが，私的に編纂された各種の法律書も，法実務の参考書としてよく用いられた。

(a) 法典・法令集　公事方御定書（下巻）は独立した法典視され，もっとも重要な法源であったが，近代的罪刑法定主義の観念はなく，犯罪と刑罰のすべてが規定されたものではなかった。類推・拡張解釈も自由であり，むしろ御定書の規定はあくまで「大綱ニテ眼当ニ」すべきものであって，「御定え泥」むべきではなく，御定書を一応の基準としつつ「軽重ハ斟酌」すべきものとされた。御定書に直接該当する条文がなければ「相当之例」ないし「類例」を援用して判断するが，原則として近例を遠例より優先的に適用し，徳川氏以前には遡らない。御定書の規定の解釈・適用にあたっては，立法資料集というべき「科条類典」（明和4（1761）年成立）に収録された「元例」にもしばしば遡って検討している。公事方御定書を公式に利用することができたのは前述のように幕府の司法上層部に限られていたが，裁判実務に携わる評定所留役や町奉行所吟味方与力等は奉行用のものを借覧することが可能で，実際には私的に作成された写本が各役所・吏員はもとより民間にまで広く流布していた（本編第2章Ⅱ参照）。なお，公事方御定書が主として庶民を対象としたものであったのに対し，寺社を対象とするいわば特別刑法典として「寺社方御仕置例書」があった。

幕府の法令集は評定所が編纂した『御触書（寛保・宝暦・天明・天保）集成』が代表的であるが，幕府の制定法令すべてを載せたものではなく，例えば5代綱吉時代の生類憐愍令などは採録されていない。享保期以降町奉行所が編纂した『撰要類集』（享保・明和・天明・天保等の年号を冠する）には，法令だけでなく立法資料・先例等が多く収録されており重要である。また，私撰の法令集には『御当家令条』,『武家厳制録』,『大成令』,『憲教類典』,『教令類纂』,『憲法部

類』,『憲法類集』などがあり，官撰法令集に載せられていないものを含むことが少なくない。

(b) 判例集　現存する幕府中央の判例集の大半は公事方御定書成立後のものであり，それ以前に遡るものとしては，主に貞享・元禄期（1684～1704年）の評定所判決例を民事・刑事未分離のまま収録した『御仕置部類』（原本は失われたが同系統の『公法纂例』,『公事録』などが伝わる）や，宝永期（1704～11年）に町奉行所の牢屋収監者記録たる「牢帳」をもとに編集された『御仕置裁許帳』,『旧憲類書』など，若干のものが知られるにすぎない。評定所の『裁許留』は元禄15（1702）年以降慶応3（1867）年までの出入筋の裁判記録を編年収録したものであったが，原本45冊は関東大震災（1923年）で他の評定所記録とともに焼失し，わずかに2冊の副本と若干の抄録のみが現存する。公事方御定書の制定以後，その解釈・適用をめぐる判例法理論が飛躍的に発展した。評定所の編纂した刑事判例集というべき『御仕置例類集』は，老中に提出された御仕置伺（後述）に対する評定所一座の評議を分類編集したものであるが，編集の技術・評議の法理論的水準ともにきわめて秀れ，近世判例法・固有法発達の到達点を示すものといえる。文化元（1804）年成立の第1集（明和8（1771）年以降の事案を収録）以下5回編集され，うち第4集まで（『古類集』,『新類集』,『続類集』,『天保類集』）が現存している。ほかに，三奉行・道中奉行からの御仕置伺事案を収録した『撰述格例』（『御仕置例撰述』）も現存する。『御仕置例類集』・『撰述格例』は，公事方御定書の引用を含む最重要の判例集であり，評定所，三奉行所のほか，所司代，大坂城代にも与えられていた。また，武士に関する刑事判決録として『以上并武家御扶持人例書』（宝暦6（1756）年より文化8（1811）年に至る判例を収録）があり，原本は焼失したが副本が存在する。遠国奉行所の判例集では長崎奉行所の『犯科帳』が著名で，これは寛文6（1666）年から慶応3（1867）年までの145冊がほぼ完全な形で伝わっている。

(c) 法律書と実務法学　幕府法に関する私撰の法律書として，『律令要略』,『新選憲法秘録』,『聞訟秘鑑』,『官中秘策』,『柳営秘鑑』,『刑罪大秘録』など，広く流布したものが多数ある。また，大名・旗本等から法律問題に関して幕府中央の関係役所・役人に照会すること（「問合」）が公式・非公式に行われ，その回答（「挨拶」）も法源として重要であった。問合と挨拶を合わせて

「問答」といい，これを分類編集した「問答書」あるいは「問答集」とよばれる法律書が作成されている。よく流布したものに『寺町勘秘聞集』，『三秘集』，『的例問答』などがあるが，ほかにも『三奉行問答』，『諸例集』，『勘要記』など重要なものが少なくない。とくに服忌令（本編第2章Ⅱ参照）に関しては，その解釈・適用に関する法実務が大いに発達し，問答例だけでなく註釈等を加えた「服忌書」とよぶべき専門的法律書の類型を生み出した。代表的なものに『服忌令撰註』，『服忌令詳解』，『服忌令撰註分釈』などがある。さらに，農政の手引書的な「地方書」にも法実務に関する内容が含まれているが，それらは農政に練達した「地方巧者」とよばれる代官系の役人や農政学者によって編まれたものが多く，村役人層などに需要が大きかった。法令・先例類を多く収録しているものとして，『地方落穂集』，『続地方落穂集』，『地方凡例録』，『牧民金鑑』などがある。これら以外にも，法や裁判に携わる役人が執務の必要上作成したと考えられる無数の手控の類が残されており，法実務・裁判実務を窺うべき史料として重要である。これらの法律書は，西洋近代法学的な，抽象的法概念による分析・体系化の志向には一般に乏しく，個々の事案処理に関するいわば覚書（メモ）の集積のようにみえ，さもなくば書式集の類が大半であるが，そこには先例主義的な行政・裁判実務に即した法的処理技術の体系がやはり存在したのであり，いわば「実務法学」とよぶべきものが形成されていたのである。

　なお，上記の法源はおおむね固有法的なものであるが，事案によっては儒者や林大学頭に諮問し，中国法が参照されることもあった。将軍吉宗は明律を中心とする中国法の研究を推進させ，荻生北渓が訓点を施した『（官准刊行）明律』をはじめ，荻生徂徠『明律国字解』，高瀬喜朴『大明律例訳義』等各種の注釈書が著されている。ことに明律系の刑法典を制定した藩（本編第2章Ⅲ参照）では，その解釈・適用に際して明律・清律等を援用し，ないしは参考にすることがしばしばあった（本編第6章Ⅲ参照）。

Ⅱ　吟味筋

(1) 裁判管轄

　幕府の奉行・代官等は，独自に審理（「吟味」）・科刑（「仕置」）できる範囲

(「手限」)がそれぞれ定められていた。手限を超える事件や，手限内であっても疑義のある事件は，支配の上司に「御仕置伺」を提出する。

　代官・郡代は，当事者が支配所の人別に属する者又は無宿であれば吟味はできるが，手限で仕置を行うことはできず，刑罰の決定は原則としてすべて上司である勘定奉行に伺わなくてはならない。ただし寛政6 (1794) 年以降，博奕罪については重敲までの刑罰を手限で科すことを認めた。支配所と他領他支配引合となる事件の場合は，原則として勘定奉行に移送するが(「差出物」)，遠国では代官役所や遠国奉行所での吟味を認めるなどの例外もあった。

　遠国奉行は，支配所限りの事件のみならず支配所と他領他支配引合の事件も手限で吟味することができる。手限で仕置できる範囲は遠国奉行によって異なり，例えば長崎奉行や佐渡奉行などは重追放まで(「遠島以下手限」)，日光奉行や駿府町奉行などは江戸十里四方追放まで(「追放以下手限」)，甲府勤番支配や浦賀奉行などは所払まで(「入墨以下手限」)等とされており，これは江戸からの距離によって手限の範囲に差が設けられていたと考えられているが，それぞれ手限を超える事件は老中に伺う。なお博奕罪については，寛政6 (1794) 年以降，上記「追放以下手限」及び「入墨以下手限」の遠国奉行にも中追放までの手限仕置を認めた。諸藩の飛地が多くあった上方では，御料・私領が錯綜しており，京都町奉行，大坂町奉行，奈良奉行，堺奉行は直支配の土地以外にそれぞれ「支配国」をもち，支配国内の引合事件等について吟味権を与えられていた。ことに京都町奉行と大坂町奉行は畿内8ヵ国の4ヵ国ずつを支配国とし(後述)，広範囲にわたる吟味権を行使したが，手限仕置の範囲は小さく，軽い咎のほかはおおむね所司代・大坂城代に伺い，所司代・大坂城代の権限を超える場合は老中に伺った。

　三奉行のうち寺社奉行は寺社及び寺社領の人民，町奉行は江戸町方(「御府内」)及びその人民，勘定奉行は御料及びその人民をそれぞれ支配し，全国的な他領他支配引合事件の吟味権を有した。大名・旗本等は，前述のごとく，他領他支配引合事件の場合には吟味・仕置ができず，幕府に移送しなければならない(具体的には月番老中に「奉行所吟味願」を提出する)が，関八州外の私領からの吟味願であれば寺社奉行，関八州内の私領からの吟味願であれば勘定奉行，江戸町方との引合事件であれば町奉行が，老中より一件を下付されて吟味し

た。三奉行の手限仕置の範囲は中追放まで（「重追放以下」）であり，重追放以上は老中に伺うのが原則であった。

このようにして，御仕置伺は究極的には老中のもとに集まるのであり，老中の差図によって判決がなされる。その実務を担ったのは「仕置掛」奥右筆である。遠島及び死刑にあたる場合は，将軍の裁決を経た上で差図する。また，必要に応じて老中は一件を評定所一座に諮問し，通常は評議の結論を採用して差図したが，ときに再評議を命ずることもあった。評定所一座の構成員は寺社奉行，町奉行，公事方勘定奉行であるが，評議答申を実際に作成するのは評定所留役であった。重要事件，難解な事案が評議に付されたことから，評定所一座が全国的な判例統一機能をある程度果たしていたといえる。

(2) 糺問手続

(a) 犯罪捜査　　犯罪捜査の端緒は被害の届出や告発・風聞等で，密告も奨励された。変死体を発見した場合などは「検使」を願い出て，犯罪事件である可能性が濃厚であれば捜査が開始される。法医学的知識は未熟であったが，漢方に基づく『無冤録述』や，『検使階梯』，『検使必携』などの実務書が多数流布している。主たる捜査機関は江戸では町奉行・火附盗賊改配下の与力・同心であるが，実際には同心の私的雇人たる「目明」（岡引）が捜査の主力であった。犯人捜索の方法として，親族及び町村役人等に捜索義務を負わせる「尋」があった。期限付の捜索命令を「日限尋」といい，30日ずつ 6 回，計180日まで行うことが多いが，この期限内に被捜索者（「御尋者」）を尋ね出せないときは，捜索義務者に過料・急度叱等の刑罰が科され，あらためて「永尋」が命ぜられた。これは無期限の捜索命令であるが，事実上捜索打切りに近い。また，盗品の特徴等を書いた「品触」を質屋・古着屋など「八品商」の組合や新吉原に触れたり，重要事件では被疑者の顔や身体の特徴等を簡単に箇条書にした「人相書」を全国に触流すこともあった。犯人の逮捕を「召捕」，「捕物」といい，「十手」，「捕縄」のほか「突棒」，「刺又」，「袖搦」（「三道具」とよぶ）等の「捕道具」が用いられ，大捕物では梯子を使って四方から囲んで取り押さえることもあった。同心や目明は，逮捕した被疑者を町の自身番屋で取調べ（いわゆる「下吟味」），有罪と目される場合には奉行所に送致する。また，このように被疑者を逮捕送致する以外に，召喚状（「差紙」）によって奉行所への出頭を命

じ，吟味筋が開始される場合もあった。

(b) 冒頭手続・未決勾留　冒頭手続では奉行が白洲に出座して，人定尋問及び罪状の概括的な取調（「一通糺」）を行い，未決勾留の処置を決める。未決勾留は，「牢」（「牢屋」）に収監するほか，軽微な犯罪ではなるべく入牢させず，公事宿（後述），親族，町村役人等に預けて監禁する「宿預」，「村預」等の方法が行われ，その際「手鎖」も併用されることがあった（「吟味中手鎖」）。

　幕府の牢屋で最大のものは江戸の小伝馬町牢屋で，評定所，三奉行所，火附盗賊改掛の囚人はここに収監する。牢屋を管理したのは町奉行支配の「囚獄」で，石出帯刀が世襲し，「牢屋奉行」とも俗称された。獄舎は「揚座敷」，「揚屋」，「大牢」，「二間牢」，「百姓牢」があり，収監者の身分によって分けるが，いずれも雑居拘禁である。大名や500石以上の直参は大名等に預けて牢には収監しないが，それ以下の武士は，御目見以上は揚座敷，御目見以下の御家人や陪臣は揚屋に入れる。僧侶神職は，格式により揚座敷か揚屋に分ける。揚座敷では，庶民の軽罪囚を「付人」として給仕をした。大牢，二間牢，百姓牢には百姓町人等の庶民を収監し，狭義にはこれを「牢」という。無宿と有宿は分離し，無宿を収容した二間牢は「無宿牢」と俗称された。また，女囚は身分の別なく揚屋の一つに集め，これを「女牢」とよんだ。各舎房では一種の囚人自治制が行われ，「牢名主」以下10名程度の「役付囚人」が暴虐苛烈な「牢法」によって支配し，牢内の秩序維持や官憲との連絡等にあたった。30畳敷の大牢に100人以上を収容し，しかも役付囚人以外の「平囚人」は隅のほうに押しやられて著しい過剰拘禁であったのに加え，衛生状態ははなはだ劣悪で皮膚病や熱病が蔓延しており，幕末には牢死者が年間2000人にも上ったことがある。囚獄の配下に牢屋同心が50〜80名程度，さらにその下で雑務に服す「牢屋下男」が30〜50名ほどいたが，囚人と日常的に接するのはこの下男で，賄賂等の不正は日常茶飯事であった。囚獄の権限として，火事で牢屋類焼の危険が迫った際に囚人を解放し，所定の期間内に立ち帰れば罪1等を減ずる「切放」の制があったが，これは明暦の大火（1657年）の際に囚人を解放した例を制度化したもので，近代以後も受け継がれている。なお，小伝馬町牢屋の付属施設的なものとして，品川・浅草に「溜」（「非人溜」）があり，それぞれ非人頭松右衛門・車善七が管理した。溜への収監を「溜預」といい，重病の囚人や15歳未満の幼

年者を収監した。

　(c) 事実認定　　奉行による一通糺の後は，下役によって本格的な吟味が行われるが，犯罪事実の認定には自白が必要であり，かつそれで十分であった。肉体的苦痛を与えずに自白させるのが「口問(くちどい)」，苦痛を与えるのが「責問(せめどい・せきもん)」（広義の拷問）で，責問には「笞打」，「石抱(だき)」（「算盤責(そろばんぜめ)」），「海老責」，「釣責(つりぜめ・つるしぜめ)」の4種があるが，このうち笞打，石抱，海老責は「牢問」といい，狭義の「拷問」たる釣責と区別している。海老責も狭義の拷問であったとする説もあるが，江戸時代後期にはほとんど行われなくなり，通常は笞打と石抱の牢問を繰り返した。狭義の拷問は，人殺・火附・盗賊・関所破・謀書謀判事件に関して証拠が確かであるのに白状しない場合などに限定されており，それ以外は評定所の評議を必要とした。責問によらず口問で白状させるのが吟味の「巧者」と考えられたこともあり，牢問はそれほど頻繁に行われたわけではなく，まして狭義の拷問が行われることは実際には稀であった。

　審理が熟すると，供述を録取した調書（「口書(くちがき)」）を各被疑者ごとに作成し，関係者一同を白洲に集めて奉行が出座し，下役が口書を読み聞かせて押印（印形又は爪印）させる（「口書読聞(よみきけ)」）。口書読聞の手続を経た口書を「吟味詰り之口書」といい，これによって犯罪事実は書面化されて確定するのである。窃盗や博奕など定型的な犯罪では，口書も定型化したものが作成された。罪状が明白であるにもかかわらずどうしても自白が得られない場合に，自白以外の証拠によって奉行が犯罪事実を認定することがあり，これを「察度詰(さっとづめ)」とよんだ。これに対し，自白により吟味を詰める原則的手続を「自詰(じづめ)」という。察度詰はきわめて例外的・変則的な方法であり，自詰による刑罰より通常は1等減軽した。

　吟味を開始してから6ヵ月経過しても解決しない場合は，担当奉行から老中に届を提出する。これを「六ヶ月届」といい，審理の促進を目的として将軍吉宗のときに始まった制度（当初は10ヵ月経過で届出）である。自白が得られれば物的証拠等による裏づけは必ずしも必要ではないから，一般的に吟味の進行は早く，また判決申渡後直ちに刑を執行するのが原則なので，牢屋に長期間拘置される者は少なかった。なお，公訴の時効にあたるものとして，「旧悪」免除という制度があった。特別予防主義的な配慮に基づくもので，犯行後12ヵ月以上

犯罪から遠ざかっていることなどの要件を満たせば比較的軽い罪について適用されるが，死刑にあたるような重罪にはおおむね適用されず，適用頻度はそれほど高いものではなかった。

　(d) **刑罰決定**　事実認定は専ら自白の追及に向けられたから，虚偽自白ないし一部自白で結審することもあり得たので，事件の全貌・実体的真実が解明されないままに終わることも稀ではなかったのに対し，刑罰決定手続は慎重をきわめ，判例法が精緻に発達した。公事方御定書を基準としつつ，犯罪行為の態様や被害の程度などを先例と詳細に比較検討して刑罰を決定するのであり，町奉行所では，判例の整理・調査を担当する部局として「例繰方（れいくりがた）」与力・同心が置かれていた。手限仕置の範囲を超える場合は，前述のように御仕置伺を提出し，代官であれば勘定奉行の下知，三奉行や遠国奉行等は老中の差図により，刑罰が決定される。伺書で擬律した刑罰の見込みと老中の差図が違ったときは，伺書を作成した奉行の下役は差控伺を出さなくてはならなかった。なお，1人で複数の犯罪を犯した場合（併合罪）は，原則としてもっとも重い犯罪に対する刑罰のみを科した（吸収主義）。

　(e) **落着・刑罰執行**　判決の告知を「落着（らくじゃく）」といい，白洲に奉行が出座し，「申渡（もうしわたし）」と題する書面を朗読して口頭で告げる。ただし，死刑に処せられるべき者に対しては白洲ではなく，牢屋構内で下役が申し渡した。「吟味詰り之口書」が完成していれば，判決は死者に対してもなされる。上訴の制度はなく，判決申渡の後直ちに刑の執行に移るのが原則である。遠島の場合は出船の時期（江戸は春秋2回）まで牢屋に拘置する。死刑及び遠島の場合を除き，判決の遵守を誓約した「落着請（うけ）証文」を提出させる。未決中に60日以上入牢した者が手鎖・過料・戸〆等の刑にあたるときは，刑の申渡はしてもその執行を免じた。判決の申渡ないし刑の執行を行わない日を「御仕置除（のぞき）日」といい，五節句や歴代将軍の命日など1年のほぼ半分近くがこれに該当した。

　＊**武士に対する特別手続**

　　　上述したのは被糺問者が庶民である場合の，幕府（江戸）の一般的な吟味筋の手続であるが，武士に対してはその身分・社会的地位から特別の手続が定められていた。御目見以上の者に対する糺問を「詮議（せんぎ）」といい，その事件を「詮議物」と称する。大名・旗本など最上級の武士には，召喚・尋問（「呼出吟味」）を行わず直ちに

判決を下すことがあり，また本人に罪状を問う書面を送付して返答・弁解の機会を与えることもあった（「封書尋」）。被疑者を召喚して審理する通常の手続には，以下のものがある。その1は「五手掛」と称し，三奉行各1名に大目付・目付各1名が立ち会い，評定所で行うもので，安政の大獄など政治的大事件に関して開かれた。その2は「三手掛」と称し，掛奉行1名（原則として町奉行）に大目付・目付各1名が立ち会うもので，これに2種あって，御目見以上の本人・妻・嫡子は評定所で，同じく次三男・厄介人は奉行所で行う。その3は掛奉行1名（原則として町奉行）に目付1名が立ち会い，奉行所で御目見以下等を裁判するもので，「目付立合吟味」とよばれる。未決勾留は小伝馬町牢屋の揚座敷・揚屋に収監するが，御目見以上で500石以上の者は大名等に預ける。御目見以上の者は広義の白洲へは出さず，屋敷内で行う（「御座敷吟味」）。拷問も科されるが，御目見以上は老中に伺うことを要する。庶民の口書にあたる裁判調書を「口上書」といい，書判をさせる。刑罰はすべて老中に伺い，五手掛及び三手掛では大目付が，また目付立合吟味では奉行が，判決を口頭で告知する。死刑の場合でも，牢屋では宣告しない。判決申渡ないし刑の執行が終了すると老中に届けられ，老中はその旨諸役人に触を出した（「封廻状」）。

(3) 恩　赦

恩赦を「（御）赦」と称した。幕府の赦は将軍の権限で，幕府・朝廷の慶弔に際して行われるが，将軍宣下や改元など吉事に際して行われるのを「御祝儀之御赦」，将軍の年忌法要や天皇崩御など凶事に際して行われるのを「御法事之御赦」という。御赦の対象となるのは既決の受刑者（「過去之御赦」）だけでなく，未決の者も対象とされた（「現在之御赦」，「当座之御赦」）。幕府は江戸時代を通じて350回以上御赦を行っていることが確認できる。諸藩も幕府の赦の令に従うほか，自家の吉凶に際して施行した。御赦の主たる目的は幕藩領主の御威光・御慈悲を示すとともに，犯罪者の改善を奨励することにあったが，遠島や追放など無期刑に関してある程度刑期を量定する機能も果たした。

Ⅲ　出入筋
(1) 裁判管轄

原告を支配する役所が訴を受理し，他領他支配の者を相手取る場合（「支配違江懸る出入」）や武家を相手取る場合は，評定所一座による合議裁判（「評定公事」）となるのが原則である。三奉行のうち，寺社奉行は寺社及び寺社領の者，関八州外の私領の者等の訴を，町奉行は江戸町方，寺社領の町，寺社門前並びに境

内借地の者，旗本・御家人等の訴を，勘定奉行は御料の者及び関八州の私領の者等の訴を，それぞれ受理する。評定公事の場合も，訴を受理するのは原告を支配する役所であって，評定所に直接訴え出るのではない。例外的に，跡式・養子に関する出入は被告を支配する役所の管轄とされ，また道中奉行は五街道の交通・宿駅に関する事件について事物管轄的な権限を行使した。京都町奉行と大坂町奉行は，享保改革に際して享保7 (1722) 年に実施された上方の行政機構改革(「国分け」)に基づき，それぞれの支配国内(京都町奉行は山城・大和・近江・丹波の4ヵ国，大坂町奉行は摂津・河内・和泉・播磨の4ヵ国)及び両奉行支配国相互間の出入に関する特別な管轄権が認められていた。ことに大坂町奉行は，債権法・取引法と密接に関わる金銀出入について，同奉行支配4ヵ国と中国・四国・九州28ヵ国との間の出入(「遠国金銀出入」)に関する広範な管轄権を有しており，江戸とは異なる債権保護的性格の強い法制を発達させたことが注目される(後述)。

(2) 判決手続

(a) 目安糺　裁判所はまず，原告(「訴訟人」，「願人」)の提出した訴状(「目安」，「訴状」)を審査し，訴を受理することの可否，受理する場合は本公事・金公事の別を決定する。これを「目安糺」(「訴状糺」，「出入糺」)といい，裁判管轄，当事者適格，公事銘等が審査の主たる対象であって，記載内容に不備があれば訂正加筆を命じる。出訴要件を欠く訴や，「仲間事」という特定の債権関係に関する訴訟などはこの段階で不受理(「無取上」)となる。目安には名主の奥印を要し，支配違出入の場合は「添使」(大名領)又は「添簡」(旗本領)が必要である。子が親を，従者が主人を訴えることは原則として認められない。「公事銘」というのは，「売掛金出入」，「養子対談異変出入」，「理不尽出入」などのように請求の内容を法的に定型化して表した，訴状の表題である。法律論的判断は主としてこの下役による目安糺においてなされたから，出入筋における法曹法・実務法学の発達はこの局面において著しかった。金公事は「金銀出入」ともいい，借金銀・売掛金など主として利息付・無担保の金銭債権に関する給付請求である。本公事は金公事以外の出入物の総称で，質地・家質・為替金など担保付あるいは無利息の債権に関する給付訴訟や，地境論・用水論・入会・婚姻・家督・座席・役儀など土地や身分等に関連する確認・形成訴訟的な

もののほか，不法・疵付・誘引・密通などの可罰的事案が吟味筋でなく出入筋で裁判される場合も，本公事である。金公事は本来当事者間の実意に基づき相対で解決すべきものであるとして，幕府はこれを本公事よりも訴訟法上冷遇していた。出訴最低額の制限もあり，しばしばいわゆる相対済令の対象となって訴権が否定されたのもおおむね金公事であった（後述）。

　(b)　目安裏書　　奉行所は目安糺の後，改めて正式の目安（「本目安」）を提出させ，これに裏書押印して訴訟人に還付する（「目安裏書」，「目安裏判」）。裏書の内容は，被告（「相手方」）に対して答弁書（「返答書」）の提出と出廷対決を命ずるものであるが，金公事の場合には債務弁済ないし和解（「内済」）を勧告する文言が加えられる。受訴奉行の単独裁判（「手限公事」）では役所印のみを捺し，受訴奉行と同役との合議裁判（「内寄合公事」）及び評定公事のときは受訴奉行を初判として各奉行が加判するが，受訴奉行以外の加判を得るためには訴訟人がそれぞれの奉行宅を歴訪しなければならない。評定公事では通常寺社奉行4名，町奉行・公事方勘定奉行各2名の合計8名であるところから「八判」と称し（当初は「十判」であったが，享保7（1722）年に勘定奉行が公事方と勝手方に2名ずつ分かれ，勝手方勘定奉行は記名のみで加判しなくなった），全部揃えるのに通常2,3日かかる。判が揃うと，「御判揃届」を初判の奉行所に提出し，訴訟人は裏判を得た目安を自ら相手方のもとに持参して，双方の町村役人立会いのもとで送達する。相手方は墨付・汚れがないことを確認して受領書（「裏書拝見書」，「尊判拝見書」）を訴訟人に渡し，受け取った目安は三方に載せ床の間などに置いて大切に保管した。目安の受領を拒否すれば所払に処せられる。裏書で指定された出廷期日（「差日」）に両当事者が奉行所に出廷して対決審問を受けるが，差日の数日前に江戸に到着して，その旨届け出なければならない（「差日以前着届」）。このときに相手方は，目安とともに返答書を提出した。相手方が江戸町方在住の場合，差日は裏書の7日後であった（「七日裏書」，「七日物」）。目安裏書が送達されると，相手方は奉行所に出頭するのを厭い，差日以前に内済することも少なくなかった（「訴訟中内済」，「裏書中内済」）。

　(c)　対決審問　　第1回目の審理（「初対決」，「初而公事合」）では奉行による「一通吟味」が行われるにとどまり，以後の詳細な審問は下役によってなされる。出入筋でも，関係者に犯罪の嫌疑がある場合や，証拠の提出，内済の承

諾，債務の弁済等を間接強制するために，入牢させることがあった。裁判は本人訴訟主義が原則で，訴訟代理（「代人(だいにん)」）は本人の親族・奉公人など限定的にしか許されないが，「公事宿」の主人・下代(げだい)が「差添人(さしぞえにん)」として当事者とともに出廷し，訴訟行為の補佐をすることが認められており，職業的弁護士類似の役割をある程度果たした。

＊公事宿と公事師

　　公事宿は訴訟・裁判のために出府した者を宿泊させた宿屋であるが，江戸の公事宿は「江戸宿」というのが公称で，「馬喰町小伝馬町組旅人宿」，「八拾二軒組百姓宿」，「三拾軒組百姓宿」の3組合が株仲間を形成し，冥加として差紙の送達や宿預など奉行所から命ぜられる業務を担った。遠国の奉行所，代官陣屋所在地等にあるものは「郷宿(ごうやど)」という。出入筋では手続の進行に応じて各種の書類を作成・提出しなければならない（定型化した書式に従って作成された書類を提出することにより手続が進行するともいえる）が，多くは公事宿がそれらの書類を代書するとともに，訴訟技術ないし戦術を当事者に教示・指導し，また相手方との内済交渉にもあたった。奉行所は内済による解決を強く奨励したから，公事宿もそのような奉行所の意向に添って活動し，単に依頼人の利益のために働くというよりむしろ奉行所と訴訟当事者の間を周旋するという性格が強く，公事宿は奉行所にとっても不可欠の存在となっていた。また，非公認の訴訟代理業者というべき「公事師(くじし)」（「出入師」，「公事買」）も町方・在方に多く存在し，法知識や訴訟技術を利用した合法・非合法の様々な行為を法廷内外で行うのを稼業とした。幕府は公事師による濫訴や違法な訴訟代理を抑制・禁止する触を繰り返し発し，「譲証文(ゆずりしょうもん)」すなわち債権譲渡による出訴にも種々の制限を加えるなどしているが，跡を絶たず，中には江戸宿の「雇下代(やといげだい)」となっている者もおり，与力・同心と懇意の者すらあったといわれる。明治初年の代言人・代書人には，公事宿・公事師の流れを汲むものが少なくなかった。

(d) 裁　許　審理が熟すると，訴訟人・相手方双方の主張を1通の口書に併記し（金公事では略式），朗読して押印させた後に白洲で奉行が確認の手続をし，これをもとに判決を申し渡す。出入筋の判決は，当事者の主張が法規・先例等に照らして正当な理由があるかどうかというよりも，裁判役人が個々の事案につき政策的な観点から判断して具体的に妥当と考える結論を与えるので，実質的には行政処分に近いものともいえる。先例拘束性もなく，吟味筋において見られたような精緻な判例法の発達は出入筋では生じなかった。評定所の出入筋の判決録である『裁許留』（前述）が，裁許状などの一件書類を編年体に収録しただけで，事項別等の整理編集の手がほとんど加えられていないように見

えることも，判例検索の必要がなかったことを示しているといえよう。

　出入筋の判決は「裁許(さいきょ)」といい，奉行が白洲で読み上げる判決書（「裁許状」，「裁許証文」）は通常当事者には下付されず，両当事者が連署押印した「裁許請(うけ)証文」（「裁許請状」，「裁許請書」）を奉行所に提出する。これは裁許状よりも詳細なもので，裁許申渡の後に別室で下役が読み聞かせて押印させるのであるが，その際当事者は自分で写しを取ることが許された。判決書や請証文の形式・名称は年代により，また訴訟の内容等によって一様でなく，請証文は申し付けずに裁許状を下付する「(裁許)書下(くだ)し」，請証文の写しを奉行所で作成して下付する「上げ証文」，請証文を両当事者で交換する形式の「(為)取替(とりかわせ)証文」なども行われた。地境論等では絵図を作成して判決による区画を墨線で記入し，裏面に判決を書いて，両当事者に下付する。これも裁許状というが，「裁許絵図裏書」ともよび，通常の評定公事では三奉行が連印し，国境・郡境に関わる場合には老中も加印した。金銭の給付判決では，裁許申渡は「日限済(ひぎりすみ)方(かた)申付」すなわち一定期限付の債務弁済命令をその内容とするが，これに対して被告債務者は，判決遵守を誓約した「日限証文」（「日限手形」）を奉行所に提出する。金銭以外の給付判決でも同様で，例えば店立命令に対して被告は「店立(たなだて)証文」を提出する。訴訟人は目安と返答書を継ぎ合わせたものを下付され，再び裏書加判の奉行を巡歴して消印をうけ，これを初判の奉行所に納めて裁判は終了した。訴訟費用は両当事者それぞれの負担で，上訴の制度はなく，裁許に従わない者（「裁許破」）は中追放に処せられる定めである。

(3) 内　　済

　出入筋においては一般に，公権的・法規的裁断である裁許よりも，両当事者間の互譲によって具体的合意を導く内済が，紛争処理の原則的方法として奨励された（吟味筋でも，「吟味(願)下げ」と称して内済が認められる場合がある）。本公事よりも重要度が低いとされた金公事においてその傾向がより強いが，本公事でも地境論・水論など（「論所」）では，逆にもっとも重要な事件であるが故に，内済が強く勧められた。権利の存在・不存在を一方的・権力的に判定するよりも，双方が納得し合意可能な妥協点を見つけるほうが，紛争解決の実効性という観点からも望ましかったのである。論所では目安に裏書を与える前に現地での熟談内済を命じ（「場所熟談もの」），金公事では訴訟人だけの申立てによる内

済（「片済口」）も認めるなど，特別の手続も定められている。内済が強く勧められた背景には，私的紛争に関する裁判は為政者の恩恵的行為であるという思想とともに，裁判機関の不備・非能率や実体私法の未発達などの事情があったが，このことがまた「権利」意識や「法」観念の発達を妨げることになったともいわれる。広義には裁判外の示談も内済というが，裁判上の内済は，和解案の内容を記して両当事者が連印した「済口証文」（「内済証文」）を奉行所に提出し，承認の手続（「済口聞届」）を経ることによって裁許と同様の効力が与えられる。済口聞届は裁許と同様，奉行自身が白洲に出座して申し渡し，裏書消印の手続も裁許の場合と同様である。内済の仲介をすることを「扱（噯）」といい，仲介者のことを「扱人」とよぶ。親族，町村役人や寺社などのほか，公事宿も扱人として積極的に活動し，「懸合茶屋」などで交渉にあたった。内済は裁判のどの段階でも行うことができ，審理の進行中も裁判役人は常に内済の成立に努め，内済の可能性があるうちは何度も「日延願」を許す。出入筋でも「六ヶ月届」の制度が行われたが，金公事はその適用外とされていた。裁判役人が関与する内済の伝統は，明治以後も「勧解」，「調停」の制度に受け継がれた。

(4) 身代限と切金

　金銭債権の給付訴訟では，日限済方ないし切金による弁済を命ぜられた債務者（百姓・町人）がこれに応じない場合，総財産に対する強制執行（「身代限」，「身上限」）が実施された。執行には当事者と町村役人が立ち会い，「身代限諸色附立帳」という執行調書を作成して，田畑・屋敷・家屋・家財等の現物又はこれを売却した代金を債権者に引き渡したが，田畑等を差し押さえ，作徳によって債権を回収した後これを返戻するという方法も行われた。もっとも天保14（1843）年の改革以後はすべて売却代金をもって債務弁済に充当すべきこととされている。免責的効力はなく，債権者は後日債務者の資力が回復するのを待って不足額を請求することができた（「跡懸り」）。しかるに金公事では，敗訴判決を受けた債務者が日限期間中に債務の一部を弁済すると，残額について長期間にわたる分割弁済（「切金」）が認められた。切金は月2回弁済すべきものとされていたが，規定どおり弁済しない者が多く，次第に月1回となった。毎回の弁済額（「切金員数」）は，文化3（1806）年の制では例えば100両の債務に対して

月3分で，完済するのに11年余も要する。このように金公事債権はたとえ勝訴判決を得ても実際に債権を回収するには時間がかかり，債権の保護ははなはだ弱いものであった。

＊大坂法と金公事改革

本文に述べたのは江戸における出入筋の手続の概略であり，遠国奉行所等ではそれぞれ異なる慣習法（「仕来」）も行われていたが，ことに大坂町奉行所においては金銀出入（大坂では「金公事」・「本公事」という言い方をしない）も江戸のように執拗に内済を勧めるのではなく，証拠書類によって権利関係が明白であれば直ちに判決を出し，原則として切金弁済は認めず速やかに身代限を実施するなど，債権保護的性格の強い法制が行われていた。しかも単に債権保護に厚いというだけではなく，例えば金銀出入一般について10年の出訴期間制が行われるなど，権利関係の迅速な確定という点でも大坂法は江戸法より進んでいたところが少なくなかった。また，前述のように江戸の出入筋の判決は個別事案ごとの行政処分的な性格を強くもっていたが，大坂町奉行所の金銀出入に関する裁判では先例主義・判例法に基づく画一的な判定がなされていることが窺われ，近代的民事訴訟に発展すべき「司法」的な性格を有していたように思われる。しかるに天保改革に際して天保14（1843）年に実施された金公事改革により，大坂法を江戸に導入して債務者が百姓・町人の場合は切金を廃止するなどの改正が行われ，以後江戸でも本公事と金公事の差異は実質的に僅少となって明治に及んだ。近代的民事訴訟法を受け入れる準備が，このようにして整えられていたのである。

第8章　取　引　法

I　総　説

(1)　江戸法と大坂法

商品経済・貨幣経済の進展にともない取引法が発達したことは，近世法の特徴の一つといえる。封建的領域経済の基礎に立ちつつも，交通・通信の発達等を背景に全国経済が展開し，単なる地域的慣習法にとどまらない共通法的性格を有する法制が次第に形成されてくるが，その主導的役割を果たしたのは大坂の法制であった。全国商業の中心であった大坂では，商人・商取引に関する法制がことに発達したが，江戸の取引法と比較した大坂取引法の一般的特徴は，営利を目的とした債権の保護に厚く，権利関係が迅速に確定され，債権の回収も厳格に行われるなど，いわば「商的色彩」を有するものであった。江戸幕府

法上「民事」・「商事」の概念を区別することはなかったが，幕府中央法たる江戸法を一般法とすれば，大坂法はそれに対し，いわば特別法たる商法的地位を占めていたのであり，近世私法史における「商事」概念形成の萌芽を，大坂法そのものに見出すことができるともいえよう。しかも重要なことは，大坂法は一地方だけで行われた特殊な慣習法という地位にとどまるものではなく，前述のような大坂町奉行所の広範な裁判管轄権によって西日本全域における妥当性・適用可能性を有していたのであり，さらに大坂法は天保14（1843）年の金公事改革により江戸に導入され，幕府中央法たる江戸法を圧倒したのであった（本編第7章Ⅲ参照）。その意味で大坂法は，他の各地方や藩における地域的慣習法とは異なり，近世私法史において決定的に重要な地位を有していたといえるのである。

(2) 商人と株仲間

江戸時代初期まで行われた朱印船貿易は鎖国政策によって消滅し，特権商人・初期豪商の多くは没落して，17世紀中葉からこれにかわる新興商人が台頭した。貿易が制限されていたため，蓄積された資本の投下先は幕藩領主への金融や新田開発など限定的にならざるを得ず，江戸時代中期以降は両替商など金融資本の発達が著しい。商業の隆盛とともに，金銀を家督とし信用を重視する商人意識・企業者精神が形成され，そのことは商業道徳の確立を強調する石門心学の普及等とも相俟って，商取引に関する慣習法の発達に少なからぬ影響を与えた。もっとも交通・通信・教育等はかなり発達・普及したというものの，なお情報の不足や地域的偏差等もあり，それらに乗じて江戸で「のれん（暖簾）師」，京で「中差商人」とよばれるような詐欺師的商人が都鄙に横行したことも否定できない。

企業形態は個人企業が主であり，共同出資によるものもあったが，有限責任社員のみから成る株式会社の制度が導入されるのは近代になってからである。商業使用人としては「番頭」，「手代」，「丁稚」の3種が一般的であり，後二者は年季奉公人であった（本編第3章Ⅱ参照）。

商人の業種は問屋，仲買，小売の3種が主なもので，それぞれ同業者の「仲間」すなわち組合を結成し，仲間内の自治的規約を有していた（本編第2章Ⅴ参照）。仲間には自然発生的な「内分仲間」と幕藩領主の特許を得た「株仲間」

の両者があり，後者には上から設定される「御免株」と，下からの結成願を許可する「願株」の区別がある。特権的免許営業権たる「株」（「株式」）は売買・質入等の対象となるが，具体的には株の権利義務を化体した「株札」の売買・質入等の形式で行われた。株の売買には，仲間一同の承認を得て，「株帳」の名義を書き替え，仲間への加入金を納めなければならない。株の売買代金を「株金」といい，株に附随した借金銀等の消極財産も株の譲渡に伴って移転した。

(3) 債権関係

　幕府法では債権関係の種類を訴訟法上の取扱いの差異によって3種類に分ける。第1は本公事の手続で保護される債権，第2は金公事の手続で保護される債権，第3は訴訟法上保護されない債権，すなわち「仲間事」である。本公事・金公事の訴訟手続については前述した（本編第7章Ⅲ参照）。江戸時代後期に広く流布した法律書の一つである『公裁録』には，本公事に属するものとして「質地・作徳・請負金・買預米・夜具滞・給金・店立・船床書入・雑用金・両替金・家質・敷金・為替金・引負金・小作滞・預金・譲金・紛失物買取置不返・家蔵等売渡金・水主雇前金・髪結床并廻り場所・銀札引替（但し最初金公事，後ニ本公事）・慥成質物を以金銀貸候類・身代金出入」，金公事に属するものとして「売掛金・持参金・手附金・立替金・先納金・書入金・官金・祠堂金・仕入金・店賃金・貸金・普請金・利付預ケ金・利付定有之為替金・仕送金・米引当貸銀・年賦金・銀札引替（後ニ本公事）・職人手間賃・地代金・損料金・米手附金・馬代金・飯料滞・手間賃前貸・紛敷給金（但手間賃前貸ニ准ス）・諸道具預ケ金銀貸・諸道具預証文ニて金銀貸・諸物売渡証文ニて金銀貸・拝領屋鋪地代店賃書入金銀貸」をあげているが，本公事・金公事に属する債権が上記のものに限定されていたというわけではない。

　金公事債権が本公事債権よりも訴訟法上冷遇されたことには，出訴制限という目的があった。江戸時代を通じてしばしば発せられた相対済令はその端的な表現である。その背景には利息付・無担保の金銭債権が当時の社会にあっては反道徳的なものとして蔑視されていたことがあったともいわれるが，現実的問題としては金公事の訴訟があまりにも多く，必ずしも能率的ではない裁判所にとっては，これを制限ないし整理する必要があったのである。もっとも相対済

令によって訴権は否定されても債権そのものは消滅せず，当事者間での弁済は有効であり（自然債務），幕府は実意に基づき相対で弁済すべきことを繰り返し強調しているが，強制力がないので債権を回収することは難しく，実際には多くが武士であったと思われる債務者の一時的な救済を，結果的にはもたらしたものと思われる（なお，大坂では相対済令が施行されることはほとんどなかった）。江戸幕府の相対済令のうちもっとも有名なのは享保改革に際して享保4（1719）年に発せられたもので，他の相対済令がすべて過去の一定の時期の債権について訴権を否定する趣旨のものであったのに対し，これは将来の金公事債権についても訴を受理しない旨宣言したものである（享保14年に廃止）。また延享3（1746）年の相対済令に際して，対象となるべき金公事債権の代表的なもの14種を部内で定め（「借金銀十四ヶ条」），これが公事方御定書下巻に規定された。なお，相対済令は常にすべての金公事債権を対象としたわけではなく，売掛金・遊女揚代金など対象を限定して発せられたこともある。また，いわゆる棄捐令(きえんれい)は，相対済令と異なり，債権じたいの消滅（「捨(す)り」）を命ずる法令である。寛政改革に際して発布された寛政元（1789）年の棄捐令がよく知られているが，これは札差の旗本・御家人に対する一定範囲の貸金債権を対象としたものである。

仲間事は，公事方御定書に「連判証文有之(これある)諸請負徳用割合請取候定」，「芝居木戸銭」，「無尽金」の3種が規定されている。第1のものは共同事業者相互間の損益勘定，第2のものは芝居興行の座元・金主の収益配分，第3は無尽講（「頼母子講」）の掛金・当り金請求である。仲間事は常に訴権が認められず，訴え出ても目安糺の段階で「無取上」となる（本編第7章Ⅲ参照）。これらはいずれも当事者間の強い信頼関係を基礎とした契約によるものであり，権利関係も不明確であることが多い上に，収益的性格が強く封建道徳上好ましくないものと考えられたため，たとえ紛争が生じても権力が関与する必要はないとされたのである。金公事に対する訴訟法上の冷遇措置を，さらに徹底させたものといってよい。当事者間での弁済が有効であったことは，相対済令の適用を受けた金公事債権の場合と同様である。

債権関係を証明するためには「証文」（「手形」，「一札」）を作成するのが一般的であったが，これは裁判所に出訴する際に必要な証拠書類となったから，出

訴要件との関係で書式が定型化し，案文集の類が広く流布していた。契約の締結に際して両当事者が拍手し（「手打」），手附を授受することもあった。手附はおおむね内金払としてのものであり，手附流れ・手附倍戻しの慣行も存した。債権譲渡（「証文譲」）も認められたが，公事師による濫訴等の弊害があったため，これには一定の制限があった。債権・債務は相続の対象となった。

　破産に相当するものに「分散」（「割符」）があった。商人・非商人を問わず庶民一般について行われ，身代限と混同されることもあったが，幕府法上は裁判所による強制執行である身代限（本編第7章Ⅲ参照）と，債権者・債務者間の契約による分散とを区別している。分散には奉行所の介入は必要的でなく，債務者が総債権者若しくは大多数債権者の同意を得て自己の全財産を委付し，債権者はこれを入札売却して，代金を債権額に応じ配分するのである。その際作成される財産目録を「分散割帳」といい，債務者本人のほか町村役人・親類などが加印する。質権者や奉公人の給金などは，「抜取」と称し一般債権者に優先して全額の弁済を受けることができた。公事方御定書は分散に免責的効力を認めず，分散加入債権者も不足額について「跡懸り」ができるものとしていたが，後には分散に加入しなかった者だけに跡懸りが認められることとなった。跡懸りの権利を留保する場合には，債権者は債務者から「出世証文」（「仕合証文」）を取り置くのが通例である。

Ⅱ　各　　　説
(1)　売　　　買

　人身売買は禁止されたが，実質的にこれに類することは行われた（本編第3章Ⅱ参照）。

　不動産売買に際しては売渡証文に売主側の五人組及び町村役人が加判し，又は奥書を加える。寛永20（1643）年のいわゆる田畑永代売買禁止令によって，御料の百姓持の高請地たる田畑の永代売買は禁止され，また諸藩でも田畑の永代売買を禁止したところが少なくない。もっとも実際には種々の脱法的行為によって実質的な売買は行われていた（本編第4章Ⅰ参照）。町方において家屋敷を売買する場合は，名主に届け出て台帳の名義書替（「帳切」）を受け，購入価額に対する一定割合の金額（「分一金」）を町に納入し，町中への「弘め」を行

うことが必要であるが，その際髪結にも祝儀を出す慣習があった。蓋し髪結が公示の機能の一端を担ったからである。

商品の売買では「掛売(買)」が広く行われた。売掛金債権は訴訟法上金公事としての保護しか受けられないが，利息は認められない。売掛金債権の証拠書類となるのは「附込帳(つけこみ)」である。天保14 (1843) 年の金公事改革に際して，江戸では売掛金について10年の出訴期間制を採用したが，これは大坂法に倣ったものである (本編第7章Ⅲ参照)。また，商人間の売買では「延売買(のべ)」も行われ，大坂ではことに発達した。延売買は広義には手附売買・掛売買のこともいうが，狭義には「帳合売買(ちょうあい)」を指す。これは期限を定めた売買契約であるが，期限到来まで買主は当該商品を順次第三者に売却することができ，期日に至って最初の売主と最後の買主の間で商品・代金の授受を行うものである。大坂堂島米市場における帳合米商はよく知られている。

(2) 貸　　借

不動産の賃貸借については前述した (本編第4章Ⅳ参照)。

動産の賃貸借は「損料貸」という。衣類・夜具等の損料貸が脱法的高利金融の手段として利用されたこともある。これは賃貸借契約で貸した衣類・夜具等を改めて質入させた形式にして，金公事相対済令の適用を免れるとともに，損料金と利息の両方を徴収するというものである。

金銭消費貸借のことを「借金銀」といい，利息付・無担保のものが典型的であった。無利息のもの (「預金」) や確実な物的担保を伴うものは本公事債権として保護されるが，そうでないものは金公事となる。金銭貸借に際しては借主が「借用証文」を貸主に差し入れるが，一定の書式があり，宛所・年号の記載のないもの等は奉行所に訴えても無取上とされた。また，通常の借金銀のほかに，当事者の身分や貸借の目的等により，「祠堂金」，「官金」，「先納金」，「領主地頭借」，「仕送金」，「大名貸」などの名称でよばれる金銭貸借もあった。利息は，元文元 (1736) 年以前は年率2割 (「十五両一分」，15両につき月1分の意) が限度とされていたが，同年以後1割半 (「二十両一分」) に引き下げられ，公事方御定書もこれを踏襲した。しかるに天保13 (1842) 年には1割2分 (「二十五両一分」) に引き下げられたが，これは翌天保14年の金公事改革と連動する金融政策であった。高利貸には追放刑などの刑罰が科されたが，実際の取締りは難し

く，様々な形態の高利金融が行われていた。「日なし銭」，「烏金」，「百一文」，「月六斎」，「棒利」などとよばれたものはその例である。

(3) 担　保

　保証人のことを一般に「請人(うけ)」，「証人」，「加判(かはん)人」などという。金銭債務の保証は「金請」といい，保証人のことを江戸では「証人」，大坂では「請人」と称した（大坂の「証人」は単なる証明人の意味である）。古くは債務者と証人（加判人）の両者を相手取って訴え出れば証人に弁済を命じたが，後にはまず債務者本人を身代限に処し，しかる後に残額について証人を相手取って訴え出れば証人に弁済を命ずるというように改められた。債務者が死亡又は逃亡して相続人もない場合には，債権者は直接証人に対して債務履行を請求できる。なお，証人の義務は1代限りであった。

　連帯債務を「連判借」，「連印借」という。債権者は連判人全部を相手取って訴え，裁判所は連判人全員に対して弁済を命ずる。身代限の執行も同時に全連判人に対して行われるが，この場合に連判人の1人が自己の分担債務額についてのみ弁済責任を負うこと（「割済」）を認めるか，あるいは全連判人は不可分に弁済責任を負うかという点に関して，江戸では恐らく古くは前者，また大坂では原則として後者であったが，後に江戸法も後者となった。

　人身の質入（「質物奉公」）及び不動産担保（「質地」，「家質」等）については前述した（本編第3章Ⅱ，第4章Ⅴ参照）。

　動産担保としては「質」と「書入」がある。動産質は質屋が営業として扱うのが通常であるが，商人間での商品の質入等も行われた。質置主は質物と質入証文（「質物預ケ手形」）を質取主に渡し，質取主は質取証文（「質物預り手形」）を質置主に交付するが，質取主が質屋の場合は，質置主に「質札」を交付し，又は「通帳」に記載する。質入証文には質置人と請人の両判が必要である。請人は質物が盗品でないことを保証し，万一盗品であれば貸付金の弁済義務を負う。質物請戻の期間は，通常の衣類等では特約がなければ江戸では8ヵ月であった。請戻期間を過ぎると流質（「質流」）となる。質屋は取り置いた質物を他の質屋に質入することができる（「又質」，「下質」，「上質」）。なお，鼠喰・虫喰・かび・しみ等による質物の毀損に対しては，質取主は責任を負わない。火災又は盗難によって質物が滅失した場合は，質置主・質取主の両損，すなわち質置

主は質物を請け戻せないかわりに債務も消滅する定めであった。それ以外の原因で質物が紛失した場合は，質取主は元金の倍額を弁済するのが通常である。書入は担保物を借金証文に記入するだけのもので，目的物を引き渡すことはない。質は本公事として保護されるが，書入は金公事であったこと，不動産の場合と異ならない。

　不動産・動産のほか，特許営業権たる株（前述）や，質地証文・家質証文（証文に化体された債権）も質入・書入の客体となった。また，債務者が借金を返済しない場合に，衆人の中で笑われても甘受する旨の文言を記入した借用証文（いわゆる「お笑い下さるべく証文」）があったといわれ，これは名誉を担保にしたものといえる。信用を重んずる大坂の商人間にあっては，契約内容の詳細にわたる証文等は作成せず，口頭での約束だけで大きな取引も行ったと報告されているが，これなども職業的名誉・信用が実質的に担保として機能していたものといえよう。

(4) 手　　形

　手形は大坂において特に発達し，ほぼ近代の手形・小切手制度に近いものが既に行われていたが，手形割引の制度はなかった。関東がいわゆる「金遣」の経済であるのに対して関西は「銀遣」で，江戸時代中期頃まで銀は秤量貨幣であったから，その不便さが手形を発達させたといわれるが，大坂は卸売商が多く取引規模が大きかったことも理由の一つであろう。明治以後西洋法を継受した手形・小切手制度は固有法と直接つながるものではないとされるが，東京に比べて大阪のほうが比較的早くその利用が定着した背景には，江戸時代の手形実務の経験があったということが考えられよう。

　「為替手形」は主として隔地間の送金手段として用いられ，その目的や宛先等によって「公金為替」，「江戸為替」，「上方為替」，「京為替」等の名称がある。為替手形の為替文言には，支払人宛の支払委託文言と受取人宛の支払約束文言の2種類があった。為替手形を振り出す際に，本手形と同時に「為替置手形」を作成交付するのが通常であったが，これは手形金不払の場合に振出人が弁償する旨を約した手形である。

　「預り手形」，「振手形」，「振差紙」等は，主として大坂を中心とする地域の取引に支払手段として用いられた。預り手形は，両替屋が預金者に宛てて預金

を引当として振り出す持参人払の約束手形で，兌換券のように広く流通したが，手形不渡の場合には手形所持人の損失となった。振手形は「振出手形」ともいい，両替屋に預金のある商人が両替屋宛に振り出すもので，小切手に相当する。これも輾転流通したが，振出人の預金が両替屋になく不渡となった場合，所持人は順次前の所持人に返し，最後は振出人と最初の受取人の関係となるのに対し，両替屋の破産等のため不渡となった場合は，手形所持人の損失となった。振差紙は，振手形と同じく小切手に相当するものであるが，両替屋間の取引決済に用いられたもので，預り手形・振手形のような市場流通性はない。またこれらのほか，両替屋を経由せず商人相互間で利用された「素人手形」とよばれるものもあった。「雑喉場手形」，「唐物商手形」などはその代表的なものである。

(5) 海 商

海法に関して幕府は必要に応じ単行法を制定し，また全国に「浦高札」を立てて海難の予防・救助・不正取締等をはかった。また，内国海運の発展とともに「菱垣廻船」・「樽廻船」等の仲間が結成され，海上運送・海損など海商法に関する慣習法も発達した。それらの内容には前代の「廻船式目」や「海路諸法度」の影響が窺われる。

海難事件の処理において海商法上最も重要なのは海損の問題であるが，これに関しては菱垣廻船荷主仲間が詳細な慣習法を発達させていた。「投荷」(「荷打」，「捨荷」)による海損の分担を「振合力」，破船による海損の分担を「振分散」という。江戸・大坂間の海上を遠州今切をもって境とし，東は江戸十組問屋仲間が，西は大坂十組問屋仲間が管轄しており，海難事故が生じたときはいずれかの当番行事が「浦改人」として出張し，その処理をする（「浦仕舞」）。このとき作成されるのが「浦証文」(「浦手形」)で，内容は残存荷物の目録と，船頭等に不正行為がなかったことなどを証明するものである。損害の負担は，船舶や荷物の損害額及びその他の費用を算定して，船主と荷主が船と積荷の代価の割合に応じて共同で負った（共同海損）。

第 2 部

近 代 法

第2部

应 力 波

第1編

近代法の形成（〜1900年）

第1章　国家機構

　19世紀中葉のアヘン戦争は東アジア世界の近代的転換の序曲となった。開国後の日本が包摂された国際社会は，独立・平等な主権国家としての近代国民国家から構成される世界であったが，「文明国」たるをもって自任する欧米列強は日本との間に不平等条約を締結した。明治維新により発足した新政府は憲法制定，国会開設，そして条約改正を達成し，かかる国際環境に応じた新たな国家体制を構築した。日清戦争は，中華帝国を宗主国とする旧来の華夷秩序を清算し，戦争に勝利した日本は初の海外植民地として台湾を領有した。

I　開国と明治維新
(1)　日本の開国と東アジア
＊「万国公法」の受容

　　開国後の日本で初めに関心を集めたのは西洋国際法（「万国公法」）であった。米人W・マーチンがH・ホイートンの著を中国語訳した漢訳本『万国公法』（日本版，慶応元（1865）年）に続き，西周『万国公法』（慶応4（1868）年），箕作麟祥訳『国際法一名万国公法』（明治6（1873）年）等，幕末から明治前期にかけて「万国公法」は精力的に紹介された。

　　「万国公法」は第1に，その後の日本の国家実行に生かされた。初めは「宇内の通義」と同義の自然法的な理解が強かったが，やがて弱肉強食の国際政治の現実を見据えながら，日本自身が近代国際法の遵守を掲げて台湾出兵や日清戦争に乗り出した。第2に，「万国公法」の支配する世界で列強と対峙していくことができる新たな国制の探求は，憲法典の編纂，立憲政体の制度化へと結実する。第3に，学知としての漢訳本『万国公法』はそれ自体，法律用語の翻訳に悩む箕作麟祥に豊穣な富を与え，ま

た，政体書の立案に際しては合衆国の国制についてのよき典拠となった。

　(a)　開国・開港と不平等条約体制　　嘉永6 (1853) 年，アメリカ東インド艦隊司令長官ペリーが軍艦4隻を率いて浦賀に来航し幕府に開国を迫ったため，翌年幕府は日米和親条約を締結，続いてイギリス・ロシア・オランダ各国とも和親条約を結んだ。日本が結んだ最初の近代的条約である日米和親条約は全12条からなり，下田・箱館2港の開港，薪水・食料・石炭の供給，遭難船員の救助，領事駐在並びに片務的な最恵国待遇等が定められた。

　安政5 (1858) 年，日米修好通商条約を皮切りとして，オランダ・ロシア・イギリス・フランス各国と通商条約が締結された（安政の5か国条約）。これらの条約は，神奈川・箱館・長崎・新潟・兵庫の開港，江戸・大坂の開市，居留地の設定等のほか，片務的な最恵国条項，領事裁判権や協定関税（関税自主権の喪失）を含む不平等条約であった。

　近代国際法は世界の国々を「文明」，「半文明（半未開）」，「未開」の3種に区分し，「文明国」たる欧米各国は独立平等であるが，非欧米世界は「未開」の地とされ，その植民地化は国際法上「無主」の地の「先占」として正当化された。「半文明（半未開）」とされたトルコ・中国・朝鮮・日本等に対しては，一定の法秩序を有するが，「文明国」標準に達していないとして，片務的な領事裁判権等の特権を不平等条約により設定したのである。

　明治2 (1869) 年の日墺条約は一連の不平等条約を総括したものとなった。明治新政府は慶応4 (1868) 年1月，「大君」に代わって天皇が内政・外交を親裁し，旧幕府が締結した諸条約を継承し国際法を遵守する意思を明らかにした。

　(b)　明治政府の近隣外交　　日本は，朝鮮との外交を優位に進めるため，朝鮮国の宗主国である清国と明治4 (1871) 年7月日清修好条規を締結した。日清両国が領事裁判権と協定関税を相互に承認するという変則的な条約であった。条約は領土保全と相互援助を規定したが，その後，琉球・台湾をめぐり両国間の関係は悪化，明治7 (1874) 年には日本は台湾出兵を強行した。

　また，日清両属であった琉球王国の帰属が問題となり，日本は明治5 (1872) 年，国王尚泰を「藩王」とし「琉球藩」を設置して外務省の管轄下に置いた。台湾出兵の後，清国が遭難した宮古島島民を日本の属民と認めたとして日本

は，琉球藩事務を内務省へ移管，明治12 (1879) 年4月，琉球藩を廃して沖縄県を置いた (琉球処分)。清国の抗議に対して日本は，中国における欧米並みの内地通商権の獲得を期して，宮古・八重山諸島の割譲と引き換えに日清修好条規の改正を提案した (分島改約案)。結局，琉球帰属問題は日清戦争後，台湾を日本が領有することで自然消滅した。

明治8 (1875) 年日本は江華島事件をおこし，翌9年朝鮮国と日朝修好条規を締結 (江華条約・丙子条約)，朝鮮は開国した。条約は，朝鮮国が自主国であるとして清国の宗主権を否定したが，朝鮮国が釜山ほか2港の開港，開港場における日本の領事裁判権を承認する不平等条約であった。

江戸時代に「和人地・松前地」と区別して「蝦夷地」とよばれた先住民族のアイヌの人々の居住地域は，明治2 (1869) 年，蝦夷地を北海道と改称し国郡が置かれると日本国家の領土に編入された。このとき「北蝦夷地」は「樺太」と改称されたが，幕末以来の日露間の国境画定は未解決のままであった。明治8 (1875) 年，日露両国は樺太・千島交換条約を締結，日露通好条約で日露両国民の雑居の地とされていた樺太全島をロシア領とする代わりに千島諸島を日本領とし，新たに宗谷海峡を国境と定めた。

＊樺太アイヌ・千島アイヌの強制移住
　　日露通好条約附録では樺太・千島の先住民族の取扱いが定められ，従来の居住地に留まる場合は新たな支配国の国民となり，従来の国籍を望む者は3年以内にその国の領土内へ移るものとされたが，開拓使は樺太アイヌ・千島アイヌの強制移住を進めた。

(2) 王政復古と太政官制

(a) 王政復古令と三職制　　慶応3 (1867) 年10月14日，15代将軍徳川慶喜は大政奉還の上表を朝廷に提出した。条約勅許問題や征長戦争の失敗により権威を失墜した幕府は，国内事務・会計・外国事務・海軍・陸軍の行政各部の分担制を導入するなどの幕政改革に着手していたが，雄藩連合の下で徳川氏の存続を図ったのである。しかし，同年12月9日，討幕派は王政復古のクーデターを断行，諸事は「神武創業の始」によるとして王政復古を宣言，摂政・関白・幕府等を廃止し，仮の機関として総裁・議定・参与の三職を設置した (王政復古の大号令)。

翌慶応4 (1868) 年1月，鳥羽伏見の戦に勝利した新政府は三職分課を定め，

神祇事務・内国事務・外国事務・海陸軍務・会計事務・刑法事務及び制度寮からなる行政七科を設けた（三職七科制）。また，徴士・貢士の制度を設け，貢士には藩論を代表させ，徴士には藩の有能な人材を選挙抜擢して参与に任じたが，徴士制度は旧藩から自立した維新官僚創出の基盤となった。続いて2月には新たに総裁に直結する総裁局を置き，三職八局制に改めた。

　(b)　「政体書」体制　　慶応4 (1868) 年3月14日，新政府の基本方針を明らかにした「五か条の御誓文」が発表された。天皇が京都御所の紫宸殿において公家・諸侯以下を率いて天神地祇に誓うという形式がとられたが，その際，公家・諸侯以下の誓約が求められ，新政府との臣従関係が再確認された。

　王政復古のクーデターで発足した新政権は，古代の太政官制の復興を予告していたが，江戸開城後の閏4月21日，「政体書」を制定し，「天下ノ権力総テ之ヲ太政官ニ帰ス」として太政官制が設けられた（明治元年太政官第331号布告）。政体書は，太政官の権力を「立法」，「行法」，「司法」の三権に分立させた。太政官は七官からなり，「立法ノ権」をとる議政官，「行法ノ権」をもつ行政官，「司法ノ権」をとる刑法官のほか，神祇官・会計官・軍務官・外国官が置かれた。議政官は上・下の二局に分け，上局は議定・参与を，下局は府藩県の貢士を議員としたが，その実態は有名無実に近く，「公議輿論」をいかに国家機構内に位置づけるかは不明なままであった。

　(c)　版籍奉還と太政官制の成立　　明治2 (1869) 年7月8日，「職員令」が公布された。職員令では，祭政一致の精神に基づき神祇官を太政官の上位に位置づけ，太政官には天皇を補佐し大政を総理する左大臣・右大臣各1人と大納言・参議各3人を置き，その下に民部・大蔵・兵部・刑部・宮内・外務の六省を設けた。この二官六省のほか，集議院，大学校（12月大学と改称），弾正台，海軍，陸軍等の諸機関を定め，府，藩，県や留守官，開拓使，按察使等の地方行政機関も規定された。また，旧来の百官を廃し，新たな官位相当表を定めた。従来，議政官を含めた中央官庁の総称であった「太政官」は，行政官の後身として各省を隷下に置く国政の最高機関となり，この太政官の称は明治18 (1885) 年内閣制度創設まで続いた。

　(d)　廃藩置県と太政官制の確立　　廃藩置県後の明治4年7月29日，太政官制の根本的な改革が行われた。太政官には新たに正院・左院・右院の三院が設

けられた（太政官三院制）。正院は国政全般にわたる最高意思決定機関で，天皇が親臨し太政大臣・納言（翌月廃止，左右大臣）・参議によって構成された。新設の太政大臣が天皇輔弼の最高責任者となったが，これは明治18（1885）年の内閣制度の創設に至るまで続いた。

　左院は「議員諸立法ノ事ヲ議スル所」とされ，議長・議員及び書記から構成されたが，従前の公議所や集議院に比して，議法機関あるいは立法上の諮問機関としての機能を発揮することができた。

　太政官の隷下に神祇・外務・大蔵・兵部・文部・工部・司法・宮内の八省が置かれた。右院は各省の長官・次官が行政実際の利害を審議・調整する場で，当初は常設の機関であったが，後に臨時に開くものと改正された。

　明治6（1873）年5月の官制改革では，太政官正院の権限を強化するため，諸参議が構成する合議体である「内閣」が「施政ノ機軸」として国政全般にわたる意思決定機関とされた（太政官制の潤飾）。ここに初めて現れた「内閣」という名称の機関は，後の内閣制とは異なるが，天皇に対する輔弼と執行の一体化を指向したものといえる。また，参議と各省大臣にあたる省卿が分離しているという問題については，明治6年政変後，参議省卿兼任制を採ることで克服を図った。

　さらに，同年11月内務省が新設され（明治6年太政官第375号布告），大久保利通が内務卿に就任し，大蔵省から勧業・戸籍・駅逓・土木・地理の5寮，司法省から警保寮を移して内政を掌握した。

　(e)　明治8年の官制改革と元老院・大審院の設置　　明治8（1875）年4月，漸次立憲政体樹立の詔が発せられ（太政官第58号布告），御誓文の意を拡充して，元老院・大審院を創設し，地方官会議を開くことが宣言された。

　左右両院は廃止され，新たに「立法ノ源ヲ広メ」るため元老院が設置された（太政官第59号布告）。元老院の法律議定権・建白受納権や行政官の違法行為についての推問権をめぐって深刻な政治的対立を生じたが，12月25日の元老院職制章程の改正で，議案は元老院の議定にかかるものと検視を経るものの2種とし，その別は内閣が定めるとされ，元老院の権限は大幅に縮小されることとなった（太政官第217号達）。太政官の下には正院のみが残ったため，明治10（1877）年1月には正院の名が廃止された。

地方長官を招集して開催される地方官会議は，民選議院（下院）に代わるものとして構想されたもので，明治7（1874）年5月には議院憲法の頒示をみていた（太政官第58号達）。漸次立憲政体樹立の詔では地方官会議の開設により「民情ヲ通シ公益ヲ図ル」とされたが，明治8（1875）年2月に民費・地方警察・地方民会・貧民救済・小学校建設維持を議題として第1回が開かれた後，同11年4月に第2回が，同13年2月に第3回が開催されたにとどまった。

大阪会議では参議省卿の分離が取り上げられたが，明治13（1880）年2月に分離が断行された。参議と省卿の分離に伴い，3月，太政官（内閣）と諸省を媒介する機関として，太政官中の法制・調査の二局を廃し，新たに法制・会計・軍事・内務・司法・外務の六部を置いた（太政官第17号達，太政官六部制）。

(3) 地方制度

(a) 廃藩置県　王政復古令に続いて新政府は，旧幕府領の没収を布告し，その主要地に鎮台を置いた（のち裁判所に改名）。慶応4（1868）年「政体書」で府藩県三治の制が定められ，各藩に対しては明治元（1868）年10月の藩治職制，政府直轄の府県に対しては同2年2月の府県施政順序がそれぞれ定められた。版籍奉還によって旧来の藩主は知藩事として政府の地方長官となった。

明治4（1871）年7月，政府は廃藩置県を断行し，藩と直轄府県に分かれていた地方制度は府県に統一された。廃藩により全国は3府302県となったが，統廃合を行い同年末には3府72県となった。同年10月府県官制が制定され，府県には知事及び参事を置くこととなった（県知事は後に県令と改称）。

明治4（1871）年戸籍法公布に伴い戸籍事務を扱う戸籍区が行政区画として設置されたが，翌年府県管轄区域の呼称として，府県の下に複数の「大区」を，「大区」の下に複数の「小区」を置き，それを番号でよぶ方式が採られた（大区小区制）。

(b) 三新法体制　明治11（1878）年7月，郡区町村編制法（太政官第17号布告）・府県会規則（同第18号布告）・地方税規則（同第19号布告）という，地方制度に関する3つの新しい法律が公布された（地方3新法）。画一的な大区小区制の反省の上に，地方の伝統・慣習をふまえて，町村自治を公認して府県会を開設し，地方制度の安定を図ろうとしたものである。

三新法体制の中心は郡区町村編制法で，大区小区制を廃止して従来の郡町村

の区画・名称の復活を認めた。町村は行政区画であると同時に自治団体であるとされ，町村の長である戸長は公選制となった。府県会の構成・権限は府県会規則で定められたが，地租納税額で府県会議員の選挙権・被選挙権が制限されたほか，議事権限は地方費で支弁すべき経費の予算とその徴収方法に限定され，さらに府知事・県令が議案発議権を独占し，議決事項の施行についても認可権を有した。区町村会については，明治13（1880）年4月区町村会法（太政官第18号布告）がその機能を，協議費の支出徴収方法と協議費で行う公共事業の議決を行うことに限定した。その後，数次にわたる改正を経て，明治17（1884）年には，戸長官選，区町村会への監督強化等の大幅な修正が加えられた（太政官第41号達）。

＊北海道経営の展開

　　北海道では日本内地の廃藩置県に遅れて道制の整備をみた。明治2（1869）年，政府は蝦夷地を北海道と改称，「道」は古代の地方行政区画である5畿7道に準じたもので，職員令では新たに開拓使が置かれた。明治14（1881）年に開拓使官有物払い下げ事件が発覚すると，翌15年，開拓使は廃止され，函館・札幌・根室3県が置かれ，同16年には農商務省に北海道事業管理局を設置した（3県1局の設置）。しかし，3県1局の並存体制が開拓事業の停滞を招いたとの批判から，明治19（1886）年，新たに北海道庁が設置され，北海道庁官制により道庁の組織が整備された。

II　明治前期における立憲制の模索

(1)　政府の憲法構想

(a)　左院の国会議院規則案　　政体書は三権分立をうたったが，公議所・集議院といった機関の実態は，立法機関はもちろん，立法の諮問機関としても不十分なものであった。続く左院における国憲調査においても，宮島誠一郎の立国憲議のように，国憲制定の意義は「皇国固有の君権如何」を人民に告知するところにあり，民撰議院の設置は時期尚早とするものがなお優勢であった。

　明治5（1872）年5月，左院議長副議長の名をもって「下議院ヲ設クルノ議」が正院に提出，「廃藩置県の大変革」後の国内政治が一定していないとして，御誓文の意に基づき，「下議院」を設け全国の代議士を集め「上下同治ノ政」を施行すべきだと建議した。続いて左院は「国会議院規則案」を起草したが，これは制限選挙制ながら民撰議院となっており，立法部の創設を定めたという

点で明治維新後最初の一種の公的な憲法草案といえるものである。

(b) 元老院の「国憲」草案　明治9 (1876) 年9月,「我建国ノ体」に基づき広く「海外各国ノ成法」を斟酌して「国憲」を起草する勅命が元老院に下された。同9年の第1次草案,同12年の第2次草案と修正を経て,同13年7月第3次草案が成立した。

第3次草案の起草にあたっては,プロイセン,ベルギー,オランダ,イタリー等の憲法が参照されたが,「万世一系ノ皇統ハ日本国ニ君臨ス」(第1篇第1章皇帝第1条) と日本独特の規定もみられる。下院にあたる代議士院は第1次草案にはなかったが,第2次・第3次草案では盛り込まれた。第3篇国民及其権利義務は全17ヵ条からなるが,法律の留保が付された。皇帝の国憲遵守誓約の条項 (第1篇第2章帝位継承第4条) は第1次草案以来のものである。全体として後年の明治憲法と比べ民主的色彩が濃いといえるが,伊藤博文らがこれを日本の国体人情を無視したものだと酷評,結局,第3次草案は採択されることなく葬り去られた。

(2) 民権派の憲法草案

(a) 民撰議院設立建白書　明治7 (1874) 年1月,明治6年政変で下野した板垣退助・江藤新平らは愛国公党を結成,有司専制を批判し民撰議院の設立を説く「民撰議院設立建白書」を左院に提出した。建白書が『日新真事誌』に発表されると,民撰議院の開設をめぐって加藤弘之ら明六社同人と愛国公党員との間を中心として論争が戦わされた。西南戦争の起こった明治10 (1877) 年6月,立志社の国会開設建白が国会開設・条約改正・地租軽減の三大要求を掲げると,愛国社系政社の潮流に加えて,都市民権派の潮流,さらに在地に根ざした民権結社の潮流が相互に影響しあいながら,全国的に自由民権運動の高まりをみた。

(b) 民権派の憲法草案　民権派の憲法草案 (私擬憲法草案) は,明治12 (1879) 年末から13年ごろと推定される都市民権派の嚶鳴社案・共存同衆案を皮切りとして,明治13 (1880) 年から翌14年ごろに集中的に作成された。これは明治13年11月,国会期成同盟第2回大会が,1年後の次回大会までに民権各派が憲法見込案を持参研究すべきことを決議したことが契機となった。

都市民権派の憲法草案としては,嚶鳴社案・共存同衆案のほか,交詢社の

「私擬憲法案」（明治14年4月）等があり，イギリス型の議院内閣制を基礎とした二院制を採用していた。また，愛国社系では立志社の憲法草案のために作成された植木枝盛の「東洋大日本国国憲按」（同14年8月）等が名高い。植木案の最大の特色は徹底した人権保障にあり，法律の留保を排した人権条項に加えて抵抗権・革命権をも定めていた。昭和43（1968）年東京多摩で発見された「五日市憲法草案（日本帝国憲法）」は，在地の学習結社の活動を背景として千葉卓三郎が作成したものだが，人権保障の規定が詳細で，特に逮捕後24時間以内に裁判を受ける権利等，人身の自由を手厚く保障していた。

(3) 明治14年の政変

政府は，明治12（1879）年末に各参議に立憲政体に関する意見書の提出を命じたが，民法刑法の整備を先決とする時期尚早論や日本独自の憲法を求める国体論等，部内の意思統一は得られていなかった。元老院の「国憲」草案も日本の国体人情に反するとして採用されなかった。こうした状況のなかで，大隈重信が急進的な意見書の密奏を図ったことから，政府部内で激しい対立が生じ，明治14（1881）年10月12日，明治23（1890）年を期して国会を開設する旨の「国会開設の勅諭」が発布されるとともに，開拓使官有物払下げが中止，さらに大隈及び大隈系官僚が罷免された。この明治14年の政変は政府内でプロイセン型の憲法制定方針が確立をみる画期となった。

(a) 大隈重信の国会開設奏議　　明治14（1881）年3月に提出された大隈の意見書は，①早期の国会開設のほか，②イギリス型議院内閣制の採用，③永久官と政党官の区別，④欽定憲法の主義等を説いた。①では，同14年中に欽定による憲法制定，同15年末に議員選挙，同16年初めには国会開設という早期の国会開設を主張した。②では，議院内閣制の長所として，国会で過半数の議席を占めた政党の党首が首相に任命されるので君主の人物任用の責任が果たせること，首相が「立法部ヲ左右スル」権力と「行政ノ実権」を掌握し国内政治が安定することをあげた。③では，政党内閣制では総選挙後の政権交代が予想されるので，各省大臣等の「政党官」と政権の如何に関わらない「永久官（非政党官）」の別を定める必要を説いた。

(b) 岩倉具視の憲法大綱領　　大隈の意見書に衝撃をうけた岩倉は，側近の太政官大書記官井上 毅に政府の憲法案の調査を命じ，井上は外務省法律顧問

ドイツ人ロェスラーの答議をふまえ「憲法意見」,「綱領」,「大綱領」を執筆,明治14 (1881) 年7月,岩倉は「憲法起草ノ標準」である憲法大綱領を提出した。

岩倉の意見書は,①漸進主義,②強大な天皇大権,③議院内閣制の否定,④前年度予算執行権,⑤欽定憲法,⑥独立別個の皇位継承法等を唱えた。イギリス型議院内閣制の採用を唱えた大隈案への対案で,漸進主義とはプロイセン憲法を最適だとする考え方を指す。英国の議会は強大で立法権・行政権を掌握しているとの認識は大隈の意見書と同様だが,そこで岩倉の意見書は,「君臨すれども統治せず」との法諺を引き,英国国王の実態は「風中ノ旗」「虚器」にすぎず,議院内閣制は天皇制をとる日本にはふさわしくないと批判した。さらに,大隈案のみならず,交詢社案や元老院の国憲草案を批判し,天皇の官吏任免権・連帯責任の制限・前年度予算執行権といった行政府の独自性・自律性の確保策を説いた。

岩倉の憲法大綱領が示した基本的な方針は,後年の明治憲法において実現されることになり,ここに明治政府の憲法制定方針が確立をみた。

＊「政党」の発見

大隈意見書は「立憲ノ政ハ政党ノ政,政党ノ政ハ主義ノ政」,「政党ノ争ハ施政主義ノ争」と唱え,これに対して岩倉の憲法大綱領は,大隈案は「英国ノ成蹟ニ心酔」して自国の実情を顧みないもので,日本の現状では小党分立による政治の混乱しかもたらさないと反論していた。自由民権運動の端緒とされる民撰議院設立建白では「政党」の存在について一切言及はなかった。大隈意見書が政党を立憲政体の中核的存在として積極的に位置づけたこと自体がもっていた衝撃の大きさを看過してはならないだろう（山田央子『明治政党論史』（創文社,1999年))。

III 明治憲法体制の成立

(1) 内閣制度の創設

(a) 参事院・制度取調局　明治14年政変後,政府は官制改革を行い,参議と省卿の兼任制を復活すると同時に,太政官中の六部を廃して,新たに法律規則案の起草・各省提案の法律規則案の審査・修正をはじめ広範な職務権限を有する参事院を設置した（明治14年太政官第89号達)。参議省卿兼任制を前提とした諸省事務章程通則も定められた（明治14年太政官第94号達)。また,農商務省が創

設された（明治14年太政官第21号布告）。

　明治15（1882）年３月，伊藤博文は憲法調査のため渡欧，独墺でグナイスト，モッセ，シュタインから憲法・国法学の講義を受け，特にシュタインからは，君主・立法部・行政部からなる立憲制の全体像とそこにおける行政の役割について多くを学び，翌年８月帰国した。

　明治17（1884）年３月，宮中に制度取調局が設置され（明治17年太政官第23号達），長官の伊藤は宮内卿も兼任した。同18年12月の官制改革で廃止されるまでの間，制度取調局では行政裁判・議会・皇室制度や地方制度に関する調査検討がおこなわれた。同17年７月，華族令が制定，公卿・諸侯や国家に勲功のあった政治家・軍人・官僚らに公・侯・伯・子・男の５爵位が授与された。

　(b)　内閣制度　　立憲制度の創設に向けた動きの中で旧来の太政官制は根本的な改革を迎えた。明治18（1885）年12月22日，太政官制が廃止され新たに内閣制度が創設，22日・23日の両日，一連の太政官達で新たな政治体制が定められた（太政官第69号達）。

　太政官の三大臣・参議・各省卿の職制は廃され，内閣総理大臣以下，宮内大臣を除く９大臣による合議機関として内閣が組織されることになった。宮内大臣を内閣員に列せしめないことによって宮中・府中の別を明確化した。宮中には内大臣・宮中顧問官を設置した（太政官第68号達）。逓信省の創設・工部省の廃止（太政官第70号達）がなされ，宮内省を別とする各省は，外務・内務・大蔵・陸軍・海軍・司法・文部・農商務・逓信の９省となった。また，参事院・制度取調局を廃し，内閣に法制局を設置した（内閣第74号達）。内閣法制局には行政・法制・司法の３部が置かれた。

　また，内閣総理大臣・各大臣の職権を規定した内閣職権全７ヵ条が制定された。内閣職権は「内閣総理大臣ハ各大臣ノ首班トシテ機務ヲ奏宣シ，旨ヲ承テ大政ノ方向ヲ指示シ，行政各部ヲ統督ス」（第１条）と規定して，内閣総理大臣に各大臣を統制する強大な権限を与えた（大宰相主義）。また，法律命令の別と大臣の副署について定め，内閣総理大臣はすべての法律命令に副署するものとされた（第５条）。しかし，明治22（1889）年12月内閣官制（勅令第135号）では，憲法第55条の単独輔弼責任制との整合性を図るため，大宰相主義を改め，内閣総理大臣の地位を「同輩中の首席」たるものにとどめた。

明治18 (1885) 年12月，初代内閣総理大臣伊藤博文は各省大臣に対し，①官守を明らかにする事，②選叙の事，③繁文を省く事，④冗費を節する事，⑤規律を厳にする事，以上5項目にわたる各省事務整理の綱領（官紀五章）を示した。このうち，①については，各省官制通則（明治19年勅令第2号）を制定して，各省の組織及び職責・権限を明らかにしたほか，各省共通に大臣官房・総務局を置くことなど行政機構の整備を図った。②については，文官試験試補及見習規則（明治20年勅令第37号）を制定して，試験による官吏任用制度を確立，薩長2藩の藩閥勢力による情実任用の弊を改めた。また，⑤については，官吏服務規律（勅令第39号）が制定され，天皇及び天皇の政府に忠順勤勉を誓う官吏の基本的性格が明らかにされた。

(c) 公文式・公式令　　内閣制度の発足に伴い，法令等の公文書の形式の統一が図られた。明治19 (1886) 年2月の公文式（勅令第1号）により，太政官制の下での布告・布達・達の形式は廃され，法令を法律と命令（勅令・閣令・省令等）に分け，各々その制定・布告の手続が定められた。内閣職権第5条に応じて法律・勅令にはすべて内閣総理大臣の副署が必要とされたが，明治22 (1889) 年の内閣官制の制定をふまえ，法律・勅令のうち各省主任の事務に属するものは各省大臣のみの副署と改正された。公文式では法律命令は官報をもって布告することとされた。法令原本には天皇が親署するが，官報による公布に際しては「御名御璽」と表記された。

なお，明治40 (1907) 年2月，公式令（勅令第6号）制定により公文式は廃止された。公式令は第1に，「詔書」，「勅書」の別を明らかにし，皇室令を新設する等の皇室関係法令の整備を図った。「詔書」は，摂政の設置，立太子，元号の改元等の皇室の大事に関する場合，及び議会の召集，衆議院の解散等，大権の施行に関する場合に公布されることとなった。第2に，法律・勅令には内閣総理大臣の副署を要するとして内閣総理大臣の権限の強化を図ったが，これに対して軍部は軍令第1号「軍令に関する件」を発し，陸海軍の統帥に関する規定たる「軍令」には陸軍大臣・海軍大臣が単独又は共同して副署すれば足りるとした。

(2) **憲法典の編纂**

明治19 (1886) 年1月頃，伊藤博文は井上毅に憲法の調査立案を委嘱した。

井上は，ロェスラー答議に基づいて，翌20年4，5月に甲案・乙案を作成・提出した。また，ロェスラーも4月「日本帝国憲法草案」を作成し提出した。これらの草案を素材として夏島の伊藤の別荘で，伊藤を中心に伊東巳代治，金子堅太郎が極秘に検討し，8月夏島草案が成立した。その後も伊藤らは草案の検討を続け，十月草案を経て，同21年2月，二月草案が成立，同年4月，成案が天皇に捧呈された。

明治21 (1888) 年4月，憲法・皇室典範等の基本法典の草案審議のため，新たに天皇の「至高顧問の府」たる枢密院が設置された（枢密院官制，勅令第22号）。枢密院では，憲法草案の審議は皇室典範に続いて6月から始まり（第一審会議），翌年1月に審議を重ね（再審会議・第三審会議），2月の憲法発布へ至った。

*枢密院の審議

　枢密院の審議では，第一審会議の冒頭伊藤が天皇を「国ノ機軸」として憲法を制定する基本方針を表明，また，臣民権利義務の章をめぐっては森有礼の「分際」論に対して伊藤が憲法創設の精神は「君権ヲ制限シ」，「臣民ノ権利ヲ保護スル」ことにあると反論した。天皇・議会の関係につき，原案の帝国議会の「承認」の字句が「協賛」に改められたほか，議会の法案起案権が認められる等の修正が枢密院で加えられた。

明治22 (1889) 年2月11日，皇室典範と憲法典の制定を上申する告文が宮中賢所で読み上げられた後，正殿において憲法発布式典が挙行，「大日本帝国憲法」が明治天皇から内閣総理大臣黒田清隆に授与された。同日付の官報により，憲法附属法令として議院法（法律第2号）・衆議院議員選挙法（法律第3号）・会計法（法律第4号）・貴族院令（勅令第11号）が公布された。帝国議会が開かれる明治23 (1890) 年11月29日から施行された。

*皇室典範の公布

　皇室典範は，皇室の家法であるとの理由で公布の是非が問題となり，官報に掲載されなかった（明治40年公式令第4条は皇室典範改正の公布方法を定めた）。なお，憲法・典範の説明文の起草にあたった井上毅はその私著での公表を希望したが，起草者らで審査の後，国家学会から伊藤博文の名で『帝国憲法・皇室典範義解』として公刊された。

(3) **大日本帝国憲法の内容**

大日本帝国憲法（明治憲法，帝国憲法）は，帝国議会をはじめとした立憲的諸制度に神権主義的な君主制の色彩が伴った複合的な性格を有していた（「外見的

立憲主義」)。憲法施行後，憲法典は一度も改正を経験しなかったが，憲政の姿は保守二大政党による政党内閣制の時代から「八紘一宇」を掲げた国家総動員体制の時代まで，大きな変遷を遂げた。明治憲法の二面性のうち，民主的要素と反民主的要素のいずれを生かすかは，時々の国民世論や政党政治家らの憲法実践に規定された。また，この憲法典の二面性を反映して，戦前の憲法学界では立憲学派と神権学派が競い合った。

　(a) 天　　皇

　(イ) 天皇主権　　天皇は国の元首にして統治権を総攬する。立憲君主として天皇の統治権は憲法の条規に従って行使される (第1条・第4条)。三権は分立され，立法権につき帝国議会の協賛 (第5条)，行政権につき国務大臣の輔弼 (第55条1項)，司法権につき裁判所 (第57条1項) が配され，天皇の名による統治を支えた。憲法改正は帝国議会の議に付さねばならない (第73条1項)。他方で，大日本帝国は「万世一系」の天皇が統治するものとされ (第1条)，国家統治の大権は，天皇家の祖先神がアマテラスの神勅を受けたという天孫降臨の神話によってその正統性を支えられていた。

　(ロ) 皇室典範　　憲法発布の際に「皇室典範及憲法ヲ制定ス」と宣言されたように，明治憲法時代の皇室典範は，天皇家の家法であり，憲法と並ぶ国家の基本法であった (「明治典憲体制」)。憲法典は皇位・摂政の規定を置き (第2条・第17条)，典範の改正に議会は関与できず (第74条1項)，また，摂政を置く間は憲法・典範は改正できない (第75条)。皇室典範では皇位継承の男系主義のほか，摂政，皇族の範囲，皇室財政，元号の一世一元等が規定された。

　(ハ) 天皇大権　　強大な天皇大権も岩倉大綱領が求めていたものだが，憲法典は第6条ないし第16条に天皇大権の規定を置いた。大権事項には議会の関与は及ばず，議会の立法協賛権の限度を明らかにするものであった。

　(b) 臣民の権利　　民権派の憲法草案には，基本的人権の思想 (「天賦人権論」) に基づき，人権規定の充実したものがあったが，明治憲法の起草にあたり人権の取扱いは消極的で，伊藤の憲法調査でも調査項目に国民の権利はあげられていなかった。人権条項の多くには「法律ノ範囲内ニ於テ」と法律の留保が付された。また，「憲法ニ矛盾セザル現行ノ法令」は有効とされ (第76条1項)，民権派が批判していた新聞紙条例・出版条例等の多くの人権規制立法が

憲法施行後も存続した。
　(c)　帝国議会と内閣
　(イ)　二院制　　自由民権期には一院制・二院制の争いがあったが，憲法典は二院制を採用した。帝国議会は，公選の議員から構成される衆議院と非公選の特権議員から構成される貴族院の二院からなる (第33条)。貴族院は皇族・華族・勅任議員から構成され，その詳細は貴族院令で定めた (第34条)。貴族院令は貴族院の議決がなければ改正できなかった。
　衆議院の議員は衆議院議員選挙法に基づく選挙で公選された (第35条)。第1回総選挙は明治23 (1890) 年7月1日に実施されたが，選挙権は初め25歳以上の男子で直接国税15円以上を納める者に限られていたため，有権者は全人口の1パーセント強にとどまった。女性には選挙権・被選挙権は付与されず，集会及政社法は女性の政治活動を禁止した。北海道では明治35 (1902) 年以後，沖縄県では明治45 (1912) 年以後まで選挙法は施行されなかった。
　(ロ)　議会の権限　　法律案・予算案は「帝国議会ノ協賛」を経るものとされ，帝国議会には法律案・予算案の審議権が与えられた (第5条・第37条・第64条)。衆議院と貴族院の両院は対等だが (第38条)，予算案については衆議院先議が認められていた (第65条)。両院のいずれかが否決すれば，法案の成立を阻止することができた (第39条)。条約については議会の協賛を要するとの規定はなかった。
　議会の立法協賛権に対する重大な憲法上の例外が，緊急勅令 (第8条) 及び独立命令 (第9条) の制度である。政府は，議会閉会中に緊急の場合に限り法律に代わる命令を発することができ (緊急勅令)，また，法律を執行するための命令 (執行命令) のほか，公共の安寧秩序の保持・臣民の幸福増進のため，法律とは無関係の独立命令を発することができた。
　岩倉大綱領が唱えた前年度予算執行権も採用された (第71条)。また，憲法大権費目等の一定の費目については政府の同意なく議会が廃除・削減することはできず (第67条)，その範囲をめぐり初期議会で政治問題化した。
　(ハ)　内閣　　憲法典は，国務各大臣が天皇に対して責任を負い (単独輔弼責任，第55条1項)，法律勅令への国務大臣の副署を定めるにとどまり (第55条2項)，「内閣」に関する規定が置かれなかった。明治18 (1885) 年に発足した内

閣制度の組織・権限を定めた内閣職権は、憲法施行にあわせて明治22（1889）年12月内閣官制に改定された。

　（二）　**枢密院・元老・内大臣**　　枢密院は憲法上の機関となったが（第56条）、その組織・権限は枢密院官制に委ねられた。枢密院は議長・副議長・顧問官からなり、またその諮詢事項は明治23（1890）年の官制改正で皇室典範・憲法及び憲法附属法令・戒厳宣告・条約・枢密院官制・その他の事項に整理された。

　元老は、憲法上の機関ではなく、初めは伊藤博文・井上馨・山県有朋・大山巌・黒田清隆・西郷従道・松方正義の7人で、桂太郎・西園寺公望が加わった。憲法典には首相の選考規定がなく、元老がこれにあたった。最後の元老たる西園寺の後は、内大臣、次いで重臣会議が首相選考にあたった。

(4) 地方制度

　(a)　**市制町村制**　　明治憲法の発布に前後して、明治21（1888）年から同23年にかけて市制町村制、府県制・郡制が制定され、近代日本の地方制度は確立された。

　同21年4月、市制及町村制が公布された（法律第1号）。憲法発布に先立って市制町村制が公布されたのは、中央における政局の変動が地方に及ぶことを山県有朋らがおそれたからであった。

　市制町村制の趣旨は、隣保団結の旧慣を尊重し自治・分権の原則を実施するためにあるとされた。市町村は法人格をもつ地方自治団体である。しかし、市長は内務大臣、町村長は府県知事の指揮監督の下に置かれ、市町村の固有事務のほか、国又は府県から委任された事務の執行にあたった。

　市町村の議決機関として市会・町村会が設けられたが、議員選挙権は満25歳以上の男子で地租若しくは直接国税2円以上を納付する者に限られた。また、多額納税者に特権を与える等級選挙制（市会は3級選挙制、町村会は2級選挙制）が採用された。

　さらに、自治立法権では、市町村はその住民の権利義務又は市町村の事務に関して市町村条例を制定することができた。条例の制定・改廃には市町村会の議決を要し、原則として監督官庁の許可を要した。なお、府県及び北海道の条例制定権は府県制に明文を欠いたためその有無が争われた（昭和4年府県制改正で明文化された）。

市制町村制の実施に先立って町村の合併が進められた（明治の大合併）。市制は人口2万5000人以上の市街地に実施されたが、東京・大阪・京都の3大都市には市制特例（明治22年法律第12号）が適用された。

(b) 府県制・郡制　市制町村制に引き続き、明治23 (1890) 年5月、府県制（法律第35号）及び郡制（法律第36号）が公布された。執行機関は官選の府県知事・郡長で、議決機関としては、府県に府県会と府県参事会が、郡に郡会と郡参事会が置かれた。府県会の議決権限は限定的で、歳入出予算、府県税の賦課徴収、財産の管理、営造物の維持等であった。府県・郡は本来国の行政区画であり、国の監督を受ける範囲が広く、住民自治の要素もきわめて希薄であった。

(c) 北海道と沖縄　明治憲法施行後においても、北海道・沖縄県・その他小笠原諸島等の島嶼には初め、市制町村制等の地方制度も、衆議院議員選挙法も適用されなかった。かかる政治的無権利状態を不満とした北海道・沖縄県では、地方議会の開設や衆議院議員の選出を要求する運動が高まっていった。

＊「辺境」からの問いかけ

　　沖縄県については、明治29 (1896) 年、首里・那覇に区制が（沖縄県区制、勅令第19号）、同41年には沖縄県島嶼町村制（勅令第46号）が、さらに同42年には府県制（特別県制）が施行された。これらの特例は大正9 (1920) 年に撤廃、同10年には那覇・首里に市制が施行され、他府県同様の自治権を獲得した。

　　北海道については、明治30 (1897) 年、北海道区制（勅令第158号）・北海道一級町村制（勅令第159号）・北海道二級町村制（勅令第160号）が公布され、同32年に北海道区制が函館・札幌・小樽で施行、次いで一級・二級町村制が順次施行され、昭和18 (1943) 年の市制町村制改正で一級・二級町村制が廃止された。また、明治34 (1901) 年北海道会法（法律第2号）・北海道地方費法（法律第3号）が公布・施行された。

　　以上のとおり、近代の北海道と沖縄には、ともに日本の周縁部に位置し、明治憲法施行後、制度的格差が一定期間続いたという共通点があることから、「内国植民地」と位置づける見解もある。しかし、台湾等の海外植民地との異同や北海道・沖縄間の差異等、検討すべき課題は多く、日本近代法制史上に占める両地域の地位はいまだ明らかとはいえない（永井秀夫『日本の近代化と北海道』（北海道大学出版会、2007年））。

なお、明治33 (1900) 年北海道旧土人保護法（法律第27号）が公布・施行された。同法は勧農・医療・教育の面からアイヌ民族の「保護」を図るものであったが、明治11 (1878) 年開拓使がアイヌの呼称統一のために用いた「旧土人」という言葉が法律上固定されたことから、アイヌ民族への差別・偏見を助長す

ることとなった。平成9（1997）年，北海道旧土人保護法は廃止され，アイヌ文化振興法（法律第52号）が新たに制定された。

(5) 教育勅語と国民教化

明治23（1890）年10月30日，「国体の精華」をうたい，教育の根本を「皇祖皇宗の遺訓」に置く教育勅語が発布された。教育勅語は，同年の地方長官会議が徳育方針の明示を政府に求めたのを契機として制定されたもので，道徳教育・国民教育を基礎とした改正小学校令（明治23年）の下，御真影奉拝・教育勅語奉読等からなる学校行事を通じて，忠君愛国の精神の浸透が図られた。学制上教育と宗教の分離は命じられたが（明治32年文部省訓令第12号），明治憲法は教育の自由を保障してはおらず，信教の自由は，安寧秩序を妨げずまた臣民の義務に反しない限りで認められるものにすぎなかった。

国民教化のもう一つの柱が国家神道である。明治憲法時代，祭祀としての神道（国家神道）は，宗教としての神道（教派神道）と区別され，宗教ではないとされた。これを受けて明治33（1900）年，内務省社寺局が国家神道に関わる政策を所管する神社局と宗教政策を所管する宗教局（大正2年文部省に移管）に分立し（勅令第163号），神社局は内務省官制上筆頭局に位置づけられた（昭和15年には外局の神祇院として拡充された）。

(6) 条約改正

条約改正による法権の回復（領事裁判権の撤廃）及び税権の回復（関税自主権の回復）は，明治新政府の外交上の最重要課題であった。不平等条約は二国間条約であるが，欧米各国は最恵国条項によって連合しており，歴代の外交担当者は，法権・税権のいずれを優先するか，各国との個別交渉か連合会議か，交渉の内容・方法をめぐり試行錯誤を重ねることとなった。

岩倉使節団派遣に際して「列国公法」が求める「我国律，民律，貿易律，刑法律，税法等」の国内法改革が不可避であると認識されていたように（「米欧使節派遣の事由書」），条約改正と国内法整備，特に法典編纂事業は，密接不可分の関係をもって展開していくこととなった。鹿鳴館外交を展開した井上馨外相のとき，本来は内政問題である法典編纂事業を外務省の法律取調委員会で所管したのは，その極限的な現れであった。

「泰西主義」型の法典予約並びに混合裁判の採用（外国人裁判官の任用）という

譲歩によって交渉を進捗させた井上馨・大隈重信両外相がともに国内世論の反発で失敗したことから、陸奥宗光外相は「全面的対等条約」案による交渉を掲げ、議会対策に腐心し、英露対立の国際状況にも助けられ、明治27 (1894) 年7月、日英通商航海条約調印に至り、以後各国と同様の対等条約を順次締結していった（第1次条約改正）。

新条約の締結によって、領事裁判権は撤廃され、条約実施とともに居留地行政権が回収されることになった。関税自主権は部分的回復に留まったが、関税定率法（明治30年法律第14号）・関税法（明治32年法律第61号）により国定関税制度が整備された。条約は5年後の明治32 (1899) 年7月（仏墺は8月）に実施され、有効期限は実施の年から12年間とされた。

日英条約調印の翌月、日清戦争が始まった。明治29 (1896) 年7月、日清講和条約第6条に基づき調印された日清通商航海条約は、日本が清国に対して欧米各国同様に領事裁判権、協定関税、最恵国待遇を享受できるものとした。ここに日本は、欧米各国との不平等条約体制から脱却し、逆にアジア隣国に対して欧米各国とともに不平等条約体制を強要していく側に転じた。

＊条約実施準備
　　外国人の内地雑居が認められることになったことから、明治29 (1896) 年11月、政府は条約実施準備委員会を発足、「改正条約実施要項」をとりまとめ、明治32 (1899) 年第13議会では、帝国臣民たる法的要件を定めた国籍法（法律第66号）をはじめ、改正条約の実施に関連する諸法が成立をみた。また、外国人居留地で最大の人口を占めていたのは中国人であったが、中国人の移民労働者を排斥する勅令第352号「条約若ハ慣行ニ依リ居住ノ自由ヲ有セサル外国人ノ居住及営業等ニ関スル件」が制定された。

第2章　司法制度

I　裁判所の創設と訴訟法
(1)　裁判事務の統合と裁判所の創設
(a)　朝藩体制下の裁判　　朝廷政権の成立から廃藩置県までの権力機構は、諸藩の存在を容認した上に成立するものであった。裁判権も第一義的には各地方にあり、各藩では旧来どおりの領主裁判が行われ、慶応4 (1868) 年2月の

裁判所職制は、新政府直轄の地方でも各地方の「裁判所」（地方行政機関）が裁判権を行使するとしていた。そのため中央の裁判機関の機能は極めて制限的であった。新政府による裁判制度の編制は、慶応4年正月の刑法事務科設置に始まり、同年2月の刑法事務局を経て、同年閏4月の政体書により、刑法官が設置さ

図表1　江藤新平の「司法台構想」

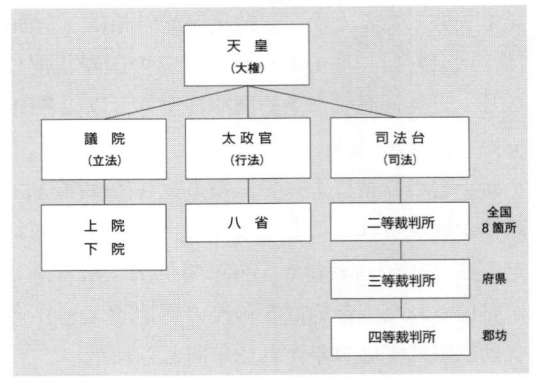

```
              天　皇
              (大権)
    ┌───────────┼───────────┐
  議　院      太政官      司法台
  (立法)      (行政)      (司法)
    │           │           │
  上　院      八　省    二等裁判所   全国8箇所
  下　院                    │
                        三等裁判所   府県
                            │
                        四等裁判所   郡坊
```

れ、断獄（刑事裁判）事務を掌った。聴訟（民事裁判）事務は、民政担当の機関が管轄していた。明治元（1868）年12月の達で会計官租税司がその担当となったが、翌2年正月には会計官訴訟所が置かれ、ついで同年4月には民部官に聴訟司が置かれて、「府藩県ニ於テ土地人民之儀ニ付裁判シ難キ訴訟ヲ聴断スル」ことを掌った。

　版籍奉還後の明治2（1869）年7月、職員令が定められ、刑部省が刑事裁判事務を、民部省が民事裁判事務を、そして弾正台が行政監察と官吏糺弾の事務を、それぞれ管掌した。しかしこの時期も、断獄・聴訟の権を実際に行使したのは府藩県であり、中央政府が司法判断を行使できる事件は、死罪・流罪（2年7月から3年9月まで）にあたる事件や府藩県管轄交渉の事件あるいは府藩県が判断しかねた難事件などに限られ、しかも死罪については天皇の裁可を要した。さらに弾正台が、弾例などに定められた刑法大獄への立会権や有位者の犯罪についての奏弾（奏上・弾劾）権あるいは死罪案の審査権などをたてに、刑部省と衝突することがあり、粟田口止刑事件などが起こった。

　(b)　江藤新平の司法制度改革　　江藤新平は、廃藩置県後の国家機構全般の抜本的改革・整備を立案するなかで、オランダの制度を参考にして、司法制度改革の構想（「司法台構想」）をまとめた。この構想は、司法権を天皇大権の一とし、立法・行政の二権から別立させて、司法台を新設し、全国に裁判所を設けて、裁判事務の統合集中を図ろうというものであった（**図表1**参照）。江藤は、

官僚の指導による「上からの近代化」ではなく，法治国家の実現，司法制度や法制の改革こそが，万国対峙・富国強兵の根源であるとの考えから「司法台構想」をまとめた。

　しかし，この「司法台構想」は現実の政治状況のなかで大きく変容を迫られ，結局は，司法権の独立は見送られた。明治4（1871）年7月9日，政府は，刑部省と弾正台を廃して，行政官庁としての司法省を設置した。司法省は刑部省と弾正台が従来取り扱ってきた事務一切を引き継ぎ，「執法申律折獄断訟捕亡」のことを掌ることとなった。次いで9月には大蔵省から民事裁判事務も司法省に移され，司法省は刑事・民事の裁判権をその掌中に収めることになった。しかし，太政官が司法省に対して指令した西欧諸国を範とする省務章程の策定はなかなか実現しなかった。

　明治5（1872）年4月，江藤新平が省設置以来空席になっていた初代司法卿に就任して，司法制度改革は急速な展開を見せることになった。5月20日，全国の裁判事務を司法省に統合集中するために，府県裁判所を設置する方針を明らかにし，22日には，正式の職制・事務章程ができるまでの仮の基準として，とりあえず司法事務全5条を定めた。同年8月3日，フランスやオランダなどの制度を参酌した司法省職制並ニ事務章程（「司法職務定制」）22章108条を定め，裁判所・検事局・明法寮をして省務を分掌せしめ，また裁判所を分けて，司法省臨時裁判所・司法省裁判所・出張裁判所・府県裁判所・各区裁判所の5種とし，9月1日より「仮定之心得ヲ以テ」施行した。司法職務定制は，太政官正院が立法・行政・司法を裁制するという太政官制の枠を破ることなく，行政庁である司法省が全国の裁判事務を統合集中し，全国に府県裁判所を設置して，裁判機構を整備するという内容であった。府県裁判所の設置により，地方官の裁判権は否定されるが，全国の裁判事務を統合集中するために，司法卿が「各裁判所一切ノ事務ヲ總判」し，上訴裁判所である司法省裁判所の所長を兼任するとともに，司法卿に直結する検事に個々の裁判を監視する役割を与えたのである。「死罪及疑獄」は司法省への経伺を必要とするなど，裁判官に対する司法行政権の優位が司法職務定制の基本的特徴であった（**図表2**参照）。

　（c）裁判所の誕生　地方における裁判権は，廃藩置県後も，府県の掌中にあり，明治4（1871）年11月の県治條例においても，県庁事務の一課として聴

訟課を置き，県内の訴訟や罪人の処置などを掌るとされていた。司法省が全国の裁判事務を統合集中するためには，府県の裁判権の接収が不可欠であった。このことはまず首都東京から実行された。明治4年8月，東京府の裁判事務が司法省に接収され，司法省官員が東京府へ出張して裁判

図表2　司法職務定制裁判所組織図

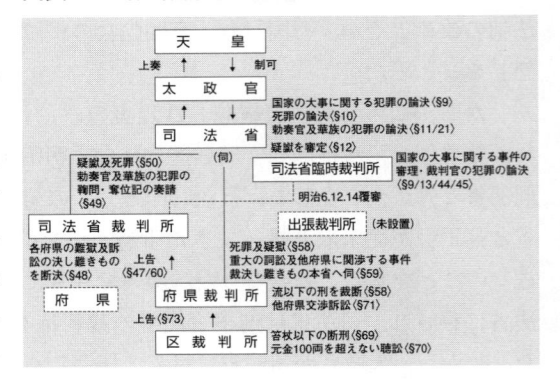

事務を処理することになり，そして同年12月27日には東京裁判所が置かれた。わが国最初の司法裁判所である。翌5年2月に東京開市場裁判所が築地運上所内に開設されて外国人交渉の裁判事務を管轄し，3月には各区裁判所章程が制定されて東京府6大区に3つの区裁判所が置かれた。5月に定められた司法事務全5条により司法行政作用と裁判作用が分離されることになり，5月27日に中央の裁判機関として司法省裁判所が設置された。

　司法職務定制では，全国の府県に通常事件の第一審裁判所として府県裁判所を設置することとしていたが，府県裁判所の設置は司法省が思うようには運ばなかった。同年8月3日，神奈川・入間・埼玉の3県に裁判所を設置したのに始まり，この年には，東京府を含めて3府13県に裁判所を設置したに留まった。司法省は，大阪府以東の諸県に裁判所を設置しようとしていたが，地方官の強い抵抗と財政的困難と人材不足のため，まずは3府・開港場・関東地方11県を優先させたもののようである。京都裁判所と京都府が小野組の転籍や魚代金請求事件の処理をめぐって対立し，その解決のために司法省臨時裁判所で参座（官員陪審）裁判が開かれた。地方官が府県裁判所の設置に抵抗した理由には，裁判事務の移管ばかりでなく，府県裁判所設置に伴う捕亡事務（警察権）の検事への委譲問題があった。府県裁判所の所長には判事が充てられたが，「聴訟断獄ヲ分掌」する解部には従前の府県の断獄課・聴訟課の典事らが任じられて裁判をすることが多かった（「転官」措置）。また，裁判所未設置県では県令・参事による裁判が行われた。区裁判所は笞杖以下の断刑と元金100両を超

えない訴訟を扱った。

司法省裁判所は「府県裁判所ノ裁判ニ服セスシテ、上告スル者ヲ覆審処分」する上訴裁判所であり、「各府県ノ難獄及訴訟ノ決シ難キ者ヲ断決」し、「勅奏任官及華族ノ犯罪アレハ卿ノ命ヲ受ケ鞫問ス」る裁判所であった。司法省裁判所は東京に置かれ、遠隔地には司法省裁判所と同一権限の出張裁判所を設けることになっていたが、実際には設置されなかった。司法省臨時裁判所は「国家ノ大事ニ関スル事件」及び「裁判官ノ犯罪」を審理する裁判所で、臨時判事がこれにあたった。明治5（1872）年末

図表3　大審院庁舎（国立国会図書館ウェブサイトより）

図表4　大審院諸裁判所組織図

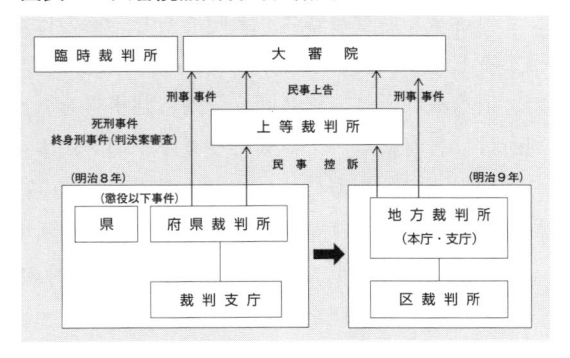

に行政裁判を認めたことから、明治6（1873）年の太政官職制章程の「潤飾」では、正院裁制体制が強化され、内閣議官（参議）が「裁判上重大ナ訟獄」を審議し、「臨時裁判所ニ出席シテ之ヲ監視」する権限をもつことになった。同年12月、司法省裁判所を始審とする裁判については臨時裁判所が覆審を行うこととなった。これによって司法省裁判所は事実上二等裁判所となり、司法卿が司法省裁判所の所長を兼掌する制度も廃された。

(d)　大審院の創設　　明治8（1875）年4月、立憲政体の詔書が大阪会議の合意に基づいて発せられ、「審判ノ権ヲ鞏ク」するために、大審院が設置されることとなり、5月24日に開庁した（**図表3**参照）。大審院はフランスの破毀院を模範とし、井上毅がその調査立案に大きく関わった。大審院諸裁判所職制章

程，司法省検事職制章程（明治8年5月10日太政官番外達），控訴上告手続（同年太政官第93号布告），裁判事務心得（同年太政官第103号布告）などの一連の法令によって，大審院の下に上等裁判所・府県裁判所が置かれ，裁判機構が整備された（**図表4**参照）。

　大審院は，東京に置かれ，「民事刑事ノ上告ヲ受ケ上等裁判所以下ノ審判ノ不法ナル者ヲ破毀シテ全国法憲ノ統一ヲ主持スルノ所」とされた。フランスの破毀院は判決を破毀できるだけで自判はできなかったが，ボワソナードらの意見や示唆により，わが国ではこの点を改め，大審院の裁量により自判できることとした。国事犯や民刑の渉外事件のうち重大な事件は臨時裁判所で第一審かつ終審として審判した。上等裁判所は，東京（司法省裁判所の後身）・大阪・長崎・福島（後に宮城へ移転）に置かれ，その権限は「府県裁判所ノ裁判ニ服セスシテ控訴スル者ヲ覆審ス」と定められ，そのほか死罪については第一審の裁判権を有したが，死罪の審判をするには大審院の批可を得なければならなかった。上等裁判所は，年2回，管内に判事らを派出し巡回裁判を行った。府県裁判所は「各府県ニ一ノ裁判所ヲ置キ一切ノ民事及刑事懲役以下ヲ審判ス」るものと規定され，死罪については上等裁判所の巡回裁判を待たなければならず，終身懲役については擬律案を具して上等裁判所の審批を得，そののちに判決することが必要とされた。明治8（1875）年12月の裁判支庁仮規則により，府県裁判所には裁判支庁を置くことができるものとされた。これは後の区裁判所に相当するもので，民事では100円以下，刑事では原則として懲役30日以下の事件を扱い，訴訟人の請願により勧解を受理する権限を有した。府県裁判所には，判事長のほかに判事・判事補など数人が配置されたが，「別ニ裁判所ヲ置カサルノ県ハ地方官判事ヲ兼任ス」るものとされ，相当数の県で県令・参事が判事を兼任する例があり，難治県の地方官などからは地租改正事業などの地方行政の繁忙を理由に裁判所設置の要請がなされた。そのため，明治9（1876）年9月，2県ないし3県を合して1つの裁判所を設けることとし，各府県裁判所を廃して新たに地方裁判所（本庁・支庁）を置き，従前の裁判支庁を区裁判所とした。この改正に合わせて府県職制と諸裁判所職制章程から地方官の判事兼任規定が削除され，同10年2月，行政官吏による裁判は全廃されるに至った。

　しかし，このような裁判機構の体系化によっても司法権の独立は達成されな

かった。司法省は大審院を「司法省諸部ノ一」と考え，司法省は「各裁判所又ハ各裁判官ニ指令スル」権限を確保し，司法卿は「諸裁判官ヲ監督シ庶務ヲ総判シ及検事ヲ管摂シ検務ヲ統理スルコト」や裁判官任免の権限を掌握していた。裁判官は法令の解釈適用の疑義については従来どおり司法省の指示を仰がねばならず，明治12（1879）年2月には内訓条例の成立を見るに至るのである。また，司法卿が大審院の確定判決を「允当ナラス」と考えたときは，検事をして再審を求めることができた（明治10年太政官第49号布告）。このように，大審院の設置後も司法卿がなお裁判に関与し，司法行政権の裁判機構に対する優位は変わらなかった。

(2) 訴訟手続の整備

(a) 民事訴訟手続　明治初年の民事裁判は旧幕府法の出入筋(でいりすじ)の手続によった。府藩県に跨る管轄交渉の訴訟については民官官・民部省が裁判をしていたが，明治3（1870）年11月の府藩県交渉訴訟准判規程は，被告の管轄庁が裁判をし，判決しがたいときは民部省が裁決するとした。

明治5（1872）年司法職務定制の聴訟（民事訴訟）手続も，出入筋の手続をほぼ踏襲したもので，聴訟順序として目安糺(めやすただし)・初席・落著の手続を定めていた。当事者が和解に応じないときに審理が開始する手続であったが，審理が開始しても判決言渡しまではいつの時点でも和解が推奨された（熟議解訟）。一件ごとに掛判事・解部が決められ，検事が陪席して裁判を監視した。訴訟手続は書面中心主義であり，原告・被告が予め提出した証拠書類をもとにして，双方本人又は証人に対し補充的に供述を求めるにすぎなかった。召喚に応じない被告の身柄を拘束することがあった。近代的民事訴訟手続を実現するためには，出入筋に含まれていた刑事的強制の要素を取り除くことが緊要であった。そのため政府は，民事事件の原告・被告に答杖を加えること，身柄の拘束や職権による刑事訴訟への移行を禁止した。

明治6（1873）年7月，訴答文例が布告され，貸金返還請求・売買代金請求などの各種の訴えについて詳細な訴状・答書の書式を定めた。訴状・答書ともに正副二本を代言人に代書させ，基本となる書証の写しを記載又は添付しなければならないとした。訴答文例は，現在の中間判決に相当する民事予審（interlocutoire）の制度を導入したり，原告・被告の情願により代言人を立てることを認

めるなど，西欧型民事裁判に一歩踏み出すものであった。明治5年訴訟入費償却仮規則は，敗訴の側が訴訟費用を負担するものとしたが，当時は民事の裁判につき国に手数料を納付する制度はなく，これが確立するのは明治8年訴訟用罫紙規則による。明治17（1884）年民事訴訟用印紙規則で印紙を貼用することとなった。

　司法職務定制では，民事・刑事について，各区裁判所の裁判に対しては府県裁判所へ，府県裁判所の裁判に対しては，司法省裁判所へ上告（上訴）し，覆審を請求できるとした。また訴答文例では，判決がでる前であっても掛判事・解部が曲庇圧制を行ったときは，司法省裁判所へ申告できるとしていた。明治7（1874）年民事控訴略則は，府県裁判所などの裁判に対する司法省裁判所への控訴手続を定めた。明治8（1875）年5月，大審院・上等裁判所設置と同時に控訴上告手続を布告し，上等裁判所への控訴は民事に限られること，大審院への上告は上等裁判所に控訴してその審判を受けた事件で不法のあるものに限られること，民事の上告人に上告金10円を大審院に預納させ，原判決を破毀するときのほかこれを没収することなどが定められた。また裁判事務心得では，裁判に不服を申し立てる者があるときは，原裁判所で弁明せず，法令の規定に従い控訴又は上告するよう言い渡すべきものとした。

　旧幕時代の内済（ないさい）は，フランスのConciliationの影響を受けて，裁判官が本人自身の出頭を求めて，「定規」に拘泥せずに，本人の意思に基づく和解による解決を勧奨・説得する勧解（かんかい）制度となった。明治8年東京裁判所支庁管轄区分並取扱規則と裁判支庁仮規則に勧解規定が置かれ，翌9年区裁判所仮規則にも同じ規定が設けられた。同年11月に司法省が「民事ノ詞訟ハ可成丈ケ一応区裁判所ノ勧解」（なるべく）を求めるよう諭達したこともあり，民事事件の大部分が勧解によって処理され，裁判による解決は全事件の2割程度となった。明治17（1884）年には勧解略則（同年司法省丁第23号達）が制定され，治安裁判所に勧解係2名を置き，勧解事件を取り扱わせた。勧解略則施行心得は，勧解係1名はその地方の資産家で風俗習慣を熟知する徳望者を選任することになっていた。この勧解制度は，明治23（1890）年民事訴訟法が定められるに及んで廃止された。

　判決の強制執行は，旧幕時代の手続を踏襲し，刑罰を背景とした執行手続であった。期限を定めての履行命令（日切済方）が職権で申渡され，期限までに

履行しないときは処罰された。金銭の支払を命ずる判決については，日切済方が履行されないときは，身代限りが申渡され，債務者の総財産を処分し，債務名義を持つ個別債権者に対する債務弁済に充てられた。明治5（1872）年に華士族平民身代限規則が定められ，従来強制執行機能しか持たなかった身代限りに総債権者による包括執行手続の機能を加え，破産手続法としても機能することとなった。執行手続についても刑事的強制を排除する方針が採られるようになり，不代替的作為義務が履行されないときは損害賠償の手段によるしかなく，民事裁判の執行力の低下を招くこととなった。

　(b)　刑事訴訟手続　明治3（1870）年5月，刑部省は獄庭規則を定め，刑事訴訟手続を示したが，旧幕時代の吟味筋の手続をほぼ踏襲したものであった。糺問者たる裁判役所が，捜査・審理を行い，自らが被疑者を取り調べ，被告人を追及判断する糺問主義的な刑事訴訟手続であった。

　明治5（1872）年司法職務定制は，断獄（刑事訴訟）順序として初席・未決中・口書読聞せ・落著の手続を定めた。獄庭規則とほとんど相違なかったが，同年の罪案書式・罪案凡例と翌6年断獄則例で整備され，治罪法施行まで刑事裁判の手続の基礎となった。判事・解部・検事各1名で法廷を構成し，判事が罪囚を推問し，解部はその口供を筆録し，検事は陪席して裁判を監視する。検事という新しい職制を導入し，捜査・訴追機関と裁判機関との分離をはかろうとした。明治8年検事職制章程は，検事を「弾告シテ判ヲ求ム」る職であると明示し，翌9年糺問判事職務仮規則は検事の請求により糺問判事が下調べを行う起訴前予審に類似の手続を置き，明治11（1878）年には，すべての犯罪を「検事ノ公訴ニ因リ処断スル」ことを達し，国家訴追主義への転換を見せた。この他，新聞紙発兌人と戸長の傍聴を許し，職業や身分によらない獄庭における平等な取扱い，有罪判決には自白を必要とする原則の廃止，拷問の禁止など刑事訴訟手続の近代化への方向も見られた。

　明治8（1875）年控訴上告手続は，刑事事件には控訴を認めなかったが，違警罪・死罪を除くすべての刑事事件について上告することを認めた。翌9年太政官第8号布告は，判決確定後であっても司法卿がその裁判を不当であるとするときは上告期限にかかわらず大審院検事に上告させる期限外上告の制を定めた。

(c) 行政訴訟手続　明治5 (1872) 年司法省第46号達は，地方官及び戸長等が，専横や怠慢によって人民の権利を侵すことがあったときは，その地方裁判所又は司法省裁判所に訴えて救済を求めることを認め，行政裁判の途を開いた。江藤新平は，国家統一と近代化を実現するための諸政策を地方に浸透させるために，地方行政を「司法」の拘束のもとに置こうとしたのである。翌6年の正院裁制体制の強化は，地方行政に対する中央の支配をより確実にするための措置でもあった。明治7 (1874) 年になると，地方官に対する訴訟の増加に対処するために，裁判所を太政官がいっそう統制する方向に動くこととなった。明治7年左院職制並事務章程仮定は「人民ヨリ支配官庁ニ対シテ起セル訴訟アルトキハ，正院ヨリ之ヲ本院ニ下シ裁判セシムヘシ」とした。これは，左院の「国議院」化構想とも絡み，行政裁判の司法裁判からの分離という新しい方向を示すものであったが，同年9月には官府ニ対スル訴訟仮規則が定められ，行政事件の裁判を2種類に分けて，「人民一個ノ訴訟」は司法官が受理し，官の会計や道路築造に関する事件など「一般公同ノ為ニ起ル訴訟」は行政裁判に帰するも，現在その設置がないので，司法官は正院に具状申稟して指図を乞うものとされた。また同月，司法省は，「官府」を「院省使府県」に訂正するとともに，司法省裁判所と「地方裁判所」との裁判管轄を整理した。明治15 (1882) 年請願規則が定められ，請願をした事件は重ねて行政訴訟を提起することができないこととなった。その後も基本的にはこの枠組みが維持され，明治22 (1889) 年法律第16号において，行政裁判は，控訴院において受理審問し，内閣の裁定を経て判決を言い渡す旨が定められた。

(3)　治罪法の制定

治罪法の編纂は，明治9 (1876) 年に司法省で開始され，刑法の編纂と同様に，最初はボワソナードの講義と助言を受けながら日本人委員だけで進められたが，翌10年になって原案起草をボワソナードに依頼し，岸良兼養・横田国臣・清浦奎吾らを治罪法取調掛に任じた。1808年フランス治罪法をもとにドイツ・オーストリアの刑事訴訟法を参照して原案が作られ，数次の校訂を経て，明治12 (1879) 年9月に治罪法草案が奏進され，治罪法草案審査局の審査を受けて，同13年2月，治罪法審査修正案が太政官に上進されたが，太政官では法制部長井上毅の強い反対意見があって陪審に関する条文を削除（刑法からも参座

収賄罪を削除）し，これが元老院の議に付された。元老院の修正案は太政官法制部の検按を経て，同13年7月17日に太政官第37号布告をもって公布され，同15年1月1日より刑法とともに施行された。

治罪法は6編480条から成る。刑事裁判所の編成・権限では，犯罪の種類（重罪・軽罪・違警罪）により裁判管轄を定めていた。明治14（1881）年10月，この治罪法に照応して，上等裁判所は控訴裁判所，地方裁判所は始審裁判所，区裁判所は治安裁判所と改称されたが，第一審の事物管轄について施行が留保された。違警罪の裁判は，当分の間，府県警察署又は警察分署が行うとされ，この暫定的措置が，明治18年違警罪即決例（太政官第31号布告）によって恒久化されて，別件逮捕・勾留などの弊害をもたらした。予審不要の軽罪事件については治安裁判所において軽罪裁判所を開くことが許された。また，皇室に対する罪や国事に対する罪は，高等法院が第一審かつ終審の裁判権を有したが，自由民権運動の激化諸事件に対処するため，明治16（1883）年には通常裁判所でも，これらの犯罪を裁判できることとした。

刑事訴訟手続については，公訴・公訴附帯の私訴を定め，検察官による訴追（国家訴追主義）を原則とした。重罪事件については予審の請求が必要であった。予審は被告事件を公判に付すべきか否かを決するための非公開の公判前手続（調査）である。被告人には予審での弁護人選任権がなかった。公訴の提起により裁判が開始する不告不理の原則が採用され，訊問弁論及び判決言渡は公開を原則とした。また，公判では選任弁護人制度が採り入れられたが，実際には明治15年太政官第1号布告で弁護人不在の裁判を認めていた。

治罪法のもとでの裁判の実際は，予審を経た事件の公判審理では予審調書が中心となり，被告人や証人に対する訊問は補充的であった。治罪法は審理陪審の導入を前提として構想されていたから，陪審の適用を予定した重罪事件については控訴の手続を欠いていた。しかし，陪審制度の導入は見送られたにもかかわらず，重罪裁判所を5人合議法廷とする修正以外の手直しが行われなかったため，重罪事件につき控訴手続を欠くこととなった。軽罪・違警罪に対する控訴も当分の間実施しないこととされた。明治18（1885）年に軽罪に係る控訴規則で，裁判費用保証金10円を予納したときに限り，軽罪の控訴が許されることとなった。

(4) 裁判所官制の制定

　明治18（1885）年内閣制度の採用とともに，司法制度についても，翌19年5月に裁判所官制（勅令第40号）が公布された。裁判所官制は，裁判所構成については控訴裁判所を控訴院と改称し，裁判官・検察官の任用資格と登用方法を定めた。また，「裁判官ハ刑事裁判又ハ懲戒裁判ニ依ルニアラサレハ，其意ニ反シテ退官及懲罰ヲ受クルコトナシ」と明記し，ここに裁判官の身分保障が初めて定められた。同年2月の司法省官制で司法大臣は裁判官任免権を失ったが，なお諸裁判所に対する監督権を握り，裁判所官制も諸裁判所の院長・所長は司法大臣の指揮を承けるものとして，裁判権の行使が司法行政の監督のもとにあることを明定していた。

　判決の執行及び送達について，村町役人によって担われてきた旧幕時代からの慣例により戸長が行ってきたが，裁判所官制では，新たに「執行吏」を設けることが規定された。しかし，全国に「執行吏」を配置するための予算の手当てが付かず，実現しなかった。明治21年市制及町村制の実施により，民事裁判の執行事務を市町村長が行うこととなり，次いで明治23（1890）年に執達吏規則が施行されて，区裁判所に属する執達吏が当事者の委任を受けて事務を行い，手数料を徴収することとなった。

＊法律家の養成

　　司法職務定制では，判事・検事・代言人・代理人などの法律専門職に関する規定をおいていたが，明治10（1877）年頃までは特別の資格試験もなく自由任用の時代であった。しかし，不平等条約撤廃のためには，「泰西主義」（Western Principles）による法制と近代的裁判制度の実現が不可欠であった。そのためには，欧米の法知識をもった法律家の養成が急務であり，政府は，明治4（1871）年司法省明法寮（後の司法省法学校）を設立し，法律家の養成に乗り出した。明法寮ではブスケ，ボワソナードらフランス人教師がフランス法を講義した。また明治10（1877）年には東京大学が設立され，テリーら欧米人教師が英米法を講義した。法曹の質を担保するため，法曹資格の取得にその能力を計る国家試験が導入され，明治13（1880）年には全国統一代言人試験が，明治17（1884）年には判事登用試験（検事は明治24（1891）年から）が導入された。アメリカやイギリスに留学し法曹資格を得て帰国した者が代言業の傍ら塾を開き法学教育にあたることもあったが，これらの国家試験を軸に法学教育機関の整備が進められ，明治13年以降，多くの私立法律学校が誕生し，日本語による法学教育が行われるようになった。

明治19（1886）年の帝国大学創立を軸として，法学教育の主眼を司法官の養成から「行政の支配」の担い手である行政官僚や司法官僚あるいは大企業の経営者の養成に重点を移すようになった。こうした目標の転換に敏感に反応し，明治20(1887)年には文官試験（大正

図表5　裁判所構成法下の法廷

法壇に検事・判事・書記官が列ぶ（名古屋市政資料館）

7（1918）年からは高等試験行政科試験）が定められ，法学部教育に政治学系統の学問や経済学系統の学問が包摂され，裁判を通しての法の運用の学習よりも，むしろ行政活動や企業活動を円滑ならしめるための技術としての法の理解が要求されるようになった。帝国大学法科大学を中心に成立した日本型法学教育は私学の法学教育に対しても多大な影響を与えるようになり，私立法律学校に対しては判事登用試験あるいは文官試験の受験資格を与えるにふさわしい学校を国が指定する「司法省指定校」あるいは「特別認可校」の制度がとられ，私立法律学校の教育内容にわたる監督統制が強められた。

　明治26（1893）年弁護士法（法律第7号）が定められ，弁護士資格を男子に限り，原則として弁護士試験合格者に限った。弁護士の職務範囲は裁判所における訴訟行為とされ，訴訟外の法律事務については規定がなかった。弁護士は弁護士会への加入を強制され，弁護士会は地方裁判所検事正の監督を受けた。国家試験の難易は，行政官と司法官，司法官と弁護士との間に厳然とした序列・格差を生じさせることにもなった（**図表5**参照）。

　自由任用時代に任用された判事・検事のなかには，近代法の知識に欠ける者も少なくなく，司法省は，欧米の代表的な基本書を翻訳し，全国の裁判所に配付して判事・検事の近代法の理解向上に努めたが，条約改正を控えて，強制的退職や欠員補充を名目とする左遷により引退を促すという手段を用いて，明治26年・27年・31年に「老朽者」の淘汰を行い，人事の刷新をはかった。

II　領事裁判

(1)　欧米による領事裁判

　中世の西欧諸国では，領事は商業都市で自国民保護のため商人間の紛争解決を主要な任務としていた。近世に入り西欧諸国でお互いに領土主権を認め合う

ようになると，西欧世界では領事による裁判は廃され，外国人も在住国の法と裁判に従うこととなった。しかし，宗教的理由により領事裁判条約（capitulations）による西欧諸国の一方的領事裁判がイスラーム世界に残り，これがアジア諸国への欧米侵略の法的糸口となった。

　日本は，通商航海条約で17ヵ国に領事裁判の特権を与え，その権益は，中国を除き，最恵国条項で一体となっていた。明治2（1869）年に調印したドイツ北部連邦あるいはオーストリア＝ハンガリーとの修好通商航海条約で条約上の領事裁判規定は完成した。条約上の領事裁判権は次のごとくであった。民事事件については，同一国籍の締約国人間の事件はその本国の管轄とされ，国籍を異にする締約外国人間の事件は日本の管轄を排する。通債事件については被告本国の管轄が定められ，民事混合事件については単純に被告本国の管轄を規定する条約と，一旦外国領事の調停手続を置いて又は置かずに当該国と日本との共同裁判の管轄に委ねる条約とがあった。条約が適用法を定めなかったので，理論上は国際私法の原則によるべきも，実際には被告の本国法が適用されることが多かった。刑事事件については，日本人と締約国人間の事件では被告人本国の管轄・被告人の本国法の適用・被告人の本国による刑の執行が定められ，在留外国人間の事件では日本の管轄が排除されていた。条約違反事件については，被告本国が管轄し，過料・没収品などを日本側に引き渡すべく定められていた。

　このような領事裁判権を条約によって得た国々は，各国内法によって自国の領事裁判制度を具体化していたが，いずれの国も，自国民の法的保護のために，近隣の植民地・租界あるいは本国の裁判所を上訴裁判所と定めて，領事法廷の判断に対する上訴を認めていた。なかでもイギリスは，1878年枢密院令で，神奈川日本法院を開設し，横浜領事区の地方法廷・他の領事区地方法廷の上訴裁判所とした（図表6参照）。

　未締約国人については，慶応3（1867）年横浜外国人居留地取締規則により，列国領事と協議のうえ，各地方官（裁判所設置後は府県裁判所）が裁判権を行使した。

　領事裁判はそれの行われている国家の権能に対する重大な制限であるうえに，裁判の公平も期し難く，不当な判断による不利益を蒙ったから，条約改正

交渉を重ねてその撤廃に努力し，明治27 (1894) 年の万国国際公法総会の決議もあり，ようやく条約改正に漕ぎ着き，明治32 (1899) 年，改正条約の実施によって日本における列国の領事裁判権は撤廃された。

(2) **日本による領事裁判**

日本は領事裁判で苦渋を重ねながら，一方では，中国・朝鮮・シャム・満洲国に領事裁判権を行使した。中国に対しては，日清修好条規に基づいて，日本は明治6 (1873) 年から領事裁判権を行使した。この条約では，中国もまた日本で領事裁判権を行使したが，明治29 (1896) 年の通商航海条約では中国の領事裁判権が否定された。上海では居留地規則により日本も中国の会審衙門に領事を派遣した。上海での領事裁判は欧米諸国の注視のなかで行われたため，自白を要しない証拠による裁判や証人宣誓など近代的訴訟手続が国内より早く導入された。明治9 (1876) 年には日朝修好条規により朝鮮国の開港場に領事を派遣し領事裁判を行う権利を獲得した。この機会に中国駐在領事の裁判権も改め，区裁判所仮規則にほぼ準拠した朝鮮国在勤管理官並清国駐留領事への委任状が指令された。もっとも民事事件の管轄については領事法廷に第一審管轄権を認めた。明治32 (1899) 年，それまでの清国并朝鮮国駐在領事裁判規則（明治21年勅令第71号）を廃し，領事官ノ職務ニ関スル件（法律第70号）を定め，領事は第一審として地方裁判所・区裁判所の職務を行い，死刑・無期若しくは1年以上の懲役又は禁錮にあたる罪については予審をなし，長崎地方裁判所の公判に付すものとした。民事・刑事事件の第二審は長崎控訴院，第三審は大審院がこれを管轄したが，中国満洲地域（現東北地区）における領事裁判に対しては関東庁高等法院に，間島については朝鮮総督府覆審法院に，中国南部については台湾総督府高等法院覆審部にそれぞれ上訴すべきものとされていた。朝鮮における領事裁判権は明治43 (1910) 年の韓国併合により消滅した。満洲国における日本人の治外法権は昭和12 (1937) 年に撤廃されたが，中国での領事裁判権は，度重なる強い撤廃要求にもかかわらず，昭和18

図表6　英国領事裁判所組織

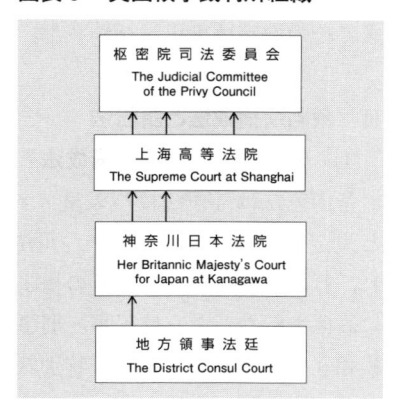

```
┌─────────────────┐
│   枢密院司法委員会    │
│ The Judicial Committee│
│   of the Privy Council │
└─────────▲───────┘
          │
┌─────────┴───────┐
│    上 海 高 等 法 院    │
│ The Supreme Court at Shanghai │
└─────────▲───────┘
          │
┌─────────┴───────┐
│   神 奈 川 日 本 法 院   │
│ Her Britannic Majesty's Court │
│  for Japan at Kanagawa │
└─────────▲───────┘
          │
┌─────────┴───────┐
│    地 方 領 事 法 廷    │
│ The District Consul Court │
└─────────────────┘
```

(1943) 年汪兆銘政権との間で撤廃を約したのみで実施されず，太平洋戦争終結までその撤廃は実現しなかった。

Ⅲ 裁判所構成法と訴訟法
(1) 帝国憲法と裁判所構成法

帝国憲法は「司法権ハ天皇ノ名ニ於テ法律ニ依リ裁判所之ヲ行フ」（第57条）と規定した（**図表7参照**）が，司法権の及ぶ範囲は民事・刑事の裁判権に限られ，行政事件は司法裁判所の権限外とされ，行政事件を扱う行政裁判所が特別に設置された。さらに民事・刑事事件についても特別裁判所の設置を認め，皇族相互の民事訴訟に関する特別裁判所（皇室典範）・軍法会議・違警罪即決裁判所としての警察官署などの特別裁判所が設けられて，通常の司法裁判所の裁判権は制限的であった。

帝国憲法下の司法裁判所の構成を定めたものが裁判所構成法である。裁判所構成法の原案起草は，ドイツ人オットー・ルドルフに委嘱され，1877年ドイツ裁判所構成法を範とし，ロェスラー，モッセ，ボワソナード，カークウッドらの協力を得て作業が進められ，明治20（1887）年末に法律取調委員会で裁判所構成法草案が確定し，その後，内閣・元老院の審議，枢密院の諮詢を経て，明治23年2月法律第6号として公布され，同年11月1日から施行された。

裁判所構成法は4編133条から成る。裁判所は，大審院・控訴院・地方裁判所・区裁判所の4種が置かれた。大審院は，最高裁判所として，上告・再抗告につき裁判権を有するほか，皇室に対する罪・内乱罪などに関して第一審かつ終審の裁判権を有し，その裁判は原則として7人の合議体によった。控訴院は，全国に7ヵ所置かれ，第二審の合議裁判所として，地方裁判所の第一審判決に対する控訴，区裁判所を第一審とする事件で地方裁

図表7 民事判決原本

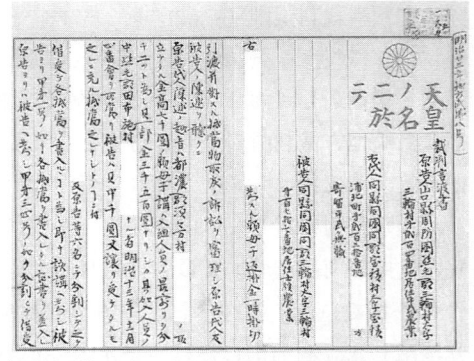

（資料出所）国際日本文化研究センター所蔵民事判決原本データベース（40200020-0072）

判所の控訴審判決に対する上告及び地方裁判所の決定・命令に対する抗告について裁判権を有し，その裁判は5人の合議体によった。地方裁判所は全国に48ヵ所置かれ，第一審の合議裁判所として3人合議制をとり，区裁判所の判決に対する控訴及び区裁判所の決定・命令に対する抗告について裁判権を有した。区裁判所は最下級審の単独裁判所で，民事では訴額100円以下の訴訟・経界確定訴訟など，刑事では違警罪及び一定の軽罪の第一審を管轄した（**図表8**参照）。裁判所における用語は日本語とし，必要の場合は通事を用いることが明定された。

図表8　裁判所構成法による裁判所組織

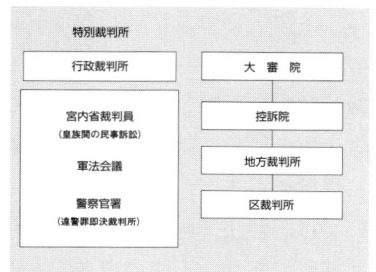

```
特別裁判所
 行政裁判所          大 審 院
 宮内省裁判員        控訴院
 (皇族間の民事訴訟)
 軍法会議            地方裁判所
 警察官署            区裁判所
 (違警罪即決裁判所)
```

　帝国憲法の規定を受けて，裁判所構成法にも裁判官の身分保障が最小限度定められ，裁判官の懲戒についても明治23年判事懲戒法（法律第68号）が定められたが，内閣の一員である司法大臣が，実質上，裁判官の人事権を掌握し，裁判所の事務分配のための通則や裁判所の標準となるべき規則を定める権限を持つなど，司法大臣は裁判所に対する司法行政上の広く強い監督権を持っていた。しかも検事出身者が司法大臣をはじめ司法省や裁判所の管理職的地位に就くことが多く，行政権の優位は戦前における日本の司法制度の持つ固有の体質であった。

　＊**大津事件と司法権の独立**
　　明治24（1891）年5月11日，訪日中のロシア皇太子が滋賀県大津市で警備中の巡査に斬りつけられ負傷する事件が起こった。この事件の処理にあたって，「皇室ニ対スル罪」を適用し被告人を死刑に処するよう政府からの圧力があったが，大審院長児島惟謙（こじまこれかた）が掛判事を説得し，大審院特別法廷は「謀殺未遂罪」で無期徒刑の判決を言い渡し，「司法の独立」を守ったと評されている。しかし，児島が掛判事を説得する際に明治天皇の発言を引用したこと，大審院特別法廷が事件を大津地方裁判所に移送しなかったことなど問題を残した。

(2)　**行政裁判法**

　帝国憲法第61条に基づき，明治23（1890）年6月，行政裁判法（法律第48号）が公布され，同年10月1日から施行された。行政裁判法は「成ルヘク政府ノ自由ヲ多クシ其手足ヲ蹩縮スルコト」がないようにとの方針のもと，オーストリアの制度などを参考にして，行政裁判所の組織・権限及び訴訟手続などを定め

た。行政裁判所は東京にただ一つ設置された。行政裁判所に出訴できる事項は，法律・勅令及び「行政庁ノ違法処分ニ関スル行政裁判ノ件」(明治23年法律第106号) に列挙する事項に限られ，原則として訴願前置主義が採られ，地方上級行政庁に訴願しその裁決を経た後でなければ提訴できないとされ，また，各省大臣の処分又は内閣直轄官庁若しくは地方上級行政庁の処分に対しては直ちに提訴できるが，各省又は内閣に訴願したときは提訴できなかった。訴願については訴願法 (明治23年法律第105号) によった。行政裁判所は一審にして終審の裁判所であり，不服の申立ても再審請求もできなかった。裁判所には長官 1 人と評定官若干人が置かれ，5 人以上の合議による公開法廷で裁判を行い，判決は当該事件について関係官庁を羈束した。行政訴訟はすべて抗告訴訟であり，行政庁の行為を原因とする損害賠償や損失補償に関する訴訟は行政裁判所の権限外とされ，それらは司法裁判所の管轄とされた。このように，行政裁判法の下での行政裁判制度は行政庁の違法な処分に対する国民の権利救済手段としては極めて不十分な制度であった。

(3) 民事訴訟法・非訟事件手続法・人事訴訟手続法

明治 9 (1876) 年，民事訴訟法典編纂の議が起こり，元老院に草案取調が命ぜられ，1806年フランス民事訴訟法を範とする草案が作成されたが，政府は，当時最新の法典であった1877年ドイツ民事訴訟法に倣って，日本の民事訴訟法を編纂することとし，明治18 (1885) 年テッヒョーの起草した原案を得た。この原案に「日本現行訴訟手続」などを利用しながら多少の修正を加え，法律取調委員会の審議，元老院の議定及び枢密院の諮詢を経て，明治23年法律第29号として民事訴訟法は公布され，翌24年 1 月 1 日から施行された。

明治23年民事訴訟法は，総則・第一審の訴訟手続・上訴・再審・証書訴訟及び為替訴訟・強制執行・公示催告手続・仲裁手続の 8 編805条から成る。同法は，ドイツ法の弁護士強制主義を採らずに，本人訴訟を認め，訴訟代理人は原則として弁護士でなければならないとした。弁護士 (代言人) の数が乏しいため，弁護士強制主義を採ってもその実行が不可能と考えられたためである。地方裁判所に対する訴えの提起は訴状の提出によってなされ，訴えの提起に和解前置主義を採用しなかったが，区裁判所へは口頭でも訴えを提起でき，訴えの提起前の和解申立ても認められた。訴訟手続と決定手続が区別され，口頭弁論

を原則とし，準備書面の記載事項が制限されるなどの極端な口頭主義が採られた。証拠調べは原則として当事者の申立てによって行い，裁判所に訴訟あるいは争点の和解を試みる権限を与え，裁判官は自由な心証形成にもとづいて判決し，判決は当事者の申立てにより送達すべきこととした。欠席判決の制度を設けた。控訴審においては続審主義を採り，第二審の終局判決に対しては上告を認め，上告審では控訴審が確定した事実を標準として法律問題についてのみ判断し，原判決を破棄するときは自判もできる。証書訴訟及び為替訴訟では，簡易迅速に書面審理によって証書又は手形を所持する債権者に債務名義を与えるための特別訴訟手続を定めていた。不動産に対する強制執行は強制競売又は強制管理により行い，有体動産に対しては執達吏が目的物を差し押さえ，公の競売方法により行い，債権及びその他の財産権に対しては差押命令をもって行い，その換価手続は取立命令又は転付命令によった。強制執行の処分を受けた債務者に弁済能力がないときは，明治23年家資分散法（法律第69号）により管轄裁判所が家資分散を宣告し，債務者は公職の選挙権及び被選挙権を失うという内容であった。民法が定める担保物権の実行方法を定める手続法として，明治31（1898）年に競売法（法律第15号）が定められた。

　明治23年には非訟事件手続法（法律第95号）と婚姻事件養子縁組事件及禁治産事件ニ関スル訴訟規則（法律第104号）が公布されたが，明治23年民法・商法と運命をともにし施行されないまま廃止された。明治31年，ドイツ法に倣った新たな非訟事件手続法（法律第14号）が公布され，民事非訟事件手続と商事非訟事件手続とが定められた。また，同年には人事訴訟手続法（法律第13号）も公布され，婚姻・養子縁組・親子関係・相続人廃除・隠居・禁治産の各事件に関する手続や失踪に関する手続を定めた。

(4)　明治23年刑事訴訟法（明治刑事訴訟法）

　帝国憲法の下での刑事手続法制は，明治23年刑事訴訟法，大正11年刑事訴訟法，さらに戦時刑事手続法制へという展開を遂げた。これらの刑事手続法制の展開は，相対抗する2つの基底的要因に規定されていたといわれる。2つの基底的要因とは，1つは政治・経済・社会的状況の変化に対応する治安政策のために職権的な捜査と強制処分権を確保しようとする政府の要求であり，もう1つは被疑者・被告人の人権を尊重し糺問主義から脱却すべきだとする日本弁護

士協会などの要求であった。

　明治23年刑事訴訟法（法律第96号）は，1877年ドイツ刑事訴訟法を参考として，裁判所構成法に併せて，明治23 (1890) 年11月1日より施行された。明治23年刑事訴訟法は8編334条附則5条から成る。その内容は，基本的には治罪法とほとんど変わらないものであったが，治罪法第二編が定めていた裁判所の構成等の部分が裁判所構成法に取り込まれ，刑事訴訟法は純粋に刑事手続だけを規定することになった。新たに上訴の編を設け，大審院の特別権限に属する事件を除き，軽罪・重罪ともに控訴・上告を認め，決定に対する抗告も認められ，哀訴の制度は廃せられた。また，上告理由の列挙主義を改めて，法律違反を理由とするときという一般的理由を置いた。これまで，裁判管轄は犯罪地に限られていたが，被告人の所在地の裁判所にも管轄を認めた。弁護人による刑事弁護の原則を採用した。重罪控訴予納金規則（明治23年法律第7号）は，重罪の控訴には裁判費用の保証として20円を予納させることとし，刑事控訴に経済的制約を加えた。

　明治23年刑事訴訟法は，その後，明治32 (1899) 年に一部改正された。この改正では，予審に弁護人を附す（予審弁護制）か否かという最大の改革問題を司法省の刑事訴訟法調査委員会で進められていた刑事訴訟法の全面改正作業に委ね，改正条約実施のため取り敢えず必要とされた密室監禁制度の廃止・官選弁護人の附与・有罪判決の理由の明示などを実現した。

第3章　刑　事　法

I　刑法の制定
(1)　初期刑政と仮刑律

　慶応3 (1867) 年10月22日，朝廷は，大政奉還後も庶政を委任した徳川慶喜に対し，諸侯会議によって新刑法が定立されるまでは，「是迄之通」幕府領では公事方御定書を，諸藩では藩刑法を行う方針を示達した。この方針は新政府誕生後も暫くは変わることがなかったが，東北地方を鎮定した新政府は，明治元 (1868) 年10月晦日，新律布令までは全国の刑法を公事方御定書で仮に統一することを布達し，磔刑は君父を殺す大逆に限定し，その他重罪及び焚刑は梟

首に換え，追放・所払は徒刑に換えるなど，旧幕時代の苛酷な刑罰を若干緩め，死刑の執行には勅裁を経ることを要求した。翌11月13日には，刑罰の種類及び各犯罪に対する処置を仮定し，死・流・徒・笞の4刑とし，それぞれ各3等に分けて12等級をもって罪責の軽重を配当する律的な刑罰体系に改めた。

このときまでに，新政府は，仮刑律（仮律）と称する刑法典を準備していた。仮刑律は，刑法事務局時代に，「清律例彙纂」と「刑法草書」を基礎とし，養老律や公事方御定書などを参酌して，熊本藩関係者の手によって編纂された新政府最初の刑法典であるが，一般に公布されたものではなく，府藩県からの擬律や断刑に関する伺に対する指令の規準として政府部内で機能したものであった。「仮刑律的例」はその当時の先例集である。仮刑律は，名例・賊盗・闘殴・人命・訴訟・捕亡・犯姦・受贓・詐偽・断獄・婚姻・雑犯の12律121条から成る。八虐・六議の制を名例律の冒頭に定めたが，官吏の職務に関する犯罪を規定する職制律あるいは騒擾事件に対応するための兇徒聚衆条を欠いていた。刑罰は，死（刎・斬）・流（近・中・遠）・徒（1年〜3年）・笞（10〜100）の4刑20等級に，極刑として磔・焚及び梟首があり，別に藩臣・僧尼などに対する閏刑があった。仮刑律は，刑法官時代にたえず修正が加えられ，刑罰も前述の11月13日の刑罰体系に修正されている。この仮刑律を基礎に修正，整頓して刑法草案（「刑法新律草稿」）が作られたが，明治2年に政府が東京に移転し，この事業は中断されたようである。

一方，政府は，この時期，政権の安定と治安の維持をはかるために多くの禁令を定めている。天皇が国是五箇条を誓った翌日，慶応4（1868）年3月15日，旧幕府の高札を撤し，改めて五倫の道を社会倫理の基礎と宣言し，強訴，逃散など財政的基礎を脅かす行為，キリスト教など五倫の道あるいは神道国教化に反する宗教，外国人への加害行為，士民の本国脱走などを禁ずる五榜の禁令を各地に掲示したが，この外にも，暗殺，苞苴私謁（贈収賄），阿片煙の売買・吸煙，贋金鋳造・金札通用妨害あるいは書籍・新聞の無許可発行などに対する禁令をたびたび布達した。

(2) **新律綱領・改定律例**

仮刑律が裁判準則として機能を始めた直後から，政府は，本格的な刑法典の編纂を計画し，旧幕府時代の裁判記録や明清律を研究し，明治2（1869）年3

月，刑法官で初めて組織的刑法編纂の第一歩を踏みだし，刑法官廃止後は，刑部省に引き継がれた。同年10月7日，寛恕を旨とする新律選定が命じられ，翌3年2月には，原案（「新律提綱」）がまとまったといわれる。新律の編纂は，ごく初期の津田真道を除き，水本成美，鶴田 皓ら律令学者達の手で進められた。箕作麟祥の「仏蘭西法律書・刑法」の翻訳によりフランス刑法が紹介され，新律制定が条約改正の一要件と考えられながらも，完成した新律綱領は，律系統の刑法典であり，西欧法の影響は全く見られなかった。

　明治3（1870）年10月9日確定稿が進奏され，12日から従来の仮刑律に替えて裁判の準則として刑部省管内で実施された。12月27日，新律提綱は新律綱領と名を改め，上諭を附して，全国各府藩県に頒布された。新律綱領は官司に頒布するという形式を採ったが，周知すべき犯罪を抜粋して掲示した地方もあり，後には市販が許され国民が広く知るところとなった。また，翻訳され各国公使にも進呈された。政府の統治力の弱さなどの理由から，新律綱領は即時に全国的に実施されなかったが，明治4（1871）年7月の廃藩置県後，完全実施をみた。同6年6月には，新律頒降以前に各府藩県が処断した流刑以下の裁判を新律に照らしてすべて見直す作業を命じ，刑法の全国統一の徹底をはかった。

　新律綱領は，全6巻，首巻に五等親図などの巻頭図を置き，名例・職制・戸婚・賊盗・人命・闘殴・罵詈・訴訟・受贓・詐偽・犯姦・雑犯・捕亡・断獄の14律192条から成る。八虐・六議の制は除かれ，謀反・謀大逆・謀叛の罪は実際に起こり得ぬものとして賊盗律から削られた。続出する農民一揆に対応するため新たに兇徒聚衆条が設けられた。また，清律例の盲目的模倣ではなく，日本の祭祀の実態とかけ離れた礼律祭祀，特別刑法たる海陸軍刑律が担うことになる兵律，その他工律などは受容しなかった。正刑として，死刑（斬・絞）・流刑（役1年～2年）・徒刑（1年～3年）・杖刑（60～100）・笞刑（10～50）の5刑20等級のほかに梟示を定めた。もっとも流刑は准流とよばれる徒役に換えられ，明治5年懲役法は笞杖刑を懲役刑に換えた。正刑とは別に閏刑を設け，士族には五刑に換えて自裁・辺戍・禁錮・閉門・謹慎を科し，官吏の私罪も士族に準ぜしめ，勅任・奏任の官吏及び華族の裁判と刑罰は奏聞して決するという特別の手続を置いた。新律綱領には，名例律断罪無正条条あるいは雑犯律不応

為条・違令条などがあり，反人倫的所業や違法な行為は，刑律に規定がなくとも，すべて犯罪として刑罰が科せられる仕組みとなっていた。

　新律綱領頒布後，諸制度の改革や社会の変化に合わせて単行法令による刑律の補充・修正が相ついだ。司法省は，これらの単行法令を集成し，さらに必要な増補・修正を加えて，改定律例にまとめ，明治6 (1873) 年7月10日から新律綱領と併行して施行した。改定律例は全3巻，12図，14律318条から成る。内容においてフランス刑法の影響が若干みられ，逐条主義を採用しているが，官吏・華士族と庶人とにより刑の適用を異にするなど，その体裁・内容ともに律系統の刑法典であった。刑罰は笞・杖・徒・流の刑を廃して，死刑と懲役の2種とし，法定刑は新律綱領より全体に軽減し，ことに死刑はいちじるしく削減された。新律綱領が新律の遡及適用を原則としたのを改め，刑に変更があったときは新旧を対照し軽い刑罰を適用することとした。

　改定律例頒布後も，数多くの改正・増補が加えられた。前年の東京違式詿違(いしきかいい)条例に続いて，明治6年7月には各地方違式詿違条例を制定し，軽犯罪に属するものがこれに含まれた。また，明治7 (1874) 年には犯姦に親告罪にならった制を設け，また酌量減刑の規定を追加した。これにより裁判官の裁量を認めない律の厳格な法定刑主義を緩和した。明治8年6月には，言論若しくは絵画をもって人を譏毀・誹謗する者を取り締まるために讒謗律(ざんぼうりつ)を定めた。同日制定の新聞紙条例と相まって，政府に対する批判を抑え，自由民権運動の台頭に対処しようとしたが奏功せず，明治12 (1879) 年には官吏が職務外で講談演説することを禁じ（太政官番外達），翌13年には集会条例を公布し，結社・集会の制限，軍人・警察官・教員・生徒の政治集会への参加禁止などを定めた。

(3) 明治13年刑法（旧刑法）の制定

　日本が，欧米の社会と同じ正義を実現する「文明国」の仲間入りをはたすためには，西欧の法を受容し，法典を整備することこそ，不可避の要請であった。明治5 (1872) 年から6年にかけて，司法省はフランス刑法を範とする刑法の編纂をすすめていたが，江藤新平の失脚と左院の法典編纂専管のため中断した。左院では，英法などの影響を一部受けた校正律例が編纂されたが，なお律の形式を温存するものであり，施行に至らなかった。

　明治8 (1875) 年，左院廃止により刑法編纂事業は再び司法省に戻り，同年

9月，刑法改正のための別局を司法省に置き，鶴田皓・小原重哉・名村泰蔵らを刑法草案取調掛に任じた。ボワソナードの講義と助言を受けながら，日本人委員だけで，フランス刑法を基礎に「欧州大陸諸国ノ刑法ヲ以テ骨子」とし，これに「本邦ノ時勢人情ヲ参酌」して草案を起草することとなった。翌9年に「日本帝国刑法初案」(第1編名例82条)が正院に上進され，元老院の議定に付されたが，不完全との理由で未審議のまま返還された。そこでボワソナードに原案起草を依頼し，日本人委員と合議して草案を作定する編纂方式に改め，数次の校訂を経て，明治10 (1877) 年11月に「日本刑法草案」〔確定稿〕(4編478条)が太政官に上呈された。政府部内の意思統一を図るため刑法草案審査局を太政官に置き，伊藤博文 (後に柳原前光と交代) を総裁に，陸奥宗光・細川潤次郎・津田出・井上毅・村田保・山崎直胤・鶴田皓らを審査委員に，名村泰蔵・昌谷千里らを御用掛に任じ，ボワソナードを加えずに，主として支配秩序維持の観点から草案の審査・修正を行い，明治12 (1879) 年6月，「刑法審査修正案」(4編430条) が上進され，「治罪法修正案」とともに元老院の議に付された。元老院の修正案は太政官法制部の検按を経て，明治13 (1880) 年7月17日太政官第36号布告により，治罪法 (明治13年第37号布告) と同時に公布され，15年1月1日から施行された (**図表9**参照)。明治40年刑法 (現行刑法) に対して旧刑法とよぶ。

　旧刑法は4編21章430条から成る。旧刑法は，1810年のフランス刑法を基礎とし，ドイツ・ベルギー・イタリアなどの立法例や草案を参酌して編纂されたが，旧刑法の理論的基礎をなしたものは，当時のフランス刑法思想，とくに，ボワソナードが支持していたオルトランの折衷主義刑法理論であった。これは，刑法の基本を正義と公益に求め，絶対的正義と社会的功利とを調和させようとする立場であった。

　＊東洋のオルトラン
　　この時代の代表的刑法学者であった宮城浩蔵の著書『刑法正義』(明治26年) の序文で岸本辰雄は「世遂ニ君ヲ目シテ東洋ノオルトラント謂フ」と記している。

　旧刑法は，第2条に「法律ニ正条ナキ者ハ何等ノ所為ト雖モ之ヲ罰スル事ヲ得ス」，第3条1項に「法律ハ頒布以前ニ係ル犯罪ニ及ホス事ヲ得ス」との明文の規定をもって西欧近代的な罪刑法定主義と刑法不遡及の原則を宣言し，社会的身分による刑法上の差別を廃し，責任主義を確立するなど近代刑法として

の性格を強くしている。天皇制国家の支配秩序を維持するため，皇室ニ対スル罪・内乱罪・官吏抗拒罪・官吏侮辱罪・兇徒聚衆罪を設け，国事犯に死刑の適用を認めた。また民法典施行の予想が立たないために親属例を総則中に規定し，妾の配偶者としての身分を否定した。未遂犯の刑の必要的減軽や自首減刑などは折衷主義刑法理論の影響であるといわれている。新刑法早期実施の要請から，外国政府の承認を要すると考えられた外国人関係の規定が除かれたことなどが注目される。

犯罪は重罪・軽罪・違警罪に区分され，治罪法の規定によって，第一審裁判所を異にした。死刑・徒刑・流刑・懲役・禁獄を法定刑とする犯罪が重罪，禁錮・罰金を法定刑とする犯罪が軽罪，拘留・科料を法定刑とする犯罪が違警罪であった。死刑は絞首のみ。附加刑は剥奪公権・停止公権・禁治産・監視・罰金・没収である。附加刑として剥奪・停止される公権は「国民ノ特権」・「官吏ト為ルノ権」・「兵籍ニ入ルノ権」などで，参政権は議会未設を理由に除かれた。刑罰体系の一新により新旧法比照例など様々な経過立法措置が講ぜられた。しかし，裁判官が適用条文を誤るなどの混乱もあった（大判明治15年11月1日）。明治14（1881）年12月28日には陸軍刑法と海軍刑法を布告し，翌年1月1日より刑法・治罪法にあわせて施行した。また，旧刑法には激発物破裂罪の規定があったが，自由民権運動の激化諸事件

図表9　明治13年刑法編纂過程

明治8年9月25日	司法省に刑法草案取調掛を置く
20日	起案の大意を決定
9年4月25日	日本帝国刑法初案（第1編名例82条）を太政官に上呈
5月17日	改正刑法名例案を元老院に付議
	熾仁元老院議長，三局会議構想を提出
この月	ボアソナードを中心とする編纂体制に変更
	（仏文原案→（翻訳）→（審議）→仏文修正稿）
12月28日	日本刑法草案第一稿
	校正第一案
	校正第二案
明治10年6月―	日本刑法草案第二稿
11月28日	日本刑法草案（確定稿）を太政官に上呈
12月25日	太政官に刑法草案審査局を設置
明治11年2月27日	太政官，予決問題に口達指令
	（第1審査）
	刑法草案修正稿本
	（第2審査）
10月19日	太政官，重大問題に指令
	刑法審査修正第二稿
	（第3回審査）
	刑法修正案
	（第4回審査）
明治12年6月23日	太政官，妾制度廃止を審査局に指令
6月25日	刑法審査修正案を太政官に上進
明治13年3月1日	刑法審査修正案を元老院に付議
4月17日	元老院，一部修正のうえ議定，天皇に上奏
4月20日	太政官法制部，承認
7月17日	刑法を公布

に対処するため，明治17（1884）年12月，爆発物取締罰則（太政官第32号布告）が設けられ，国家の安寧秩序を維持するために爆発物の使用などに厳罰をもって臨むことになった。

第4章　民　事　法

近代法の形成期は，日本に西欧の近代法原理を導入していく時期であった。「Ⅰ　法典編纂前の民事法」では，伝統的な社会・法理を前提としながら，個別的に近代法原理の導入が行われたが，「Ⅱ　民法典の成立」では，体系的な近代民法典が成立した。

Ⅰ　法典編纂前の民事法

法典編纂前でも，財産権の中心である土地所有権，取引に関連する法，家族法のそれぞれについて，多数の法令がある。

(1)　土地所有権

この時代の課題は，土地所有権について近代法原理に適合させることであった。このため，明治初年の地租改正とそれにともなう土地調査が行われ，民法とりわけ物権編施行の前提となった。そうした措置が遅れた沖縄では民法施行について特例を設けた。

(a)　永代売買禁令の廃止　　江戸時代の農民や商人が土地に対して有していた「所持」の権利は，売買・質入れなどの対象であり，相続ができ，「所持」人はその土地を貸すことができた。また，幕府等の権力がその「所持」を取り上げるときには，一定の代償を交付した。この意味で，「所持」は，近代法における土地所有権に近いが，①身分的制限の存在（農民身分は武家地を所持できない），②「一地両主」の存在（永小作人にも「所持」がある），③地域的慣習的多様性（多くの藩では田畑の永代売買は禁止だが，例外があったし，農地の割替慣行のある村落も存在した）などの点で近代法的な土地所有権と異なっていた。

明治維新後は，土地所有権の絶対性（非制約性）を認めるべきであるという考え方が政策の基本になった。明治5（1872）年2月15日太政官第50号布告は，「地所永代売買ノ儀従来禁制ノ處自今四民共売買致所持候儀被差許候事」とし

て，これまで土地の「永代売買」は禁止され，また身分により取得できる土地が限られていたが，これからは永代売買ができ，また，どの身分でも土地を自由に取得できることを定めた。太政官第50号布告は，先の江戸時代の所持の特徴との関連では，土地所有についての身分的制限を廃止し（①），国家が日本全体について土地法令を発出する権限を有することを明らかにし（③），近代の私的土地所有権の基礎を作った。これと前後して，明治4（1871）年8月27日太政官第240号布告「相対令」（地代家賃の自由），明治4年9月7日大蔵省第47号「田畑勝手作」（耕作の自由），明治5年2月24日大蔵省第25号「分地制限令解除」（耕地分割の自由）などの一連の規制緩和策が実施された。

(b) 地券と地租改正　江戸時代の市街地とりわけ武家地（また多くの町地）は，課税の対象とされていなかったのに対して，明治政府は，武家地についても地券を発行し，地租の上納を命ずることとした。明治4（1871）年12月27日太政官第682号布告は，「東京府下従来武家地町地ノ称有之候処自今相廃シ一般地券発行地租上納被仰付候条此旨可相心得事」と規定した（明治5年6月から地租税は，土地の金額の100分の1とされていた）。

明治5（1872）年に発行された地券には，**図表10**の記載があった。地券が土地の「永代所持」すなわち所有を示す証券であること，国といえども持主の承諾なく土地を取り上げることができないこと，公益上必要な場合には土地収用があるが，そのときは相当の補償がなされること，外国人に売却等をしてはならないこと（治外法権との関連），土地利用のあり方は空地にしようと建物を建てようと自由であることなどを記載し，新たな土地所有権が創設されたことを象徴している。

これに続けて，明治政府は，明治6（1873）年「地租改正条例」（明治6年7月28日太政官第272号布告）を発出した。この地租条例には，天皇の言葉（上諭）があり，租税は国家の重要事でありまた国民の喜びと悲しみに関連するところ，「従前其法一ナラス寛苛軽重率ネ其平ヲ得ス」という問題があったとして，「公平畫一」のために地租改正を行うと述べている。地租改正条例は，田畑について旧来の土地税制を廃止し，土地の所有者に地券を交付してその名義人に国税である地租を毎年課税し，その額は「土地ノ代価」の3％とした。これより先に発行されていた市街地地券では1％課税であったが，明治6年8月に一律

図表10　地券ひな型

地券		第何大区　第何番 其国某郡 第何大区何小区某村・某町何番地
沽券金何千何百何拾何円何拾銭 此百分一ヲ以地租トス	裏巾同断　何百何拾何坪 奥行同断	表口何拾何間何尺 此坪
	同所数	某国某郡 第何大区何小区某村・某町何番地
	地主 某	

永代所持之証トシ此地券ヲ与ヘ左ノ条々ヲ示ス

第一　此地券ヲ所持スル後ハ其地御用ニ候共込持主承諾ノ上タルヘシ尤モ上一般利益ノ為ニ御用ニ相成節ハ券面通之代金及ヒ其建物ニ相当ノ手当差遣シ上地サスヘシ

第二　此地所外国人ヘ対シ売渡シ并金銀取引ヲ為地券等書入致シ候儀ハ決テ不相成候事

第三　地税無相違相納ルニ於テハ空地ノ儘又ハ家屋ヲ建テ人ニ貸共持主ノ存意通リタルヘシ

第四　此地所若シ其相続人又ハ血統ノ者ヘ譲ル時ハ其趣ヲ此地券之裏ニ記載シ願出ヘシ

第五　此地所質地流地ト成敗又ハ他人ヘ売渡時ハ双方共此地券ニ裏書シテ書替ヲ府庁ヘ届出ヘシ

第六　火災盗難其他無事故アリテ此券焼失或ハ紛失セハ受人受人以上ノ奥印ニテ申立新地券ヲ願フヘシ

第七　地所ノ規則ニ犯ス時ハ其罪ノ軽重ニ応シ罰金申付ヘシ

右地所検査ノ上相渡スモノ也

明治五年壬申六月

東京府知事
東京府参事

（資料出所）毛塚五郎編『近代土地所有権―法令・論説・判例』（日本加除出版，1984年）47頁。

3％課税とされ，明治10年より税率が2.5％に減額された。

　地券発行により土地私有の権利が明確になった。その要点は，①土地調査，②所有者の確定，③地価の決定，④地券・地図・台帳の作成であった。

　①　土地調査では，一筆ごとの土地に番号（地番）を与えた。現在の土地登記簿で使われる地番の多くはこの時に由来する。さらに，土地の利用状況に従って，畑，田等の地目を決定し，申告に基づき各筆の面積を定めた。地積が大きいと地租が高くなるために，実際の面積より地券上の面積を小さくした例があった。

　②　所有者の確定では，耕作者が所持人であるときは耕作者に地券を交付し，小作地では小作人にではなく，所持人に地券が交付され，「一地両主」は認められなくなり，近代的土地所有権の単一性が確立した。

　③　地券の所持者は，地価（「法定地価」とよばれる）の3％の地租を納税する義務を負った。この義務を果たさない場合には，滞納処分で土地は公売され

た。江戸時代の農地年貢には村請の制度があり，村が一種の連帯責任を負っていたが，これは廃止され，土地の個人所有の観念強化につながった。

地価は，自作地では収益（P）をもとに，収益（P）から経費《収益に必要な経費15％（0.15P）と地租（0.03X）と地租額の3分の1（0.01X）の村入用》を差し引いた純粋の収益を6％の利息で割る方式等で算出した。

$$X（地価）＝（P－0.15P－0.03X－0.01X）／0.06$$
$$\therefore\ X＝8.5P\quad 0.03X（地租額）＝0.255P（収益）$$

これは，現代の不動産鑑定理論の収益還元法にも通ずる手法である。この場合，地租は地価の3％であるから，0.03X＝0.255Pであり，収益の25.5％となる。3％という税率は，一見低率の税に見えるが，相当に負担が重い（なお，現在の固定資産税は，「地価」（固定資産税評価額）の1.4％であるが，種々の軽減措置がある）。明治政府は，江戸時代の年貢収入と比べて収納すべき地租額が減少しないように，しばしば地租額から逆算して比較的高めの地価（法定地価）を決定した。明治7（1874）年の地租税額は5941万円（内国税収合計6380万円の93％）であるのに対して，昭和10（1935）年の地租税額は5804万円（内国税収合計7億7202万円の7％）であったことからもわかるように，近代国家の建設は，土地とりわけ農地からの地租が主な財源となったため，農民には相当な負担になった。この結果として，土地の大土地所有者への集中が起こり，明治時代から大正時代にかけて大土地所有の形成が進んだ。

④　地券上には，地番，地目，地積，所有者，地価，地租額等を記載した。村は，土地の特定のために，地図と地券台帳を備えつけた。現在の登記所にある公図の原型がこの時期の土地調査で作成された。

*地券交付地と不交付地

地租改正にともなって，官民有区分がなされた。この時期の土地所有権の確定が後に争われた場合について，大判大正3年12月19日民録20輯1121頁は，「地租改正処分ハ明治六年太政官布告第二七二号其他ノ法規ニ基キ行政機関カ為シタル公法上ノ行為ナレハ地租改正処分ニ依リ或土地カ官有ニ編入セラレタルトキハ縦令行政機関カ自由裁量ヲ誤リ官有ニ編入スヘカラサル私人所有ノ土地ヲ官有ニ編入シタル場合ト雖モ其処分ハ行政処分タルノ効力ヲ生シ私人ノ所有権ハ消滅シテ国カ原始的ニ所有権ヲ取得スヘキモノナリ」と述べている。当時にはこれと異なる考え方の判例も

あり（橋本誠一「地租改正と土地所有権」牛尾洋一等との共著『近代日本における社会変動と法』（晃洋書房，2006年））、戦後でも、最判昭和44年12月18日訟務月報15巻12号13頁が「(国側の上告理由の)所論は、地券の交付がなかつた土地または民有たることの認定行為のなかつた土地は、民有であることを否定されたものであつて、かような土地について国民が所有権を主張するためには、最終的に、下戻法に基づく下戻申請によるほかはなかつた旨主張するが、すでにその前提において失当である。」と述べたことがあるが、主流の判例ではないとされている。前述の大審院判例は、近年の行政実務及び主流の判例（最判平成10年1月22日訟務月報45巻2号282頁等）において継承され、「所有権は明治政府の立法政策として創設されたものであり、官民有区分、下戻処分等は近代的土地所有権創設のための形成的効力を有する処分である。これらの処分から漏れた土地は、下戻法（国有土地森林原野下戻法のこと；筆者注）によって、ことごとく国有に帰した。」とする見解も唱えられている（寶金敏明『新訂版　里道・水路・海浜──法定外公共用物の所有と管理』（ぎょうせい、2003年））。

　官民有区分の結果、とりわけ東北地方などでは多くの山林が官有となり、後に近隣住民の利用の権利（入会権）も制限されていった。なお、民有地に区分された土地の中での所有者確定についてまで地券は創設的であったわけではない。私人間における土地所有権の帰属については、地券は創設的効果を有せず、真の所有者による返還請求が可能である。これは、現在でも登記簿上の所有者が直ちに真の所有者を意味するのではないことと同様であると理解されている。なお、明治32（1899）年に制定された国有土地森林原野下戻法（明治32年法律第99号）は、地租改正又は社寺上地処分により官有に編入され現に国有である土地森林原野立木について、その国有となした処分の当時所有の事実があった場合には、主務大臣に下戻しの申請ができると規定しているが、下戻しがなされるまでは国有であると定めていることを含めて、下戻申請期間を徒過した場合は国有に帰したとの解釈を支えている。

　(c)　公証制度の展開と地租条例　　地券制度に関連して、不動産取引・担保に関する制度が整備されていった。地券は、土地所有者を示すのには適切な制度であるが、担保権を示すには公的機関の帳簿による記録が適切である。明治6（1873）年1月7日太政官第18号布告「地所質入書入規則」は、土地担保のための法制度であり、質入（地所と証文を貸主に渡す債権担保であり、現在の質権に類似）と書入（地所引当ての証文のみを貸主に渡す債権担保であり、現在の抵当権に類似）

について，質入・書入証文には必ず町村戸長（後述の明治4年戸籍法により設けられた末端の行政組織）の奥書証印を要すること，また，戸長役場に奥書割印帳という帳簿を備えつけ，これに記載することを義務づけ，奥書・割印のない場合には貸付の証拠にならないとした。なお，この時には二重三重の質入・書入は禁止されていた。さらに，政府は，明治8 (1875) 年9月30日太政官第148号布告「建物書入質規則並ニ建物売買譲渡規則」を制定し，建物について書入・質入をする場合及び建物の売買をする場合について規定した。建物書入では，建物の図面と金銭借用証文に戸長の奥書割印を押し，さらに戸長役場の建物書入質記載帳に記載すべきこととされ，この手続を欠く場合には単なる借入証文（無担保の証文）とされた。また，建物売買では，売買証文と図面とに戸長の奥書割印を受け，さらに買主が「買受譲受タル旨ヲ書入質記載帳ニ記入」すべきとし，「手続ヲ為サヽルトキハ建物買受譲受ノ効ナキ」旨を定めた。わが国近代不動産制度の大きな特徴である土地と建物の分離は，既にここに見られる。

この間，土地の売買については，明治5 (1872) 年2月24日大蔵省第25号「地所売買譲渡ニ付地券渡方規則」は，売買ごとに申請に基づく地券の「書替」を義務づけ，その手続を行わない場合には，「地所並代金共取揚」るとしていたが（書替のない土地売買の効力規定はない），明治7 (1874) 年10月3日太政官第104号布告は，「地所売買致シ候節代金受取ノ証文有之トモ地券申受ケサレハ買主ニ其地所所有ノ権無之」としつつ，地所取上げ等の制裁を廃し，「書替」を行わせ「証印税」を2倍とすべきことを定めた。さらに，明治8 (1875) 年6月18日太政官第106号布告は，地券を申し受けない場合「買主ニ其地所所有ノ権　無之候条　規則ノ通地券書替　可申請事」とのみ定めた。明治11 (1878) 年10月4日地租改正事務局別報第116号達や明治12 (1879) 年2月10日太政官第6号布告が，新地券の交付ではなく，「券面裏書ヲ以テ下附」することとした。

その後，明治13 (1880) 年11月30日太政官第52号布告「土地売買譲渡規則」は，戸長役場が土地売買のための奥書割印帳を備えつけること，「所有ノ土地ヲ売渡シ又ハ譲渡サント欲スル者ハ売渡譲渡証文ニ地券ヲ添ヘ其地ノ戸長役場ニ差出シ奥書割印ヲ受ケ之ヲ買受人又ハ譲受人ニ附与スヘシ」と定めた。これにより，地券の土地所有権の公証機能は，戸長役場の奥書割印帳に移り，地券の役割は地租納税者の表示に限られることになった。明治初年に土地所有権を

表象して登場した地券の役割が後退してきたことを物語る。

　明治17（1884）年の地租条例は，地租改正以降種々変動のあった地租制度を体系的にまとめた。地租条例は，地租について地券の名義人から徴収し（明治22年に地券が廃止されてからは，土地台帳記名者より徴収），質権が設定されている土地については，質権者から徴収することを規定した。地租条例の制定後，地租改正当時の地図が不正確なものであるとして，再び土地調査（「地押丈量」）を行い，明治21（1888）年まででほぼ終了した。この時に作成された地図は，後に土地台帳付属地図になり，現在の登記所に備えつけられている公図の多くは，これを複製したものである。

(2) 取 引 法

　この時期の民事取引法は，個別単行法と司法省の達，伺，指令などに基づく。その内容は，江戸時代以来の慣行・慣習を出発点としながら，フランス法などを参酌して一定の近代化を指向したものである。

　(a) 成　年　　成年について，明治9年4月1日太政官第41号布告は「丁年」を20年と定め，旧民法人事編第3条も同旨を定め，現行民法第4条につながった。

　(b) 証書と契約の解釈　　江戸時代には，金銭貸借については，証書なき限り訴え提起できないとの法理が存在したが，これが明治初年にも影響を与えた。明治4（1871）年6月12日太政官第280号布告は，商人間の売買代金については，帳面に債務者の印鑑がないものは訴え提起をなし得ないと定めた。明治4年9月2日太政官第456号布告「諸品売買取引心得方定書」は，契約書式を定め，これに反した場合は訴訟の証拠とはなし得ないとした。その後，明治6（1873）年6月14日太政官第212号布告は，証書類及び行使の文書には年月日を記載すべきこと，略記したときは裁判上証拠となし得ないことを定め，同年7月5日太政官第239号布告は，証書には花押や爪印でなく，実印を用いるべきで，実印がない場合には裁判上の証拠にならないと定めた。

　しかし，明治8（1875）年2月27日司法省甲第1号布達は，年月日が略記された証書が全く裁判上の証拠となり得ないのではなく，一定の場合は裁判上の証拠となし得ると定めた。明治8年5月18日太政官第87号布告は，諸品賣買取引心得方定書を廃止し，売買などの「取引ノ約定ヲ爲ス證書ニハ成ルヘキ丈ケ

其約定ノ趣意ヲ明確ニ書キ載セ疎漏曖昧ノ事之レナキ様注意」すべきことを定めた。明治10年5月18日太政官第44号布告は，帳面に印鑑を求めた明治4年太政官第280号布告及び実印なき証書を裁判上証拠になり得ないとした明治6年太政官第239号布告を廃止した。こうした変化の前提となったのは，明治6年6月10日司法省達無号で，外国人と内国人との訴訟について，証拠制限を撤廃したことであった(園尾隆司『民事訴訟・執行・破産の近現代史』(商事法務，2009年)155頁)。

　さらに，契約の解釈についても，明治10 (1877) 年10月12日司法省丁第75号達があり，従来は，「文詞ニ拘泥シ其契約ノ趣旨ヲ誤」る傾向があったが，「道理ニ基キ便益ヲ測リ猶佛国民法ノ法理ニ據」るべきだとして，①契約解釈では，「文字ノミニ依着」するよりは，契約をなした「双方ノ者ノ旨趣」を考察すべきこと，②文詞が2つの意味にとれるときは，契約の目的にもっとも適合する意味に解釈すべきこと，③疑いのあるときは，義務を行う者の利益となるように解釈すべきことなどを定めた。

　(c) 時　効　明治初年には，江戸時代の流れを受け継いで，一定期日以前の一定の貸借は裁判で取り上げないとする法規がたびたび発出された。例えば，華士族卒への金穀貸借に関して，明治2年6月に郡県制を定める前のものは，取り上げないとした明治5 (1872) 年10月7日太政官第300号布告などである。これに対して，明治6 (1873) 年11月5日太政官第362号布告「出訴期限規則」は，「出訴期限ヲ過去リ出訴セサル者ハ自分條約ヲ取消シタルト看做シ受取ルヘキハ受取ヘキ権利ヲ失ヒ引渡スヘキハ引渡スヘキ義務ヲ免レ候事ト相定メ候ニ付若シ出訴致シ候トモ取上不致候」として出訴期限の徒過への制裁を定め，一定期間内に訴えがないと取り上げないとする近代的な仕組みを導入した。具体的には，「學藝ノ授業料，旅籠料，運送賃，飲食料，手附金」などの債権については6ヵ月，医師の診察料，薬代などでは1年，「期限ヲ定メタル貸附米金及ヒ利息アレハ其利息，一期限ヲ定メタル預米金及ヒ利息アレハ其利息，家屋及ヒ土地ノ借賃」などについて5年を出訴期限とした。

　(d) 代　理　代理については，明治6 (1873) 年6月18日太政官第215号布告「代人規則」が，他人の委任を受けて事件を取り扱う者は「代人」であり，その事件を委任する者は「本人」であって，代人が委任上の行為をなした場合

には「本人ノ関係タル可シ」と規定し，本人への効果帰属を明らかにした。代理人には，本人の「身上諸般ノ事務ヲ代理」する総理代人と「特ニ其委任スル部内ノ事務ヲ代理」する部理代人があった。本人は，実印押捺の上委任状を代理人に与えることとされた。なお，現在の民法には，無権代理であっても本人の一定の帰責事由等を要件として本人に効果を帰属させる表見代理の制度があるが，この代人規則にはみられないし，訴訟代理については，逆にこの代人規則に基づき幅広く無資格の代理人が認められていたが，明治10年代に減少していく。

(e) 債権と保証　債権法制に関連して，重要なのは明治6 (1873) 年7月17日太政官第247号布告「訴答文例」である。訴答文例第7条以下は，「貸附米金」，「買掛代金」，「手附金売買違約」，「受負料」，「奉公人違約」，「夫婦離別」(夫からも妻からも可能で，妻からの訴えは原則として父母親族がなすが，緊急時には自らなすことも可能)，「田畑山林等売買違約」，「経界 (境界のこと)」争い等の書式及び債権の実現方法を明らかにし，実体法にも影響を与えた。

訴答文例第25条は，金銭借用証書に基づく債務に関して，「連名」の借用証文がある場合には，「連名ノ人数ヲ尽ク」相手として訴えるべきことを規定した。これに続けて，明治8 (1875) 年4月20日太政官第63号布告は，金銀その他の借用証書であって，借主数名が「連印」しており，かつ各自につき自分の借用した「員数」の記載がない場合には，連印の者のなかに失踪した者や死亡して相続人がいない場合には，借用した金額などの総額を連印している現在の者に「償却」させるべきであると述べている。現在の連帯債務は，連帯債務者のうち一人に対して全額請求することも可能であるが (民法第432条)，太政官第63号布告ではこの点が明らかでない。司法省は，フランス法 (現在の日本法の源流) の連帯債務法理に学んで，連帯債務者の一人に対する全額請求可能性を明記すべきであるとの意見であったが，法制局はこれに従わず，日本固有法に従い，「連印債務者全員が共同して債務全額を弁済する義務を負担」するとの解釈であった。司法省の意見のとおりの布告は制定されずに終わったが，大審院の裁判例は，ボワソナード草案が公表されるとそれに従って，一人に全額請求しうるとの法理を採用するようになっていった。

また，明治6年太政官第195号布告「金穀貸借請人証人弁償規則」は，債務

証書に請人や証人が弁済するという文言がある場合には，債務者が身代限りになったときは，この請人や証人から弁済させ，必要があれば，身代限りも行うべきであると述べている。もっとも，請人，証人と書いてあっても，借主に代わって弁済するとの文言がなければ，弁済には及ばないと述べた。これに対して，明治8年太政官第102号布告は，特に弁済文言の記載がない場合でも，請人，証人は弁済義務を負い，必要があれば，身代限りとなることを定めた。さらに，明治9年7月6日太政官第99号布告が債権の移転について，金穀等借用証書をその貸主より他人に譲渡するときは，借主に「証書ヲ書換」させること，この書換がない場合には，貸主からの譲渡証書があってもその譲渡の効力がないと定めた。

なお，この間，明治5年10月2日太政官第295号布告が，「人身ヲ賣買致シ終身又ハ年期ヲ限リ其主人ノ存意ニ任セ虐使致シ候ハ人倫ニ背キ有マシキ事」として，娼妓芸妓等年季奉公人について「一切解放」いたすべきであるとし，これを引当てにした貸借は取り上げないことを定めた。一定の債権については，公序良俗に反するものとして効力を認めない考え方に由来するものと考えられる。

（f）利　息　利息に関して，明治4（1871）年正月18日太政官第31号布告は，これまでの利息についての「定制」（制限法）を廃すること，今後は利息については，相対示談の上で利息を取り決め貸し金証文に書き載せて取引をすべきことを定めた。その後，明治6（1873）年3月7日太政官第92号布告，明治6年3月25日司法省第43号布達などが定められた後，明治10（1877）年9月11日太政官第66号布告「利息制限法」が定められた。同法は，金銀貸借上の利息について，契約上の利息と法律上の利息があるとし，契約上の利息は，人民相互の契約で定めることができるが，「元金百円以下ハ一箇年ニ付百分ノ二十（二割）……以下トス」と定め，この制限利息を超過した場合には，「裁判上無効ノモノトシ各其制限マテ引直サシム」こと，法律上の利息は，利率を定めない場合に適用され，6分とすること，弁済期後の「償金罰金違約金科料」は，損害の補償とみなすが，裁判官が不当と考えるときは「相当ノ減少」をなしうることを定めた。この利息制限法は，新法が昭和29（1954）年に制定されるまで適用された。

(3) 家 族 法

　この時期の家族法は，単に親族の身分関係を規制する私法としての役割にとどまらず，国家の人民把握の一部という役割を有した。明治初年の制度で最も重要なのは，明治4年戸籍法によるいわゆる壬申戸籍の編成により「家」制度が形成されていったことである。

　(a) **明治4年戸籍法**　明治4年4月4日太政官第170号布告「戸籍法」は，近代的戸籍制度の基礎となるだけでなく，家族法の重要な出発点となった。戸籍法は，戸籍による人民把握が国政の基礎であるとして，前文で「全国人民ノ保護ハ大政ノ本務ナルコト素ヨリ云フヲ待タス然ルニ其保護スヘキ人民ヲ詳ニセス何ヲ以テ其保護スヘキコトヲ施スヲ得ンヤ是レ政府戸籍ヲ詳ニセサルヘカラサル儀ナリ」と述べた。

　戸籍法は，第1に，「臣民一般^{華族士族祠官僧侶平}_{民迄ヲ云フ以下准之}其住居ノ地ニ就テ之ヲ収メ」，地域別編成を原理とする。これまでの戸籍が身分を中心とした戸籍であったのを「旧習ノ錯雑」であったとして排斥した。なお，この時の戸籍法は，被差別部落については，別の扱いをしていたが，明治4年8月28日廃止令（太政官第448号布告）及び同日の太政官第449号布告が，「穢多非人ノ称ヲ廃シ一般民籍ニ編入」したことで，被差別部落民をも戸籍の対象としたが，身分欄に「新平民」の記載がなされた場合などがある。

　第2に，戸籍の地域的編成原理と関連して，各地方の土地を便宜に従い，区画を定めて（江戸時代の村をいくつか併せた）「区」を作り，「戸長」がその区内の「戸数人員生死出入」等を明らかにする責任を負う。ここでの「戸長」は，戸籍の筆頭名義人ではなく，「区」という行政区画における戸籍事務の責任者であるが，管轄庁，さらには太政官に報告がなされることになり，地方行政組織としての意味を持った。

　第3に，戸籍というように，この場合の人民把握は，「戸」を単位とした。戸籍の記載に当たっては，「戸籍同戸列次ノ順」があり，「戸主，高祖父母，祖父母，父，母，妻，子」等というように，戸主を別とすると，直系尊属，配偶者，直系卑属，傍系親，傍系親配偶者の順に記載がされた。

　第4に，戸籍は，6年ごとに改めるべきものとしつつ，「其間ノ出生死亡出入等ハ必其時々ノ戸長へ届ケ」るものとした。もっとも，この場合に，誰が届

出をなすかは法文上明確ではなかった。この点，後に，明治19年9月28日内務省令第19号「出生死去出入寄留届者方」により，戸主が届出をなすべきことを明確化した。また，6年ごとに改めるという方針は，実際には行われなかった。

　第5に，戸籍制度は，学制，徴兵制，税，衛生制度など種々の国家政策の基礎とされた。戸籍についても，借地住居や職業記載の欄も存在した。

　第6に，実際の戸籍編成では，明治4年戸籍法に基づく戸籍編成は，明治5年に開始され，その年の干支をもとに「壬申戸籍」とよばれる。なお，明治4年10月3日大蔵省第70号は，「先般戸籍法改正ニ付キ従前ノ宗門人別帳被廃」として，人別帳の廃止を明らかにした。

　戸籍制度と関連するのは，苗字・氏の制度である。これについて，明治3(1870)年9月19日太政官第608号布告は，「自今平民苗氏被差許候事」として，平民に氏を許可した。明治5(1872)年8月25日太政官第235号布告は，「華族ヨリ平民ニ至ル迄自今苗字名並屋号」について原則として改称できないことを定め，明治8(1875)年2月13日太政官第22号布告は，「苗字」の使用を義務とし，これまで不明であった場合には，新たに設けることを規定した。なお，妻の氏が問題になるが，明治9(1876)年3月17日太政官第15号指令は，「婦女人ニ嫁スルモ仍ホ所生ノ氏ヲ用ユ可キ事」を定めた。これは，内務省が，婦女はすべて夫の身分に従うべきであるから結婚した以上は婿養子と同様にみなし夫家の苗字を称すべきとするのが穏当と思われるが，それは，「成例コレナキ」ことだから指令をして欲しいとの伺いがあったのに対しての返答であった。また，この時期に一夫一婦制度の確立がなされていった。明治3年の新律綱領がその5等親図において妾について妻とともに夫に対する2等親として位置づけたが，明治13年旧刑法は，妾条項を排除し，妾に姦通罪を科することもなくなった。さらに，明治4年8月23日太政官第437号布告は，華族から平民に至るまで相互の婚姻を許した。

　(b)　「戸主の法」の展開　　戸籍法を中心としながら，次第に形成されていったのが，「戸主の法」である。これは，戸主が戸籍に登録された家族員の長として身分行為届出権を有するのみならず，家族の財産についても支配的な立場を有し，戸主の交代によりその地位が継承されていく制度である。戸主権の

相続は，単独相続で行われた。それにより戸主権の身分的地位のみならず，戸主の財産が継承される。戸主は，自らが地位に耐えないとすれば隠居を行い，他方，家族員から強制的にその地位を追われる廃戸主制度も存在した。廃戸主については，明治7年3月に親族協議を条件にして地方官がこれを認めるとしたが，後に，明治21年になると裁判所が許可するか否かを判断することとされた。

＊戸籍法と「家」

「明治4年戸籍法……国家権力は，戸の人的側面を一定の基準を以て把握し戸籍に定着する。ここではこれを『家』と呼ぶことにする。『家』は家産を背後に予想することは言うまでもない。……戸主は，家産を『家』の代表者として所有するのであり，戸主を媒介として『家』と家産は結合しているのである。家督相続は，家産の真の主体である『家』の代表者である戸主の交代を意味する。」（利谷信義「『家』制度の構造と機能」社会科学研究13巻2号11頁）。

もっとも，「戸主の法」は政策当局者などの理念であり，実際には種々の限界があった。①家族員であっても独自に土地などの財産を有することが可能とされた。家族員に地券が付与されることもあったし，家族が土地を売却するには，戸主の連印が必要であるとして，制限をしていたが（明治7年1月9日太政官指令），これも明治15（1882）年には廃止された。②家族名義の地券のある財産は，戸主の身代限りの場合に，執行の対象にならなかった（明治9年5月11日太政官指令）。③隠居などによる戸主の生前の交代の際に，旧戸主の土地所有権は，当然に新戸主に移転するのではなく，地券の書換えが必要であった（明治8年10月9日太政官指令）。

届出についても，問題があった。現在でも家族法における届出には報告的届出と創設的届出とがある。報告的届出とは，既に発生した事実又は法律関係についてなす届出であり，例えば死亡届がそれに該当する。これに対して，創設的届出とは，戸籍届出が受理されることによって一定の身分関係が形成され又は戸籍上の効力が発生する届出であり，例えば，現行法では婚姻が該当し（民法739条1項「婚姻は，戸籍法の定めるところにより届け出ることによつて，その効力を生ずる。」，法律婚主義），儀式としての結婚式を行っても届出がなければ内縁等として扱われる。これに関して，明治8年12月9日太政官第209号達（輪廓附）は，婚姻や養子縁組，離婚，離縁は，「相対熟談」の上であっても，「戸籍ニ登

記セサル内ハ其効ナキ者ト看做ス」べきことを定めた。これは，婚姻についても法律婚主義を採用したことになる。もっとも，熟談があって実際上妻や養子となったが戸籍の登記がない者がその実際上の祖父母や父母の殺人を犯した場合には，第209号達によると尊属殺として扱い得ないことになり，条理に反するという判事の疑問をきっかけとして，明治10年6月19日司法省丁第46号達は，戸籍の登記がなくても親族，近隣が夫婦又は養親子と認め裁判官もその実があるとみとめる場合には，「夫婦若シクハ養親子ヲ以テ論ス可キ儀」であると述べた。この事実婚主義的な明治10年達は，刑事に関するが，民事にも適用されたようであり，婚姻に関して「全国的に広範にみられる事実婚容認という司法権の営み」に注目すべきとされている（村上一博「家族法」『日本近代法史の原状と課題』（弘文堂，2003年）63頁）。

離婚については，旧幕府以来の夫「専権離婚」慣行がこの時代も維持されたとの見解が長く支配的であったが，最近の下級審離婚裁判例の検討は，この点について修正の必要性を指摘している。①夫側からの離婚請求よりも妻からの請求（明治6年5月15日太政官第162号布告で認められた）が多く，しかもその勝訴率は高い。②夫側からの追出的離婚請求は斥けられることが多い，③夫の不貞なども妻側からの離婚事由と認められていることなどが最近の研究で明らかにされている。

II 民法典の成立

当時の国家的課題であった不平等条約の改正交渉では，諸外国政府が日本政府に対して西洋法原理に基づく諸法典の整備を求めていた。このため，近代法的原理による法体系の整備が必要とされ，民法，商法，民事訴訟法など民事法に関わる基本法典の編纂が行われた。民法等の大法典の編纂は，容易なものではなく，民法のボワソナード（フランス人），商法のロェスラー（ドイツ人），民事訴訟法のテヒョー（ドイツ人）などの外国人法律顧問がその原案を作成した。もっとも，外国人作成原案をそのまま翻訳して日本の法律としたのではなく，日本人法律家による委員会形式での検討があった。

現在の民法典は，明治31（1898）年より施行されたが，その成立は，御雇い外国人ボワソナードを中心とした旧民法典の成立（明治12（1879）年ころから明治

23（1890）年まで），法典論争による旧民法施行延期（明治23（1890）年から明治25年まで），法典調査会による現行民法典の成立（明治26年から明治31年）という3つの段階に分かれる。

(1) 旧民法典の成立

日本政府は，明治6年に来日して以来，法学教育や政府顧問として立法に関与してきたボワソナード（G. E. Boissonade, 1825-1910）に明治12（1879）年ころ民法典起草を委嘱した。もっとも，ボワソナードは，いわゆる財産法部分の起草を担当し，親族，相続に関する部分は，日本人委員の起草に委ねられた。

ボワソナードは，現在でも非常な難関であるフランスの大学教授試験（アグレガシオン）の合格者であり，来日前はパリ大学で法律学の講義を担当していた（大久保泰甫『日本近代法の父　ボワソナアド』（岩波書店，1977年））。ボワソナードは，フランス時代も夫婦財産制や遺留分に関する論文で評価されていたのであり，民法典の起草は，畑違いではなかった。ボワソナードが中心となって起草し，明治23年に公布された民法は，現行民法と区別するために「旧民法」とよばれる（大久保泰甫＝高橋良彰『ボワソナード民法典の編纂』（雄松堂出版，1999年））。

ボワソナードは，明治13（1880）年には仏文で物権法に関する草案を刊行している。また，その日本語翻訳もこれに続き，それ以後も条文の起草が続き，実質的に裁判所での適用も見られるようになっていった。政府の組織としては，明治13（1880）年6月1日に民法編纂局が元老院に設置された。ボワソナード草案を元にした日本語の民法草案は，明治19年3月31日に民法編纂局総裁大木喬任により内閣に提出された。これは，物権，債権法を中心としたもので，債権担保編及び証拠編はボワソナードの草案ができていなかったので提出されなかった。その後，明治19年8月6日に外務省に法律取調委員会が設置され，その後，明治20年10月21日に司法省に法律取調委員会が移管され，そこでは，債権担保編や証拠編も含めて民法草案の審議が行われた。法案は，最終的に明治23年4月21日に公布された。家族法・相続法に関する部分は，日本人委員編纂に委ねられ，明治23年10月6日に公布された。

旧民法典の特徴は，全体としては編別構成，外国法との関係としてはフランス法の重視である。まず，編別構成について述べれば，近代民法典の編別構成としては，フランス民法典（1804年）に代表されるインスティトゥチオーン式

とドイツ民法典（1900年）に代表されるパンデクテン方式とがある。前者は，ローマ法の古典的分類体系である＜人・物・行為＞に従い，民法典を大きく3つの編に分け，人事編，財産編，財産取得編として編成する。これに対して，後者は，やはりローマ法の学説類纂（パンデクテン）への注釈的研究として発展したドイツのパンデクテン法学に依りながら，債権法と物権法からなる財産法の前にさらに総則を設ける。そして，親族法と相続法を設けている。ボワソナードは，フランス式のインスティトゥチオーン式を基本としながら，フランス民法典の財産取得編が膨大にすぎるとして，債権担保編（人的担保及び物的担保）及び証拠編を設けた。

　フランス法の影響についていえば，代表的なのは，不動産物権変動について登記を対抗要件とする点である。もっとも，ボワソナードは，単純にフランス民法典を引き写したのではない。例えば，フランス時代の自説に基づき，登記のない第一買主でも悪意の第二買主に対抗しうると規定した。また，フランス民法が第1743条により，不動産賃借権はその証書が確定日付を有するときには賃貸不動産の買主などに対抗しうると規定していた。これを手がかりに一部の学者は，フランス民法は賃借権を物権としたと論じた（判例及び圧倒的多数説は債権説であった）。ボワソナードは，この少数説を採用して，旧民法で賃借権を物権として構成した。その最大の利点は，賃貸借の対抗力を簡明に説明できること及び賃借人が賃借権抵当を設定できることであった。これに日本人委員の多数が反対したが，ボワソナードは帰国すらほのめかして，自説を貫徹した。こうした議事経過は，後に法典論争で，旧民法編纂にかかわった論者からも，施行延期論が出るきっかけとなった。さらに，ボワソナードは，旧民法典で定義規定を多く設けた。また，親族，相続については，日本人委員の編纂に委ねたが，編纂過程では，ボワソナードの均分相続論などの影響があった。ボワソナードは，法典編纂だけでなく，司法省法学校（司法官を養成）でも教育を担当していたから，その権威は相当なものであった。しかし，結局，明治23年に公布された旧民法は，戸主制度を残すなど「家」制度への配慮をした内容となっていた。

(2) **法典論争**

　旧民法は，明治26年から施行予定であったが，これを巡り，法典論争が起き

た。その中で重要なのは，穂積陳重 (1855-1926) の働きである。穂積陳重は，愛媛県宇和島藩の武士階級出身であり，大学南校及び開成学校（いずれも東京大学の前身）で法律を学び，明治9 (1876) 年から明治14 (1881) 年までイギリス及びドイツに留学した（イギリスでは，法廷弁護士の資格を得た）。帰国後東京大学（明治19 (1886) 年からは帝国大学）に勤務し，明治15 (1882) 年には法学部教授兼法学部長として，法学教育及び法典編纂に貢献をした。

穂積陳重は，東京大学に法学協会を設立し，日本の法律学者の水準向上に努力を払った。隔地者間における契約の成立時期（発信主義か到達主義か），不法行為における過失相殺の可否，債権に基づく妨害排除請求の可否など現在でも議論のある問題について，法学協会の会員が肯定説，否定説の立場から議論を展開し，諸外国の法律・法理を参考にしながら，最終的には多数決で決することとし，ディベート方式で比較法に基づき法理を明らかにする活動を行った。こうした活動は，法典論争，法典編纂の準備となった。

穂積陳重は，また，東京大学にドイツ法を導入することに努力した。ドイツ法学の影響の増大は，後述のように，民法典編纂後の学説継受を中心に行われるが，穂積はその基礎を作ろうとした。穂積の最初の試みは，19世紀ドイツの私法学であるパンデクテン法学を講述するドイツ人講師の採用であった。東京大学の学科課程の前文において明治10 (1887) 年以来「本邦ノ法律ヲ教フルヲ主トシ，傍ラ支那，英吉利，法蘭西等ノ法律ノ大綱ヲ授ク」などとしてあったのを明治13 (1880) 年からは，「支那」の文言を削り，逆に明治16 (1883) 年7月に「本邦ノ法律ヲ教フルヲ本旨トシ，傍ラ英吉利仏蘭西獨乙等ノ法律ノ大綱ヲ授ク」と改め，ドイツ法への注目を明らかにした。さらに，明治9 (1876) 年に採用されて以来，「法学部教授の中心的存在」とすら評されたヘンリー・T・テリー (Henry T. Terry, 1847-1936) について，明治17 (1884) 年の契約期間満了をとらえて，更新をせず，ドイツ人講師を採用することを求め，文部省の了承を得た。そこで，当時ドイツ公使であった青木周蔵 (1844-1914, 外交官，政治家，当時穂積陳重とともに獨逸学協会の会員でもあった) の仲介によりながらドイツの裁判官オットー・ルドルフ (Otto Rudorff, 1845-1922) を日本に招請した。もっとも，この時は，オットー・ルドルフが明治18 (1885) 年に裁判所構成法起草のために司法省に雇い替えになり，成功はしなかった。とはいえ，穂積は，オ

ットー・ルドルフが日本に到着した明治17 (1884) 年11月に「英仏獨法学比較論」を発表し，英国法学の特徴として法律の学理を後にして実用を先にする点があること，仏国法学の特徴として法典が整備されており，立法の事業に適すること，解釈に熟達するが法律の原理及び法理哲学には短所があること，ドイツ法学の特徴として法学を修めるにはもっとも便利であること，ドイツ法学では比較法が盛んであり，各国の法理を学びうること，現在法典編纂が進められており，法律の外形体裁に明らかなことを指摘した。

旧民法公布の迫った明治22 (1889) 年5月，東京大学法学部（明治19 (1886) 年からは帝国大学法科大学）の卒業生を中心とする法学士会は春季総会において「法典編纂ニ関スル意見書」を発表し，拙速な法典編纂を改めるべきことを内閣や枢密院に働きかけることを議決した。

* **法典論争**

　穂積陳重は，後年次のように述べている。「法学士会が，政府が法典の編纂を急ぎ，民法商法は帝国議会の開会前に発布せらるべしとの事を聞いて，明治二十二年春期の総会において，全会一致をもって，法典編纂に関する意見書を発表し，且つ同会の意見を内閣諸大臣および枢密院議長に開陳することを議決した。その意見書には法典の速成急施の非を痛論してあったが，これが導火線となって，当時の法律家間には，法典の発布，実施の可否が盛んに論争せられた。英仏両派の論陣はその旗幟甚だ鮮明で，イギリス法学者は殆んど皆な延期論を主張し，これに対してフランス法学者は殆んど皆な断行論であった。ただ独り富井・木下の両博士がフランス派でありながら，超然延期論を唱えられておったのが異彩を放っておった位である。我輩が『法典論』を著わしたのも当時の事で，法学士会の意見書の全文も同書に載せて置いた。……要は議員を動かして来るべき議会の論戦において多数を得ることであった。その目的のために大なる利目のあったのは，延期派の穂積八束氏が『法学新報』第五号に掲げた『民法出デテ忠孝亡ブ』と題した論文であった……右の如く覚えやすくて口調のよい警句は，群衆心理を支配するに偉大なる効力があるものである。」（穂積陳重『法窓夜話』九七・法典実施延期戦）

この時には，商法（明治23年3月27日公布，24年1月1日より施行予定）と旧民法（明治26年1月1日より施行予定）とが問題になったが，まず，明治22 (1889) 年の帝国議会においては，施行予定が早い商法について，民法と同時に施行されるべきことが議決され，明治25 (1892) 年には民商法について「其修正ヲ行フカ為メ」明治29年12月31日までその施行を延期する民法及商法施行延期法律（明治25年法律第8号）が成立した。

(3) 明治民法の成立

(a) 明治民法 民法及商法施行延期法律が旧民法の「修正」を予定していることもあり、明治26 (1893) 年に内閣直属の法典調査会が設置された。法典調査会の特徴は、①学者だけでなく、司法官、政治家、実業家など多彩な委員がいたこと、②「法典調査の方針」において旧民法について「必要ノ修補刪正」をするとして、旧民法の役割を重視したこと、③編別構成について、総則、物権、人権 (後に債権)、親族、相続の5編構成 (ドイツ流のパンデクテン方式) を採用したこと、④旧民法に多かった「定義種別引例」は原則として削除することにしたなどである。

民法典の起草委員は、穂積陳重、富井政章(まさあきら) (1858-1935)、梅謙次郎 (1860-1910) の「三博士」である (**図表11**参照)。富井は、東京外国語学校でフランス語を学び、フランスのリヨン大学で法学博士号を取得し、明治18年から東京 (帝国) 大学教授であり、フランス法の造詣が深いがドイツ法にも関心を持ち、法典論争では延期派であった。梅は、司法省法学校でボワソナードなどから学び、やはりリヨン大学で法学博士号を取得し、ドイツにも留学し、明治23年からは帝国大学教授であり、法典論争では断行派であった。こうして、現行民法の重要規定には、フランス、ドイツ、イギリスなどの各国の法理の参照が可能になった。

条文の審議の方式は、次のようなものであった。まず、民法中の重大問題にについて議論がなされた。例えば、地上権は物権として存置することが定められ、その後、具体の条文案が提案された。法典調査会には、自由な議論を確保しつつ、一定期間内に一貫性のある法典をつくるという相対立する課題があったが、これを段階的に議論することで解決しようとした。

具体の条文審査では、旧民法の修正が必要な場合には、その説明とともに条文案の提案が起草委員からあり、さらに、各国の比較法の参照や日本の法令、裁判例が言及された。それについて議論がなされ、修正案があれば採否をとった。全体として、現行民法は、フランス法を元にした旧民法を土台にし、こ

図表11 三博士

(民法・商法施行百周年記念切手)

れに比較法的知見を加える形で成立した。日本の慣習については，本格的調査は不十分であった。例えば，借地人は借地権の譲渡ができるかなどについて法典調査会は，官報や新聞に記事を掲載し，郵送で回答を求めた程度であった。

　法典調査会の審議の後，民法の総則，物権，債権編については，明治29(1896)年の帝国議会で審議され，修正の上成立した（法律第89号）。また，親族，相続編は，1898年に帝国議会で審議され，成立した（明治31年法律第9号）。2つの法律は，同年7月16日から施行された。

　成立した民法典の特徴は，財産法については，次の点である。①権利能力平等の原則について，「私権ノ享有ハ出生ニ始マル」と規定した（第1条）。②所有権について，「所有者ハ法令ノ制限内ニ於テ自由ニ其所有物ノ使用，収益及処分ヲ為ス権利ヲ有ス」と規定した（第206条）。③契約の自由については，第91条が任意規定と異なる意思表示が効力を有すること，第90条が公序良俗違反の法律行為は無効なことを規定することで間接的に明らかにした。④不法行為では，第709条が「故意又ハ過失」を要件としたことで過失責任主義を明らかにした。このように，民法典は近代民法の基本原則を採用した。さらに，⑤法人や法律行為に関する規定のように，旧民法典には規定として不十分であったものについて，ドイツ法を参照しながら規定を設けた。⑥起草者が意識して定義規定を削除し，また，フランス民法典などに比べれば約半分の条文数にとどめたため，解釈の余地が大きくなった。

　さらに，⑦いわゆる弱者保護について，消極的であった。それは，起草者が利息制限法廃止の提案をしたこと（理由は，「自然ノ法則」に委ねるべきこと），流質契約を有効とする提案をしたこと，不動産利用権について所有権を制約しすぎてはならないとの観点から特に保護しなかったことなどにみられる。これについて，法典調査会でも「契約ノ自由ト云フ理屈ノ方ガ勝ツテ居ツテ政略ト云フ立法者ノ命令デ貧民ノ方ヲ保護シテヤルト云フ方ハ余程削ラレテ居ル」という批判があったが，起草委員である梅は，「民法デハ可成然フ云フ政略的ノ規定ハ設ケヌ」という考え方であった。例えば，民法第609条は，農地賃貸借において不可抗力による不作の場合に，「収益ノ額ニ至ルマテ借賃ノ減額ヲ請求スルコト」を認めた。しかし，この規定では，減額の場合に小作人の収益がすべて借賃に充当されてしまう。当時は多数の零細小作人がいたから，この条文は

「多数ノ人民ノ運命ニ関スル」ものとされ，この規定では小作人に苛酷であるとの批判が法典調査会でも存在したが，小作人保護主義はかえって賃料の上昇を招く（穂積陳重），地主と小作人の間は「徳義」による解決が可能である（調査会委員の尾崎三良）などの発言があり，原案が維持された。起草者は，一方では19世紀中盤以降の経済的自由主義に共感を寄せていたが，他方では，地主の「徳義」などの法外の秩序感覚にも期待していたことになる（小柳春一郎「民法典の誕生」広中俊雄＝星野英一編『民法典の百年Ⅰ』（有斐閣，1998年））。この規定は，大正時代以降に小作争議などの多くの問題をひきおこした。

　全体として，日本民法は，編別構成においてドイツ法の明らかな影響があるが，フランス法を源流とする旧民法がその土台となっているし，穂積陳重などを通して英米法の影響も見られる。それ故，特定の母法があるというよりも，比較法の所産として理解するのが適切である。

　家族法については，①旧民法の根本的改修は意図せず，従来の制度慣習を保護しながら変化に対応できるようにするという基本方針であった。②編別構成において相続を独立の編とした。旧民法が相続を財産取得編に位置づけたのに対して，相続では戸主権の相続も重要であるという観点からである。③戸主制度について，人民がなお「家族的生活」をしているという理由で規定した。戸主と家族は氏を同じくし，同一の戸籍に記載される。戸主は，家族について居所指定権，婚姻などの身分行為同意権を有する。もっとも，これらに服さない家族への制裁は，戸主が家族の扶養義務を免れたり，家族を離籍できるにとどまり，「離籍されること及び扶養を受けぬことの痛くない者に取つては，余り睨みの利く権利でない」（穂積重遠『親族法』（岩波書店，1933年）150頁）。④婚姻について法律婚主義を採用した。⑤離婚について，裁判離婚制度の他に協議離婚制度を設けた。これは，当時離婚が相当に多かったことへの配慮である。⑥妻の無能力を規定し，夫婦関係において男女を不平等に扱った。夫は，妻の財産の管理権と収益権を有し，妻が雇用契約や重要な財産処分を行うには夫の同意が必要であるとした。⑦家督相続を存置し，単独相続とした。推定家督相続人の資格として，男性が優先された。推定家督相続人については「家」を離れることは許されなかった。もっとも，家族もまた独自の財産権の主体となり得たのであり，家族員が死亡したときには，その財産は，同順位の相続人が複数あ

るときは平等主義で分割された。⑧戸主として適当でない場合に戸主を廃する廃戸主制度は，議論があったが，採用しなかった。こうした特徴のため，旧民法の家族法を批判した穂積八束などの論者は，明治民法の家族法もまた不適切なものとして批判することになる。さらに，⑨協議離婚制度などにみられるように，重要な身分変動について当事者の自由に委ね，家族間の権利義務関係を具体的に規定することが少なかった。⑩そもそもナポレオン民法（1804年）やドイツ民法（1900年）のような近代民法では，父と夫が子と妻に対して身分的にも財産的にも優越した地位にあり，家族は，家父長的な性格を有していた。明治民法の場合は，これと同様の面があり，それに加えて戸籍制度に支えられた『家』制度を規定し，また旧慣への配慮を見せた。

　(b)　民法施行法　　民法施行法（明治31年法律第11号）により，伝統的な土地についての諸物権が廃止された（第35条）。民法第175条が物権法定主義を規定して，民法等の法律に規定している権利しか物権と認めないこと及び物権の内容についても諸法律の規定に依ることが定められた。もっとも，沖縄県においては，明治維新後も旧慣維持政策が採用され，本土での地租改正に相当する措置がなされず，古くからの共有的・割替地的土地所持慣行が存続していたため，民法の不動産に関する規定は沖縄県については施行しなかった（第10条）。1899年に沖縄県土地整理法（明治32年法律第59号）が制定され，土地所有権の明確化を行い，この結果，沖縄県に民法の適用除外を定めた民法施行法第10条は，明治39（1906）年に削除された。

　(c)　不動産登記法　　土地・建物の公証制度では，戸長という地方行政機関が担当し，帳簿などの十分な管理ができない場合があった。このため，政府は，明治19（1886）年に登記法を制定し，全国的機関である裁判所に不動産の公示を担当させ，治安裁判所（最下級審級の司法裁判所であって明治23年裁判所構成法における区裁判所の前身）が登記事務を扱うものとした。さらに，財源を考えて，登記を有料とした。登記制度整備と関連して，土地情報制度についても整備がなされた。1884（明治17）年の地租条例は，地券の名義人から地租を徴収すると規定していたが，1889（明治22）年の土地台帳規則は，「土地台帳ハ地租ニ関スル事項ヲ登録ス」と定めつつ，端的に台帳により地租を課税する制度を採用した。各府県や郡役所は，地券台帳を元に，土地台帳を作成し，所有権の

移転登記や質権の設定があると，登記所が土地台帳所轄官庁に通知することになった。地図も，台帳付属地図として位置づけた。こうなると地券は，土地所有権の証拠としても地租納税義務者の表示としてもその役割を失うことになり，廃止された。

　民法施行を承けて，1899 (明治32) 年に不動産登記法 (明治32年法律24号) が制定され，裁判所が登記事項を管轄すること，物的編成主義，共同申請主義，対抗要件主義をとることなどで明治19年登記法を継承しつつ民法を前提に賃借権や先取特権を登記できる権利として認めた。不動産登記には，二つの有力な立法例がある。一つは，フランス式で，登記の様式としては，売買契約書，抵当権設定契約書など契約書の写しを登記所に作成していく (年代別編成主義)。登記の効果については，フランス法は，対抗要件主義であり，買主は登記移転がなくても意思表示により目的物の所有権等を取得できるが，買主が所有権を第三者 (売主以外の者) に対抗 (主張) するには，登記が必要である。もう一つの立法例は，ドイツ式で，登記の様式としては，あらかじめ登記簿として，土地台帳に基づき，一つ一つの土地に割り当てられた用紙を準備しておき (物的編成主義)，権利の移動がある都度にこれを記載する。登記の効果については，ドイツ法は有効要件主義であり，登記移転がなければ，所有権移転の効果が発生しない。明治32年不動産登記法は，登記の様式について明治19年登記法を継承して物的編成主義 (ドイツ式) を採用し，登記の効果について，日本民法が対抗要件主義 (フランス式) を採用した (第176条，第177条)。ドイツ法とフランス法の混交は，日本近代私法の特徴である。また，土地登記簿と建物登記簿を別個の冊子とした。これは，村の公証でも土地と建物の公証制度が異なる冊子によっていたことに関連する。日本不動産法の特徴である「土地と建物の分離」を明確にした。

　(d)　戸籍法　　明治31年民法の親族・相続法にあわせて，身分登録としての戸籍法 (明治31年法律第12号) も制定された。「家」が戸籍編成の単位であることは，従来と同様であるが，民法が戸主の権限を身分行為届出権から同意権へと改めたのに対応して，身分行為の届出を本人がなすこととし，また，戸籍簿の他に「身分登記簿」制度を設け，身分関係の届出や報告は「身分登記簿」に記載され，それらを戸籍簿に書き写す制度であった。

第5章　経済・社会法

I　明治前期の法と経済
(1)　殖産興業と立法

近代日本経済の発達に，法制度を通じた国家の役割は大きい。取引の執行を保障する市場統治機能の提供，貨幣・信用制度の整備，関所の撤廃，鉄道・郵便・電信など運輸・通信手段整備による全国統一市場の創出，さらには，リスクが高く多大な初期投資を要する新規事業を官営により政府自ら手がけたことも，技術移転を中心とする起業コストを国家が負担して産業化を促進する効果を果たした。国家による技術指導は，伝統・在来産業（とくに織物・陶磁器・漆器などの輸出産品）や農林水産業でも顕著であった。

官営事業は1880年代から民間への払い下げが進み，公営部門と民間部門の棲み分けが行われたが，その区分の基準は一様ではない。水道・ガス・電気・市街電車など，一般に自然独占の性格をもつ公益事業は典型的な公営事業とされるが，それぞれに個別的背景があり，例えば水道の地方団体公営は衛生政策上の要因と管轄権限の考慮とに左右されて帰結した。試行錯誤を経て20世紀初頭までには基本的国営事業の法的枠組みが確立し，郵便法（明治33年法律第54号）・電信法（同年法律第59号）・煙草専売法（明治37年法律第14号）・塩専売法（同38年法律第11号）・鉄道国有法（同39年法律第17号）などが成立したが，これらにおいてもその「公営性」は自明であったわけではなく，21世紀初頭までにはほとんどその姿を変えた。

＊経済と法

　　経済活動と法制度との関係理解には，①法制度が経済活動から受ける作用，と，②法制度が経済活動に及ぼす作用，との2つの視点が必要である。法制度を経済諸関係の反映とみなす史的唯物論の分析視角は，主として①の観点を代表するものであるが，近年では②の観点に力点を置いた新制度派経済学の立場による分析が現れようになっている。以下では，その分析手法の出発点のいくつかを簡単に説明する（ダグラス・C・ノース，竹下公視訳『制度・制度変化・経済効果』（晃洋書房，1994年）等を参照）。

　　2人の人物が売買を行うような簡単な取引の局面でも，制度的枠組みによって不

確実性を減らす措置が不可欠である。例えば，相互に協力して取引が成立すればそれぞれ一定の利益が得られるが，背信的行動をとれば（相手に損害を負わせて）自己が多大な利益を得ることが可能であり，また相手の背信に対しては自分も背信的行動をとることで損害を縮小・回避することが可能であるとき，両当事者はともに背信的行動を選択して取引は正常に成立しない（囚人のジレンマ）。第三者の保障（背信的行動に対する監視・懲罰など）によって取引成立を安定させる制度の導入は，このジレンマの基本的な解決方法であり，とりわけ近代社会においては法制度がその機能を果たすことが期待されているはずであるが，こうした制度の構築・維持にはコストがかかる。このように，経済的交換はコスト（取引費用）をともなうという認識が，制度分析の枢要な出発点である。いったん導入された制度的枠組みはそれぞれの経済主体の活動を拘束し，制度変更がなされるときにも，その初期設定から完全に自由ではありえない（経路依存性）。さらに，典型的には法制度として記述されるフォーマルなルール以外に，現実にはインフォーマルなルール（慣習規範など）が大きな役割を果たし，フォーマルなルールの実効性をも左右する。こうしてそれぞれの歴史的条件をもつ各社会における制度の効率性の違いは，その下で行われる経済活動の成果に持続的影響を及ぼす。

(2) 通貨と銀行制度

南鐐銀貨の導入以来，銀貨の計数貨幣化も進んでいたが，近世の通貨体系は基本的に金・銀・銭貨並立の三貨制度であり，とくに開港後は内外の金銀比価の違いが混乱をもたらした。新政府は明治元（1868）年5月の銀目廃止令で丁銀・豆板銀の流通を禁じ，同4（1871）年5月の新貨条例で金本位制を原則としたが，貿易用銀貨の国内流通も容認したので事実上の金銀複本位制となり，しかも実際には国内ではもっぱら銭貨と不換紙幣が多用されていた。財源の必要から，明治元年より「太政官札」，「民部省札」などの政府不換紙幣が発行され，また廃藩置県までには大量の藩札も発行されていた。「為替会社札」は兌換紙幣発行の最初の試みであったが失敗に終わった。

明治5（1872）年から，初めて西洋印刷技術を用いた良質紙幣である政府新紙幣（明治通宝）が発行され（同14年からデザインを一新し「改造紙幣」），それまでの各種紙幣を交換・回収したが，新紙幣も依然として不換紙幣であった。政府は新紙幣発行の一方で，兌換券流通を進めるため，伊藤博文の提案を契機にアメリカの国法銀行（national bank：連邦免許銀行）をモデルとする国立銀行条例（明治5年太政官第349号布告）を制定した。「国立」と銘打つが民営であり，株式会

図表12　明治初期の紙幣 (資料出所：『明治財政史　第12巻』(1905年) による)

種類・流通期間	流通残高（各年末，単位；千円）						
	1870	1875	1880	1885	1890	1895	1900
太政官札・民部省札 (1868〜1878)	55,500	7,486	—	—	—	—	—
為替会社札 (1869〜1874)	*(6,881)						
新紙幣・改造紙幣 (1872〜1899)	—	83,798	108,412	88,345	34,272	11,129	—
国立銀行券 (1873〜1899)		1,420	34,426	30,155	25,811	20,797	—
日本銀行券 (1885〜)	—	—	—	3,653	102,932	180,337	228,570

(注)　為替会社札の流通残高のデータは得られないが，洋銀券・銭券を除いた発行高は約6,881千両。なお，政府紙幣としてほかに，
(1)　「大蔵省兌換証券」「開拓史兌換証券」が71〜75年に発行されたが，75年末までにすべて回収。
(2)　国庫出納上，一時支弁のため発行される「第二種政府紙幣」が72〜82年に発行され，1880年初頭には最大22,188千円に達した。

社の先駆形態としても注目される。銀行券発行には正貨兌換を義務づけたが，不換政府紙幣が大量に出回る中での兌換銀行券流通には無理があり，同9年8月改正（太政官第106号布告）で政府紙幣との引換えを可能とした結果，銀行の設立は容易となったが，銀行券の総体もまた不換紙幣化した。

　西南戦争前後から紙幣流通量は急増し，激しいインフレーションをひき起こした。明治14（1881）年に大蔵卿に就任した松方正義は，緊縮政策による紙幣整理を推し進め，通貨安定のための中央銀行設立を模索した。同15年，日本銀行条例（太政官第32号布告）が公布されて日本銀行が開業し，各国立銀行は発券業務を停止し，国立銀行条例によらずに設立されていたいくつかの私立銀行とともに，普通銀行に転換することとなった。政府紙幣償却をさらに進めたのち，兌換銀行券条例（明治17年太政官第18号布告）が発布され日本銀行券発行が開始されたが，同19（1886）年から行われたのは銀貨との兌換であり，こうして銀本位制にもとづく通貨制度がひとまず整備された。

(3)　手形法の革新

　近世には両替商により伝統的手形を用いた活発な取引が行われ，江戸・大坂間の大規模な為替手形取組のほか，大坂近郊では預手形・振手形などが多用さ

れていた。しかし商人間の決済は「掛売り」・延払信用が一般的で約束手形は未発達であり，手形割引の慣行はなく，一定の流通は見られるが「持参人払い」とするだけで裏書の方式はなく，もとより裏書による担保責任も生じないので譲渡性には限界がともなっていた。伝統的手形の帰趨に関し，明治元年の銀目廃止令が大阪両替商に打撃を与えたといわれてきたが，その影響が過大評価されているという指摘もあり，直接的には明治5年国立銀行条例が，国立銀行以外の「紙幣金券及通用手形類」の発行を禁止したことが重要である（第22条1節，なお同9年改正第18条では，紙幣類似又は「望_{のぞみ}次_{しだい}第，持参人ニ支払フヘキ」手形・証書類の発行禁止）。これにより旧来の預手形の発行は停止され，振手形は「小切手」として裏書保証をすることで紙幣との区別が求められた。

　渋沢栄一の第一国立銀行をはじめ，各国立銀行は西洋式手形制度の移入を図り，明治8（1875）年からは小切手（はじめ「振出手形」，同11年以後「小切手」）を発行し，同9年には為替手形の割引業務も開始された。国立銀行条例9年改正以後，各地の銀行設立は順調に進み，全国的な為替決済網（いわゆるコルレス網）の構築が進行した。また郵便局も同8年から為替業務を開始していたが，大口の為替取引は銀行が主体となり，郵便為替は小口取引用として棲み分けることとなった。五代友厚ら大阪財界では旧慣による手形制度復活の主張も聞かれたが，明治15（1882）年，ロェスラー商法草案中の手形法の部分に手を入れて作成された為替手形約束手形条例（太政官第57号布告）の公布により，西洋式手形制度の全国的普及が図られた。

　商業手形の普及は，旧来の問屋の金融機能，すなわち生産者向け前貸信用・小売商向け延払信用の再編の課題を含んでいた。問屋が果たしていた信用供与機能は次第に銀行に取って代わられたが，卸売商主導の流通システム自体は第2次大戦後まで存続し，業種によっては延払による決済慣行も根強く残存した。

(4) 会社制度の導入

　明治政府は産業振興の重要な装置として会社，とくに株式会社制度の移植を図ったが，注意すべきはイギリスでも，1720年のサウスシー・バブル事件の後遺症を克服して，一般に近代株式会社の諸要素とされる，株主の有限責任，会社機関の法定，株式譲渡の自由，会計監査の要請などの法規定が確立したのは

やっと1850・60年代であったことである。渋沢栄一著『立会略則』(りゅうかいりゃくそく)(明治4年),福地源一郎著『会社弁』(同年,ただし内容は主として銀行制度の紹介)は,会社制度普及のために政府が刊行した啓蒙書であるが,これらの著作では,近代産業における共同出資＝「合本」企業の必要性が説かれるものの,例えば出資者の有限責任制については言及がない。明治5年国立銀行条例による国立銀行が有限責任を明記していたこと(第18条第12節)は注目されるが,有限責任を株式会社の本質とする制度理解の普及・定着には,なお相当の時日を要した。

一般の会社設立は当初,地方官による許可主義であった。明治4 (1871)年県治事務章程,同8年府県事務章程などには,許可にあたり地方官から主務省への稟議を求める規定があるが,同11 (1878)年府県官職制では地方長官限りの便宜処分とされ,設立規制が緩和された。また,明治5 (1872)年に江戸定飛脚(じょうびきゃく)問屋仲間によって組織された陸運元会社(のち内国通運・日本通運)のように,中央官庁から直接許可を得て設立された会社もある。

明治14 (1881)年に初めて会社に関する統計が作成され,全国で1803社を数えているが,資本金額の平均は15000円余りで零細な企業が大部分であった。各会社の定款類では,有限責任・無限責任をそれぞれ規定するもの,また規定を欠くもの,など一様でなかったが,同19 (1886)年3月18日の司法省指令は,有限責任を定めた会社であっても,債権者がこれを知っている「証跡」があるか,知っているとみなすべき事由がある場合を除き,株主資産まで責任を及ぼすべし,とし,翌20年4月14日の大審院判決(モリソン商会より鉱業会社への貸金催促訴訟)も同じく無限責任を要求する立場を明らかにしている。なおこの間,一般的な会社法制の策定が内務省・農商務省などにより何度か試みられたが,商法典全体の編纂作業が優先され,いずれも挫折した。

紙幣整理が完了した明治19年後半から,最初の会社設立ブームが到来し,同22 (1889)年末には全国の会社数は4000を超えた。大部分は投機的な泡沫会社であったが,鉄道・海運・紡績業などに多数出資による大会社も出現した。証券市場は未成熟であったので,会社設立には,発起人が株式引受者を直接募集する,いわゆる「奉加帳」(ほうがちょう)方式が多用された。

(5) 証券取引

ヨーロッパに学んで証券取引制度の重要性を認識していた政府は,早くも明

治7 (1874) 年にロンドンの取引所制度に倣った株式取引条例 (太政官第107号布告) を制定していたが，これは全くの空文と帰していた。一方，政府は旧藩債務処理のための公債や秩禄・金禄公債を大量に発行し，その取引も行われるようになったので，実効性のある取引所法制を求める声が高まった。米穀相場については，政府はいったん空米(くうまい)取引禁止の措置をとったのち，米商会所条例 (明治9年太政官第105号布告) を制定して江戸時代以来の帳合米(ちょうあいまい)取引を行わせていたが，その取引仕法をモデルとして取り込み，株式取引所条例 (同11年太政官第8号布告) が制定された。東京・大阪には，それ自身が株式会社組織である株式取引所が設立され，当初はもっぱら公債の取引が行われた。しかしその取引仕法は投機的にすぎると見なされ，改善のため，明治20 (1887) 年にロェスラーの起草による取引所条例 (勅令第11号) が制定されたが，取引所関係者の反対により実施に至らなかった。同26年，あらためて起草された取引所法 (法律第5号) が制定され，証券取引のほか，米穀など商品取引をも含む取引所の基本法規となった。

*証券市場の特徴

現物取引のほかに，先物取引のような仮需給を導入することは，過度に投機的にならない限り，リスクヘッジにより市場の安定性を増す効果がある。大坂堂島の米会所は先物取引の導入において世界的にも注目すべき先駆性を示していたものではあるが，その仕法を継承する結果となった明治以来の証券市場では，現物取引よりも投機的な長期清算取引が主流となる傾向を生んだ。明治20年代には鉄道会社株 (国有化前) を中心に株式取引も活発化したが，全体として証券市場が，投機的取引の表面的な活況を除けば，株式会社制度の予定する社会的資本の集中機能と必ずしも結びついていないという特徴が持続した。

(6) 同業組合

天保改革での解散後，嘉永4 (1851) 年に再興された株仲間は，株数の固定化を廃され株札も下付されなかったので，参入制限を設けた独占団体としての意義をすでに低下させていた。明治元年5月に商法司から布達された「商法大意」は，諸仲間の代表者を報告させるとともに，仲間人数制限の禁止・冥加金の廃止などを指示し，株仲間制度の実質的な廃絶を意図していた。諸仲間には新政府から鑑札が下付されたが，明治4，5年前後を中心に各府県では諸仲間を解散させる措置がとられ，「営業の自由」を基調とする経済政策が追求され

た。

　しかし仲間解散の結果，営業上の不正行為が横行する弊害も現れ，各業種では自然発生的に業界団体としての同業組合が再組織された。政府もやがて同業組合の公認に向かい，明治17（1884）年の同業組合準則（農商務省第37号達）では，各府県において各組合規約を認可させることとした。同30（1897）年の重要輸出品同業組合法（法律第47号）は国策としての輸出奨励のため，粗悪品取締などを行わせる目的で同業組合を活用する方針をとり，この法律を発展的に吸収した同33（1900）年の重要物産同業組合法（法律第35号）では，同業組合は同一地域で業者に強制加入を求めうる法人組織として，労働者の雇用・賃金規制，製品検査による品質規制，そして価格規制をも行いうる団体とされた。なお，この法に拠らない従来からの任意の組合も準則組合として存続した。

＊業界団体の機能
　　　　政府が特定の産業に規制を及ぼそうとするとき，政府にはもともと当該産業内の情報は不十分であるから（情報の非対称性），実効性のある規制を実現するためには，業界団体から情報提供を得ることが不可欠になる。業界団体は，政府の規制権限の行使を恐れて協力するが，その際，この立場を利用して自らの利益確保を図り，政府にも協力の見返りとして既得権を承認させようと行動するであろう。これがいわば，政府と業界団体との癒着が発生するメカニズムであり，社会的厚生の損失を生じさせる可能性は高い。業界団体は一般に，不正行為の相互監視，内部的紛争処理，価格維持，さらに政府に対し，政策の下請・実施，圧力団体機能などを果たすことになるであろう。

II　産業化の進展と法秩序の確立

(1)　商法典の編纂

　商法典は，明治14（1881）年からヘルマン・ロェスラーが原案起草に着手した。なお，これ以前にも会社法について立法化の試みがあり，また編纂作業進行中に，ロェスラー草案の中から会社法部分を抜き出して実施しようとする試みもあったが，いずれも実現しなかった。とくに同15年に準備された法案では，ロェスラーが会社の自由設立主義・有限責任制に立脚した原案を作成しているのに，日本側はそれらを現実の会社規制の必要から，設立許可主義・無限責任制に修正しようとしていた。ロェスラーはこうした修正に当初は反対であったが，やがて認識を改め，同23（1890）年4月26日に公布された商法（旧商

法・法律第32号）では，株式会社は設立許可主義に方針が転換されている。

　旧商法は，総則（第1～2条）・第1編「商ノ通則」（第3～823条）・第2編「海商」（第824～977条）・第3編「破産」（第978～1064条）からなり，同24年1月1日からの施行が予定されていたが，第1議会で25年末までの施行延期，さらに，第3議会で民法とともに施行延期が議決され，法典調査会で再編纂されることになった。ただし実業界では，商法施行延期の主張を行った当の商業会議所の中でも，会社・手形・破産の部分については早期施行を望む声も強く，これらに関する旧商法の規定は修正のうえ，同26（1893）年7月1日より施行されることになった。なおその際，有限責任会社として設計されていた合資会社は，有限責任社員と業務担当の無限責任社員とで構成するものと修正され，この合資会社の性格づけは新しい商法にも引き継がれた。

　法典調査会では，岡野敬次郎・梅謙次郎・田部芳（たなべかおる）が商法起草委員となり，明治31（1898）年施行を目標に審議を終えたが，地租増徴問題の争点化から第11・12帝国議会が連続して解散される事態となり，同31年7月からは暫定的に旧商法未施行部分も実施する措置がとられた。

　新しい商法は同32（1899）年に第13帝国議会で成立し（法律第48号），同年6月16日から施行された。第1編総則・第2編会社・第3編商行為・第4編手形・第5編海商の5編689条からなる。商人破産主義から一般破産主義への転換により，破産編が除かれたほか（旧商法破産編は大正11年の破産法制定まで効力を認められる結果になった），民法との重複・抵触等が整理されて，旧商法に比べ簡潔な法典となった。

　旧商法は株式会社の設立許可主義をとっていたが，商法では準則主義をとり，会社設立の自由が認められることになった。また，旧商法に欠けていた会社合併の規定が設けられた。会社の種類としては，合名・合資・株式・株式合資会社の4種が規定された（ただし株式合資会社はほとんど利用されず，昭和25年商法改正で廃止）。株式会社の機関設計としては，株主総会に最大限の権能を認める株主総会中心主義がとられた。このほか，旧商法になかった倉庫営業についての規定が設けられた（ただし倉庫証券について「預証券及び質入証券」による複券主義は定着せず，明治44年改正で「倉荷証券」との併用を認め，実際にはもっぱら後者が利用されるようになった）。

*三井家の法人組織化

　江戸の豪商，そして明治以後に財閥筆頭として知られた三井家も，近代私法秩序への対応を迫られた。

　豪商三井の歴史は，延宝元（1673）年，三井高利が伊勢松坂での営業を基礎に，江戸に呉服店，京都に仕入店を開いたことに始まる。宝永7（1710）年に，三井同族（当時の史料上は「同苗」）の事業を統括する機関として「大元方」が設置された。大元方は同族各家が出資した営業資本の管理・運営にあたり，各家は持分に応じその利益配当を受ける。これはすでに合名会社に近い制度設計であるが，非常の場合の家産分割（安永年間，実際に経営危機から事業分割が行われたが，完全な解体は免れた）を除いて，営業財産は分割不可能な一種の「総有」財産と観念されている。

　維新以後，新政府の官金取扱い業務を務めつつ，また島田・小野家などの豪商が没落するなかでも生き延びた三井家は，組織再編について試行錯誤を重ねた。明治9（1876）年の三井銀行設立（国立銀行条例によらず，無限責任を負う「私立銀行」として認可）の前後，当時の大番頭というべき三野村利左衛門が統括機構の根本的改革を構想していた形跡があるが，翌10年の三野村の死により貫徹しなかった。一方，この間の三井呉服店（三越）の分離（明治5年）及び三井物産の創設（同9年）では，戸籍制度の活用が見られ，三井同族のうちから各事業の担当者を分籍し，その負債が三井家本体に及ばないよう措置している（同25年に復籍させて両事業をいったん回収）。

　民・商法典施行が迫り組織設計の検討が急がれたが，最適な法形式はなかなか見出せなかった。例えば，明治24（1891）年に「三井家憲」案につき意見を求められたロェスラーは，法典が予定する財産法秩序と，営業財産の分割不可能性を基盤とする三井家の特殊な所有構造との齟齬を指摘している。同26年の商法一部施行に際し，営業部門は三井銀行・物産・鉱山・呉服店の4つの合名会社に組織されたが（呉服店は同37年に株式会社三越呉服店として最終的に分離），三井家本体は法人化せず，最高統括機関として「三井家同族会」が設置されるにとどまった。同33年には，相談役・井上馨の依頼により穂積陳重らが立案した「三井家憲」が制定され同族会の運営を規律した。

　明治42（1909）年，益田孝の調査を基礎に，三井同族の事業経営組織を三井合名会社とし，銀行・物産など直系会社を株式会社とする改革が行われた。こうして，傘下企業を株式会社とし本社がその持株会社となる，財閥の基本形がようやく完成した。三井がそれまで営業部門までをも合名会社としていた理由は，無限責任のリスクを冒しても，株式会社に要求される経理公開を回避したかったからと見られる。

　大正・昭和期の事業拡大により，各直系企業はそれ自体が傘下企業を従える事業持株会社化し，三井財閥は巨大な企業集団となった。戦時下の昭和19（1944）年，三井本社の株式会社化が行われたが，同族の閉鎖的所有構造は最後まで変わらか

った。三井家同族会が解散し三井家憲が廃止されたのは，財閥解体が進められる戦後の同22年である（安岡重明『財閥形成史の研究』〔増補版〕（ミネルヴァ書房，1998年）等を参照）。

(2) **財　　政**

明治 8 年度から会計年度制を導入，明治14年には会計法（太政官第33号達）も制定され，明治国家の予算・決算制度は憲法施行以前に成立していた。明治憲法の財政原則は，同22（1889）年の会計法（法律第 4 号）に具体化された。

明治憲法は，租税法律主義（第62条）や議会の予算審議権（第64条）・決算審査権（第72条）等の諸規定に財政の議会統制の理念を反映させているが，一方で，皇室経費の除外（第66条）・既定大権費（第67条）・緊急処分（第70条）・予算不成立の場合の前年度予算施行（第71条）等の諸規定，さらに「剰余金支出（責任支出）」の慣行などにより議会の財政統制権は大きな制約を受けた。さらに戦時に導入される「臨時軍事費特別会計」は，その都度，膨大な戦費支出をほとんど議会の統制外に置くことを結果した。

租税徴収手続は，明治22（1889）年の国税徴収法（法律第 9 号）・国税滞納処分法（法律第32号）に規定され，のち国税徴収法（同30年法律第21号）に一本化された。国税徴収事務は地方行政機構に依存していたが，同29（1896）年の営業税導入にともない税務管理局が設けられ徴税事務の統一化が促進された。

租税の種類としては，明治初期は地租（明治17年太政官第 7 号布告・地租条例）が中心であったが，次第に酒税など内国消費税の比重が増大した。同32（1899）年に実現した地租増徴は議会で激しい争点となったが，実際にはこれ以後，税収中の地租の比重は一貫して低下していった。代わって比重を高めたのが同20（1887）年に創設されていた所得税である。同32（1899）年の所得税法（法律第17号）では，個人所得に累進税率が適用される一方，法人所得を初めて課税対象としたが，相対的に低率であるうえ，二重課税排除のため個人配当所得への課税を全般的に免除していたので，企業設立・投資を促進する効果をもった。

地方税制は国税の付加税が原則とされ，税目・税率を厳しく制限されて，地方団体は恒常的な財源不足に悩まされた。

(3) **資本主義経済秩序の確立**

日清戦後には鉄道・紡績業などを中心に，本格的な会社設立ブームが到来し

図表13　租税構造の変化

税目を大きく，資産課税・所得課税・消費課税・流通課税に分けると，前近代では，単純な外形標準で課税できることから，資産課税（土地税・家屋税など）と流通課税（国内関税など）とが多用されるが，後者は経済活動の自由を阻害するとして次第に縮小・整理される。近代的な会計技術が導入され普及し，流動的な財産の変動を期間ごとに把握して課税することが可能になると，所得課税が税目の主体となり，これを消費課税が補完する税制が一般的になる。ただし，20世紀前半の日本ではむしろ消費課税の比重が高い。

明治期〜昭和初期の国税収入を税目別にみると，以下のとおり。

（単位：千円）

年度	国税収入総額	地　租	所得税	営業税	相続税	間接税等
1875	59,194	50,345	—	—	—	8,841
1885	52,581	43,034	—	—	—	9,529
1895	77,329	38,693	1,497	—	—	36,483
1905	315,145	80,473	23,278	18,785	630	185,603
1915	413,626	73,602	37,576	21,455	3,357	268,635
1925	1,139,455	74,616	234,972	65,791	17,134	741,391
1935	1,202,289	58,042	227,340	57,173	30,255	783,647

（資料出所：『日本長期統計総覧　第3巻』(1988) による）

(注)　営業税は，1926年から40年までの間は「営業収益税」。
「間接税等」に含まれるのは，酒税・砂糖消費税・織物消費税・取引所税・関税など。
表外の税目として，通行税・鉱業税・印紙税等がある。

た。設備資金は，ほぼ内部資金のみに依存する財閥系企業を除外すると，株式発行による調達が大きな役割を果たした。ただし，明治商法では株式の分割払込が認められており，一部の払込で会社を設立し，追加払込は銀行が株式を担保に株主に融資することが広く行われ，産業金融における銀行の役割は大きかった。しかし，実質的に金融機関の資金調達に依存しているものの，形式的には株主からの直接金融を基礎としているから，会社経営者は株主への配当を重視し，また経営モニタリングの意味でも株主による監視が重要であり，第2次大戦後に一般化する間接金融型の企業統治とは構造を異にしていた。

産業金融を補完するため，日本勧業銀行法（明治29年法律第82号）・農工銀行法（同年法律第83号）・北海道拓殖銀行法（同32年法律第76号）・日本興業銀行法（同33

年法律第70号）などにより一連の政府系特殊銀行が設立された。なお，植民地経営の手段として設立された特殊銀行として，台湾銀行法（同30年法律第38号）・朝鮮銀行法（同44年法律第48号）による両銀行が，それぞれの地域で発券・開発銀行としての役割を果たした。

　日清戦争で得た賠償金を基盤に，明治30（1897）年3月公布の貨幣法（法律第16号）により同年10月から金本位制が実施され，世界の金融市場との結びつきが強められた。また同32（1899）年7月，改正条約が実施されて「内地雑居」が実現し，日本の法秩序は新しい段階に入った。

(4) 農 林 業

　日本の有業人口構成で，第1次産業（農林水産業）の構成比が50％を割るようになるのは1950年代以後であり，また国内純生産の構成で，第2次産業が第1次産業を上回るようになるのは30年代以後であるから，一定の工業化の進展があっても，20世紀初期までの日本は基本的に農業・漁業国であったといってよい。農業生産技術の近代化についても政府は多大な関心を抱き，しばしば技術改良を強要すらしたが，罰則を付して害虫の駆除予防を生産者に義務づけた明治29（1896）年の害虫駆除予防法（法律第17号）はその拡張解釈を通じ，農業生産過程への干渉の根拠となるものになった。農会法（明治32年法律第103号）は，技術指導の下請機関として農会を全国に普及させ，また耕地整理法（同32年法律第82号）は，生産拡大を目標に，耕地区画整理にあたり少数の不同意者にも事業参加を強制できる法的枠組みを導入したものである。

　一方，松方デフレ期を大きな画期として農民層の分解が進行し，全国の農地のうちに占める小作地の比率は，地租改正当時の30％前後から，1890年代後半には40％を超えるまで上昇した。中小農民の没落を防ぐ目的で，ドイツの協同組合をモデルに，産業組合法（明治33年法律第34号）が制定された。

　森林に関しては，森林法（明治30年法律第46号）・国有林野法（同32年法律第85号）・国有土地森林原野下戻法（同年法律第99号）の，いわゆる森林3法が制定された。とくに国有土地森林原野下戻法は，明治7（1874）年以来の官民有区分で官有（国有）地に編入された林野の，民間下戻の途を開くものであったが，その出願資格と期間を限定して林野所有をめぐる紛争を打ち切ろうとするものであった。

第2編

近代法の再編（1900〜1950年）

第1章　国家機構

　日清・日露戦争，さらに第1次世界大戦を経て，大日本帝国は，多くの海外植民地を領有する「帝国」へと膨張を遂げた。国内ではいわゆる「大正デモクラシー」の風潮が高まり，政党内閣制の確立と普通選挙法の導入が実現した。しかし，世界恐慌以後，日本は満洲事変を起こし国際的に孤立，独伊と3国同盟を結んで太平洋戦争へ突入した。国内では国家総動員体制が布かれ，議会から授権された政府の勅令によりあらゆる人的・物的資源が戦争遂行のために動員された。

　昭和20（1945）年8月，ポツダム宣言を受諾し日本は降伏した。「大日本帝国」は解体し，連合国の占領下に置かれた。ポツダム宣言に基づき占領軍が日本の非軍事化・民主化のために行った戦後改革（占領改革）は，日本国憲法を基軸とした現代法の基礎を形成することになった。

I　世界大戦の時代と帝国日本
(1)　第2次条約改正

　明治44（1911）年7月（仏墺2国は8月）が改正条約の満期となるため，政府は関税自主権の完全回復を期して，同41年10月，外務省に条約改正準備委員会を設置（委員長小村寿太郎外相），国定税率・協定税率・土地所有権・永代借地権等の特別委員会を設けて諸問題の調査検討を行い，同42年10月，条約改正にあたっては関税協定は例外の場合だけを許し，絶対に互恵の基礎によること等の交渉方針を定め，明治44年2月，日米新条約を皮切りとして各国と新条約を締

結，日本は関税自主権を完全に回復した（第2次条約改正）。

欧米諸国に対しては関税自主権回復を求めた日本だが，中国に対しては不平等条約を締結していた。大正14（1925）年の北京関税特別会議が開催されると中国側は関税自主権回復を要求，米英が中国の関税自主権を承認する中，日中間の交渉は難航したが，昭和5（1930）年日華関税協定が調印され，日本は中国の関税自主権を承認した。次いで，中国国内では治外法権の撤廃，さらには日本の満蒙特殊権益の回収を求める運動が高まり，日中両国の緊張が高まった。

(2) 世界大戦の時代と日本

20世紀前期の世界史は2度の世界大戦の惨禍を経験した。この間，戦争の違法化，民族自決の原則等が提唱され，近代国際法の体系は変革の時代を迎えた。強国が武力によって領土を拡大するという帝国主義の国家実行を国際法が法的に正当化する時代は終わりを迎えようとしていた。第1次世界大戦後，国際連盟（大正9年1月発足）の常任理事国となった日本がとった行動は，かかる国際法の変質に大きな波紋を投げかけていった。

第1次世界大戦の悲劇は，多国間条約に基づいて，軍備の縮小・国際紛争の平和的解決を図ろうとする国際協調の機運を高めた。大正10（1921）年11月から翌年2月にかけて開催されたワシントン会議では，米英日仏伊5大海軍国の主力艦と航空母艦の保有量を制限する海軍軍縮条約，中国及び太平洋における現状維持を図った中国に関する9ヵ国条約・太平洋に関する4ヵ国条約が締結された。さらに，昭和3（1928）年8月，戦争抛棄に関する条約（パリ不戦条約，ケロッグ＝ブリアン条約）が，同5年4月にはロンドン海軍軍縮条約が調印された。

しかし，満洲事変（昭和6年）後の日本は，国際連盟規約・不戦条約等の多国間条約が作りあげようとしていた新たな国際法秩序から離脱していった。日本は傀儡国家満洲国を樹立，満洲議定書によってこれを承認したが，国際連盟総会がリットン調査団報告書に基づき満洲国不承認を決議すると，日本は国際連盟を脱退した。昭和14（1939）年9月には第2次世界大戦が勃発，日独伊3国同盟を締結した日本は「大東亜共栄圏」を唱えて連合国と戦争を戦ったが，欧州戦線で伊，独が降伏した後，昭和20（1945）年8月，日本はポツダム宣言を受諾，第2次世界大戦は終結した。

Ⅱ 国家機構の再編
(1) 大正デモクラシーと政党内閣

(a) 政党内閣　明治憲法発布に際して黒田清隆首相は「超然主義」を表明したが、議会が立法・予算の協賛権を有し貴衆両院が原則対等である以上、政府が衆議院の政党勢力を無視して円滑な政治運営を行うことは不可能であった。日清戦争後には藩閥と民党との提携が進み、自由・進歩両党の合同による憲政党内閣（第1次大隈内閣、隈板内閣）を経て、明治33（1900）年伊藤博文を初代総裁に迎えて立憲政友会が発足、その後、桂太郎・西園寺公望が交互に政権を担当する桂園時代を迎えた。

しかし、日露戦争後の日比谷焼打ち事件以後、民衆運動はその政治的影響力を高め、大正2（1913）年2月には第3次桂内閣が「憲政擁護・閥族打破」をスローガンとする第1次護憲運動のために総辞職する事態に至った（大正政変）。桂新党を継承した立憲同志会は第2次大隈内閣（大正3年4月発足）の与党となった。米騒動後の大正7（1918）年9月には陸相・海相・外相以外を政友会で組閣した本格的な政党内閣である原敬内閣が成立したが、原が暗殺されると政友会は分裂した。大正13（1924）年1月、貴族院を基礎とする清浦奎吾内閣が成立すると政友会・憲政会・革新倶楽部の護憲3派は清浦内閣の打倒・政党内閣の樹立を訴え（第2次護憲運動）、5月の総選挙で大勝、憲政会（後の民政党）の加藤高明を首班とする第1次加藤高明内閣（護憲3派内閣）が成立した。

第1次加藤内閣の成立以後、5・15事件で犬養毅内閣が倒れるまで、政友会・民政党の二大政党が交互に政権を担当する政党内閣制の時代が続いた。

*「憲政の常道」
　明治憲法下の政党内閣制は、元老西園寺が後継首班に政党党首を推薦するというものにすぎなかったが、直近の総選挙で圧勝した民政党の浜口雄幸内閣が海軍強硬派の反対を押し切ってロンドン海軍軍縮条約の批准を実現したのは、明治憲法時代における民主化の頂点といえよう。しかし、統帥権干犯問題で野党の政友会も民政党内閣を攻撃したように、政友会・民政党は政権獲得のために互いを攻撃、政党内閣制の時代は短命に終わることとなった。

なお、第1次大戦前後から、防務会議（大正3年勅令第125号）・経済調査会（同5年勅令第116号）・臨時外交調査委員会（同6年勅令第57号）・臨時教育会議（同6年勅令第152号）・臨時財政経済調査会（同8年勅令第331号）・臨時法制審議会（同8

年勅令第332号）等，内閣総理大臣に直属する各種審議機関が急増したが，これは政党内閣制による国家統合が確立をみるまで，臨時的国家機関による国論の統一が試みられたものといえる。原内閣によって大正8（1919）年7月設置された臨時法制審議会（総裁穂積陳重・副総裁平沼騏一郎）は法体制の全面的な再編作業を担う機関で，民法改正・陪審制度をはじめ，信託法・刑法改正・行政裁判法改正・衆議院議員選挙法改正が諮問された。

(b) 普通選挙法　衆議院議員選挙法は数次の改正を経て普通選挙法の導入に至った。第2次山県内閣による明治33（1900）年改正では，都市部の有産者層の取り込みを図り，選挙権が直接国税10円以上に引き下げられるとともに，選挙区制が小選挙区から府県大選挙区・市独立区制になった。原内閣による大正8（1919）年改正では，選挙権が直接国税3円以上に引き下げ，選挙区制は原則小選挙区制とされた。第1次加藤内閣による大正14（1925）年改正では，納税要件が撤廃，男子普通選挙が導入され，有権者数は約1240万人（人口比約20パーセント）となった。選挙区は定数3人から5人の中選挙区制となった。さらに，戸別訪問や個々面接の選挙運動を禁止する等，選挙法は選挙運動取締法としての性格を強めた。

この間，婦人参政権は英・独・米各国で承認され，日本国内でも新婦人協会（大正8年発足）・婦人参政同盟（大正12年発足）・婦人参政権獲得期成同盟会（大正13年発足，翌年婦選獲得同盟と改称）等が，男女平等普選や婦人公民権（地方参政権）を要求したが，昭和5（1930）年婦人公民権法案が衆議院で可決をみたにとどまり，男女平等普選は実現しなかった。

なお，護憲3派は貴族院改革も唱えていたが，華族議員の優位を廃して勅選議員と多額納税議員を増員し，学士院選出議員を新設する等の部分的な改革にとどまった。

(c) 官僚制　政党勢力の台頭は，官吏の自由任用の対象をめぐって，その拡大を求める政党と，猟官制の弊害の防止を図る官僚との対立をもたらした。政党員の自由任用の最初の例は第1次大隈内閣で，このとき陸海軍省と大蔵次官を除く各省の次官と主要局長は政党員によって独占された。しかし，議会・政党の影響から官僚制を守るため，第2次山県内閣は，明治32（1899）年3月，改正文官任用令（勅令第61号）を公布し，奏任以上の高等行政官については文官高

等試験合格者を条件とし，従来自由任用の範囲内にあった勅任官は原則として奏任官から昇任させることとした。また，同時に，親任官・秘書官を除く文官一般の身分保障を強化する文官分限令（勅令第62号）及びその懲戒処分について定めた文官懲戒令（勅令第63号）を公布，翌33年4月には，これら3勅令が容易に改正できないように，枢密院に御沙汰書が下され枢密院諮詢事項が拡張された。

その後，官吏の自由任用の範囲は，そのときどきの政官関係を反映して，一進一退の伸縮を繰り返した。大正2（1913）年，第1次山本権兵衛内閣は，文官任用令を改正（勅令第262号）し，各省次官（陸海軍を除く）等に自由任用の途を開いたが，第2次大隈内閣は，大正3年，各省官制通則改正（勅令第207号）で各省に参政官・副参政官を設置するとともに，文官任用令を再改正し自由任用の範囲を一部縮小した（勅令第218号）。さらに大正9（1920）年に原内閣は，各省の参政官・副参政官を廃止し（勅令第143号），再度文官任用令による任用資格の制限を緩和した（勅令第162号）。

＊ウェストミンスターモデルの摸索

  第2次大隈内閣における参政官の設置は，イギリス流の政党政治実現のため，同国の政務次官制度にならったもので，正副参政官を政府委員として議会答弁に立たせる試みもなされたが，内閣そのものが弱体で，所期の目的を果たせないままに終わった。なお，第1次加藤内閣が設置した政務次官・参与官は参政官・副参政官の後身にあたる（各省官制通則改正，勅令第176号）（奈良岡聰智『加藤高明と政党政治』（山川出版社，2006年））。

(d)　地方制度　　明治44（1911）年4月，市制町村制は全面改正され，新たに市制（法律第68号）・町村制（法律第69号）が制定された。新法は，市町村の公法人たる性質を明記し，委任事務の規定を整備するとともに，市の執行機関を市参事会から市長に改めた。普選運動の進展に伴い，大正10（1921）年4月の市制・町村制の改正（法律第68号・同第69号）では市町村公民の資格から直接国税納税要件が撤廃された。また，このとき郡制の廃止が決定した（法律第63号）。大正15（1926）年6月には府県制・市制・町村制（法律第73号・同第74号・同第75号）が同時に改正され，地方議会にも普通選挙が導入，等級選挙制度が撤廃された。さらに，昭和4（1929）年4月には，府県に条例制定権を付与する等，地方分権を強化する府県制・市制・町村制の改正がなされた（法律第55号・同第56号・同第57号）。

(2) 軍事制度

(a) **統帥権の独立**　明治憲法は天皇大権として，①陸海軍の統帥大権（第11条），②編制・常備兵額決定大権（第12条），③宣戦講和大権（第13条）を定めていた。憲法の条文上は，統帥権が一般国務と区別されているとは読み取れないが，明治11 (1878) 年の参謀本部設置以来の参謀本部長の帷幄上奏権（いあく）の慣行が踏襲され，統帥権の独立を認めたものだと考えられた。さらに同26年に海軍軍令部が設置されると，軍部の独立性は一層強化された。軍令とは，兵力の移動・行使等，軍隊行動に関する命令をいい，軍政とは，軍隊の設立・維持・管理に関する軍事行政をさすが，両者は理論上・実際上厳密な区別は困難で，憲法第12条が軍令事項か軍政事項かも解釈に争いがあったが，軍部は統帥権の独立を根拠に内閣からの独立性を強めていった。明治40年軍令第1号はこうした軍部の解釈に根拠を与えるものとなった。

(b) **軍部大臣武官制**　明治33 (1900) 年の陸海軍省官制の改正によって軍部大臣現役武官制が確立し，軍部は内閣の成立・退陣に強い影響力を及ぼすこととなった。政党内閣が台頭するに従い批判が強まり，大正2 (1913) 年6月の陸海軍省官制改正によって，大臣・次官の任命資格から「現役」の制限を除き，現役から予後備役まで拡大された。

(c) **兵役の義務**　明治憲法は臣民の義務として兵役の義務を定めた。徴兵制度は明治6年徴兵令（太政官番外無号布告）で整備，明治22年改正（法律第1号）で平時の戸主・官立大学生徒らの徴集猶予が廃止されて国民皆兵の基盤が整えられた。明治22 (1889) 年に北海道の一部，明治31 (1898) 年には北海道の全部及び沖縄県・小笠原諸島に施行された。昭和2 (1927) 年には明治22年以来の大改正を加え，徴兵検査合格者はすべて現役ないし補充兵に割り振ることとし，名称も兵役法と改めた（法律第47号）。昭和19 (1944) 年に朝鮮，同20年には台湾で初めての徴兵検査が実施され，さらに同年6月義勇兵役法が公布された（法律第39号）。

(d) **非常事態法**　明治憲法は，戒厳大権（第14条）及び戦時・国家事変における人権制限を認める非常大権（第31条）を定めた。

戒厳とは，戦時（外患・内乱）に際して兵力により全国又は一地方を警備するもので，常法は停止され，軍司令官が行政権・司法権を行使する。戒厳の要

件・効力は明治15（1882）年の戒厳令（太政官第36号布告）で定められた。憲法14条に基づく軍事戒厳は日清戦争及び日露戦争中に布かれたが，日比谷焼打ち事件（明治38年），関東大震災（大正12年），2・26事件（昭和11年）においては，憲法第8条に基づく行政戒厳が発動された。

(3) 植民地法制

欧米列強による世界分割が進む時代に条約改正で国権回復を図った近代日本は，アジア近隣諸国との相次ぐ戦争を通じて多数の海外領土を植民地として領有することになった。

「帝国」日本の膨張の第1波は，日清戦争から第1次世界大戦までで，この間に日本は，台湾（日清講和条約），南樺太及び関東州（日露講和条約），朝鮮（韓国併合条約），南洋群島（国際連盟委任統治）を獲得した。次いで，満洲事変以後には膨張の第2波がはじまり，満洲国建国をはじめ，中国本土から東南アジアへ勢力圏を拡大，日本の政治的・経済的・軍事的な支配下に置いた。法的にはこれら各地域をすべて日本が正式に領土に編入したのではなく，日本の領土に編入されたのは台湾・南樺太・朝鮮で，他の地域は租借地（関東州）や委任統治（南洋群島）等の多様な法形式が選ばれた。以下，正式に領土に編入された台湾・南樺太・朝鮮を中心に植民地法制の特色を概観する。

(a) 台湾　　日本の植民地統治は台湾領有をもってはじまった。明治28（1895）年4月調印された日清講和条約（下関条約）は，遼東半島・台湾・澎湖諸島の日本への割譲を定めた（三国干渉によって遼東半島は清国に還付）。日本政府は，海軍大将樺山資紀を台湾総督に任命して，日清戦争では戦場とはならなかった台湾の軍事的制圧を始めたが，台湾現地の民衆の激しい抵抗運動に直面したことから，8月公布の台湾総督府条例（陸軍達第70号）は台湾総督府を「軍事官衙」と規定し，翌29年3月の台湾総督府条例（勅令第88号）は総督の現役武官制を採用し，総督に軍隊統率権を与えた。また，「台湾ニ施行スヘキ法令ニ関スル件」（明治29年法律第63号）は，台湾総督に「律令」，すなわち「法律ノ効力ヲ有スル命令」を発する権限を与えたが，かかる広範な委任立法は議会内外で大きな憲法問題となった（「六三問題」）。

＊明治憲法と植民地
　　明治憲法には領土の定めを欠いており，植民地統治条項もない。したがって，現実

に新たな領土を日本が獲得した場合に，当該地域に憲法がどのように適用されるのかは明らかではなかった。憲法施行後初めて領有した台湾の統治にあたって，植民地総督に律令制定権を与えた法律第63号が憲法問題に発展したのはそのためであった。植民地統治には大きく同化主義（フランス型）・自治主義（イギリス型）の２つの方式が知られていたが，台湾領有時点で日本政府の方針は定まっておらず，法律第63号は３年間の限時法とされた。台湾旧慣調査を実施した後藤新平等は天皇大権にもとづく特別統治論を主張したが，内地延長主義をとる原敬らはこれを退け，明治39年法律第31号を経て，大正10（1921）年原内閣は内地の法律の施行を原則とし律令は補充的にその効力を有するとする法律第３号を制定し，「六三問題」の解決を図った（春山明哲『近代日本と台湾』（藤原書店，2008年））。

(b) 朝　鮮　　明治38（1905）年９月の日露講和条約（ポーツマス条約）で日本は，韓国における政治上・軍事上・経済上の優越権をもつこと，韓国における指導・保護・監理の措置をとることを，ロシアに承認させた。同年11月には第２次日韓協約（保護条約）を締結し，日本は韓国の外交権を掌握し，日本の保護国とした。この協約第３条に基づいて統監府及理事庁官制（勅令第267号）が公布され，翌39年に京城に韓国統監府及び理事庁を開設し，伊藤博文が初代統監に就任した。さらに日本は，第３次日韓協約（明治40年７月）によって韓国の内政を統監の指導下に置き，軍隊を解散させた後，明治43（1910）年８月22日「韓国併合ニ関スル条約」を締結し，韓国の国号を朝鮮と改め，朝鮮総督府を置く旨を公布した。朝鮮総督は，天皇に直隷し陸海軍大将から任命されるという現役武官制が採られ，朝鮮における軍隊統率権をはじめ，諸般の政務を統轄する権限が与えられた。また，「朝鮮ニ施行スヘキ法律ニ関スル件」（明治43年勅令第324号）は，法律の効力を有する命令（「制令」）を発令する権限を総督に付与した。

(c) 樺　太　　日露講和条約の締結によって日本は，関東州の租借権とともに，北緯50度以南の樺太の割譲を得た。樺太では，明治40（1907）年３月公布の樺太庁官制（勅令第33号）によって軍政を廃止し，内務大臣の指揮監督の下に樺太庁長官の管轄するところとなった。初め樺太守備隊司令官が長官に就任したが，翌年４月床次竹二郎が長官となって以後は文官となった。また，「樺太ニ施行スヘキ法令ニ関スル件」（明治40年法律第25号）により「日本内地」の主要な法律が大部分そのまま施行されることになった。

(d)　「異法地域」としての植民地　　植民地の法的特色は，帝国の領土の一部でありながら，憲法が全面的には施行されない，すなわち，「異法地域」を形成している点にある。対外的には「国内」だが，国内的にはあたかも「国外」のような差別的処遇がなされたのである。このように「帝国」内に複数の法域が並存していたことから，大正7（1918）年4月には民事刑事について内地・外地間における法令の適用について定めたいわば準国際私法ともいえる共通法（法律第39号）が公布された。

また，植民地住民の国籍・戸籍については，台湾では下関条約によって日本国籍取得を望まない住民については2年以内に退出するよう国籍選択の機会を与えた。樺太ではポーツマス条約によって従来どおりロシア国籍を認めるとした。朝鮮の場合は，併合条約には住民の法的地位の変動に関する規定が置かれなかったが，すべての朝鮮人は「帝国臣民」とみなされた。国内法上の措置としては，明治憲法は「日本臣民」たる要件は法律で定めるとし（第18条），これを受けて明治32（1899）年に国籍法が制定されていたが，台湾には国籍法が施行され，朝鮮には施行されずに終わった。

(4) 国家総動員体制

(a)　政党内閣制の崩壊　　昭和7（1932）年の5・15事件で犬養毅内閣が倒れ，政党内閣制の時代は断絶，斎藤実内閣以後，政民両党・官僚・軍人等の各政治勢力を参加させた「挙国一致内閣」の時代となった。さらに，昭和11（1936）年2・26事件が発生，同年5月に軍部大臣現役武官制が復活をみ，以後，軍部の政治的介入が恒常化した。また，昭和10（1935）年2月の天皇機関説事件で美濃部達吉の憲法学説が国体に反すると排撃されたことから，政党内閣制はそれを支える立憲的な憲法解釈を失った。

昭和13（1938）年4月，第1次近衛文麿内閣の下に国家総動員法が公布された。戦争のため必要な人的・物的資源を国家が統制・運用できるとする経済統制立法だが，国民徴用・価格統制等の統制の内容を法律ではなく勅令に譲った広範な委任立法で，議会の立法協賛権は大きく損なわれることとなった。

さらに，明治憲法の定める諸国家機関の割拠性も変わらないため，政党内閣に代わる新たな国家統合のあり方が模索されることになった。昭和15（1940）年に「新体制運動」が始まり，10月には大政翼賛会が発足，全政党は解散して

これに統合された。昭和17（1942）年4月の第21回総選挙は，翼賛政治体制協議会による候補者推薦制の翼賛選挙となり，選挙後には翼賛政治会が結成され，翼賛議会体制が確立した。

昭和18（1943）年の地方制度改正では地方自治に対する中央統制も徹底された。改正の主眼は市町村行政への国策の浸透徹底であり，町内会・部落会の法制化も図られた。また，帝都の国家的性格に適した体制確立のため，東京都制が公布された（昭和18年法律第89号）。

昭和17（1942）年には戦時業務遂行のための国の出先機関として地方事務所が設置された（勅令第573号）。また，同18年には戦時広域行政推進のため，全国9ブロックを区域として地方行政協議会が設置，同20年6月には本土決戦に備えて全国8ヵ所に地方総監府を設けることとした。

(b) 内閣機能の強化　　戦時体制への転換に伴い，内閣機能の強化策が講じられた。官制によらない国務大臣の会議体として昭和8（1933）年10月に5相会議（首相・外相・蔵相・陸相・海相）が開催された後，5相ないし3相会議が随時開かれ，同13年6月には閣議決定で5相会議を最高国策検討機関とした。

総合国策機関としては昭和10（1935）年，重要政策の調査審議にあたる内閣審議会及び内閣調査局が設置された（勅令第118号・第119号）。内閣調査局は企画庁（企画庁官制，昭和12年勅令第192号）に拡大改組されたが，日中全面戦争が開始されると，資源局と企画庁を統合して企画院が創設された（企画院官制，昭和12年勅令第605号）。この企画院は，平時戦時における総合国力の拡充運用について審査・立案するもので，国家総動員法に基づく総動員計画を立案し戦時統制経済を推進した。

昭和14（1939）年には「国家総動員法等ノ施行ノ統轄ニ関スル件」（勅令第672号）が公布され，各省大臣・植民地総督等について首相に対する「協議」の義務と首相の統括上必要な「指示」の権限を明記して首相の権限強化を図ったが，昭和18（1943）年には戦時行政職権特例（勅令第133号）公布によりその一層の強化がなされた。同年11月，企画院・商工省と陸海軍の航空本部を統合して軍需省が設置されると（軍需省官制，勅令第824号），戦時行政職権特例が改正（勅令第841号），首相の「指示」権がさらに拡張された。

官吏制度については，昭和7（1932）年，「官庁事務の都合により」休職を命

じ得るとの規定が政党内閣の人事権乱用につながったとして文官分限令が改正され，官吏の身分保障が強化された。さらに，昭和11 (1936) 年以後，内閣に統一的人事行政機関を設けて各省間の割拠制を打破すること，法科万能の高等試験を改めること等が目指されたが，制度の抜本的な改革には至らなかった。

　国務と統帥の統一は容易には進まなかった。日中戦争開始後の昭和12 (1937) 年11月，大本営令（昭和12年軍令第1号）によって宮中に大本営が設置されると，近衛首相は大本営への出席を要求したが，軍部の反対にあい，大本営政府連絡会議を設置した。同16年に東条英機内閣が成立すると，東条首相が陸相・内相を兼任することで国務と統帥の統一の問題の克服が図られたが，これは軍人が首相となったという偶然性に依拠した面が強かった。

III　占領と戦後改革
(1)　日本占領

　(a)　ポツダム宣言の受諾　　昭和20 (1945) 年7月26日，米英中3国首脳の名において日本軍の無条件降伏を求めるポツダム宣言が公表された。その内容は，日本国の主権を本州・北海道・九州及び四国並びに諸小島に局限し，軍国主義の除去，軍隊の解散，戦争犯罪人の処罰，民主主義的傾向の復活強化，基本的人権の確立等を日本に求めるものであった。米英中3国首脳によるカイロ宣言（昭和18年11月）は将来の領土問題について，南洋群島の剥奪，満洲・台湾の中国への返還，朝鮮の独立，さらに日本が「暴力・貪欲により略取した一切の地域」からの駆逐をうたっていた。ソ連は対日参戦以降ポツダム宣言に加わった。米英ソ3国首脳は昭和20年2月ヤルタで会談し，南樺太の返還・千島列島の引渡しを見返りとしてソ連の対日参戦を約した秘密協定（ヤルタ協定）を締結していた。

　日本政府は8月14日連合国側へ宣言受諾を通告し，翌15日正午昭和天皇が終戦の詔書をラジオで放送した（玉音放送）。9月2日，日本政府はミズーリ号艦上にて降伏文書に署名し，ポツダム宣言を「誠実に履行」する国際法上の義務を負った。

　日本の降伏は「大日本帝国」の軍事的解体をもたらした。日本国軍隊は敵対行為の終止を命じられ（昭和20年一般命令第1号），「帝国」領土内で最初の戦場

となった南洋群島及び沖縄では米軍に，台湾・関東州では中華民国軍に，ポツダム宣言受諾後も戦闘が続いた樺太・千島ではソ連軍に，それぞれ無条件降伏した。朝鮮半島は北緯38度線以北のソ連軍占領地区・38度線以南の米軍占領地区に分断された。戦後改革はこのように四分五裂した「帝国」領土の内「日本本土」において実施された。

(b) 占領管理機構　日本本土の占領管理は連合国最高司令官総司令部 (GHQ/SCAP) の間接統治により行われた。連合国最高司令官にはマッカーサー元帥が任命された。日本占領に関する最高政策決定機関はワシントンに設置された極東委員会 (FEC) で，FEC の決定に基づき米国政府が指令の作成にあたり，連合国最高司令官がその執行にあたるものとされたが，米国は緊急時に FEC を通さない中間指令権を有していた。連合国最高司令官の諮問機関として東京に対日理事会 (ACJ) が置かれた。

GHQ/SCAP は米太平洋陸軍総司令部 (GHQ/AFPAC) の軍政局に代わって最高司令官を補佐するため昭和20 (1945) 年10月2日に発足した。AFPAC は日本のみならず沖縄・南朝鮮・フィリピン等を管轄し，SCAP との二重機構となった。GHQ/SCAP には参謀部のほかに，戦後改革を実施するための専門部局 (特別幕僚部) として民政局 (GS)・経済科学局 (ESS)・民間情報教育局 (CIE) 等が置かれた。特に民政局は民主化改革の中枢機関で，憲法改正・警察改革・公務員制度改革・地方自治改革等の統治機構改革に大きな役割を果たした。また，A級戦犯を扱う国際検事局 (IPS)・BC級戦犯を扱う法務局 (LS) は参謀長直属の下に置かれた。

米国政府は国務・陸軍・海軍三省調整委員会 (SWNCC) 及びその下に極東小委員会 (SFE) を設置し，「降伏後に於ける米国の初期の対日方針」(SWNCC150／4／A) 等を作成，これが米国の対日占領政策を示したものとして GHQ の活動指針となった。

占領政策の実施にあたっては，GHQ の指令，覚書，あるいは書簡を通じて政策の大綱を示し，これを受けて日本政府が具体的施策を立案し，GHQ の承認を得て発令，実施する間接統治方式が採用された。占領下の法制は帝国議会 (日本国憲法施行後は国会) の制定する法律，勅令 (日本国憲法施行後は政令) 等の命令からなることになった。ただし，「ポツダム宣言の受諾に伴い発する命令に

関する件」(ポツダム緊急勅令，昭和20年緊急勅令第542号) は，GHQ の要求に関わる事項実施のための包括的な命令権を政府に与えた授権法で，同緊急勅令に基づき一連の「ポツダム勅令（政令）」が発令され，超憲法的な効力を有した（昭和27年法律第81号により廃止）。

日本側の折衝機関として外務省に終戦連絡事務局が置かれた（昭和20年勅令第496号。後に総理庁連絡調整事務局を経て外務省連絡局となり，平和条約発効により廃止）。また，占領軍の基地設営等の業務は特別調達庁に一元化された（特別調達庁法，昭和22年法律第78号。後に調達庁，防衛施設庁と改称し防衛庁の機関となったが，平成19 (2007) 年防衛省本省に統合）。

(c) 沖縄の分離占領　　ポツダム宣言第8項は「日本国の主権」を本州・北海道・九州及び四国並びに「吾等の決定する諸小島」に局限したが，昭和21 (1946) 年1月 GHQ は「若干の外郭地域を政治上行政上日本から分離することに関する覚書」(SCAPIN677) を発令し，旧植民地のほか，米軍占領下の北緯30度以南の琉球諸島やソ連軍占領下の千島列島等から日本の行政権を排除した。このうち特に米軍による沖縄の分離占領は後年の日米安保体制の展開に大きな影響を及ぼした。

昭和20 (1945) 年沖縄に上陸した米軍は，米国海軍軍政府布告第1号（ニミッツ布告）を発令し，軍政の施行を宣言，昭和25 (1950) 年には軍政府が廃止され新たに琉球列島米国民政府 (USCAR) が設置された。USCAR の長官は初め民政長官であったが，昭和32 (1957) 年，米国政府は「琉球列島の管理に関する行政命令」(大統領行政命令第10713号) を発し，高等弁務官制が導入された。高等弁務官は独自の布告・布令を発することができた。

沖縄住民の自治組織としては，昭和20年沖縄群島に沖縄諮詢委員会が設置（後に沖縄民政府へ改組），同年9月の市長・市会議員選挙では日本で初めて女性にも選挙権が認められた。昭和27 (1952) 年，琉球政府が設立された（琉球政府の設立，米国民政府布告第13号）。琉球政府には行政主席・立法院・民裁判所の三権が備わっていたが，軍政下の制限された自治であった。琉球政府立法院による民立法の整備が進むまで，明治憲法時代の旧法令を含めた諸法令が並存する「法の雑居」が続いた。

(d) 旧支配体制の解体　　GHQ は昭和20 (1945) 年9月，陸海軍解体をはじ

めとする占領条件を指定した一般命令の実施を命じ，各地の日本軍の武装解除や軍需生産の停止がなされた。その後，陸軍省・海軍省が廃止され第一・第二復員省（後に復員省）へ改組されたほか，参謀本部条例，軍令部令，兵役法，陸軍・海軍軍法会議法等の軍事法制の廃止・解体が続いた。

昭和20年10月4日，GHQは「政治的市民的及宗教的自由ニ対スル制限ノ撤廃ニ関スル総司令部覚書」（人権指令，SCAPIN93）を発し，治安維持法，思想犯保護観察法，国防保安法，軍機保護法，宗教団体法等の諸法令の廃止，政治犯の釈放，秘密警察機関の廃止，内務大臣・特高警察職員らの罷免等を命じた。これにより共産主義者，社会主義者ら3000名が釈放された。

東久邇宮内閣に代わり幣原内閣が発足すると，同月11日，マッカーサー司令官は幣原首相と面会して，「憲法の自由主義化」とともに，いわゆる「五大改革」（①婦人の解放，②労働組合の組織化促進，③教育の自由化，④秘密審問的な諸制度の廃止，⑤経済機構の民主化）を求めた。このうち婦人の解放については，同年12月衆議院議員選挙法が改正されて男女平等の普通選挙法となり，翌年4月第22回総選挙では39名の女性議員が誕生した。

教育の自由化については，昭和20年10月，GHQは軍国主義及び極端な国家主義の思想の普及を禁止し，同年12月には修身・歴史・地理教育の教育を禁止し教科書の回収・改訂を命じた。その後，教育刷新委員会の建議をふまえて教育基本法（昭和22年法律第25号）が制定，同23年6月衆参両院で教育勅語の排除・失効が決議され，戦前の教育勅語体制は否定された。また，教育立法は法律をもって定めることとなり，学校教育法（昭和22年法律第26号）・社会教育法（同年法律第207号）・私立学校法（同年法律第270号）・教育委員会法（昭和23年法律第170号）・教育職員免許法（昭和24年法律第147号）・教育公務員特例法（同年法律第1号）等が制定された。

宗教については，GHQは宗教団体法廃止を命じたが，各宗教団体が民間情報教育局に陳情し，昭和20（1945）年12月，宗教法人令（勅令第719号）が承認された。昭和20年12月GHQは神道指令を発し国家神道を否定，昭和21（1946）年2月宗教法人令の改正により神社にも宗教法人となる途が開かれ，内務省神祇院は廃止された。宗教法人の新設・分派・独立がみられ，昭和26（1951）年，ポツダム政令たる宗教法人令に代わる宗教法人法（法律第126号）が制定された。

昭和21 (1946) 年1月1日,「新日本建設に関する詔書」が出され, 天皇と国民との間の紐帯は「単なる神話と伝説」によるものではなく, また, 天皇を「現御神(あきつみかみ)」とし「他の民族に優越せる民族」たる日本国民が「世界を支配すべき運命」を有するとの「架空の観念」に基づくものでもないと昭和天皇自ら神格化否定を宣言した (天皇の人間宣言)。

昭和21年1月, マッカーサー最高司令官の特別宣言書に続き, 極東国際軍事裁判所条例が制定, これに基づいて5月3日, 極東国際軍事裁判 (東京裁判) が開廷された。東条英機らA級戦犯28人が「平和に対する罪」,「人道に対する罪」等で起訴, 判決は同23 (1948) 年11月4日から12日にかけて言い渡され, 文官の広田弘毅を含む東条英機ら7人には絞首刑, 終身禁錮16人, 禁錮20年1人, 禁錮7年1人, 免訴1人, 裁判途中で死亡2人となった。この東京裁判については, 国際刑事裁判所の設立へ至る現代国際法の発展の一契機と評価される一方, 事後法の適用・勝者による敗者の裁き等の法的問題・疑問が提起されている。また, 捕虜虐待等の戦時犯罪 (B・C級戦犯) は内地・外地の当該占領国の軍事法廷で裁かれた。

昭和21年1月, GHQは覚書によって戦争犯罪人, 職業軍人, 軍国主義者等の公職からの追放と極端な国家主義の団体の解散を指示した (公職追放令)。翌22年1月には, 財界・言論界・地方公職に追放の対象が広がり, 同23年5月までに20万人以上が追放された。25年から追放解除が始まり, 同27年4月の対日平和条約の発効で全面的に解除された。

(2) 憲法改正

(a) 日本政府の憲法改正案　昭和20 (1945) 年10月, 幣原内閣は, 松本烝治を委員長, 清水澄・美濃部達吉らを顧問, そして宮沢俊義・清宮四郎・楢橋渡・入江俊郎らを委員として, 憲法問題調査委員会を設置した。同年12月, 松本委員長は, ①天皇が統治権を総攬するという大原則は変更しない, ②議会の議決を要する事項を拡充する, ③国務大臣の責任を国務の全面にわたらせ, 同時に議会に対して責任を持つものとする, ④人民の自由・権利の保護を強化する, との「松本4原則」を明らかにした。翌21年2月8日, 日本側はGHQに「憲法改正要綱」(「松本案」) を提出したが, 13日にGHQは松本案を退け, 代わってGHQ草案を手交した。

なお，これより先，10月近衛文麿は内大臣府御用掛の任命を受け，佐々木惣一が改正草案の起草にあたったが，内大臣府の憲法改正には内外から批判が出，GHQ は近衛との関わりを公式に否定，11月近衛案の上奏・佐々木案の進講により作業は終局を迎え，その後の改憲作業に影響を与えることはなかった。

(b) GHQ 草案　2月3日，マッカーサーはホイットニー民政局長に対して，GHQ による憲法起草の原則として①天皇制の存置，②戦争放棄，③封建制度の廃止等を示し（マッカーサー・ノート），民政局では立法権・行政権・人権・司法権・地方行政・財政・天皇及び授権規定・前文の8つの委員会に分かれて作業を進め，12日には英文の憲法草案(マッカーサー草案)を完成した。GHQ 案には，1月にマッカーサーに知らされた「日本の統治体制の改革」(SWNCC 228) が大きな影響を与えたほか，民間の憲法改正案の中では高野岩三郎・鈴木安蔵らの憲法研究会案に GHQ は最も注目したといわれている。

＊戦争放棄条項の起源

　天皇制の存置及び戦争放棄はマッカーサー・ノートに由来する。天皇制の存廃問題につき SWNCC228は「日本の最終的な政治形態は日本国民が自由に表明した意思によって決定さるべきもの」としてなお留保していたが，マッカーサー・ノートは天皇制の存置を決し，さらに，天皇制を残しても軍国主義化の危険がないことを他の連合国に納得させるため，自衛戦争を含む一切の戦争の放棄を明記した（佐々木高雄『戦争放棄条項の成立経緯』(成文堂，1997年)）。

2月13日，GHQ は草案を日本側へ手交，日本側は松本案の「進歩性」を抗弁したが，GHQ の容れるところとはならず，GHQ 案の受け入れを決し，松本国務大臣は法制局の入江俊郎・佐藤達夫とともに日本文の日本案（3月2日案）をとりまとめ，GHQ との交渉を経て，3月6日，「憲法改正草案要綱」として公表した。

(c) 日本国憲法の公布・施行　昭和21 (1946) 年4月17日，戦後第1回の総選挙の後，政府はひらがな口語文体の「帝国憲法改正草案」を発表した。新憲法の制定は帝国憲法第73条の改正手続に拠ることとなり，枢密院の諮詢を経，第90帝国議会において憲法草案の審議が始められた。同年8月衆議院本会議，10月貴族院本会議で可決，その後再び衆議院で可決され，重ねて枢密院の諮詢を経，天皇の裁可を得て，日本国憲法は昭和21年11月3日公布され，翌22

年5月3日施行された。

＊法律の日本語の革命
　　明治憲法時代の法令はカタカナ漢字交じりの文語文体で書かれていた。「難解の法文は専制の表徴である。平易なる法文は民権の保障である」（穂積陳重『法律進化論』（岩波書店，1924年））との進歩的な法学者らの見解にもかかわらず，法文の平易化は遅々として進まなかった。こうした状況を一変せしめたのが，憲法改正であった。「憲法のひらかな口語は，法律の日本語の革命であった」（横田喜三郎「憲法のひらがな口語」林大ほか編『法と日本語』（有斐閣新書，1981年）。

(3) 統治機構の改革

　憲法改正は民主化改革の1つの頂点をなした。新憲法の内容が定められたことで，新憲法を基軸とした新たな統治機構の整備が求められたが，**GHQ**の機構も整い民政局の主導の下，片山哲・芦田均2代の中道連立内閣の時代には，初期民主化から急進的改革へと占領改革は新たな次元へ進んでいった。改革全般に関わった日本側の諸機関の展開は次のとおりだが，日本の占領改革が間接占領，すなわち旧来の統治機構を利用しての改革であったことは，複雑な陰影をそこに刻むこととなった。

　昭和21（1946）年3月，憲法改正草案要綱の発表に続き政府は，改正憲法に関連して制定又は改廃を必要とする法制の整備を進めるため，臨時法制調査会を設置し，10月には皇室典範改正法案ほか21件の法案要綱が答申された（臨時法制調査会官制，勅令第348号）。

　昭和21年10月政府は，改正憲法下における行政機構及び公務員制度並びにその運用の改革に関する調査・立案を掌る行政調査部を設置した（行政調査部臨時設置制，昭和21年勅令第490号）。昭和23（1948）年2月には法務庁設置法施行（昭和22年法律第193号）に伴い法制局と司法省が統合され，内閣制度創設以来の歴史を有する法制局は廃止された。昭和22（1947）年臨時人事委員会発足に伴い，行政調査部から公務員制度の調査・立案を移管，昭和23年7月中央行政監察委員会と統合して総理庁に行政管理庁が設置された。昭和27（1952）年には内閣の補助機関として法制局が復活した（法律第252号，昭和37（1962）年内閣法制局へ改称）。

　しかしその後，占領政策の転換が明らかになると，**GHQ**自身が占領終結を見通して日本側による見直しを容認，占領改革の時代が終結を迎えることにな

った。昭和26 (1951) 年5月3日，リッジウェー司令官は占領下諸法令の再検討を認める旨声明を発し，これを受けて吉田茂首相の私的諮問機関として政府は政令諮問委員会を設置，8月には行政委員会の原則的廃止・総理府人事局の設置（人事院の廃止）等を含む行政事務及び組織の整理縮小・簡素合理化を唱えた「行政制度の改革に関する答申」が提出された。

　(a) 国会法・選挙法　　国会の召集・会期・国会の組織・議事の運営の細目を定める国会法（昭和22年法律第79号）は，衆議院の議院法規調査委員会で立案，民政局との折衝の上，第91帝国議会に提出，第92議会で成立した。議院手続準則を法律で定めることには議院自律権を尊重するGHQから疑問が呈されたが，日本側の意向が認められた。また，民政局の指導により，常任委員会を中心とした米国型の議会運営方法を導入したほか，議員秘書・両議院法制局・国会図書館の設置等，議員の活動を手厚く保障したが，政党や会派の位置づけに問題が残された。

　昭和23年改正（法律第87号）で委員長の中間報告制度等，委員会中心主義の緩和がなされ，昭和30年改正（法律第3号）では常任委員会を22から16に整理統合したほか，土産法案・利権法案の乱発を防止するために議員立法を制限，内閣に委員会への法案提出権を付与，両院法規委員会並びに自由討議制を廃止する等，大幅な見直しがなされた。

　選挙制度では，衆議院が戦時中の翼賛選挙で選出された議会であったため，昭和20年衆議院議員選挙法が改正（法律第42号），婦人参政権・年齢引下げ（選挙権20年以上・被選挙権25年以上）・大選挙区制限連記制が採用されたが，議員総数468人のうち沖縄県2人については選挙を実施しないとし，また，朝鮮人・台湾人ら「戸籍法ノ適用ナキ者」の選挙権・被選挙権が停止された。昭和22年改正（法律第43号）では再び中選挙区単記制に復帰した。参議院議員選挙法（昭和22年法律第11号）は，GHQの意向をふまえ，職能代表制・推薦制等の導入を見送り，地方区（150人）に全国区（100人）を加味して第二院としての独自性を打ち出したが，第1回選挙後からその問題点が指摘された。これら選挙法制は公職選挙法（昭和25年法律第100号）制定によって総合された。

　第22回総選挙では260超の群小政党が乱立し選挙の腐敗もみられたことから，GHQはその改善を政府に求め，内務省は政党法案を立案したが，内務省解体

が決まり，衆議院に特別委員会を設置して法案を準備，全国選挙管理委員会法（昭和22年法律第154号）及び政治資金規正法（昭和23年法律第194号）が成立した。

(b) 内閣法・国家行政組織法　「日本の統治体制の改革」（SWNCC228）は「選挙民または国民を完全に代表する立法府に対して責任を負う」行政府をうたい，内閣制又は大統領制のいずれかを含意していたが，マッカーサー3原則が天皇制の存続を認めたことから，改正憲法の下でも内閣制度が継承されることになった。日本政府は憲法改正草案要綱において，内閣の組織・運営事項全般を法律事項に移していたが，その詳細を定めた内閣法（昭和22年法律第5号）が第92帝国議会で成立し憲法施行とともに施行された。内閣法は，「議案の提出」の「議案」の一つに法律案を明示して内閣の法案提出権を確保し，国会による政令審査権を排除して内閣の立法府からの相対的独立性を維持した。また，合議体たる内閣を最高行政機関と位置づけ，その下に行政事務を分担管理する各省大臣の権限を整序し，さらに内閣補助機関として内閣官房及び法制局を設置し内閣統合力の強化を図った。

第92議会では従前の各省官制通則に代わる行政官庁法（昭和22年法律第69号）が成立したが，施行後1年を限り有効の暫定法で，新設された総理庁を除き，外務・内務・大蔵・司法・文部・厚生・農林・商工・運輸・通信10省については従来の官制が有効とされた（昭和22年法律第72号）。

GHQの勧告に基づき新たに立案された国家行政組織法案は，第2国会において修正の上成立（昭和23年法律120号），昭和24（1949）年6月施行された。同法の施行に伴い勅令形式の従来の各省官制は一斉に法律の形式に改められ，総理庁・法務庁が府に，通信省が郵政・電気通信2省に解体されたほか，外務・大蔵・文部・厚生・労働（昭和22年9月新設）・農林・通産（昭和24年5月商工省を改称）・運輸・建設（昭和23年7月新設）各省が置かれ，さらに経済安定本部が府省並みの扱いとなった。昭和27（1952）年の機構改革では，法務府が解体されて法制局（内閣法制局）と法務省となり，電気通信省・経済安定本部が廃止された。

また，経済民主化のため米国の独立規制委員会をモデルとした公正取引委員会・証券取引委員会をはじめとして，多種多様な合議制の行政委員会が新設された。行政官庁法は法律・政令のいずれによっても設置できるとしていたが，

国家行政組織法は，国の行政機関としての「委員会」(第3条・別表1)を諮問的・調査的な審議会等(第8条)と区別し，行政委員会制度の法的基礎を定めた。

公務員制度については，従来の天皇の官吏から国民全体の奉仕者たる公務員へとその本質を一変させた。国家公務員法(昭和22年法律第120号)は，アメリカの公務員制度を範とするものであったが，昭和23年政令第201号を経て改正され，公務員の労働基本権が大幅に制限された。また，人事委員会を人事院と改めて，その権限の強化がなされた。昭和40 (1965) 年には国家公務員法改正により内閣総理大臣が人事院と並ぶ中央人事行政機関と位置づけられた。職階制の導入は見送られ，各職に応じた俸給表を定めた給与法(一般職の職員の給与に関する法律，昭和25年法律第95号)が制定された。

(c) 地方自治法の制定　昭和21 (1946) 年，東京都制(法律第26号)・府県制(法律第27号)・市制(法律第28号)・町村制(法律第29号)4法の一部改正がなされたが，官吏知事の公選制等の限界があり，これまでの地方制度法律・地方官官制に代わる統一法として地方自治法(昭和22年法律第67号)が制定された。地方自治法は都道府県を市町村と同様に完全自治体化するとともに，知事から官吏としての身分を奪い，さらに同年の第1次改正で条例に罰則を置くことを認め(昭和22年法律第196号)，ここに憲法が定める「地方自治の本旨」に基づく新たな地方自治制度の基礎が築かれた。また，警察法・教育委員会法等の制定により，従来国家事務とされていた警察，教育等の事務が地方自治体に委譲された。内務省はGHQから中央集権的な国家統制の中心とみなされ，警察・建設・労働・厚生・地方自治等，内務行政の分権化が行われることになり，昭和22 (1947) 年12月に内務省は解体された。

しかし，シャウプ使節団の来日，地方行政調査委員会議(神戸委員会)の設置をみた昭和24 (1949) 年から新制度への反省が進み，昭和27 (1952) 年には地方公共団体の組織・運営の簡素化・能率化の見地から地方自治制度が見直されるとともに(法律第306号)，市町村自治体警察の廃止(昭和29年)や教育委員会公選制の廃止(昭和31年)がなされた。昭和31 (1956) 年自治法改正では，人口50万人以上の大都市を府県から独立させる特別市制度を廃して，政令指定都市制度が設けられた。また，行政区域の広域化を図るため，町村合併促進法(昭和28年法律第258号)が制定され，さらに，同32年には第4次地方制度調査会が全国

を7ないし9ブロックに区分する「地方制」構想を答申したが，知事公選制の意義を否定するものとして法制化は見送られた。なお，北海道については北海道開発法（昭和25年法律第126号）に基づき北海道開発庁が設置され，国と道の開発行政の二元化がもたらされた。

なお，憲法第95条に基づく地方自治特別法として，昭和24（1949）年の広島平和記念都市建設法（法律第219号）・長崎国際文化都市建設法（法律第220号）を皮切りに首都建設法（昭和25年法律第219号）・旧軍港市転換法（昭和25年法律第220号）等15法が昭和25（1950）年から2年間に集中して制定された。

(4) 平和条約と安保条約

(a) 対日政策の転換と再軍備　昭和22（1947）年3月，米国は反ソ反共の「封じ込め」政策を明らかにし（トルーマン・ドクトリン），戦後の国際秩序をめぐる東西両陣営の対立は激化した。東西冷戦は東アジアに波及し，同24年中華人民共和国が成立し国民党政府は台湾に逃れ，朝鮮半島では朝鮮民主主義人民共和国と大韓民国が成立（昭和23年），同25年には朝鮮戦争が勃発した（同28年休戦協定）。こうした世界情勢の激変の中，昭和23年10月，米国は新たな対日政策（NSC13／2）を定め，日本を東アジアにおける冷戦体制の要と位置づけ，「改革」から「復興」へと対日政策の転換を図った。

昭和25（1950）年8月，警察予備隊令がポツダム政令として発令された（政令第260号）。これはGHQが日本政府に警察予備隊の創設を指令したもので，自国の防衛力の漸増・増強を求められた日本政府は，昭和27（1952）年保安隊・警備隊を発足させ（保安庁法，法律第265号），昭和29（1954）年には防衛2法（防衛庁設置法，法律第164号／自衛隊法，法律第165号）を制定し防衛庁・自衛隊を発足させた。同31年には内閣に国防会議が設置された（国防会議構成法，法律第166号。昭和61（1986）年安全保障会議法（法律第71号）制定により廃止）。

(b) 平和条約　東西冷戦の開始は対日講和に大きな影響を与えた。米国はソ連を除外した片面講和（多数講和）を推進，日本国内では全面講和・片面講和をめぐり激しい論争が起こったが，昭和26（1951）年9月8日，サンフランシスコ講和会議において対日平和条約が調印された。会議には52ヵ国が参加したが，中国・朝鮮は招かれず，インド・ビルマは不参加，ソ連・チェコ・ポーランドは参加したが調印式を欠席した。

350 第2部 近代法

　対日平和条約は，①連合国との戦争状態の終了（第1条）を宣言するとともに，②朝鮮の独立，台湾の放棄，樺太・千島列島の放棄等を定め，日本の領域を確定した（第2条）ほか，③占領軍の撤退（第6条），④極東国際軍事裁判（東京裁判）の受諾（第11条）等を定める。翌27年4月28日発効した。
　ここに「日本本土」の独立回復が果たされたが，北緯29度以南の沖縄等は米国の施政権下へ置かれた（第3条）。また，二国間条約に基づく外国軍隊の駐留を認め（第6条但書），平和条約と同時に日米安保条約が締結された。さらに，アジア近隣諸国に対する日本の戦争責任・植民地支配の責任はほとんど議論が深められなかった。
　(c)　日米安保条約（旧安保条約）　昭和26（1951）年9月8日，日米安全保障条約が調印され，同27年4月28日発効した（旧安保条約）。平和条約と同時に安保条約が締結されたことから，在日米軍は安保条約に基づく「駐留軍」として引き続き日本の基地を使用できることになった。
　旧条約によれば，米軍の日本駐留は日本国の「希望」（前文）によるもので，米国は，①極東における平和と安全の維持に寄与するため（極東条項），②日本国における内乱の鎮圧のため（内乱条項），③外部からの武力攻撃に対する日本国の安全に寄与するため，在日米軍を使用する権利を与えられた（第1条）。条約締結交渉で日本側は，基地提供と日本防衛の相互性を主張したが，日本防衛の代償として日本の再軍備を強く求める米側の姿勢を変えることはできなかった。また，昭和27（1952）年2月，条約第3条に基づき日米行政協定が締結されたが，基地を設置する地域を特定しない「全土基地方式」が採用された。これはその後，国内各地で激しい基地闘争を招くこととなった。

第2章　司法制度

I　民事訴訟法の改正と破産法
(1)　大正15年民事訴訟法の成立
　明治23年民事訴訟法は，口頭主義の重視，処分権主義・弁論主義の重視，当事者進行主義の採用などを特徴としたが，実施後数年にして手続の煩瑣と運用上の不備が嘆ぜられ，また民法・商法の改修に対応するための修正が急務とさ

れた。そのため，明治28 (1895) 年から司法省・法典調査会で改正作業が進められ，同36年には改正草案が公表されたが，法典調査会が解散となり，立法化に至らなかった。明治44 (1911) 年から法律取調委員会は，明治36年改正草案を基礎に，1895年オーストリア民事訴訟法を参酌しつつ調査を進めた。大正8 (1919) 年からは司法省の民事訴訟法改正調査委員会に引き継がれ，同14 (1925) 年ようやく改正案が確定した。第51回帝国議会の議を経て，大正15年民事訴訟法（法律第61号）が成立し，昭和4 (1929) 年10月1日より施行された。

明治23年民事訴訟法の下では，当事者の準備不足や行財政整理による裁判官定員数の削減，第1次大戦後の不況による民事紛争の増大などにより訴訟の遅延が危惧されるようになり，そのため改正民事訴訟法は，訴訟の遅延を防ぎ，円滑な進捗を図るとともに，訴訟の準備を周到にし，審理の適正を期すために，準備手続・訴訟の移送・訴訟参加・職権証拠調べなどの制度を拡張し，期日変更を制限し，上訴期間を短縮し，欠席判決・証書訴訟・為替訴訟を廃止し，職権進行主義を徹底して手続の促進と弁論の集中を図った。しかし，昭和6 (1931) 年満洲事変の勃発まで新受事件は増大し続け，結局，改正法によっても訴訟遅延の状態は決定的に改善されるまでにいたらなかった。

この大正15 (1926) 年改正に対しては，賛意を表するものが多かったが，東京地方裁判所長今村恭太郎や帝国弁護士会などの反対があった。為替訴訟の廃止は手形の流通を阻害し，欠席判決の廃止は訴訟の促進にならず，書面審理の拡張は口頭弁論を形式化させるおそれがあるなどの批判であった。訴訟価格による上訴制限については，強硬な反対意見が主張され，上訴制限は見送られた。既に大正2年，民事上告金制度は廃止され，上告制限のない上訴制度が完成していたために，この年以降，民事上告事件数は飛躍的に増加したのである。

強制執行の手続は，明治23年民事訴訟法の時代と大きく変わることはなかったが，強制執行の妨害行為について刑罰による抑制措置がなくなったことから，経済不況あるいは警察の民事不介入の方針などの影響もあって，様々な形の強制執行妨害行為が行われるようになり，その弊害が見過ごせないものとなったため，昭和16 (1941) 年に刑法を改正して強制執行妨害罪が新設された。

(2) **破産法の制定**

破産制度に関しては，明治23年旧商法第3編破産が商人の破産を，同じく明

治23年家資分散法が非商人の破産を規律していたが，明治民法・商法の成立とともに改正の必要が生じ，この要請にこたえて大正11年破産法（法律第71号）が公布された。破産法は，大体の構成においてドイツ破産法に範を採ったもので，一般破産主義を採用し，商人と非商人との区別なく一般の破産法を適用することとした。非免責主義が引き続き採られ，破産者は破産手続終了後も破産手続により配当されなかった残債務を弁済する責めを負った。同日，破産回避を目的とした債務整理手続である和議法（法律第72号）も公布された。その後，昭和13（1938）年に商法が改正され，会社整理・特別清算の手続が成立し，破産・和議・会社整理・特別清算の4倒産処理手続が整備された。

II 調停制度の創設

資本主義の急激な発展と第1次世界大戦後の不況は，労働運動・農民運動を盛んにし，社会の動揺や経済的関係の動揺は民事紛争の増大をもたらした。こうした状況のなかで，明治23年に廃止された勧解制度の復活を求める声が強まり，簡易・迅速・低廉な裁判外紛争処理手続として調停制度が創設されることとなった。最初に立法化されたのが，大正11（1922）年の借地借家調停法（法律第41号）である。この法律は，大正10（1921）年に，大戦後の住宅難に対処するために制定された借地法と借家法を受けて，借地借家紛争を解決する手段の一つとして制定されたものであり，東京府以下六大都市の府県に施行された。

調停は，区裁判所（又は地方裁判所）に申し立て，区裁判所判事と民間の有識者からなる調停委員会において，当事者の互譲妥協を図り，法的解決ではなく当面の争いの具体的妥当な解決を期すとともに，将来の関係をも安定ならしめるためできるだけ円満な解決をはかろうというものであった。調停が成立しないときには，調停委員会が調停条項を作成し，当事者双方に送付し異議の申立てがなければ，調停が成立したものとみなした。

借地借家調停法は，大正12（1923）年の関東大震災後の借地借家紛争の処理に大きな役割を果たし，調停制度の評価を一躍高め，他の民事紛争についても調停制度が採り入れられることになった。大正13（1924）年には小作争議の抑制策として小作調停法（法律第18号）が制定され，同15年には大都市における商事紛争の解決にふさわしい方法として商事調停法（法律第42号）が制定され，ま

た同年には労働運動を抑制するための労働争議調停法（法律第57号）も制定された。昭和7（1932）年には，経済恐慌に対する臨時非常措置として，少額債務者の窮状を救済するため，金銭債務臨時調停法（法律第26号）が3年の時限立法として公布されたが，昭和9年に半恒久的なものに改められた。当時の国民の経済的困窮はきわめて深刻で，昭和10（1935）年には年間の申立て件数が10万件を超えた。この法律が「調停に代わる裁判」を行う権限を調停委員会に与えたことに関して帝国弁護士会などが強く反対した。また昭和14（1939）年には，非常時局における家庭平和の維持のため人事調停法（法律第11号）が制定され，戦死者の恩給・扶助料などを巡る遺族間の紛争解決や夫婦関係の調整などが行われた。同年には，鉱害責任を過失責任の理論で処理しきれないため，鉱業法の改正により鉱害調停制度が作られた。

太平洋戦争開始後，非常事態に対処するため，昭和17（1942）年，戦時民事特別法（法律第63号）が公布され，民事に関する実体法・手続法に臨時応急の特例が設けられた。同法により裁判手続の簡素化が図られるとともに，調停を広く民事紛争一般に及ぼすこととした。この法律は，戦後，戦時民事特別法廃止法律によって廃止されたが，調停に関する規定だけは引き続き効力を有することとされ，昭和26年民事調停法制定まで，その効力を持続した。

III 刑事訴訟法の改正（大正刑事訴訟法）

刑事手続改革の必要性を痛感させることになったのが，明治40年刑法の施行であった。明治40年刑法は，起訴便宜主義の事実上の確立と検察の政治的台頭を促した。検察は，明治40年代から積極的に瀆職事件を摘発し，日糖事件，シーメンス事件，教科書疑獄事件，大浦事件などの処理を通じて，その政治的影響力を示した。これらの瀆職事件の捜査において，検事による政治家・官僚・有産者への強制捜査とそこでの勾留・自白の強要などが行われたことが，「人権蹂躙問題」として政治家や在野法曹に認識され，また，大逆事件が証人調べを行わずに異例の速さで結審したことも，弁護人に裁判に対する強い疑問を抱かせ，在野法曹のみならず，原敬を中心とした政友会にも検察権力のコントロールと刑事手続の改革の必要性を痛感させた。

明治23年刑事訴訟法の改正作業は，明治28（1895）年に司法省ではじまり，

その後，法典調査会に引き継がれた。明治32 (1899) 年に一部改正が実現したが，明治41年に司法省は法律取調委員会に改正法立案を提議し，大正5 (1916) 年に「刑事訴訟法改正案」が作成された。その後，刑事訴訟法改正調査委員会で調査審議が行われ，大正10 (1921) 年に改正案を得，第45回帝国議会の審議を経て，大正11 (1922) 年に改正刑事訴訟法（法律第75号）が公布され，同13年1月1日から施行された。大正11年刑事訴訟法は，主として1877年ドイツ刑事訴訟法と1920年のドイツ刑事訴訟法草案を参考とし，また日本弁護士協会を中心とする「人権蹂躙問題」への批判など大正中期以降の社会情勢を背景として，ドイツ法学への傾斜と民本主義的思潮の影響の下で成立した。

大正11年刑事訴訟法は4編632条から成る。その特徴は，要急事件の強制処分など検察捜査機関の権限を拡大したこと，不告不理の原則を徹底したこと，起訴便宜主義を明文化するなど公訴提起や公判維持に関する検察官の裁量を拡大したこと，大正2年刑事略式手続法の規定を編入したこと，被告人の当事者たる地位を強化したこと，被告人尋問に黙秘権を認め，未決勾留の期限を制限し，予審での弁護人選任を認めるなど被告人の権利保障の拡充を図ったことなどにあった。しかし，この大正11年刑事訴訟法の運用の実態は，任意同行や任意留置など，人権蹂躙問題があとを絶たず，行政執行法による検束の濫用や違警罪即決例の濫用が横行した。

昭和16 (1941) 年の国防保安法と治安維持法改訂による捜査検察権限の拡大強化及び翌17年の戦時刑事特別法による刑事手続の全面的簡素化が強行されて，1933年以後のナチス刑事訴訟法改正に影響を受けた昭和10年代の司法制度革新論が具体化され，検察官の公判前手続支配の完成をみた。

Ⅳ 陪審裁判の導入

大正12 (1923) 年，陪審法（法律第50号）が公布され，昭和3 (1928) 年10月1日から施行された。

わが国における陪審裁判の試みは，小野組転籍事件解決のため，司法省臨時裁判所で「参座」（官員陪審）裁判を行ったのが最初である。ブスケの「仏国政府体格及機関」でも陪審の紹介があり，岩倉使節団一行もパリ重罪裁判所で陪審裁判を傍聴していた。治罪法は審理陪審の導入を前提に構想されたが，井上

毅の強い反対により，結局削除された。しかし，陪審制度については，その後も，その導入について度々論議され，民権派は，その運動目標として陪審制度の導入を掲げていたが，帝国憲法での陪審制度の導入は実現しなかった。

明治43（1910）年，政友会は第26回帝国議会に「陪審制度設立ニ関スル建議案」を提出し，人権擁護のために，司法権への国民参加を実現し，司法権の独立と裁判の公平を確立する必要があるとして，陪審制度を導入するよう求めた。大正7（1918）年，原敬内閣が誕生し，陪審制度の導入をその政策の1つとして掲げるに至り，立法作業が具体化した。諮問を受けた臨時法制審議会では，美濃部達吉の陪審違憲論と江木衷の陪審合憲論が対立したが，大正9（1920）年に臨時法制審議会の答申を得て，法案作成の作業に入り，大正12（1923）年の第46回帝国議会で成立した。

この陪審法による陪審制度は，公判陪審の制度であり，直接国税3円以上を納める30歳以上の男子から抽選で選ばれた12人の陪審員に犯罪事実の有無を判断させるもので，陪審事件には法律上陪審に付される法定陪審事件（死刑，無期の懲役又は禁錮に該る事件）と被告人の請求によって陪審に付する請求陪審事件（3年を超える懲役又は禁錮に該る事件・地方裁判所を第一審とする事件）があった。皇室に対する罪，内乱・外患・国交に関する罪，騒擾罪，軍事機密関係の犯罪，選挙違反事件，治安維持法違反事件（昭和4年治安維持法改訂追加）は陪審事件から除外された。陪審の評議は陪審員の過半数によって決せられ，裁判所に答申をするが，裁判所はこの答申に拘束されなかった。裁判所が陪審の評決を不当と考えるときは，陪審の更新をするか，陪審の答申を採用しないで判決を言い渡すことができた。陪審の答申を採用して事実の判断を行った判決に対しては，控訴できず，上告だけが許された。

政府は，陪審裁判実施のための準備に精力的に取り組み，昭和3（1928）年10月23日，わが国最初の陪審法廷が大分地方裁判所に開かれた。陪審法は順調なすべり出しを見せたかと思われたが，この陪審制度は，制度としても不十分であり，国民の間に制度に対する知識と理解が浸透していなかったこともあって，陪審法が実施された期間に陪審の評議に付された事件は，陪審の審理を受け得た事件のうちの2％にも満たなかったといわれる（**図表1参照**）。法定陪審事件における陪審辞退や公訴事実の承認による陪審の放棄も多く，陪審裁判の

図表 1　陪審裁判新受事件数　　　　　　　　　　　　　　　　　(年号は昭和)

3年	4年	5年	6年	7年	8年	9年	10年	11年	12年	13年	14年	15年	16年	17年	18年
31	143	66	60	55	36	26	18	19	15	4	4	4	1	2	0
合計484件（内，法定陪審事件472件，請求陪審事件12件）															

請求もきわめて少なかった。請求陪審事件については，無罪にならない限り，陪審費用の全部又は一部が被告人の負担となった。陪審員の旅費・日当・宿料などであり，被告人が負担しなければならない陪審費用は莫大であった。陪審法に対して誠実で優れた裁判官もかなりいたが，一般的には，被告人が陪審を選択することは裁判官への不信の表れであり挑戦的であると受け取られた。そのために刑の量定が峻厳になることもあり，弁護人のなかには，依頼者が陪審を辞退し，裁判官に恭順の意を表すことこそが，もっとも有効な「法廷技術」であると考える者も少なくなかった。国民の英知の賜として人権擁護に優れた裁判例を残しながらも，昭和18 (1943) 年，戦争を迎え，陪審に要する時間と労力，経済的費用節減のため，「陪審法ノ停止ニ関スル件」(法律第88号) により陪審法は停止され，今日に至ったのである。

Ⅴ　「国民の裁判」の実現

(1)　日本国憲法施行に伴う司法改革

　昭和22 (1947) 年，日本国憲法の施行とともに，新しい裁判制度が発足した。民主的な裁判制度の確立をめざすGHQの示唆を受けて，新しい裁判制度を支える諸法律が憲法改正案と並行して審議され，同22年4月には，裁判所法 (法律第59号)・裁判所法施行法 (法律第60号)・検察庁法 (法律第61号)・下級裁判所の設立及び管轄区域に関する法律 (法律第63号) などがそれぞれ公布され，いずれも同22年5月3日から施行された。

　新しい裁判制度では，司法の独立をもたらすために，司法の完全な組織的・職務的な独立がはかられた。裁判官の職権行使の独立とそのための裁判官の身分保障が徹底され，裁判所が完全に行政部から独立するために，司法行政権は最高裁判所以下の裁判所に属するものとされ，さらに裁判所と検察庁とが完全に分離された。また司法の自主性を尊重するために，最高裁判所に訴訟に関す

る手続・弁護士や裁判所の内部規律・司法事務処理に関する事項について規則を定める権限を付与した。司法は，立法部からも，その弾劾権限にもかかわらず，独立した存在でなければならないが，昭和24（1949）年，参議院法務委員会が裁判に対して国政調査権を発動し，司法の独立を侵害するという事態が生じた（浦和事件）。その後も「国権の最高機関」である議院の国政調査権の範囲とその行使をめぐっては，しばしば論議をよんでいる。

　この新しい裁判制度では，「法の支配」を実現するために司法権の範囲の拡大がはかられ，民事及び刑事の裁判のほか行政事件の裁判を含めて，すべての争訟の裁判を行う権限は司法裁判所に属するものとされ，あわせて特別裁判所の設置が禁止されて，最高裁判所と高等裁判所・地方裁判所・家庭裁判所（昭和23年創設）・簡易裁判所の下級裁判所からなる裁判所組織が設けられた。

　最高裁判所は，憲法により設置された最高の裁判所であり，唯一東京に置かれている。最高裁判所は，上告及び特別抗告などについて裁判権を有し，長官及び14人の判事全員で構成する大法廷と5人ずつで構成する小法廷とで裁判が行われる。最高裁判所に威信をもたせ，大きすぎる合議体の非能率を避けるために大審院のときより判事の数を減じたが，このため，最高裁判所の判事の仕事量が著しく増大し，上告事件なども急増し，裁判遅延を恒常化させることとなった。

　また最高裁判所には，司法審査権・規則制定権・包括的な司法行政権が付与されている。ことに新しく司法審査権をもったことで，最高裁判所は高度な政治的特権を託されることとなり，そのために最高裁判所判事の任命は国民審査に付され，その適格性は任命後初めて行われる衆議院議員総選挙の際に国民によって審査される（その後は10年を経過するごとに）ものとした。高等裁判所は，主に控訴事件と抗告事件を取り扱う裁判所であり，内乱に関する罪に係る訴訟などについては第一審としての裁判権を持ち，東京・大阪・名古屋・広島・福岡・仙台・札幌・高松に置かれ，さらに支部を置くことが認められている。地方裁判所は，原則的な第一審裁判所であり，都道府県庁の所在地（北海道には4ヵ所）49ヵ所に置かれた（昭和47年那覇地方裁判所設置により現在は50ヵ所）。家庭裁判所は，昭和23（1948）年に裁判所法の一部が改正されて，家事事件と少年事件を総合的に処理するために創設された裁判所である。簡易裁判所は，比較的

少額，軽微な事件についての第一審の裁判権を有する裁判所である。裁判所法では，司法修習制度が採用され，法曹養成の一元化がはかられた。また裁判所には，裁判官のほかに，裁判所書記官・裁判所事務官が置かれ，また裁判官の命を受けて事件の審理及び裁判に関して必要な調査を行う裁判所調査官の制度も設けられた。この制度は，当初，最高裁判所の判事を補佐するために設けられたが，後には下級裁判所の特定の事件にも拡大された。

(2) 民事訴訟法の改正

日本国憲法の制定は，民事訴訟法にも改正を促すことになった。民事訴訟法の改革の要点は，裁判所の負担軽減と職権主義を弱めることで，訴訟手続を民主化することであった。昭和23年の民事訴訟法改正 (法律第149号) では，当事者主義を民事訴訟手続に導入するために，職権証拠調べを廃止し，証人尋問についても交互尋問制を採用し，さらに，無益な上訴を防止するために，濫控訴に制裁金を科し，変更判決の制度を設けた。また，一般国民の良識を簡易裁判所の訴訟に反映させることができるようにするために司法委員制度を導入した。昭和25 (1950) 年には，GHQからの指令もあり，期日の変更の要件を厳しくし，準備手続を単独事件の審判にも用いることができるよう民事事件の審判を促進する措置を講じた。また，民事上告特例法 (昭和25年法律第138号) による最高裁判所の負担を軽減するための措置が採られた。

また，人身保護法 (昭和23年法律第199号) も制定され，不当に奪われている人身の自由を司法裁判によって迅速かつ容易に回復する制度を設けた。人身保護法は，英米法のヘビアス・コーパス (Habeas Corpus) の影響を受けて制定されたものであるが，当初想定された権力や暴力による不当拘束から解放する手段としてはほとんど用いられず，もっぱら子の引渡しにおける人身保護請求に用いられているにすぎない。

(3) 行政裁判所の廃止と行政事件訴訟特例法の制定

日本国憲法が特別裁判所の設置を禁止したことにより，行政裁判所が廃止された。これに伴い，昭和23年，行政事件訴訟特例法 (法律第81号) が制定され，すべての行政行為の適否に関する争訟は，行政不服審判手続を経た上で，通常の司法裁判所に訴訟を提起できることになったが，同時に，行政の機能が司法による干渉によって妨げられないように，差止命令には厳格な要件を課し，さ

らに内閣総理大臣に差止命令に対する非常の拒否権を認めた。また戸籍事務に関する不服申立ては，昭和22年戸籍法により，家庭裁判所に行政不服審査請求ができるとされた。行政事件訴訟特例法は昭和37（1962）年に改正され，行政事件訴訟法（法律第139号）が公布された。

(4) 刑事訴訟法の改正

　刑事訴訟手続は，刑事訴訟の迅速化・効率化並びに人権保障のために多くの改革がなされた。昭和22（1947）年，日本国憲法の施行に伴う刑事訴訟法の応急的措置（法律第76号）が採られたが，昭和23年7月に大正11年刑事訴訟法が全面改正され，新しい刑事訴訟法（法律第131号）が公布され，12月には刑事訴訟規則（最高裁規第32号）が定められた。これらの新刑事訴訟法制は昭和24年1月1日から施行された。令状主義による強制処分につき人権保障の趣旨が徹底され，被疑者の弁護人選任権の容認，予審の廃止，予断排除のため起訴状一本主義の採用，伝聞証拠禁止の原則や自白の証拠能力の制限など，いくつかの基本原理をアメリカ法から取り入れ，当事者主義訴訟構造が格段に強化された。また，控訴審は覆審ではなく事後審とされ，このほか私訴が廃止された。

　GHQは，政府に対して，検察の民主化のための制度立案を促し，検察官公選制と起訴陪審制の導入を求めたが，検察官公選制に代わるものとして検察官適格審査会制度，起訴陪審制に代わるものとして検察審査会制度が導入されるにとどまった。審理陪審制の復活についても，GHQはこれを求めていたが，日本政府は，陪審制度は憲法の規定（第76条3項）に反し，また日本人の国民性にも適さないと主張し，この要求に抵抗を示した。GHQから，将来，刑事事件について陪審制度を採用する途を開いておくための規定を挿入しておくよう強く要請され，裁判所法には，刑事について陪審の制度を設けることを妨げないという規定（第3条3項）を置き，この問題の解決を将来に留保した。

第3章　刑　事　法

I　明治40年刑法（現行刑法）の成立
(1) 改正の経過

　旧刑法が成立した1880年代は，ヨーロッパにおいて古典学派・新古典学派の

刑法理論を批判する近代学派（新派）の刑法理論が台頭し,「刑法学派の争い」が展開されつつあった時代であった。そのため旧刑法は，公布直後から，近代学派の刑法理論の立場からする批判，旧刑法のもつ自由主義的性格に対する保守派の感情的反発あるいは新律綱領・改定律例の復活といった旧守の立場からの批判など様々な批判が出された。

司法省も施行後まもなく改正の必要を認め，改正作業に着手した（**図表2**参照）。司法省の改正案は太政官から参事院の審議に付され，明治16 (1883) 年，参事院は「議決案」を上申した。この間，参事院議長山県有朋は参事院による修正案についてボワソナードの意見を求めたが，施行後間もない時期の改正に反対する意見であった。しかし，旧刑法の起草者であるボワソナードは，刑法草案審査局での修正に強い不満をいだいており，独自の改正案を作成し，明治19 (1886) 年『刑法草案註釈』に収録し公刊して，この案にそった改正を期待した。司法省の法律取調委員会は，ボワソナードの案をもとに旧刑法に対する批判や実務家が困難を感じている点などを研究して改正案を練り,「明治23年刑法改正案」（4編414条）を第1回帝国議会に提出したが，議決に至らずして，会期を終了した。

明治10年代後半から，維新後の急激な社会的変革に伴い犯罪が急増する現象が現れていた。近代学派の刑

図表2　明治40年刑法の編纂経過

明治16年	参事院，議決案を上進
	旧刑法改正反対意見
明治19年	参事院議決案を廃棄
	ボワソナード，改正案を作成（「刑法草案註釈」に収録）
	↓
明治23年	法律取調委員会，刑法改正案（4編414条）を作成
明治24年	第1回帝国議会に刑法改正案を提出
	議決に至らず，会期終了
明治25年	刑法改正審査委員会を設置
明治28年	刑法改正審査委員会，刑法改正案（2編318条）を脱稿
	大審院諸裁判所・検事局に配付し，意見を聴取
明治30年	司法省，刑法改正案（2編322条）を公表
	政府，刑法改正案の帝国議会提出を見合わせ
明治32年	法典調査会を改組し，第3部会に刑法改正を担当
	「明治30年案」を原案とする方針を決定
明治33年	法典調査会，刑法改正案（2編300条）を作成
明治34年	政府，第15回帝国議会に刑法改正案を提出
	審議未了
	法典調査会，刑法再整理案を作成
	刑法改正案（2編299条）を作成
明治35年	政府，第16回帝国議会に刑法改正案を提出
	審議未了
	法典調査会，刑法改正案（2編298条）を作成
	政府，第17回帝国議会に刑法改正案を提出
	議会解散
明治39年	法律取調委員会を設置
	法律取調委員会，刑法改正案（2編289条）を作成
明治40年	政府，第23回帝国議会に刑法改正案を提出
	修正可決

法理論を学んだ富井政章・穂積陳重・古賀廉造らは，旧刑法の折衷主義刑法理論では社会防衛の必要を満たせないとし，近代学派の刑法理論の立場から旧刑法を改正すべきであると主張していた。司法省は，こうした批判を受けて，明治25（1892）年1月，刑法改正審査委員会を設け，横田国臣・曲木如長らを委員に任じ，翌2月，三好退蔵（後に横田国臣に交替）に委員長を命じて，倉富勇三郎・古賀廉造・石渡敏一を補充して改正作業にあたらせ，およそ4年の歳月を費やして，明治28年12月に「刑法改正案」（2編318条）を脱稿した。司法省は，この「刑法改正案」を大審院はじめ全国の裁判所と検事局に配付し意見を求めた。さらに明治30（1897）年12月，日本弁護士協会等からの公開要求を受けて，「刑法草案」（2編322条）を社会一般に公表した。この「明治30年刑法草案」が現行刑法の原型をなすものであり，1871年のドイツ刑法など当時のヨーロッパにおける最新の刑法や刑法草案を広く参照し，リストをはじめとする近代学派の刑法理論を摂取して作成されたものであったが，弁護士ばかりでなく判検事のなかにも刑法改正反対の意見があり，また同時に進められていた刑事訴訟法の改正作業との関連もあって，政府は刑法改正案の議会提出を見合わせることになった。

　明治32（1899）年3月，政府は，法典調査会を改組して第3部会に刑法改正の作業を担当させ，横田国臣を部会長，倉富・石渡・古賀を起草委員，穂積陳重らを委員に任じ，明治30年草案を原案として旧刑法の根本的改正を行う方針を決めて，逐条審議を進め，成案（2編300条）を得た。政府は，この刑法改正案を明治34（1901）年の第15回帝国議会に提出したが，各地の弁護士会を中心とする反対運動の影響もあって審議未了となった。同案を一部修正して，翌35年の第16回帝国議会に提出し，貴族院では修正可決されたが，衆議院でまたしても未了に終わった。さらに法典調査会では前案に若干の修正をほどこし，改正案（2編298条）を作成，第17回帝国議会に4たび提出したが，議会が解散し議事にのぼらなかった。同案のなかの刑の執行猶予及び免除に関する部分のみは，明治38（1905）年に「刑ノ執行猶予ニ関スル件」（法律第70号）として公布された。

　明治39（1906）年6月，司法省に法律取調委員会を置き，改正案の作成・整理にあたらせ，同年12月に改正案が成り，翌40年の第23回帝国議会に提出し，

若干の修正を得てようやく両院を通過した。しかし議会では，死刑及び無期刑の廃止・内乱の主魁に対する死刑規定の廃止・有婦の夫の姦通罪新設などの意見が出されたが，いずれも認められなかった。ここに至って刑法の改正が成立したのは，日露戦後体制に適合的な刑法典を必要としたためであるといわれている。かくして改正刑法は，同年4月24日法律第45号として公布され，翌41(1908)年10月1日より施行された。新刑法は違警罪を特別法に委ねたので，明治41年に警察犯処罰令（内務省令第16号）を公布し，新刑法とあわせて施行した。またこの年，刑法の改正に伴い，陸軍刑法（法律第46号）・海軍刑法（法律第48号）も改定した。

(2) 明治40年刑法の特色

現行刑法は2編53章264条から成る。現行刑法は，もとより旧刑法の規定を多く受け継いでおり，その本質において旧刑法の改善であったが，近代学派の主張を大幅に採り入れた当時としてはもっとも最新の刑事立法であり，目的刑主義と主観主義の立場を鮮明にし，刑事政策的見地を強調しているところに特色がある。それは，旧刑法に対する次のような批判があったからである。犯罪の類型が煩雑であり，法定刑が厳格で弾力的な量刑ができないこと，在外邦人の処罰に関する規定がないこと，時代に合わない流刑や複雑な自由剥奪刑の再検討の必要があり，議会開設・科学技術の進歩による社会の変遷に対応できないことなどの批判であった。現行刑法は，旧刑法の重罪・軽罪・違警罪の区別を廃止して，主刑を死刑・懲役・禁錮・罰金・拘留・科料とし，附加刑には没収を定めた。旧刑法に比して犯罪類型の枠をはるかに包括的・弾力的なものとし，それに応じて法定刑の範囲も拡張している。このことは，拡大された執行猶予や仮出獄の制度あるいは罪刑法定主義の規定の削除と相俟って，裁判官の裁量の範囲を広げ，司法部の政治的台頭を促すことにもつながったといわれる。その他，併合罪の加重規定や広汎かつ極めて重い累犯加重の規定，未遂罪の刑の任意的減軽規定などを設けている。また，「皇室ニ対スル罪」や尊属に対する犯罪あるいは騒擾の罪などを重視し，さらに外患罪を重く罰するなど，当時の国家体制の維持に適合するものであった。

＊牧野英一『刑事学の新思潮と新刑法』（警眼社，1909年）
　　本書は，誕生したばかりの新刑法をとり上げ，近代学派の立場から目的刑論や主

観主義の刑法理論を展開し，刑法理論のコペルニクス的転換をはかったと評された。

(3) 治安警察法の登場

明治33（1900）年3月に，治安警察法（法律第36号）が制定公布された。これまでにも，新聞紙条例（明治8年）・集会条例（明治13年）・保安条例（明治20年）・集会及政社法（明治23年）・予戒令（明治25年）など，政治活動を抑圧し，「国家の安寧秩序」を確保するための法令は多数存在していたが，日清戦争後の新たな社会情勢に対処するために，従来の治安立法にはなかった労働運動・農民運動に対する取締りを規定した。治安警察法は，結社・集会の届出の義務化，軍人・警察官・宗教家・教員・学生・女子・未成年者の政治結社加入の禁止，女子・未成年者の政談集会参加の禁止，集会に対する警察官の臨監・中止・解散権，結社に対する内務大臣の禁止権，労働者・小作人の団結や争議行為に対する禁圧を定めていた。治安警察法の成立は，ようやく芽生えたばかりの労働運動・農民運動に大きな打撃を与えた。大正11（1922）年4月，女子の政談集会参加禁止条項のみが削除され，ついで大正15（1926）年4月には，労働争議調停法（法律第57号）の成立により労働者・小作人の団結や争議行為に対する禁圧規定は削除されたが，治安警察法は治安維持法の成立後もこれと相俟って社会運動の抑圧・規制に威力を発揮した。

治安警察法とともに制定された行政執行法（明治33年法律第84号）は，警察官が司法官憲の承認（令状）をまたずに独自の判断で国民の身体や財産に強制を加えることを可能にした。「泥酔者，瘋癲者，自殺ヲ企ツル者其ノ他救護ヲ要ス ト認ムル者」に対する保護検束と「暴行，闘争其ノ他公安ヲ害スル虞アル者」に対する予防検束の2種類があった。検束は翌日の日没後に至ることを得なかったが，実際には盥廻しが行われ，何らかの他の犯罪容疑の取調べのために検束が濫用されることが多かった。

II 刑法の改正作業と治安立法

(1) 刑法改正の綱領・改正刑法仮案

現行刑法の全面改正問題が登場したのは，大正10（1921）年であった。日露戦争につづき第1次世界大戦による資本主義の急激な発展は，一方で労働運動や農民運動を盛んにし，明治30年代初頭に確立した法体制を動揺させた。その

ため,「我国固有ノ淳風美俗」と調和の保てない法制を速やかに改正すべしとの臨時教育会議の建言にしたがって,政府は,大正8年に臨時法制審議会を設け,民法改正の諮問(第1号)についで,同10年11月,刑法改正を諮問(第4号)し,「我国固有ノ道徳及美風良習」からみて,「人身及名誉ノ保護ヲ完全ニスル」とともに,また「犯罪防遏ノ効果ヲ確実ナラシムル為,刑事制裁ノ種類及執行方法ヲ改」める必要とその改正要綱を求めた。臨時法制審議会(総裁穂積陳重)は,牧野菊之助・江木衷・倉富勇三郎らを委員に指名し,大正15(1926)年10月,「刑法改正ノ綱領」を決議し,内閣へ答申した。

答申は,体制の危機を「淳風美俗」に基づく「社会防衛」によって克服しようという考え方で貫かれており,その内容は,「皇室ノ尊厳ヲ冒瀆スル罪」や「家」的秩序を破壊するような行為に対する規定を整え,犯罪防遏の効果を確実にする方策として,不定期刑や「労働嫌忌者,酒精中毒者,精神障礙者等」に対する保安処分のほか,公権の喪失・停止,居住制限などを設け,また罪を犯さない旨の誓約などの犯罪予防策,判決の公示,刑罰相互間の代替性,常習犯・教唆犯の独立罪犯化,法令違反行為の賞揚・奨励・煽動の処罰などが掲げられている。他面,執行猶予の拡大や仮出獄条件の緩和,宣告猶予,酌量減免など,司法官の裁量の拡大や死刑・無期刑の減少,財産犯で損害を賠償したときの刑の免除,自救権などを認めようとするものであった。

昭和2(1927)年1月,司法次官林頼三郎を委員長とする刑法改正原案起草委員会を設け,司法省刑事局長泉二新熊(もとじしんくま)が起草の中心となり,「刑法改正ノ綱領」に基づく「刑法予備草案」(359条)を脱稿した。ついで,この草案をもとに,「国体の明徴,醇風美俗の尊重を旨とし個別処遇の原則に即して社会の防衛と本人の教化改善とを完了することを主眼」として,刑法竝監獄法改正調査委員会が草案の起草にあたり,昭和6(1931)年9月に総則編が,昭和15(1940)年3月に各則編が,それぞれ審議を終わり,若干の事項を保留したまま未定稿として発表されたが,戦争のため改正作業は中断された。これが今日,「改正刑法仮案」(462条)とよばれるものである。

(2) 治安維持法の成立

第1次大戦後の労働運動・農民運動の成長とロシア革命を背景とする社会主義的な思潮の急激な展開は,従来の行政警察的な手段で政治活動を抑制するだ

けの治安対策では不十分であることを政府に感じさせ，政府は「国民思想悪化の傾向」を防遏する新たな治安政策を模索することになり，大正11（1922）年2月，高橋是清内閣は過激社会運動取締法を議会に提出したが，審議未了，廃案となった。しかし，その後大正14（1925）年4月，加藤高明内閣がいっさいの反体制運動の抑圧をねらって治安維持法（法律第46号）を制定した。

治安維持法は，国体の変革又は私有財産制度の否認を目的とする結社を組織したり，それに加入したりする行為を，刑罰によって処罰することを主な内容とした。昭和3（1928）年，日本共産党関係者が大量に逮捕された3・15事件を契機にして，田中義一内閣は緊急勅令をもって治安維持法の改訂を強行した。国体の変革と私有財産制度の否認とを峻別し，刑罰に死刑を加えて，国体変革の目的をもつ者をいっそう厳しく処断することにし，さらには結社の目的遂行のためにする行為をした者を新たに罰することとした。昭和16（1941）年の全面改訂（法律第54号）では，結社を支援する結社（外郭団体）と準備結社を禁じ，国体否定等の事項を流布するための結社（類似宗教）を禁じた。そして被疑者の召喚勾引等を検事の権限とし，控訴を認めない二審制を採るなど刑事訴訟法とは異なる刑事手続を定め，予防拘禁の制度を新設した。また治安維持法に違反した者で，執行猶予となった者・不起訴となった者・刑の執行が終わった者などは，思想犯保護観察法（昭和11年法律第29号）により厳重な監視下におかれた。治安維持法は，曖昧な対象規定と拡張解釈により，思想・信教・結社などの自由を剥奪し，処断者は数万人に及んだといわれる。

昭和20（1945）年10月，**GHQ**は政治的市民的及宗教的自由ニ対スル制限ノ撤廃ニ関スル総司令部覚書を発して，治安警察法・治安維持法などの国民の政治的・市民的自由を拘束する一切の法規の廃止，政治・思想犯の釈放，思想警察の廃止などを指示した。

(3) 刑法の部分改正と戦時刑事特別法

昭和16（1941）年3月の刑法の部分改正（法律第61号）は，「治安ヲ確保シ国防国家体制ノ完璧ヲ期スル」ため，安寧秩序に対する罪・強制執行免脱罪・談合罪などを新設し，主として統制経済の混乱を防ごうとした。またこの年，国防保安法（法律第49号）を定めて，外交・財政・経済・その他に関する重要なる国家機密に機密保護の厳しい枠を設けた。また国防保安法は，治安維持法と同様

の刑事手続の特例を定めていた。

　昭和16 (1941) 年12月8日の太平洋戦争の開戦により，刑事法の分野においても戦時特別措置が採られた。言論出版集会結社等臨時取締法（法律第97号）と戦時犯罪処罰ノ特例ニ関スル件（法律第98号）とが公布され，翌17年には戦時刑事特別法（法律第64号）が定められ，戦時犯罪処罰ノ特例ニ関スル件を吸収してこれを拡張し，戦時下の放火・猥褻・姦淫・窃盗・強盗などの犯罪に重刑を科すとともに，生活必需品の買占め・売惜みなどの経済統制違反の取締りを強化した。さらに一定の事件についての弁護権の制限，捜査機関作成の聴取書への証拠能力の付与，上告に関する特例の新設など刑事手続の全面的簡素化を強行した。昭和18 (1943) 年3月には，「戦時ニ際シ国政ヲ変乱シ其ノ他安寧秩序ヲ紊乱スルコトヲ目的」として治安を害すべき事項を宣伝した者の処罰などを内容とする改訂がなされた。

Ⅲ　日本国憲法の施行と刑法の部分改正

　昭和22 (1947) 年10月，日本国憲法の施行にともない，刑法の応急的部分改正（法律第124号）が行われ，同年11月15日に施行された。皇室に対する罪・国交に関する罪・安寧秩序に対する罪・姦通罪などの規定が，SCAPの主張あるいはGHQの助言と指示を受けて刑法典から削除された。それは，日本国憲法の定める国民主権・法の下の平等・戦争放棄・個人の尊厳・男女平等の原則などと矛盾する規定であったからである。そのほか刑の執行猶予の範囲拡大，連続犯の規定の廃止，刑の消滅制度の新設，重過失致死傷罪の新設，公務員の職権濫用の刑の加重，親族間の犯人蔵匿・証憑湮滅を任意的免除に改めるなど，広く改正が加えられた。

　日常生活の軽微な犯罪を処罰の対象とする軽犯罪法（昭和23年法律第39号）が，警察犯処罰令（明治41年内務省令第16号）に代えて，昭和23 (1948) 年5月に施行された。

第4章　民　事　法

　ここでは，「Ⅰ　戦前期の民事法の展開」において第2次大戦敗戦までの民

事法のあり方を明らかにし，「Ⅱ　戦後改革下の民事法」では，憲法制定などの影響下の民事法の変革をみる。

I　戦前期の民事法の展開

民法制定後の民事法の展開については，学説，判例，立法の３点からみる必要がある。なかでも，判例と特別法の意義は大きい。

(1)　ドイツ法の学説継受

財産法においては，いわゆる学説継受が明治期終盤から大正期にかけておこり，日本民法の簡潔な規定について，ドイツ法の学説を下敷にした解釈が行われるようになった。例えば，民法第709条の不法行為の解釈について，条文にない「違法性」という要件を考慮すること，債務不履行解除について，条文が規定する履行遅滞（第541条），履行不能（第543条）に加えて不完全履行があるとすること，物権変動において，ドイツ法の概念である物権行為を考えることなどが例である。

＊ドイツ法学の学説継受

「当時の代表的な民法学者岡松参太郎の学説を例にみてみよう。まず民法典制定直後の『注釈民法理由』では，瑕疵担保は売主の契約債務不履行の一種とされた。すなわち，売主は，必ず適当な性質をもった物を給付する義務を負う。ところがその後に発表された『無過失損害賠償責任論』は自らの見解を正面から否定するのである。すなわち，売主は論理的に其特定物を売買契約の締結時の状態に於いて引渡す義務を負うのみである。その物に瑕疵があっても，売主の義務不履行ではない（それ故，民法第570条の売主瑕疵担保責任は法が特に定めた無過失責任として理解される。……小柳）。岡松は，瑕疵担保を債務不履行責任であるとしていたのに，ドイツ留学で一変するのである。……岡松個人のことではなく，圧倒的多数の民法学者がドイツ民法学の流れに身を置き，法文の注解型からドイツ民法流の民法解釈論を構築したのである。」（北川善太郎「日本民法学の歴史と理論――一研究者の視点から」新井誠＝山本敬三編『ドイツ法の継受と現代日本法：ゲルハルト・リース教授退官記念論文集』（日本評論社，2009年））。

ドイツ法の学説継受の結果，日本民法の母法はドイツ法であるという理解が登場し，フランス法をもとにした制度であってもドイツ法による解釈論を行うようになった。こうした傾向には，学者では石坂音四郎（1877-1917, 京都帝国大学教授，後に東京帝国大学教授）が重要な役割を果たし，鳩山秀夫（1884-1946, 東京

帝国大学教授）により相当程度進められ，我妻栄（1897-1973,東京帝国大学教授）がバランス感覚と判例の検討を行った体系書を民法財産法のほとんどの部分について刊行した。これは，法解釈の論理一貫性の向上に有効であったが，条文と解釈との距離が生まれた。

大正時代以降の民法学のもう一つの特徴は，判例への注目である。末弘厳太郎（1888-1951,東京帝国大学教授）は，穂積重遠（1883-1951,東京帝国大学教授）とともに判例民事法研究会を組織した。その成果たる『判例民法大正十年度』（有斐閣，1923年）の序文には，「判例を度外視して現行法の何たるかを知ることは今や不可能となつた」との指摘があるが，判例の前提となった事実にも注意を払い，これまでの判例との関係を明らかにするなどの判例研究が盛んになった。

家族法においては，比較法的知見は解釈論にあまり結びつけられず，むしろ，その代表的理論である中川善之助（1897-1975,東北帝国大学教授）の学説は，「身分法と財産法の峻別」，家族法における条理の重視，事実の先行を考慮した事実主義などを特徴とした。この結果，例えば，実際に婚姻生活をおくっている夫婦を法的にも婚姻として扱うべきであるという議論になり，届出がなくても事実上の夫婦として生活するカップルに婚姻の効果を準用する「内縁準婚理論」，夫婦関係が実質的に破綻した場合には婚姻の法的効果は及ばないとする理論などが登場した。

(2) 判例の展開

(a) 財産法の重要判例　　この時代において，民法に関する判例法の基礎が作られていった。物権法では，大連判明治41年12月15日民録14輯1276頁が，「民法第百七十七条ノ規定ハ原院ノ解釈ノ如ク絶対的ノモノニアラス」と述べ，民法第177条の「第三者」は物権変動の当事者及びその包括承継人以外の者で，物権変動について登記の欠缺を主張する正当の利益を有する者をいうとして，同一の不動産につき物権や賃借権を取得した者は民法第177条の第三者に該当するが，同一不動産に関し正権原によらず権利を主張する者は，同条の第三者に該当しないと判示した。この判例は，不法占拠者などに対する所有物返還請求の原告には登記が不要なことを明らかにし，その後の判例理論の基礎となった。

また，大判大正 4 年 3 月16日民録21輯328頁は，地租改正処分で官有地に編入された土地に対して慣行によりそれまで「村民ノ有シタル入会権ノ如キ私権関係ハ改租処分ニ依リ官有地編入ト同時ニ当然ニ消滅シタ」と判示し，国有地入会権否定説を採用した。この判決について，「本件判決が事案の具体的内容に立ち入らず，法令の精神という抽象的レベルでの理由づけから結論を導いたところからもみられるように国家優先思想が重視されたと考えられる」との指摘がある（川井健『民法判例と時代思潮』（日本評論社，1981年）179頁）。戦後に至ると，最判昭和48年 3 月13日民集27巻 2 号271頁が「官有地に編入された土地につき，村民が従前慣行による入会権を有していたときは，その入会権は，右処分によつて当然には消滅しなかつたものと解すべきである」と判示してこの判例法理を変更した。

担保法に関連する判例は，民法典の外に登場した現象を容認していった。大判明治34年10月25日民録 7 輯 9 巻137頁が，民法の規定する抵当権の特定性を緩和して継続的取引における担保融通を簡易化するために「銀行及ヒ商人間ニ信用ヲ開ク為メ汎ク行ハル、根抵当ハ有効ナリ」と判示した。また，「売渡抵当」に関する大判大正元年 7 月 8 日民録18輯691頁は，非法定担保物権としての不動産譲渡担保の有効性を明らかにした。

債権法では，信義則を採用した判例が登場した。大判大正14年12月 3 日民集 4 巻685頁は，買主は売主から通知された引渡場所を知らない場合にも「信義則」上売主に問い合わせ履行に協力すべきことを明らかにした。

不法行為に関しては，大判大正 8 年 3 月 3 日民録25輯356頁〔信玄公旗掛松事件〕は，名将武田信玄が旗を掛けたとの伝説のある松が近くの国鉄の線路における汽車入替作業の煤煙等で枯れたため損害賠償を請求した事件において，「権利行使ノ適当ナル範囲ヲ超越シテ失当ナル方法ヲ行ヒ害ヲ及ホシタルトキハ不法ナル権利侵害トナル」と述べ，権利行使であっても適当な範囲を超えた場合には，損害賠償義務を免れないことを明らかにした。また，大判大正14年11月28日民集 4 巻12号670頁〔大学湯事件〕は，「未タ目スルニ権利ヲ以テスヘカラサルモ而モ法律上保護セラルル一ノ利益」も不法行為法の保護対象となりうるとして，不法行為法の保護の対象を拡張した。

大阪アルカリ事件は，硫酸ガスによる大気汚染の被害を受けた近隣農民等が

化学会社に損害賠償を請求した事件であるが，大審院は，化学工場が「事業ノ性質ニ従ヒ相当ナル設備ヲ施シタル以上」たまたま他人に損害を与えても不法行為は成立しないとして，「相当ナル設備」について判断するために原判決を破棄した（大判大正5年12月22日民録22輯2474頁，差戻審は，相当な設備がなかったとして損害賠償を認めた）。公害事件における過失のあり方について，単に損害の予見可能性では足りず，さらに損害防止のため事業の性質に従い相当の設備が施されていないことと理解する考え方（「予見可能性を前提とする結果回避義務違反」）は，その後も受け継がれている（平井宜雄『損害賠償法の理論』（東京大学出版会，1971年）400頁）。

　もっとも，民法典に明確な規定のある場合には，杓子定規に近い解釈を採用した場合もある。例えば，民法第605条が不動産賃借権に登記がある場合には，不動産について所有権等を取得した者に対しても対抗しうると規定しているところ，実際に登記するには，登記法が権利に関する登記には登記権利者と登記義務者の共同申請を原則としていたため，賃貸人の協力が必要であった。賃借人が賃貸人に協力を請求できるかについて，大判大正10年7月11日民録27輯1378頁は，「不動産ノ賃貸借ト雖モ其性質ニ於テハ当事者間ニ債権関係ヲ発生スルニ止マリ」という理由から，「賃貸借ノ登記ナルモノハ法律カ契約本来ノ効力ニ付キ一種ノ変態的拡張ヲ認ムルノ要件ナリト謂フヘク其要件ヲ履践スルト否トハ賃貸借本来ノ効力範囲ニ属セス」として，その旨の特約がない限り登記請求権を有さないと判示した。この結果，不動産賃借権が実際に対抗力をもつことが難しくなり，特別法による対応が必要になった。

　(b)　家族法の重要判例　　家族法では，大判明治34年6月20日民録7輯6巻47頁が戸主の居所指定権について，「家政ノ整理ニ必要ナル範囲内ニ於テノミ行使スヘキモノニシテ絶対無限ニ行使スヘキ権利ナリト謂フヘカラズ」とした。これは後に，財産法における権利濫用法理に途を開くものであった。また，大連判大正4年1月26日民録21輯49頁（婚姻予約判決）は，媒酌人を立てて挙式したが，数日の同居で離別された女性からの損害賠償請求事件であり，大審院は，この場合に正当な理由なく婚姻予約を履行しなかったものであるとして，債務不履行に基づく損害賠償請求を認めた。これは，後に，最判昭和33年4月11日民集12巻5号789頁で，より直接に内縁を「婚姻に準ずる関係」とし

て位置づける理論の出発点となった。

(3) 立　法

(a) 財産法　　民法財産法は，戦前ではほとんど改正がなかった。わずかに，遅延利息（損害賠償）についての抵当権の効力に関する第374条 2 項（明治34年法律第36号），支払命令（現在の支払督促（民事訴訟法第382条）の前身）の時効中断効に関する第150条（大正15年法律第69号），法人設立登記関連規定及び公示送達関連規定（第97条の 2，第174条の 2，昭和13年法律第18号）などである。また，外国人の土地所有権は，大正14（1925）年法律第42号「外国人土地法」により認められた。

これに対して，特別法の制定は盛んになされた。不動産法では，明治42年法律第40号「建物保護法」が重要である。これは，民法第605条が不動産賃借権の対抗要件を登記としていたところ，登記を欠く土地賃借権が多数存在し（その理由については，先の賃借権登記に関する大審院判決参照），土地賃借権の上の建物について，土地が売却されると土地賃借権が対抗できないという「地震売買」の対策である。建物保護法は，土地の賃借人や地上権者が土地の上に登記した建物を所有するときは，賃借権や地上権の登記がなくとも対抗しうると規定し，実質的に借地人の保護を図った。

さらに，大正10（1921）年法律第49号「借地法」，同年第50号「借家法」が一層の保護を行った。借地法の特徴は，存続期間の長期化（非堅固建物所有目的の借地でも最短20年），契約更新がないときなどでの建物買取請求権の借地人への付与，地代増減請求権付与（契約の長期化に対応したが，従来の判例も地租負担増大を理由にした地代増額を認めていた）である。借家法は，借家権の登記がなくても「引渡」がある場合に借家権の対抗力を認めた。これは貸家の売却があった場合に，借家人が容易に新所有者に対し借家権を主張できるようにした重要な改正である。また，借家権存続に配慮して，期間の定めのない借家契約について，家主からの解約申入れを 6 月前にしなければならないこと，また，借地法と同様に，借賃の増減請求権を定めた。その後，大正11（1922）年には，借地借家調停法が制定され，関東大震災後には大きな役割を果たした。

その後，昭和16（1941）年の借地法，借家法改正が正当事由制度を導入した。借家では，建物賃貸人は，「自ラ使用スルコトヲ必要トスル場合其ノ他正当ノ

事由アル場合」でなければ，賃貸借の更新を拒み，解約の申入れをすることができないことになった。借地でも同様に，賃貸人が更新拒絶をするには，正当事由が必要であるとされた。この規定は，その前から制定されていた地代家賃規制を実質化するための制度であったが，賃借人に不利な特約を許さない強行規定であり，借地人，借家人を保護した。

担保法では，①明治38年の財団抵当三法（鉄道抵当法（法律第53号），工場抵当法（法律第54号）鉱業抵当法（法律第55号））の制定がある。これは，民法の規定する抵当権では，土地・建物については，抵当権の目的とすることができるが，工場の機械については抵当権の目的となるかが明らかでなかったことが理由である。これに対して，財団抵当三法は，財団という形式での包括的担保を可能にした。三法中でもっとも議論が盛んであったのが鉄道抵当法であるが，工業界からの要望もあり，工場抵当法なども成立した。例えば，工場抵当法では，機械・器具等を目録に記載することで不動産に一体化し，その不動産＝財団が抵当権の目的となった。鉄道抵当法は，明治39（1906）年に幹線鉄道が国有化されたため，十分な適用例がなかったが，工場抵当法は，大企業の資金融通の手段として利用されていく。この種の財団抵当立法は，大正14年の漁業財団抵当法，戦後では，昭和26年の港湾運送事業法に基づく港湾運送財団抵当，昭和43年の観光施設財団抵当法として展開した。

②林業のために，抵当制度を発展させたのが，「立木ニ関スル法律」（明治42年法律第22号）であり，「樹木ノ集団」で所有者が所有権保存の登記を経由したものを「立木」とし，土地と分離した譲渡及び抵当権の設定を認めた。もっとも，立木抵当制度は，登記から知れる限り，期待されたほど利用は多くなかった。

③農業については，昭和8（1933）年に農業動産信用法（法律第30号）が制定された。これは，農民の所有する一定の動産（石油発動機，トラクター，牛馬等）について農業用動産抵当の登記を設けた。なお，これらの動産の処分があった場合，善意無過失の第三者には即時取得による所有権取得が認められていた。その後，農地調整法（昭和13年法律第67号）は，登記がなくとも引渡があれば農地賃借権に対抗力を与えること，農地賃貸人は賃借人に信義に反する行為がなければ賃貸借の解約や更新拒絶ができないことなどを定めた。

④さらに，一般的に抵当権付債権の流通を図って，昭和6（1931）年法律第

15号「抵当証券法」が制定され，抵当証券の発行があったときは，抵当権及び債権処分は抵当証券をもってすることとしたが，実際には利用が十分ではなかった。

債権法に関して，民法制定直後の明治32 (1899) 年に失火責任法（明治32年法律第40号）が制定され，「民法第七百九条ノ規定ハ失火ノ場合ニハ之ヲ適用セス但シ失火者ニ重大ナル過失アリタルトキハ此ノ限ニ在ラス」と規定した。当時の日本では木造家屋が多く，火事が発生した場合に延焼が多いことに配慮して，軽過失失火による場合に不法行為責任を免責し，過失責任主義の重要な例外となった。昭和8 (1933) 年法律第42号「身元保証ニ関スル件」は，身元保証人の責任に限定を加えた。

(b)　家族法　　民法の親族編，相続編は，政治的にも議論の対象であった。大正8 (1919) 年に設置された臨時法制審議会（会長，穂積陳重）が「現行民法中我国古来ノ淳風美俗ニ副ハサルモノアリト認ム其ノ改正ノ要領如何」と諮問され，改正作業が始まった。審議会は，手続法として，家事事件について調停及び審判を行う家事審判所の設置を答申した。これを承けて，司法省は，昭和2年に家事審判法案を準備したが，実体法との関連が問題にされ，結局成立には至らなかった。その後，家事審判制度を切り離して，昭和14 (1939) 年に人事調停法が制定された。この当時，大量の出征兵士動員があり，家族間の恩給，扶助料などを巡る紛争を解決する必要があったためである。これまで導入されていた調停制度では弁護士が代理人となるのに裁判所の許可を必要としていたが，この人事調停法では，それを不要とした。

臨時法制審議会は，家族実体法についての審議の結果，大正14 (1925) 年に親族法の改正要綱，昭和2 (1927) 年に相続法の改正要綱を成立させた。これは，戸主の権限を強化するなど「家」制度の再編を図ると同時に，分家を容易にするなど現実の家族の変化にも対応しようとしていた。しかし，民法改正の成立には至らなかった。結局，民法改正として戦前に成立したのは，戸主の居所指定権に伴う離籍権の制限（昭和16年改正），私生子の名称廃止（昭和17年改正）などであった。なお，戸籍については，大正3 (1914) 年の新戸籍法（大正3年法律第26号）が，旧戸籍法（明治31年）にあった身分登記制度を廃止して，戸籍制度に一本化した。

II　戦後改革下の民事法
(1)　財産法

戦後改革の関連で，昭和22 (1947) 年法律第222号による民法の大改正が行われた。これは，後に見る家族法が中心であるが，財産法に関しても民法総則編の冒頭に新たに条文を付加した。

「第1条　①　私権ハ公共ノ福祉ニ遵フ
　②　権利ノ行使及ヒ義務ノ履行ハ信義ニ従ヒ誠実ニ之ヲ為スコトヲ要ス
　③　権利ノ濫用ハ之ヲ許サス
　第1条ノ2　本法ハ個人ノ尊厳ト両性ノ本質的平等トヲ旨トシテ之ヲ解釈スヘシ」

かくして，民法は，その冒頭規定で，私権は公共の福祉に遵うこと，権利の行使及び義務の履行は信義に従い誠実に行わなければならないこと，権利の濫用は許されないこと，さらに個人の尊厳と両性の本質的平等が解釈原理であることを規定した。制定当初の民法の冒頭規定は，私権の享有が出生に始まり，その意味で身分等による区別がないことなどを明らかにするもので，19世紀型民法（国民国家の民法）と考えられるが，昭和22年民法改正より，民法冒頭のあり方も，20世紀型民法（福祉国家の民法）へと変貌した（大村敦志『民法0・1・2・3条—〈私〉が生きるルール』（みすず書房，2007年））。

また，保証人について，債務の履行地を管轄する控訴院の管轄内に住所を有することを求めていた民法第450条1項3号はこの時削除された。なお，私的独占の禁止及び公正取引の確保に関する法律（独占禁止法・昭和22年法律第54号）が制定され，私的独占，不公正取引制限などによる利益侵害による損害賠償について，無過失の立証による免責を認めないことを規定した。これは，民法第709条の過失責任主義の例外となった。

(2)　家族法

家族法については，憲法第24条が家族生活における個人の尊厳と両性の本質的平等を規定したことで，明治民法の家族規定の根本的改正が必要になった。この改正は，「民法の応急的措置に関する件」（昭和22年4月19日法律第77号）が，「日本国憲法の施行に伴い，民法について，個人の尊厳と両性の本質的平等に立脚する応急的措置を講ずる」（第1条）として，「妻又は母であることに基い

て法律上の能力その他を制限する規定は，これを適用しない。」(第2条)など と定めた後，昭和22年12月22日法律第222号「民法の一部を改正する法律」が 成立し，昭和23 (1948) 年から施行された。これにより，総則編の妻の無能力 に関する規定が廃止され，戸主や「家」制度が廃止され，また，夫婦の氏につ いても，明治民法以来の夫婦同氏制の原則 (ただし，明治民法では，妻は夫の家に 入るのが原則であった) を維持しつつ，男女平等の理念に沿って，夫婦は，その 合意により，夫又は妻のいずれかの氏を称することができるとした。これによ り，形式上の男女の不平等はなくなったが，しかし，実際においては夫婦の氏 として夫の氏が多く選択されることには変わりなかった。また，戸主権を廃止 したこととも関連して，家督相続の制度を廃止し，配偶者に常に相続権を与え た (相続人が配偶者と直系卑属であるときには配偶者の法定相続分は3分の1)。フラン ス民法では，1970年代の改正まで「夫は家族の長である」と定めていたことと 比べると，この時の家族法の改正は，夫婦の平等という点では相当に進んだも のであった。

　家族法改正と関連して，戸籍法が全面的に改正された (昭和22年法律第224 号)。これまでの戸籍が「戸主」を中心とした「家」を単位としていたのに対 して，新戸籍法は，夫婦は婚姻とともに新たな戸籍を作るとし，一戸籍一夫婦 の原則を確立し，三代戸籍を禁止した。さらに，家事審判法 (昭和22年法律第152 号) が，人事調停法を廃止して定められ，地方裁判所に置かれた家事審判所が 家事審判事件及び家事調停事件を管轄することとした。その後，昭和23年の裁 判所法改正により，家事審判所が少年審判所 (大正11年旧少年法により設置) と合 体して家庭裁判所となった。家庭裁判所の裁判官は，相応の員数の判事及び判 事補からなるが，審判事項を扱う裁判官は，家事審判官とよばれた。家庭裁判 所には，家庭裁判所調査官が置かれ，専門知識を活用した事実の調査などを行 う。家庭裁判所は，調停も扱う。もっとも，この時点では，離婚などの家庭関 係事件 (人事訴訟) は，地方裁判所の管轄であった。

＊戦後家族法改正の先取り性と柔軟性
　　　「現行家族法は，『家』制度を廃止したばかりでなく，近代家族の持つ家父長的な 　　性格をも除去すること，少なくとも個人の尊厳と男女平等の原則に積極的に抵触し 　　ないようにすることに努力しました。その結果，現行家族法は，少なくとも形式的

には当時の世界においてもっとも先端を行くものとなりました。これを現行家族法の先取り性と呼ぶことにします。……先取り性とならぶ現行家族法の特質として柔軟性をあげたいと思います。私がここで柔軟性と言っているものは、現行家族法が多くの事柄を当事者の協議に委ねていることを指しています。このような法規定を『白紙条項』と呼んでいますが、婚姻の際の氏の決定、離婚の際の子の親権者・監護者・監護について必要な事項、離婚の際の財産分与の決定、扶養の順位・程度・方法の決定、寄与分・遺産分割の協議などがその例です。明治民法から引き継いだ協議離婚と協議離縁もこれに属すると考えてよいでしょう。……現行家族法は、家庭裁判所の後見的機能を前提として、当事者に大幅な権限委譲を行ったものです。」
(利谷信義『家族の法』（有斐閣, 2010年) 7頁)

　基本的人権の保障を明確にした新憲法の制定、家族生活における個人の尊厳と両性の本質的平等の実現を目指す家族法改正、さらには旧地主制度を打破し、財産秩序における民主化を目指した農地改革及び財産税の実現は、その後の日本経済・社会の成長の新たな基礎となった。

第5章　経済・社会法

I　経済の規模拡大と法
(1)　企業活動と法

　日清・日露の戦勝で列強の一員と認められた20世紀初頭の日本は、しかし経済面では貿易収支の赤字が続き、それが外資導入と正貨流出で補填される脆弱な構造を抱えていた。明治38 (1905) 年の担保附社債信託法 (法律第52号) は、同年制定の財団抵当制度と相俟ち外資導入を促進する意図をもつものであったが、制度のみが先行し実際の担保附社債発行の定着は昭和期になった。

　同44 (1911) 年には最初の商法改正が行われた (法律第73号)。会社設立ブームの一方で泡沫会社乱設の弊害が生じていたこと、また同42 (1909) 年に政界を巻き込む大規模な企業不正事件となった「日糖事件」の経験などに鑑み、会社法規定が厳格化され、会社経営者の不正に対しては民事責任の強化のほか、初めて刑事罰規定が導入された。

　第1次大戦下には日本経済に空前の好況がもたらされ、とくに重化学工業の発展に大きな刺激が与えられた。染料医薬品製造奨励法 (大正4年法律第19号)・

製鉄業奨励法（同6年法律第27号）はそれぞれ，政府保護下に各工業の発展を期すものであった。また「総力戦」の要請から，戦時下の経済・工業動員体制の整備に関心を寄せ始めた陸軍と，軍需生産拡大に工業化促進の効果を期待する経済界との間に一定の合意が構築され，大戦末期の大正7（1918）年，軍需工業動員法（法律第38号）が制定された。同法は政府に，戦時において軍需品生産・修理のため民間の工場・事業場などを管理・使用・収用し，さらに軍人・民間人を召集・徴用してその業務に従事させ，また平時においても工場・事業場からその生産能力・貯蔵状況などにつき報告を受け調査を行う権能を与える。第1次大戦中には同法による動員体制は発動されなかったが，昭和12（1937）年の日中戦争勃発に際し，同法は「支那事変」への適用法（法律第88号）を介して発動され，翌年の国家総動員法導入への途を開くことになる。

　大戦終了後には直ちに深刻な反動恐慌が襲い，以後1920年代を通じ日本経済は不安定な状態に終始した。個人消費の拡大から経済成長はなお持続していたが，国際収支は再び悪化し企業利潤率も低下した。とくに金融機関の弱体性が経済不安の引き金となり，政府は日銀や預金部資金による救済融資を繰り返した。弱小金融機関の整理がもとめられ，大正10（1921）年の貯蓄銀行法（法律第74号，明治23年貯蓄銀行条例廃止），及び，昭和2（1927）年の銀行法（法律第21号，明治23年銀行条例廃止）では，事業を免許制として事業内容にも規制を加え，とくに最低資本金額を引き上げて銀行合併を促進した。銀行法制定と時を同じくして金融恐慌が発生し，金融業の寡占化が進行した。

　このほか金融機関に関して，零細な庶民金融である無尽業（頼母子）規制のための無尽業法（大正4年法律第24号，なお昭和26年相互銀行法を経て普通銀行化），また英米法系の信託法理を日本の私法体系に導入する意義をもつ，信託法（同11年法律第62号）・信託業法（同年法律第65号）などが制定された。

＊震災手形と金融恐慌
　　大正12（1923）年の関東大震災に際し，政府は緊急勅令により，震災地内における30日間の金銭債務支払猶予令と，被災企業の振り出した手形を政府の損失補償により日銀に再割引させる震災手形割引損失補償令を公布・施行したが，後者によって行われた日銀の特別融資は経営不良企業を温存させる結果となり，ここに経済界の不安が蓄積された。昭和2（1927）年，若槻礼次郎憲政会内閣が着手した震災手形の最終的処理は，金融恐慌の引き金となり銀行休業が相次いだ。危機に陥った台

湾銀行救済のため内閣は緊急勅令案を準備したが，枢密院で否決され内閣は総辞職した（4月17日）。代わった田中義一政友会内閣は，直ちに全国を適用範囲に3週間の支払猶予を命ずる緊急勅令を発して事態の鎮静化を図り，同年5月の臨時議会において日本銀行特別融通及損失補償法（法律第55号），及び台湾金融機関資金融通法（法律第56号）を成立させて救済融資を実行した。

(2) 財　政

20世紀に入ると財政規模は急速に拡大した。とくに日露戦争（日露戦争臨時軍事費特別会計の歳入総額は17億2100万円）は，その戦後経営と相俟って財政を膨張させた。戦費は主として公債で賄われたが増税も行われ，相続税導入（明治38年法律第10号・相続税法）のほか，2度にわたる非常特別税法（37年法律第3号，38年法律第1号）による諸税増徴・新税創設が行われ，その大部分は戦後そのまま定着した。大正2（1913）年・9（1920）年には，すでに租税体系の中軸を占めるようになった所得税につき，法人所得課税の強化，勤労所得・扶養家族控除の新設などが行われた。

国税優先のため，恒常的な財源不足に悩まされていた地方団体では，教育費負担や人口集中に対応する都市機能整備など，拡大する一途の財政需要が地方財政の危機をもたらした。地租・営業税の地方委譲論が提起されたが，大正15（1926）年に実施された税制改革では，付加税の制限税率緩和や，道府県家屋税の創設，従来は府県税であった戸数割（こすうわり）の市町村独立税化などが行われるにとどまった。このうち，とくに戸数割は逆進性が目立ち，将来に問題を残した。

大正10（1921）年に会計法が全面改正されたほか，国有財産法（法律第43号）が制定され国有財産の管理・処分に関する規律が明確化された。同14（1925）年には預金部預金法（法律第25号，また同年法律第13号により預金部特別会計を設置）が制定され，大蔵省預金部による資金運用の規律も明確化された。

　　＊預金部資金

　　　明治8（1875）年に駅逓局預金として始まり，同18（1885）年の預金規則（太政官第13号布告）を根拠とした郵便貯金は，明治末期から規模が拡大し，政府はこれを公債引受，対中国投資（いわゆる西原借款など），企業救済資金供給など自在に運用してきたが，恣意的運用に批判が集まり大正14年に一定の改革が実現した。金融恐慌後，郵便貯金の規模はさらに膨張し，戦時期の軍事公債消化などに利用された。

第2編　近代法の再編（1900～1950年）　第5章　経済・社会法　379

図表3　国家財政規模の推移

(単位：千円)

年度	一般会計歳入	特別会計歳入	一般会計歳出	特別会計歳出
1890	106,469	53,404	82,175	25,620
1900	295,855	120,462	292,750	151,038
1910	672,874	1,167,642	569,154	968,762
1920	2,000,652	3,043,620	1,359,978	2,265,333
1930	1,596,972	3,549,582	1,557,864	3,052,108

（資料出所：『日本長期統計総覧　第3巻』（1988年）による）

(注)　年度区分のない臨時軍事費会計は含まない。
　　　特別会計は非常に種類が多いが，主要なものとしては，専売局作業会計・鉄道特別会計などの事業特別会計，国債整理基金特別会計などの資金特別会計，台湾総督府特別会計（1897年～）などの外地特別会計，簡易生命保険特別会計（1916年～）などの保険特別会計，学校特別会計など。

II　社会法の形成

(1)　労働立法

　近代日本における最初の労働保護立法が明治44（1911）年の工場法（法律第46号）である。すでに同31（1898）年，農商務省は「工場法」案を農商工高等会議に諮問していたが，労働問題の解決は「温情主義の美風」によるべきとする経営者側の反対も強く，この当時は法案の議会提出は見送られた。一方，農商務省がこの間に行った各地工場の実態調査の結果は，同36（1903）年に『職工事情』として出版され，危険で不衛生な環境での低賃金・長時間労働，強引な募集や体罰など，過酷な労働実態の一端が明らかにされた。同43（1910）年，第26議会に法案は提出されたが，紡績業者らの強い反対に遭って政府はいったん撤回，翌44年の第27議会に再提出されてようやく工場法が成立した。12歳未満児童の就業禁止，女子と15歳未満年少者の就業時間制限と夜業禁止，業務上事故に対する工場主の扶助義務，などが規定されたが，適用範囲の限定（常時15人以上使用の工場），法施行後15年間の夜業容認など，適用を緩和する内容も盛り込まれたうえ，施行は結果的に大正5（1916）年まで遅延した。第1次大戦後，ヴェルサイユ条約にもとづきILOが設立され，国際労働条約が順次その議題に上るようになると，日本も不十分な労働保護立法の手直しを迫られ，同12（1923）年の工場法改正で保護内容の若干の改善が行われ，また工業労働

者最低年齢法（同年法律第34号）が制定された。

一方「大正デモクラシー」の機運の下，高揚した労働運動は「労働組合公認」を要求に掲げ，労働者の団結・争議行為を取り締まる治安警察法第17条の撤廃，労働組合法制定などを主張して一般世論にも支持を広げた。大正9 (1920) 年，原敬内閣の下に設置された臨時産業調査会には内務省と農商務省からそれぞれの労働組合法案が提出されたが，こののち労働立法は内務省社会局（大正11年より外局）の主管となって進められた。同15 (1926) 年，憲政会内閣は社会局原案をもとに，労働組合法案・治安警察法第17条削除案と労働争議調停法案を組み合わせ，第51議会に提出したが，17条削除と労働争議調停法（法律第57号）のみが成立し，労働組合法案は審議未了に終わった。なお，第17条削除と入れ替わるように成立した暴力行為等処罰法（大正15年法律第60号）は，その後の運用で労働争議にも適用された。労働争議調停法は労使協調の実現を目的として調停委員会に争議調停を行わせるもので，とくに公益事業・軍需工業においては強制調停が導入された。労働争議に際しさまざまなルートを通じ調停が試みられることは戦前期に少なくなかったが，しかし同法にもとづく調停（法上調停）は実際にはほとんど行われないままに終わった。

民政党内閣は昭和6 (1931) 年の第59議会に再び労働組合法案を提出したが廃案となり，以後，戦前期において労働組合法はついに制定されなかった。

(2) 小作立法

19世紀末以来の日本農業では，地域差はあるものの，広範な地主・小作関係の成立が特徴的である。ただし大地主・零細小作人の両極以外に，自作も行う中小地主層，一部は自作地ももつ自小作層など，中間階層が厚い。「千町歩地主」といわれる巨大地主の存在も北海道・新潟などで見られるが（20戸程度），1920年代を通じ，所有地50町（1町≒1ha）以上の地主は全国で2000戸程度，全国耕地に占めるその所有地比率は5％程度であり，小作契約関係の広範な展開においては，所有地5町前後の中小地主層も重要な当事者であった。小作料は普通，反（10反＝1町）当たり現物石高で取り決められるが，収穫高に対し50〜60％の高率になることは珍しくなかった。大正11 (1922) 年の日本農民組合結成に前後して，小作料減免を求める争議が全国的に発生したが，農民運動の高揚には人間としての自立を求める小作農民の意識の覚醒も強く作用し

第2編　近代法の再編（1900〜1950年）　第5章　経済・社会法　　381

た。

　大正9（1920）年，争議頻発への対応を迫られ農商務省内に設置された小作制度調査委員会において立法の検討が開始された。石黒忠篤ら農商務官僚は，対抗力を付与された「小作権」の創出，契約解除・更新拒絶の正当性及び小作料額の適正性を判定する小作審判所の創設などを盛り込んだ小作法の制定により，民法の賃借権規定にもとづく地主・小作関係を改造することを構想した。しかし，小作法案には地主側からの強い批判が寄せられ立法作業は行き詰った。代わって借地借家調停法（大正11年）に倣い小作争議に調停を導入する法案が構想され，同13（1924）年に小作調停法（法律第18号）が公布された。

　立法の検討はその後も続けられたが小作法立案は進まなかった。この間，小作人に購入資金を貸し付けて土地を取得させる自作農創設政策が提唱され，同15（1926）年に自作農創設維持補助規則（農林省令第10号）が制定されたが成果は乏しかった。昭和6（1931）年に小作法案が，小作権保護の当初の目標からは大幅に後退した内容となって第59議会に提出されたが不成立に終わった。

＊伏石事件

　　大正13（1924）年，香川県高松市郊外の太田村・伏石地区（現・高松市内）で発生した「伏石事件」は，この時期の小作争議に関わる裁判の代表例である。伏石では大正11年以来，小作人らが小作料平均3割の永久減額を要求し，地主には減額した小作料のみを納入，翌12年には日本農民組合伏石支部として団結し地主側と対峙した。地主側は13年3月に小作料請求の訴訟を起こし，同年10月には小作地約9町を対象に稲立毛の仮差押を求めた。高松区裁はこれを認め，11月1日より執達吏が仮差押を実施，同月27・28日には村役場で競売が行われた。小作人側は資金を用意し7・8割程度を自ら競落したが，約1町6反分の稲立毛は地主側が競落，ただちに代金も納付された。

　　この時点で小作人らは「地主側が競落した稲立毛がいつまでも刈り取られない場合，風雨・降雹等による損失が生じて結局小作側の負担に回されるし，二毛作の麦蒔きの時期を失するのではないか」と危惧した，という。11月28日夜，小作人らが日農香川県連会長・前川正一（のち衆議院議員）とともに，高松市に事務所をおく日農顧問弁護士・若林三郎のもとへ赴き相談したところ，若林は「地主側が人手不足で刈り取りを実行できない以上，小作人側は民法697条の事務管理として刈り取ればよく，また，刈り取りに要した費用は地主側に請求し，支払いを受けるまでは稲を留置（民法295条）しておいてよい」と助言した。こうして翌29日から，口頭で地主に通告（また内容証明郵便でも通知）のうえ小作人らは刈り取りを実施，脱穀も

日本農民組合が製作した「伏石事件絵葉書」から、作業を行う伏石の農民たち。法政大学大原社会問題研究所所蔵。

　行って「保管中」の旨を記した立て札を立て、籾を倉庫に保管した。ところが警察・検察は以上の行為を窃盗と判断し、12月4日から小作人らを勾引、若林・前川らも窃盗教唆として勾引され、翌14年3月には予審が終結、23名が公判に付されることとなった。
　予審訊問での圧迫的な自白強要が後の公判では問題とされたが、3月の保釈直後には農民1名が縊死自殺を遂げた（これに衝撃を受けた若林は4月に自らも自殺を図ったが未遂に終わった）。同年7～9月の高松地裁第一審で弁護側は、①被告人らの行為は事務管理・留置権により適法であること、②未分離果実である稲立毛は所有権の客体たりえず地主の所持の侵奪にはならないこと、③小作人らに「不法領得の意思」はないこと、④仮に事務管理が成立しないとしても、民法上許された行為と信じて刈り取ったのは事実に関する錯誤であって故意が阻却されること、などを主張したが、9月7日の高松地裁は証拠不十分とされた1名（平野市太郎、のち香川県議・衆議院議員）を除き、残る22名全員を有罪とした。翌15年2月の大阪控訴院判決を経て、昭和2（1927）年6月14日、大審院は上告棄却の判決を下し有罪が確定した。大審院での争点は、①未分離果実が独立して所有権の客体たりうるか、及び、②稲立毛の占有は仮差押・競落の前後を通じ小作人らに存し、（他罪を構成するは別として）窃盗罪は成立しないのでないか、という2点に絞られたが、大審院

は，競落代金支払によって地主は稲立毛の所有権を取得するとともにその引渡も受けたこととなる，と解した。

　この間，伏石では村長等の調停により，約10～15％の小作料引き下げで双方が合意した。一方，懲役10ヶ月の刑が確定して服役した若林三郎は，出所直後の昭和3（1928）年3月，2歳になる娘を絞殺したうえ，鋏で頸動脈を切って自殺を遂げた。（小田中聰樹「伏石事件」『日本政治裁判史録　大正』（第一法規，1969年），若林三郎「農民運動と高松事件」『明治大正農政経済名著集18』（農山漁村文化協会，1977年）ほか）

(3)　社会保障立法

公的扶助に関する一般的立法は長年にわたり，恤救規則（明治7年太政官第162号達）が存在するのみであり，「惰民養成・濫給の弊」を回避するという理由づけにより救貧立法・行政の内容は低水準にとどめられていた。第1次大戦当時，戦傷病者・戦没者遺族への生活保護を求める世論が高まり，大正6（1917）年に軍事救護法（法律第1号，なお昭和12年より軍事扶助法）が公布されたことを先蹤として，ようやく昭和4（1929）年に恤救規則に代わる救護法（法律第39号）が制定された。恤救規則施行の最終年度である同6（1931）年の救助実績は，救済対象者1万8千人・救助金62万4千円であったが，救護法施行初年度の同7年には，対象者15万8千人・救護費360万8千円となった。なお地域の救護事業の担い手として，大正期に地方での取り組みとして普及した方面委員は，昭和11（1936）年の方面委員令（勅令第398号）で制度化された。

社会保険としては，明治年間から官業・民間大企業では共済組合の発達が見られたが，大正11（1922）年に健康保険法（法律第70号）が制定され昭和2年より実施された。適用範囲は工場法・鉱業法の適用事業所である中規模以上の民間企業であり，使用者・労働者に同率の保険料を負担させ，これに国庫負担を加える。政府管掌のほか，組合管掌の健康保険組合設立が認められ，既設の大企業の共済組合の多くはこれに移行した。官業共済は対象外であるほか，零細企業労働者や臨時工も適用外であり，労働者総数の過半数にはなお保険制度は及ばなかった。

失業者対策として，大正10（1921）年に職業紹介法（法律第55号）が制定されていたが，失業保険制度は戦前には成立しなかった。労災補償については，工場法・鉱業法の労働災害扶助が適用されない土木・建設業労働者を念頭に置い

て，昭和6（1931）年に労働者災害扶助法（法律第54号）・労働者災害扶助責任保険法（法律第55号）が制定された。

Ⅲ　統制化と戦時動員
＊金解禁と昭和恐慌

1920年代を通じ低迷しつづけた経済の再建策として，第1次大戦の勃発以来停止されていた金輸出を解禁し，本来の金本位制に復帰すべし，とする主張がなされた。昭和4（1929）年に成立した浜口雄幸民政党内閣は井上準之助を蔵相に任じ，翌5年1月，旧平価による金解禁を断行したが，世界恐慌の到来と符節を合わせるかたちとなったこの措置は結果的には日本経済に破局をもたらした。恐慌の深刻化，テロ，満洲事変の発生など，内外の難局のなかで崩壊していった民政党内閣に代わり，同6（1931）年12月に成立した犬養毅政友会内閣は成立当日の閣議で金輸出再禁止を決定した。高橋是清蔵相は管理通貨制の下，井上財政の緊縮路線を完全に転換し，赤字公債発行による景気刺激策をとった。また資本逃避防止法（同7年法律第17号）及びこれに代わり，国に広範な管理権限を与えた外国為替管理法（同8年法律第28号）により為替相場を国家の全面管理下に置き，低為替維持による輸出推進を不況脱出の鍵とした。このような経済運営は，国家による管理経済の様相を生み出した。

高橋蔵相の財政運営は日本経済に比較的早い景気回復をもたらしたが，悪性インフレの徴候が強まり，公債漸減方針に転換しようとした矢先，同11（1936）年の二・二六事件では高橋蔵相も殺害された。事件後に成立した広田弘毅内閣の馬場鍈一蔵相は公債漸減方針を放棄，軍部の要求を容れ大幅な軍拡予算を編成した。以後，軍拡と市場経済との両立の困難性は明白となり，インフレ昂進・経常収支悪化を抑止するための統制強化が進行した。

(1)　産業統制と企業法

個別産業への統制は，重要産業統制法（昭和6年法律第40号）の制定が画期となった。これより先，大正14（1925）年に，業者間の無秩序な競争を抑制して輸出を促進するため，重要輸出品工業組合法（法律第28号）及び輸出組合法（同年法律第27号，なお昭和12年法律第74号・貿易組合法制定により廃止）が制定されていた。これらは旧来の同業組合組織を再編し，政府関与によるカルテル化推進を産業政策の手段とするものであった。金解禁を課題とした民政党内閣は「産業合理化」推進のため，このような枠組みを国内産業一般に拡大する方針を進め，昭和6（1931）年，工業組合法（法律第62号，重要輸出品工業組合法を廃止）と重要産業統制法を制定した。重要産業統制法は，政府指定の重要産業におい

て，①同業者2分の1以上が加盟する統制協定（カルテル）は主務大臣に届出をしなければならないこと，②加盟者3分の2以上の申請により，主務大臣は同業の加盟者及び非加盟者（アウトサイダー）に統制協定への服従を命じうること，③協定内容が公益に反し，又は産業の公正な利益を害する場合には，主務大臣はその変更・取消を命じうること，を規定し，経済政策の実行手段として強制カルテル化措置を導入した。

　産業統制はこれ以後さらに徹底化された。昭和9（1934）年の石油業法（法律第26号）制定に始まる一連の事業法は，事業を許可制とし，国の監督措置とその見返りとしての保護措置を規定した。日本製鉄株式会社法（同8年法律第47号）による製鉄業合同の実現には，さらに一連の国策会社設立が続き，電力管理法（同13年法律第76号）・日本発送電株式会社法（同年法律第77号）による電力国家管理の実現は計画経済体制確立の指標とみなされた。

　このような経済統制化の進展の一方で，いくつかの商事法制改正が行われた。まず，手形法（同7年法律第20号），小切手法（同8年法律第57号）が制定されて商法第四編は廃止された。これは1930・31年のジュネーヴでの国際会議で手形法・小切手法の統一条約が締結されたことに対応し，それぞれの条約に定められた規則をもとに附則を加えて国内法にしたものである。また工業所有権保護に関するパリ条約につき，不正競争防止規定を強化した1925年のハーグ改正条約に対応するため，不正競争防止法（同9年法律第14号）が制定された。さらに，昭和4（1929）年に法制審議会に諮問されて以来，検討が続けられてきた商法の改正が同13（1938）年に実現した（法律第72号）。改正の中心は株式会社法であり，従来の株主総会中心主義は維持されたが，いわゆる「所有と経営の分離」が進行する現実に即し取締役の責任が強化され，また資金調達の便宜を図る目的で，議決権のない株式・転換株式・転換社債などが新設された。なお同時に制定された有限会社法（同13年法律第74号）は，1892年のドイツ有限責任会社法をモデルに，中小企業に適合する会社形態として新たに導入されたものである（平成17年会社法制定により特例・経過措置を除き廃止）。

　しかし改正商法・有限会社法が施行された昭和15（1940）年には，日本はすでに戦時体制のさなかにあり企業の活動環境は一変していた。のみならず，商法が前提とする自由経済そのものが，営利性に対し公益の優位を主張する統制

経済思想によってイデオロギー上の挑戦を受けるようになっていたのである。

(2) 総動員体制

　陸軍は「革新官僚」らと協力し，国際収支の均衡を維持し経済を破綻させずに軍拡を実現するため，計画的配分に基づく経済運営を構想した。昭和12(1937)年6月に成立した近衛文麿内閣の下で生産力拡充計画の立案が着手されたところ，同年7月の日中戦争勃発は，なし崩し的な戦時動員経済への移行を要請する結果となった。同年の臨時資金調整法（法律第55号）は，事業資金を臨時資金調整委員会による配分制とし，輸出入品等臨時措置法（法律第92号）は事実上すべての物資の生産・流通を統制する権限を政府に与えた。さらに軍需工業動員法の発動（法律第88号）では不十分とみなされ，国家総動員法（昭和13年法律第55号）が制定されて物資動員計画の実行が試みられた。

　インフレ抑制のため同13(1938)年4月以来，中央・地方に物価委員会が設置され順次「公定価格」が導入されたが，同14年10月18日には物価・賃金等を同年9月18日の水準に固定する措置がとられた（勅令第703号・価格等統制令，第704号・地代家賃統制令，第705号・賃金臨時措置令，第706号・会社職員給与臨時措置令）。ヤミ取引摘発のため経済警察が強化され，同15年以後には生活物資の切符制・配給制も開始された。国家総動員法第11条にもとづく会社経理の統制も実施されていたが（昭和14年勅令第179号・会社利益配当及資金融通令，同15年勅令第680号・会社経理統制令），同14年10月の物価凍結措置は各企業の利潤インセンティヴを失わせ生産計画達成率は低下した。経済統制の策定機関となった企画院は，「経済新体制」の完全指令経済システム導入による打開を考え，同16年の重要産業団体令（勅令第831号）では産業別「統制会」の設立が実施された。しかし太平洋戦争突入後も生産効率は改善せず，同17(1942)年以降，商工省主導で利潤インセンティヴを重視する制度設計への手直しが試みられた。

　同17(1942)年2月の日本銀行法（法律第67号，明治15年日本銀行条例廃止）で日銀は株式会社形態を失い，公的な政府出資法人となった。同年4月の金融統制団体令（勅令第440号）による全国金融統制会は日銀と一体となって運営されたが，統制会を通じた融資は，戦後日本で特徴的になった間接金融による企業モニタリング，金融系列の原型を提供したとも指摘される。

　戦況悪化のなかで制定された軍需会社法（昭和18年法律第108号）は，指定企業

において商法上の株主権限を完全に空洞化させ，「生産責任者」に経営上の全権を与えてその選任・解任を政府の許認可権の下に置いた。そして，生産性向上に対し経営者・従業員に報償を与えることでインセンティヴとした。指定企業は同20（1945）年には600社以上に及んだ。

また，国家総動員法の下で労働者は「人的資源」として扱われ，国民徴用令（同14年勅令第451号）により勤労動員が行われた。労働組合は解散させられ，官製の産業報国会に組み入れられた。

(3) 戦時財政と社会保障

日中戦争から太平洋戦争へ連続する臨時軍事費特別会計は，数字の上では主として公債と，中国・東南アジア占領地域での現地通貨による借り入れで賄われているが，とりわけ後者における，軍票使用による現地経済破壊の規模は十分には確定できないほど甚大である。

税制は昭和15（1940）年に大きく改革された。租税体系の中心である所得税では，まず種類ごとの分類所得税（そのうち，とくに給与所得に源泉徴収制度を初めて導入）を課し，それらを合計して高額となった場合，さらに累進税率を適用した総合所得税を課した。また，法人所得税を法人税として独立させたが，個人配当所得との二重課税調整は十分にはなされていなかった。地方税では市町村独立税・戸数割を廃止したほか，地方分与税制度を創設し，地租・営業収益税を還付税として地方財源に移し事実上国税から除外した。

「銃後」の社会を支えるため社会保障制度の整備が進んだ。健康保険法適用範囲外の国民に対し，国民健康保険法（昭和13年法律第60号），職員健康保険法（同14年法律第72号，同17年に健康保険に統合），船員保険法（同14年法律第73号）が制定され，また労働者年金保険法（同16年法律第60号，同19年改正で厚生年金保険に改称）で年金制度も導入された。同17年には国民健康保険法・健康保険法を改正，「健兵健民」理念の下に「国民皆保険」の実現が目指され，同19年には名目上，被保険者が4000万人を超える水準に達した。しかし，敗戦後には事務の混乱と財政事情悪化によって被保険者は激減し，医療保険制度はいったんほとんど解体する。

(4) 戦時下の農業

昭和恐慌は農村に深刻な影響を与え，政府は輸出の代表品目である生糸をは

じめとする農産物の価格安定に腐心した。米については，すでに米騒動後の大正10 (1921) 年に米穀法（法律第36号）が制定され需給調節がなされていたが，昭和8 (1933) 年の米穀統制法（法律第24号）により米穀市場の政府管理が本格化した。農村窮乏に対し，時局匡救土木事業や「農山漁村経済更生運動」による救済計画が実施されたが，とくに同7年の産業組合法改正で導入された集落単位の農事実行組合に主導的役割が期待された。

小作争議の発生件数は恐慌下で激増し，昭和10 (1935) 年には全国で6824件が記録されたが，参加人員など争議規模は一般に小さく，地主の土地引き上げに小作人が反対する生活防衛的な性格のものがほとんどになった。一方，戦時体制の下では農業生産力拡大が至上命題となり，同13 (1938) に成立した農地調整法（法律第67号）は，農村平和の保持のため，自作農創設事業及び小作調停の拡大強化，農地委員会の創設などを規定したほか，小作関係の実体法的規定として，①引渡による小作権への対抗力付与，②小作契約の解約申入又は更新拒絶の制限，を盛り込んだ。

同14 (1939) 年の小作料統制令（勅令第823号），同16 (1941) 年の臨時農地価格統制令（勅令第109号）は，価格統制の観点から地主の土地所有の経済的機能をほとんど失わせた。米穀市場統制の集大成として同17 (1942) 年に制定された食糧管理法（法律第40号，平成7年廃止）では，生産者米価と地主米価との二重価格制度が導入された結果，小作料が実質的に低減化する効果が生まれた。同18 (1943) 年の農業団体法（法律第46号）は，農会・産業組合を統合して生産統制機関としての農業会を置いたが，その運営上でも食糧増産の要求の前に地主の利害は後退を強いられた。

Ⅳ 占領下の経済制度改革

＊経済民主化と復興

GHQは占領政策の一環として経済改革を重視し，非軍事化措置を施したうえで，財閥解体・労働改革・農地改革などにより富の偏在を是正し経済制度上の民主化を実現することを目指した。

昭和20 (1945) 年9月30日，GHQは，旧植民地・占領地の金融・開発機関，戦時統制諸機関の閉鎖を命じ（朝鮮銀行・台湾銀行・満洲中央銀行・満鉄・満洲重工業開発・東洋拓殖・南洋拓殖・戦時金融公庫・南方開発金庫・外資金庫など），次いで

各統制会や産業報国会を解散させた。一方,戦争末期の軍需インフレは敗戦後さらに増幅され激しいインフレを引き起こしていたため,政府は同21年2月17日の金融緊急措置で「預金封鎖」を行い,旧来の資産家層に犠牲を強いつつ,さしあたりインフレの鎮静化を図った。またGHQの戦時利得排除の指示にもとづき,21年8月に戦時補償の支払停止方針が決定され,同年10月の戦時補償特別措置法(法律第38号)で処理されることになった。

軍需生産禁止により各企業は民需に転換して生産を再開していたが,戦時補償打ち切りは各企業の資金を枯渇させた。これに対し,ケインジアンの石橋湛山蔵相やエコノミスト・有沢広巳らの構想にもとづき,同22年1月に復興金融金庫が設立され,「傾斜生産方式」による生産復興が推進された。しかし復興金融金庫を通じた資金撒布は再びインフレを加速させ,「昭電疑獄」に代表されるモラルハザードをも招く結果となった。

同24(1949)年,いわゆるドッジ・ラインの発動により,戦時期以来の指令経済の要素は排除され,自由市場経済への強引な着地が目指されることとなった。それでも,同24年の外国為替及び外国貿易管理法(法律第228号)による外貨割当制の導入や,復興金融金庫に代わって設立された日本開発銀行(同26年法律第108号・日本開発銀行法,平成11年より日本政策投資銀行)をはじめとする政府系金融機関による資金配分は,戦後日本の経済活動にとって少なくない意味をもち,これらは政府産業政策の主要な実行手段となった。

(1) 財閥解体と独占禁止法

GHQは昭和20年11月に「持株会社解体に関する覚書」を発し,財閥解体措置が開始された。同21年4月に持株会社整理委員会が設置され,三井・三菱・住友・安田の4大財閥本社をはじめ,同22年5月の第5次指定までに83社が指定を受け,42社が解散されたほか,事業を分割し別会社に承継させるなどの整理が行われた。独占排除措置を恒久化するため,同22年4月に独占禁止法(法律第54号)が制定され,同年7月には同法執行にあたる公正取引委員会が発足した。

制定当初の独禁法は,アメリカの反トラスト法をモデルとしつつ,カルテル当然違法の原則・不当な事業能力較差の排除・持株会社の設立禁止など,部分的にはアメリカの母法よりも厳格な内容を含むものであったが,これらの諸規定はその後の法改正により漸次緩和されていった。なお統制会廃止の後,再編されて存続していた産業別団体は,同23年の事業者団体法(法律第191号,同28年に独禁法に編入され廃止)により規制された。

GHQ はさらなる経済組織改革のため，過度経済力集中排除法（同22年法律第207号）を制定し措置を検討させていたが，この間にアメリカ本国では冷戦の進行下に占領政策の見直しが始まり，集中排除政策は同23年以後，事実上凍結されるに至った。

(2) 労働改革

昭和20年10月11日のマッカーサー・幣原会見で，いわゆる5大改革指令の一環として労働組合の組織奨励が指示されたが，日本政府の動きも早く，同年12月には労働組合法（旧法・昭和20年法律第51号）が公布された。同21年9月公布の労働関係調整法（法律第25号），同22年4月公布の労働基準法（法律第49号）と合わせ，以上のいわゆる労働3法制定のほか，労働者災害補償保険法（同22年法律第50号），職業安定法（同年法律第141号），失業保険法（同年法律第146号，なお昭和49年に抜本改正され同年法律第116号・雇用保険法）なども制定され，貧弱であった戦前までの労働立法は面目を一新した。

ただし公務員の労働基本権をめぐって，GHQ 内部で政策転換が生じ波紋を巻き起こした。当初，公務員については，警察官・消防職員・監獄勤務者を除いて労働基本権に制約はなく，また労働関係調整法公布によっても，現業部門（国鉄・電信電話・郵便・煙草専売など）の労働者の争議権には制約がなかった。しかし GHQ 民政局公務員課は，現業部門を含む公務員の争議権・団体交渉権剥奪を主張し，経済科学局労働課の反対を押し切って，この方針が同23 (1948) 年7月22日付マッカーサー書簡として日本政府に通告された。政府は同月31日の政令第201号によりこれを実施したうえ，同年11月の国家公務員法改正で公務員の争議権・団体交渉権制限を明記した。ただし現業部門公務員については，同23年12月公布の公共企業体労働関係法（法律第257号，同27年より公共企業体等労働関係法）により，特別の団体交渉制度の枠組みが導入された。

同24 (1949) 年6月には旧法に代わり，経済科学局労働課の主導で立案された新しい労働組合法（法律第174号）が制定された。「不当労働行為」概念の導入など，アメリカ労働法の影響が増大している。

＊公共部門労働者の労働基本権

政令第201号に端を発する公務員労働基本権の制限は，戦後日本の代表的な政治的争点となった。公共部門労働者が，事実上の争議行為を行って処分を受け，あるい

は刑事制裁を科される事態は多く発生し、それらの裁判では労働基本権制限自体の違憲性が争われた。最高裁は昭和41年の「全逓東京中郵事件」判決などで、刑事制裁の発動には抑制的であるべきとする立場を示して注目されたが、同48年の「全農林警職法事件」判決、同52年の「全逓名古屋中郵事件」判決などで立場を翻した。昭和60年代以後、民営化によって公共企業体が順次消滅することにより、この問題はなし崩し的に解消されていった。

(3) 農地改革

　農地改革の最初の構想は幣原内閣の松村謙三農相の下で立案された。昭和20年12月のGHQの指示を受け急遽、農地調整法改正（同20年法律第64号）の形式で立法化されたが、在村地主の貸付地保有限度を原案より引き上げ平均5町とするなどとした成立案では不十分であるとして、GHQはその実施を中止させた。同21年10月、あらためて立案された計画にもとづき自作農創設特別措置法（法律第43号）と農地調整法改正（法律第42号）が成立し、農地改革が着手された。在村地主の貸付地保有限度は平均1町（北海道は4町）とされ、小作優位に再編された市町村農地委員会の判断の下に、国家が強制的に買収・譲渡する方式により小作地の自作地化が実施された。同25年に事業がほぼ終了するまでに、全国500万町の農地のうち200万町の小作地が自作地になり、小作地は農地全体の10％程度に減じた。地主のうちには、買収対価が日本国憲法第29条3項にいう「正当な補償」に該当しないとして裁判で争うものもいたが、最高裁は同28 (1953) 年12月23日の判決で「相当補償説」をとって違憲の主張を斥けた。農地改革の成果は、農地法（昭和27年法律第229号）により確保された。

　戦時下に創出された官製農業団体は廃止され、産業組合は農業協同組合法（昭和22年法律第132号）にもとづき再編された。一方、食糧不足克服のため、戦時下の食糧管理制度は戦後も継続されることになった。

　　＊**戦後農業**

　　　食糧管理制度は昭和30年代に入り食糧事情が好転しても廃止されず、高度経済成長下、農業部門の比較劣位が強まる中で消費者保護から生産者保護へとその役割を変え、農業部門へ所得移転を行う手段と化していった（食糧管理法は平成7年に廃止）。農地改革はたしかに農業の生産性と農村の生活水準を大いに引き上げたが、その後の農業基本法（昭和36年法律第127号、平成11年「食料・農業・農村基本法」制定により廃止）が示した、国際競争にも対応しうる農業近代化の理念は必ずしも実現せず、日本農業は21世紀に入ってなお多くの課題を残すものとなっている。

(4) 企業法制改革

昭和23（1948）年の商法改正（法律第148号）では，わずかな所有で大きな資本を支配することを可能にし，財閥の影響力の源泉になっていたとして，株式会社の株式分割払込制度が廃止された。これに代わる追加資本調達手段として，授権資本制度の導入が検討されていたところ，GHQ経済科学局からも商法改正の要求が出された。法務庁・法務府とGHQとの協議を経て，法制審議会商法部会で法案化され，同25年に商法の大改正が実施された（法律第167号）。この改正で，株式会社は従来の株主総会中心主義を放棄し，取締役の権限を拡大したうえで個々の株主の地位を強化し，株主による経営モニターを重視する企業統治設計へと転換した。株主の地位強化としては，①書類閲覧権，②株式譲渡制限の排除による投資回収の保障，③決議要件強化と，少数株主に有利な累積投票制度の導入による議決権強化（ただし累積投票制度は定款でこれを制限でき現実には定着しなかった），④株主代表訴訟・株式買取請求権など少数株主権の保障，などが規定された。資金調達の面では授権資本制度のほか，無額面株式，また取締役会限りで実施できるさまざまな資金調達手段が導入された。

財閥解体措置などにより放出された大量の株式を，広く大衆株主に分配することが「証券民主化」政策として推奨された。同24（1949）年には個人株主の持株比率が70％に近く，戦前の閉鎖的な所有構造との対照を示したが，その後は急速に法人株主の比率が高まった。ドッジ・ライン期の株式不況で個人株主が株式を売却したほか，24年の独禁法改正で事業会社の株式保有制限が緩和されたことを受け，分散所有の不安定性を各企業が忌避して株式の相互持ち合いによる安定株主工作を進めたためである。株式持ち合いは株主による経営モニター機能をほとんど失わせたが，新たに形成された企業集団では，いわゆる「メインバンク」となる金融機関の貸付審査がその機能を代替した。

同27（1952）年には，アメリカの連邦倒産法第10章をモデルに，会社更生法（法律第172号）が制定された（なおアメリカでは1978年に新しい連邦倒産法が制定され，その第11章をモデルに平成11年に民事再生法が制定された）。

＊証券市場

証券取引につき，取引所法に代わり，アメリカ法をモデルに証券取引法が制定された（昭和23年法律第25号，なおこれに先立ち公布されていた証券取引法・同22年

第2編　近代法の再編（1900～1950年）　第5章　経済・社会法　393

図表4　証券市場における所有者別持株比率の推移

年度	会社数	政府・地方公共団体(%)	金融機関(%)	事業法人等(%)	証券会社(%)	個人(%)	外国人(個人・法人)(%)
1949	677	2.8	9.9	5.6	12.6	69.1	―
1955	786	0.4	23.6	13.2	7.9	53.2	1.7
1965	1,574	0.2	29.0	18.4	5.8	44.8	1.8
1975	1,710	0.2	36.0	26.3	1.4	33.5	2.6
1985	1,833	0.8	42.2	24.1	2.0	25.2	5.7
1995	2,277	0.6	41.4	23.6	1.4	23.6	9.4

（全国証券取引所調べ，同ホームページによる）

法律第22号は施行されなかった）。当初はアメリカのSECに倣い証券取引委員会が設置されていたが27年改正で廃止された（インサイダー取引問題を受けて平成4（1992）年に証券取引等監視委員会を設置）。証券市場再開に際し，GHQは戦前の投機的な清算取引を禁止し，仮需給導入の手段としてはアメリカ型の信用取引の普及を奨励したが，昭和60（1985）年から債券先物取引，同62年以後には株価指数による先物取引が導入された。証券取引法は平成18（2006）年より金融商品取引法に改称された。

(5)　**財政制度改革**

明治憲法下の財政関係法規は廃止され，財政法（昭和22年法律第34号）と，手続規定を主な内容とする会計法（同年法律第35号）とが公布された。議会の財政統制に対する制約は取り払われ，また皇室財産の独立性も否定された。

税制に関しては，昭和23（1948）年に所得税の総合所得税一本化と申告納税制度の導入などが行われていたが，戦後税制の基本を確立したのは，同24年9月のシャウプ税制使節団の勧告にもとづき，同25（1950）年に実施された税制改革である。直接税中心主義をとり，法人税と所得税の関係については法人擬制説に立脚して設計された。また国税への税源偏重を見直し，地租・家屋税に償却資産課税を加えた固定資産税を，住民税とともに市町村の独立税源とし，地方間格差については地方財政平衡交付金によって対処することとした。しかしこれらの税制の基本的設計は，その後の改正でまもなく崩れていった。

(6)　**社会保障制度改革**

敗戦直後の社会には復員軍人をはじめ膨大な失業者・生活困窮者が存在し

た。GHQは昭和20年12月の指令（SCAPIN404）で無差別・平等の困窮者救済を政府に求め，さらに同21年2月の指令（SCAPIN775）では，保護の無差別・平等，国家責任の明確化，必要を充足する救済支給，などからなる公的扶助の原則を示した。これを受け，同年9月に生活保護法（旧法・昭和21年法律第17号）が制定され，戦前の救貧制度はすべて廃止された。ただし戦前以来の方面委員は民生委員と改称されて制度化され，また現実にも，給付決定はしばしば民生委員の裁量にもとづいて運用されていた。これに対し，同25（1950）年には新しい生活保護法（法律第144号）が制定され，日本国憲法第25条との関連を明確にして「保護請求権」概念を確立し，不服申立制度を整備，実施機関として福祉事務所及び有給の公務員である社会福祉主事を設置した。

　昭和23年に児童福祉法（法律第164号），同24年に身体障害者福祉法（法律第283号），さらに同26年には社会福祉事業法（法律第45号，平成12年より社会福祉法）が制定され，個人の尊厳を重視しその自立を図る新しい社会福祉理念の下に制度構築がなされた。

第 3 編

現代法の展開（1950年〜）

第1章　国家機構

　東西冷戦下における戦後日本の国際的な枠組みとなった日米安保体制は，安保改定・沖縄返還を経て確立をみた。国内では「55年体制」が成立し高度経済成長を背景に保守長期政権が築かれたが，「現行憲法の自主的改正」をその綱領でうたう保守政党の統治は，憲法的価値・理念の具体化という点で多くの課題を残した。

　ポスト冷戦時代を迎えて「55年体制」は崩壊し，省庁官僚制の弊害の克服が唱えられ，「官から民へ」（規制緩和）「官から政へ」（政治主導）「中央から地方へ」（地方分権）をスローガンとした一連の政治改革・行政改革が本格化した。安保・防衛法制をはじめとする「この国のかたち」は，明治維新・戦後改革に次ぐ「第三の法制改革」によりその姿を一変させ，憲法改正のための国民投票法も成立をみるに至った。

I　国際社会と戦後日本
(1)　安保・防衛法制の展開

　昭和35（1960）年1月，日米安保条約の改定交渉が妥結し，日米両国政府は新安保条約を締結，自民党の強行採決により国会は混乱したが，6月19日新条約は自然承認された。新安保条約は，日米両国が相互にその防衛力を維持・発展させることを確認し（第2条），「日本国の施政の下にある領域」における武力攻撃に対する日米両国の共同防衛を定めるとともに（第5条），駐留米軍は「日本国の安全」並びに「極東における国際の平和及び安全」に寄与するもの

として，米国の日本防衛義務並びにその防衛区域を日本・極東に限定した（第6条，極東条項）。内乱条項が削除される等，旧条約の片務性は改められたが，第6条に基づく地位協定は旧行政協定上の駐留米軍の特権的地位をほぼ踏襲し，交換公文により導入された事前協議制度もその実効性には疑問が呈されてきた。

新安保条約に基づき外務・防衛担当閣僚4名による日米安保協議委員会が発足したが，昭和51（1976）年にはその下に防衛協力小委員会が設置，同53年「日米防衛協力のための指針」（旧ガイドライン）が策定され日米共同演習が本格化した。

東西冷戦の終結は，安保・防衛法制の変容をもたらした。湾岸戦争の勃発は専守防衛に徹してきた日本に軍事的な国際貢献を促し，平成2（1990）年，PKO協力法（法律第79号）が成立し，カンボジアにおける国連の平和維持活動を手始めとしてモザンビーク，ザイール，ゴラン高原等，同法に基づく自衛隊の海外派遣が恒常化し，平成13（2001）年の改正（法律第157号）では平和維持隊（PKF）本体業務の凍結が解除，自衛隊員の武器使用の要件も緩和された。

平成8（1996）年4月，日米両国首脳は「日米安全保障共同宣言」を発表し，日米安保が「アジア太平洋地域において安定的で繁栄した情勢を維持するための基礎」であり「地球的規模の問題についての日米協力」の基盤であるとして，日米安保の「再定義」を図った。これを受けて平成9（1997）年，日米防衛協力のための指針が見直され（新ガイドライン），周辺事態法（平成11年法律第60号）等の新ガイドライン関連法が成立をみた。

(2) **沖縄の日本復帰**

平和条約第3条は，国連の信託統治に付すとの提案を米国がなすまでの間，沖縄において米国が行政・立法・司法の全権を行使できると定め，形式的には日本の主権を認めながら（潜在主権），暫定的かつ半永久的に沖縄占領を継続することができた。土地収用令（昭和28年民政府布令第109号）の発動は「銃剣とブルドーザー」による土地接収だとして「島ぐるみ」の反対闘争を招いた。

ベトナム戦争が激化する中，沖縄では祖国復帰運動が高まり，昭和40（1965）年9月には東京地裁に沖縄違憲訴訟も提起された。同44年日米両国政府は沖縄返還に合意，同46年6月沖縄返還協定が調印された。協定は日本への施政権の

返還とともに沖縄米軍基地の継続使用，対米請求権の放棄等を定めた。

昭和45（1970）年11月沖縄で戦後初の国政選挙が実施された（沖縄住民の国政参加特別措置法，昭和45年法律第49号）。沖縄復帰特別措置法（昭和46年法律第129号）をはじめとした復帰関連法が制定，教育委員公選制の廃止等，「本土への一体化」が急がれた。昭和47（1972）年5月15日，沖縄は日本復帰を果たし，地方自治法に基づく第47番目の都道府県として「沖縄県」が発足した。新たに沖縄開発庁が設置され（沖縄開発庁設置法，昭和46年法律第29号），国の沖縄振興開発計画を所管することとなった（沖縄振興開発特別措置法，昭和45年法律第131号）。

基地問題では5年間の暫定使用を認める沖縄公用地法（昭和46年法律第132号）が制定されたが，憲法95条所定の住民投票は復帰前の沖縄には憲法の適用はないとの理由で回避された。昭和57年から政府は駐留軍用地特別措置法（昭和27年法律第140号）の適用に踏み切り，県知事による代理署名拒否事件（最判平成8年8月28日）の後，国の安全保障への地方の関与を制限する同法改正がなされた。

＊安保・防衛法制の現在

　　米国における同時多発テロ事件，アフガン戦争そしてイラク戦争の勃発に伴い日本政府は，限時法たるテロ対策特別措置法（平成13年法律第113号，平成19年期限満了により失効）・イラク復興支援特別措置法（平成15年法律第137号，平成21年期限満了により失効）に基づき自衛隊派遣に踏み切り，平成18（2006）年には防衛庁の防衛省昇格・国際平和協力活動等の本来任務化を定めた防衛2法の改正がなされた。また，武力攻撃事態法（平成15年法律第116号）等の関連3法，国民保護法（平成16年法律第112号）等の関連7法が成立し，ジュネーブ条約追加議定書等3条約の批准とともに有事法制の整備が進み，基地周辺自治体へ再編交付金を支給する米軍再編法（平成19年法律第67号）も制定された。

(3) **戦後処理**

サンフランシスコ平和条約に参加しなかった連合国との講和は個別的な条約締結に委ねられたが，昭和31（1956）年10月，日ソ間の戦争状態の終了を宣言する日ソ共同宣言が調印された。同年12月18日，日本は第80番目の加盟国として国際連合に加盟し，国際社会への復帰を果たした。

日本は台湾の中華民国政府との間に日華平和条約を締結したが，国連で中華人民共和国政府の代表権が承認されると，昭和47（1972）年9月日中共同声明

で関係を正常化，昭和53 (1978) 年8月日中平和友好条約を締結した。また，平和条約で独立を承認した朝鮮については，昭和40 (1965) 年6月大韓民国との間で日韓基本条約を締結したが，韓国併合以前の旧条約の効力等，両国間の歴史認識の隔たりを埋めるまでには至らなかった。なお，平成14 (2002) 年9月朝鮮民主主義人民共和国との間で日朝平壌宣言が発表された。

サンフランシスコ平和条約には国籍の変動について明文の定めがなかったが，昭和27 (1952) 年4月法務府民事局長通達（民事甲第438号）により朝鮮人・台湾人はすべて日本国籍を喪失するとされた。最後の勅令となった外国人登録令（昭和22年勅令第207号）は在日の朝鮮人・台湾人を「当分の間」「外国人とみなす」と定め，平和条約発効後は外国人登録法（昭和27年法律第125号）及び出入国管理令（昭和26年政令第319号，昭和27年法律第126号により存続。昭和56 (1981) 年出入国管理及び難民認定法に名称変更）の適用を受けることとなった。平成3 (1991) 年，特別永住者制度が新設され（出入国管理特例法，法律第71号），特別永住者への指紋押捺制度が廃止された。

第2次世界大戦に起因する賠償・請求権問題について，一連の平和条約は，戦争被害者個人の請求権そのものを消滅させたものではない，というのが日本政府の見解であるが，司法上の救済には限界が大きく，立法上の措置も，旧日本軍の軍人・軍属への弔慰金支給（台湾住民である戦没者の遺族等に対する弔慰金等に関する法律，昭和62年法律第105号，平和条約国籍離脱者等である戦没者遺族等に対する弔慰金等の支給に関する法律，平成11年法律第114号等）に留まっている。国際社会における平和構築の取り組みとして，平和憲法を有する日本が何を果たすべきかが，ここでも問われている。

II 統治機構

＊「55年体制」

昭和30 (1955) 年，自由民主党及び日本社会党が発足，「自社55年体制」が成立した。昭和40年代半ばまで自民・社会の2大政党が議席を独占したが，その後自社共に得票率を漸減，都市部を中心に野党の多党化が進み社会党が長期低落を続け，50年代半ばには経済成長を背景として保守が復調傾向をみせた。平成期には参議院で自民が過半数を割り連立政権が常態化，総保守の議席が衆参両院の3分の2超を占め，「自社55年体制」は動揺・崩壊に向かうこととなった。

(1) **国会・政党・選挙法制**

　昭和30（1955）年の国会法改正により国会運営の制度化が進み，法案提出要件の厳格化は，与野党関係の固定化と相俟って議員提出法案の抑制をもたらした。「自社55年体制」の下では，与党の政調会が法案の事前審査を行ったため，国会の審議は形骸化しがちであった。

　高度経済成長に伴う農村から都市への人口移動の結果，議員定数配分の不均等が生じ，最高裁の違憲判決を受けて是正がなされた。昭和57（1982）年には参議院の全国区が廃止，拘束名簿式比例代表制が導入された（平成12年，非拘束式に改正）。また，衆参同日選挙が2回実施され（昭和55年・61年），解散権の限界が問題とされた。

　東西冷戦の終結後，平成6（1994）年には非自民8会派の連立内閣の発足により「55年体制」は崩壊，一連の「政治改革」が加速した。選挙制度では平成6年公職選挙法改正により小選挙区比例代表並立制が衆議院議員選挙に導入された。小選挙区制は小政党に不利とされる上，憲法改正への懸念も強く，「55年体制」下では実現を阻まれていたものである。また，一定の要件を満たした政党にのみ助成金を支給するとした政党助成法（法律第5号）が成立したが，結社の自由を保障した憲法との整合性が論議をよんだ。さらに，平成11（1999）年，党首討論の導入（国家基本政策委員会の新設）・政府委員の廃止等を定めた国会審議活性化法（法律第116号）が成立した。衆議院の定数削減は平成4（1992）年に初めて実現，平成12（2000）年には衆議院480・参議院242に削減された。在外投票制度は，最高裁の違憲判決をふまえて選挙区選挙に拡大された。

(2) **内閣・中央省庁法制**

　国家行政組織法は行政組織の規格法・基準法として厳格な法定主義を採用したが，職員総数の上限を定めた総定員法（行政機関の職員の定員に関する法律，昭和44年法律第33号）制定により各省庁への定員配分は政令に譲られ，さらに昭和59（1984）年には内部部局の設置・所掌事務等につき法定主義が緩和された。自治省が設置（昭和35年）されて以降，平成13（2001）年の新体制移行まで府省の統廃合や新増設はなかった。新たな行政需要の増大には，環境庁（昭和46年）・沖縄開発庁（同47年）・資源エネルギー庁（同48年）・国土庁（同49年）等，総合調整機関の新設で対処がなされた。

＊省庁官僚制の抵抗
　「55年体制」下において歴代内閣の存続期間あるいは各省大臣の在任期間は短く，内閣主導で各省庁の官僚組織を統括することは難しかった。人事においても戦前同様各省別の採用が認められたことから官庁のセクショナリズムを克服するには至らなかった。
　昭和23（1948）年の臨時行政機構改革審議会をはじめとして，行政改革の調査諮問機関は第5次行政審議会まで13回にわたって設置されたが，1省庁1局削減（佐藤栄作内閣）といった手法を超える改革には至らなかった。臨時行政調査会（臨調），臨時行政改革推進審議会（行革審）を経て，行政改革が内閣制及び中央省庁の再編に及ぶものとなったのは，平成期に入ってからである。

　平成8（1996）年11月，首相直属の行政改革会議が設置され，その最終報告は「この国のかたち」の再構築のため，「戦後型行政システム」から自律的な個人を基礎とした「より自由かつ公正な社会を形成するにふさわしい21世紀型の行政システム」への転換を改革の理念とし，中央省庁等改革基本法（平成10年法律第103号）に基づき中央省庁等改革推進本部が設置，同11年には中央省庁等改革関連17法が成立した。

　この改革により中央省庁は1府21省庁から1府12省庁へ再編され，平成13（2001）年1月から新体制に移行した。内閣機能の強化として首相の発議権や内閣官房の企画立案権が明記された（内閣法改正，平成11年法律第88号）ほか，首相・内閣官房の補佐機関たる総務省が設置された（総務省設置法，平成11年法律第91号）。さらに，内閣の重要政策に関する補佐等を掌る内閣府が新設され（内閣府設置法，平成11年法律第89号），特に重要政策に関する会議として男女共同参画会議・経済財政諮問会議等が置かれた。また，行政の効率化のため独立行政法人化が実施された（独立行政法人通則法，平成11年法律第103号）。

(3)　**地方自治**

　高度経済成長期の地方自治制度の改革は，地域開発の推進・大都市圏の発展・広域行政の展開への対処に追われた。既成大都市圏の整備を図る首都圏整備法（昭和31年法律第83号）に続き，東北開発促進法（昭和32年法律第110号）等東北3法をはじめとした後進地域開発諸法，さらに全国総合開発計画（昭和37年）を具体化する新産業都市建設促進法（昭和37年法律第117号）等が順次策定され，地方自治体は地域開発の主体たる地位を獲得していったが，過密・過疎や公害

等の問題は深刻化した。昭和30年代の道州制論にはなお公選知事への不信感がみられたが，40年代には全国一律的な府県合併論は後退，公選知事を長とする府県制が定着をみた。都市化に伴う住民把握方法の再編のため，住居表示に関する法律（昭和37年法律第119号）や住民基本台帳法（昭和42年法律第81号）が制定された。また，戦後の地方自治制度は長・議会の二元的代表制を特色とするが，東京都議会事件（昭和40年）を契機として地方における議決機関と執行機関の関係が問題となった。

＊「革新自治体」の自治行政

「革新首長」に率いられた「革新自治体」は昭和40年代前後に全国に広がりをみせた。東京都公害防止条例（昭和44年）をはじめ「上乗せ」「横出し」規制を発動し住民福祉の増進に努めたが，条例による補正や要綱に基づく行政指導の限度につき論議をよんだ。また，朝鮮人大学校の認可・在日朝鮮人の国籍書換え・自衛官募集事務の一時停止等，機関委任事務をめぐる国・地方の対立が注目を集めた。

平成不況期に入り，地方分権改革による地方自治体の活性化が求められた。職務執行命令訴訟制度の改善等を図った平成3（1991）年の地方自治法改正を経て，平成7（1995）年，国・地方の役割分担を明らかにした地方分権推進法（法律第96号）が成立をみた。平成11（1999）年地方分権一括法（法律第87号）が制定，地方分権関連475法が整備されたが，その中心は地方自治法の大改正で，機関委任事務を廃止し法定受託事務・自治事務に振り分け，国と自治体は対等とされ，両者の法的紛争を処理する国地方係争処理委員会が新設，また，指定都市・中核市に加えて特例市の制度が設けられた。

＊地方分権の現在

平成13（2001）年地方分権改革推進会議が発足し，平成16（2004）年合併関連3法成立を経，平成18（2006）年地方分権改革推進法が成立（法律第111号，3年間の限時法），中央政府と対等な「地方政府」の確立のための権限委譲等の改革が議論されている。

(4) 行政手続・情報公開法制

行政強制では，日本国憲法の制定に伴い行政強制の一般法たる行政執行法（明治33年法律第84号）は廃止・解体され，警察官職務執行法並びに行政代執行法が制定された。警察官職務執行法（昭和23年法律第136号，初め警察官等職務執行法）は行政警察の一般法で，行政執行法時代の行政検束の濫用への歴史的反省に立って犯罪の強制捜査とは無関係な職務質問・任意同行の任意性を明確にし，武

器の使用等の要件を厳格に定めた。行政代執行法（昭和23年法律第43号）は代替的作為義務に対する代執行のみを定め，執行罰・直接強制は特に法律の定めのある場合に限り許されるものとされた。

＊直接強制と人権

らい予防法（昭和28年法律第214号）はその直接強制を定めた数少ない法律の一つであったが，平成 8（1996）年に廃止され（らい予防法の廃止に関する法律，法律第28号。ハンセン病問題基本法，平成20年法律第82号により廃止），「癩予防ニ関スル件」（明治40年法律第11号）以来の隔離政策は終止符を打たれた。また，成田国際空港の安全確保に関する緊急措置法（成田新法，昭和53年法律第42号）は，同法に基づく工作物使用禁止命令の合憲性をめぐって最高裁まで争われた（成田新法事件，最判平成 4 年 7 月 1 日）。

行政手続法（平成 5 年法律第88号）は，行政庁の処分・行政指導及び届出に関する手続に関する一般法である。戦後日本における聴聞等の事前行政手続は個別法ごとに異なっており，臨時行政調査会の行政手続法草案（昭和39年）以来，一般法の制定は課題となっていた。日本独特の慣行といわれた行政指導の手続が法制化された点は，比較法的にみた日本法の特色といわれるが，ここには日本の排他的取引慣行の是正が問題となった日米構造協議の影響もみられる。平成17年改正（法律第73号）では命令等を定める手続（意見公募手続，いわゆるパブリックコメント）等が追加された。

情報公開制度の法制化は，地方自治体レベルで先行した。昭和57（1982）年山形県金山町が初の情報公開条例を定めたのを嚆矢として，翌年には神奈川県・埼玉県がこれに続き，その後全国の自治体に同様の動きが広がった。国の情報公開法が制定されたのは平成11（1999）年である（行政機関の保有する情報の公開に関する法律，法律第42号）。情報公開法は「知る権利」を明記することはなかったが，政府の説明責任を明らかにし，行政文書を開示する権利を定める一方，個人情報等 6 種類の情報が例外として不開示とされた。

＊公文書管理法の成立

なお，情報公開制度の適切な運用に不可欠な公文書の管理・保存については，公文書を「国民共有の知的資源」としてこれまで各府省ごとに定めていた文書の管理方法の統一を図る公文書管理法（平成21年法律第66号）が成立をみた。

(5) 憲法改正

　昭和29（1954）年，鳩山一郎内閣が発足し，翌30年に保守合同により自由民主党が結成され，憲法改正論は講和後最初の昂揚期を迎えたが，第27回総選挙（昭和30年2月）及び第4回参議院選挙（同31年7月）で改憲派は憲法改正発議に必要な3分の2以上の議席を確保することはできなかった。岸信介内閣退陣後に発足した池田隼人内閣は「在任中は改憲をしない」旨を表明し，明文改憲論はいったん退潮をみせることとなった。

　この時期の政党の改憲案としては，自由党（総裁吉田茂）案（「日本国憲法改正案要綱」）・改進党（総裁重光葵）案（「憲法改正の問題点の概要」）があるが，占領憲法無効論の影響を強く受けた全面改正論（いわゆる「押しつけ憲法」論）で，天皇の元首化，国事行為の拡大，軍隊の保持，「公共の福祉」による人権の制約，国防義務等の義務規定の拡充，改正手続の軟化等を提唱し，復古的な色彩の色濃いものであった。また，内閣の下に憲法調査会が設置され（憲法調査会法，昭和31年法律第140号），調査会は憲法の制定過程，憲法の運用，改憲の要否について調査・審議を行ったが，改憲論自体が多様化をみせ，昭和39（1964）年の最終報告書は改憲の可否について統一した結論を示すことはできなかった。

　明文改憲論が再び活発に論じられるようになったのは，昭和57（1982）年，「戦後政治の総決算」を掲げた中曽根康弘内閣の発足以後である。平成期には，自衛隊の海外派遣による国際貢献論をはじめ，環境権等の新しい人権論，首相公選論等，様々な角度から憲法改正の是非が論じられている。

＊国民投票法の成立

　　平成13（2001）年，小泉純一郎内閣の誕生は，憲法改正をめぐる議論を促し，同17年には条文形式の自由民主党案（「新憲法草案」）がまとめられた。さらに，安倍晋三内閣は「日本国憲法の改正手続に関する法律」（憲法改正国民投票法）（平成19年法律第51号）を制定，同法は同22年5月18日に施行された。

第2章　司法制度

I　裁判所法と訴訟法の見直し
(1) 最高裁判所の機構改革案

　最高裁判所は，その発足の当初から，構成員の少なさに起因する事件処理の

困難さを指摘する声があり，昭和23年刑事訴訟法での上告の制限，昭和25 (1950) 年の民事上告特例法による民事訴訟の上告制限などの負担軽減の措置が講じられてきたが，最高裁判所の取扱い事件数は増加の一途をたどり，未済事件数が7,000件を超える状態に至った。一方，最高裁判所への上告制限については，法曹関係者を中心に批判の声が強まっていた。こうした状況を改善するため，政府は，法制審議会に司法制度部会を設置し，最高裁判所の機構改革と上告制度のあり方を諮問し，昭和31 (1956) 年5月に答申を得て，翌32年第26回国会に裁判所法と刑事訴訟法の改正案（いわゆる「中二階案」）が提出された。その骨子は，最高裁判所は，長官1名及び判事8名で構成し，憲法違反・判例変更等の重要事件のみを取り扱い，別に最高裁判所に最高裁判所小法廷を設置し，首席判事6名及び小法廷判事24名を配置し，一般上告事件について審理・裁判を行い，併せて刑事訴訟についての上告理由の範囲を拡張しようというものであった。第28回国会まで継続審査とされたものの，結局衆議院の解散により廃案となった。

(2) 臨時司法制度調査会

最高裁判所の機構改革も不首尾に終わり，昭和30年代に入ると，司法制度に関する種々の問題が生じてきた。訴訟事件数の増加と内容の複雑化による訴訟遅延の現象が看過できない状態に立ち至る一方，裁判官志望者の数が漸減傾向にあったことから，裁判官の任用制度及び給与制度，これと密接な関係にある検察官の任用制度及び給与制度並びに法曹一元の制度等に再検討を加え，根本的な対策を早急に樹立するために，昭和37 (1962) 年，内閣に臨時司法制度調査会を設置した。臨時司法制度調査会は，我妻栄を会長とし，衆議院議員・参議院議員・裁判官・検察官・弁護士・学識経験者の20人の委員で構成され，審議は2年間に及び，その間62回の会議がもたれた。

臨時司法制度調査会でまとめられた意見書では，次のような結論となった。法曹一元については，現行制度の改善を図るとともに，実現させるための基盤となる諸条件を整備すべきである。裁判官制度については，弁護士や検察官からの任用を増やすべきであり，裁判官の増員を図るべきである。弁護士制度についても，弁護士の大都市偏在化の是正が必要であり，司法運営の適正円滑と国民の法的生活の充実向上を図るため，質の低下を来さないよう留意しつつ法

曹人口の漸増を図る。このほか，法曹三者が司法の円滑な運営に資するため，裁判官，検察官，弁護士及び学識経験者で構成する司法協議会を設けるという提言もなされた。この臨時司法制度調査会の意見に対して，日本弁護士連合会は，法曹一元制度に対し，消極的であることを不満として，批判的な立場をとるに至った。政府も，臨時司法制度調査会の意見を具体化することに熱心ではなかった。

(3) **司法制度改革審議会**

その後，民事手続の整備，法曹養成制度の改革あるいは民事法律扶助の充実など，それぞれの分野において制度の整備が行われた。陪審制・参審制についても，最高裁判所（矢口洪一長官）がその導入のための研究をはじめ，平成4 (1992) 年に報告書をまとめた。

しかし，こうしたそれぞれの分野での改革ではなく，わが国の司法制度を全体として見直そうという動きが出てきた。行政改革会議を始め，政党，経済界，労働界や日弁連などからの司法制度改革を求める動きとなり，平成11 (1999) 年7月27日の司法制度改革審議会の発足となったのである。司法制度改革審議会は，佐藤幸治を会長とし，学識経験者・経済界・労働界・法曹界などからの12名の委員で構成され，2年間に90回の会議がもたれ，平成13 (2001) 年6月に「21世紀の日本を支える司法制度」という副題を冠した意見書を公表した。意見書は，第1に，「国民の期待に応える司法制度」を構築するために，司法制度をより利用しやすく，わかりやすく，頼りがいのあるものとする。第2に，「司法制度を支える法曹の在り方」を改革し，質・量ともに豊かなプロフェッションとしての法曹（裁判官・検察官・弁護士）を確保する。第3に，「国民的基盤の確立」のために，国民が訴訟手続に参加する制度の導入等により司法に対する国民の信頼を高める。この3点を基本的方針として，明治以来の日本の司法制度を根本から見直し，21世紀の日本社会に相応しい司法制度に改革をしようとの提言であった。政府は，この提言を

図表1　司法制度改革―3本柱

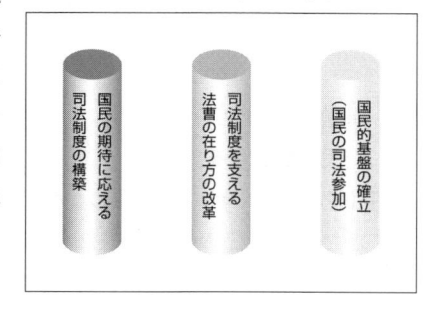

具体化するために，司法制度改革推進法（平成13年法律第119号）を定め，内閣に推進本部を置き，平成14（2002）年3月には司法制度改革推進計画を発表した。

＊法曹養成と法学教育

　昭和24（1949）年に司法試験法（法律第140号）が公布され，高等試験司法科試験が廃止となり，裁判官，検察官又は弁護士になろうとする者は，司法試験に合格し，2年間の修習（平成11年度より修習期間が1年6ヵ月に短縮）の後，修了試験に合格することが法曹資格取得の要件となった。司法試験は，「裁判官，検察官又は弁護士になろうとする者に必要な学識及び其の応用能力を有するかどうかを判定する国家試験」（司法試験法第1条）であったが，理論的知識とその応用能力があるかどうかを判定する試験であるにもかかわらず，教育的基盤として，法学部卒業はもちろん，大学で総合的・体系的な法学教育を受けたかどうかを問わなかった。司法試験は，義務教育を修了していれば誰でも受験できる開かれた試験であり，資格試験といわれながら，実際には司法研修所の定員との関係で極めて厳しい競争試験となっていたため，大学での法学教育や法曹の質に司法試験の弊害が現れるようになった。

　一方，戦後の学制改革のなかで，法学教育も大きく変わることとなった。国・公・私立を問わず，法学部の大量増設が行われた。法文学部を加えても戦前僅かに11校しか存在しなかったものが93大学を数え，毎年47,000人が法学部に入学するまでになった。この法学部増設は，法学教育の目標に大きな影響を与えた。大多数の法学部出身者は，法律専門職としてではなく，民間企業に就職しなければならなかったから，この現実に対応して，新制大学における法学教育は法的素養のある企業人の養成を目標としてきた。しかも戦後の学制改革が，旧制高等学校を廃止し，教養教育をも大学教育のこととしたから，法学の履修はますます窮屈なものとなった。こうした法学教育の目的の拡散・曖昧さは，日本の法学教育から法律家の養成を目標とする欧米の法学教育に見られる厳しさを失わせるとともに，語学・教養教育の不足も深刻なものとした。

　このことの反省にたって，大学審議会は「グローバル化時代に求められる高等教育の在り方について」を答申し，司法制度改革審議会は，大学が司法試験・司法修習などと連携したプロセスによる法曹養成教育の中核となるべきであるとの法科大学院構想を提言した。これを受けて，平成16（2004）年，法科大学院での専門職法学教育が始まった。

Ⅱ　訴訟手続の改革

(1)　民事訴訟手続

　昭和26（1951）年に，各種の紛争の解決手段として個別立法によって制定されてきた民事関係の調停手続法を統合するものとして，民事調停法（法律第222号）が制定された。また翌27年には，会社更生法（法律第172号）が制定され，

また破産免責制度が創設された。これらは，連合国軍占領下にアメリカの手続法制をならって，立案されたものであった。

為替訴訟制度は大正15年民事訴訟法で廃止されていたが，財界等の要望により，昭和39 (1964) 年に手形小切手訴訟制度を設けることとなった。その後の民事手続法改正には，昭和41 (1966) 年の執行官法 (法律第111号)，昭和46 (1971) 年の民事費用等に関する法律 (法律第40号)，昭和54 (1979) 年の民事執行法 (法律第4号)，平成元 (1989) 年の民事保全法 (法律第91号) の制定があった。

民事訴訟法の抜本改正をして，手続の活性化と効率化を図り，現代社会のニーズに応えるものにする必要があるとの理由から，平成2 (1990) 年に法制審議会において民事訴訟法の全面改正に向けての審議が開始され，その作業の成果として，平成8 (1996) 年に改正法案が内閣から第136回国会に提出され，新たな民事訴訟法 (平成8年法律第109号) が成立した。重要な改正点は，争点整理の整備，集中証拠調べの基盤整備，少額訴訟手続の創設，最高裁判所に対する上訴手続の整備，の4点であった。

倒産手続についても，再建型倒産処理手続の整備が行われ，平成11 (1999) 年に民事再生法 (法律第225号)，平成14 (2002) 年に会社更生法の全面改正 (法律第154号) が公布され，次いで法制審議会で「破産法制の見直しに関する要綱」が決定され，平成16 (2004) 年の新破産法 (法律第75号) の成立となった。平成16年には，知的財産関係事件についての審理を充実迅速化させるため，知的財産高等裁判所を東京・大阪に設置するなど処理体制を強化するとともに，訴訟手続を利用しやすくする改正を行った。また，労働審判法 (平成16年法律第45号) を制定して，個別労働紛争の早期解決のため，労働審判制度が新設された。

(2) 行政事件手続

昭和37 (1962) 年に行政事件訴訟法 (法律第139号) が公布・施行され，訴願前置主義を廃止するなど行政事件の訴訟手続が整備された。同年には行政不服審査法 (法律第106号) が公布され，行政組織内部での違法な行政処分からの救済手続が定められたが，終局的には，行政事件訴訟法が定める訴訟手続にもとづく司法裁判所による裁判が保証された。

しかしながら，実際の行政争訟では，原告適格などの問題で，国民の訴えが却下されることも多く，行政訴訟制度については，国民の権利利益のより実効

的な救済を図るため，その手続を整備する必要があるとされ，平成16 (2004) 年，行政事件訴訟法の一部改正 (法律第81号) が成立した。取消訴訟の原告適格の拡大，義務付け訴訟の法定，差止訴訟の法定など救済範囲の拡大，審理の充実促進のための改正，本案判決前における仮の救済制度の整備などが行われた。

(3) 刑事訴訟手続

昭和23年刑事訴訟法は，昭和28 (1953) 年に，戦後改革に対する「揺り戻し的」改正が行われた。勾留期間の延長，権利保釈の除外事由の拡張など被疑者・被告人等の権利を制約する方向での改正と簡易公判手続の採用など審理の効率化をはかる改正，控訴審における新証拠の取調べの新設などであった。昭和33 (1958) 年には，被告人の退廷・退席規定の設置やいわゆる「お礼参り」防止のための保釈制限等を定める改正，昭和42 (1967) 年の道路交通法の改正による交通反則通告制度の創設があったが，その後は大きな改正はなく，判例による新刑事訴訟法制の解釈・運用の時代となった。刑事事件の公判の開廷についての暫定的特例を定める法律案 (昭和53年)，刑事施設法案・留置施設法案 (昭和57年) が国会に提出されたが，日弁連などからの激しい批判が展開され，いずれも廃案となった。

刑事法制では，犯罪被害者の救済に目が向けられるようになり，平成12 (2000) 年には，犯罪被害者等の権利利益の保護を図るための刑事手続に付随する措置に関する法律 (法律第75号) が定められ，刑事訴訟手続に伴う犯罪被害者等の損害賠償請求に係る裁判手続の特例を認めることとなった。裁判員裁判の実施を控え，平成16 (2004) 年には，公判前整理手続及び即決裁判手続の新設，証拠開示手続の整備，国選弁護に関する規定の整備を定めた改正 (法律第62号) が行われた。

(4) 裁判員裁判の導入

司法制度改革審議会の意見を踏まえて，平成16年に，裁判員の参加する刑事裁判に関する法律 (法律第63号) が定められ，平成21 (2009) 年5月21日に施行された。同年8月3日に全国初の裁判員裁判が東京地方裁判所で開廷された。裁判員裁判の制度は，国民のなかから選ばれた裁判員6人が刑事裁判に参加し，被告人が有罪かどうか，有罪の場合はどのような刑に処すべきかを裁判官

と一緒に決める裁判制度である。法律専門家である法曹（裁判官・検察官・弁護士）と参加する国民が，お互いの信頼関係の下で協働することによって，裁判を身近でわかりやすいものとし，司法に対する国民の信頼をさらに向上させ，国民のための司法を国民自らが実現し支えていくための基盤を確立するために，この裁判員裁判の制度が導入された。

裁判員が参加する刑事裁判は，すべての刑事事件ではない。裁判員が参加するのは，殺人・強盗致死傷・傷害致死・危険運転致死・身代金目的誘拐など，重大な犯罪の第一審（地方裁判所）の裁判である。裁判員が参加すべき事件であっても，裁判員やその家族らに危害が及ぶ具体的な危険がある場合には，裁判官のみの構成によって審理できる例外を認めている。裁判員の選任は，裁判員候補者のなかから，欠格事由や就職禁止事由がなく，検察官・弁護人から不選任請求がない候補者から選任される。合理的理由があれば辞退することもできる。

第3章 刑 事 法

I 刑法の全面改正作業

昭和31（1956）年秋，ドイツでの刑法改正作業の再開に呼応するかのように，法務省は，小野清一郎を議長とする刑法改正準備会を組織して，改正刑法仮案をもとに全面改正作業を再び進め，同36年には「改正刑法準備草案」をまとめ，その理由書を公表した。昭和38（1963）年5月，法務省は，時代の変遷や社会の高度化に伴い現行刑法が想定していなかった問題が山積していたため，法制審議会に刑法の全面改正の必要と改正要綱を諮問した。法制審議会刑事法特別部会（部会長小野清一郎）は，昭和46（1971）年11月に「改正刑法草案」を決定し，翌47年にその理由書とともに公表した。その後，法制審議会では刑事法特別部会の作った「改正刑法草案」を審議し，昭和49（1974）年5月，最終案（全369条）を可決し，刑法全面改正の必要を法務大臣に答申した。この答申に基づいて政府案をまとめる所要の作業が法務省で進められたが，答申に盛られた内乱罪の強化，騒動予備罪・企業秘密漏示罪の新設，常習的行為に対する加重規定の新設，精神障害者やアルコール中毒者・薬物習癖者に対する保安処分

の新設，尊属殺規定の削除など，その内容をめぐって社会の各方面に大きな論議をまき起こし，治安優先，重罰主義などの批判が集中し，立法化に至らなかった。

II 刑法の部分改正と平易化

　法務省は，刑法の全面改正作業と併行して，社会の変化に対応するために，現行刑法の部分改正を進めてきた。昭和電工事件をきっかけに斡旋収賄罪が新設され，暴力団の暴力行為などを取り締まるために証人威迫罪や兇器準備集合罪が規定され，戦災地の不法占拠に対処するための不動産侵奪罪や「吉展ちゃん事件」を契機に身代金目的の誘拐罪を定め，コンピュータの日常的普及に対応するために電子計算機や電磁的記録に関する犯罪などが新たに規定された。また交通事故の激増に対処するため業務上過失致死傷罪の刑の引上げ，貨幣価値の変動に対応するため財産刑の金額の引上げ，刑の執行猶予の拡充など，度々の改正によって社会事情に適合するように，現行刑法は様々な修正を受けてきた。

　また，昭和27（1952）年には，「血のメーデー事件」をきっかけとして「暴力主義的破壊活動を行った団体に対し，行政措置をもって規制するとともに，刑法上処罰されない予備・陰謀・教唆・扇動などの行為に関する罰則を補正するため」に，破壊活動防止法（法律第240号）が公布施行されている。

　平成7（1995）年には，主に，漢字カタカナ混じりの文語体から，ひらがな口語体に改めるための改正（法律第91号）が行われた。原則として内容に変更を加えないこととされたが，瘖唖者減軽規定を削除し，最高裁の尊属殺重罰規定違憲判決（最大判昭和48年4月4日）後も改正されないまま残っていた尊属殺人罪・尊属傷害致死罪を削除した。その後も具体的事件をきっかけに，その重大性・悪質性に鑑み，危険運転致死傷罪，集団強姦罪や人身売買罪などの犯罪が新設されている。

第4章　民　事　法

　戦後の経済成長と民主的社会の建設に対応して，この時期の民事法は，とり

わけ判例法理と特別法の制定により多彩な展開を見せた。この間民法典自体は，小規模の改正を受けるにとどまったが，1990年代を過ぎてから，明治の法典編纂期，第2次大戦後の変革期とならぶ「第3の法制改革期」(星野英一『民法のすすめ』(岩波書店，1998年) 212頁) に入り，大きな立法が相継ぎ，民法自体も財産法の現代語化がなされた後，債権法の全面改正が予定されている。家族法については，小規模な改正が行われた後，平成8 (1996) 年に全面的見直しを提唱する民法改正要綱が法制審議会によりまとめられたが，立法には至っていない。

I 学説と判例の展開

(1) 学説の新傾向

戦後における民事法学は，大きく発展した。敗戦直後は，家族法改正の解説と法社会学的研究が隆盛をみたが，その後，解釈学的研究が盛んになった。居住問題，交通事故，公害，環境保護，製造物責任，消費者信用，契約などで戦後の経済社会の発展とともに多彩な問題が登場した。民法学の方法論レベルで重要なのは，日本民法の規定について，旧民法やボワソナード草案を経由してフランス法の影響が相当にあるとする星野英一 (東京大学教授) などの研究である。これにより，従来のドイツ法一辺倒の雰囲気が打破され，比較法の所産であった民法について多角的な角度からの研究が盛んになった。

(2) 判例法理の展開

判例による法の展開としては，最判昭和30年10月7日民集9巻11号1616頁は，娘に酌婦稼業をさせる対価として，料理屋業者から親が前借金を消費貸借名義で受領した場合について，「酌婦として稼働する契約の部分が公序良俗に反し無効」としたのみならず (民法第90条)，前貸金の消費貸借契約も酌婦契約と密接不可分であるから公序良俗に反して無効であるとし，不法の原因が料理業者のみに属するが故に，業者は「民法第708条本文により，交付した金員の返還を求めることはできない」とした。これは，戦前の大審院判決 (大判大正7年10月2日民録25輯195頁等) が，酌婦稼働契約は無効としつつ (明治5年10月2日太政官第295号布告「娼妓解放令」等による)，消費貸借契約自体は有効としていたため，このような場合に業者が貸付金返済及び利子支払を請求できたのを判例変

更したものであり，公序良俗法理による救済を拡張した。

　また，最大判昭和61年6月11日民集40巻4号872頁（北方ジャーナル事件）は，「名誉は生命，身体とともに極めて重大な保護法益であり，人格権としての名誉権は，物権の場合と同様に排他性を有する権利というべきである」と判示して，名誉毀損に該当する出版物の製本・販売等の差止めを認容した仮処分について違法はないとした。人格権は，公害訴訟における公害の差止めの裁判例でも活用されている。

　物権法に関して，民法第177条が第三者につき善意（知らないこと）と悪意（知っていること）を区別していないため，不動産の取得者が登記を備えていないときは悪意の第三者にも対抗できないとしても，第二買主が単なる悪意を超えていわゆる（信義則に反するような）背信的悪意である場合について，最判昭和43年8月2日民集22巻8号1571頁が，「実体上物権変動があつた事実を知る者において右物権変動についての登記の欠缺を主張することが信義に反すると認められる事情がある場合には，かかる背信的悪意者は，登記の欠缺を主張するについて正当な利益を有さない」とし，背信的悪意者排除理論を作り出した。

　さらに，登記名義人である無権利者と不動産の売買契約を締結した者を保護する判例法理も展開した。動産取引では，民法第192条が，無権利者から平穏公然善意無過失で取引行為により動産の占有を取得した者が即時にその動産に所有権等を取得できる（即時取得）としているのに対して，不動産については，無権利者からの取得を一般的に保護する制度はない。登記名義を有する売主から善意無過失で不動産を買い受けた買主でも，その登記が真実の権利関係と対応していない場合には，原則として不動産の所有権を取得できない（登記に「公信力」がない）。これに対し，最判昭和29年8月20日民集8巻8号1505頁は，虚偽表示の無効は善意の第三者に対抗し得ないとする民法第94条2項を類推適用し，虚偽仮装の所有権移転登記が所有者本人の関与により作出されている場合に，所有者は登記名義人が「実体上所有権を取得しなかつたことを以て善意の第三者に対抗し得ない」と判示し，登記に一定の範囲で公信力を認め，その後の判例法の基礎を作った。

　債権法で重要なのは，安全配慮義務の判例の確立である。最判昭和50年2月25日民集29巻2号143頁は，自衛隊における交通事故について，「安全配慮義務

は，ある法律関係に基づいて特別な社会的接触の関係に入つた当事者間において，当該法律関係の附随義務として当事者の一方又は双方が相手方に対して信義則上負う義務として一般的に認められるべきものであつて，国と公務員との間においても別異に解すべき論拠はない」として，被害者による国の契約責任を追及する請求を認めた。この判例は，契約当事者が信義則上附随義務を負うことを明らかにした点でも重要である（なお，不法行為責任は，3年の時効（民法第724条）が成立していたため，契約責任しか問えない事案であった）。

　また，利息制限法（昭和29年法律第100号）は，約定金利が利息制限金利を超過した場合に，制限利率を超える利息を任意に支払っても，返還を請求することができないと規定していた。それ故，ここに貸主からは裁判上利息支払を請求できないが，しかし，借主が任意に支払った場合には返還請求ができないという「グレーゾーン金利」が生まれた。この点，最大判昭和39年11月18日民集18巻9号1868頁は，制限超過の利息，損害金は，利息制限法第1条1項，第4条1項により無効とされ，その部分の債務は存在しないから，債務者が利息，損害金と指定して支払っても，指定は無意味であり，利息制限超過部分は，元本が存在するときは，民法第491条により元本に充当されると判示し，さらに，最大判昭和43年11月13日民集22巻12号2526頁は，元本充当の結果として「過払い」が生じた場合，元本完済後に支払われた金額は，債権者の不当利得となるとし，返還請求を認めた。

　＊過払い問題

　　昭和58（1983）年の「貸金業の規制等に関する法律」（法律第32号）は，貸金業者による貸付けに対し債務者が利息制限法の制限利息を超えて利息を支払った場合，任意性などの一定の要件を備えれば有効な利息の債務の弁済とみなす（「みなし弁済」であるから元本に充当されず，業者に返還義務はない）とし，前述の最高裁判例理論の適用を制限し，実質的に貸金業者に有利な解決を図った。しかし，最判平成18年1月13日民集60巻1号1頁が，債務者が約定利息の支払を遅滞したときには当然に期限の利益を喪失し直ちに元利全額を支払わなければならない旨の特約が貸付契約にあるときは，この特約は「制限超過部分を支払うことを債務者に事実上強制」するものであるため，「特段の事情のない限り，債務者が自己の自由な意思によって制限超過部分を支払ったものということはできない」と判示した。その後もみなし弁済を容易に認めない最高裁判決が続いた。平成21（2009）年10月6日付日本経済新聞は，プロミス，アコム，アイフル，武富士の大手消費者金融4社だけで，

返還請求が本格化した平成19（2007）年3月期以降平成21（2009）年8月までで返還額が約1兆円に達したと伝えている。貸金業法も平成18（2006）年改正で平成19（2007）年12月19日から起算して2年半以内にみなし弁済制度を廃止することになった（平成22（2010）年6月18日廃止）。

不動産賃貸借では，①昭和16年借地法，借家法改正が期間満了等において賃貸人から賃貸借を終了させるには，正当事由が必要だと規定したことに関連して，正当事由の「当否を決するには専ら明渡しを為すことによつて被る借家人の損害と明渡しを受け得ない為めに被る賃貸人の損害について，比較検討をとげ，何人も納得し得る理由に基かなければ前古未曾有ともいうべき家屋不足の此難局は救われない」（最判昭和25年2月14日民集4巻2号29頁）などの判例法理が登場し，正当事由成立を困難にして，実質的に賃借人を保護した。

②その後，最判昭和46年6月17日判時645号75頁は，「賃貸人が解約申入に際し，賃貸人の家屋明渡により被る移転費用その他の損失を補償するため，いわゆる立退料等の名目による金員を提供すべき旨申し出で，右金員の支払と引換に家屋を明け渡すことを求めたときは，そのことも，正当事由の有無を判断するにつき，当然斟酌されるべきである。」として，立退料について正当事由を補完するものとして位置づけた。

正当事由制度は契約期間の終了時の賃借人保護であるが，さらに，③判例は，契約期間中での賃借人の義務違反への救済として信頼関係保護理論を展開した。最判昭和28年9月25日民集7巻9号979頁は，民法第612条が賃借権の譲渡には賃貸人の承諾が必要と規定しているにもかかわらず，借地人が建物譲渡にともない賃借権を無断譲渡したため，賃貸人が契約解除をしたところ，「賃借人が賃貸人の承諾なく第三者をして賃借物の使用収益を為さしめた場合においても，賃借人の当該行為が賃貸人に対する背信的行為と認めるに足らない特段の事情がある場合においては，同条の解除権は発生しない」と述べた。これは，借家における賃料支払のわずかな遅れなどを救済する理論にもなった。

不法行為法では，最判昭和36年2月16日民集15巻2号244頁（輸血梅毒事件）が，「人の生命及び健康を管理すべき業務（医業）に従事する者は，その業務の性質に照し，危険防止のために実験上必要とされる最善の注意義務を要求」されることを明らかにし，当時の医療慣行に従って問診を尽くさなかった医師に

ついて注意義務違反を認め,患者による損害賠償請求を認容する途を開いた。また,医療事故や公害事件では,被害者が因果関係を立証することが容易でなかったが,最判昭和50年10月24日民集29巻9号1917頁は,医師の薬剤使用とその後の患者の病変の因果関係に関して,「訴訟上の因果関係の立証は,一点の疑義も許されない自然科学的証明ではなく,経験則に照らして全証拠を総合検討し,特定の事実が特定の結果発生を招来した関係を是認しうる高度の蓋然性を証明することであり,その判定は,通常人が疑を差し挟まない程度に真実性の確信を持ちうるものであることを必要とし,かつ,それで足りる」と判示した。さらに,最判昭和47年6月27日民集26巻5号1067頁は,「居宅の日照,通風は,快適で健康な生活に必要な生活利益であつて,法的な保護の対象にならないものではない」として,隣接居宅の日照通風を妨害する建物建築につき不法行為の成立を認め,都市の生活環境の保護を図った(昭和51年の建築基準法改正は日影規制規定を設けた)。

* **四大公害訴訟**

昭和40年代には,企業による公害を問題にした「四大公害訴訟」で裁判所が積極的な役割を果たした。四大公害訴訟とは,①富山県イタイイタイ病訴訟,②新潟県新潟水俣病訴訟,③三重県四日市公害訴訟,④熊本県水俣病訴訟であり,社会的にも注目されたが,因果関係,過失,共同不法行為の要件など法的に困難な問題も争われた。

①は,富山県神通川流域の住民の三井金属鉱業株式会社に対する損害賠償請求事件であり,三井金属が流出させたカドミウムと健康被害(イタイイタイ病)の因果関係が問題にされた。一般原則によれば,個々の原告が因果関係の立証責任を負うが,これは容易でない。裁判所は,集団的現象としての疾病の原因と結果の関連を明らかにする疫学的手法を採用し,個々の原告が原因因子にさらされたこと等の証明があれば,被告が個々の患者の症状が原因因子と無関係であることを証明しない限り因果関係の存在を推認するという手法により原告の立証責任負担を軽減した(富山地判昭和46年6月30日判例時報635号17頁,控訴審は,名古屋高金沢支判昭和47年8月9日判例時報674号25頁)。

②は,新潟県阿賀野川流域住民の昭和電工株式会社に対する損害賠償請求事件である。原告は,工場廃液中のメチル水銀化合物により汚染された魚類摂取により新潟水俣病に罹患したとの主張をしたが,民法第709条による過失責任原則に従い,原告は被告会社の過失について立証する必要があった(①では,鉱業法による無過失責任法理の適用があり,この点の困難はなかった)。裁判所は,人の生命身体の安全

確保に対する企業の注意義務違反を理由に過失を認めた（新潟地判昭和46年9月29日判例時報642号96頁）。

③は，三重県四日市市住民のコンビナート企業への賠償請求事件である。原告は，複数企業からなるコンビナートの排煙による健康被害があったと主張し，共同不法行為（民法第719条）の成否が争点になった。裁判所は，被告諸企業の諸工場が隣接的集団的に立地・操業していることをもって客観的関連共同性があるとして，共同不法行為責任を認めた（津地四日市支判昭和47年7月24日判例時報672号30頁）。

④は，熊本県水俣地区住民のチッソ株式会社に対する損害賠償請求訴訟である。裁判所は，化学工場は，その廃液中に予想外の危険な副反応生成物が混入する可能性が大きいため，とくに，生命・健康に対する危害を未然に防止する高度の注意義務があるして，会社側の過失を認めた（熊本地判昭和48年3月20日判例時報696号15頁）。

家族法においては，婚姻破綻の原因を作った有責配偶者からの離婚請求を認めるかが問題になった。最判昭和27年2月19日民集6巻2号110頁は，妻以外の女性と関係がある夫が，民法第770条1項5号の定める「その他婚姻を継続し難い重大な事由があるとき」に該当するとして離婚請求したのに対し，「もしかかる請求が是認されるならば，被上告人は全く俗にいう踏んだり蹴たりである。法はかくの如き不徳義勝手気儘を許すものではない。道徳を守り，不徳義を許さないことが法の最重要な職分である。」と判示した。これに対して，最判昭和62年9月2日民集41巻6号1423頁は，「有責配偶者からされた離婚請求であっても，夫婦の別居が両当事者の年齢及び同居期間との対比において相当の長期間に及び，その間に未成熟の子が存在しない場合には，……請求を認容することが著しく社会正義に反するといえるような特段の事情の認められない限り，当該請求は，有責配偶者からの請求であるとの一事をもって許されないとすることはできない」と判示して，従来の判例を変更した。

もっとも，相続法では，最大決平成7年7月5日民集49巻7号1789頁が非嫡出子の法定相続分を嫡出子の2分の1とする民法第900条4号ただし書について，「法律婚の尊重と非嫡出子の保護の調整を図ったもの」として，「著しく不合理であり，立法府に与えられた合理的な裁量判断の限界を超えたものということはできないのであって，本件規定は，合理的理由のない差別とはいえず，憲法14条1項に反するものとはいえない」と述べた（最決平成21年9月30日裁判所ホームページも同旨）。

Ⅱ 民事立法
(1) 民法の改正

(a) 財産法　民法総則については，1962年民法改正（昭和37年法律第40号）は，同時死亡の推定に関する規定を設けた（32条の2）。その後，1979年改正（昭和54年法律第68号）は，準禁治産者の範囲を改訂し（聾者等を準禁治産者から除外），公益法人の監督強化を行った。民法物権法規定及び不動産登記法に関連して，1966年民法改正（昭和41年法律第93号）は，地上権について新しい制度（「地下又ハ空間ハ上下ノ範囲ヲ定メ工作物ヲ所有スル為メ」の地上権）を設け（第269条の2），モノレールや地下鉄など都市工作物を設置するに際して，従来のように土地の全面的利用ではなく，土地の上下の一部を利用できるようにすれば済む場合が出てきたことに対応した。担保物権法に関しては，昭和24年法律第115号が先取特権の順位に関して給料債権を葬式費用債権に優先させたこと（第306条），昭和46年法律第99号が根抵当規定を民法第398条の2から22にわたって設けたことなど重要な改正が続いたが，債権法に関しては民事執行法制定に伴う第568条改正（昭和54年法律第5号）など部分的なものにとどまった。

(b) 家族法　民法の親族法，相続法の改正として重要なのは，昭和37 (1962) 年法律第40号による改正であり，相続法を中心として相続の限定承認・放棄の取消しを家庭裁判所に申述すること（第919条3項），相続放棄の効果としてはじめから相続人にならなかったこと（第939条），特別縁故者への分与制度（第958条の3）などについて規定した。昭和51年改正（法律第66号）は，離婚後においても簡単に婚姻時の氏を称し続けることができるようにした（第767条に2項を追加）。昭和55 (1980) 年改正は，配偶者相続分を引き上げて，実質的に妻の地位の向上を図る（第900条，例えば，配偶者と子の場合に配偶者の相続分が3分の1であったのを2分の1にした）改正及び寄与分（第904条の2）を設けた改正である。その後，昭和62 (1987) 年法律101号は，子のための養子制度としての特別養子制度を設けた（第817条の2以下）。

なお，選択的夫婦別氏，婚姻適齢における男女の区別の廃止，夫婦財産制改正などを含めた婚姻法全体の改正要綱が法制審議会身分法部会で平成8 (1996) 年に成立したが，とりわけ当時の与党自民党内部の反対のために，法案として提出されることはなく，改正の動きは停止することになった。

(2) 民事特別法

(a) **不動産法**　昭和35年不動産登記法改正は，台帳と登記簿の一元化を行った。戦前期の不動産登記は，もっぱら不動産の権利関係を公示することを任務とし，国税としての地租を管轄する税務署が不動産の物理的現況を明らかにする課税台帳として土地台帳と家屋台帳を備えていた。しかし，戦後になると，国税としての地租と家屋税が廃止され（固定資産税として地方へ移管），この結果，台帳は登記と密接な関係があることを理由に登記所に移管されたが（昭和25年7月31日法律第227号），これを一歩進め，台帳の現に効力を有する事項を登記簿の表題部に移記する一元化（台帳は廃止）を行った。この結果，登記簿は，現在のように，「表示の登記」と「権利の登記」の両方を含むこととなった。

その後，昭和63年不動産登記法改正は，登記事務のコンピュータ化を行った。かつての紙の登記簿に代えて，電磁的データが登記記録となっていった。現在では，日本全国の登記所がコンピュータ化され，大部分の登記所で登記のオンライン申請ができるようになっている。

昭和41（1966）年の借地法，借家法改正は，借地法については，借地条件変更の裁判，土地賃借権譲渡・転貸等についての裁判所の許可制度を設けた。借地条件変更の制度とは，堅固建物の築造が借地契約によって禁止されている場合に防火地域の指定その他の事情の変更により借地権を現在設定するのであれば堅固建物目的の借地権の設定が相当であるときは，当事者の申立てにより裁判所がその借地条件の変更をすることができるという制度である。この場合，裁判所は，地代値上げを認めたり，承諾料を支払わせたりすることで利害の調整を行う。また，土地賃借権譲渡の際の裁判所の許可とは，借地権者が賃借権の目的である土地の上の建物を第三者に譲渡しようとする場合において，その第三者が賃借権を取得し又は転借をしても借地権設定者に不利となるおそれがないにもかかわらず，借地権設定者がその賃借権の譲渡又は転貸を承諾しないときは，裁判所は，借地権者の申立てにより，借地権設定者の承諾に代わる許可を与えることができる，とするものである。この場合，裁判所は，承諾料支払を命ずることができる。この制度は，先に見た土地賃借権譲渡の際の信頼関係理論を立法的解決により洗練させたものとなっている。

この改正により，借地権抵当による建物建設資金の融通，都市不燃化に対応

した非堅固建物の堅固建物への建替えなど，借地に関してこれまでの制度では容易でなかったことが可能になった。これに対して，借家法の改正は大きなものではなく，借賃増減請求に関連した技術的規定の整備などにとどまった。

戦後の住宅難に対応して，日本住宅公団や民間業者が集合住宅の分譲を開始したが，区分所有規定は民法に1条（旧第208条）しかなく，不十分であったため，これを廃止して，「建物の区分所有等に関する法律」（「区分所有法」（昭和37年法律第69号））が制定された。区分所有法は，耐火構造を備えた建物を普及させて日本の都市の不燃化を促進することもねらいとしていた。区分所有法は，一棟の建物に構造上区分された数個の部分で独立して住居，店舗，事務所又は倉庫その他の建物としての用途に供することができるものがあるとき，それについて区分所有権が成立することを認めた。区分所有権の目的である建物の部分を専有部分とよび，専有部分以外の建物の部分を共用部分とよぶ。共用部分は，区分所有者全員の共有に属する。

その後，区分所有法は，昭和55年に大改正され，土地と建物の分離処分の原則禁止，団体的規制の強化（共同の利益に反する者に対する使用禁止請求訴訟等導入），特別多数決による建替等を規定した。

(b) 担保法　担保法に関連して，自動車抵当法（昭和26年法律第187号），航空機抵当法（昭和28年法律第66号），建設機械抵当法（昭和29年法律第97号）のいわゆる動産抵当三法がまず制定された。自動車などは，いずれも相当に高額の動産であり，担保価値があった。動産抵当では，担保権の公示制度の整備が必要であるが，登録制度や登記制度が整備された。もっとも，これらの法制度は，実際には，あまり利用されず，例えば，自動車抵当制度に代わり，実行手続の簡単な所有権留保が用いられた。その後，昭和33年に企業担保法（昭和33年法律第106号）が制定された。これは，「現に会社に属する総財産」を担保の目的として，企業自体を一個の担保の目的とした。これは優良企業の社債発行の担保としての利用を目的としたが，その利用は限られており，また，昭和40年代後半以降に無担保社債の発行が盛んになると利用は途絶えるようになった。

昭和53（1978）年には仮登記担保契約に関する法律（昭和53年法律第78号）が制定された。仮登記担保契約とは，債務不履行の際に金銭債務の弁済に代えて不動産の所有権を債権者に移転させることを目的とする契約であり，債権者がそ

の所有権移転に関する特約を第三者に対抗し得るようにするため，目的不動産につき所有権移転請求権保全の仮登記を行うことに特徴があった。これは，譲渡担保と同様に，債務の弁済がない場合に担保物の所有権を債権者に与える制度であるが，譲渡担保では借入時に所有権移転があるのに対して，仮登記担保は，債務不履行の段階で所有権を移転させる。譲渡担保については，すでに大判昭和8年4月26日民集12巻767頁が原則として丸取り禁止法理（目的物の価値が被担保債権を上回る場合の清算義務）を認めていたのに，仮登記担保では長らく丸取りが許されていた。しかし，最判昭和42年11月16日民集21巻9号2430頁などは，仮登記担保についても，清算義務を確立し，仮登記担保法は，こうした判例法理を生かして立法された。

(c) 債権法　　不法行為に関して，昭和30（1955）年に，自動車損害賠償保障法（昭和30年法律第97号，自賠法）が成立した。これは，人身事故について，運行供与者が人身事故による損害を賠償する責めに任ずること，ただし，自己及び運転者が自動車の運行に関し注意を怠らなかったこと，被害者又は運転者以外の第三者に故意又は過失があったこと並びに自動車に構造上の欠陥又は機能の障害がなかったことを証明したときは，この限りでないと定めた。民法第709条では，過失責任主義を前提としつつ，被害者が加害者に過失があったことを証明する必要がある。しかし，自賠法によれば，一応は，過失責任主義は維持されているが，加害者側が自己の無過失を証明できない限り，責任を負うとして，証明責任の転換がなされ，自動車事故による被害者の保護を図っている。さらに，自賠法は，強制保険の制度を設けて，被害者の保護を実質化した。

III　第3の法制改革期

　第3の法制改革期は，まず，特別法の制定に始まり，ついには民法債権法の全面改正が予定されるに至る。

(1)　特別法の展開

　時期的には，少し早いが，第3の法制改革期のきっかけとなったのが，借地借家法（平成3年法律第90号）制定である。これまで，借地法の正当事由規定が借地権の保護に過ぎ，新規借地供給の障害になっている，借家法の借家権存続保護はバランスを失するほどに過大であり，立退料が高額化することで建替え

の阻害原因になり，市街地の再開発の障害になっているなどの批判がなされていた。これに対して，従来の借地法と借家法を廃止し，一本化して新たに制定された借地借家法は，借地については，従来の正当事由制度を基本的に維持しながら，条文上明確化するにとどめつつ，期間（一般型定期借地の最短存続期間は50年，事業用定期借地の存続期間は当初10年以上20年以下であったが，平成19年改正からは10年以上50年未満）が満了すれば，正当事由制度の保護なく，借地権が終了する定期借地の制度が設けられた。借家については，正当事由制度を詳細に規定するにとどめ，この時点では，定期借家の制度は導入されなかったが，その後，借地借家法平成11年改正が①期間の定めがあること，②公正証書等書面によること，③事前に定期借家であることを書面で説明することなどを要件として定期借家契約の特約を認めることになった。

　平成6（1994）年制定の製造物責任法（法律第85号）は，「製造又は加工された動産」である製造物について，製造物の欠陥により他人の生命，身体又は財産を侵害したときは，これによって生じた損害賠償をする責めに任ずることを定めた。これは，欠陥商品の被害について，民法で損害賠償を請求する際には，被告の過失を原告が立証しなければならないが，立証が容易でないことへの対策であった。

　平成10（1998）年の「債権譲渡の対抗要件に関する民法の特例等に関する法律」（債権譲渡特例法，法律第104号）は，民法による債権譲渡の対抗要件である債権者による通知又は債務者の承諾（民法第467条）の特例として，法人が金銭債権の譲渡等を登記することによって，債権譲渡の第三者対抗要件を具備することができることを定めた。同法は，平成17（2005）年に「動産及び債権の譲渡の対抗要件に関する民法の特例等に関する法律」（動産・債権譲渡特例法）と名称を変え，①法人がする動産の譲渡につき，登記によって対抗要件を備えることを可能とする制度，②法人がする債権の譲渡につき，債務者が特定していない将来債権の譲渡についても，登記によって第三者に対する対抗要件を備えることを可能とする制度を設け，③これらの譲渡について動産譲渡・債権譲渡登記ファイルに登記することとした。これらは，企業の資金融通のいっそうの円滑化を図るための措置である。これに続くのが，平成19（2007）年の電子記録債権法（法律第102号）であり，磁気ディスク等をもって電子債権記録機関が作成

する記録原簿への電子記録を債権の発生，譲渡等の効力要件とする電子記録債権について規定した。

　また，平成12（2000）年消費者契約法（法律第61号）は，消費者（個人のこと）と事業者（法人その他の団体又は事業を行う個人）との間の情報の質，量，交渉力の格差にかんがみ，①事業者の一定の行為により消費者が誤認し，又は困惑した場合について契約の申込み又はその承諾の意思表示を取り消すことができること，②事業者の損害賠償の責任を免除する条項その他の消費者の利益を不当に害することとなる条項の全部又は一部を無効とすることを定めた。さらに，同法は，平成18（2006）年改正で，③消費者の被害の発生又は拡大を防止するため適格消費者団体が事業者等に対し差止請求をすることができる（消費者団体訴権，ただし損害賠償請求はできない）ことなどを定めた。

　平成16（2004）年には，新しい不動産登記法（法律第123号）が成立した。これは，形式面でも現代語化したのみならず，①登記済証に代わる本人確認手段として，登記識別情報の制度を導入する，②登記原因証明情報の提供を必要的なものとする（いわゆる中間省略登記の申請は登記官が却下する），③保証書の制度を廃止し，事前通知制度を強化するとともに，資格者代理人による本人確認情報の提供制度を導入した。不動産登記法は，その翌年の平成17（2005）年改正で，筆界特定制度を設けた。これは，土地の境界の紛争解決を目指したもので，土地の所有権の登記名義人等の申請に基づいて（職権開始はない），筆界特定登記官が，外部専門家である筆界調査委員の意見を踏まえて，土地の筆界の現地における位置を特定する。もっとも，「筆界特定が対象土地の所有権の境界の特定を目的とするものでないことに留意しなければならない。」（不登法第135条2項）。

＊地租改正と筆界特定

　　筆界について，登記法改正時の立法担当者が「現在の土地の筆界は，明治初期に創設されたものと，その後の分合筆により形成されたものから構成されている」と述べているように（登記研究編集室編『平成17年不動産登記法等の改正と筆界特定の実務』（テイハン，2006年）20頁），明治初年の地租改正にさかのぼる場合も相当ある（筆界特定実務研究会編『筆界特定制度――一問一答と事例解説』（日本加除出版，2008年）267頁以下は，明治初年に創設された「原始筆界」を公図等で復元することにより，筆界特定を行った例を多数紹介している）。

平成19（2007）年には，戸籍法改正が行われ，これまでの戸籍公開の原則を改め，第三者が戸籍謄本等の請求できる場合に制限を加え，また，戸籍届出の際の本人確認を強化し，戸籍に真実でない記載がされないようにしている。

(2) 民法改正

平成11（1999）年の民法改正は，行為能力に関する大改正を行った。民法制定以来「無能力者」，「禁治産者」等の用語が用いられていたが，これを「制限能力者」（2004年民法現代語化からは「制限行為能力者」），「成年被後見人」等と改め，内容でも，プライバシーの保護や自己決定の尊重（被補助人については，本人の同意がないと補助開始審判ができないなど）を重視する規定を設け後見制度等も改正した。

平成15（2003）年改正では，民法の不動産担保法が現代化された。なかでも民法第395条旧規定は，抵当権設定登記後に設定された短期（建物は3年以下，土地は5年以下）の賃借権が抵当権者や抵当不動産競売の買受人などに対抗できるとしていたが，バブル崩壊後に濫用的な賃借権の設定が目立ったため，これが廃止された。

平成15年には，民法と密接に関連する人事訴訟法が制定され，家事事件の家庭裁判所への移管があった。先に見たように，離婚や親子関係を争う場合には，調停及び審判は家庭裁判所の管轄だが，訴訟の第一審は地方裁判所の管轄であった。離婚など基本的な身分関係の確認・形成については，公開で，当事者を対立関与させて行う訴訟手続（憲法第32条，第82条）による審理が必要であるとされ，逆に，家庭裁判所は，そうした訴訟事件とは原理の異なる審判などの非訟事件（非公開，職権探知主義）を扱うとしていたためである。もっとも，家庭裁判所と地方裁判所の間に連携が十分でなく，また，利用者にもわかりにくいという批判もあり，人事訴訟事件の家庭裁判所への移管が行われた。

平成16（2004）年には，民法の文体・用語の現代語化が実現した。同時に，保証制度の改正が行われた。（根保証契約を含む）保証契約は，契約書などの書面によってしなければ無効とすること（第446条2項），主たる債務の範囲に融資に関する債務が含まれて，保証人が個人である場合の根保証契約（貸金等根保証契約）は，極度額を定めていないものを無効とすること（第465条の2第1項）などを定め，会社経営者などが会社債務について包括的に保証人となり，苛酷な

負担を負うことの対策とした。

その後,「一般社団法人及び一般財団法人に関する法律」(平成18年法律第48号),「公益社団法人及び公益財団法人の認定等に関する法律」(平成18年法律第49号) などの制定により,これまでと異なり,準則主義によって非営利法人の設立を認め,法人格取得と公益認定とを切り離すなどの公益法人改革が行われ,民法の法人関係の規定 (第38条から第84条) が大幅に削除された。

> **＊民法典の運命**
> 　能見善久東大教授は,平成11 (1999) 年に次のように述べている。「民法典が1898年に施行されてから100年の年月がたった。この間の政治・経済・社会の変化は,めざましいものがあった。それに対応して判例による法発展にも著しいものがあったが,民法典の改正は,親族・相続法の分野を除いてはほとんどなく,債権法の分野では皆無といってよい。これは実に驚くべきことである。」。民法の改正なしにすますことができた理由は,①民法のもっている考え方が,社会の変化があっても妥当する基本的なものであったこと,②基本的でありながら抽象的である民法を判例が解釈で様々な事態に対応させたこと (第709条の過失,第90条の公序良俗,第94条2項の登記の「公信力」など),③特別法による立法の手当て (借地借家法,自賠法など) である (能見善久「はじめに」別冊NBL51号『債権法改正の課題と方向』(1999年) 1頁)。もっとも,こうしたあり方にも限界があり,民法の全面的見直しが必要とされるに至る。

現在進行中なのは,民法債権法の全面改正である。明治以来の民法は,判例の展開や特別法の制定により社会の変化に対応してきたものの,抜本的な改正が必要であるとして,①市民のための民法の必要性,②再法典化——民法典を使える法典にする必要,③契約法の統一とアジアからの発信という立場から新たな民法債権法を構想しようとしている。改正は債権法のみにとどまらず,民法の冒頭に人格権に関する規定を設けることを意図するなど,民法そのものが社会へのメッセージとなることが期待されている。

第5章　経済・社会法

> **＊「市場の失敗」・「政府の失敗」**
> 　20世紀前半の世界では,社会主義国家の出現,世界恐慌,そして戦時経済動員の経験などを経て,自由放任的市場主義の有効性への懐疑が強まり,とくに第2次大

戦後の西側諸国では，硬直的な計画経済化は回避しつつも，フィスカル・ポリシーを軸に政府が経済に介入し「市場の失敗」を補整する経済運営が基調になった。1960年代まで日本を含めた西側諸国は順調な経済成長を経験していたが，次第に財政赤字の拡大や国有企業の業績悪化が顕著となり，1980年代以後はこれらの「政府の失敗」に対処するための新自由主義的改革が主唱され規制緩和・民営化が推進された。21世紀に入り世界的な金融不安が発生すると，その一因に金融市場の過度な規制緩和があったとする指摘もなされ，新たな経済運営の指針の模索が再び始められた。

I 経済活動と法
(1) 財政・金融

財政破綻を引き起こした戦前期への反省から，財政法第4条は健全財政主義を掲げ，第5条では日銀引受による公債発行を禁止した。復興後の順調な税収の伸びから実際に公債発行は昭和40 (1965) 年の赤字国債発行まで行われず，また第4条但書が認めている公共事業などのための公債発行（いわゆる建設国債）が一般化するのも同41年以後であった。ただし一般会計外では，公団・公庫など政府特殊法人による政府保証債が同28年以来発行された。また戦前の預金部に代わり，同26 (1951) 年の資金運用部資金法（法律第100号，平成12年より財政融資資金法）により大蔵省資金運用部が実施するようになった財政投融資計画は，昭和40年代には一般会計の40％にも相当し「第2の予算」とよばれる規模となった。昭和50年代以後，景気刺激のための本格的な財政出動が行われ，平成年間以後の国債大量発行は膨大な財政赤字を生み出す状態となった。

シャウプ勧告によって確立したはずの税制はすでに占領末期から，資本蓄積促進のための優遇措置が重ねられることで骨格が崩れていった。高度経済成長期以後，業界団体をはじめ各圧力団体がそれぞれに租税特別措置の導入を獲得し，租税構造は複雑化の一途を辿った。それでも高度成長期には自然増収で租税負担率上昇が抑制されていたが，昭和50年代以後の低成長期に入り，とくに租税捕捉率の違いが不満を招き，課税の公平性を問う訴訟も提起された（最大判昭和60年3月27日・サラリーマン税金訴訟）。また論争の末，平成元 (1989) 年からは消費税（昭和63年法律第108号・消費税法）が導入された。

地方自治体の自主財源は戦後も依然として貧弱であった。平衡交付金制度は昭和29年に地方交付税制度となったが，地方団体の交付金への依存の増大は，

中央政府による強い地方コントロールを可能にした。

　昭和24（1949）年4月25日から実施された1ドル＝360円の単一為替レートは，高度成長期には輸出促進の効果を発揮した。しかし同46（1971）年8月にアメリカ政府がドル防衛策をとって戦後の国際通貨秩序は崩れ，同48（1973）年2月以後，円も完全な変動相場制へ移行した。同60（1985）年の「プラザ合意」を契機に急速な円高が進行し，同62年頃からは実態と乖離した「バブル経済」が出現したが，平成2（1990）年以後崩壊し，金融機関の破綻が相次いだ。

＊財政・金融法制の現在

　　90年代以後の景気対策で公債の大量発行が行われ，21世紀に入り日本の公債依存度は先進国中で突出した水準にある。財政肥大化・硬直化への反省から一連の改革が試みられており，その一つとして，大蔵省が担当してきた財政・金融行政の分離が図られた。平成9（1997）年の日本銀行法改正は日銀に対する政府の監督権限を除去し，同13（2001）年には財務省・金融庁創設，財政投融資制度の改革などが行われた。平成年間に入って相次いだ金融機関破綻には財政資金投入による整理が行われ，規制緩和・自由化による金融市場再編・国際競争力強化が目指されたが，同20（2008）年の世界金融危機の発生で混迷を見せている。平成11（1999）年の地方分権一括法（法律第87号）は機関委任事務廃止など，中央・地方関係の見直しを一部行ったが，債務累積により危機的状況にある自治体財源問題は手付かずのままであった。

(2) 企業法制

　商法中，株式会社に関する規定は目まぐるしく改正され続けた。昭和24（1949）年に企業会計原則が初めて制定され，同37（1962）年の商法改正で計算規定に関する規定が改正された。昭和40・50年代には，粉飾決算や，いわゆる「総会屋」への利益供与など，企業不祥事が問題となるたび，再発防止のための企業統治強化が図られ，一方では資本市場の発達に対応して機動的な資金調達を可能にするための諸改正が行われた。平成年間には毎年のように法改正が行われ，平成17（2005）年に商法から独立した会社法（法律第86号）が公布されていったん集大成された。会社法は多くの点で，明治期以来の会社法制の基本的設計からの離脱を示している。

(3) 競争法制

　独占禁止法は昭和28（1953）年に改正され，「不当な事業力較差」排除規定の削除，企業結合制限の大幅緩和のほか，カルテル当然違法の原則を実質的に放

棄して不況・合理化カルテルや再販売価格維持を容認し，制定当時の規制原理を大きく転換した。現実にも高度成長期においては，通商産業省の主導により産業資源の配分調整について裁量的な行政指導が行われ，競争制限的な経済政策も実行されて独禁法運用は棚上げされたかのような観を呈していた。ただし下請代金支払遅延等防止法（昭和31年法律第120号）のように取引上の優越的地位の濫用を禁ずる立法もなされ，また通産省に全面的管理権限を与える予定であった昭和37年の特定産業振興臨時措置法案は，金融界の反対，産業界の部分的反対により廃案となった。独禁法は昭和52（1977）年改正で規制強化が図られたが，一方では同53年の特定不況産業安定臨時措置法（法律第44号，同58年より特定産業構造改善臨時措置法，同63年廃止）などで行政指導による産業統制が行われた。しかし，平成元（1989）年に始まる日米構造問題協議を契機として，競争法制はようやく本来の規制力を発揮し始めた。

＊競争法制の現在

　　昭和60年代の日米貿易摩擦の深刻化から日米構造問題協議の場が設けられ，アメリカ側から，日本の市場における競争制限的要素の排除と独禁法規制強化が求められた。平成年間以後，独禁法はたびたびの改正で規制が強化され，公正取引委員会による違反摘発も活発化した。適用除外カルテルや指定再販は，21世紀に入りほとんど廃止された。他方，平成9（1997）年の独禁法改正では純粋持株会社の設立が解禁され，以後の企業再編では持株会社形式がさかんに利用されるようになった。

II　社会生活と法

(1) 労 働 法

　終身雇用・年功賃金・企業別組合などにより特徴づけられる，高度成長期に定着した日本の労使関係は，正規雇用労働者＝「正社員」と非正規雇用労働者との間に大きな格差を作り出していた。終身雇用は労働者に事実上の雇用保障を与えたが，企業は労働者を長期間にわたる昇進選抜過程の下に置きしばしば過重労働を強いるものでもあった。またその賃金体系は，戦後労働運動による生活給要求が実現されたもの（電産型賃金体系）が原型となったが，これは貧弱な公的社会保障を代替する機能をもっていた。非正規労働者は，このように正規労働者主体に形成されたセーフティネットの枠組みから初めから排除されていた存在であったが，その多くが既婚女性などの家計補助的労働であると考え

られていた限りでは大きな問題とならなかった。しかし平成年間以後，企業が正規雇用を縮減する経営方針を進めるにともない深刻な問題となった。

＊労働法制の現在
> 昭和60（1985）年の男女雇用機会均等法（法律第45号，昭和47年法律第113号・勤労婦人福祉法の改正）は，その後の改正を含め正規雇用における性差別解消に確かに貢献しているが，女性労働者の多数は元来，非正規雇用であり，性差別解消の課題は非正規雇用の格差解消と不可分であることがますます明らかになってきている。正規労働者主体の企業別組合が，非正規雇用の問題解決に十分機能できないこともあり，個別労働関係紛争解決促進法（平成12年法律第112号）や労働審判法（同15年法律第45号）などによる労働紛争解決枠組みの再編が試みられている。平成19（2007）年の労働契約法（法律第128号）では，解雇権濫用・安全配慮義務など，すでに確立されていた判例法理が取り入れられている。

(2) 社会保障法

敗戦後いったん解体した医療保険制度は再建され，昭和33（1958）年の国民健康保険法改正で全国民に対する強制加入制となり，翌34年の国民年金法（法律第141号）制定と合わせ，同36年には「国民皆保険・国民皆年金」が一応完成された。戦前以来の制度設計を引き継ぎ，分立的であることが特徴である。社会福祉に関しては，精神薄弱者福祉法（昭和35年法律第37号，平成10年より知的障害者福祉法），老人福祉法（昭和38年法律第133号），母子福祉法（同39年法律第129号，同56年より母子及び寡婦福祉法）などが制定された。

社会保障の給付水準につき，憲法第25条との関係を問う訴訟も提起されたが（昭和42年「朝日訴訟」上告審，同57年「堀木訴訟」上告審など），昭和48（1973）年に政府が「福祉元年」を謳って社会保障費の拡充に着手したときには，すでに低成長期に入り，世界的には福祉国家見直し論が台頭していた。同60（1985）年には国民基礎年金制度が導入されるなど，国家財政における社会保障費の比重は大きくなっているが，にもかかわらず国際比較のうえで日本は対国民所得比において社会保障費が大きい国には属さない。21世紀に入り急速な人口構成の変化（少子・高齢化）もあり，社会保障の財政的基礎は著しく不安定となって重大な政治問題に浮上している。

＊社会保障法制の現在
> 社会保障では，社会保険・生活保護などの所得保障から，児童保育や障害者・高

齢者介護などのケア・サービスに重心が移動してきた（平成9年法律第123号・介護保険法など）。また戦後社会福祉事業の基本的枠組みは，事業経費を措置費として国の負担としつつ，実際の行政サービスは機関委任事務としてこれを集権的に統括する「措置制度」であったが，平成12（2000）年の社会福祉法（法律第111号）では利用者とサービス提供事業者との契約制度を導入し，利用者本位（利用者負担）の制度が取り入れられている。

(3) 環境法

環境問題への対処は20世紀後半以降，全世界が直面する重要課題となった。日本では高度成長の反面で顕在化した環境悪化に対し，昭和42（1967）年に公害対策基本法（法律第132号）が制定されたが，制定当初の同法第1条には，生活環境の保全を経済の健全な発達との調和の下に行うとする「調和条項」が置かれていた。しかし，ますます悪化する環境と四大公害訴訟の提訴などを受け，同45（1970）年改正で調和条項は削除された。また同年には，水質汚濁防止法（法律第138号），公害紛争処理法（法律第108号），農用地土壌汚染防止法（法律139号），廃棄物処理法（法律第137号）など一連の公害対策立法がなされた。同46年には環境庁が発足し，同48年には，産業界からの拠出資金をもとに被害補償を行う公害健康被害補償法（法律第111号）が制定された。

規制導入により改善が見られた領域もあったが，昭和50年代の不況下には，環境基準を緩和する措置も行われた。しかし平成5（1993）年には公害対策基本法を環境基本法（法律第91号）と改め，環境影響評価法（平成9年法律第81号），地球温暖化対策推進法（同10年法律第117号），循環型社会形成推進基本法（同12年法律第110号）など，地球環境問題をも意識した新たな環境保護立法の体系構築が続けられている。

事項索引

〔頁は，主要な登場箇所のみを摘示した〕

あ

相対済令 ……… 236, 242～245
相当の儀（あいとうのぎ）
　……… 150
飛鳥浄御原令
　……… 29～32, 41, 43, 45, 63
預　所 ……… 88～90
悪口の咎（あっこうのとが）
　……… 104, 114, 115
アマツツミ＜天津罪＞・クニ
　ツツミ＜国津罪＞ …19～21
安　堵 ……… 111
安堵外題法 ……… 112, 114, 116

い

家支配権 ……… 109
『家』制度 ……… 315, 373, 375
違警罪即決例 ……… 279
意見衆 ……… 98
意見状 ……… 98
違式詿違条例（いしきかい
　いじょうれい）……… 291
一円領 ……… 92
一期分 ……… 123
糸割符制度 ……… 164
井上毅 ……… 259, 262, 273, 354
入　会 ……… 198
入会権 ……… 298, 369
医療事故 ……… 415
入　質 ……… 140
院 ……… 70
隠　居 ……… 122, 209, 306

う

請　人 ……… 189, 246, 303

え

厩戸皇子（聖徳太子）…13, 16
梅謙次郎 ……… 312, 324
浦和事件 ……… 357
裏を封ずる ……… 132

え

穢　多 ……… 107, 187
江藤新平 ……… 258, 270
撰銭令 ……… 157
縁切寺 ……… 206
縁　坐 ……… 58, 120, 133, 214
縁　者 ……… 202

お

奥州探題 ……… 101
王朝国家 ……… 69, 87
近江令 ……… 29
大江広元 ……… 95, 97
大坂城代 ……… 169, 229
大津事件 ……… 285
大番催促 ……… 99
大目付 ……… 168
沖縄返還協定 ……… 396
置　文 ……… 154
奥右筆（おくゆうひつ）
　……… 167, 225
御定書ニ添候例書 ……… 179
御仕置例類集 ……… 179, 227
越　訴 ……… 112, 115, 223
越訴方 ……… 124, 125
御触書寛保集成 ……… 179, 226
蔭位の制 ……… 38
遠国奉行 ……… 169, 224, 229
恩　赦 ……… 62, 234
女名前 ……… 211

か

改　嫁 ……… 121
海軍刑法 ……… 362
外国為替及び外国貿易管理
　法 ……… 389
会社更生法 ……… 392, 406
会社法 ……… 426
改正刑法仮案 ……… 363, 364
廻船式目 ……… 146
海賊停止令 ……… 162
開拓使 ……… 257
改定律例 ……… 289～291
書　入 ……… 201, 246, 298
家　訓 ……… 154
家事審判 ……… 373
家事審判所 ……… 375
華士族平民身代限規則 ……… 277
家　質（かじち）……… 200
家資分散法 ……… 287
敵　討 ……… 114, 176
刀狩令・刀狩 ……… 162, 183
家長権 ……… 203
家庭裁判所 ……… 357, 375
家　督
　……… 118, 122, 203, 209～211
過度経済力集中排除法 ……… 390
神奈川日本法院 ……… 282
金公事（かねくじ）
　……… 200, 235, 242
株式会社
　……… 320, 324, 385, 392, 426
株仲間 ……… 182, 241, 322
家　法（家中法）……… 154
鎌倉公方 ……… 101
鎌倉府 ……… 101

仮刑律 ……………………288
刈田狼藉 ………………99, 113
替米（かわしまい）……142
為替 ……………141, 142, 247
為替手形約束手形条例 ……320
簡易裁判所 ………………357
冠位十二階 …………………13
勧解 …………………274, 276
勧解略則 …………………276
環境基本法 ………………429
換刑 …………………60, 84
官司請負 …………………76
勘定奉行・勘定奉行所
…168, 170, 171, 224, 229, 235
官当 ………………………60
勘当 …………………120, 203
関東管領 …………………101
関白 ………………………70
官府ニ対スル訴訟仮規則 …278
管領 ………………………98

き

魏志倭人伝 …5～7, 19, 25～37
義絶 ………………51, 52, 120, 203
起訴状一本主義 …………359
起訴便宜主義 ……………353
逆罪 ………………………213
格式（きゃくしき）………78
旧悪免除 ……………216, 232
救護法 ……………………383
九州探題 …………………101
旧民法・旧民法典 …307～315
久離（きゅうり）…………203
教育勅語 ……………268, 342
行事所 ……………………74
行政裁判所 …………284, 358
行政裁判法 ………………285
行政事件訴訟特例法 ……358
行政事件訴訟法 ……359, 407
行政執行法 ………354, 363, 401

強制執行妨害罪 …………351
行政代執行法 ……………402
行政手続法 ………………402
京都所司代 ………169, 224, 229
享保度法律類寄 …………178
極東国際軍事裁判（東京裁判）……………………343
切金 ………………………239
記録所 ……………………74
銀行法 ……………………377
近所の儀 …………………150
金銭債務臨時調停法 ……353
禁中并公家諸法度 …177, 184
均田制 ……………………44
金本位制 ……………328, 384
吟味方与力 ………………225
金融商品取引法 …………393

く

悔返 ……………81, 111, 120
クガタチ＜盟神探湯＞
……………………21, 132
公卿議定 …………………75
公家衆法度 ………………184
公家新制 …………………78
公家法 ……………69, 107
公験（くげん）………79, 138
区裁判所 ………274, 284, 352
公事方御定書
…178, 179, 212, 226, 243, 288
公事裁許定 ………………172
公事上聴 …………………224
公事宿 ……………………237
口書（くちがき）……232, 277
国地頭 ……………………98
国造制 ……………………12
国役 ………………………171
国分（くにわけ）………160
賦奉行（くばりぶぎょう）
……………………128

区分所有法 ………………419
組頭 ………………………173
蔵人 ………………………71
軍需会社法 ………………386
軍需工業動員法 …………377
郡代 ………………………169

け

警察犯処罰令 ……………362
刑事訴訟法 ……287, 359, 408
継嗣令 ……………………53
計帳 ………………………42
競売法 ……………………287
軽犯罪法 …………………366
刑法
………291, 359, 365, 366, 409
刑法草書（御刑法草書）
……180, 212, 218～222, 289
契約
――の解釈 ……………301
――の自由 ……………313
外記政 ……………………75
下司 ……………………88～90, 99
解死人（下死人・下手人）
……………………150
下手人 …………213, 215, 216
闕所 ………………………215
欠席判決 ……………287, 351
下人 ……………90, 103, 105
検非違使 ………72, 77, 82～84
喧嘩両成敗法 ………116, 158
健康保険法 ………………383
検察官適格審査会 ………359
検察審査会 ………………359
検察庁法 …………………356
検断 …………………134, 149
検断沙汰 ………126, 128, 134
検地 ………………………195
検地帳 …………163, 183, 195
憲法十七条 ……………13, 16

事項索引　433

権利能力 ……………………313

こ

郷 ……………………36, 88, 102
公　害 ………………………415
公害対策基本法 ……………429
公共ノ福祉 …………………374
高　札 …………………178, 289
公証制度 ……………………298
工場法 ………………………379
公序良俗 ……………………303
公　図 ………………………297
控訴院 …………………280, 284
郷地賄い ……………………197
高等裁判所 …………………357
拷　問 …………………232, 277
小切手 …………………320, 385
国人一揆 …………………102, 154
獄庭規則 ……………………277
国　法 ………………………155
国防保安法 …………………365
国民健康保険法 ……………387
国民年金法 …………………428
国有土地森林原野下戻法
　　　　　　　　　 …298, 328
国立銀行条例 ………………318
御家人 ………104, 109～111, 185
小　作
　…198, 296, 314, 380, 388, 391
小作調停法 ……………352, 381
故　殺 ………………………220
戸　主
　………305, 306, 314, 373, 375
御成敗式目
　……………………99, 108, 114,
　　　　115, 123, 132～135, 157
戸　籍
　…………41, 304～307, 314, 316
戸籍法
　…256, 304, 316, 373, 375, 423

御前沙汰 ……………………98
戸　長 …………257, 280, 299
国家神道 …………268, 342
国家総動員法 ……337, 386
五等親制 ……………………47
五人組 ………………………175
五榜の禁令 …………………289
小物成 ………………………196
戸令応分条 …………………54
婚姻予約 ……………………369

さ

座 ………………………144～147
最高裁判所 ………357, 403
割　符（さいふ） ………142
裁　許 …………………237, 238
裁許留 …………………179, 227
罪刑法定主義
　………………56, 176, 226, 292
財政法 ………………………393
財団抵当 ………………372, 376
在地領主 …………………88, 109
裁判員裁判 …………………408
裁判外紛争処理手続 ………352
裁判所官制 …………………280
裁判所構成法 ………………284
裁判所調査官 ………………358
裁判所法 ……………………356
作付の制限 …………………194
鎖国令 ………………………165
沙汰未練書 ……………125, 126
座中法度 ……………………146
察度詰 ………………………232
雑務沙汰 ……………………126
侍 ……………………………104
侍　所 ………………………95
産業組合法 …………………328
参勤交代 ……………………172
三　職 ………………………98
三新法体制 …………………256

三奉行
　………168, 178, 179, 224,
　　　　227, 229, 234
サンフランシスコ平和条約
　（対日平和条約）
　………………349, 397, 398
讒謗律 ………………………291
三問三答 ……………………127

し

寺院法度 ……………………177
職（しき） …………………90
私擬憲法 ……………………258
死刑の停止 …………………82
自検断 …………………93, 149
時　効 ………………………301
四　職 ………………………98
寺社奉行 ………………168, 229
氏姓制 ………………………10
使節遵行 ……………………99
思想犯保護観察法 …………365
質 ………………140, 200, 246
質　権 ………………………300
実　印 ………………………300
失火責任法 …………………373
執　権 ………………………96
地　頭 …………………89, 98, 99
自分仕置令・自分仕置
　………………172, 180, 222
司法委員 ……………………358
司法試験法 …………………406
司法省
　………271～275, 278, 291,
　　　　300～302, 308, 345, 351, 353
司法省裁判所 ………………272
司法省法学校 …………280, 312
司法職務定制 ………………271
司法審査権 …………………357
司法制度改革審議会 ………405
司法台構想 …………………270

借地借家調停法 ……… 352, 371
借地借家法 ……………… 420
借地法 ………………… 371, 418
借家法 ………………… 371, 418
借金銀 …………………… 245
赦律 ……………………… 216
集会条例 ………………… 291
囚獄 ……………………… 231
重要産業統制法 ………… 384
守護 …………… 98, 132, 155
主従関係 …………… 110, 132
主従対論 ………………… 110
恤救規則 ………………… 383
出訴期限 ………………… 301
閏刑 …………… 214, 289, 290
巡見使 …………………… 172
順養子 …………………… 208
荘園 …………… 84〜93, 100, 141
荘園公領制 ………… 88, 89, 91
荘園整理令 …………… 86, 87
荘園領主 ………… 89, 90, 107
証券取引法 ……………… 392
荘郷地頭 ………………… 98
商事調停法 ……………… 352
上訴 ……………………… 65
譲渡担保 ………………… 369
商法
　 … 323, 324, 376, 385, 392, 426
情報公開法 ……………… 402
庄屋 ……………………… 173
条約改正 …………… 268, 307
条約改正（第2次） ……… 329
職員令（明治期太政官制）
　 ………………………… 254, 270
贖刑 ……………………… 219
植民地 …………… 335〜337
食糧管理法 ……………… 388
庶子 ………………… 49, 123
所司 ……………………… 98
諸士法度 ………………… 177

諸社禰宜神主法度 ……… 177
所従 ……………………… 103
所得税 ……… 326, 378, 387, 393
所務沙汰 …………… 126〜128
除名 ……………………… 61
白洲 ……………………… 225
新恩給与 ………………… 99
人格権 …………………… 412
信義則 …………………… 369
人権蹂躙問題 …………… 353
進止 ……………………… 90
人事訴訟手続法 ………… 286
人事調停法 ……………… 353
人身保護法 ……………… 358
身代限・身代限り
　 ………………… 239, 277, 303
信託 ……………………… 377
新補地頭 ………………… 100
新律綱領 …………… 289〜291
親類 ……………………… 202

す

末弘厳太郎 ……………… 368
受領 …………………… 73, 86

せ

生活保護法 ……………… 394
請願規則 ………………… 278
政体書 …………………… 254, 270
政令第201号 ……………… 390
摂家将軍 ………………… 96
摂政 ……………………… 70
船員保険法 ……………… 387
戦時刑事特別法 ……… 354, 366
戦時民事特別法 ………… 353
漸次立憲政体樹立の詔 …… 255

そ

惣 ………………… 93, 102, 148
惣国一揆 ………………… 151

奏者番 …………………… 168
惣村 ……………… 93, 102, 148
惣追捕使 ………………… 98
雑人 ……………………… 105
惣無事 …………………… 162
惣領制 …………………… 123
訴訟（律令における）
　 ………………………… 66〜69
訴答文例 …………… 275, 302
側用人 …………………… 168
村法 ……………………… 181

た

代官 ……………………… 169
代言人 …………………… 280
太閤検地 ………………… 162
退座 ……………… 118, 126
太政官 …………… 34, 64, 67
大審院 ………… 273〜275, 284
大日本帝国憲法 …… 263〜266
大宝律令 ……………… 30, 47
大犯三箇条 ……………… 99
大名 …………… 171, 185, 222
代理 ……………………… 301
足高の制 ………………… 167
太政官制（明治期）
　 ………………… 253〜255, 261
尋（たずね） …………… 230
店借 ……………… 187, 199
断獄 ………… 64〜66, 270, 277
弾左衛門 ……………… 187
弾正台 …………… 35, 63, 270
男女雇用機会均等法 ……… 428

ち

治安維持法 ………… 354, 364
治安警察法 ………… 363, 380
治安裁判所 ………… 276, 279
地借 ……………… 187, 199
知行 ………… 91, 112, 114, 185

事項索引　435

知行回収の訴……………112
知行国………………74, 88
知行保持の訴……………112
地　券………………295
治罪法…………277, 278, 293
知的財産高等裁判所………407
地方裁判所……274, 284, 375
地方自治法…………348
嫡　子
　……49, 54, 118, 122, 207, 210
中人制………………150
懲役刑………………290
朝　政………………75
調停制度……………352
町　人………………187
町　法………………181
庁　例………………82
鎮西探題……………101
鎮西奉行……………100

つ

追奪担保文言………139
作　替………………140
ツマドヒ＜妻問＞……26

て

定期借地……………421
帝国大学……………281
帝国弁護士会………351
庭　中…………125, 126
手　形……247, 319, 385
手　鎖（てじょう）……231
手継証文（てつぎしょうも
　ん）…………138
田畑永代売買の禁止…193, 294

と

当事者主義…………127
同　心………………168
統帥権の独立………334

同　姓………………202
同姓婚・同姓不婚………26, 50
道中奉行……………168
道　理………………108
トキベ＜解部＞……22
徳政担保文言………138
徳政令………………135
独占禁止法……374, 389, 426
得　宗………………97
得宗専制体制………97
徒　刑…………180, 218
土　倉（どそう）……141
富井政章………312, 361
取引所法……………322

な

内閣制度……………260
内訓条例……………275
内　済………………238
内談衆………………125
仲間事………………242
投　荷………………248

に

日米安保条約……350, 395
日　照………………415
日本銀行条例………319
日本銀行法…………386
日本国憲法……344, 356, 366
日本弁護士協会……287
日本弁護士連合会…405
人足寄場……………216

ぬ

奴　婢…………40, 105

ね

根抵当………………369
年季売（ねんきうり）……139
年紀法………………114

の

農業協同組合法……391
農地調整法………372, 388
農地法………………391
ノ　リ＜法＞………17

は

売　券………………138
陪審・陪審法……279, 354
破壊活動防止法……410
破産法…………351, 407
旗　本…………168, 185
八　虐………………58
バテレン追放令……163
鳩山秀夫……………367
ハラヘツモノ＜祓物＞……24
藩………171, 180, 254, 256
判事懲戒法…………285
判事登用試験………280
半　済………………92
パンデクテン方式……309
班田収授法…………43

ひ

引　付………97, 124, 128〜131
非御家人……………104
非訟事件……………423
非訟事件手続法……286
筆界特定……………422
人掃令…………162, 183
非　人……103, 106, 187
非人手下……………188
百　姓……103, 105, 186
百姓代………………173
評定公事……………234
評定衆………………97
評定所………169, 224〜227
評定所留役………168, 224
非理法権天…………108

事項索引

ふ

不易法 ………………114, 115
覆勘沙汰 …………………125
武家官位制 ………………184
武家諸法度 …………177, 180
武家法 ……………………107
不正競争防止法 …………385
普通選挙 …………………332
服紀制 ……………………48
服忌令（ぶっきりょう）
　………………………177, 228
不動産登記法
　…………315, 316, 418, 422
不入権 ……………………87
不法行為
　………313, 367, 369, 414, 420
夫　役 ……………………197
無礼討 ……………………186
不論理非 → 理非を論ぜず
分国法 ……………………152
分　散 ……………………244
文書質 ……………………141
分地の制限 ………194, 211, 295

へ

部民制 ……………………11
弁護士法 …………………281

ほ

保安処分 …………………364
法家問答 …………………80
奉公人請状 ………………189
謀　殺 ……………………220
謀　書 ………………128, 132
北条泰時 …………96, 100, 108
法曹一元 …………………404
法曹至要抄 ………………80
法典調査会 ……………312, 351
法律取調委員会 ………351, 361

保　証 ……………………302
北海道旧土人保護法 ………267
ポツダム宣言 ……………339
ポツダム勅令・ポツダム政
　令 ……………………341
穂積重遠 …………………368
穂積陳重 …………310～314, 361
ボワソナード
　………278, 284, 292, 307～309
本公事（ほんくじ）
　…………………200, 235, 242
本　家 ……………………88
凡　下 ……………………103
本主権 ……………………135
本　所 …………………89, 107
本所法 ……………………107
本銭返 ……………………139
本途物成 …………………196
本物返 ……………………139
本領安堵 …………………99

ま

町年寄 ……………………174
町奉行・町奉行所
　…168, 174, 178, 225, 229, 235
松浦党一揆 ………………102
マツリ＜政＞ ……………18
政　所 …………………95, 124

み

御内人 …………………97, 104
三行半 ……………………205
身分統制令 ……………162, 183
屯倉制 ……………………11
宮　座 …………………103, 145
名字（苗字）……118, 186, 305
明法勘文 …………………79
民事再生法 ………………407
民事上告特例法 …………358
民事訴訟法 ………286, 350, 407

民事調停法 ……………353, 406
民法（明治民法）
　…………………312～315,
　　　367～370, 373～375
民法施行法 ………………315

む

婚取婚 ……………………120
村請・村請制 ……93, 186, 297

め

目明（めあかし）…………230
明治5年司法省第46号達 …278
妻敵討（めがたきうち）
　…………………114, 176, 205
召文違背の咎 …………114, 115
目　付 ……………………168
目安裏書 …………………236
目安札（めやすただし）
　…………………235, 275
目安箱 …………………158, 169

も

持株会社 ………325, 389, 427
問　状 …………………127～130
問注所 …………………95, 124, 128

や

邪馬台国 …………………5～8
ヤマト＜大和＞王権 ……8～13

ゆ

有責配偶者 ………………416
右筆衆 ……………………98
宥免願 ……………………214
譲　状 …………122, 139, 211

よ

養　子 ………50, 119, 207, 417
徭　任 ……………………73

事項索引　437

養老律令 …………………30, 47
予　審 ………279, 288, 354, 359
寄沙汰（よせざた）………135
嫁入婚 ………………………121
寄　合 …………………………97
寄親寄子制 …………………159
与　力 ………………………168

ら

楽市楽座 ………………161, 182
楽市令 ………………………157
楽座令 ………………………147
落　着（らくじゃく）……233

り

離縁状 ………………………120
陸軍刑法 ……………………362
利　息 ………140, 245, 303, 413
理非披露 ……………………159
理非を論ぜず …114〜117, 158
琉球処分 ……………………253
琉球列島米国民政府（US-CAR）……………………341
流地禁止令 …………………194
領　家 …………………………88
領事裁判 ……………281〜284
令義解 ……………………31, 77
令集解 ……………30, 31, 64, 80
臨時司法制度調査会 ………404
臨時法制審議会 …332, 355, 364

る

留守居 ………………………173

れ

連合国最高司令官総司令部
　（GHQ/SCAP）…………340
連　坐 ……………58, 133, 214
連　署 …………………………96
連判借 ………………………246

ろ

牢 ……………………………231
郎　従 ………………………104
老　中 …………………167, 224
郎　等 ………………………104
労働関係調整法 ……………390
労働基準法 …………………390
労働組合法 …………………390
労働契約法 …………………428
労働審判法 …………………407
労働争議調停法 ……353, 380
ロェスラー，ヘルマン
　………260, 263, 284, 307, 323
六波羅探題 …………………100
路次狼藉 ……………………113

わ

我妻栄 ………………………368
若年寄 ………………………167
和議法 ………………………352
割　地（農地の割替）
　………………………197, 294

を

ヲサム＜治＞ …………………18

参考文献

　より深い学習のため，参考文献を紹介する（実際には，各執筆分担者から各編・各章で参照した文献として提示されたものだけでもこれらに倍したが，頁数の制約により，編者の責任において多くは割愛した）。なお，詳細な文献目録としては，法制史学会編『法制史文献目録』Ⅰ（1945〜59）・Ⅱ（1960〜79）・Ⅲ（1980〜89）（創文社）があり，Ⅲ及び90年以後の文献については，法制史学会のホームページ上（http://www.jalha.org/）において検索することが可能である。
　以下，第1部（前近代法）では章別，第2部（近代法）ではテーマ別に配列した。

概説・通史

〔著作集〕
石井　良助『法制史論集』（全10巻）創文社（1. 大化改新と鎌倉幕府の成立（増補版）1972, 2. 日本婚姻法史, 1977, 3. 日本団体法史, 1978, 4. 民法典の編纂, 1979, 5. 日本相続法史, 1980, 6. 家と戸籍の歴史, 1981, 7. 近世取引法史, 1982, 8. 近世民事訴訟法史, 1984, 9. 続近世民事訴訟法史, 1985, 10. 日本刑事法史, 1986）
中田　薫『法制史論集』（全4巻）岩波書店（1. 親族法・相続法, 1926, 2. 物権法, 1938, 3. 債権法及雑著, 1943, 4. 補遺, 1964）
三浦　周行『法制史の研究』岩波書店, 1919,『続法制史の研究』岩波書店, 1925

〔教科書・概説など〕
石井　良助『法制史』（体系日本史叢書4）山川出版社, 1964
石井　良助『日本法制史概説』（改版）創文社, 1960
大久保治男・茂野隆晴『日本法制史』高文堂出版社, 2003
大竹秀男・牧英正編『日本法制史』青林書院, 1975
斎川　真『日本法の歴史』成文堂, 1998
杉山　晴康『概説　日本法史』敬文堂, 1987
高柳　真三『日本法制史』（1・2）有斐閣, 1949・65
瀧川政次郎『日本法制史』角川書店, 1959, 講談社学術文庫（上・下), 1985
中田　薫述『日本法制史講義』創文社, 1983
牧　健二『日本法制史概論』（完成版）弘文堂, 1948
牧英正・藤原明久編『日本法制史』青林書院, 1993
水林彪・大津透・新田一郎・大藤修編『法社会史』（新体系日本史2）山川出版社, 2001
村上一博・西村安博編『史料で読む日本法史』法律文化社, 2009

〔事典・年表〕
熊谷開作・井ケ田良治・山中永之佑・橋本久編『日本法史年表』日本評論社, 1981
国史大辞典編集委員会編『国史大辞典』（1〜15）吉川弘文館, 1979-97
重松　一義『日本刑罰史年表』（増補改訂版）柏書房, 2007
比較家族史学会編『事典　家族』弘文堂, 1996
山本博文（責任編集）『歴史学事典9　法と秩序』弘文堂, 2002

〔通史的研究・論文集〕

朝尾直弘他編『日本の社会史　第5巻・裁判と規範』岩波書店，1987
井ケ田良治『法を見るクリオの目』法律文化社，1987
井ケ田良治『日本法社会史を拓く』部落問題研究所，2002
石井　紫郎『日本国制史研究Ⅰ　権力と土地所有』東京大学出版会，1966
石井　紫郎『日本国制史研究Ⅱ　日本人の国家生活』東京大学出版会，1986
石井　紫郎『日本国制史研究Ⅲ　日本人の法生活』東京大学出版会，2012
石井　良助『天皇―天皇の生成および不親政の伝統』山川出版社，1982
大竹　秀男『「家」と女性の歴史』弘文堂，1977
奥野　彦六『日本法制史における不法行為法』創文社，1960
小早川欣吾『日本担保法史序説』宝文館，1933，(再版) 法政大学出版局，1979
小林　宏『日本における立法と法解釈の史的研究』(全3巻) 汲古書院，2009
瀧川政次郎『日本行刑史』(増訂版) 青蛙房，1964
法制史学会編『刑罰と国家権力』創文社，1960
牧　英正『人身売買』(岩波新書)，岩波書店，1971
牧　英正『日本法史における人身売買の研究』有斐閣，1961
牧　英正『雇用の歴史』弘文堂，1977
水林　彪『天皇制史論』岩波書店，2006
水林　彪『国制と法の歴史理論』創文社，2010
水林　彪『封建制の再編と日本的社会の確立』(日本通史Ⅱ　近世) 山川出版社，1987
宮地　正人『国際政治下の近代日本』(日本通史Ⅲ　近現代) 山川出版社，1987
宮地正人・佐藤信・五味文彦・高埜利彦編『国家史』(新体系日本史1) 山川出版社，2006
義江　彰夫『歴史の曙から伝統社会の成熟へ』(日本通史Ⅰ　原始古代・中世) 山川出版社，1986
渡辺尚志・五味文彦編『土地所有史』(新体系日本史3) 山川出版社，2002

第1部　前　近　代　法

第1編　律　令　法

〔1章／律令以前――原日本法〕
五十嵐祐宏『憲法十七条序説』藤井書店，1943
石尾　芳久『日本古代法の研究』法律文化社，1959
石田英一郎編『日本国家の起源』角川書店，1976
石母田　正『日本の古代国家』岩波書店，1971
井上　光貞『日本古代国家の研究』岩波書店，1965
大林太良編『日本の古代11　ウジとイエ』中央公論社，1987
篠川　賢編『日本古代国造制の研究』吉川弘文館，1996
沈　仁安『倭国と東アジア』(東アジアのなかの日本歴史1) 六興出版，1990
津田左右吉『日本上代史の研究』岩波書店，1947
都出比呂志・田中琢編『古代史の論点4　権力と国家と戦争』小学館，1998
杉山　晴康『日本の古代社会と刑法の成立』敬文堂出版部，1969
中村　友一『日本古代の氏姓制』八木書店，2009
平野　邦男『大化前代政治過程の研究』吉川弘文館，1985

牧　　健二『日本の原始国家』有斐閣，1968
水林　　彪『記紀神話と王権の祭り』（新訂版）岩波書店，2001
〔2章／律令の継受〕
青木　和夫『日本律令国家論攷』岩波書店，1992
石尾　芳久『日本古代の天皇制と太政官制度』有斐閣，1962
石尾　芳久『日本古代天皇制の研究』法律文化社，1969
井上　光貞『日本古代国家の研究』岩波書店，1965
井上　光貞「日本の律令体制」『岩波講座世界歴史6』岩波書店，1971
井上光貞ほか校注『律令（日本思想大系3）』岩波書店，1976
榎本　淳一「養老律令試論」笹山晴生先生還暦記念会編『日本律令制論集』上，吉川弘文館，1993
江守　五夫『日本の婚姻　その歴史と民俗』弘文堂，1986
大津　　透『古代の天皇制』岩波書店，1997
國學院大学日本文化研究所編『日本律の基礎的研究』国書刊行会，1984
坂上　康俊「古代の法と慣習」『岩波講座日本通史　古代3』，岩波書店，1994
佐竹　　昭『古代王権と恩赦』雄山閣，1998
島　　善高「律令時代の恩赦―その種類と効力」法制史研究34，1984
高群　逸枝『招婿婚の研究』講談社，1953
高群　逸枝『日本婚姻史』至文堂，1963
瀧川政次郎『律令の研究』刀江書院，1966
瀧川政次郎『律令格式の研究』角川書店，1967
虎尾　俊哉『班田収授法の研究』吉川弘文館，1961
仁井田　著・池田温編集代表『唐令拾遺補』東京大学出版会，1997
野村　忠夫『律令官人制の研究』吉川弘文館，1967
長谷山　彰『日本古代の法と裁判』創文社，2004
早川　庄八『日本古代官僚制の研究』岩波書店，1986
早川　庄八『天皇と古代国家』講談社学術文庫，2000
堀　　敏一『律令制と東アジア世界』汲古書院，1994
水本　浩典『律令注釈書の系統的研究』塙書房，1991
柳田　国男『婚姻の話』岩波書店，1948
吉田　一彦「官当の研究」ヒストリア117，1987
吉田　　孝『律令国家と古代の社会』岩波書店，1984
利光三津夫『律令及び令制の研究』明治書院，1960
利光三津夫『律の研究』明治書院，1961
利光三津夫『律令制とその周辺』慶應大学法学研究会，1967
利光三津夫『続　律令制とその周辺』慶應通信，1973
利光三津夫『律令制の研究』慶應通信，1981
利光三津夫『律令研究続貂』慶應通信，1994
利光三津夫・長谷山彰『新裁判の歴史』成文堂，1997（旧版1964）
律令研究会編『訳註日本律令』（全10巻，別冊1）東京堂出版，1975-1999
〔3章／公家朝廷法〕
上杉　和彦『日本中世法体系成立史論』校倉書房，1996
小川清太郎『検非違使の研究　庁例の研究』名著普及会，1988

佐藤　進一『日本の中世国家』岩波書店，1983
棚橋　光男『中世成立期の法と国家』塙書房，1983
長又　高夫『日本中世法書の研究』汲古書院，2000
長谷山　彰『律令外古代法の研究』慶應通信，1990
布施弥平治『明法道の研究』新生社，1966
本郷　和人『天皇はなぜ生き残ったか』新潮社，2009
美川　圭『院政の研究』臨川書店，1986
水戸部正男『公家新制の研究』創文社，1961
〔4章／荘園制度〕
網野　善彦『日本中世土地制度史の研究』塙書房，1991
勝山　清次『中世年貢制成立史の研究』塙書房，1995
鎌倉　佐保『日本中世荘園制成立史論』塙書房，2009
川端　新『荘園制成立史の研究』思文閣出版，2000
工藤　敬一『荘園制社会の基本構造』校倉書房，2002
小山　靖憲『中世寺社と荘園制』塙書房，1998
佐藤　泰弘『中世の黎明』京都大学出版会，2001
高橋　一樹『中世荘園制と鎌倉幕府』塙書房，2004
竹内理三編『土地制度史Ⅰ』（体系日本史叢書6）山川出版社，1973
永原　慶二『荘園』吉川弘文館，1998
西谷　正浩『日本中世の所有構造』塙書房，2006
村井　康彦『古代国家解体過程の研究』岩波書店，1965
吉川真司編『平安京』（日本の時代史5）吉川弘文館，2002

第2編　鎌倉・室町期の法

（本文中，鎌倉・室町幕府の追加法の出典は，佐藤進一・池内義資編『中世法制史料集』第1・2巻，岩波書店，1955・57〔増刷に際し逐次補訂〕。）
〔1章／統治組織〕
市沢　哲「14世紀政治史の成果と課題―社会構造の転換期としての14世紀をどうとらえるか」日本史研究540，2007
今谷　明『室町幕府解体過程の研究』岩波書店，1985
今谷　明『守護領国支配機構の研究』法政大学出版局，1986
上横手雅敬『鎌倉時代政治史研究』吉川弘文館，1991
上横手雅敬『日本中世国家史論考』塙書房，1994
勝俣　鎮夫『一揆』（岩波新書），岩波書店，1982
川合　康『鎌倉幕府成立史の研究』校倉書房，2004
川岡　勉『室町幕府と守護権力』吉川弘文館，2002
五味　文彦『増補　吾妻鏡の方法―事実と神話にみる中世』，吉川弘文館，2000
佐藤　進一『室町幕府守護制度の研究』（上・下）東京大学出版会，1967・89
佐藤　進一『（増補）鎌倉幕府守護制度の研究』東京大学出版会，1971
佐藤　進一『日本の中世国家』岩波書店，1983
佐藤　進一『日本中世史論集』岩波書店，1990
関　幸彦『武士の誕生―坂東の兵どもの夢』日本放送出版協会，1999

瀬野精一郎『鎮西御家人の研究』吉川弘文館，1981
西村　安博「中世後期の在地法秩序に関する再検討―肥前松浦党一揆を素材として」法制史研究44，1994
福田　豊彦『室町幕府と国人一揆』吉川弘文館，1994
本郷　恵子『中世公家政権の研究』東京大学出版会，1998
森　茂暁『鎌倉時代の朝幕関係』思文閣出版，1991
義江　彰夫『鎌倉幕府地頭職成立史の研究』東京大学出版会，1978
義江　彰夫『鎌倉幕府守護職成立史の研究』吉川弘文館，2009

〔2章／社会身分〕
石井　進『中世のかたち』（日本の中世1）中央公論新社，2002
磯貝富士男『日本中世奴隷制論』校倉書房，2007
大山　喬平「中世の身分制と国家」同『日本中世農村史の研究』岩波書店，1978
黒田　俊雄「中世の身分制と卑賤観念」同『日本中世の国家と宗教』岩波書店，1975
黒田日出男『境界の中世　象徴の中世』東京大学出版会，1986
高橋　昌明『武士の成立　武士像の創出』東京大学出版会，1999
田中　稔『鎌倉幕府御家人制度の研究』吉川弘文館，1991
細川　涼一『中世の身分制と非人』日本エディタースクール出版部，1994
峰岸　純夫『日本中世の社会構成・階級と身分』校倉書房，2010
元木　泰雄『武士の成立』吉川弘文館，1994
脇田　晴子『日本中世被差別民の研究』岩波書店，2002

〔3章／中世法の基本的性格〕
石井　進「主従の関係」『講座日本思想3』，東京大学出版会，1983
石井　良助『日本不動産占有論―中世における知行の研究』創文社，1952
上杉　和彦『日本中世法体系成立史論』校倉書房，1996
植田　信廣「鎌倉幕府の裁判における『不論理非』の論理をめぐって」法制史研究28，1978
大山喬平編『中世裁許状の研究』塙書房，2008
笠松　宏至『法と言葉の中世史』平凡社，1984
笠松　宏至『日本中世法史論』東京大学出版会，1979
笠松　宏至『中世人との対話』東京大学出版会，1997
清田　義英『中世寺院法史の研究』敬文堂，1995
新田　一郎『日本中世の社会と法―国制史的変容』東京大学出版会，1995
古澤　直人『鎌倉幕府と中世国家』校倉書房，1991
山本　幸司「中世の法と裁判」『岩波講座日本通史　中世2』岩波書店，1994

〔4章／親族と相続〕
明石　一紀『古代・中世のイエと女性―家族の理論』校倉書房，2006
石井　良助「中世婚姻法」『日本婚姻法史〔法制史論集第2巻〕』創文社，1977
石井　良助「長子相続制」『日本相続法史〔法制史論集第5巻〕』創文社，1980
坂田　聡『日本中世の氏・家・村』校倉書房，1997
前近代女性史研究会編『家族と女性の歴史　古代・中世』吉川弘文館，1989
高橋　秀樹『日本中世の家と親族』吉川弘文館，1996
田端　泰子『日本中世の社会と女性』吉川弘文館，1999
羽下　徳彦『惣領制』至文堂，1966

峰岸純夫編『中世を考える　家族と女性』吉川弘文館，1992
脇田　晴子『日本中世女性史の研究』東京大学出版会，1992
〔5章／裁判制度〕
網野善彦・笠松宏至『中世の裁判を読み解く』学生社，2000
石井　良助『中世武家不動産訴訟法の研究』弘文堂書房，1938
岩元　修一『初期室町幕府訴訟制度の研究』吉川弘文館，2007
近藤　成一「裁判のしくみと相論」石井正敏他編『今日の古文書学　第3巻・中世』雄山閣，2000
佐藤　進一『鎌倉幕府訴訟制度の研究』畝傍書房，1943，(再版) 岩波書店，1993
清水　克行『日本神判史―盟神探湯・湯起請・鉄火起請』(中公新書)，中央公論新社，2010
高橋　一樹『中世荘園制と鎌倉幕府』塙書房，2004
永井　英治「鎌倉前期の公家訴訟制度―記録所・評定・新制」年報中世史研究15，1990
西村　安博「鎌倉幕府の裁判における和与について」(1・2完) 法政理論［新潟大］33-2, 33-4，2001
西村　安博「鎌倉幕府の裁判における問状・召文に関する覚え書き」同志社法学60-7，2009
新田　一郎「日本中世の紛争処理の構図」歴史学研究会編『紛争と訴訟の文化史』青木書店，2000
羽下　徳彦「訴訟文書」『日本古文書学講座第5巻・中世編Ⅱ』，雄山閣出版，1981
平山　行三『和与の研究』吉川弘文館，1964
本郷　和人『中世朝廷訴訟の研究』東京大学出版会，1995
山家　浩樹「室町幕府の賦と奉行人」石井進編『中世の法と政治』吉川弘文館，1992
山本　幸司「裁許状・問状から見た鎌倉幕府初期訴訟制度」史学雑誌94-4，1985
〔6章／刑事法〕
網野善彦・石井進・笠松宏至・勝俣鎮夫『中世の罪と罰』東京大学出版会，1983
石川　晶康「鎌倉幕府法に於ける『一倍弁償』規定」日本歴史323，1975
植田　信廣「鎌倉幕府の〈検断〉に関する覚え書き」(1・2)，法政研究［九大］58-4, 59-1，1992
植田　信廣「鎌倉幕府の殺害刃傷検断について」西川洋一他編『罪と罰の法文化史』東京大学出版会，1995
海津　一朗「中世社会における『囚人預置』慣行」日本史研究288，1986
勝俣　鎮夫「中世武家密懐法の展開」『戦国法成立史論』東京大学出版会，1979
清水　克行『室町社会の騒擾と秩序』吉川弘文館，2004
西田　友広「鎌倉幕府検断体制の構造と展開」史学雑誌111-8，2002
新田　一郎「検断沙汰の成立と検断システムの再編成」西川洋一他編『罪と罰の法文化史』東京大学出版会，1995
羽下　徳彦「『検断沙汰』おぼえがき」中世の窓4・5・6・7，1960
羽下　徳彦「刈田狼藉考」法制史研究29，1979
〔7章／取引法〕
伊藤　啓介「割符のしくみと為替・流通・金融」史林89-3，2006
井原今朝男「中世借用状の成立と質券之法―中世債務史の一考察」史学雑誌111-1，2002
笠松　宏至『徳政令』(岩波新書)，岩波書店，1983
海津　一朗『中世の変革と徳政―神領興行法の研究』吉川弘文館，1994

桜井　英治『日本中世の経済構造』岩波書店，1996
桜井　英治『破産者たちの中世』山川出版社，2005
佐々木銀弥『日本中世の都市と法』吉川弘文館，1994
菅野　文夫「本券と手継―中世前期における土地証文の性格」日本史研究284，1986
瀧澤　武雄『売券の古文書学的研究』東京堂出版，2006
辰田　芳雄『中世東寺領荘園の支配と在地』校倉書房，2003
豊田　　武「中世日本の商業」『豊田武著作集』2，吉川弘文館，1982
豊田　　武「座の研究」『豊田武著作集』1，吉川弘文館，1982
中田　　薫「日本中世の不動産質」『法制史論集』2，岩波書店，1938
宝月　圭吾『中世日本の売券と徳政』吉川弘文館，1999
脇田　晴子『日本中世商業発達史の研究』御茶の水書房，1981

第3編　戦　国　法

（第2編に掲げた文献には第3編にも関連するものが少なくない。併せて参照することを要する。）

〔1・2両章にわたるもの〕
有光友學編『戦国の地域国家』（日本の時代史12）吉川弘文館，2003
池　　　享『戦国大名と一揆』（日本中世の歴史6）吉川弘文館，2009
池　　　享『戦国期の地域社会と権力』吉川弘文館，2010
池上　裕子『戦国の群像』（日本の歴史10）集英社，1992
池上　裕子『戦国時代社会構造の研究』校倉書房，1999
稲葉　継陽『日本近世社会形成史論―戦国時代論の射程』校倉書房，2009
久留島典子『一揆と戦国大名』（日本の歴史10）講談社，2001

〔1章／在地社会の法〕
阿部　浩一『戦国期の徳政と地域社会』吉川弘文館，2001
蔵持　重裕『中世村の歴史語り―湖国「共和国」の形成史』吉川弘文館，2002
蔵持　重裕『中世村落の形成と村社会』吉川弘文館，2007
酒井　紀美『日本中世の在地社会』吉川弘文館，1999
坂田聡・榎原雅治・稲葉継陽『村の戦争と平和』（日本の中世12）中央公論新社，2002
田中　克行『中世の惣村と文書』山川出版社，1998
西村　幸信『中世・近世の村と地域社会』思文閣出版，2007
長谷川裕子「戦国期における土豪同名中の成立過程とその機能―近江国甲賀郡を事例に」歴史評論624，2002
長谷川裕子「戦国期における紛争裁定と惣国一揆―甲賀郡中惣を事例に」日本史研究482，2002
藤木　久志『戦国の作法―村の紛争解決』平凡社，1987
藤木　久志『村と領主の戦国世界』東京大学出版会，1997
宮島　敬一『戦国期社会の形成と展開―浅井・六角氏と地域社会』吉川弘文館，1996
山田　邦明『戦国の活力』（全集日本の歴史8）小学館，2008
湯浅　治久『中世後期の地域と在地領主』吉川弘文館，2002
歴史学研究会日本中世史部会運営委員会ワーキンググループ「『地域社会論』の視座と方法　成果と課題の確認のために」歴史学研究674，1995

〔2章／戦国大名の法〕
池　　　享『大名領国制の研究』校倉書房，1995
今岡典和・川岡勉・矢田俊文「戦国期研究の課題と展望」日本史研究278，1985
勝俣　鎮夫『戦国法成立史論』東京大学出版会，1979
勝俣　鎮夫『戦国時代論』岩波書店，1996
久保健一郎『戦国大名と公儀』校倉書房，2001
永原　慶二『日本中世の社会と国家［増補改訂版］』青木書店，1991
藤木　久志『戦国社会史論』東京大学出版会，1974
山田　康弘『戦国期室町幕府と将軍』吉川弘文館，2000
山室　恭子『中世のなかに生まれた近世』吉川弘文館，1991

第4編　幕　藩　法

〔1章／統治組織〕
飯島　千秋『江戸幕府財政の研究』吉川弘文館，2004
和泉　清司『幕府の地域支配と代官』同成社，2001
乾　　宏巳『近世大坂の家・町・住民』清文堂出版，2002
岩城　卓二『近世畿内・近国支配の構造』柏書房，2006
宇佐美ミサ子『宿場の日本史―街道に生きる』（歴史文化ライブラリー198）吉川弘文館，2005
大石　学編『近世藩制・藩校大事典』吉川弘文館，2006
大石　学編『江戸幕府大事典』吉川弘文館，2009
大石　　学『首都江戸の誕生―大江戸はいかにして造られたのか』角川書店，2002
大友　一雄『江戸幕府と情報管理』臨川書店，2003
大野　瑞男『江戸幕府財政史論』吉川弘文館，1996
大宮　守友『近世の畿内と奈良奉行』清文堂出版，2009
笠谷和比古『近世武家社会の政治構造』吉川弘文館，1993
笠谷和比古『江戸御留守居役―近世の外交官』（歴史文化ライブラリー89）吉川弘文館，2000
片倉比佐子『大江戸八百八町と町名主』（歴史文化ライブラリー279）吉川弘文館，2009
門松　秀樹『開拓使と幕臣』慶応義塾大学出版会，2009
久留島　浩『近世幕領の行政と組合村』東京大学出版会，2002
佐藤信・吉田伸之編『都市社会史』（新体系日本史6）山川出版社，2001
鈴木　康子『長崎奉行の研究』思文閣出版，2007
高木　昭作『日本近世国家史の研究』岩波書店，1990
藤木　久志『豊臣平和令と戦国社会』東京大学出版会，1985
藤井　譲治『江戸時代の官僚制』青木書店，1999
藤野　保編『論集幕藩体制史』第1期1～11，雄山閣出版，1993～6
堀　　　新『天下統一から鎖国へ（日本中世の歴史7）』吉川弘文館，2009
村田　路人『近世広域支配の研究』大阪大学出版会，1995
安竹　貴彦「明治初年大阪の行政・司法組織―その人的資源の供給源」『近代大阪と都市文化』（大阪市立大学文学研究科叢書4），清文堂出版，2006
安竹　貴彦「延享期の大坂町奉行所改革」塚田孝編『近世大坂の法と社会』清文堂出版，2007
山本　博文『天下人の一級史料―秀吉文書の真実』柏書房，2009
山本　博文『江戸時代の国家・法・社会』校倉書房，2004

渡辺　忠司『大坂町奉行所と支配所・支配国』東方出版，2005
〔2章／法　源〕
オームス，ヘルマン（宮川康子監訳）『徳川ビレッジ―近世村落における階級・身分・権力・法』ぺりかん社，2008
笠谷和比古「習俗の法制化」『岩波講座日本通史　近世3』岩書店，1994
神崎　直美『近世日本の法と刑罰』巖南堂書店，1998
坂本　忠久『近世都市社会の「訴訟」と行政』創文社，2007
高塩　博「『公事方御定書』管見―流布の端緒および『例書』の成立をめぐって」國學院大学日本文化研究所紀要91，2003
谷口　眞子『近世社会と法規範―名誉・身分・実力行使』吉川弘文館，2005
林　紀昭「『御定書ニ添候例書』成書試論」法と政治（関西学院大）51-1，2000
平松　義郎「近世法」『岩波講座日本歴史11　近世3』岩書店，1976（後に平松義郎『江戸の罪と罰』（平凡社選書118）平凡社，1988，に再録）
藤田　覚編『近世法の再検討―歴史学と法史学の対話』山川出版社，2005
古城　正佳『米沢藩刑法』専修大学出版局，2003
〔3章／社会身分と奉公人〕
乾　宏巳『江戸の職人』（歴史文化ライブラリー4）吉川弘文館，1996
大竹　秀男『近世雇傭関係史論』（神戸法学叢書17）有斐閣，1983
大平　祐一「近世日本における雇用法の転換―元禄十一年の奉公年季制限撤廃令」立命館法学231・232合併号，1994
久留島浩他編『近世の身分的周縁1～6』吉川弘文館，2000
後藤雅知他編『身分的周縁と近世社会1～9』吉川弘文館，2006～8
斎藤　修『江戸と大阪―近代日本の都市起源』NTT出版，2002
曽根ひろみ『娼婦と近世社会』吉川弘文館，2003
塚田　孝『近世大坂の都市社会』吉川弘文館，2006
寺木伸明・中尾健次編『部落史研究からの発信　第1巻前近代編』解放出版社，2009
深谷　克己『江戸時代の身分願望―身上りと上下無し』（歴史文化ライブラリー220）吉川弘文館，2006
藤田　覚『近世政治史と天皇』吉川弘文館，1999
保坂　智『百姓一揆と義民の研究』吉川弘文館，2006
牧　英正「江戸幕府による差別の制度化」法学雑誌（大阪市大）33-3，1987
安岡重明他編『近世的経営の展開』（日本経営史1）岩波書店，1995
〔4章／土地制度〕
石井　良助『江戸時代土地法の生成と体系』創文社，1989
神谷　智『近世における百姓の土地所有』校倉書房，2000
白川部達夫『近世の百姓世界』（歴史文化ライブラリー69）吉川弘文館，1999
白川部達夫『日本近世の村と百姓的世界』校倉書房，1994
高橋　美貴『近世漁業社会史の研究』清文堂出版，1995
中野　達哉『近世の検地と地域社会』吉川弘文館，2005
丹羽　邦男『土地問題の起源』平凡社，1989
丹羽　邦男「近世における山野河海の所有・支配と明治の変革」朝尾直弘他編『日本の社会史2』，岩波書店，1987

牧　　英正『道頓堀裁判』（新書特装版）岩波書店，1993
渡辺　忠司『近世社会と百姓成立―構造論的研究』（佛教大学研究叢書）思文閣出版，2007

〔5章／親族法・相続法〕
石井　良助『第七江戸時代漫筆　江戸の離婚』明石書店，1991
大竹　秀男『封建社会の農民家族（改訂版）』創文社，1982
鎌田　　浩『幕藩体制における武士家族法』成文堂，1970
鎌田　　浩「江戸時代離婚法の再検討」『日本法制史論集（牧健二博士米寿記念論文集）』思文閣，1980
鎌田　　浩「法史学界における家父長制論争」比較家族史研究2，1987
鎌田　　浩『日本法文化史要説』邦光堂，1995
高木　　侃『三くだり半』平凡社，1987
高木　　侃『縁切寺満徳寺の研究』成文堂，1990
高木　　侃『縁切寺東慶寺史料』平凡社，1997
中田　　薫「徳川時代の婚姻法」『法制史論集』1，岩波書店，1926
中田　　薫「徳川時代の家督相続法」『法制史論集』1，岩波書店，1926
中田　　薫「江戸時代の養子法」『法制史論集』1，岩波書店，1926
中田　　薫「徳川時代の親族法相続法雑考」『法制史論集』1，岩波書店，1926
中埜　喜雄『大坂町人相続の研究』嵯峨野出版，1976
林　由紀子『近世服忌令の研究』清文堂出版，1998
穂積　重遠『離婚制度の研究』改造社，1924
山中　　至「わが国『破綻主義』離婚法の系譜」熊本法学68，1991

〔6章／刑　　法〕
石井　良助『江戸の刑罰』（中公新書）中央公論社，1964
石井　良助『第三江戸時代漫筆　盗み・ばくち』明石書店，1990
石井　良助『第四江戸時代漫筆　人殺・密通』明石書店，1990
石塚　英夫「徳川幕府刑法における過失犯」法政研究27-2・3・4合併号，1960
石塚　英夫「徳川幕府刑法における刑事責任能力―乱心者を中心として」滋賀秀三・平松義郎編『石井良助先生還暦祝賀　法制史論集』創文社，1976
鎌田　　浩「熊本藩における刑政の展開」服藤弘司・小山貞夫編『法と権力の史的考察（世良教授還暦記念）』創文社，1977
鎌田　　浩『熊本藩の法と政治』創文社，1998
高塩　　博「熊本藩『刑法草書』の成立過程」小林宏・高塩博編『熊本藩法制史料集』創文社，1996
高柳　真三『江戸時代の罪と刑罰抄説』有斐閣，1988
中田　　薫「徳川刑法の論評」『法制史論集』3上，岩波書店，1943
人足寄場顕彰会編『人足寄場史』創文社，1974
平松　義郎『近世刑事訴訟法の研究』創文社，1960
平松　義郎『江戸の罪と罰』平凡社，1988
牧　　健二「七両二分不義の詫証文」法律春秋5-11，1930
牧　　英正「下手人という仕置の成立」日本大学法学会編『法制史の諸問題（布施弥平治博士古稀記念論文）』1971
山中　　至「幕藩体制における密通仕置の研究―夫の私的制裁権と公刑罰権」九大法学

　　　　　　　　40，43，1980・82
山中　　至「日本近世刑事法の法構造の一側面」熊本法学74，1992
山中　　至「熊本藩『刑法草書』における殺人罪・傷害罪の法的構成について」『法と政策
　　　　をめぐる現代的変容（熊本大学法学部30周年記念）』成文堂，2010
〔7章／裁判制度〕
石井　良助『近世民事訴訟法史（正・続）〔法制史論集第8・9巻〕』創文社，1984-85
大竹秀男・服藤弘司編『高柳真三先生頌寿記念　幕藩国家の法と支配』有斐閣，1984
大平　祐一「近世の訴訟，裁判制度について」法制史研究41，1991
大平　祐一『目安箱の研究』創文社，2003
茎田佳寿子『幕末日本の法意識』巌南堂書店，1982
國學院大學日本文化研究所編『法文化のなかの創造性』創文社，2005
小早川欣吾『（増補）近世民事訴訟制度の研究』名著普及会，1988
坂本　忠久『近世都市社会の「訴訟」と行政』創文社，2007
高橋　　敏『江戸の訴訟』（岩波新書）岩波書店，1996
瀧川政次郎『公事師・公事宿の研究』赤坂書院，1984
塚田　　孝編『近世大坂の法と社会』清文堂出版，2007
中田　　薫「徳川時代の民事裁判実録（正・続）」『法制史論集』3下，岩波書店，1943
服藤　弘司『刑事法と民事法〔幕藩体制国家の法と権力Ⅳ〕』創文社，1983
藩法研究会編『大名権力の法と裁判』創文社，2007
平松　義郎『近世刑事訴訟法の研究』創文社，1960
南　　和男『幕末都市社会の研究』塙書房，1999
〔8章／取引法〕
石井　良助『近世取引法史〔法制史論集第7巻〕』創文社，1982
石井　良助『第六江戸時代漫筆　商人』明石書店，1991
宇佐美英機『近世京都の金銀出入と社会慣習』清文堂出版，2008
賀川　隆行『近世三井経営史の研究』吉川弘文館，1985
金指　正三『近世海難救助制度の研究』吉川弘文館，1968
北原　　進『江戸の高利貸』吉川弘文館，2008
隈崎　　渡『近世商人法制の研究』芦書房，1973
幸田　成友『日本経済史研究』（『幸田成友著作集』1），中央公論社，1972
幸田　成友『江戸と大坂』冨山房，1995
坂本　忠久『天保改革の法と政策』創文社，1997
作道洋太郎『日本貨幣金融史の研究』未来社，1961
渋谷隆一・鈴木亀二・石山昭次郎『日本の質屋』早稲田大学出版部，1982
住田　正一『日本海法史』（復刻）五月書房，1981
谷　　啓輔『金融約定成立史の研究』経済法令研究会，1994
中川すがね『大坂両替商の金融と社会』清文堂出版，2003
中田　　薫『徳川時代の文学に見えたる私法』岩波書店，1984
松好　貞夫『日本両替金融史論』（復刻）柏書房，1964
宮本又郎・粕谷誠編『講座・日本経営史1　経営史・江戸の経験1600〜1882』ミネルヴァ書
　　　　房，2009
宮本　又次『株仲間の研究』（『宮本又次著作集』1），講談社，1977

宮本　又次『日本近世問屋制の研究』（復刻）刀江書院，1971

第2部　近　代　法

〔教科書・概説〕
井ケ田良治・山中永之佑・石川一三夫『日本近代法史』法律文化社，1982
石井紫郎編『日本近代法史講義』青林書院新社，1972
石井　良助『明治文化史2・法制編』洋々社，1954
川口　由彦『日本近代法制史』新世社，1998
山中永之佑編『新・日本近代法論』法律文化社，2002
山中永之佑監修・山中永之佑・藤原明久・中尾敏充・伊藤孝夫編『日本現代法史論』法律文化社，2010

〔事典・年表〕
石井良助監修，赤石寿美・浅古弘・森一郎編『近代日本法律司法年表』第一法規出版，1982
杉原泰雄ほか編『日本国憲法年表』勁草書房，1998
藤田正・吉井蒼生夫編著『日本近現代法史（資料年表）』信山社，2007
日本近代法制史研究会編『日本近代法120講』法律文化社，1992
村上義和・橋本誠一編『近代外国人関係法令年表』明石書店，1997
百瀬孝（伊藤隆監修）『事典　昭和戦前期の日本』吉川弘文館，1990
百瀬　孝『事典　昭和戦後期の日本』吉川弘文館，1995
山中永之佑編『日本近代法案内』法律文化社，2003
（なお，近代とくに明治期の法令を調べるには，国立国会図書館のホームページで日本法令索引のデータベースが提供されており，検索に便利である。）

〔通史的研究・論文集〕
石川一三夫・中尾敏充・矢野達雄編『日本近代法制史研究の現状と課題』弘文堂，2003
鵜飼信成・福島正夫・川島武宜・辻清明編『講座日本近代法発達史』（11巻）勁草書房，1958-67
牛尾洋也・居石正和・橋本誠一・三阪佳弘・矢野達雄『近代日本における社会変動と法』晃洋書房，2006
杉山晴康編『裁判と法の歴史的展開』敬文堂，1992
手塚　豊『手塚豊著作集』（全10巻）慶應通信（1～3.自由民権裁判の研究，1982-83，4～6.明治刑法史の研究，1984-86，7・8.明治民法史の研究，1990・91，9.明治法学教育史の研究，1988，10.明治史研究雑纂，1994）
手塚豊教授退職記念論文集委員会『明治法制史政治史の諸問題』慶應通信，1977
東京大学社会科学研究所編『戦後改革』（全8巻），東京大学出版会，1974・1975
利谷信義・吉井蒼生夫・水林彪編『法における近代と現代』日本評論社，1993
中村政則他編『大系日本国家史』（4・5）（近代Ⅰ・Ⅱ）東京大学出版会，1975・76
日本近代法制史研究会編『日本近代国家の法構造』木鐸社，1983
長谷川正安・渡辺洋三・藤田勇編『講座・革命と法3　市民革命と日本法』日本評論社，1994
福島　正夫『福島正夫著作集』（全9巻）勁草書房，1993-96
福島正夫編『日本近代法体制の形成』（上・下）日本評論社，1981・82

〔各章・各テーマにまたがるもの〕

伊藤　孝夫『大正デモクラシー期の法と社会』京都大学学術出版会，2000
小沢　隆司「経済法の整備―条約改正の政治経済学」杉山伸也編『岩波講座　帝国日本の学知2』岩波書店，2006
オプラー，アルフレッド（内藤頼博監訳）『日本占領と法制改革』日本評論社，1990
坂本義和・R，E，ウォード編『日本占領の研究』東京大学出版会，1987
利谷　信義「近代法体系の成立」『岩波講座日本歴史16　近代3』岩波書店，1976
山中永之佑『幕藩・維新期の国家支配と法』信山社，1991
吉井蒼生夫『近代日本の国家形成と法』（日本評論社，1996）
渡辺　洋三『法と社会の昭和史』岩波書店，1988
〔国際関係〕
浅野　豊美『帝国日本の植民地法制―法域統合と帝国秩序』名古屋大学出版会，2008
浅野豊美・松田利彦編『植民地帝国日本の法的構造』信山社，2004
浅野豊美・松田利彦編『植民地帝国日本の法的展開』信山社，2004
伊香　俊哉『近代日本と戦争違法化体制―第一次世界大戦から日中戦争へ』吉川弘文館，2002
稲生典太郎『条約改正論の歴史的展開』小峰書店，1976
稲生典太郎『東アジアにおける不平等条約体制と近代日本』岩田書院，1995
井上　清『条約改正』岩波書店，1955
大石　一男『条約改正交渉史　1887-1894』思文閣出版，2008
清宮　四郎『外地法序説』有斐閣，1944
国際法学会編『平和条約の綜合研究』全2巻，有斐閣，1953
小林　啓治『国際秩序の形成と近代日本』吉川弘文館，2002
篠原　初枝『戦争の法から平和の法へ―戦間期のアメリカ国際法学者』東京大学出版会，2003
下村富士男『明治初年条約改正史の研究』吉川弘文館，1962
田中　忠「我が国における戦争法の受容と実践―幕末，明治期を中心に」大沼保昭編『国際法，国際連合と日本』弘文堂，1987
永井　秀夫『明治国家形成期の外政と内政』北海道大学図書刊行会，1990
深谷　博治『初期議会・条約改正』白揚社，1940
藤原　明久『日本条約改正史の研究』雄松堂出版，2004
松岡修太郎『外地法』日本評論社，1936
山本　茂『条約改正史』高山書院，1943
〔北海道と沖縄〕
明田川　融『沖縄基地問題の歴史―非武の島，戦の島』みすず書房，2008
大城　将保『琉球政府』ひるぎ社，1992
河野　康子『沖縄返還をめぐる政治と外交―日米関係史の文脈』東京大学出版会，1994
国際法学会編『沖縄の地位』有斐閣，1955
高野　雄一『日本の領土』東京大学出版会，1962
中野好夫編『戦後資料・沖縄』日本評論社，1969
南方同胞援護会編『沖縄問題基本資料集』南方同胞援護会，1968
船津　功『北海道議会開設運動の研究』北海道大学図書刊行会，1992
宮里　政玄『アメリカの沖縄統治』岩波書店，1966
宮里政玄編『戦後沖縄の政治と法　1945-1972年』東京大学出版会，1975
宮里　政玄『日米関係と沖縄　1945-1972』岩波書店，2000

百瀬　　響「北海道旧土人保護法の成立と変遷の概要」史苑55-1，1994
〔国家機構〕
赤木須留喜『〈官制〉の研究』日本評論社，1991
天川　　晃「新憲法体制の整備―内閣法制局と民政局の対応を中心にして」『年報近代日本研究４　太平洋戦争―開戦から講和まで』山川出版社，1982
雨宮　昭一『戦時戦後体制論』岩波書店，1997
伊藤　正次『日本型行政委員会制度の形成―組織と制度の行政史』東京大学出版会，2003
今村都南雄『官庁セクショナリズム　行政学叢書１』東京大学出版会，2006
大石　　眞「内閣法立案過程の再検討」法学論叢148-5・6号，2001
大石　　眞「内閣制度」公法研究62，2000
大石　　眞『議院法制定史の研究―日本議会法伝統の形成』成文堂，1990
大江志乃夫『戒厳令』（岩波新書）岩波書店，1978
大江志乃夫『統帥権』日本評論社，1983
岡田　　彰『現代日本官僚制の成立―戦後占領期における行政制度の再編成』法政大学出版局，1994
大森　　彌『官のシステム　行政学叢書４』東京大学出版会，2006
笠原　英彦『明治国家と官僚制』芦書房，1991
勝田　政治『内務省と明治国家形成』吉川弘文館，2002
加藤　陽子『模索する一九三〇年代―日米関係と陸軍中堅層』山川出版社，1993
加藤　陽子『徴兵制と近代日本　1968-1945』吉川弘文館，1996
行政管理庁行政管理二十五年史編集委員会編『行政管理庁二十五年史』第一法規，1973
久保　義三『対日占領政策と戦後教育改革』三省堂，1984
纐纈　　厚『近代日本政軍関係の研究』岩波書店，2005
佐藤　　功『行政組織法（新版・増補）』有斐閣，1985
清水唯一朗『政党と官僚の近代―日本における立憲統治構造の相克』藤原書店，2007
ジュリスト特集「特集・戦後法制度の20年」ジュリスト361，1967,「特集・戦後法制50年」ジュリスト1073，1995
鈴木　英一『日本占領と教育改革』勁草書房，1983
鈴木　安蔵『太政官制と内閣制』昭和刊行会，1944
副田　義也『教育勅語の社会史―ナショナリズムの創出と挫折』有信堂，1997
副田　義也『内務省の社会史』東京大学出版会，2007
杣　　正夫『日本選挙制度史―普通選挙法から公職選挙法まで』九州大学出版会，1986
田上　穰治『軍事行政法』日本評論社，1938
田上　穰治『警察法（新版）』有斐閣，1983
竹前　栄治『GHQ』（岩波新書）岩波書店，1983
竹前　栄治『占領戦後史』岩波書店，1992
田中　二郎『日本の司法と行政―戦後改革の諸相』有斐閣，1982
辻　　清明『新版　日本官僚制の研究』東京大学出版会，1969
辻　清明編『行政の歴史　行政学講座２』東京大学出版会，1976
利谷　信義「日本資本主義経済と法」『岩波講座現代法７』岩波書店，1966
利谷　信義「近代法体系の成立」『岩波講座日本歴史16』岩波書店，1976
豊下　楢彦『日本占領管理体制の成立―比較占領史序説』岩波書店，1992

内閣官房編『内閣制度七十年史』大蔵省印刷局，1955
内閣制度百年史編纂委員会編『内閣制度百年史（上・下）』大蔵省印刷局，1985
内閣法制局史編集委員会編『内閣法制局史』1974
内閣法制局百年史編集委員会編『証言・近代法制の軌跡―内閣法制局の回想』ぎょうせい，1985
永井　　和『近代日本の軍部と政治』思文閣出版，1993
中村政則ほか編『戦後日本・占領と戦後改革』全6巻，岩波書店，1995
西尾　　勝「過疎と過密の政治行政」日本政治学会編『年報政治学1977　55年体制の形成と崩壊―続・現代日本の政治過程』岩波書店，1979
西尾　　勝「議院内閣制と官僚制」公法研究57，1995
日本現代史研究会編『戦後体制の形成』大月書店，1988
林茂・辻清明編『日本内閣史録』全6巻，第一法規出版，1981
平野　　孝『内務省解体史論』法律文化社，1990
福永　文夫『占領下中道政権の形成と崩壊―GHQ民政局と日本社会党』岩波書店，1997
藤田　嗣雄『明治軍制』信山社，1992
藤原　　彰『日本軍事史（上・下）』日本評論社，1987
古川　隆久『昭和戦中期の総合国策機関』吉川弘文館，1992
古川　隆久『戦時議会』吉川弘文館，1992
文化庁編『明治以降宗教制度百年史』文化庁，1970
牧原　　出『行政改革と調整のシステム　行政学叢書8』東京大学出版会，2009
増田　知子『天皇制と国家』青木書店，1999
増田　　弘『公職追放論』岩波書店，1998
松尾　尊兊『普通選挙制度成立史の研究』岩波書店，1989
松尾　正人『維新政権』吉川弘文館，1995
松下　芳男『改訂明治軍制史論（上・下）』国書刊行会，1978
三浦　裕史『近代日本軍制概説』信山社，2003
村上　重良『天皇制国家と宗教』日本評論社，1986
村瀬　信一『帝国議会改革論』吉川弘文館，1997
村松　岐夫『戦後日本の官僚制』東洋経済新報社，1981
山口　二郎『内閣制度　行政学叢書6』東京大学出版会，2007
山口　輝臣『明治国家と宗教』東京大学出版会，1999
山崎　丹照『内閣制度の研究』高山書院，1942
山中永之佑『日本近代国家の形成と官僚制』弘文堂，1974
山室　信一『法制官僚の時代』木鐸社，1984
山室　信一『近代日本の知と政治』木鐸社，1985
山室　信一「明治国家の制度と理念」『岩波講座日本通史17』岩波書店，1994

〔憲法〕
浅井　　清『明治立憲思想史に於ける英国議会制度の影響』巖松堂書店，1935
家永　三郎『植木枝盛研究』岩波書店，1960
家永　三郎『日本近代憲法思想史研究』岩波書店，1967
家永　三郎『歴史のなかの憲法（上・下）』東京大学出版会，1977
家永三郎・松永昌三・江村栄一『明治前期の憲法構想』（増補第2版）福村出版，1987

石田　　憲『敗戦から憲法へ―日独伊憲法制定の比較政治史』岩波書店，2009
稲田　正次『明治憲法成立史（上・下巻）』有斐閣，1960・1962
稲田　正次『明治憲法成立史の研究』有斐閣，1979
内田健三・金原左門・古屋哲夫編『日本議会史録』全6巻，第一法規出版，1990・1991
江村栄一編『日本近代思想体系9　憲法構想』岩波書店，1989
大石　　眞『日本憲法史〔第2版〕』有斐閣，2005
小嶋　和司『明治典憲体制の成立』木鐸社，1988
古関　彰一『日本国憲法の誕生』岩波現代文庫，2009
佐藤　達夫『日本国憲法成立史』全4巻，有斐閣，1962-1994
ジーメス，ヨハネス（本間長世訳）『日本国家の近代化とロェスラー』未来社，1970
鈴木　安蔵『憲法制定とロエスレル』東洋経済新報社，1942
鈴木　安蔵『日本憲法史研究』勁草書房，1975
高柳賢三・大友一郎・田中英夫編『日本国憲法制定の経過―連合国総司令部側の記録による（Ⅰ・Ⅱ）』有斐閣，1972
瀧井　一博『ドイツ国家学と明治国制』ミネルヴァ書房，1999
瀧井　一博『文明史のなかの明治憲法―この国のかたちと西洋体験』講談社，2003
筒井若水ほか『法律学教材日本憲法史』東京大学出版会，1976
鳥海　　靖『日本近代史講義―明治立憲制の形成とその理念』東京大学出版会，1988
西　　　修『日本国憲法成立過程の研究』成文堂，2004
坂野　潤治『明治憲法体制の確立』東京大学出版会，1971
坂野　潤治『近代日本の国家構想』岩波書店，1996
坂野　潤治『日本憲政史』東京大学出版会，2008
長谷川正安『昭和憲法史』岩波書店，1961
原　　秀成『日本国憲法制定の系譜』Ⅰ・Ⅱ・Ⅲ，日本評論社，2004・2005・2006
ひろたまさき『差別からみる日本の歴史』解放出版社，2008
宮沢　俊義『日本憲政史の研究』岩波書店，1968
宮沢　俊義『天皇機関説事件（上・下）』有斐閣，1970
渡辺　　治『日本国憲法「改正」史論』日本評論社，1988

〔地方制度〕
石川一三夫『近代日本の名望家と自治―名誉職制度の法社会史的研究』木鐸社，1987
石川一三夫『日本的自治の探求1　名望家自治論の系譜』名古屋大学出版会，1995
大石嘉一郎『近代日本の地方自治』東京大学出版会，1990
大石嘉一郎『近代日本地方自治の歩み』大月書店，2007
大島美津子『明治国家と地域社会』岩波書店，1994
亀卦川　浩『明治地方自治制度の成立過程』東京市政調査会，1955
亀卦川　浩『地方制度小史』勁草書房，1962
亀卦川　浩『明治地方制度成立史』楷書房，1967
御厨　　貴『明治国家形成と地方経営』東京大学出版会，1980
村上　　順『日本の地方分権』弘文堂，2003
山田　公平『近代日本の国民国家と地方自治』名古屋大学出版会，1991
山中永之佑『日本近代国家の形成と村規約』木鐸社，1975
山中永之佑『近代日本の地方制度と名望家』弘文堂，1990

参考文献　455

山中永之佑『日本近代地方自治制と国家』弘文堂，1999
〔司法制度全般〕
浅古　　弘「日本法制史　裁判の歴史①～③」法学教室280-282，2004
新井　　勉『大津事件の再構成』御茶の水書房，1994
岩谷　十郎「訓令を仰ぐ大審院―明治十二年代の司法権」法学研究（慶大）66-8，1993
萩屋昌志編著『日本の裁判所―司法行政の歴史的研究』晃洋書房，2004
奥平　昌洪『日本弁護士史』（復刻）巌南堂書店，1971
川口由彦他編『明治大正　町の法曹―但馬豊岡弁護士馬袋鶴之助の日々』法政大学出版局，2001
菊山　正明『明治国家の形成と司法制度』御茶の水書房，1993
楠　精一郎『明治立憲制と司法官』慶應通信，1989
憲法研究所編『最高裁判所に関する研究』憲法研究所出版部，1963
小柳春一郎＝蕪山厳編著『裁判所構成法』（日本立法資料全集94）信山社，2010
最高裁判所事務総局編『裁判所百年史』最高裁判所，1990
司法制度改革審議会「司法制度改革審議会意見書―21世紀の日本を支える司法制度」ジュリスト1208，2001
染野　義信『近代的転換における裁判制度』勁草書房，1988
高地茂世他『戦後の司法制度改革：その軌跡と成果』成文堂，2007
田中　二郎『日本の司法と行政：戦後改革の諸相』有斐閣，1982
日本弁護士連合会編『日本弁護士沿革史』日本弁護士連合会，1959
橋本　誠一『在野「法曹」と地域社会』法律文化社，2005
林屋礼二他編『図説・判決原本の遺産』信山社，1998
林屋礼二他編『明治前期の法と裁判』信山社，2003
房村　精一「臨時司法制度調査会及びその後の司法制度に関する改革について」ジュリスト1170，2000
フット，ダニエル（溜箭将之訳）『裁判と社会：司法の「常識」再考』NTT出版，2006
前山　亮吉『近代日本の行政改革と裁判所』信山社，1996
松尾浩也他「特集・裁判制度100年」法学教室121，1990
〔陪審制度〕
尾佐竹　猛『明治文化史としての日本陪審史』邦光堂，1926
瀧川　幸辰「陪審裁判・陪審法」（著作集３）世界思想社，1981
三谷太一郎『政治制度としての陪審制』東京大学出版会，2001
最高裁判所事務総局『我が国で行われた陪審裁判』最高裁判所事務総局，1995
〔刑事訴訟手続〕
小田中聡樹『刑事訴訟法の歴史的分析』日本評論社，1976
小田中聡樹『刑事訴訟法の史的分析』有斐閣，1986
後藤　　昭『刑事控訴立法史の研究』成文堂，1987
信山社編集部編『治罪法・明治刑事訴訟法・大正刑事訴訟法文献立法資料総目録』信山社，2007
田口　守一「刑事手続法制」ジュリスト1073，1995
団藤　重光「刑事訴訟法の40年」ジュリスト930，1989
平野　龍一「戦後刑事司法改革の回顧と展望」ジュリスト1000，1992

松尾　浩也「刑事訴訟の日本的特色」法曹時報46-7，1994
〔民事訴訟手続〕
上田理恵子「大正期における民事訴訟法改正作業と在野法曹」熊本大学教育学部紀要51，2002
勝田　有恆「紛争処理法制継受の一断面」石田喜久夫編『国際比較法制研究』1，ミネルヴァ書房，1990
信山社編集部編『民事訴訟法文献立法資料総目録　戦前編』信山社，2005
鈴木　正裕『近代民事訴訟法史・日本』有斐閣，2004
鈴木　正裕『近代民事訴訟法史・日本2』有斐閣，2006
園尾　隆司『民事訴訟・執行・破産の近現代史』弘文堂，2009
瀧川　叡一『明治初期民事訴訟の研究』信山社出版，2000
林屋礼二他『統計から見た明治期の民事裁判』信山社，2005
林屋　礼二『明治期民事裁判の近代化』東北大学出版会，2006
山崎　　佐『日本調停制度の歴史』財団法人日本調停協会連合会，1957
山中永之佑『民事裁判の法史学』法律文化社，2005
〔行政訴訟手続〕
行政裁判所編『行政裁判五十年史』1941
美濃部達吉『行政裁判法』千倉書房，1929
〔領事裁判〕
浅古　　弘「日清修好条規における観審の成立」島田正郎博士頌寿記念論集『東洋法史の探求』汲古書院，1987
入江敬四郎『中国に於ける外国人の地位』日華関係法律事務所，1937
加藤　英明「領事裁判の研究―日本における（1・2）」法政論集（名大）84・86，1980
英　　修道『日本の在華治外法権』有斐閣，1943
森田　朋子『開国と治外法権』吉川弘文館，2005
横田喜三郎「日本における治外法権」横田喜三郎『国際法論集1』有斐閣，1976
〔刑事法〕
浅古　　弘「刑法草案審査局小考」早稲田法学57-3，1982
岩谷　十郎「旧刑法の編纂における『旧なるもの』と『新なるもの』」法制史研究47，1997
大日方純夫『近代日本の警察と地域社会』筑摩書房，2000
霞　　信彦『明治初期刑事法の基礎的研究』慶應通信，1990
吉川経夫他『刑法理論史の総合的研究』日本評論社，1994
杉山晴康他編『刑法改正審査委員会決議録・刑法草案（明治二十八年・同三十年）』早稲田大学比較法研究所，1989
田中亜紀子『近代日本の未成年者処遇制度：感化法が目指したもの』大阪大学出版会，2005
内藤　　謙『刑法理論の史的展開』有斐閣，2007
中山　　勝『明治初期刑事法の研究』慶應通信，1990
西原　春夫「刑法制定史にあらわれた明治維新の性格―日本の近代化におよぼした外国法の影響・裏面からの考察」比較法学3-1，1967
林　　弘正『改正刑法假案成立過程の研究』成文堂，2003
福田　　平「わが刑法学とドイツ刑法学との関係」一橋論叢97-6，1987
藤田　　正「旧刑法の編纂におけるボアソナードの役割」北海学園大学学園論集72，1992
藤田　　正「明治13年刑法の近代的性格」法制史研究47，1997

藤田　弘道『新律綱領・改定律例編纂史』慶應義塾大学出版会，2001
牧野　英一『刑事学の新思潮と新刑法』(増訂版) 有斐閣，1919
〔法典編纂前の民事法〕
石井　良助『日本婚姻法史〔法制史論集第2巻〕』創文社，1977
内池慶四郎『出訴期限規則略史』慶應通信，1968
嘉本伊都子『国際結婚の誕生―「文明国日本」への道』新曜社，2001
熊谷　開作『日本の近代化と土地法』日本評論社，1989
丹羽　邦男『土地問題の起源―村と自然と明治維新』平凡社，1989
福島　正夫『日本資本主義と『家』制度』東京大学出版会，1967
福島　正夫『地租改正の研究〔増補版〕』有斐閣，1970
福島　正夫『日本資本主義の発達と私法』東京大学出版会，1988
寶金　敏明『境界の理論と実務』日本加除出版，2009
北条　　浩『明治初年地租改正の研究』御茶の水書房，1992
松本　暉男『近代日本における家族法の展開』弘文堂，1975
村上　一博『明治離婚裁判史論』法律文化社，1994
森　　謙二『墓と葬送の社会史』(講談社現代新書) 講談社，1993
山中永之佑『日本近代国家の形成と「家」制度』日本評論社，1988
山中永之佑『民事裁判の法史学　村と土地の裁判と法』法律文化社，2005
〔民法典の編纂〕
有地　　亨『近代日本の家族観―明治編』弘文堂，1977
石井　良助『民法典の編纂〔法制史論集第4巻〕』創文社，1979
大久保泰甫『日本近代法の父　ボワソナアド』(岩波新書) 岩波書店，1977
大久保泰甫=高橋良彰『ボワソナード民法典の編纂』雄松堂出版，1999
藤原　明久『ボワソナード抵当法の研究』有斐閣，1995
星野　英一『民法論集』1～8巻，有斐閣，1970-96
星野　英一『民法のすすめ』(岩波新書) 岩波書店，1998
水本浩=平井一雄編『日本民法学史』(通史・各論) 信山社，1997
〔法典編纂後の民事法〕
内田　　貴『債権法の新時代―「債権法改正の基本方針」の概要』商事法務研究会，2009
大村　敦志『生活民法入門―暮らしを支える法』東京大学出版会，2003
加藤雅信ほか編『民法学説百年史―日本民法施行100年記念』三省堂，1999
川井　　健『民法判例と時代思潮』日本評論社，1981
北川善太郎『日本法学の歴史と理論』日本評論社，1968
小柳春一郎『震災と借地借家―都市災害における賃借人の地位』成文堂，2003
鈴木　禄弥『借地・借家法の研究(1)・(2)』創文社，1984
利谷　信義『家族と法〔第3版〕』有斐閣，2010
利谷信義ほか編『老いの比較家族法史』三省堂，1990
広中俊雄=星野英一編『民法典の百年』(全4巻) 有斐閣，1998
堀内　　節『家事審判制度の研究 (正)(続)』中央大学出版部，1960・1964
吉村　良一『公害・環境私法の展開と今日的課題』法律文化社，2002
我妻　栄編『戦後における民法改正の経過』日本評論社，1956
渡辺　洋三『土地・建物の法律制度 (上)・(中)』東京大学出版会，1960，1962

〔経済法制全般〕
有沢広巳監修『証券百年史』日本経済新聞社，1978
石井　寛治『経済発展と両替商金融』有斐閣，2007
大蔵省財政史室編『昭和財政史　第2巻・独占禁止』（三和良一・執筆）東洋経済新報社，1982
岡崎哲二・奥野正寛編『現代日本経済システムの源流』日本経済新聞社，1993
金澤　良雄『経済法の史的考察』有斐閣，1985
小石川裕介「明治23年水道条例の成立」（1〜3・完）法学論叢165-3・6，166-2，2009
小柳春一郎編著『会計法』（日本立法資料全集4）信山社，1991
渋谷隆一編著『大正期　日本金融制度政策史』早稲田大学出版部，1977
靎見　誠良『日本信用機構の確立』有斐閣，1991
平沢　照雄『大恐慌期日本の経済統制』日本経済評論社，2001
藤田貞一郎『近代日本同業組合史論』清文堂出版，1995
宮島　英昭『産業政策と企業統治の経済史』有斐閣，2004
三和　良一『日本占領の経済政策史的研究』日本経済評論社，2002
山本　有造『両から円へ　幕末・明治前期貨幣問題研究』ミネルヴァ書房，1994
〔企業法制〕
淺木　愼一『日本会社法成立史』信山社，2003
三枝　一雄『明治商法の成立と変遷』三省堂，1992
高村　直助『会社の誕生』（歴史文化ライブラリー5）吉川弘文館，1996
利谷　信義「近代日本の企業秩序」東京大学社会科学研究所編『現代日本社会4』東京大学出版会，1991
中東正文編著『商法改正〔昭和25・26年〕GHQ/SCAP 文書』（日本立法資料全集91）信山社，2003
浜田道代編『日本会社立法の歴史的展開　北澤正啓先生古稀祝賀論文集』商事法務研究会，1999
宮本　又郎『企業家たちの挑戦』（日本の近代11）中央公論新社，1999
〔労働法制〕
遠藤　公嗣『日本占領と労使関係政策の成立』東京大学出版会，1989
竹前　栄治『戦後労働改革　GHQ 労働政策史』東京大学出版会，1982
矢野　達雄『近代日本の労働法と国家』成文堂，1993
〔農地法制〕
小倉　武一『土地立法の史的考察』（『小倉武一著作集』1・2・3）農山漁村文化協会，1982
川口　由彦『近代日本の土地法観念』東京大学出版会，1990
川口　由彦「農地改革法の構造—土地所有権と農地委員会」法學志林90-4，91-1，1994
〔社会保障法制〕
坂口　正之『日本健康保険法成立史論』晃洋書房，1985
横山和彦・田多秀範編著『日本社会保障の歴史』学文社，1991
吉原健二・和田勝『日本医療保険制度史』東洋経済新報社，1999

編　者

浅古　　弘（早稲田大学名誉教授）
伊藤　孝夫（京都大学教授）
植田　信廣（九州大学名誉教授）
神保　文夫（名古屋大学名誉教授）

日本法制史

2010年9月1日　初版第1刷発行
2021年2月22日　初版第12刷発行

編　者	浅　古　　　弘
	伊　藤　孝　夫
	植　田　信　廣
	神　保　文　夫
発行者	逸　見　慎　一

発行所　東京都文京区本郷6丁目4−7　株式会社　青林書院
振替口座　00110-9-16920／電話03(3815)5897〜8／郵便番号113-0033
ホームページ ☞ http://www.seirin.co.jp

印刷／藤原印刷　落丁・乱丁本はお取り替え致します。
Ⓒ2010　浅古＝伊藤＝植田＝神保
Printed in Japan　ISBN978-4-417-01517-8

JCOPY 〈(一社)出版者著作権管理機構 委託出版物〉
本書の無断複写は著作権法上での例外を除き禁じられています。複写される場合は，そのつど事前に，(一社)出版者著作権管理機構（電話 03-5244-5088, FAX 03-5244-5089, e-mail：info@jcopy.or.jp）の許諾を得てください。